U0942862

中国减贫的理论与实践

脱贫攻坚研究优秀成果选编

Collection of Achievements of Theory and Practice of Chinese Poverty Alleviation

全国哲学社会科学工作办公室　编

社会科学文献出版社
SOCIAL SCIENCES ACADEMIC PRESS (CHINA)

出版说明

党的十八大以来，我国脱贫攻坚取得重大历史性成就，彰显了中国共产党领导和我国社会主义制度的优越性，创造了减贫治理的中国样本，为全球减贫事业贡献了中国智慧和中国方案。为进一步从学理层面讲好脱贫攻坚故事、总结脱贫攻坚经验、弘扬脱贫攻坚精神，我们对脱贫攻坚领域的国家社科基金项目成果和国家高端智库相关研究报告进行系统梳理，从中遴选出39篇高质量研究成果，汇编为《中国减贫的理论与实践——脱贫攻坚研究优秀成果选编》一书，供读者学习参考。

全国哲学社会科学工作办公室

2021年7月

目　录

习近平扶贫“十论”*

兰光其**

摘　要：《摆脱贫困》是习近平扶贫论述的“源泉”，也是精准扶贫“宁德模式”的“灵魂”。习近平扶贫论述内容丰富，主要包括社会主义本质论和人民中心论、重点扶贫论和精准扶贫论、扶贫扶志论和扶贫攻坚论、体制机制论和社会合力论、内生动力论和核心作用论等“十论”，是习近平新时代中国特色社会主义思想的重要组成部分，是全面建成小康社会的理论基础，是中国特色社会主义扶贫开发理论的新发展，具有重大理论和实践意义。

关键词：习近平　扶贫　“十论”

摆脱贫困既是中国面临的重大而紧迫的问题，也是世界性难题。习近平同志是脱贫事业的积极倡导者、有力推动者和亲历践行者。1988年6月至1990年4月习近平同志担任中共宁德地委书记期间，摆脱贫困是他的主政方略，围绕闽东地区如何加快发展、脱贫致富这一主题，坚持以经济建设为中心，对扶贫工作作出深刻论述，同时涉及闽东政治建设、文化建设、社会建设、生态文明建设和党的建设等方面内容，总结形成《摆脱贫困》一书，集中反映了习近平同志对落后地区摆脱贫困、

---

* 文章刊发于《四川省社会主义学院学报》2020年第2期，是国家社科基金特别委托项目（21@ZH011）、福建省哲学社会科学规划项目（FJ2016B146）的阶段性成果。该文章收录本书时，内容和文献标注方式略有调整。

** 兰光其，中共宁德市委党校。

加快经济社会发展、建设中国特色社会主义的实践探索和理论创新，总结形成《摆脱贫困》一书。正如2018年3月2日《人民日报》评论：近30年过去了，习近平同志在宁德的有益探索，已经成为习近平新时代中国特色社会主义思想的重要来源和组成部分。2015年12月，汪洋同志在中国东部地区扶贫开发工作座谈会上指出，精准扶贫“宁德模式”是习近平扶贫开发战略思想的成功实践，是中国特色扶贫开发道路的典范。《摆脱贫困》是习近平扶贫论述的“源泉”，是精准扶贫“宁德模式”的“灵魂”。

党的十八大以来，习近平总书记对新时期扶贫开发工作在不同场合发表了多次重要讲话，既有理论的继承与创新，又有实践的总结与发展；既有立足于发展全局的宏观认识，又有着眼于操作层面的具体部署，形成了习近平扶贫论述。习近平扶贫论述内容丰富，深刻揭示了扶贫开发工作的基本特征和科学规律，精辟阐述了扶贫开发工作的发展方向和实现途径，充分体现了马克思主义世界观和方法论，是中国特色社会主义扶贫开发理论的新发展，是做好扶贫开发工作的科学指南和基本遵循，是全面建成小康社会的理论基础和行动纲领。

一 社会主义本质论和人民中心论

一是社会主义本质论。2012年12月，习近平总书记在河北省阜平县调研时指出，消除贫困、改善民生、逐步实现共同富裕，是社会主义的本质要求，是我们党的重要使命。因此，扶贫开发要始终以消除贫困为首要任务，以改善民生为基本目标，以实现共同富裕为根本方向，坚定不移地推进我国扶贫开发事业，从而充分体现社会主义制度的优越性和本质特征。这正如习近平同志在《摆脱贫困》中所言：“社会主义的优越性，只有在生产力的解放中，在国力的快速增长中，在人民生活的极大改善中，在与外部世界日益广泛的交往中，才能得以充分体现。”①摆脱贫困事关全面建成小康社会，事关人民福祉，事关巩固党的执政基

① 习近平：《摆脱贫困》，福建人民出版社，2014，第215页。

础，事关国家长治久安，事关我国国际形象，事关中国特色社会主义事业，意义重大而深远。二是人民中心论。习近平总书记指出，人民群众是人类社会发展的动力，是中国特色社会主义的主体力量，也是脱贫致富的根本力量。党员干部要把心贴近人民，始终与人民站在一起。他在《摆脱贫困》中强调：“善为国者，遇民如父母之爱子，兄之爱弟，闻其饥寒为之哀，见其劳苦为之悲。”“政之所兴在顺民心，政之所废在逆民心。治政之要在于安民，安民之道在于察其疾苦。”[①] 以百姓之心为心，共产党人必须始终不忘初心，牢记使命，要有为民造福的情怀，坚决打赢脱贫攻坚战。2015 年习近平总书记在国际减贫论坛上强调：国之兴也，视民如赤子；其亡也，以民为草芥。这些充分体现了他一贯坚持人民主体地位思想、深厚的爱民情怀、以人民为中心发展观和始终脚踏实地践行为人民服务的宗旨。习近平总书记深情表示，40 多年来，扶贫始终是他工作的一个重要内容，花的精力最多。他坚持把群众路线看作“干部的一项十分重要的基本功”，将党的群众路线贯彻到整个扶贫开发过程中，在宁德任职时，积极倡导和推行干部“四下基层”制度，作为干部密切联系群众的主要途径和做好扶贫开发工作的重要法宝，作为化解矛盾、推动发展、促进和谐、改进作风的有效办法。

二　重点扶贫论和精准扶贫论

一是重点扶贫论。2015 年习近平总书记在延安调研时强调，“三农”工作是重中之重，革命老区、民族地区、边疆地区、贫困地区在“三农”工作中要把扶贫开发作为重中之重，这样才有重点。全面建成小康社会，最艰巨最繁重的任务在农村，特别是在贫困地区。没有农村的小康，特别是没有贫困地区的小康，就没有全面建成小康社会。习近平总书记强调：“扶贫开发是全面建成小康社会的‘重中之重’、是‘三农’工作的‘重中之重’。”[②] 习近平总书记把扶贫开发任务提升到新的战略

---

① 习近平：《摆脱贫困》，福建人民出版社，2014，第 16 页。

② 习近平：《习近平总书记系列重要讲话读本》，学习出版社、人民出版社，2016，第 56 页。

高度，为新时期扶贫开发工作指明了方向。2015 年他在国家民委一份简报上批示：全面实现小康，少数民族一个都不能少，一个都不能掉队，要以时不我待的担当精神，确保如期啃下少数民族脱贫这块“硬骨头”，确保各族群众如期实现全面小康。习近平总书记强调，决不能落下一个贫困地区、一个贫困群众。像闽东这样的“老、少、边、岛、贫”地区，扶贫开发工作一直是习近平同志关注的重点。习近平同志担任宁德地委书记期间，带领闽东人民励精图治、奋发图强、艰苦创业、“摆脱贫困”，掀开了扶贫开发事业的新篇章。30 多年来，宁德历届党委、政府学习和践行习近平扶贫论述，闽东贫困面貌发生根本变化，扶贫开发事业取得丰硕成果，彻底脱掉了全国 18 个集中连片贫困地区之一的“帽子”。农民人均可支配收入增幅连续 5 年位于全省设区市前列，从 1985 年 330 元上升到 2019 年 17680 元。贫困人口从 20 世纪 80 年代中叶 77.5 万人下降至如今的 193 人。44.5 万边远山区贫困群体通过造福工程搬迁改善了生产生活环境。创造了享誉全国的扶贫开发“宁德模式”和“中国扶贫第一村”福鼎赤溪村。二是精准扶贫论。2015 年习近平总书记在国际减贫论坛上指出，中国在扶贫攻坚工作中采取的重要举措，就是实施精准扶贫方略，找到“贫根”，对症下药，靶向治疗。注重抓六个精准：扶持对象精准、项目安排精准、资金使用精准、措施到户精准、因村派人精准、脱贫成效精准，确保各项政策好处落到扶贫对象身上。要增加资金投入和项目支持，实施精准扶贫、精准脱贫，因乡因族制宜、因村施策、因户施法，扶到点上、扶到根上。通过扶持生产和就业发展一批，通过易地搬迁安置一批，通过生态保护脱贫一批，通过教育扶贫脱贫一批，通过低保政策兜底一批，到 2020 年使所有贫困群众通过精准扶贫精准脱贫，全面建成小康社会。扶贫开发贵在精准，重在精准，成败之举在于精准。在扶贫对象上精准“扶持谁”的问题是精准扶贫的关键一招，在帮扶责任上精准“谁来扶”的问题是精准扶贫的重中之重，在扶贫措施上精准“怎么扶”的问题是精准扶贫的根本举措，在扶贫效果上精准“如何退”的问题是精准扶贫的重要环节。精准扶贫要做到思路上精准、识别上精准、措施上精准、管理上精准、考核上精准，其中精准识别是前提，精准帮扶是关键，精准管理是保证，坚持将“精准化”贯穿扶贫工作的全过程各方面，在精准施策上出实招，在精准推进上下实功，在精准落地上见实效，达到扶真贫、真扶贫、真脱贫的目的。

三　扶贫扶志论和扶贫攻坚论

一是扶贫扶志论。习近平同志在《摆脱贫困》中指出：“扶贫先要扶志，要从思想上淡化贫困意识”，“摆脱贫困，其意义首先在于摆脱意识和思路的‘贫困’，只有首先‘摆脱’了我们头脑中的‘贫困’，才能使我们所主管的区域‘摆脱贫困’，才能使我们整个国家和民族‘摆脱贫困’，走上繁荣富裕之路。”[①] 新时期习近平总书记强调：脱贫致富贵在立志，只要有志气、有信心，就没有迈不过去的坎；脱贫致富终究要靠贫困群众用自己的辛勤劳动来实现，没有比人更高的山，没有比脚更长的路。贫困地区要想脱贫致富，通常是一个扶贫先扶志、扶贫必扶智、治贫先治愚的过程，扶贫既要富口袋，也要富脑袋。要重视引导干部群众解放思想，更新观念，学好致富技能和本领，克服安贫乐道、“穷自在”、怨天尤人的消极心理和“等、靠、要”依赖思想，既扶起基层党员干部责任之志，也扶起贫困群众自强之志。二是扶贫攻坚论。习近平同志在宁德工作时大力倡导“滴水穿石”精神，他在《摆脱贫困》中指出：“欠发达地区发展没有什么捷径可走，不可能一夜之间就发生巨变，只能是渐进的，由量变到质变的、滴水穿石般的变化。”[②] 脱贫是一项长期艰巨的任务，要有打持久战的思想准备，像接力赛一样，一棒一棒接着干下去。他在《摆脱贫困》中对滴水穿石精神有过完整的诠释：“滴水穿石，喻之于人，是一种前仆后继、勇于牺牲的人格的完美体现；喻之于事，则是以柔克刚、以弱制强的辩证法原理的成功显示。”[③] “滴水穿石”精神，体现了铁杵磨针、积沙成塔的坚韧意志，体现了弱鸟先飞、勇为人先的创业激情，体现了矢志如初、奋斗不息的进取品格，体

① 习近平：《摆脱贫困》，福建人民出版社，2014，第216页。

② 习近平：《摆脱贫困》，福建人民出版社，2014，第58页。

③ 习近平：《摆脱贫困》，福建人民出版社，2014，第57~58页。

现了“功成不必在我”的境界胸怀，也诠释了“空谈误国，实干兴邦”的真谛；是贫困地区、革命老区干部群众宝贵的精神财富，具有很强的现实意义。我们要把“滴水穿石”精神贯穿脱贫致富奔小康的全过程，“咬定青山不放松”，以坚韧之力驱除急于求成的浮躁之气，用长远之计凝聚扶贫攻坚的强大合力。新时期习近平总书记指出：贫困地区独特的地理位置和经济发展的具体条件，决定了它的发展变化只能是渐进的过程。根本改变贫困、落后面貌，需要广大人民群众发扬“滴水穿石”般的韧劲和默默奉献的艰苦创业精神，进行长期不懈的努力，才能实现。2016 年新春伊始，习近平总书记与“中国扶贫第一村”福建省福鼎市赤溪村干部群众视频通话，再次叮嘱闽东人民要弘扬“滴水穿石、久久为功、弱鸟先飞”的精神，矢志不移，全面建成小康社会。

四　体制机制论和社会合力论

一是体制机制论。习近平总书记指出：要改革和创新扶贫开发体制机制特别是考核机制，对贫困县由主要考核地区生产总值向主要考核扶贫开发工作成效转变，引导贫困地区党政领导班子和领导干部把工作重点放在扶贫开发上。要强化扶贫开发工作领导责任制，把中央统筹、省负总责、市（地）县抓落实的管理体制，片为重点、工作到村、扶贫到户的工作机制，党政一把手负总责的扶贫开发工作责任制，真正落到实处。要传承习近平同志在宁德工作期间推动实施的领导挂钩、干部包户、山海协作、对口帮扶、龙头结对、园区共建、生态补偿、考核考评等被实践证明行之有效的常态化扶贫开发工作机制和方法。推广新时期宁德创新的“六到户”（干部包户、龙头带动到户、造福搬迁到户、信贷扶持到户、能力培养到户、社会保障到户）、“六到村”（领导包村、资金项目扶持到村、扶持集体经济发展到村、农业龙头企业结对帮扶到村、基础设施和公共服务完善到村、党建扶持到村）、“四到县”（资金扶持到县、山海协作到县、交通改善到县、城镇化推进到县）的“六六四”扶贫工作机制。可以说，“六六四”扶贫工作机制是习近平扶贫开发战略思想在宁德的具体实践，两者之间是“理论”与“实践”的密切呼应、是“大方针”与“小措施”的有机衔接。贫困地区各级领导干部要严格执行扶贫开发“一把手”负责制，层层签订责任书，立下“军令状”，建立和完善好干部要到扶贫攻坚一线经受磨炼、考核任用机制，要把贫困地区作为锻炼培养干部的重要基地，把脱贫实绩作为选拔任用干部的重要依据。二是社会合力论。习近平总书记指出：扶贫开发是全党全社会的共同责任，要动员和凝聚全社会力量广泛参与。要坚持专项扶贫、行业扶贫、社会扶贫等多方力量、多种举措有机结合和互为支撑的“三位一体”大扶贫格局，健全东西部协作、党政机关定点扶贫机制，广泛调动社会各界参与扶贫开发积极性。党委政府不断加大扶贫力度是扶贫开发工作强大合力的核心力量，更加广泛动员社会参与扶贫是扶贫开发工作强大合力的重要基础。扶贫开发是一项复杂的社会系统工程，减贫目标的实现是行业扶贫、专项扶贫、社会扶贫共同作用的结果。持续减贫、打赢全面建成小康社会的扶贫攻坚战需要形成党政、市场、社会协同推进的大扶贫格局。要着眼长效、建章立制，构建中央、省、市、县、乡、村、户各层面联动，党委、政府、社会、市场、群众全方位发力的扶贫开发大格局，形成五级书记抓扶贫、全党动员促攻坚的良好态势。要以上下联动落实责任、以区域联动形成合力、以产业联动实现共赢、以农企互动激发活力、以党群互动夯实根基，形成上下联动、内外协作、共同推进的扶贫工作新格局。

五　内生动力论和核心作用论

一是内生动力论。习近平总书记指出：贫困地区发展要靠内生动力，如果凭空救济出一个新村，简单改变村容村貌，内在活力不行，劳动力不能回流，没有经济上的持续来源，这个地方下一步发展还是有问题。要做好扶贫开发工作，就要深入群众、发动群众、依靠群众，确立人民群众在扶贫工作中的主体性，才能充分调动群众脱贫致富的主动性、积极性、创造性，变“你来扶贫”为“我要脱贫”，变“要我发展”为“我要发展”。要通过组织贫困群众参与扶贫项目的决策、实施、管理、监督和评估，提高自我组织、自我发展能力，增强造血功能，增强内生动力和发展活力。宁德广大干部群众继承、弘扬与践行习近平同志当年倡导的“滴水穿石”的闽东精神、“弱鸟先飞”的奋进意识、“四下基层”的工作制度、“行动至上”的工作作风，咬定目标，矢志不移，铁心拼搏，久久为功，自强不息，艰苦奋斗，闽东地区在20世纪90年代就脱掉了全国18个集中连片贫困地区之一的帽子。宁德市扶贫开发实践探索与取得的扶贫成果为世人所瞩目，得到习近平总书记、汪洋同志等党和国家领导人的充分肯定。2015年2月得到习近平总书记重要批示的福鼎市赤溪畲族村等一大批贫困村历经“输血、换血、造血”三个阶段的艰辛探索，通过增强贫困群众内生动力脱贫致富，实施整村推进扶贫整体改变了面貌，赤溪村农民人均纯收入从1984年的166元增长到2018年的18305元。二是核心作用论。习近平同志在《摆脱贫困》中指出：“贫困地区的发展靠什么？千条万条，最根本的只有两条：一是党的领导；二是人民群众的力量。”[①] 党的坚强有效的领导和人民群众的创造力是改变贫困的根本基础。农村党组织要发挥核心作用，在指导思想上、组织保证上使党组织在社会主义新农村建设中，真正能站到“前台”，真正能居于“第一线”。农村改革越深化，党组织的核心地位越要强化；脱贫工作越深入，农村第一线党组织的力量越要增强。习近平同志在《摆脱贫困》中强调：“要想脱贫致富，必须有个好支部，农村党组织是‘脱贫第一线的核心力量’、是‘合唱团的总指挥’，直接关系到脱贫致富事业的凝聚力的强弱。”[②] 群众富不富，关键看支部；给钱给物，不如给个好干部。宁德市委贯彻落实习近平党建扶贫思想，大力实施“党建富民强村工程”和“百个基层党建示范点培育工程”，着力建设一个好支部、打造一支好队伍、做强一个好村财，把基层党组织和党员队伍在扶贫脱贫中的战斗堡垒作用和先锋模范作用充分发挥出来。通过推进“三向培养”工程，把致富能手培养成党员、把党员培养成致富能手、把党员致富能手培育成村干部，做到“选准一个人，激活一个村”。涌现出福鼎市赤溪村和柏洋村、寿宁县下党村等党的基层组织建设全国先

① 习近平：《摆脱贫困》，福建人民出版社，2014，第13页。

② 习近平：《摆脱贫困》，福建人民出版社，2014，第162页。

进，带领群众脱贫致富奔小康。宁德市率先在全省出台政策，将返乡创业大学生作为美丽乡村的建设者、农业现代化建设的带领者、农村精神文明建设的传播者、农村生产资料的开发者、农村基层组织的骨干力量来培养，选派乡村振兴指导员和科技特派员，使其成为一支扶贫开发和乡村振兴的重要力量。

新时代习近平关于扶贫工作重要论述的学理机制及文献分析*

姚树洁　王洁菲　汪　锋**

摘　要： 本文以新时代习近平关于扶贫工作的重要论述为研究对象，通过归纳总结习近平重要讲话、论述，梳理了习近平关于精准扶贫、精准脱贫工作的深刻思想内涵。结合贫困研究的相关文献，分析得出中国坚持实施精准扶贫、精准脱贫战略的客观必然性及其学理机制。进一步，基于经济增长的“涓滴效应”、社会公共服务供给、“扶智”与“扶志”、金融扶贫和“益贫式”发展等视角进行系统、全面的文献分析，提出新时代扶贫工作难点、关键点是：如何破解连片特困地区贫困治理难题，阻断贫困代际传递，实现贫困人口彻底摆脱“贫困陷阱”。这也是贫困缩减研究方向当下及未来有待进一步探讨的问题。

关键词： 新时代　贫困治理　习近平精准扶贫　“益贫式”发展　文献分析法

贫困治理是人类社会发展过程中难以回避的问题，更是一个事关人

---

* 文章刊发于《当代经济科学》2019 年第 1 期，是国家社科基金重大项目（18ZDA005）的阶段性成果。该文章收录本书时，内容和文献标注方式略有调整。

** 姚树洁，重庆大学经济与工商管理学院，华南农业大学经济管理学院，宁波诺丁汉大学经济学院；王洁菲，重庆大学经济与工商管理学院；汪锋，重庆大学经济与工商管理学院。

心向背、国家政权稳固的政治问题。在世界经济发展过程中，消除贫困不仅是经济发展的重要目标，也是衡量人类文明发展的重要内涵[①]。

习近平关于精准扶贫精准脱贫的重要论述，是建设新时代中国特色社会主义行动指南的重要组成部分，是世界扶贫理论及实践在中国新时代社会主义建设中的具体体现、发展和创新。十八大以来，在习近平总书记关于扶贫工作的理论及实践战略的指引下，中国的许多扶贫理念及政策措施，都突破了世界其他国家现有理论及实践的边界，在中国的贫困治理工作中，取得了非常显著的成效。例如，通过建档立卡，把扶贫工作真正做到了精准到村到户。“不愁吃，不愁穿，保障住房、医疗和教育”的多维贫困退出标准既涵盖了基本需求，也包含了基本能力[②]。农村贫困发生率从2012年的10.3%降到2017年底的3.1%，全国农村贫困人口6年累计减少6853万人[③]。

在党的十九大报告中，习近平把中国新时代社会主要矛盾定义为“人民日益增长的美好生活需要和不平衡不充分的发展之间的矛盾”[④]。他认为绝对贫困的存在是发展不平衡的结果，也是发展不充分的体现。因此，党中央和国务院把精准脱贫确定为2020年之前决胜全面建成小康社会的核心内容，也是我国未来三年社会经济发展的三大攻坚战略任务之一。习近平提出到2020年要通过多种精准脱贫措施，动员全党全社会的力量消灭现行标准下的绝对贫困。他提出“真扶贫、扶真贫”“在小康路上一个也不能落下”“扶贫先扶志、治贫先治愚”等一系列精准脱贫重要论述，把精准脱贫当作一项建设中国特色社会主义现代化强国的

---

① Birldsall N, Londono J L., “Asset inequality matters: An assessment of the World Bank's approach to poverty reduction”, *American Economic Review*, 1997, 87 (2): 32－37. 阿马蒂亚·森：《贫困与饥荒——论权利与剥夺》，王宇、王文玉译，商务印书馆，2000，第2～8页。王小林：《改革开放40年：全球贫困治理视角下的中国实践》，《社会科学战线》2018年第5期。

② 王小林：《改革开放40年：全球贫困治理视角下的中国实践》，《社会科学战线》2018年第5期。

③ 国家统计局：《扶贫开发成就举世瞩目　脱贫攻坚取得决定性进展——改革开放40年经济社会发展成就系列报告之五》，http://www.stats.gov.cn/ztjc/ztfx/ggkf40n/201809/t20180903_1620407.html。

④ 《权威发布：十九大报告全文》，人民网，2018年3月13日，http://sh.people.com.cn/n2/2018/0313/c134768－31338145.html。

重大政治经济任务来抓，把人类社会消灭贫困工作提到一个崭新的理论及实践高度，具有非常深远的现实意义和国际意义。

一 中国贫困治理机制发展历程与习近平精准扶贫重要论述的历史条件

新中国成立伊始，国民经济积贫积弱、百废待兴，土地和人民的温饱问题无疑是那个历史时期最突出的问题。两千多年的封建经济基础都是自给自足、小而分散的家庭农业经济，难以形成规模化生产，导致中国农村人口长期陷于贫困落后的状态之中。中国第一代领导人毛泽东深谙农民农村问题，提出农民合作化和“共同富裕”的战略构想来摆脱贫困，其最终目的是保证农村中一小部分缺粮户不再缺粮，除了专门经营经济作物的某些农户以外，其余农户统统变为余粮户或者自给户，使农村中没有贫农，让全体农民能够达到中农和中农以上的生活水平①，并通过合作社逐步对传统手工业、资本主义工商业进行社会主义改造。然而，“共同富裕”并不是一蹴而就的。人民公社时期的平均主义、大锅饭的生产方式极大地降低了农民生产的积极性，“大跃进”和“文化大革命”更是加剧了农村的贫困问题。但是，在那个历史时期与贫困治理有关的土地改革、卫生医疗、基础教育等实践，却能够显著提高人民的社会福利水平，尤其是许多常见的传染病得到彻底根除，人民基本生活和健康水平比解放初期有了显著的提高。

在总结经验和历史教训的基础上，以邓小平为核心的第二代领导人提出：“一部分地区有条件先发展起来，一部分地区发展慢点，先发展起来的地区带动后发展的地区，最终达到共同富裕。”②“先富带动后富”的初衷是发挥经济增长的“涓滴效应”，先做大“蛋糕”，再通过政府转移支付、救济补贴、公共事业建设实现财富二次分配，让穷人共享经济发展成果，这一贫困治理政策是一项伟大的创新。

---

① 毛泽东：《毛泽东著作选读》（下册），人民出版社，1986，第776页。

② 邓小平：《邓小平文选》（第三卷），人民出版社，1993，第373~374页。

1978 年，安徽凤阳小岗村率先实行家庭联产承包责任制，农民拥有了使用和管理土地的权利，农村生产力得到巨大的解放，极大地激发了农民生产热情，推动了农业发展，产生了减贫效应的集中释放，为中国今后的其他各项改革奠定了坚固的物质基础①。但是，早期重工业优先发展战略消耗了大量农业原始积累，导致财富在产业间的分配格局极不平衡。1979 年，十一届四中全会通过了《中共中央关于加快农业发展若干问题的决定》，通过提高农产品收购价格，缓解工农产品价格“剪刀差”②。农产品流通体制改革缩小了城乡居民收入差距，外商投资、出口贸易的急剧攀升，降低了生产非效率，促进全社会整体的技术进步，改革开放更是迎来了农村社会经济体制改革的新时期，农村劳动生产率和农民人均纯收入迅速提高③。然而，1986 年以后城镇化、工业化和“先富带后富”的非均衡发展战略，促使各类资源在区域间产生不平等的倾向性分配，导致经济发展呈现东、中、西部地区间发散态势④。工农产品“剪刀差”和城乡二元经济社会结构冲击了农村经济，农村发展失去其优先效应，制度改革红利和经济增长拉动的扶贫模式效应明显减弱⑤，贫困也由原来的整体性转变为区域性、多元性和复杂性。

以江泽民同志为核心的第三代中央领导集体继承了前两代领导人在贫困治理中凝聚的智慧，深刻认识到我国农村地区之间经济发展非常不平衡，认为要实现共同富裕，就必须切实解决好农村贫困问题。1994 年

---

① 姚树洁：《用马克思主义实践论指导中国经济建设与理论研究》，《经济研究》2017 年第 5 期。

② 徐大兵：《新中国成立 60 年来农产品流通体制改革回顾与前瞻》，《商业研究》2009 年第 7 期。

③ 姚树洁：《中国改革二十多年来的经济发展与贫困缩减》，《当代经济科学》2003 年第 1 期。姚树洁、冯根福、韦开蕾：《外商直接投资和经济增长的关系研究》，《经济研究》2006 年第 12 期。Sutherland D.，Yao S. J.，“Income inequality in china over 30 years of reforms”，*Cambridge Journal of Economy and Society*，2011（4）：91－105. 李峰、姚树洁、龙建成：《新时期农地私有的缺陷分析》，《西安交通大学学报》（社会科学版）2012 年第 6 期。向德平、黄承伟：《减贫与发展》，社会科学文献出版社，2016，第 152～161 页。

④ Yao S. J.，Zhang Z. Y.，“On regional inequality and diverging clubs：A case study of contemporary China”，*Journal of Comparative Economics*，2001，29（3）：466－484.

⑤ 王忠海：《走出“剪刀差”的误区》，《经济研究》1993 年第 1 期。张琦、冯丹萌：《我国减贫实践探索及其理论创新：1978～2016 年》，《改革》2016 年第 4 期。

国务院制定发布了《国家八七扶贫攻坚计划（1994—2000年）》，具体目标是（“八七”的含义）：对当时全国农村8000万贫困人口的温饱问题，力争用7年左右的时间（1994~2000年）基本解决。这一时期592个国家级贫困县的确定，再次明确了扶贫重点和扶贫对象，标志着我国贫困治理进入城市反哺农村、工业反哺农业的新阶段。1996年，党中央国务院作出《关于尽快解决农村贫困人口温饱问题的决定》，强调“要以贫困村为重点，以贫困户为对象，把扶贫任务分解到村，把扶贫措施落实到户”[①]，扶贫攻坚战略由“面”转向“点”，大规模连片贫困区域问题得到一定缓解。但是，改革开放产生的要素区域间分配差异性，导致东、中、西部地区经济呈现区域内收敛、区域间发散态势，发展依然存在明显的不均衡，西部地区成为贫困重灾区[②]。

以胡锦涛为总书记的党中央结合国情于2001年出台《中国农村扶贫开发纲要（2001—2010年）》，将扶贫重点瞄准到西部地区贫困县，大力实施西部大开发战略，创新扶贫机制，实施产业扶贫、金融扶贫、异地搬迁扶贫等多维扶贫措施。与此同时，2003年中国全面取消农业税，试点推行新型农村合作医疗制度；2007年全面实施农村九年义务教育，建立农村最低生活保障制度；2011年贫困标准提高至2300元/月等。这一阶段的贫困治理，大大提高了扶贫项目的针对性、益贫性。

2011年出台的《中国农村扶贫开发纲要（2011—2020年）》标志着上一阶段扶贫工作的结束和新一阶段扶贫工作的开始。扶贫重点由“整村推进”向集中连片特困地区转变。改变了以往单纯依靠总体经济发展的脱贫模式，更加注重统筹城乡和区域的协调发展，不断加大集中连片特困地区的扶贫力度。

在过去的几十年间，一般性贫困问题已经随着不断加大的政策性投入得到极大的缓解。伴随着经济进入“新常态”，城乡一体化进程放缓，

---

① 王大超：《中国共产党反贫困思想与实践》，《社会科学战线》2002年第4期。

② Yao S. J., Zhang Z. Y., "On regional inequality and diverging clubs: A case study of contemporary China", *Journal of Comparative Economics*, 2001, 29 (3): 466-484.

收入两极分化愈加严重，经济增长也逐步放缓。解决刘易斯发展模式造成的城乡分割二元体制和非均衡发展遗留下来的不平衡等问题是新时代精准扶贫、精准脱贫乃至全面建成小康社会的首要任务[①]，更需要科学、精准、动态和长效的扶贫机制和检测系统[②]。

新时代习近平总书记关于扶贫开发重要论述，是在中国进入全面建成小康社会的攻坚阶段产生的。以前的经济社会发展及扶贫工作是全面脱贫的重要基础。但是，在指定的时间内全面脱贫却要面对两个非常严峻的挑战。一是“顽固性”贫困问题，即在经济发展比较好的地区，在绝大多数人步入小康生活的情况下，依然有一小部分人因为各种特殊的原因缺乏自我脱贫的能力；二是“贫困陷阱”问题，即在一些贫困发生率比较高的连片特困地区，相当比重的低收入贫困家庭因为长期的“等、靠、要”思想而失去了自我脱贫的意志和能力，总是希望能够得到政府的直接帮助去勉强维持高于最低贫困线的生活。针对这两方面的问题，习近平首先提出“全面建成小康社会，一个也不能少”的脱贫要求，指出必须做到“真扶贫、扶真贫”，以解决所谓的“顽固性”贫困。同时，他提出“扶贫先扶志，治贫先治愚”的策略，采取直接帮扶及“益贫式”发展并举的综合措施，促使贫困和低收入农户自我摆脱“贫困陷阱”的魔咒。在具体的扶贫措施上，精准识别，精准实施，成为习近平扶贫实践的重大突破。尤其是2014年开始实施的建档立卡措施，在全国范围内，在基层政府层层责任明确分工的同时，把每一个贫困家庭识别出来，并根据具体情况采取“财政补助脱贫一批，生产帮助脱贫一批，教育发展脱贫一批，生态补偿脱贫一批，异地搬迁脱贫一批”等“五个一批”的手段，按时按量按质，有步骤、分层次地彻底消灭绝对

---

① 姚树洁：《“新常态”下中国经济发展和理论创新》，《经济研究》2015年第12期。陈锡文、韩俊：《经济新常态下破解“三农”难题新思路》，清华大学出版社，2016。

② 蔡昉、陈凡、张车伟：《政府开发式扶贫资金政策与投资效率》，《中国青年政治学院学报》2001年第2期。李文、汪三贵：《中央扶贫资金的分配及影响因素分析》，《中国农村经济》2004年第8期。Fujii T.，“Dynamic poverty decomposition analysis：an application to the Philippines”，*World Development*，2017，100：69－84.

贫困。这是习近平总书记关于扶贫工作理论及实践最主要的创新和突破[①]。

二 习近平精准扶贫重要论述与公共服务提供、经济增长“涓滴效应”

党的十八大以来，我国扶贫开发事业迎来了时代和实践赋予的新挑战。全面建成小康社会目标宏伟而紧迫。“脱贫攻坚已经到了啃硬骨头、攻坚拔寨的冲刺阶段，所面对的都是贫中之贫、困中之困，采用常规思路和办法、按部就班推进难以完成任务。”[②] 针对这一时期的扶贫开发，习近平做了一系列重要讲话、重要论述、重要指示，形成了一个思想深邃、内涵丰富、逻辑严密的理论体系，具体特点包括以下几个方面。

一是以人为本的扶贫攻坚理念。习近平在党的十九大报告中提出：“人民是历史的创造者，是决定党和国家前途命运的根本力量。必须坚持人民主体地位……把人民对美好生活的向往作为奋斗目标，依靠人民创造历史伟业。”习近平在他所著的《摆脱贫困》一书中也强调，贫困地区独特的地理位置和经济发展的具体条件，决定了它的发展变化只能是渐进的过程。要从根本上改变贫困、落后的面貌，需要广大人民群众发扬“滴水穿石”般的韧劲和默默奉献的艰苦创业精神，进行长期不懈的努力，才能实现[③]。当下，正值脱贫攻坚关键时期，习近平要求各级党委要增强紧迫感和主动性，要把脱贫攻坚作为“十三五”期间头等大事和第一民生工程来抓，坚持以脱贫攻坚统揽经济社会发展全局。2015年6月，习近平在贵州再次明确“扶贫开发是全党全社会的共同责任，要动员凝聚全党全社会力量，要坚持专项扶贫、行业扶贫、社会扶贫等

---

① 姚树洁、王洁菲、袁梁：《非政府组织的社会扶贫对精准扶贫作用的理论与实证分析——以渭南师范学院定点扶贫龙门村为例》，《渭南师范学院学报》2017 年第 4 期。

② 本报评论员：《坚决打赢脱贫攻坚战》，《人民日报》2015 年 11 月 30 日。

③ 习近平：《摆脱贫困》，福建人民出版社，1992，第 26 ~ 28 页。

多方力量有机结合和互为支撑的‘三位一体’大扶贫格局”①。

二是精准化脱贫的扶贫理念。2013 年 11 月，习近平赴湘西调研扶贫攻坚时正式提出“精准扶贫”。纵观历史，我国的扶贫经历了“普惠式”扶贫、县级瞄准扶贫、15 万个村级扶贫，到 14 个集中连片特困地区成为重点扶贫对象，不难发现以往扶贫都是区域瞄准，没有精准到户到人。这种“大水漫灌”的扶贫模式虽然能够在短期内集中政策、人力、物力、财力，切实帮助部分贫困人口脱贫，但是在实现共同富裕伟大目标过程中，却存在难以回避的不足——不同贫困户对同质性的扶贫政策适应能力存在一定差异，难以面面俱到、实现全面脱贫；部分已脱贫家庭或因病、或因生产经营不善等返回贫困，导致扶贫工作成效不可持续②。习近平通过总结历史扶贫经验教训，最终提出现阶段的精准扶贫，包含精准识别、精准帮扶、精准管理和精准考核，四个环节互为前提和支撑，任何一个环节都离不开其他三个环节。当下，实施精准扶贫必须找到“贫根”，对症下药，靶向治疗。“扶持谁、谁来扶、怎么扶、如何退，全过程都要精准，有的需要下一番‘绣花’功夫。”③

三是全面小康的扶贫目标。消除贫困、改善民生、实现全面小康，是社会主义的本质要求，更是中国共产党的重要使命。“小康社会”最早是由国家第二代领导人邓小平提出的，改革开放带来了经济高速发展，社会主义各项事业蒸蒸日上，人民生活水平有了极大改善，达到了总体小康水平，但不全面的小康水平。所以，习近平指出，“全面建成小康社会，一个也不能少，共同富裕路上，一个也不能掉队，要保证全体人民在共建、共享发展中有更多获得感，不断促进经济的全面发展、人民共同富裕”④。全面建成小康社会是“四个全面”的重要组成部分，对全面深化改革、全面依法治国和全面从严治党意义重大。习近平多次在重

---

① 2015 年 6 月 18 日，习近平在贵州召开的部分省区市党委主要负责同志座谈会上发表重要讲话。

② 唐任伍：《习近平精准扶贫思想研究》，《公共治理》2017 年第 12 期。

③ 李福森：《脱贫攻坚必须下番“绣花”功夫》，2017 年 3 月 14 日，http：//www.china.com.cn/lianghui/news/2017 - 03/14/content_ 40454722.htm。

④ 习近平：《决胜全面建成小康社会 夺取新时代中国特色社会主义伟大胜利——在中国共产党第十九次全国代表大会上的报告》，2017 年 10 月 18 日。

要讲话中强调贫困问题与全面小康关系密切，例如，2012 年 12 月，习近平在河北阜平提出："各级党委和政府要把帮助贫困群众特别是革命老区、贫困地区的困难群众脱贫致富摆在更突出的位置……各项扶贫政策要进一步向革命老区、贫困地区倾斜。"[①] 2015 年，习近平在陕西强调："全面建成小康社会，没有老区的全面小康，特别是没有老区贫困人口脱贫致富，那是不完整的。"[②] 所以，习近平扶贫攻坚重要论述包含每一个贫困地区、每一个贫困家庭，这是全面小康的关键步骤。

四是人类命运共同体的扶贫理念。作为世界上最大的发展中国家，中国在专注于自身贫困缩减的同时，还十分重视其他发展中国家的扶贫事业，为世界积累了宝贵的实践经验。尤其是习近平总书记关于新时代精准扶贫的重要论述，已然成为我国扶贫开发新的理论成果，对其他具有相似经济社会发展基础的国家来说，这不仅提供了理论方法，更提供了具体而明确的路径和实施方略借鉴，习近平在十九大报告中正式提出："坚持和平发展道路，推动构建人类命运共同体。" 这是因为消除贫困、共建没有贫困的人类命运共同体不但是人类的共同使命，更是当今世界各国需要共同面对的全球性挑战。在 2015 年减贫发展高层论坛上，习近平向世界各国呼吁："让我们携起手来，为共建一个没有贫困、共同发展的人类命运共同体而不懈奋斗。" 习近平的精准扶贫精准脱贫重要论述倡导共建人类命运共同体，立足中国的实践经验，依托制度优势，提供了具有指导意义的精准扶贫体系，为世界贫困治理、为人类命运共同体的建立贡献了中国的方案及智慧。

随着贫困治理的不断推进，中国贫困问题呈现新特点，收入差距之外的教育、医疗卫生、社会保障等公共服务领域的差距显著高于收入差距，相对贫困和社会排斥取代绝对贫困成为贫困的主要方面[③]。公共教育、医疗等社会服务供给可以有效避免贫困代际传递，教育所带来的人力资本积累是消灭贫困和避免返贫的根本保障，在阻断贫困代际传递方

---

① 2012 年 12 月 29 日至 30 日，习近平在河北阜平看望慰问困难群众时的重要讲话。

② 2015 年 2 月 13 日，习近平在主持召开陕甘宁革命老区脱贫致富座谈会上的讲话。

③ 李福森：《脱贫攻坚必须下番"绣花"功夫》，2017 年 3 月 14 日，http://www.china.com.cn/lianghui/news/2017 - 03/14/content_ 40454722. htm。

面的贡献已经得到国内外众多学者的认可。舒尔茨认为，“贫困国家的经济之所以落后，其根本原因不在于物质资本短缺，而在于人力资本的匮乏和国家对人力资本的过分轻视，所以改善穷人福利的生产决定性的要素不是空间、能源和耕地，而是人口质量的提高和知识的进步”[①]。世界银行曾把中国贫困减少归功于经济增长和公共转移支付的扩张，政府通过转移支付进行财富的二次分配以调整社会财富分布，以缓解初次分配的不均衡。Birldsall、Londono[②] 指出公共社会支出在初等教育和基本医疗上的再分配不仅不会增加财政负担，还能够通过人力资本积累，实现经济增长，产生高效减贫效应。杨娟等[③]发现义务教育是影响收入差距和代际流动性的主要原因，但是，贫困家庭受预算约束的限制，对子女早期教育投入有限，导致其高等教育参与率不足，与非贫困家庭的收入差距扩大。张林秀等[④]强调在经济高速发展时期，教育是决定非农工作状况和就业的重要人力资本组成部分，而非农就业又可直接改善农村居民家庭福利。王春超、叶琴[⑤]在研究中国农民工多维贫困问题中，也强调教育维度的贫困对农民工多维贫困的贡献率较高，且呈上升趋势，教育投入不足会导致农民工回到多维贫困。但是现有教育资源分配机制导致人力资本不平等问题日益严峻，特别是在农村贫困地区，教育不平等强化代内和代际的收入不平等。但是，随着城市化进程的不断加快，教育资源分布愈加不平等，新的人口结构和社会变迁导致农村义务教育面对巨大挑战，例如，农村小学空心化对于生活在这个以地理空间布局所形成的教育梯队的人群来说，就丧失了与优质人群缩小距离的机会。所以，加大义务教育的公共支出比例，完善农村义务教育保障机制，提高教育资源配置效率，对切断贫困的代际传递作用巨大。

---

① 舒尔茨：《人力投资：人口质量经济学》，贾湛等译，华夏出版社，1990，第 1 ~ 7 页。

② Birldsall N. , Londono J. L. , “Asset inequality matters: An assessment of the World Bank's approach to poverty reduction”, *American Economic Review*, 1997, 87 (2): 32 – 37.

③ 杨娟、赖德胜、邱牧远：《如何通过教育缓解收入不平等?》，《经济研究》2015 年第 9 期。

④ 张林秀、霍艾米、罗斯高等：《经济波动中农户劳动力供给行为研究》，《农业经济问题》2000 年第 5 期。

⑤ 王春超、叶琴：《中国农民工多维贫困的演进——基于收入与教育维度的考察》，《经济研究》2014 年第 12 期。

医疗保障是主观福祉的一个重要衡量指标，不仅对个人的生活质量整体评价具有重要影响，其在减贫中的突出贡献亦不可忽视。改革开放以前，政府在农村大力推行合作医疗制度，极大地保障了农民身体健康。但是，颜媛媛等[①]发现改革开放以后，农村集体经济实力被削弱，合作医疗名存实亡，占主导地位的自费医疗制度，不断催生出村民举债治病而返贫或致贫的现象。2002 年的《中共中央、国务院关于进一步加强农村医疗卫生工作的决定》提出要建立由政府组织、引导、支持，农民自愿参加，个人、集体和社会多方筹资的新型农村合作医疗制度。但是因其瞄准效率不高、政策宣传推广力度不够、报销比例较低和制度设计缺陷等问题，其对贫困治理的精准性、有效性和持续性不容乐观[②]。姚树洁等[③]认为，新时代将医疗改革与扶贫相结合，将贫困地区农村纳入新型农业合作医疗体系中，提高补偿比例，切实构建一道防止因病致贫、返贫的屏障，真正实现农民从中受益。当前精准扶贫积极推进城镇居民基本医疗保障和新农合整合，巩固完善城乡居民大病保险制度。按照“填平补齐”的原则，实施贫困地区县级医院、乡镇卫生院、村卫生室标准化建设，使每个连片特困地区县和国家扶贫开发重点县达到“三个一”目标[④]，全面建成互联互通的人口健康信息平台，推进“医共体 + 医联体 + 健康网”的建设。

华盛顿共识主张的滴漏经济学坚信经济增长所带来的经济利益能够在各阶层自由扩散，并自动消除贫困，但是国内外许多学者提出质疑，认为经济增长通常伴随更严峻的贫富差距问题，所以均衡的经济增长和公平的收入分配对减少贫困都具有同等重要的作用。早在 1955 年，Kuznets 就推测出人均收入和收入不平等之间存在倒 U 形关系，即“库

① 颜媛媛、张林秀、罗斯高等：《新型农村合作医疗的实施效果分析：来自中国 5 省 101 个村的实证研究》，《中国农村经济》2006 年第 5 期。

② 易红梅、张林秀：《农村最低生活保障政策在实施过程中的瞄准分析》，《中国人口 · 资源与环境》2011 年第 6 期。

③ 姚树洁、王洁菲、袁梁：《非政府组织的社会扶贫对精准扶贫作用的理论与实证分析——以渭南师范学院定点扶贫龙门村为例》，《渭南师范学院学报》2017 年第 4 期。

④ 《全国医疗卫生服务体系规划纲要（2015—2020 年）》，中国政府网，2015。

兹涅茨曲线”（Kuznets curve）。Yao① 通过测算基尼系数和收入对贫困的弹性，发现尽管经济增长对减贫很重要，但贫困发生率却对收入不平等非常敏感。姚树洁②在对中国经济发展与贫困缩减研究中指出，收入持续增长是减少贫困的一个必要条件，但不是充分条件，更高效的贫困缩减需要持续的收入增长伴以更公平的分配机制。Sutherland、Yao③ 进一步分析改革开放30年间中国的多维不平等问题，提出虽然改革开放以后经济持续高速增长，但是不同区域城乡居民人均收入差距却不断扩大，东部沿海地区得益于资本、劳动、技术的聚集，经济增长的溢出效应减小了区域内的不平等，但是区域间收入不平等却愈演愈烈，并衍生出极为复杂的多维不平等特征。

中国在改革开放以前是典型的计划经济国家，为了实现重工业优先发展的赶超战略，国家实行了城市化、工业化偏向的经济政策，并且采用严格的户籍管理制度限制城乡劳动力流动，造成了城乡分割二元经济体制和严重的城乡差距④。刘易斯在破除“二元经济结构”理论中提出通过解决农村大量剩余劳动力的就业问题，促进结构转换来推动反贫困进程，依靠工业化和城市化的演进，逐步消除二元结构的差异，进而实现减贫。伍山林⑤在二元经济结构和增长源核算框架下研究得出，农业劳动力流动对经济增长贡献较小，但其波动特征与经济增长具有明显的相似性，具有指示性作用。但是林万龙⑥指出农村流动人口会因为分割的“二元”城乡公共服务体系、非包容性的城镇化模式，更易陷入贫困，并产生贫困代际传递。张林秀等⑦强调农业部门在中国改革开放经

---

① Yao S. J.，“On the decomposition of Gini coefficients by population class and income source: a spreadsheet approach and application”, *Applied Economics*, 1999 (31): 1249 – 1264.

② 姚树洁：《中国改革二十多年来的经济发展与贫困缩减》，《当代经济科学》2003年第1期。

③ Sutherland D.，Yao S. J.，“Income inequality in china over 30 years of reforms”, *Cambridge Journal of Regions, Economy and Society*, 2011 (4): 91 – 105.

④ 汪锋、刘旗、张宗益：《经济体制改革与中国城乡发展不平衡》，《中国软科学》2007年第5期。

⑤ 伍山林：《农业劳动力流动对经济增长的贡献》，《经济研究》2016年第2期。

⑥ 林万龙：《贫困政策体系遭遇流动人口挑战》，《人民论坛》2011年第9期。

⑦ 张林秀、霍艾米、罗斯高等：《经济波动中农户劳动力供给行为研究》，《农业经济问题》2000年第5期。

济增长中扮演了稳定器与推进器的角色，但是，优先发展重工业的赶超战略，消耗了大量农业的原始积累，农产品“统购统销”流通体制和户籍制度形成的城乡分割二元体制、产业发展的不平衡加剧了贫富差距。陈有华[①]研究发现，在工业化发展过程中，工业品价格波动通过价格传导机制会加剧农产品价格波动，工业化导致城乡收入差距不断扩大已成为不争的事实。劳动力的非农就业、农地产权稳定、城镇化水平对农村经济发展和农户收入及福利效应有重要影响。所以宋林、姚树洁[②]强调在农民城市化的过程中，政府既不能缺位，也不能越位，要通过职业培训和就业指导投入，降低农民在城市化过程中的支付成本，提升竞争力，进而实现城乡融合，促进农村经济发展。新时代的精准扶贫与乡村振兴共同推进，即通过乡村发展实现贫困户精准、可持续的脱贫。

三　习近平精准扶贫重要论述与连片特困地区扶贫攻坚

14 个连片特困地区和“三区三州”（三区：西藏，四川藏区，新疆南部四地州；三州：云南怒江州，四川凉山州，甘肃临夏州）生态脆弱、环境恶劣，经济、社会、文化发展落后，致贫原因复杂，贫困发生率大大高出全国平均水平，虽然国家对这些区域给予了相当大力度的投入与支持，但是相较于其他地区贫困治理仍然收效甚微，这些地区已然成为未来扶贫攻坚的主战场。2013 年习近平提出：“扎实推进城镇化和区域协调发展，推进实施区域发展总体战略，大力实施集中连片特困地区区域发展与扶贫攻坚规划。”[③] 2016 年，在宁夏银川习近平再次强调“东西部扶贫协作和对口支援，是推动区域协调发展、协同发展、共同发展的大战略，是实现先富帮后富、最终实现共同富裕的大举措，必须

① 陈有华：《市场边缘、价格波动与城乡差距或然性：基于工业品与农业品比较》，《改革》2012 年第 7 期。

② 宋林、姚树洁：《我国农民工城市化问题阐析》，《西安交通大学学报》（社会科学版）2011 年第 5 期。

③ 2013 年习近平在中共中央政治局常务委员会会议上的讲话。

认清形势、聚焦精准、深化帮扶、确保实效，切实提高工作水平，全面打赢脱贫攻坚战”[①]。可见，习近平关于新时代精准扶贫精准脱贫的重要论述主张区域协调发展。

童中贤等[②]提出国家实施连片特困地区区域发展与扶贫攻坚新战略，对区域增长极的培育具有重要意义，但是忽视了连片特困地区微观个体内生致贫因素的影响。而陈艾、李雪萍[③]认为贫困人口可持续生计要求能力、资源、行动相互进行有效转换，而脆弱性和抗逆力（包括个体、家庭、社区）是连片特困地区人口生计脆弱的主要原因。胡勇[④]指出武陵山区贫困的根源是区域差异性与边缘化致使“富饶性贫困”与“结构性贫困”交互存在，外来“输血”适应性不强与内生“造血”能力不足致使“偏差性贫困”与“沉积性贫困”同时存在。可以看出，已有学者将连片特困地区减贫研究延伸至贫困户个体内因视角。所以连片特困地区贫困户“扶智”与“扶志”极为迫切。姚树洁等[⑤]以边疆少数民族连片特困地区为研究对象，强调“扶智”与“扶志”对高质量、可持续脱贫至关重要。他们在南疆3地州6个县（市）的830多个样本贫困户中发现，居然有近1/3的贫困家庭常年依靠政府财政补助过日子，家里有强壮劳动力却不愿意或者缺乏劳动技能参加农业生产或外出打工以自我摆脱贫困。王志章、刘天元[⑥]在影响农村贫困代际传递内生因素的研究结果中指出，经济、人力、社会、心理资本是重要影响因素。所以激发连片特困地区农村贫困人口自我发展信心和动力是新时代脱贫攻坚的重要内容。

---

① 2016年7月20日，习近平在宁夏银川主持召开东西部扶贫协作座谈会并发表重要讲话。

② 童中贤、曾群华、马俊：《我国连片特困地区增长极培育的战略分析——以武陵山地区为例》，《中国软科学》2012年第4期。

③ 陈艾、李雪萍：《脆弱性—抗逆力：连片特困地区的可持续生计分析》，《社会主义研究》2015年第2期。

④ 胡勇：《集中连片特困地区发展现状与贫困的根源探究——以武陵山区为例》，《湖南农业科学》2013年第19期。

⑤ 姚树洁、王洁菲、汪锋：《新时代破除连片特困地区“贫困陷阱”的理论及战略路径研究》，《重庆大学学报》（社会科学版）2019年第5期。

⑥ 王志章、刘天元：《连片特困地区农村贫困代际传递的内生原因与破解路径》，《农村经济》2016年第5期。

国外也有诸多学者瞄准微观个体特征和贫困认知对减贫的影响。例如，Ravallion 等[①]将贫困程度描述性地分为四类，调查者通过阅读对照自身生活水平，判断自己所处类别，其结果作为潜变量用来衡量贫困程度。Guagnano 等[②]采用广义有序的 Logit 模型研究得出家庭经济特征和资本禀赋影响个体的自我贫困认知，进而影响主观脱贫动力。1996 年“益贫式”发展作为亚洲发展银行三大战略支柱之一被提出，2000 年经济合作与发展组织（OECD）将“益贫式”增长定义为有利于穷人的经济增长。该理论进一步诠释了精准扶贫最终目标，即穷人参与经济发展并获得合理的社会经济利益分配，进而实现减贫脱贫的持续性。

四 习近平精准扶贫重要论述与“益贫式”发展

贫困被广泛定义为，一个人或一个家庭在特定经济发展阶段没有达到社会所设定的最低生活物质水平。但是，随着思想观念的变化，人们对贫困的理解发生了范式革命，有关贫困的研究从物质匮乏不断转向基于社会经济环境的综合因素和比较。Townsend[③] 从相对剥夺角度定义贫困，他认为贫困不仅仅是生活必需品匮乏，还包括是否拥有及享有常规社会生活平均水平的权利。阿马蒂亚·森[④]认为贫困可视为基本“可行能力”被剥夺，而不仅仅是收入低下。收入不平等、失业、政府公共政策取向、医疗保健和公共教育设施匮乏等，都会弱化甚至剥夺人的能力，使其陷入贫困。胡鞍钢、李春波[⑤]将贫困划分为收入贫困、人类贫困和知识贫困，他认为贫困人口不仅仅收入低下，还缺乏人类发展能力，缺

---

① Ravallion M., Himelein K., Beegle K., “Can subjective questions on economic welfare be trusted? Evidence for three developing countries”, *Policy Research Working Paper*, 2013, 64 (4): 2 – 38.

② Guagnano G., Santarelli E., Santini I., “Can social capital affect subjective poverty in Europe? An empirical analysis based on a generalized ordered Logit model”, *Social Indicators Research*, 2016, 128 (2): 881 – 907.

③ Townsend P., “The meaning of poverty”, *British Journal of Sociology*, 2010, 61 (1): 85 – 102.

④ 阿马蒂亚·森：《贫困与饥荒——论权利与剥夺》，王宇、王文玉译，商务印书馆，2000，第 2 ~ 8 页。

⑤ 胡鞍钢、李春波：《新世纪的新贫困：知识贫困》，《中国社会科学》2001 年第 3 期。

乏知识资产和获得知识与信息的能力。随着贫困研究的不断深入，国外众多学者将研究视角转向主观贫困，认为家庭资源禀赋、公共基础设施、通货膨胀及社会失业率等因素，都会导致微观个体对当前生活贫困与否产生主观评价。可见，贫困定义由单一收入贫困向能力贫困、权利贫困、人文贫困拓展，并延伸至精神层面上的主观贫困。

习近平在党的十九大报告中指出："新时代的精准扶贫要与扶志、扶智相结合，实现脱真贫、真脱贫，要坚持大扶贫格局，深入实施东西部扶贫协作，解决区域性整体贫困，确保2020年决胜全面建成小康社会。"[①] 扶贫先扶志，治穷先治愚，扶贫不是慈善救济，而是要引导和支持一切具有劳动能力的人，依靠自己的双手开创美好明天，要注重调动贫困群众的积极性、主动性、创造性，实现扶贫开发由外部"输血式"扶贫向内部"造血式"脱贫转变，注重培育贫困群众发展生产和务工经商的基本技能，注重激发贫困地区和贫困群众脱贫致富的内在活力，既要送温暖，更要送志气、送信心。脱贫致富从直观上说，是贫困地区创造物质文明的实践活动，但是，真正的社会主义不能仅仅理解为生产力的高速发展，还必须配套高度发展的精神文明，一方面要让人民过上比较富足的生活，另一方面要提高人民的思想道德水平和科学文化水平，这才是真正意义上的脱贫致富[②]。

过去的扶贫政策在一定程度上忽视了贫困地区广大人民群众反贫困内生能力的提升和培育。基于此问题，习近平提出了"内源扶贫"重要思想，强调"扶智"与"扶志"的重要性，更指出贫困地区发展要靠内生动力。一个地方必须有产业、有劳动力，内外结合才能发展[③]。产业发展带动区域整体经济可持续发展，进而促进贫困户参与经济建设，获得稳定收入，实现永久脱贫。所以，脱贫致富终究要靠贫困群众用自己

① 习近平：《决胜全面建成小康社会　夺取新时代中国特色社会主义伟大胜利——在中国共产党第十九次全国代表大会上的报告》，2017年10月28日。

② 习近平：《摆脱贫困》，福建人民出版社，1992，第26~28页。

③ 刘永富：《打赢全面建成小康社会的扶贫攻坚战：深入学习贯彻习近平同志关于扶贫开发的重要讲话精神》，2014年4月9日，http://politics.people.com.cn/n/2014/0409/c1001-24852788.html。

的辛勤劳动来实现，中共中央政治局会议在研究2018年经济工作中明确指出："精准脱贫要瞄准特殊贫困人口精准帮扶，进一步向深度贫困地区聚焦发力，把扶贫、扶智和扶志结合起来，激发贫困人口内生脱贫动力，巩固扶贫成果，提高脱贫质量。"①

王小林②认为，当前在基层扶贫工作中，强调培育贫困人口"造血"能力，激发内在动力，防止扶贫对象产生"援助依赖"是习近平精准脱贫重要思想的又一特征。在近两年来的扶贫攻坚实践中，诸多学者发现贫困户"自身发展动力不足"会导致政府"输血式"转移支付产生"授人以渔"扶贫期望和"授人以鱼"扶贫效应的矛盾。尤其是在连片特困地区和国家级扶贫开发重点县，此类问题屡见不鲜。姚树洁等③指出连片特困地区是长期非均衡发展的产物，贫困规模大、程度深，扶贫、扶智和扶志任务相互融合，是精准扶贫的难点、关键点，所以构建农业现代化生产方式，增强农业自立性和竞争性，发挥农业"益贫式"发展作用，迫切需要精准的扶贫机制和激发内生发展动力的可持续扶贫政策。因此，要做到"脱真贫、真脱贫"，就必须做到智随志走、志以智强，实现"志智双扶"才能激发活力，形成合力，真正拔掉思想的"穷根儿"，形成让贫困人口自己劳动致富的长效机制，加快推动经济社会健康发展④。所以，习近平扶贫攻坚"扶智"及"扶志"思想，不仅具有现实意义，更具有理论和实践的前瞻性。

五 习近平精准扶贫重要论述与金融扶贫攻坚

资本匮乏是制约农村经济发展的主要因素，而财政金融支农政策对

① 《习近平主持中共中央政治局会议 分析研究2018年经济工作》，2017年12月8日，http：//www. xinhuanet. com/politics/leaders/2017/12/08/c_ 1122082017. htm。

② 王小林：《改革开放40年：全球贫困治理视角下的中国实践》，《社会科学战线》2018年第5期。

③ 姚树洁、王洁菲、汪锋：《新时代破除连片特困地区"贫困陷阱"的理论及战略路径研究》，《重庆大学学报》（社会科学版）2019年第5期。

④ 王琳、唐子茜：《中国特色扶贫开发的理论新发展与经验总结》，《经济问题探索》2017年第12期。

改造传统农业，促进农村经济发展、农村减贫具有显著促进作用。金融服务对减贫产生作用的途径有两条：一是向贫困人群提供信贷服务，二是提供金融产品和储蓄服务。Lmai 等[①]采用 99 个发展中国家面板数据研究显示，金融的贷款总量与 Foster 的 FGT 贫困度量指数显著负相关，并且农村金融的发展可以显著降低贫困深度和贫困强度。Geda 等[②]以埃塞俄比亚为研究对象，验证了金融服务能够显著地平滑消费，减少贫困。温涛等[③]在梳理 1952～2003 年中国农村金融制度和金融结构变迁的基础上，运用时间序列方法研究发现，这一时期农村金融发展抑制了农民收入增长，强化了城乡“二元经济结构”。汪锋等[④]也指出中国在市场经济改革进程中，财政和金融的城市化偏向是城乡收入差距扩大的主要原因。但是 2004～2014 年连续 11 个中央一号文件强调了农村金融发展的重要性和紧迫性，农村金融快速发展，形成商业性、合作性、政策性等各种金融结构并存的竞争新格局。所以高远东等[⑤]在对 2000～2008 年农村金融发展的研究中发现，金融支农政策对本省农村贫困人口的减少具有巨大的直接效应，但是，伴随着农村金融发展也显现出许多弊病。林万龙、杨丛丛[⑥]通过案例分析指出扶贫小额信贷即便在供给充足、贫困甄别严格的条件下，由于缺乏有效需求，贫困户依然难以有效利用互助资金贷款服务。部分学者还发现，不完善的农村金融体系导致金融支农政策效应存在明显的区域性差异，严重制约西部地区金融支农政策的效应发挥；农村信贷市场“精英俘获”机制导致农贷政策目标偏离、过程扭曲和实施错位，演变出“劣币驱逐良币”，加大了农村群体间的不平等；农业

① Lmai K. S. , et al. “Microfinance and poverty: A macro perspective”, Discussion Paper, 2012, 40 (8): 1675－1689.

② Geda A. , Shimeles A. , Zerfu D. , “Finance and Poverty in Ethiopia: A household level analysis”, Wider Working Papers, 2006: 61－86.

③ 温涛、冉光和、熊德平：《中国金融发展与农民收入增长》，《经济研究》2005 年第 9 期。

④ 汪锋、刘旗、张宗益：《经济体制改革与中国城乡发展不平衡》，《中国软科学》2007 年第 5 期。

⑤ 高远东、温涛、王小华：《中国财政金融支农政策减贫效应的空间计量研究》，《经济科学》2013 年第 1 期。

⑥ 林万龙、杨丛丛：《贫困户能有效利用扶贫型小额信贷服务吗？——对四川省仪陇县贫困村互助资金试点的案例分析》，《中国农村经济》2012 年第 2 期。

部门缺乏风险管控能力，政府主导的农业信贷体系不仅效率低、期限短、成本高，还存在农村金融风险[①]。由于贫困地区新型农业经营主体对金融帮扶需求更大，所以华中昱、林万龙[②]认为当前迫切需要深化农村金融改革、完善政策扶持体系。

围绕习近平精准扶贫方略，中国在精准扶贫具体实施工作中创新性提出了“六个到村到户”“七个一批”“十项行动”等一系列措施和手段[③]，各地也相继出台和完善“1 + N”的脱贫攻坚系列文件，涉及产业扶贫、易地扶贫搬迁、劳务输出扶贫、交通扶贫、水利扶贫、教育扶贫、健康扶贫、金融扶贫、农村危房改造、土地增减挂钩指标、资产收益扶贫等。所以，金融扶贫依然是精准扶贫的重要手段。

2013 ~2017 年，中央财政安排专项扶贫资金从 394 亿元增加到 861 亿元，累计投入 2822 亿元，巨额的扶贫资金支持是打赢脱贫攻坚战的核心保障。新时代的全面小康建设目标呼吁、倡导甚至要求社会各界一道参与脱贫攻坚。中国政府更是在精准扶贫中发挥了主体和主导作用，积极拓展扶贫资金来源，深入推广与社会资本合作，实现了扶贫基金总额的大规模增加，保障了扶贫任务的顺利完成。除了政府专项资金，社会各界也积极参与到扶贫攻坚伟大事业当中，例如商业性、政策性、开发性、合作性等各类金融机构不断加大对扶贫开发的金融支持，积极创新扶贫小额信贷产品，支持贫困农户发展产业和投资创业，设立扶贫再贷款，等等。中国保险业虽然起点低，但随着经济改革和开放程度的进一步加深，保险的社会效益更加突出。早在 2009 年姚树洁、戴颖杰[④]便提

---

① 温涛、董文杰：《财政金融支农政策的总体效应与时空差异》，《农业技术经济》2011 年第 1 期。温涛、朱炯、王小华：《中国农贷的“精英俘获”机制：贫困县与非贫困县的分层比较》，《经济研究》2016 年第 2 期。董筱丹、温铁军：《宏观经济波动与农村“治理危机”——关于改革以来“三农”与“三治”问题相关性的实证分析》，《管理世界》2008 年第 9 期。Townsend R. M. , Yaron J. “The credit risk - contigency system of an Asian development bank”, *Economic perspectives*, 2001 (3): 31 - 48.

② 华中昱、林万龙：《贫困地区新型农业经营主体金融需求状况分析——基于甘肃、贵州及安徽 3 省的 6 个贫困县调查》，《农村经济》2016 年第 9 期。

③ 中共中央、国务院：《中国农村扶贫开发纲要（2011—2020 年）》，2011。

④ 姚树洁、戴颖杰：《对政府出资筹集农村社会养老保险基金的制度探讨》，《西安交通大学学报》（社会科学版）2009 年第 5 期。

出，国家出资筹集农村社会养老保险基金不但是政府的责任，更是社会公平的内在要求，中央政府可以免除中西部欠发达地区和政府部门认定的低保户的缴费责任，以实现财富二次分配，缓解不平等，促进社会稳定。吕岩[①]认为保险的长期兜底和互助共济的功能与扶贫的需求和目标高度一致，保险扶贫与财政投入相结合，通过费率杠杆提高财政资金效率，切实增加贫困人群福利。但是，李倩[②]发现贫困地区群众对保险认识欠缺、认同度低，不善于用保险工具管理生产生活风险，加上政府主导的保险扶贫项目普遍存在投入大、见效慢、利润薄等问题，许多保险公司积极性不高。

六 贫困测算与新时代精准扶贫实施效果评价

为了更好地理解贫困程度及其在经济改革下的演变，一个连续、全面的贫困线设定方法和科学、动态的贫困程度测算体系与贫困户的生存和福祉息息相关，对高质量脱贫和实现全面小康至关重要。

收入差距不断扩大是在经济增长情况下贫困无法消除的直接原因，收入不平等越严重，贫困问题越难以解决，因此，如何控制收入分配不平等，是解决贫困问题的一个重要社会经济命题。基尼系数是衡量收入分配不均等的常用指标，但它存在一些局限性，主要表现在两方面：一是基尼系数对应的洛伦兹曲线的非唯一性；二是基尼系数分解性的约束。苍玉权[③]运用标准洛伦兹曲线斜率与实际洛伦兹曲线斜率所形成的三角形面积差来对基尼系数进行调整，实现基尼系数与洛伦兹曲线对应的唯一性。针对基尼系数分解，以往研究大多依赖复杂的矩阵运算和回归模型[④]，

① 吕岩：《保险扶贫贵在“准”字》，《金融博览：财富》2016 年第 18 期。

② 李倩：《发挥保险业精准扶贫作用》，《中国金融》2016 年第 4 期。

③ 苍玉权：《论基尼系数的局限及调整》，《数量经济技术经济研究》2004 年第 4 期。

④ Silber J. “Factor components population subgroups and the computation of the Gini index of inequality”, *The Review of Economics and Statistics*, 1989, 71 (1): 107 - 115. Yitzhaki S. “Economic distance and overlapping of distributions”. *Journal of Econometrics*, 1994, 61 (1): 147 - 159.

不易于实证分析和实践操作。Yao① 提出四步分解法，通过绘制电子数据表，将基尼系数按照人口类别（如性别、职业、区域）和收入来源（如工资性、非工资性、转移支付、投资等）进行分解，克服了其他方法存在的缺点。Yao② 以四川省 6624 户家庭的调查数据进一步验证了分解方法的科学性和可操作性。

精准扶贫的难点之一在于精准识别，而精准识别的难点在于计算客观、科学、精确的贫困线。国内外学者关于贫困线的设定和贫困程度测算的研究日益丰富。Ravallion③ 强调个人福利效应在贫困测量中的重要性，主张将食品支出与非食品支出相结合测定贫困线，即根据食品消费价格水平，测算出维持人体正常水平营养需求的食品贫困线，并进一步测算非食品贫困线，二者相加即可得到 Ravallion 贫困指数。Allen④ 运用线性规划法提出设定贫困线的新方法，基于贫困人口最低成本饮食计划的消费模式，验证了国际极端贫困线每人每天 1.9 美元的科学性。但是 Deaton⑤ 在分析印度贫困问题时，强调贫困线在城市、农村、不同区域间的更新、调整对贫困人口的测算至关重要，并对世界银行发布的全球贫困线产生怀疑，主张使用以美元计价的国家自我报告的贫困线。Deaton⑥ 特别强调贫困线的确定必须充分考虑低收入人群的消费偏好、食品结构、食品价格在不同国家或者同一个国家中不同地区之间的差异性。

更多的学者主张通过个人社会经济福利获得比较贫困线，充分反映

---

① Yao S. J. , “On the decomposition of Gini coefficients by population class and income source: A spreadsheet approach and application”, *Applied Economics*, 1999 (31): 1249 – 1264.

② Yao S. J. , “On the decomposition of Gini coefficients by population class and income source: A spreadsheet approach and application”, *Applied Economics*, 1999 (31): 1249 – 1264.

③ Ravallion M. , “Poverty comparisons: A guide to concepts and methods”, Papers, 1992.

④ Allen R. C. , “Absolute poverty: When necessity dispaces desire”, *American Economic Review*, 2017, 107 (12): 3690 – 3721.

⑤ Deaton A. , “Data and dogma: The great Indian poverty debate”, *World Bank research Observer*, 2005, 20 (2): 177 – 199.

⑥ Deaton A. , “Price indexes inequality and the measurement of world poverty”, *American Economic Review*, 2010, 100 (1): 3 – 34.

贫困状态。Townsend[①] 基于相对剥夺理论核心，认为贫困的测量不仅要关注生存需求和收入水平，更要从福利需求多样性视角进行分析，所以他通过将选定的生活形态指标赋予不同权重，简化为一套剥夺指标，再结合社会生活平均水平，以货币评估各指标价值，计算出剥夺指数。但是 Sen[②] 对 Townsend 理论产生怀疑，他坚持认为绝对贫困是客观存在的，相对贫困只是对绝对贫困的补充，并推断出测量贫困的新方法，即“森指数”（Sen Index）。森指数不仅可以全面反映贫困状况，还可以通过对指数的分解观察经济增长和收入分配对贫困变动的影响。陈宗胜等[③]根据农村绝对与相对贫困变动，建议设定“相对贫困线”作为度量贫困的补充标尺。进一步，异质性导致微观个体对当前生活的幸福指数、满意程度和自我贫困认知并非随人均 GDP 的增加而增加，所以国外许多学者通过评估社会经济福利损失程度来测量贫困，认为相较于客观贫困，主观贫困（Subjective Poverty）对政策制定者更具有参考价值和指导意义。

习近平关于扶贫工作的重要论述，不仅借鉴了国内外已有的贫困界定方法，还考虑到了中国当前的社会经济发展状况，尤其是在决胜全面建成小康社会的过程中，不仅要考虑到时间的紧迫性，还要充分考虑到精准识别和有效帮扶的具体困难。尤其是在确定建档立卡贫困户时，不仅要考虑到最低的货币形式贫困线，还要充分考虑到货币以外各种社会经济因素（住房、医疗和教育），一方面避免把非贫困户界定为贫困户，降低扶贫资金利用的无效性，另一方面也不能把真正的贫困户排除在建档立卡的门户之外，杜绝“假扶贫”现象。只有做到精准识别、精准帮扶，才能提高扶贫效率。

习近平总书记2015 年6 月在贵州考察时提出了非常全面到位的精准扶贫工作新要求，也就是“六个精准”的要求：扶持对象精准、项目安

---

① Townsend P. , “A sociological approach to the measurement of poverty: A rejoinder to professor Amartya Sen”, *Oxford Economic Papers*, 1979 (37): 659 - 668.

② Sen A. , “Poverty: An ordinal approach to measurement”, *Econometrica*, 1976, 44 (2): 219 - 231.

③ 陈宗胜、沈扬扬、周云波：《中国农村贫困状况的绝对与相对变动——兼论相对贫困线的设定》，《管理世界》2013 年第1 期。

排精准、资金使用精准、措施到户精准、因村派人精准、脱贫成效精准。扶贫对象精准是扶贫攻坚的基础，只有准确识别出最需要帮助的人，并分析主要致贫原因，才能实现“扶真贫”。瞄准具体需要帮扶的对象，才能对症下药，因户施策、因人施策制定精准的扶贫项目。对象精准、项目精准才能提高扶贫资金使用效率。精准化的管理、实时的反馈正是措施到户精准的体现，确保相应的措施能够快速、高效地制定。最后，建立在前五个精准基础上的脱贫成效精准，是对精准扶贫整体工作的验收，需要以科学的考核办法评估扶贫成效的真实性、有效性、可持续性，确保在现行贫困人口脱贫标准下实现全面脱贫。

但是，在精准扶贫绩效考核中不同学者坚持不同标准，张晓佳等①提出精准扶贫要立足公众满意度，打破传统政府自我评价的模式，贯彻国家扶贫办公室在精准扶贫绩效考核工作中引入第三方评估，让贫困群体在脱贫成效考核中也拥有“发言权”的主张。林万龙等②同样认为应重点推进实施第三方监测评估，加强全社会对社会扶贫的参与和监督，增强社会扶贫的全社会认同和信任。也有学者认为，要根据精准扶贫实际情况，构建一套精准扶贫效果评价指标体系至关重要，例如，田晋等③确立了一套由 26 个指标构成的评价指标体系，涉及精准帮扶情况、精准脱贫情况、经济子系统、社会子系统、生态子系统和政治子系统。但是，孟志华、李晓东④发现许多指标体系构建中缺乏被扶贫对象的参与，被扶贫对象是否脱贫，是否取得了长效的脱贫动力才是精准扶贫政策最直观的评价。而精准扶贫领域中国共产党“动态”和“能动”的社会联结机制和关联体系对精准扶贫效果影响深远。王敏等⑤基于基层政

① 张晓佳、谷栗、宋玉丽等：《以公众满意度为导向的政府精准扶贫绩效评价研究——基于山东省的调查问卷分析》，《经济论坛》2017 年第 8 期。

② 林万龙、李成威、陆汉文等：《全面深化改革背景下中国特色社会扶贫政策的创新》，《经济纵横》2016 年第 6 期。

③ 田晋、熊哲欣、向华：《民族地区村级精准扶贫绩效评价指标体系构建研究》，《经济研究导报》2017 年第 1 期。

④ 孟志华、李晓东：《精准扶贫的绩效评价体系研究述评》，《吉林工商学院学报》2017 年第 4 期。

⑤ 王敏、方铸、江淑斌：《精准扶贫视域下财政专项扶贫资金管理机制评估——基于云贵高原 4 个贫困县的调研分析》，《贵州社会科学》2016 年第 10 期。

府视角和目标群体视角构建指标体系，对样本区域财政专项扶贫资金管理机制进行了第三方评估，研究结果强调在评估精准扶贫效果工程中要注重基层政府和目标群体的参与度。所以，构建一套设计科学合理、可操作性强的精准扶贫效果评价指标体系，并且在评价指标体系构建中加入政党与民众联结效果和长效脱贫动力因素，这应该成为后续研究者需要关注的问题。

七 有待进一步研究的问题

上面所综述的文献，厘清了习近平总书记关于精准扶贫精准脱贫的重要论述的历史背景和理论基础，也凸显了中国精准扶贫所产生的极大成效。习近平关于精准扶贫精准脱贫的重要论述不但是中国扶贫事业攻坚克难、日新月异的理论指导及行动指南，更是中国政治优势和制度优势的体现。

但是，因为习近平总书记关于精准扶贫精准脱贫的重要论述是党的十八大以后才逐渐成熟和发展起来的，尽管在全国范围内已经被广泛应用到各个领域和角落，也有许许多多的实证研究和扶贫效果的总结与分析，但是到目前为止仍然还存在许多方面有待深入探讨和研究。

首先，习近平总书记关于精准扶贫精准脱贫的重要论述与我国传统扶贫开发思路的创新之处，及其在全球扶贫发展中的国际意义。例如，对建档立卡、村第一书记、干部到村到户对精准扶贫的责任及绩效考核体系的研究，还缺乏系统性和标准性。在贫困退出机制方面，村、乡、县各级的扶贫干部如何做到真正的客观科学，如何充分利用民主协商制度，发挥广大村民集体智慧和自觉性去识别贫困人群，去精准鉴定退出的时间点，以及在贫困户退出以后如何进行动态跟踪，以截断返贫的一切可能路径。这些都是非常复杂的精准扶贫攻坚内容，也是全面推进精准脱贫的巨大挑战。

其次，如何在新时代把“促进高质量经济发展，实现高品质生活”与精准脱贫有效结合起来。认真领会贯彻习近平关于精准扶贫的重要论述，利用习近平精准扶贫的理论及实证措施，把精准脱贫、实现低收入人群就业和收入持续增长，融入新时代高质量经济发展中去，让贫困和低收入人群都能够分享高质量经济发展所带来的高品质生活。

再次，如何有效运用精准扶贫精准脱贫重要理论，尽快拔除连片特困地区“贫困陷阱”的根子问题。如何把“授人以鱼”式扶贫，与精准到村到户“靶向拔除贫根”的“授人以渔”扶贫方式有效结合起来，以提高整体扶贫效率。如何根本改善落后贫困地区的生产及生活条件，平衡当地就业与外出就业的关系；如何通过“一对一”帮扶，解决一个算一个，解决一片算一片的问题；如何解决生产帮扶与公共社会服务帮扶的耦合问题；如何解决短期帮扶及长期自我发展能力培养的矛盾问题；如何激发劳动热情以及防范产业就业风险问题；等等。这些都有待于通过系统研究和案例研究去找到答案。

最后，如何加强党政扶贫干部的专业素质培养，以及政治觉悟提高的问题。既要允许一定程度上的“试错与创新”，使扶贫干部勇于担当，又能够确保不发生腐败现象，影响党和国家在民众中打赢精准脱贫攻坚战的决心和信心。这里需要建立一个完整、科学、动态的精准扶贫效果评价及检测机制，不仅要有全国通行的一般性，而且要兼顾每个地方、每个产业、每个农民贫困家庭的特殊性。应尽快把省、县、乡、村的管理结构和效果评估及检测机制建立起来，把分层级的检查机构及评估方法方式建立起来，动态掌握扶贫工作进展及扶贫效果的发展情况，彻底避免形式主义及虚无主义，才能真正达到习近平总书记“真扶贫、扶真贫”的精准扶贫质量要求。

习近平关于扶贫重要论述的重大意义[*]

岳 奎[**]

摘 要：党的十八大以来，习近平总书记走遍全国14个集中连片特困地区进行深入的调查研究，多次召开跨省区脱贫攻坚座谈会，就扶贫工作发表了一系列重要讲话，从战略和全局高度，深刻阐述了推进脱贫攻坚的重大意义，明确了扶贫的大政方针、目标任务、总体要求，总结了脱贫攻坚中的矛盾、问题及其解决思路和方法，形成了内涵丰富、思想深刻、体系完整的精准脱贫战略思想，为打赢脱贫攻坚战提供了思想指南和行动遵循。习近平总书记关于扶贫的重要论述是对马克思主义反贫困理论的继承与发展，开创了马克思主义反贫困理论中国化的新境界，是中国共产党初心与使命的具体展现，开辟了中国共产党扶贫攻坚的新时代，也为世界扶贫减贫事业提供了中国方案和中国经验。

关键词：习近平 扶贫 重要论述 中国方案

摆脱贫困，实现共同富裕，是人类追求的理想目标。在摆脱贫困的道路上，无数仁人志士进行过艰辛探索。党的十八大以来，习近平总书记立足新时代、把握新要求，就精准脱贫工作发表了系列重要论述，不

---

* 文章刊发于《学海》2020年第4期，是国家社科基金年度项目（18BDJ085）的阶段性成果。该文章收录本书时，内容和文献标注方式略有调整。

** 岳奎，中国地质大学（武汉）。

仅深刻阐述了推进脱贫攻坚的重大意义，明确了扶贫脱贫的大政方针、目标任务、总体要求，还总结了脱贫攻坚中的矛盾、问题及其解决思路和方法，形成了内涵丰富、思想深刻、体系完整的精准脱贫战略思想，为打赢脱贫攻坚战提供了思想指南和行动遵循，构成了习近平新时代中国特色社会主义思想的重要内容。深刻领会和把握习近平关于扶贫重要论述的重大意义，不仅有利于在脱贫攻坚实践中全面贯彻落实习近平关于扶贫系列重要论述精神，进一步推进脱贫攻坚工作和乡村振兴战略的深入开展，还有利于助力中华民族伟大复兴中国梦的早日实现以及世界减贫脱贫工作的顺利开展。

一　习近平关于扶贫重要论述开创了马克思主义反贫困理论中国化的新境界

消灭贫困、实现共同富裕是人类社会的美好理想，更是科学社会主义关于社会主义社会的基本内涵和发展目标。马克思最早从社会制度的层面分析资本主义面临的贫困问题，并提出了消除贫困、实现共同富裕的目标。他通过对劳动者的关注、对劳动者“非人的生活”的剖析指出，异化是工人贫困的根源，正是劳动异化导致工人沦为机器和资本的奴隶。恩格斯在《英国工人阶级状况》一文中也强调，“贫困是现代社会制度的必然结果，离开这一点，只能找到贫困的某种表现形式的原因，但是找不到贫困本身的原因”，认为要消灭贫困，就必须消灭资本主义制度。列宁在《卡尔·马克思》中强调，“资本积累加速机器对工人的排挤，在一极造成富有，在另一极造成贫困”。列宁认为，要消灭贫困，必须消灭资本，消灭资本赖以生存的社会基础和生存关系。可见，马克思主义理论的创始人从一开始就鲜明地把消灭贫困、实现共同富裕的理念写在了自己的旗帜上，并把消灭贫困、摆脱贫困上升到消灭资本、消灭资本主义和消灭资本主义制度的层面加以认识。

以毛泽东为核心的第一代中央领导集体在继承马克思主义反贫困理论的基础上，提出了共同富裕的设想；以邓小平为核心的第二代中央领导集体则丰富了共同富裕思想，提出了制度性贫困以及国家反贫困的总体战略；以江泽民为核心的第三代中央领导集体则进一步丰富了马克思主义反贫困理论的方法论，包括开发式扶贫方略、反贫困从贫困地区向贫困人口重心转变等；以胡锦涛为总书记的党中央则把解决贫困问题纳入科学发展与和谐社会建设的大局之中，赋予反贫困新内涵和新路径。

党的十八大以来，以习近平同志为核心的党中央结合新的反贫实践，运用马克思主义的立场、观点和方法来解决扶贫工作中遇到的各种问题，形成了关于扶贫工作的系列重要论述，丰富和发展了马克思主义反贫困理论。

一是丰富了马克思主义反贫困理论的本质论。马克思主义经典作家无论在理论上还是在实践中，都强调贫穷不是社会主义，社会主义要消灭贫困。党的十八大以来，习近平总书记多次强调，“消除贫困、改善民生、逐步实现共同富裕，是社会主义的本质要求”。把消除贫困、改善民生，逐步实现共同富裕提到了“社会主义本质”和“党的重要使命”的高度予以重视。他还强调：“贫穷不是社会主义。如果贫困地区长期贫困，面貌长期得不到改变，群众生活长期得不到明显提高，那就没有体现我国社会主义制度的优越性，那也不是社会主义。”反贫困的目的是让人民过上好的生活，这也是党的重要使命，“人民对美好生活的向往，就是我们的奋斗目标”。

二是丰富了马克思主义反贫困理论的主体论。马克思主义经典作家在反贫困论述中，较多强调反贫困是社会主义的本质要求，实现共同富裕是社会主义和共产主义的目标。党的十八大以来，在脱贫攻坚实践中，习近平多次强调，扶贫攻坚不仅是党的责任担当，也是贫困群众的历史任务；强调要注重发挥贫困群众的积极性和主动性，“贫困群众是扶贫攻坚的对象，更是脱贫致富的主体。党和政府有责任帮助贫困群众致富，但不能大包大揽”。不仅明确了党的主体责任，也强调了贫困群众脱贫的内生动力问题。

三是丰富了马克思主义反贫困理论的方法论。党的十八大以来的脱贫攻坚实践改变了以往反贫困的“大水漫灌”之法。结合脱贫攻坚实践，习近平总书记强调脱贫攻坚贵在精准，精准是要义。在具体措施上强调“六个精准”，要求因村因户因人进行施策，对症下药、精准滴灌、靶向治疗，要把扶贫工作扶到点上、扶到根上，彻底拔掉“穷根”。此外，他还强调扶贫方法论中的两个重点论。在扶贫主体上，党的领导是重点，贫困群众内生动力的激发也是重点，其中，起关键作用的是各级党委。在扶贫对象上，他强调：“‘三农’工作是重中之重，革命老区、民族地区、边疆地区、贫困地区在‘三农’工作中要把扶贫开发作为重中之重，这样才有重点。”与此同时，他还强调，扶贫攻坚工作决不能让一个少数民族、一个地区掉队，强调反贫困工作实际中的两点论、重点论以及重点论中的两点论。

二　习近平关于扶贫的重要论述是中国共产党初心与使命的具体展现

习近平在十九大报告中指出：“中国共产党人的初心和使命，就是为中国人民谋幸福，为中华民族谋复兴。”人民幸福、民族复兴的基础就是要消灭贫困，最终实现共同富裕。

中国共产党从诞生起，就把“消灭贫困”和“共同富裕”作为自己的重要使命。毛泽东指出：“中国的贫困问题主要是由已被推翻的半殖民地半封建社会的制度造成的。”中华人民共和国成立后，中国共产党更是把实现“人人平等、大家富裕”纳入社会主义改造和建设的重要日程。1955 年 10 月，在党的七届六中全会上，毛泽东指出：“要巩固工农联盟，我们就得领导农民走社会主义道路，使农民群众共同富裕起来。”

党的十一届三中全会以后，党的第二代领导核心邓小平继承并进一步发展了毛泽东提出的消灭贫困、共同富裕思想。他强调，“贫穷不是社会主义，社会主义要消灭贫穷”，创造性地提出了“让一部分人、一部分地区先富起来，先富带动后富，逐步实现共同富裕”的理论，并逐步确立了以发展生产力、共同富裕为核心的社会主义观，强调共同富裕和社会主义制度的有机统一，“社会主义的本质，是解放生产力，发展生产力，消灭剥削，消除两极分化，最终达到共同富裕”，将共同富裕提升到社会主义本质的高度。邓小平虽然没有对精准脱贫问题进行过专门论述，但在规划中国经济社会发展蓝图时提出了“小康社会”的战略性构想，此时党已经把扶贫攻坚列入党中央的重要议事日程。1979 年，中共中央批转了《全国民政会议纪要》，把扶贫工作列入党和政府的工作日程。此后，党开始了大规模的扶贫攻坚行动，制定了一系列扶持贫困地区经济社会发展和扶贫开发的重大政策措施。

以江泽民同志为核心的党的第三代中央领导集体，继续强调坚持走共同富裕道路。在 1997 年党的十五大上，江泽民总书记提出了“三步走”的发展战略，明确提出了“建设小康社会”的任务、目标和路径，将党的小康社会建设目标推向了新的阶段。党中央还专门制定了《国家八七扶贫攻坚计划》，强调要在 20 世纪末期基本解决我国农村贫困人口的温饱问题。1999 年，党中央专门召开全国扶贫开发工作会议，江泽民在会上强调：“下个世纪继续开展扶贫开发，要首先解决剩余贫困人口的温饱问题，巩固扶贫成果，使已经解决温饱的人口向小康迈进，同时在稳定解决温饱的基础上，全面推进贫困地区经济社会发展。”进一步明确了党的扶贫目标、扶贫策略、扶贫主体、扶贫模式等问题。

2002 年，党的十六大把全面建设小康社会作为党的奋斗目标；2007 年，党的十七大报告强调“全面建设小康社会是党和国家到二〇二〇年的奋斗目标，是全国各族人民的根本利益所在”。党的十七大报告再次强调要走共同富裕的发展道路。为落实这一战略目标，党的反贫困战略的重点也从以解决温饱为主要任务的阶段转入巩固温饱成果、提高贫困地区和人民群众发展能力、加快脱贫致富以及缩小地区发展差距的新阶段。此外，中央还强调要坚持科学发展观，反贫困要坚持以人为本，赋予了反贫困新的时代内涵和目标任务。党还为全面摆脱贫困、实现小康制定了具体的时间表和路线图，要求“到二〇二〇年，深入推进扶贫开发的总体目标是：稳定实现扶贫对象不愁吃、不愁穿，保障其义务教育、基本医疗和住房”。在 20 世纪末基本实现小康的情况下，党的十八大报告与时俱进，顺应历史潮流，明确提出了“全面建成小康社会”的奋斗目标。随后，“全面建成小康社会”被纳入“四个全面”战略布局之中加以推进。党的十九大强调全国进入“决胜全面建成小康社会”阶段，并对全面建成小康社会决胜期的任务进行了全面部署。

进入 21 世纪，特别是党的十八大以来，全面建成小康社会进入攻坚阶段。以习近平同志为核心的党中央把消除贫困作为党的重要政治任务来抓，把脱贫攻坚列为党的十九大确定的党的三大攻坚战任务之一进行安排，围绕“全面建成小康社会”的奋斗目标提出了一系列新论断和新要求，并科学回答了脱贫攻坚实践中面临的诸多重大理论与实践问题。在一系列新论断和新要求中，习近平多次强调消除贫困，走共同富裕道路是党的重要历史责任和光荣使命。

党的十八届一中全会结束后，习近平在十八届中央政治局常委同中外记者见面时的讲话中就强调：“我们的责任，就是要团结带领全党全国各族人民，继续解放思想，坚持改革开放，不断解放和发展社会生产力，努力解决群众的生产生活困难，坚定不移走共同富裕的道路。”2012年底，他在河北阜平考察时进一步强调：“深入推进扶贫开发，帮助困难群众特别是革命老区、贫困山区困难群众早日脱贫致富，到二〇二〇年稳定实现扶贫对象不愁吃、不愁穿，保障其义务教育、基本医疗、住房，是中央确定的目标。”在陕甘宁革命老区脱贫致富座谈会上的讲话中，他又强调：“加快老区发展步伐，做好老区扶贫开发工作，让老区农村贫困人口脱贫致富，使老区人民同全国人民一道进入全面小康社会，是我们党和政府义不容辞的责任。”他在2015年中央扶贫开发工作会议上的讲话中也强调，“全面建成小康社会，是我们对全国人民的庄严承诺，必须实现，而且必须全面实现，没有任何讨价还价的余地”；“反贫困是古今中外治国理政的一件大事。消除贫困、改善民生、逐步实现共同富裕，是社会主义的本质要求，是我们党的重要使命”。习近平总书记把党的初心和使命这一重大责任同脱贫攻坚这一阶段性目标结合起来，把实现共同富裕的人类远大理想同全面建成小康社会这一近期任务结合起来，实现了党的远大理想与阶段性任务的统一。同时，他还把党的历史使命和重大任务，具体化为各级党委的具体任务，层层压实责任，层层传导工作压力，形成了脱贫攻坚的强大合力。他强调，“要按照党中央统一部署，坚持精准扶贫精准脱贫基本方略，坚持中央统筹、省负总责、市县抓落实的管理体制，坚持党政一把手负总责的工作责任制”，具体化了脱贫实践工作的标准。他强调全面建成小康社会目标的核心是“全面”，“短板”是要切实解决极端贫困人口问题。“全面建成小康社会，最艰巨最繁重的任务在农村特别是在贫困地区。没有农村的小康，特别是没有贫困地区的小康，就没有全面建成小康社会。”“农村贫困人口脱贫是最突出的短板。虽然全面小康不是人人同样的小康，但如果现有的七千多万农村贫困人口生活水平没有明显提高，全面小康也不能让人信服。”所以，要“把农村贫困人口脱贫作为全面建成小康社会的基本标志，强调实施精准扶贫、精准脱贫，以更大决心、更精准思路、更有力措施，采取超常举措，实施脱贫攻坚工程，确保我国现行标准下农村贫困人口实现脱贫、贫困县全部摘帽、解决区域性整体贫困”。特别强调脱贫的全面性和整体性，坚决不能让一个民族、一个地区掉队。

由此可见，习近平关于扶贫的系列重要论述以及党的十八大以来党中央推动脱贫攻坚的具体实践，是党的初心在新时代的具体体现和生动实践。

三 习近平关于扶贫的重要论述为世界减贫扶贫事业提供了中国实践和中国方案

消除贫困、逐步实现共同富裕，不仅是中国共产党人的历史使命，更是古今中外治国理政的重大任务。习近平一贯倡导减贫发展合作，强调加强国际减贫合作对消除贫困的重要性，“推动建立以合作共赢为核心的新型国际减贫交流合作关系，是消除贫困的重要保障”，呼吁“为共建一个没有贫困、共同发展的人类命运共同体而不懈奋斗”。党的十八大以来，习近平关于扶贫的重要论述和推动脱贫攻坚的伟大实践，不仅为新时代全面建成小康社会的脱贫攻坚提供了思想指导和行动指南，也为世界范围内的反贫困斗争提供了实践范例和理论借鉴。

一是共建共享的脱贫理念为世界扶贫减贫事业提供了中国智慧。共商共建共享是习近平“人类命运共同体”思想的核心内容。共享就是要求全民共享、全面共享、共建共享。精准脱贫的核心要义就是要实现贫困地区特别是老少边穷地区的农村人口能够与全国人民一道实现全面小康，共享中国经济社会发展的成果。习近平多次强调，小康社会的小康不是少数人的小康，而是全民的小康，目标是实现全民小康，全民共享。

在脱贫攻坚实践中，习近平多次强调，要因地制宜，突出“精准”，尊重贫困群众意愿，汲取群众脱贫智慧，不能搞“一刀切”；强调党和政府与贫困群众一道，共同努力拔掉“穷根”，也就是说，中国的脱贫攻坚不是简单的帮扶和“输血”，而是以贫困群众为脱贫主体，在党和政府主导下广泛动员社会各方面力量共同参与，核心内容是贫困群众的自力更生和自我发展，实现小康社会的共建共享。在不同外交场合，习近平也多次介绍共商共建共享的脱贫理念：“各国和各国人民应该共同享受发展成果。每个国家在谋求自身发展的同时，要积极促进其他各国共同发展。”“中国是发展中国家的一员，中国的发展机遇将同发展中国家共享。中方将把自身发展和发展中国家共同发展紧密联系起来，把中国梦和发展中国家人民过上美好生活的梦想紧密联系起来，携手走出一条共同发展的康庄大道。”他还把中国的减贫扶贫经验向世界推介，并强调中国愿意同贫困国家和地区开展减贫脱贫合作。

二是以人民为中心的脱贫思想为世界扶贫减贫事业提供了价值引领。“人民主体性”思想是习近平新时代中国特色社会主义思想的底色，也是习近平关于扶贫重要论述的根本立场。“人民立场是中国共产党的根本政治立场，是马克思主义政党区别于其他政党的显著标志。”使困难群众摆脱贫困，使发展成果更多更公平地惠及全体人民，这是党的历史使命与光荣责任，这是由党的政党基因所决定的，是党全心全意为人民服务的宗旨的重要体现和归宿。以人民为中心的脱贫思想，是新时代中国脱贫攻坚的根本立场，既强调了扶贫思想的人民性，也强调了扶贫路径的人民性。习近平强调：“让人民过上好日子，是我们一切工作的出发点和落脚点”；“不断提高人民群众生活水平和质量，是改革发展的根本目的，也是我们一切工作的出发点和落脚点”。精准脱贫，根本出发点和最终目的都是让人民群众过上好日子，让全体人民共享改革发展成果。同时，扶贫减贫必须走群众路线，依靠人民群众、汲取群众智慧。习近平指出，“群众参与是基础，脱贫攻坚必须依靠人民群众，组织和支持贫困群众自力更生，发挥人民群众主动性”。贫困群众既是扶贫的对象又是脱贫的主体，只有坚持“人民主体地位”，以人民为中心，才能真正实现贫困人口脱贫致富，“脱贫致富终究要靠贫困群众用自己的辛勤劳动来实现”。同时，他还强调，党员干部要深入群众，了解群众的真实所需，问政问计于民，只有这样才能制定出符合当地实际的脱贫措施。同时，习近平还特别强调贫困群众思想和精神脱贫的重要性，他指出，“人穷志不能短，扶贫必先扶志”，“扶贫必扶智，治贫先治愚”，强调要通过“扶志”和“扶智”相结合进行脱贫。通过“扶志”，激发和培育贫困群众的内生动力，坚定贫困群众的脱贫信念，使贫困群众摆脱“等、靠、要”的思想；通过“扶智”，激发和培育贫困群众的自我发展能力，包括提高贫困群众发展生产的基本技能，通过重视教育特别是基础教育以阻断代际贫困的传递，通过加强文化建设丰富贫困群众的精神文化生活，不仅要在经济上脱贫，更要在精神上脱贫。

三是精准式的脱贫方式为世界扶贫减贫事业提供了中国经验。扶贫减贫是个系统工程，习近平结合新时代脱贫攻坚面临的新问题和新特点，提出了“六个精准”“五个一批”的脱贫方略。他强调，脱贫攻坚贵在精准，要精准识别、精准施策。“关键的关键是要把扶贫对象摸清搞准，把家底盘清，这是前提。”要重点解决好“扶持谁”“谁来扶”“怎么扶”的问题。习近平强调扶贫减贫贵在精准，既有利于从国家战略层面明确攻坚任务和攻坚目标，也有利于精准识别贫困人口、把握致贫原因、制定扶贫方案，更有利于在脱贫攻坚实践中补齐经济社会发展的短板，真正激发贫困地区的后发优势。因此，精准化的脱贫方式为我们立足当地实际，摸清当地资源禀赋结构，发挥地方资源优势，明确靶向，对症下药，把资源优势变成经济社会发展优势提供了方法论。在具体如何精准上，习近平也进行了详细的阐释，比如：在精准识别上，他讲到过贵州的“四看法”；在精准施策上，他强调要坚持因人因地、因贫困原因、因贫困类型施策等。他在2015减贫与发展高层论坛上向世界介绍中国减贫扶贫经验时就强调：“中国在扶贫攻坚工作中采取的重要举措，就是实施精准扶贫方略，找到‘贫根’，对症下药，靶向治疗。我们坚持中国制度的优势，构建省市县乡村五级一起抓扶贫，层层落实责任制的治理格局。我们注重抓六个精准，即扶持对象精准、项目安排精准、资金使用精准、措施到户精准、因村派人精准、脱贫成效精准。”脱贫攻坚必须因户、因人而异，必须从当地实际出发，“深入把握当地的历史文化、政治制度、经济发展、福利体制等基本要素”，精准施策。也正是因为如此，我国的减贫扶贫事业取得了举世瞩目的成就，得到了全世界的认可。

四是政府主导、对口帮扶的脱贫机制为世界扶贫减贫事业提供了中国模式。习近平指出，扶贫减贫是个系统工程，需要动员全社会的力量。“推进精准扶贫、精准脱贫，需要动员和凝聚全社会力量广泛参与。要充分发挥政府和社会两方面力量作用，强化政府责任，引导市场、社会协同发力，构建专项扶贫、行业扶贫、社会扶贫互为补充的大扶贫格局，多措并举、多管齐下，凝聚方方面面力量，形成精准扶贫、精准脱贫的强大合力。”党的十八大以来，以习近平同志为核心的党中央建立起党政一把手负总责的工作责任制，建立了中央统筹、省负总责、市县抓落实的管理体制，大大提高了脱贫的实效。习近平强调：“在脱贫攻坚的战役中，更应该要加强和改善党的领导。要加快形成中央统筹、省（自治区、直辖市）负总责、市（地）县抓落实的扶贫开发工作机制，做到分工明确、责任清晰、任务到人、考核到位，既各司其职、各尽其责，又协调运转、协同发力。”同时，还要建立“三位一体”大扶贫格局，即专项扶贫、行业扶贫、社会扶贫等多方力量、多种举措有机结合和互为支撑的扶贫格局；建立东部地区和中央单位对深度贫困地区的帮扶支持体系；建立强大的支持保障体系，即以解决突出制约问题为重点、以重大扶贫工程和到村到户帮扶措施为抓手和以补短板为突破口的保障体系。政府主导，对口帮扶的脱贫机制充分发挥了社会主义制度的优越性，集中力量办大事的协作机制为世界扶贫减贫事业提供了中国模式。实践证明，这种模式对扶贫减贫工作作用明显。习近平在 2015 减贫与发展高层论坛上的主旨演讲中对此进行了科学总结：“我们坚持政府主导，把扶贫开发纳入国家总体发展战略，开展大规模专项扶贫行动，针对特定人群组织实施妇女儿童、残疾人、少数民族发展规划。我们坚持开发式扶贫方针，把发展作为解决贫困的根本途径，既扶贫又扶志，调动扶贫对象的积极性，提高其发展能力，发挥其主体作用。我们坚持动员全社会参与，发挥中国制度优势，构建了政府、社会、市场协同推进的大扶贫格局，形成了跨地区、跨部门、跨单位、全社会共同参与的多元主体的社会扶贫体系。”可以说，在党的坚强领导下，充分发挥社会主义制度优势，形成的政府主导、对口帮扶的脱贫机制，为世界扶贫减贫事业提供了成功的中国扶贫模式。

以习近平同志为核心的党中央高度重视扶贫开发工作，把脱贫攻坚摆到治国理政的重要位置，大力实施精准扶贫、精准脱贫，丰富和拓展了中国特色扶贫开发道路，并在实践中形成了习近平关于扶贫的系列重要论述。习近平关于扶贫的系列重要论述，不仅在理论上继承和发展了马克思主义反贫困理论，更在实践上指导党和人民取得了脱贫攻坚的一系列成就，为全面建成小康社会和实现中华民族伟大复兴奠定了基础，同时也对全世界的扶贫减贫事业具有重要的借鉴和指导意义。

党的十八大以来中国扶贫减贫的世界意义*

吕培亮　牟成文**

摘　要：党的十八大以来，以习近平同志为核心的党中央站在全面建成小康社会和实现中华民族伟大复兴中国梦的战略高度，始终把脱贫攻坚摆在治国理政突出位置，提出了一系列新思想新观点，作出了一系列新决策新部署，不仅推动了中国扶贫减贫事业取得巨大成就，而且对世界扶贫减贫工作具有重大意义。其中，"以人民为中心"的扶贫减贫理念为世界提供有益借鉴，"以精准为原则"的扶贫减贫方略为世界提供一种参考，"扶志扶智结合"的扶贫减贫行动为世界提供新的模式，"社会协同发力"的扶贫减贫格局为世界提供全新思路，"多元路径布局"的扶贫减贫体系为世界提供中国智慧。

关键词：中国　全面建成小康社会　扶贫减贫　巨大成就　世界意义

作为最大的发展中国家，我国一直是世界扶贫减贫事业的积极倡导者和有力推动者。新中国成立后尤其是改革开放以来，伴随经济社会发展，我国扶贫减贫工作逐渐上升为国家战略，从1982年启动"三西"

---

* 文章刊发于《中共山西省委党校学报》2020年第3期，是国家社科基金年度项目（19BKS83）的阶段性成果。该文章收录本书时，内容和文献标注方式略有调整。

** 吕培亮，华中师范大学；牟成文，华中师范大学。

专项扶贫计划，拉开有计划、有组织、大规模扶贫减贫的序幕，到 1986 年成立国务院贫困地区经济开发领导小组（后改为国务院扶贫开发领导小组），开始认定贫困县、确定扶贫标准、设立专项资金，扶贫减贫工作进入一个快车道，再到 2001 年和 2011 年，中国先后两次颁布实施的未来十年《中国农村扶贫开发纲要》，推动我国扶贫减贫工作取得了巨大成就。党的十八大以来，以习近平同志为核心的党中央把扶贫减贫工作摆在更加重要的位置，立足全面建成小康社会目标，瞄准最后贫困地区和贫困人群，持续性精准化总动员式发力，逐步形成了扶贫减贫的中国理念、中国方略、中国行动、中国格局和中国体系，这些重大理论成果和重要实践创新，必将对世界其他国家的扶贫减贫事业产生积极影响。

一 “以人民为中心”的扶贫减贫理念为世界提供有益借鉴

从本质上说，马克思主义是关于人类解放和实现人的自由而全面发展的学说。从马克思主义诞生的那一天开始，“为全人类解放而斗争”就成为马克思主义一以贯之的历史使命。人民性是马克思主义最鲜明的理论品格，马克思主义之所以具有跨越国度和超越时代的影响力，就在于它植根于人民，指明了依靠人民推动历史前进的人间正道。党的十八大以来，以习近平同志为核心的党中央坚持“以人民为中心”的扶贫减贫理念，正是从人的概念出发，明确发展对象和依靠主体，并从马克思主义唯物史观中汲取营养，强调人民群众是历史的创造者，要发挥人民群众主体性，让广大人民群众共享改革发展成果，尤其是确保贫困群众有更多获得感。总之，中国扶贫减贫的过程，是践行“以人民为中心”扶贫减贫理念的过程，是不断满足贫困群众对美好生活向往的过程，是充分依靠贫困主体创造历史的过程。

“以人民为中心”的扶贫减贫理念，不是一个抽象的、玄奥的理念，也不是一个只停留在口头上、止步于思想的环节，而是注重实践行动、说到做到的政治宣言和行动纲领。具体而言就是从人民立场出发制定扶贫减贫战略和部署脱贫攻坚工作，不断提升贫困主体的整体素质和实现人的全面发展。

第一，习近平总书记在上任伊始，就明确提出："人民对美好生活的向往，就是我们的奋斗目标。"[①] 在以后的多次地方考察和重要讲话中又反复强调："消除贫困、改善民生、实现共同富裕，是社会主义的本质要求"[②]；"发展为了人民，这是马克思主义政治经济学的根本立场"[③]；"中国共产党在中国执政就是要为民造福，而只有做到为民造福，我们党的执政基础才能坚如磐石"[④]；"让人民过上好日子，是我们一切工作的出发点和落脚点"[⑤]；"坚决打赢扶贫攻坚战，让实现全体人民共同富裕在广大人民现实生活中更加充分地展示出来"[⑥]；等等。党的十八大以来，以习近平同志为核心的党中央在脱贫攻坚工作的安排和部署中，始终把人民立场作为根本立场，坚持以人民为中心，把人民性贯穿脱贫攻坚的全过程，并着眼于让人民过上好日子、消除贫困，充分体现了马克思主义的人民立场、社会主义的本质要求以及以人民为中心的发展思想。

第二，"时代是出卷人，我们是答卷人，人民是阅卷人。"[⑦] 习近平总书记的这一精辟论述，彰显出共产党人彻底的唯物主义精神、强烈的历史担当和深厚的人民情怀。习近平总书记强调："必须始终把人民利益摆在至高无上的地位，让改革发展成果更多更公平惠及全体人民，朝着实现全体人民共同富裕不断迈进。"[⑧] 抓民生要抓住最需要关心的人

---

① 中共中央文献研究室：《十八大以来重要文献选编》（上），中央文献出版社，2014，第70页。

② 中共中央文献研究室：《做焦裕禄式的县委书记》，中央文献出版社，2015，第15页。

③ 中共中央文献研究室：《十八大以来重要文献选编》（下），中央文献出版社，2018，第4页。

④ 中共中央文献研究室：《十八大以来重要文献选编》（下），中央文献出版社，2018，第31～32页。

⑤《习近平出席亚太经合组织工商领导人峰会并发表主旨演讲强调顺应大势，勇于担当，共同开辟亚太发展繁荣的光明未来》，《人民日报》2017年11月11日。

⑥ 习近平：《在第十三届全国人民代表大会第一次全体会议上的讲话》，人民出版社，2018，第9页。

⑦《习近平在学习贯彻党的十九大精神研讨班开班式上发表重要讲话强调以时不我待只争朝夕的精神投入工作　开创新时代中国特色社会主义事业新局面》，《人民日报》2018年1月6日。

⑧ 习近平：《决胜全面建成小康社会　夺取新时代中国特色社会主义伟大胜利——在中国共产党第十九次全国代表大会上的报告》，《人民日报》2017年10月28日。

群，抓住人民最关心最直接最现实的利益问题。我们正在大力开展的脱贫攻坚工作，其出发点就是让改革发展成果更多更公平地惠及全体人民，从而维护最广大人民的根本利益。党的十八大以来，在推进脱贫攻坚工作中，无论是中央还是地方，都是把人民作为扶贫减贫工作成效的评判主体，即脱贫减贫成效由人民阅卷，其判定标准是人民利益的实现程度、人民需求的满足程度，即人民群众对扶贫减贫工作满意不满意、高兴不高兴。在脱贫攻坚的道路上，我们党始终以最广大人民的根本利益为最高标准，彰显了诚挚的为民情怀，集中体现了以人民为中心的发展思想。

第三，在“以人民为中心”扶贫减贫理念指引下，我国反贫工作着眼于增进民生福祉，把提高贫困人群的整体素质和实现人的全面发展作为最终目标。习近平总书记在党的十九大报告中指出：“增进民生福祉是发展的根本目的。”① 中央及各级地方政府围绕习近平总书记这一要求，在具体实践中重视激发贫困群众内生动力，围绕提升贫困人群的整体素质和实现人的全面发展，采取了一系列举措。比如：在教育扶贫方面，大力加强义务教育，让贫困地区的孩子享受公平的有质量的教育，阻断贫困代际传递；在医疗扶贫方面，落实基本医保、大病保险和医疗救助全覆盖，保障贫困人口享有基本的医疗卫生服务；在基础设施方面，加大对贫困地区基础设施的投入和加快对生产生活环境的优化，让贫困群众享受到社会发展的福利；等等。党的十八大以来，我国不是为扶贫而扶贫、为减贫而减贫，而是从贫困根源和长远着眼，把提高贫困群众整体素质和实现人的全面发展作为奋斗目标，这不仅符合脱贫攻坚的客观要求和发展趋向，也彰显了习近平总书记扶贫减贫重要思想的科学性和前瞻性。

实践证明，党的十八大以来，以习近平同志为核心的党中央坚持以人民为中心的扶贫减贫理念，带领全党和全国人民全面打响了脱贫攻坚战，经过多年努力，目前我国贫困人口已大幅减少，贫困地区群众的生

① 习近平：《决胜全面建成小康社会　夺取新时代中国特色社会主义伟大胜利——在中国共产党第十九次全国代表大会上的报告》，《人民日报》2017 年 10 月 28 日。

产生活条件显著改善，贫困群众的脱贫致富能力显著增强，扶贫减贫的显著成就已成为我国政治优势和制度优势的重要体现，因此，“以人民为中心”的扶贫减贫理念可供世界借鉴。具体来说：第一，从政治学角度看，理念往往是一个国家和政党的奋斗方向和价值取向，“以人民为中心”的扶贫减贫理念，符合马克思主义唯物史观，也被中国扶贫减贫实践证明是科学的扶贫理念，因而值得世界各国借鉴。第二，扶贫减贫的首要和关键，在于厘清扶贫减贫是“为了谁”和“依靠谁”，而“以人民为中心”的扶贫减贫理念科学回答了这个问题，即人民群众是扶贫减贫主体和要依靠的根本力量，这就为世界各国有效治理贫困提供了指引。第三，扶贫减贫是一项复杂工程，其“成效”的衡量以及由谁来认定是一个世界性难题，国内外专家学者对此众说纷纭。“以人民为中心”的扶贫减贫理念强调“人民是阅卷人”，让人民去评判和衡量，判定标准是人民利益的实现程度、人民需求的满足程度，即人民群众对扶贫减贫工作满意不满意、高兴不高兴，这就为世界各国衡量和评判扶贫减贫工作实效提供了一种新思路。

二　“以精准为原则”的扶贫减贫方略为世界提供一种参考

党的十八大以来，随着贫困人口的逐渐减少，剩下的贫困群众基本属于扶贫难度较大的对象，剩下的贫困地区大都属于贫困程度较深的地区，我国的扶贫减贫工作逐渐进入攻坚期。为打赢这场攻坚战，以习近平同志为核心的党中央创造性地提出了“以精准为原则”的扶贫减贫方略。“以精准为原则”的扶贫减贫方略是直接瞄准帮扶对象并对其实施精准举措，其可概括为“六个精准”，即扶贫对象精准、项目安排精准、资金使用精准、措施到户精准、因村派人精准、脱贫成效精准。

“以精准为原则”的扶贫减贫方略是以实现共同富裕为根本原则，以全面建成小康社会为最终目标，要求在精准识别贫困人口和精准分析致贫原因的前提下，基于贫困地区和贫困人口具体情况精准施策和靶向治理，达到精准扶贫和精准脱贫的目的。此方略的提出就是要解决好我国反贫过程中的“最后一程”，确保到2020年我国现行标准下农村贫困人口实现脱贫，贫困县全部摘帽，解决区域性整体贫困，做到脱真贫、真脱贫。需要特别指出的是，这一重要方略有效解决了长期困扰我国扶贫减贫工作的“扶持谁”“谁来扶”“怎么扶”“如何退”问题，从而为全面建成小康社会奠定了坚实基础。

第一，解决了“扶持谁”的问题。长期以来，制约我国扶贫减贫工作实效的重要原因，就在于贫困人口的底数不清和情况不明，即“扶持谁”的问题。习近平总书记提出：“精准扶贫，关键的关键是要把扶贫对象摸清搞准，把家底盘清，这是前提。心中有数才能工作有方。如果连谁是贫困人口都不知道，扶贫行动从何处发力呢?”① 因此，精准扶贫方略的首要之处就在于把扶贫对象摸清搞准。精准识别扶贫对象，要求通过走村入户的访查，全面准确地掌握各地区的贫困人口规模、分布及居住条件，包括贫困人口的就业渠道、收入来源、致贫原因等一系列具体情况，然后对贫困信息建档立卡，达到一户一个台账，并通过大数据等技术分析手段找准其贫困症结，再实行一户一个脱贫计划、一户一套帮扶措施。

第二，解决了“谁来扶”的问题。扶贫减贫工作是一项极为复杂的民生工程，尤其是党的十八大以来，我国扶贫减贫工作已经到了啃硬骨头和攻坚拔寨的冲刺阶段，“谁来扶”的问题成为当务之急。2015年11月，习近平总书记在中央扶贫开发工作会议上明确指出：“各级党委和政府必须坚定信心、勇于担当，把脱贫职责扛在肩上，把脱贫任务抓在手上。”② 并要求各级党委和政府，必须发挥扶贫减贫的领导责任和主导作用，在具体工作中实行“中央统筹、省负总责、市县抓落实”的工作体制，“对贫困县、区的党政干部考核，要增加减贫的权重，把脱贫攻

① 中共中央文献研究室：《十八大以来重要文献选编》（下），中央文献出版社，2018，第38～39页。

② 中共中央文献研究室：《习近平关于社会主义经济建设论述摘编》，中央文献出版社，2017，第225页。

坚实绩作为选拔任用干部的重要依据，在脱贫攻坚第一线考察识别干部”[①]。为了进一步打通精准脱贫“最后一米路”，从中央到地方，还选派了大批工作队，做到了每个贫困村都有驻村工作队、每个贫困户都有帮扶责任人。同时，习近平总书记还强调：“要深化东西部扶贫协作和党政机关定点扶贫，调动社会各界参与脱贫攻坚积极性，实现政府、市场、社会互动和行业扶贫、专项扶贫、社会扶贫联动。”[②] 时至今日，我国扶贫减贫已形成中央统筹、省负总责、市县抓落实的工作机制和省市县乡村五级书记一起抓的工作格局，并采取进村入户、责任划分和社会动员等举措，有效解决了“谁来扶”的问题。

第三，解决了“怎么扶”的问题。从当前建档立卡的数据分析来看，剩下的贫困地区和贫困人口的致贫原因极为复杂，单一的扶贫政策和传统的帮扶举措已经不能适应当前的现实情况，需要打“组合拳”来解决“怎么扶”的问题。为此，习近平总书记强调：“开对了‘药方子’，才能拔掉‘穷根子’。要按照贫困地区和贫困人口的具体情况，实施‘五个一批’工程。”[③]“五个一批”工程，即发展生产脱贫一批、易地搬迁脱贫一批、生态补偿脱贫一批、发展教育脱贫一批、社会保障兜底一批。同时，地方政府围绕“怎么扶”的问题，立足实际和创新，也形成了许多富有地方特色的精准扶贫新模式，诸如特色产业扶贫、农企联动扶贫、能人带动扶贫等，有效解决了“怎么扶”的问题，并使扶贫模式和脱贫路径多元多样化。

第四，解决了“如何退”的问题。从哲学上讲，扶贫减贫和实现脱贫是手段与目的的关系，扶贫减贫只是过程，最终实现脱贫才是目的，于是这就涉及贫困县、贫困户退出机制，即“如何退”的问题。对此，早在2015年，以习近平同志为核心的党中央就明确指出，精准扶贫是为

---

① 中共中央文献研究室：《习近平关于社会主义经济建设论述摘编》，中央文献出版社，2017，第226页。

② 《习近平对脱贫攻坚工作作出重要指示强调真抓实干埋头苦干万众一心夺取脱贫攻坚战全面胜利》，《人民日报》2018年6月12日。

③ 中共中央文献研究室：《十八大以来重要文献选编》（下），中央文献出版社，2018，第40页。

了精准脱贫。一是要设定时间表，实现有序退出，既要防止拖延病，又要防止急躁症；二是要留出缓冲期，在一定时间内实行摘帽不摘政策；三是要实行严格评估，按照摘帽标准验收；四是要实行逐户销号，做到脱贫到人，脱没脱贫要同群众一起算账，要群众认账①。2016 年 4 月，中共中央办公厅、国务院办公厅印发的《关于建立贫困退出机制的意见》专门对贫困户、贫困村、贫困县退出的标准、程序和相关要求作出详细规定，为贫困人口退出提供了制度保障。在“如何退”的具体操作中，对建档立卡贫困户实行了动态管理，坚决防止了“数字脱贫”“穷戴富帽”“被脱贫”等现象的发生，真正做到了真脱贫才退出、退出了也决不松懈，从而大大提升了脱贫质量。

实践证明，党的十八大以来，“以精准为原则”的扶贫减贫方略，不仅为我国找到了治理“最后贫困”的密钥，即“六个精准”，也有效解决了一直困扰我国反贫事业的“老大难”问题，即“扶持谁”“谁来扶”“怎么扶”“如何退”等问题，更为世界各国尤其是广大发展中国家反贫工作提供了示范和指导。具体来说：第一，这是一个完整的系统方略，包括精准识别、精准帮扶、精准管理和精准考核等四个环节，这四个环节紧密联系、相互贯通，构成了一个有机统一体，从而有效地解决了治理贫困过程中不可避免要面临的“扶持谁”“谁来扶”“怎么扶”“如何退”等问题。第二，这是一个科学的行动指南，围绕精准识别、精准帮扶、精准管理、精准考核，进行了大量的有益探索和不断完善，形成了许多宝贵经验和可行办法。因此，这一方略不仅是我国扶贫减贫史上的一大创举，而且也为世界各国有效治理贫困提供了切实可行的中国方案。第三，“以精准为原则”的扶贫减贫方略被实践证明是正确的、不断被完善的一种科学方略。党的十八大以来我国扶贫减贫取得巨大成就的事实，雄辩地证明了这一方略的正确性，随着我国脱贫攻坚进一步深入，必将更加科学完善，因此值得世界各国参考和学习。

---

① 中共中央文献研究室：《十八大以来重要文献选编》（下），中央文献出版社，2018，第 44～45 页。

三　“扶志扶智结合”的扶贫减贫行动为世界提供新的模式

包括我国在内的广大发展中国家，在过去的扶贫减贫行动中，往往都存在政府“发钱发物”，忽视对贫困主体扶志与扶智方面帮扶的现象，这在很大程度上形成了单向性外力扶贫和过度保护式的救济型扶贫模式，不仅使扶贫减贫效能低下，也造成了贫困主体内生动力的弱化。实践证明，单靠外力帮扶的贫困群体，脱贫效果差，返贫率高，不是治理贫困的根本良策。为从根本上解决此问题，2013 年 11 月，习近平总书记在湖南省湘西州花垣县十八洞村考察时提出：“脱贫致富贵在立志，只要有志气、有信心，就没有迈不过去的坎。”① 随后，习近平总书记在东西部扶贫协作座谈会上强调：“摆脱贫困首要并不是摆脱物质的贫困，而是摆脱意识和思路的贫困。扶贫必扶智，治贫先治愚。贫穷并不可怕，怕的是智力不足、头脑空空，怕的是知识匮乏、精神委顿。”② 可以说，党的十八大以来，中国扶贫减贫行动开始强调“志”与“智”同扶，扶志与扶智的地位和重要性被提升到了一个前所未有的高度。

“扶贫先扶志，扶贫必扶智。”2017 年 6 月，习近平总书记在深度贫困地区脱贫攻坚座谈会上再次强调：“要坚持扶贫同扶智、扶志相结合，注重激发贫困地区和贫困群众脱贫致富的内在活力，注重提高贫困地区和贫困群众的自我发展能力。”③ 概言之，党的十八大以来，以习近平同志为核心的党中央坚持“志智双扶”，并与我国扶贫减贫其他帮扶行动实现有机统一，从而保障了我国扶贫减贫行动的科学性和完整性。

就扶志来讲，只有当贫困群众树立脱贫志气，才有可能通过自身努力真正摆脱贫困。无数贫困地区的脱贫经验证明，物质上的贫困其实并不可怕，精神上的贫困才是最大的贫困。缺乏脱贫志气成为脱贫攻坚路

---

① 《习近平在湖南考察时强调深化改革开放推进创新驱动实现全年经济社会发展目标》，《人民日报》2013 年 11 月 6 日。

② 中共中央党史和文献研究院：《习近平扶贫论述摘编》，中央文献出版社，2018，第 137 页。

③ 习近平：《习近平在深度贫困地区脱贫攻坚座谈会上的讲话》，人民出版社，2017，第 4 页。

上的“绊脚石”，主要表现在：有的贫困群众以贫困户为荣，不愿脱贫；有的贫困群众争当贫困户，不愿意搞生产；有的贫困群众靠着墙根晒太阳，等着救济奔小康；等等。对此，习近平总书记一语道破扶志的重要性：“没有脱贫志向，再多扶贫资金也只能管一时、不能管长久。”① 事实上，贫困群众才是脱贫致富的主体、摆脱贫困的决定性因素，只有当贫困人口意识到通过劳动摆脱贫困的可能、尝到了脱贫致富的甜头，调动脱贫意愿、靠自身努力摆脱长期贫困才会成为可能。因此，以习近平同志为核心的党中央高度重视“扶志”的重要作用，从根本上改变传统扶贫思路，强调激发贫困群众的内生动力，注重调动贫困主体的积极性，这是中国扶贫减贫历程中的一大进步和重要转折。

就扶智而言，致贫根源与贫困主体的脱贫和反贫能力不足息息相关，在某种程度上来讲，就是致富本领或能力的不足，才造成了贫困群众脱贫致富难和易因突发因素返贫。从社会发展趋势来讲，“智能”或者“本领”在未来竞争和脱贫致富中的比重会越来越大，甚至会起决定性作用。习近平总书记明确提出：“脱贫致富不仅要注意富口袋，更要注意富脑袋。东西部扶贫协作和对口支援要在发展经济的基础上，向教育、文化、卫生、科技等领域合作拓展，贯彻‘五位一体’总体布局要求。”② 党的十八大以来，党中央高度重视对贫困人群的智力支持和相关培训，在不断提高贫困主体自我脱贫的本领和智能的同时，更从脱贫长远着眼，提出要发挥教育扶贫脱贫功效，重点帮助贫困人口子女接受教育，阻断贫困代际传递，让每一个孩子都对自己有信心、对未来充满希望。2015 年颁布的《中共中央国务院关于打赢脱贫攻坚战的决定》，特别对贫困地区包括学前教育、基础教育、普通高中教育等在内的各个层级的教育扶贫提出了相应的举措③。脱贫攻坚走到今天，教育扶贫在中国扶贫减贫行动中扮演着重要的角色，发挥了积极作用。

总之，在解决中国扶贫减贫问题上，不能单靠政府和社会提供的外

---

① 中共中央文献研究室：《十八大以来重要文献选编》（下），中央文献出版社，2018，第 38 页。

② 中共中央党史和文献研究院：《习近平扶贫论述摘编》，中央文献出版社，2018，第 137 页。

③《中共中央国务院关于打赢脱贫攻坚战的决定》，《人民日报》2015 年 12 月 8 日。

力帮扶，关键还在于激发贫困群众自身的内生动力。党的十八大以来，党中央大力开展了“扶志扶智结合”的扶贫减贫行动，在继续加大“输血”帮扶力度的同时，更加注重提升帮扶对象的“造血”功能，这种强调“内源扶贫”的行动模式可供世界学习。具体来说主要有以下三点。第一，从根本上说，扶志与扶智结合是一种注重“内源扶贫”的行动模式，与传统的简单给钱给物扶贫模式截然不同，注重激发贫困群众的内生动力和强调发挥贫困群众的主体作用，是对传统扶贫减贫行动模式的升级版，更加科学高效，更能适应今天我国脱贫攻坚的要求，也为世界各国扶贫减贫工作提供了一种新的模式。第二，从理论上讲，扶志与扶智结合，充分发挥了贫困群众的主观能动性，符合扶贫减贫的内在规律和马克思主义群众观，从而使脱贫攻坚获得了广大贫困群众的支持和源源不断的群众力量，世界各国应该意识到这一点，并积极调动本国的贫困主体，发挥其脱贫主观能动性。第三，从长远来看，随着包括我国在内的广大发展中国家扶贫减贫工作的持续推进，剩下的大多是条件较差、基础较弱、贫困程度较深和易返贫的地区与群众。因此，世界各国要充分意识到，要想真正打赢脱贫攻坚和有效抑制贫困的反复战，关键还在贫困群众自身的脱贫志向和脱贫致富的综合素质上，也就是只有广大贫困群众树立起脱贫致富的志向并不断提升智（力）能（力），贫困的发生率和反复性才会得到真正控制，而且即使一时返贫也能很快实现脱贫。

四　“全社会协同发力”的扶贫减贫格局为世界提供全新思路

从社会学角度讲，致贫原因的复杂多样和错综交织决定了扶贫减贫是一项社会工程，唯有社会各方共同参与、协同发力才能有效应对贫困和提升脱贫效能。中共中央、国务院早在2011年出台的《中国农村扶贫开发纲要（2011—2020年）》中就提出，要鼓励社会各方通过各种方式参与到扶贫减贫工作中来，社会力量来自基层，与贫困群众联系密切，对贫困人口的贫困状况和迫切需求更为了解，能够在扶贫工作中发挥独特作用。习近平总书记明确指出："要大力弘扬中华民族扶贫济困的优良传统，凝聚全党全社会力量，形成扶贫开发工作强大合力。"[①] 在随后我国的扶贫减贫工作中，习近平总书记又反复强调，扶贫开发是全党全社会的共同责任，要动员和凝聚全社会力量广泛参与，要构建一个多方扶贫力量相互补充协同发力的"大扶贫格局"，以此来向贫困宣战，从而打赢新时代的脱贫攻坚战。"全社会协同发力"扶贫减贫格局的逐步形成，是我国脱贫攻坚的客观要求与习近平总书记扶贫思想共同作用的结果，从而顺应了党的十八大以来我国扶贫减贫客观形势发展的需要、广大贫困群众的现实需要和扶贫攻坚规律的内在需要。

"全社会协同发力"的扶贫减贫格局强调要动员和凝聚全社会力量广泛参与，以形成多元社会力量合力协同共治和共同应对贫困问题的局面，确保到2020年贫困地区和贫困人口同全国一道全面建成小康社会。在具体实践中，这种扶贫减贫格局具有丰富内涵和多方面要求。

第一，什么是"全社会协同发力"扶贫减贫格局。党的十八大以来，围绕打赢脱贫攻坚战，以习近平同志为核心的党中央提出了要构建富有中国特色的大扶贫格局，并且随着中国扶贫减贫实践的发展而不断丰富其内涵。具体来说，可以从以下几方面来理解。就社会发力对象来看，包括各级党政机关、企事业单位、社会组织、各界人士，甚至军队和武警都参与其中；就社会发力形式来看，包括专项扶贫、行业扶贫、社会扶贫等的相互补充和相互配合；就具体实践操作来看，有东西部的扶贫协作和对口支援，中央单位的定点帮扶和支持，东部经济发达县的结对帮扶西部贫困县，民营企业参与的"万企帮万村"行动，全社会广泛开展的向贫困地区贫困群众献爱心活动等。这就为全社会广泛参与脱贫攻坚格局的形成奠定了坚实基础。

第二，如何保障"全社会协同发力"效用的实现。为了让全社会协同发力的扶贫格局真正发挥效用，以习近平同志为核心的党中央作出了一系列部署与举措。具体来说主要有以下几点。一是设立国家扶贫日和全国脱贫攻坚奖，营造了良好的社会氛围。我国从2014年起，把每

① 中共中央文献研究室：《做焦裕禄式的县委书记》，中央文献出版社，2015，第19页。

年10月17日设为中国“扶贫日”，从2016年开始正式设立全国脱贫攻坚奖，表彰社会扶贫先进集体和先进个人，以上这些举措对动员全社会共同参与扶贫减贫工作具有重要推动作用。二是对各参与主体采取激励性政策，调动了全社会力量参与的积极性。例如，为了发挥产业带动扶贫的效用，从中央到地方均出台了一系列有关鼓励企业参与扶贫减贫的支持性政策，诸如对企业和个人公益扶贫捐赠所得税的税前扣除政策，对带动贫困地区和贫困人群脱贫致富的企业给予扶贫再贷款的政策等。三是重视脱贫减贫制度建设，保障了全社会协同发力的持续性。党的十八大以来，从中央到地方均不断完善脱贫减贫制度建设，规范脱贫攻坚责任体系，建立了更加科学的考评机制，包括形成一系列工作机制，诸如东西部扶贫协作机制、定点扶贫机制、社会力量参与机制、劳务输出对接机制等，来确保多元社会参与主体的持续发力。四是采取其他方面的鼓励措施，诸如鼓励政府购买服务，鼓励各类社会组织开展到村到户精准帮扶，鼓励有条件的企业设立公益基金和开展专项公益信托，鼓励农村能人贤达回村创业帮助本村贫困户等，来不断提高全社会协同发力效用。

党的十八大以来，中央和地方从搭建平台、政策激励、加强监管和制度安排等方面完善社会参与机制，营造了人人皆愿为、人人皆可为和人人皆能为的良好环境，以最大限度调动社会扶贫资源参与脱贫攻坚，形成了人人参与扶贫减贫、社会合力共建小康的“中国格局”，这种大扶贫格局可供世界借鉴。具体而言包括以下几点。第一，从宏观视域来看，扶贫减贫是一项庞大而复杂的系统工程，仅靠政府唱“独角戏”或贫困地区和贫困主体的自我脱贫，是难以取得最佳效果的，只有全社会协同发力的大扶贫格局才能有效治理贫困。第二，从微观视角来说，由于致贫原因的复杂多样和贫困人口的需求多样化，再加上贫困情况不断发生变化，唯有全社会协同发力，才能连接全社会资源，扩展贫困治理的资源总量，实现扶贫减贫质量与速度的“双赢”，世界各国可汲取我国的这一重要经验。第三，党的十八大以来我国扶贫减贫事业取得的巨大成就，证明以全社会协同发力托起我国最后贫困地区和贫困群众的“小康梦”是可行的，是符合社会学一般规律的。同时，社会工程要通过社会合力来完成，也符合马克思主义唯物辩证法，即立足普遍联系与发展的观点来应对处于不断“动态化”的贫困问题，因而“全社会协同发力”的扶贫减贫格局可供世界借鉴。

五　“多元路径布局”的扶贫减贫体系为世界提供中国智慧

自2013年开始，党中央在脱贫目标方面除了吃和穿这些最基本的生存性指标外，还增加了教育、医疗、卫生、住房等方面的指标。2015年11月中共中央、国务院在出台的《关于打赢脱贫攻坚战的决定》中，对脱贫标准作出了全面解释，即“到2020年，稳定实现农村贫困人口不愁吃、不愁穿，义务教育、基本医疗和住房安全有保障。实现贫困地区农民人均可支配收入增长幅度高于全国平均水平，基本公共服务主要领域指标接近全国平均水平”①。综上，党的十八大以来，我国不仅提高了国家贫困线标准，而且在衡量贫困的指标方面更加多样，扶贫减贫的路径也更加多元化。以习近平同志为核心的党中央不仅在宏观规划上制定和形成了“以人民为中心”的扶贫减贫理念、“以精准为原则”的扶贫减贫方略、“扶志扶智结合”的扶贫减贫行动、“社会协同发力”的扶贫减贫格局，而且在微观实践上也进行了多重布局，不但继续加大“输血式”财政金融等方面的投入，还采取了“造血式”产业带动等方面的举措，以及加强国际扶贫减贫合作，从而为我国脱贫攻坚创造了良好条件。

“多元路径布局”的扶贫中国体系，是围绕新的贫困线标准和脱贫目标而制定的，采取了多种形式和方法来进行扶贫减贫和脱贫攻坚，不仅强调扶贫减贫工作的力度，也注重其广度和深度，以期真正拔掉穷根和实现2020年全面建成小康社会的宏伟目标。具体而言，这种多元路径布局包括国内和国外两大方面。

就国内来说，以习近平同志为核心的党中央为了打赢脱贫攻坚战，

① 《中共中央国务院关于打赢脱贫攻坚战的决定》，《人民日报》2015年12月8日。

除了在思想上高度重视、理念上科学定位、组织上加强党的领导、资金上加大物资投入、执行上强调真抓实干以外，还通过建章立制为推进中国扶贫减贫事业保驾护航，诸如在扶贫工作管理体制的创新方面，形成了中央统筹、省负总责、市县抓落实的管理体制；围绕“阳光扶贫”和“廉洁扶贫”，改革了财政扶贫资金使用管理机制，完善了扶贫资金项目公告公示制度，建立健全了贫困群众全程参与扶贫资金使用管理制度，确立了媒体监督和第三方评估等方面制度；在扶贫开发实施机制创新方面取得了诸多突破，包括扶贫对象的瞄准机制、扶贫工作队派驻机制、贫困地区党政班子考核机制、社会扶贫组织动员机制等。同时，多元路径布局还包括以下两大层面。一是中央层面，诸如以东西部扶贫协作和对口支援，来推动区域协调发展、协同发展、共同发展的大战略；坚持政府投入的主体和主导作用，同时吸引社会资金参与脱贫攻坚；党政军机关、企事业单位开展定点扶贫，发挥我国政治优势和制度优势；等等。二是地方层面，诸如采取基层党建带动扶贫脱贫，发展特色产业解决贫困劳动力就业问题，依托电商来化解贫困地区产品销售难问题和利用亲情乡情号召走出去的能人志士回乡创业，等等。总之，党的十八大以来，新一届中央领导集体通过多元路径布局，正在形成跨地区、跨部门、跨单位、全社会共同参与的、富有中国特色和彰显制度优势的多元路径扶贫减贫体系。

就国外来说，党的十八大以来，围绕扶贫减贫多元路径，以习近平同志为核心的党中央以全球视野和国际视角来谋划和助推中国的脱贫攻坚，同时也欢迎世界各国搭乘中国发展的“快车”和“便车”来解决本国贫困问题。具体来说：第一，站在人类命运共同体角度，积极开展了国际扶贫减贫合作。习近平总书记提出：“让我们携起手来，为共建一个没有贫困、共同发展的人类命运共同体而不懈奋斗！”① 中国为了推动建设人类命运共同体，致力于国际的合作共赢，大力吸引了国内外产业、资本、人才等资源向贫困地区聚集，国际的扶贫减贫合作，促进

① 中共中央文献研究室：《十八大以来重要文献选编》（中），中央文献出版社，2016，第721～723页。

了世界以及我国的脱贫减贫事业。第二，通过“一带一路”建设，推动世界各国人民共享发展成果。党的十八大以来，习近平总书记提出共建“丝绸之路经济带”和“21世纪海上丝绸之路”，倡议组建亚洲基础设施投资银行、设立丝路基金等，在支持广大发展中国家开展基础设施互联互通建设、不断帮助其增强自身发展能力和扶贫减贫实力、为国际扶贫减贫事业注入新活力的同时，也为我国继续扩大对外开放和一大批企业的发展开辟了广阔的国际市场，从而助推了我国扶贫减贫事业的大发展。第三，主张通过国际合作共同应对挑战，以共建一个没有贫困的世界。我国通过倡导世界各国合作、共同应对脱贫减贫提出了一些建议，如要加强宏观经济政策沟通和协调，形成政策和行动合力；要推动改革创新，增强世界经济中长期增长潜力；要构建开放型世界经济，激发国际贸易和投资活力；等等。这些建议不仅有助于我国自己消除贫困，而且支持和帮助了广大发展中国家特别是最不发达国家消除贫困。

总的来说，党的十八大以来，以习近平同志为核心的党中央坚持把脱贫减贫摆在治国理政突出位置，立足我国具体国情和长远发展大局谋划脱贫攻坚，创造性地提出和不断完善的“多元路径布局”扶贫减贫体系可供世界实践参考。具体来说：第一，从理论分析的角度来看，贫困地区、贫困群体致贫原因的复杂化，决定了扶贫减贫的路径不可能是单一化的或者多种路径的简单堆积，而应该是以多元路径来共同治理贫困和防止返贫。多元路径的布局有助于提升扶贫减贫实效，这对世界各国的扶贫减贫工作是一种有益尝试。第二，就具体操作的角度来讲，由于贫困地区和贫困群体本身的差异性大，诸如历史原因、自然资源、经济发展程度、主观因素等，要求扶贫减贫路径在因地因人制宜的基础上尽可能多样化，而不是单一性或简单化。第三，我国采取“多元路径布局”的扶贫减贫体系取得的显著成效，以及为共建一个没有贫困、共同发展的人类命运共同体而不断贡献中国力量、中国智慧、中国方案，正受到越来越多国家的认可与支持，因而可供世界借鉴。

中国减贫学的世界意义*

新华社国家高端智库课题组**

消除贫困依然是当今世界面临的最大全球性挑战。未来 15 年，对中国和其他发展中国家都是发展的关键时期。我们要凝聚共识、同舟共济、攻坚克难，致力于合作共赢，推动建设人类命运共同体，为各国人民带来更多福祉。

——习近平

"关于反贫困，中国能教给我们什么?" 2018 年，世界减贫问题专家、哈佛大学教授温奈良撰写了这样一篇文章。① 此前两年，美国智库布鲁金斯学会也发表了文章《终结贫困：我们从中国能学什么，不能学什么?》。② 作为世界减贫理论的学习者、受益者和创新者，中国基于自身减贫实践的经验总结和理论创见，正在回馈人类减贫事业，为其他国家和地区提供新的参考。中国减贫行动，也在与世界的交流互鉴中继续向前推进。

---

* 文章摘录自《中国减贫学政治经济学视野下的中国减贫理论与实践》第 4 章。该文章收录本书时，内容和文献标注方式略有调整。

** 张宿堂，新华通讯社。

① Nara Dillon, What Can China Teach Us About Fighting Poverty ? The China Questions: Critical Insights Into a Rising Power, Edited by Jennifer Rudolph and Michael Szonyi, Harvard University Press, 2018.

② Yuen Yuen Ang, Ending Poverty: What should we learn and not learn from China? November 7, 2016. https://www.brookings.edu/blog/future-development/2016/11/07/ending-poverty-what-should-we-learn-and-not-learn-from-china/.

一　世界视角中的“5D”要素

贫困是“无声的危机”。当前，世界各国都在立足实际，探索适合本国国情的减贫道路。在研究中国减贫经验和理论时，多国专家发现，中国的国情与政治体制、文化传统、价值观等都有其独特之处，但中国减贫经验也不乏普遍意义，某种程度上可概括为“5D”要素。

第一，坚强领导（Determined Leadership）。

“很多外国人都感到惊讶，中国国家领导人习近平把扶贫当作了国家最重要的工作来抓。”美国库恩基金会主席罗伯特·劳伦斯·库恩博士说。

政治经济学理论显示，当一项工作成为一国最高领导人的“头号工程”，并以持续不断的态度指挥落实（“钉钉子精神”），会形成强大的国家意志，推动政治权力对资源的配置。当这项工程是以人民为中心，为了国家和社会整体福祉，解决社会公平与效率问题，就具有了崇高的“善”含义。

除了领导人自身意愿，一国领导力的发挥在于政党的领导。拥有9100多万名党员的中国共产党是世界第一大政党。毫无疑问，减贫是中国共产党领导力的生动体现。

第二，细绘蓝图（Detailed Blueprint）。

中国擅长战略规划，也注重中期和短期目标设计，如“两个一百年”的奋斗目标，“五年规划”，每年一度的中央经济工作会议等。在治理中，中国强调目标导向和问题导向。这种在深刻研究和把握国内外大势基础上形成的蓝图设计，有助于全体人民对未来形成稳定预期。

为了摆脱贫困这一共同目标，中国几代领导人带领全国人民接续奋斗；为了精准扶贫、精准脱贫，中国更是实施了国家战略，全国上下按照统一目标、适应地方特色的各级政策规划和精准到户的帮扶计划共同努力。中国领导人说，“撸起袖子加油干”“一张蓝图绘到底”。这种做法保证了政策连续性，实现了现行标准下近亿农村贫困人口全部脱贫，兑现了脱贫路上“一个都不能少”的承诺。

第三，发展导向（Development Oriented）。

在持续的减贫进程中，中国始终抓住经济发展的金钥匙。坚持发展为第一要务，自觉通过调整生产关系激发社会生产力的发展活力，自觉通过完善上层建筑适应经济基础发展要求。[①]

“中国的减贫是个增长故事。”世界银行中国局局长马丁·芮泽说。在很多国际经济学家眼里，长期的可持续增长是发展的源泉。而“把经济增长转化为减贫效果是个复杂故事。要在政策上使经济增长转化为被更广泛共享，或有效瞄准贫困人口，就更为复杂”。国际减贫专家说。[②]

中国在发展利益对贫困人口的“自然渗透”基础上注重“主动滴灌”，有效对冲了“涓滴效应衰减”，令中国在保持经济增长的同时，也能持续提升减贫效能。

“发展是解决我国一切问题的基础和关键。”[③] 近年来，中国确立了经济从高速增长向高质量发展转变的战略。发展必须坚持新发展理念，在质量效益提升的基础上实现经济持续健康发展。这无疑将对中国减贫的未来产生新的重大影响。

第四，数字管理（Data-based Governance）。

精准扶贫需要精准数据。在脱贫攻坚期间，中国政府尤其重视大数据、数字经济发展，强调将先进的数字管理应用到减贫的全流程，使“精准扶贫”在较短时期内成为可能。中国 2014 年建立的全国扶贫数据系统，包括 12. 8 万个贫困村 2948 万贫困户 8962 万贫困人口的信息，后

---

① 蔡昉、张晓晶：《构建新时代中国特色社会主义政治经济学》，中国社会科学出版社，2019，第14 页。

② Nara Dillon, What Can China Teach Us About Fighting Poverty ? The China Questions: Critical Insights Into a Rising Power, Edited by Jennifer Rudolph and Michael Szonyi, Harvard University Press, 2018.

③《中共中央关于制定国民经济和社会发展第十四个五年规划和二〇三五年远景目标的建议》，2020 年 11 月 3 日，http://www.gov.cn/zhengce/2020－11/03/content_ 5556991. htm。

来不断进行动态调整。

作为中国首个大数据综合试验区和中国脱贫攻坚主战场，贵州近年来积极推动大数据与脱贫攻坚深度融合，加快了脱贫进程，提升了脱贫质量。贵州建立完善“贵州扶贫云”信息系统，打破政府职能部门的数据壁垒，共享 13 家行业部门 519 项指标 1.3 亿条相关贫困户的住房、教育、医疗等保障数据，实现数据比对无人化处理。

贵州人和致远数据服务有限责任公司采集了贵州 20317 个自然村寨近千万条精准数据，搭建了劳动力智能就业服务平台。平台先对基础劳动力的技能、就业意愿等情况进行分析，为其定制培训，目前超过 30 万人从中受益。

第五，分级实施（Decentralized Delivery）。

减贫，尤其是针对消除绝对贫困的“最后一公里”，离不开高效的落实和执行。库恩认为，中国脱贫工作的成功，靠的是全国上下一致的严格、规范、量化、透明的扶贫程序。

中国减贫政策的高效执行还得益于治理结构中的“放权”特质。有国际专家在谈论中国扶贫经验时专门分析了中国治理的这一特性，认为中国中央政府制定大政方针，各级地方政府则结合地方具体情况去创造性地落实，包括通过与投资者和民众直接互动去为地方创造市场机遇。这种分级治理产生的自下而上的创造力是中国走出贫困陷阱的一个重要动力源。

二　在国际交流合作中运用和发展

理论源于实践，更指导实践。

中国高度重视减贫等领域的国际交流合作。中国国家主席习近平在世界经济论坛“达沃斯议程”对话会上的特别致辞中强调，人类只有一个地球，人类也只有一个共同的未来。无论是应对眼下的危机，还是共创美好的未来，人类都需要同舟共济、团结合作。

中国不仅着力于理论和经验层面的世界共享，同样广泛开展减贫援助、减贫协作等。

——“援助式”方案直接为全球减贫输血。中国减贫学倡导让资源与贫困者有效对接，精准连通需求与供给推动减贫。面向世界，中国以重信义、担道义的主动作为，通过免除债务、各种项目的人财物支持等“援助式”行动，力所能及地向其他发展中国家提供不附加任何政治条件的援助，帮助广大发展中国家特别是最不发达国家缓解贫困。

近年来，中国着力向发展中国家提供“6 个 100”项目支持，包括 100 个减贫项目、100 个农业合作项目、100 个促贸援助项目、100 个生态保护和应对气候变化项目、100 所医院和诊所、100 所学校和职业培训中心等，以助力相关国家减贫。①

图 1　中国帮扶发展中国家的“6 个 100”项目

——“发展式”方案有效推进多国减贫。中国减贫学高度重视整体发展和个体内源式发展的减贫作用。源于中国减贫实践的“发展”观念与方法，被精准应用于与部分亚非国家的减贫合作中。在柬埔寨干丹省莫穆坎普县实施的中柬减贫示范合作项目，通过因地制宜、因贫施策，加大投入和开发力度，改善生产生活条件，当地社区自我发展能力明显增强。由中非发展基金投资支持的万宝莫桑农业园项目，通过“合作种

① 《习近平在联合国出席并主持由中国和联合国共同举办的南南合作圆桌会致辞》，2015 年 9 月 26 日。

植”模式发展农业经济，带动周边农户开发土地，种植水稻，使粮食产量、农户收入显著增加。拥有全球竹资源12%的非洲，正在中国等国的帮助下，挖掘竹资源、发展竹产业，实现其生态价值和减贫效益。2020年4月，“东非竹业发展项目”二期启动，预计2.85万人因此受益，减贫效果明显。

——“共享式”方案助力世界减贫可持续。中国减贫学具有鲜明的开放、共享特征。中国以有利于经济全球化的天下情怀、大国担当，着力构“环”建“链”，推动世界更大范围、更高水平、更深层次的区域合作，对接各国发展战略，推进工业、农业、环保等各领域合作，以“共享式”实践，帮助相关国家把资源优势转化为发展优势，让减贫更具可持续性。以合作共赢为准则，中国全力推进南北合作、加强南南合作等，高度重视落实《中国与非洲联盟加强中非减贫合作纲要》《东亚减贫合作倡议》等，为全球减贫事业提供充足资源和强劲动力。提出共建丝绸之路经济带和21世纪海上丝绸之路，倡议筹建亚洲基础设施投资银行，设立丝路基金……中国以实际举措，支持发展中国家开展基础设施互联互通建设，帮助它们更好融入全球供应链、产业链、价值链。特别是“一带一路”倡议提出以来，100多个国家和国际组织积极支持参与，一大批有影响力的项目落地。习近平强调，作为发展中国家的坚定一员，中国将不断深化南南合作，为发展中国家消除贫困、缓解债务压力、实现经济增长作出贡献。中国将更加积极地参与全球经济治理，推动经济全球化朝着更加开放、包容、普惠、平衡、共赢的方向发展。联合国秘书长古特雷斯表示，精准扶贫方略是帮助贫困人口、实现2030年可持续发展议程设定的宏伟目标的唯一途径，中国的经验可以为其他发展中国家提供有益借鉴。当前，新冠肺炎疫情仍在全球肆虐，减贫事业面临严峻挑战。根据联合国开发计划署发布的一份报告，鉴于新冠肺炎疫情造成的长期严重影响，到2030年，全球或将再有2.07亿人陷入极端贫困，从而使极端贫困总人数突破10亿人。然而逆全球化趋势加剧，多边合作机制停摆，全球经济可持续发展面临的不确定性和不稳定性更加突出，发展缓慢乃至停滞致使部分国家减贫进程中断甚至倒退。2020年，世界银行又将“疫情、武装冲突、气候”列为全球减贫三大变量，称疫情可能使8800万到1.15亿人重新陷入极端贫困，几乎抵消自2017年以来取得的减贫成就。中国正站在建设本国第二个百年奋斗目标的崭新起点上，仍存在欠发达地区和城乡困难人口，贫困并未彻底终结，建立贫困治理的长效机制仍有很多挑战。中国乐于与全球分享减贫理论与实践，携手构建合作共赢新伙伴，同心打造人类命运共同体。愿同世界各国一道迎接全球贫困治理全新挑战，携手推进国际减贫进程，积极推动联合国2030年可持续发展议程减贫目标如期实现，共建一个没有贫困、共同发展的人类命运共同体。正如习近平主席在第七十届联合国大会一般性辩论时的讲话中指出，中国将始终做全球发展的贡献者，坚持走共同发展道路，继续奉行互利共赢的开放战略，将自身发展经验和机遇同世界各国分享，欢迎各国搭乘中国发展的“顺风车”，一起来实现共同发展。

消除绝对贫困的中国之能探赜*

蒋永穆　卢　洋**

摘　要：2020 年我国将实现现行标准下农村贫困人口全部脱贫，取得消除绝对贫困全面胜利。中国之所以有能力在这么短的时间内帮助这么多人摆脱贫困，离不开三个方面因素的重要作用：牢牢坚持以马克思主义贫困与反贫困理论为指导，形成了中国化马克思主义贫困与反贫困思想，是消除绝对贫困的能力之源；充分发挥中国共产党领导和社会主义制度的独特优势，凝聚形成消除绝对贫困的强劲合力，是消除绝对贫困的能力之本；科学运用唯物辩证法分析和解决贫困问题，持续探寻多种途径破解贫困顽疾的中国方案，是消除绝对贫困的能力之魂。

关键词：绝对贫困　马克思主义　社会主义制度　唯物辩证法

新中国成立以来，中国共产党始终致力于破解贫困难题，紧密团结带领全国各族人民，积极探索、攻坚克难，持续向贫困宣战。经过 70 余年的不懈奋斗，我国建立了中国特色减贫制度体系，走出了中国特色减贫道路，贡献了全球减贫的中国经验。2020 年脱贫攻坚任务完成后，我国将有 1 亿左右贫困人口实现脱贫，提前 10 年实现联合国 2030 年可持

---

* 文章刊发于《马克思主义与现实》2020 年第 5 期，是国家社科基金重大项目（18ZDA035）的阶段性成果。该文章收录本书时，内容和文献标注方式略有调整。

** 蒋永穆，四川大学；卢洋，四川大学。

续发展议程的减贫目标。在这么短的时间内帮助这么多人摆脱贫困，历史性地解决中华民族千百年来存在的绝对贫困问题，是中国人民创造的“人间奇迹”和书写的“时代华章”。这其中有三个因素，是中国取得消除绝对贫困全面胜利的重要法宝。

一　能力之源：牢牢坚持以马克思主义贫困与反贫困理论为指导

新中国成立70余年所取得的减贫成就，是同马克思主义贫困与反贫困理论的科学指导息息相关的。尽管马克思恩格斯的研究对象是处于工业革命时期的西方世界，与脱胎于半殖民地半封建社会的新中国存在差异；研究重点是资本主义生产关系下的贫困顽疾，与社会主义生产关系中存在的贫困问题存在差异；研究范围是城市，与农村贫困存在差异。但是，马克思主义贫困与反贫困理论的基本立场和根本原则，与社会主义国家消除贫困的目标导向和实现路径，是具有高度一致性和历史传承性的。基于这种认识，新中国成立以来，中国共产党人牢牢坚持马克思主义指导地位不动摇，将马克思主义基本原理与中国具体实际密切结合，继承、创新、发展和运用了马克思主义贫困与反贫困理论，形成了中国化马克思主义贫困与反贫困思想，开辟了马克思主义贫困与反贫困理论发展新境界。

（一）坚持和发展马克思主义关于贫困来源的理论

厘清贫困的来源，是破解贫困难题的前提。马克思恩格斯从生产力和生产关系的角度，阐明了造成贫困的主要原因。从生产关系的角度，马克思恩格斯认为，以私有制为核心的资本主义生产关系是造成资本主义贫困的根源。资本主义私有制中贫富两极分化严重，“在一极是财富的积累，同时在另一极，即在把自己的产品作为资本来生产的阶级方面，是贫困、劳动折磨、受奴役、无知、粗野和道德堕落的积累”①。从生产力的角度，马克思恩格斯认为，不平衡的生产力是贫困生成的物质条件，

① 《马克思恩格斯文集》（第五卷），人民出版社，2009，第743～744页。

“只要生产的规模还没有达到不仅可以满足所有人的需要，而且还有剩余产品去增加社会资本和进一步发展生产力，就总会有支配社会生产力的统治阶级和贫穷的被压迫阶级”①。总之，在资本主义条件下，生产力发展程度无法满足全体社会成员的需求，贫困阶级的存在难以避免。

中国共产党人在分析贫困的来源时，从马克思主义的生产力和生产关系视角出发，结合中国实际进行了阐释。从生产力的角度，中国共产党人认为，生产力发展不足是社会主义社会存在贫困的主要原因。新中国成立伊始，作为落后的农业大国，与高度工业化的发达国家相比，我国生产力发展相对滞后，尚未建立摆脱贫困的物质前提。邓小平指出，“落后国家建设社会主义，在开始的一段很长时间内生产力水平不如发达的资本主义国家，不可能完全消灭贫穷”②。经过一代又一代人的接续努力，我国生产力水平显著提高，但我国仍处于并将长期处于社会主义初级阶段的基本国情没有变，贫困地区经济社会发展水平相对较低的面貌没有完全改变，中国共产党人通过持续发展生产力来消除贫困问题的基本思路没有变。从生产关系的角度，中国共产党人认为，不适应生产力发展的生产关系，阻碍了贫困问题的解决。中国共产党人深刻把握生产力与生产关系的矛盾运动规律，着力破除不合理的生产关系对生产力发展的束缚，尤其是改革开放以来通过对社会生产关系的持续变革，为消除绝对贫困营造了良好的发展环境。

（二）坚持和发展马克思主义关于贫困表征的理论

识别贫困的表征，是破解贫困难题的基础。马克思恩格斯根据贫困的状态和表现，将贫困划分为不同的范畴。从贫困的状态来看，贫困可分为绝对贫困和相对贫困。“因为正是由于生产总量的增长，于是绝对的贫困减少，而相对的贫困可能增加”③，即绝对贫困是由总产品量的不足导致无产阶级基本生存难以维系的贫困状态；相对贫困是无产阶级创

① 《马克思恩格斯文集》（第一卷），人民出版社，2009，第684页。

② 《邓小平文选》（第三卷），人民出版社，2001，第10页。

③ 《马克思恩格斯文集》（第一卷），人民出版社，2009，第125页。

造的劳动价值低于其所获得的物质资料价值的贫困状态，或是其基本生存得到保障但生活仍处在整个社会中下水平的贫困状态。从贫困的表现来看，贫困可分为物质贫困和精神贫困。马克思在《1844 年经济学哲学手稿》中提出，“物质的和精神的富有和贫困”的运动生成了所需的全部材料。[①] 物质贫困主要表现为贫困人口物质生产生活资料缺乏，精神贫困主要表现为贫困人口精神生活匮乏、思想道德水平低下。

中国共产党人根据中国的贫困现状，对贫困的状态和表现进行了拓展。中国共产党人对贫困状态的探究是逐步深入的。新中国成立初期，绝对贫困主要指贫困人口温饱难以维系的贫困状态。改革开放以来，我国借鉴国际社会贫困线标准，建立了以贫困人口人均年收入为识别指标的绝对贫困标准。随着温饱问题的基本解决，我国相对贫困问题日益凸显，主要表现为贫困人口生活状况处于社会中下水平的贫困状态。《中国农村扶贫开发纲要（2011—2020 年）》首次提及相对贫困，指出“相对贫困问题凸显”[②]。对于如何破解相对贫困问题，党的十九届四中全会首次明确，要“建立解决相对贫困的长效机制”[③]。中国共产党人对贫困表现的认识是逐步深化的。最初对贫困问题的关注，主要集中于物质贫困。毛泽东在谈及贫农时，认为其是“占有的生产资料不足维持生活”[④] 的农民。随着物质生活水平的提高，中国共产党人开始重视精神层面的贫困，在八七扶贫攻坚计划中提出贫困人口普遍“文化教育落后”[⑤]，并在2001 年发布的《中国农村扶贫开发纲要》中再次提及“文化的落后”[⑥]。党的十八大以来，精神贫困的表现进一步延伸。2016 年习近平在东西部扶贫协作座谈会上指出：

---

① 《马克思恩格斯文集》（第一卷），第 192 页。

② 中共中央文献研究室：《十七大以来重要文献选编》（下册），中央文献出版社，2013，第 355 页。

③ 《中共中央关于坚持和完善中国特色社会主义制度，推进国家治理体系和治理能力现代化若干重大问题的决定》，《人民日报》2019 年 11 月 6 日。

④ 《毛泽东文集》（第五卷），第 59 页。

⑤ 中共中央文献研究室：《十四大以来重要文献选编》（上册），中央文献出版社，1996，第 775 页。

⑥ 中共中央文献研究室：《十五大以来重要文献选编》（下册），中央文献出版社，2003，第 1878 页。

“摆脱贫困首要并不是摆脱物质的贫困，而是摆脱意识和思路的贫困。”①

（三）坚持和发展马克思主义关于反贫困立场的理论

明确为了谁反贫困、依靠谁反贫困，是反贫困能否取得最终胜利的基石。学术界对于这一问题有两种典型观点：一种是站在资产阶级立场的反贫困观点，以英国资产阶级庸俗经济学家托马斯·马尔萨斯为代表，主张通过抑制人口增长来消除贫困，其目的是维护资产阶级的既得利益；另一种是站在人民立场的反贫困观点，以马克思恩格斯为代表，主张依靠无产阶级以及和无产阶级具有相同利益的劳动人民来反贫困，“把真正的生产者、广大人民群众从雇佣奴役状态中解放出来”②。无产阶级代表了绝大多数劳动人民的利益，其作为物质生产资料的主要承担者，具备反贫困的能力；作为遭受奴役压迫的被剥削者，具有反贫困的动力。因此反贫困的人民立场体现为维护无产阶级利益，改变其悲惨境遇。只有坚持人民立场，才能充分组织和联合劳动人民共同反贫困。新中国成立以来，我国劳动人民的范围涵盖社会各个阶层，反贫困的人民立场体现为维护广大劳动人民的利益。习近平指出，“人民立场是中国共产党的根本政治立场，是马克思主义政党区别于其他政党的显著标志”③。中国共产党人在反贫困过程中，始终把人民立场作为根本立场。一方面，始终将贫困群众根本利益作为反贫困工作的出发点和落脚点。中国共产党坚持全心全意为人民服务的根本宗旨，不断改进对反贫困事业的领导。党的八大通过的党章中明确“应当理解党的利益和人民利益的一致性”，强调“必须全心全意地为人民群众服务”④；党的十六届三中全会提出“坚持以人为本”，强调“促进经济社会和人的全面发展”⑤；党的十九大

① 中共中央党史和文献研究院：《习近平扶贫论述摘编》，中央文献出版社，2018，第137页。
② 《马克思恩格斯文集》（第四卷），第336页。
③ 《习近平谈治国理政》（第二卷），外文出版社，2017，第40页。
④ 《中国共产党章程》，《人民日报》1956年9月27日。
⑤ 中共中央文献研究室：《十六大以来重要文献选编》（上册），中央文献出版社，2005，第465页。

将“坚持以人民为中心”和“坚持在发展中保障和改善民生”作为新时代坚持和发展中国特色社会主义的基本方略①，明确脱贫攻坚的目标任务。另一方面，紧紧依靠广大人民来解决贫困问题。与资本主义社会贫困人口单一地成为救济对象不同，中国的贫困人口既是救济的接受者，又是美好生活的建设者，还是贫困治理的参与者。新中国成立之前，毛泽东就不断强调群众力量的作用，提出“把群众的力量组织成为一支劳动大军。这是人民群众得到解放的必由之路，由穷苦变富裕的必由之路”②。新中国成立之后，中国共产党人愈加重视并充分发挥人民群众在反贫困中的重要作用。习近平指出，“贫困群众既是扶贫攻坚的对象，更是脱贫致富的主体”③，贫困人口与其他人民一道，联合成为反贫困的主体，汇集铸就了中国反贫困的磅礴力量。

（四）坚持和发展马克思主义关于反贫困路径的理论

采取何种方式去解决贫困问题，是反贫困能否取得最终胜利的关键。马克思恩格斯认为，反贫困的首要任务，是消除资本主义私有制，“夺取资本”。马克思将资本主义私有制比作“邪恶的基础”。他指出：“在现代这种邪恶的基础上，劳动生产力的任何新的发展，都不可避免地要加深社会对比和加强社会对抗。”④恩格斯在《共产主义原理》中对“最终废除私有制将产生什么结果”这一问题进行回答时，首先强调了贫困人口对产品交换和占有的权利。同时，马克思恩格斯认识到提升生产力水平，能够助推反贫困。马克思恩格斯指出，“生产力的这种发展（随着这种发展，人们的世界历史性的而不是地域性的存在同时已经是经验的存在了）之所以是绝对必需的实际前提，还因为如果没有这种发展，那就只会有贫穷、极端贫困的普遍化”⑤。要满足人的发展的基本需要，

① 习近平：《决胜全面建成小康社会　夺取新时代中国特色社会主义伟大胜利——在中国共产党第十九次全国代表大会上的报告》，《人民日报》2017 年 10 月 28 日。

② 《毛泽东选集》（第 2 版）（第三卷），第 932 页。

③ 中共中央党史和文献研究院：《十八大以来重要文献选编》（下册），中央文献出版社，2018，第 37 页。

④ 《马克思恩格斯文集》（第三卷），第 10 页。

⑤ 《马克思恩格斯文集》（第一卷），第 538 页。

必须通过物质资料的生产来实现。因此发展生产力也是反贫困的重要路径。

新中国成立后，我国通过社会主义改造，消除了生产资料私有制。有利于反贫困的生产资料公有制已经建立，社会主义生产关系已经形成，“夺取资本”的任务基本完成。在反贫困进程中，脆弱的小农经济难以满足贫困人口的基本需要，落后的社会生产成为矛盾的主要方面。中国共产党人将促进贫困地区生产力发展作为首要的反贫困手段，通过社会主义经济建设，持续推动贫困地区社会生产力水平的提升；同时，中国共产党人重视社会主义生产关系的内部调整，通过农村改革和基本经营制度的调整，持续推动农村生产关系的完善。在生产力发展和生产关系变革的共同作用下，我国不断提升物质资料生产能力，切实满足贫困人口的美好生活需要。

二　能力之本：充分发挥中国共产党领导和社会主义制度的独特优势

贫困是人类社会共同面临的重大难题。在人类历史长河中，贫困问题长期存在。尤其是工业革命以来，伴随资本主义生产方式和市场经济的快速发展，贫困问题日益凸显。最具减贫物质条件的西方国家，在面对贫困问题时采取的却是被动式的社会救助等方式，收效甚微。新中国成立以来，在中国共产党的坚强领导下，社会主义制度建立完善，积极主动消除贫困的制度基础持续夯实。在减贫目标上，中国共产党人坚信，贫困问题是可以解决的，社会主义就是要消除贫困，而不仅是缓解贫困。邓小平提出：“贫穷不是社会主义，社会主义要消灭贫穷。”① 习近平指出：“2020 年，我们将全面建成小康社会。全面建成小康社会，一个也不能少；共同富裕路上，一个也不能掉队。”② 在减贫实践中，中国共产党人团结一切可以团结的力量，调动一切可以调动的资源，踊跃参与减

① 《邓小平文选》（第三卷），第 116 页。

② 中共中央党史和文献研究院：《习近平扶贫论述摘编》，第 23 页。

贫事业，凝聚形成消除绝对贫困的强劲合力，持续发挥社会主义制度减贫的显著优势。习近平指出："我们最大的优势是我国社会主义制度能够集中力量办大事。这是我们成就事业的重要法宝。"[①] 这一优势已在中国减贫实践中得到了生动体现和有力检验。

（一）坚持和加强党对减贫工作的领导

中国共产党的领导是减贫工作得以顺利推进以及消除绝对贫困目标得以逐步实现的根本保证。党提出明确的减贫目标，制定科学的减贫方案，组建精锐的减贫队伍，发挥各级党委的减贫作用。

一是党中央的集中统一领导。党中央对减贫工作的集中统一领导，是消除绝对贫困的根本政治保证。新中国成立以来，党中央将消除贫困和实现共同富裕放在突出位置，统筹谋划减贫工作，作出减贫战略部署，确保了减贫工作的正确方向。1956 年，周恩来在党的八大上作《关于发展国民经济的第二个五年计划的建议的报告》，提出必须在保证国家建设规模逐步扩大的同时，使人民生活得到逐步地改善，强调为了改善农民的物质生活，应该正确地解决农民的负担问题和合作社收益的分配问题。[②] 1982 年，党的十二大强调"不断满足人民日益增长的物质文化需要是社会主义生产和建设的根本目的"，指出"农民还很贫困，要积极扶助他们发展生产，增加收入"。[③] 1987 年，党的十三大明确经济建设"三步走"战略，指明了各个阶段的减贫目标，其中第一步是"解决人民的温饱问题"，第二步是"人民生活达到小康水平"，第三步是"人民生活比较富裕"。[④] 1992 年，党的十四大再次明确，"贫困地区尽快脱贫致富，是实现第二步战略目标的重要组成部分"[⑤]。2002 年，党的十六大

① 《习近平谈治国理政》（第二卷），第 273 页。

② 中共中央文献研究室：《建国以来重要文献选编》（第 9 册），中央文献出版社，1994，第 211 ~ 212 页。

③ 中共中央文献研究室：《十二大以来重要文献选编》（上册），中央文献出版社，1986，第 19 页。

④ 中共中央文献研究室：《十三大以来重要文献选编》（上册），中央文献出版社，1991，第 16 页。

⑤ 中共中央文献研究室：《十四大以来重要文献选编》（上册），第 27 页。

提出“我国进入全面建设小康社会、加快推进社会主义现代化的新的发展阶段”，强调“继续大力推进扶贫开发，巩固扶贫成果，尽快使尚未脱贫的农村人口解决温饱问题，并逐步过上小康生活”。[①] 2007 年，党的十七大强调“确保到 2020 年实现全面建成小康社会的奋斗目标”，点明“绝对贫困现象基本消除”的减贫目标。[②] 党的十八大以来，以习近平同志为核心的党中央将脱贫攻坚工作纳入“五位一体”总体布局和“四个全面”战略布局，置于治国理政的突出位置。党的十九大将精准脱贫作为决胜全面小康社会的三大攻坚战之一，强调“要坚决打好防范化解重大风险、精准脱贫、污染防治的攻坚战”[③]。2020 年，突发的新冠肺炎疫情给脱贫攻坚工作带来了新的挑战，但党中央坚定打赢脱贫攻坚战的信心和决心没有变，统筹推进疫情防控与脱贫攻坚，奋力夺取“防疫阻击战”“脱贫攻坚战”两场战役最终胜利。

二是各级党委的坚强领导和严格的考核评估。各级党委对减贫工作的坚强领导和严格的减贫考核评估，是消除绝对贫困的根本组织保证。各级党委在减贫工作中总揽全局、协调各方，履行减贫领导责任，确保了减贫事业的稳步前进。新中国成立以来，尤其是改革开放以来，党领导的减贫管理体制逐步建立，各级党组织减贫职责逐步明确，党的基层组织建设不断加强。减贫工作的考核评估机制不断完善，确保了减贫工作真正落到实处。1984 年发布的《中共中央、国务院关于帮助贫困地区尽快改变面貌的通知》明确提出，“贫困地区各级党、政机构的设置，人员配备，应从实际出发，不强调上下对口，尽量做到简政便民”[④]。1994 年实施八七扶贫攻坚计划以来，分级负责、以省为主的省长扶贫负责制开始实行，以贫困乡和贫困村为重点的基层组织加快建设。同时，扶贫攻坚计划的实施情况开始作为考核和提拔贫困县领导干部的重要标

① 中共中央文献研究室：《十六大以来重要文献选编》（上册），第 1、23 页。

② 中共中央文献研究室：《十七大以来重要文献选编》（上册），中央文献出版社，2013，第 15 ~ 16 页。

③ 习近平：《决胜全面建成小康社会　夺取新时代中国特色社会主义伟大胜利——在中国共产党第十九次全国代表大会上的报告》，载《人民日报》2017 年 10 月 28 日。

④ 中共中央文献研究室：《十二大以来重要文献选编》（中册），中央文献出版社，1986，第 543 ~ 544 页。

准。进入21世纪以来，扶贫工作党政一把手负责制稳步推行，党政主要负责人扶贫开发工作成效考核机制稳步实行；以贫困村为重点的基层组织建设稳步推进，在贫困村发挥着战斗堡垒作用。党的十八大以来，中央统筹、省负总责、市县抓落实的工作机制得以强化，脱贫攻坚一把手负责制稳步实行，第三方评估等方式开始推行，减贫工作成效考核的正向激励作用持续发挥；省市县乡村五级书记一起抓扶贫开始实施，贫困村党组织的战斗力不断提升，党在农村的执政基础持续巩固。新冠肺炎疫情发生后，各级党组织全力安排驻村干部及时返岗，驻村工作队第一时间整合为防“疫”队、战“疫”队，守住了农村防疫脱贫攻坚克难的最后一道防线。

（二）持续加大减贫投入和支持力度

充裕的资金支持是减贫工作得以正常开展和持续推进的重要保障。新中国成立以来，中央财政支出注重向贫困地区和贫困人口倾斜，各级财政扶贫投入逐年增长，金融扶贫资金支持方式日益多元，扶贫资金来源渠道不断拓宽，资金使用效益和效率不断提高。

一是坚实的财政投入保障。中央和地方财政对减贫的投入，在资金规模上逐年增加，在支持领域上不断拓展。新中国成立初期，我国为改变劳动人民穷苦状态、提高其生活水平，“拨出了大量的款项救济灾民、失业工人及其他无以维持生活的人”①。改革开放以来，财政对减贫的投入与支持主要集中在直接的财政资金投入、财政资金引导作用的发挥、税收的减免三个方面。20世纪80年代以来，我国愈发重视对贫困地区的财政扶持，对贫困地区的财政投入程度逐步加大。1983年，我国开始设立“三西”专项建设资金；1984年，设立以工代赈资金，用于贫困地区产业发展和基础设施建设；1985年，开始对贫困地区分情况减免农业税，切实减轻贫困地区负担，同时我国开始改革扶贫资金的使用管理方式；1997年，《国家扶贫资金管理办法》发布并实施，明确规定扶贫资

---

① 中共中央文献研究室：《建国以来重要文献选编》（第1册），中央文献出版社，1992，第526页。

金的扶持对象、使用范围和分配依据等内容。进入21世纪以来，伴随国家财力的增强，我国财政扶贫资金投入力度持续增大。2000年中央各项扶贫专项资金达248亿元，比1980年增加了30倍。[①] 2001～2010年，中央和地方各级政府扶贫财政投入累计达2043.8亿元。[②] 2006年，我国全面取消农业税，极大地减轻了贫困人口负担。财政扶贫资金管理持续加强，在改善贫困地区生产生活和基础设施条件等方面作用显著。党的十八大以来，各级财政的扶贫开发投入进一步增加，财政专项扶贫资金规模增幅较大。支持减贫的税收优惠政策持续丰富，已形成包括增值税、企业所得税等主体税种和其他税种在内的税收政策，支持范围涵盖促进贫困地区发展和扶持贫困群众就业创业等各个方面。扶贫资金监管进一步加强，扶贫资金管理体系进一步完善，确保了扶贫资金投入与脱贫攻坚目标相适应。

二是稳定的金融信贷保障。新中国成立以来，党和国家重视发挥金融信贷资金的撬动作用，支持贫困地区各项事业发展和贫困群众生产生活条件改善。1950年，毛泽东指出："国家可以用贷款方法去帮助贫农解决困难，以补贫农少得一部分土地的缺陷。"[③] 改革开放以来，扶贫贷款支持力度逐步加大，信贷优惠政策逐步完善。进入21世纪以来，扶贫贷款持续增加，小额信贷等扶贫到户的信贷方式大范围推广。党的十八大以来，金融扶贫支持力度进一步加大，扶贫贴息贷款政策进一步完善。贫困地区金融机构和金融基础设施加快建设，符合贫困人口需求的金融产品和服务加快推广，金融支持产业发展与带动贫困户脱贫的挂钩机制逐步完善。2013～2017年，金融部门扶贫小额信贷累计发放4300多亿元，扶贫再贷款累计发放1600多亿元。[④] 2018年底，全国贫困户获小额信贷率已达46%。[⑤]

---

① 中华人民共和国国务院新闻办公室：《中国的农村扶贫开发》，《人民日报》2001年10月16日。

② 中华人民共和国国务院新闻办公室：《中国农村扶贫开发的新进展》，《人民日报》2011年11月17日。

③ 《毛泽东文集》（第6卷），第70页。

④ 习近平：《在打好精准脱贫攻坚战座谈会上的讲话》，《求是》2020年第9期。

⑤ 《全国近五成贫困户，享受扶贫小额信贷》，《经济参考报》2019年5月30日。

（三）坚持动员和促进全社会参与减贫

全社会广泛参与，是减贫工作得以有效开展和长效推进的力量源泉。新中国成立以来，政府和社会两方面力量持续发挥减贫作用，政府主导、区域协调、市场与社会协同发力的减贫局面不断开创，全社会合力减贫的良好氛围持续营造。

一是强有力的政府扶贫。政府在减贫工作中发挥主导作用，推动扶贫有计划、有组织、有步骤地进行。1955 年，“一五”计划中指出，“在发展生产和提高劳动生产率的基础上逐步地提高人民的物质生活和文化生活的水平，减少失业现象”[①]，明确在工业化进程中提高人民生活水平、摆脱贫困的发展思路。20 世纪 80 年代以来，政府扶贫的作用开始增强，扶贫工作成为政府工作的重要组成部分。1986 年，国务院贫困地区经济开发领导小组正式成立，1993 年更名为国务院扶贫开发领导小组，国家层面的扶贫机构开始建立，各级地方层面的扶贫开发办公室也随之建立，成为专门负责扶贫开发工作的职能部门，这标志着扶贫政府组织体系的建立和完善。1994 年，《国家八七扶贫攻坚计划（1994—2000 年）》发布并实施，扶贫开发工作正式纳入国民经济和社会发展计划。进入 21 世纪以来，政府在扶贫开发中的主导作用持续加强，扶贫开发在整个经济社会发展中的重要地位持续强化。《中国农村扶贫开发纲要（2001—2010 年）》《中国农村扶贫开发纲要（2011—2020 年）》相继出台并实施，扶贫开发工作的延续性、连贯性、长期性得以凸显。党的十八大以来，政府在脱贫攻坚中的主体责任进一步加强，脱贫攻坚政策体系进一步健全。《中共中央 国务院关于打赢脱贫攻坚战的决定》《“十三五”脱贫攻坚规划》等接连出台并实施，有关脱贫攻坚的教育、医疗、人才、土地等扶持政策陆续出台并实施，为打赢脱贫攻坚战提供了稳固支撑。

二是日益壮大的社会扶贫力量。区域、部门、社会各界的各种力量，

---

① 中共中央文献研究室：《建国以来重要文献选编》（第 6 册），中央文献出版社，1993，第 409 页。

是扶贫开发不可或缺的重要力量。改革开放以前，由于市场经济体制尚未建立，政府是扶贫工作的主要力量，社会力量较少参与其中。改革开放以来，伴随社会主义市场经济体制的建立，市场和社会在扶贫开发中的作用日益凸显。党政机关和企事业单位定点挂钩扶贫开始实行，社会团体在人才培训、技术推广、经济协作等方面支援贫困地区，东部沿海发达地区在经济发展等方面对口帮助西部贫困地区。进入21世纪以来，社会力量在扶贫开发中的重要作用有效展现，全社会共同参与扶贫开发的格局逐步形成。扶贫开发与西部大开发紧密结合，定点扶贫成为制度化、常态化工作，企业等经济组织参与扶贫开发的程度不断加深，东部和西部在人才交流、资金支持、企业合作等方面的扶贫协作规模不断扩大。党的十八大以来，全社会扶贫的积极性持续调动，专项扶贫、行业扶贫、社会扶贫互为补充的大扶贫格局得以巩固。东西部扶贫协作和对口支援力度进一步加大，派出干部担任贫困村第一书记等定点扶贫效果明显，企业和社会组织参与扶贫的领域进一步拓宽。全社会参与扶贫开发工作取得了斐然的成绩，截至2019年底，全国97%的现行标准的贫困人口实现脱贫，94%的贫困县实现摘帽。①

三　能力之魂：科学运用唯物辩证法分析和解决贫困问题

贫困问题是复杂多变的，须采取行之有效的方法加以解决。无论是空想社会主义者的现实试验，还是古典政治经济学者的经验研究，都未触及贫困的本质，难以从根本上消除贫困。马克思主义者在分析贫困及相关问题时，始终以客观事实为依据，从变化着的实际出发，提出有针对性的解决办法。毛泽东在《矛盾论》中重申了列宁的观点，明确“马克思主义的最本质的东西，马克思主义的活的灵魂，就在于具体地分析

① 国家发展和改革委员会：《关于2019年国民经济和社会发展计划执行情况与2020年国民经济和社会发展计划草案的报告》，《人民日报》2020年5月31日。

具体的情况”[①]。新中国成立以来，中国共产党人坚持和运用马克思主义唯物辩证法，根据我国实际和所处时代，客观认识不同时期贫困问题的发展变化，持续探寻消除贫困的中国方案。

（一）在发展中减贫

事物是运动、变化和发展着的，唯物辩证法要求用发展的观点看待问题。面对贫困问题，中国共产党人坚持发展的眼光，与时俱进，运用发展的方法逐一破解。

第一，在经济发展中减贫。经济发展是摆脱贫困的关键。新中国成立之初，中国共产党人坚持以农业为基础，带领全国人民奋力发展农业，依靠贫农并联合中农，推进农业合作化和机械化，提高农业劳动生产率，为解决贫困人口温饱提供了物质条件。改革开放以来，中国共产党人坚持以经济建设为中心，在促进农村产业发展中推进减贫进程。通过加强对贫困地区的经济开发，着力发展种养业和家庭承包经营，贫困地区资源优势和劳动力优势得以彰显。进入21世纪以来，中国共产党人积极探索中国特色农业现代化道路，贫困地区特色优势产业加快发展，产业扶贫和科技扶贫深入推进。党的十八大以来，中国共产党人坚持农业基础地位，在推进农村一二三产业融合发展和集体经济发展中稳步减贫。通过产业扶贫、旅游扶贫、电商扶贫、光伏扶贫等多种方式，贫困群众经营性收入和发展收益稳步增加。2019年，贫困地区农村居民人均经营净收入达4163元，对贫困地区农村居民增收的贡献率为23.0%。[②] 2020年，面对新冠肺炎疫情对贫困地区产业发展及农畜牧产品运销的不利影响，党和国家及时出台各类农村产业支持政策，开展产销对接活动，农村生产秩序逐步恢复，产业扶贫和消费扶贫成果得以稳固。

第二，在社会发展中减贫。社会发展是脱贫奔小康的保障。20世纪

---

① 《毛泽东选集》（第一卷），人民出版社，1991，第312页。

② 参见经济日报社中国经济趋势研究院、中国农业大学国家农业农村发展研究院《2019中国农业经济发展报告及展望》，载《经济日报》2020年6月19日。

80 年代以来，党和国家积极发展社会事业，着力解决贫困人口在吃饭、穿衣、住房、交通、教育、卫生等方面的困难。1987 年，我国将食不果腹、衣不蔽体、房不避风雨的“三不户”，作为重点扶持对象，下大力气解决其生活困难问题。1994 年，《农村五保供养工作条例》出台并实施，国家提出对符合五保供养条件的老年人、残疾人和未成年人，在吃、穿、住、医、葬等方面给予生活照顾和物质帮助。2007 年，农村最低生活保障制度确立并实行，贫困人口温饱问题逐步解决。党的十八大以来，党和国家积极改善贫困地区公共服务条件，着力减轻贫困群众生活负担。2015 年，习近平在中央扶贫开发工作会议上强调了“两不愁三保障”的脱贫目标，即农村贫困人口不愁吃、不愁穿，义务教育、基本医疗、住房安全有保障。这一时期，教育扶贫和健康扶贫等深入推进，贫困人口入学、就医、住房等条件显著改善，因学、因病、因灾致贫返贫的问题逐步解决。

第三，在可持续发展中减贫。我国的减贫，并不是以牺牲人口、资源和环境为代价的粗放式减贫，而是注重人口、资源和环境协调发展的可持续减贫。20 世纪 80 年代以来，中国共产党人在促进经济增长的同时，将扶贫开发与资源环境保护、生态建设和计划生育有机结合。贫困地区生态产业加快发展，贫困人口过快增长势头得到遏制。党的十八大以来，中国共产党人坚持绿色发展理念，深入推进生态扶贫。贫困地区生态环境得到保护和修复，贫困人口获得的生态补偿得到保证。

第四，在开放发展中减贫。我国的减贫不是局限于国内的封闭式减贫，而是“引进来”与“走出去”相结合的开放式减贫。20 世纪 80 年代以来，我国与第三世界国家交往加深，通过开展互利合作，为其提供相应援助，携手解决贫困问题。20 世纪 90 年代以来，我国与国际社会的减贫合作频繁，通过与世界银行、联合国开发计划署等国际组织的减贫协作，吸引外资投入国内扶贫开发。2001 年，我国加入世界贸易组织，与国际社会的减贫交流合作进一步深化。党的十八大以来，我国致力于推动共建没有贫困的人类命运共同体，中国减贫在国际社会的影响力大幅提升。通过南南合作和“一带一路”倡议，我国持续为发展中国家减贫提供力所能及的帮助。同时，我国积极响应和落实联合国《2030年可持续发展议程》，国内减贫成就得到国际社会的广泛认可。联合国秘书长古特雷斯称赞，“中国的经验可以为其他发展中国家提供有益借鉴”[①]。世界银行东亚与太平洋地区副行长维多利亚·克瓦认为，“中国的减贫进展具有全球意义”[②]。

（二）在因地制宜中减贫

事物在各个阶段和各种情况下是存在差异的，唯物辩证法要求坚持实事求是，分类施策。中国共产党人根据贫困的分布情况和区域差异，采取了指向明确、有的放矢的减贫措施。

第一，在明确扶持范围中减贫。划定不同时期的重点减贫区域，是减贫举措落实落地的重要条件。新中国成立以来，由于贫困人口数量较多、面积较大，党和国家主要实行统一的救济措施。改革开放以来，党和国家根据贫困地区自身特点，确定了不同时期的减贫范围，实现了从贫困县到贫困村再到贫困户的逐步转变。1986 年，我国首次确定了贫困县标准，将 331 个县作为重点扶持对象。1994 年，我国根据经济状况对贫困县标准进行了调整，国家级贫困县增加到 592 个。2001 年，我国开始实行整村推进方针，将 14.8 万个贫困村作为扶贫开发的重点区域。2015 年，为打赢脱贫攻坚战，我国实施精准扶贫精准脱贫基本方略，因户因人精准施策精准帮扶，确保做到“扶持对象精准、项目安排精准、资金使用精准、措施到户精准、因村派人精准、脱贫成效精准”六个精准。

第二，在易地扶贫搬迁中减贫。对于自然条件相对恶劣的地区，党和国家采取了移民搬迁的方式来减贫。1983 年，我国率先在甘肃定西和宁夏西海固极端困难地区，通过自愿流动和兴修水利等方式，将贫困人口就近迁移到甘肃河西、宁夏河套等自然条件相对适宜的区域。20 世纪 90 年代以来，我国对于生产生活条件较差地区的贫困户，按照自愿移

---

① 钟声：《迈向没有贫困、共同发展的未来》，《人民日报》2019 年 10 月 18 日。

② 和音：《书写全球减贫史重要篇章》，《人民日报》2020 年 5 月 27 日。

民、异地开发、妥善安置的方式，帮助其就近搬迁到生存条件较好的区域。进入21世纪以来，易地扶贫搬迁规模进一步扩大，并与迁入区域产业发展和生态建设有机结合，贫困群众生存发展条件有效改善，收入水平有所提高。党的十八大以来，易地扶贫搬迁和集中安置力度加大，党和国家更加注重搬迁后续发展，贫困人口搬迁后就业岗位和基本生活得到保障，后顾之忧得到解决，“960多万贫困人口通过易地扶贫搬迁摆脱了‘一方水土养活不了一方人’的困境”[①]。

第三，在攻克深度贫困堡垒中减贫。对于贫困人口分布集中和贫困程度较深的区域，党和国家在扶贫开发中加以倾斜和着力扶持。1986年，我国划定18个集中连片贫困地区，集中力量解决区域性整体贫困。2011年，我国划定14个连片特殊困难地区，在减贫政策等方面予以支持。2017年，习近平在深度贫困地区脱贫攻坚座谈会上指出，“脱贫攻坚本来就是一场硬仗，而深度贫困地区脱贫攻坚是这场硬仗中的硬仗”[②]。国家对“三区三州”以及贫困发生率超过18%的贫困县和贫困发生率超过20%的贫困村，在脱贫攻坚资金、项目和举措等方面优先考虑。2019年底，“三区三州”地区的贫困发生率已降到2%。[③] 2020年，我国对未脱贫摘帽的52个县和贫困人口多、脱贫难度大的1113个贫困村实行挂牌督战，确保深度贫困地区如期脱贫摘帽。

（三）在激发贫困人口内生动力中减贫

内因是事物发展变化的根据，外因通过内因起作用，唯物辩证法强调重视内因的核心作用和内外因的共同作用。中国共产党人在减贫过程中，将外部帮扶与自我发展结合起来，注重发挥贫困人口主动减贫的能动作用。

第一，在增强贫困人口脱贫意识中减贫。引导贫困人口形成“我要脱贫”的思想，是贫困人口摆脱贫困的内在依托。新中国成立

---

① 习近平：《在决战决胜脱贫攻坚座谈会上的讲话》，《人民日报》2020年3月7日。

② 习近平：《在深度贫困地区脱贫攻坚座谈会上的讲话》，人民出版社，2017，第7页。

③ 刘永富：《坚决克服新冠肺炎疫情影响，全力啃下脱贫攻坚硬骨头》，《求是》2020年第9期。

以来特别是改革开放以来，中国共产党人倡导和培育干部群众自力更生、艰苦奋斗的精神，逐步淡化和克服贫困人口中较为普遍的“等靠要”思想。1987 年，国家明确优先扶持的贫困对象为有志气、肯努力的贫苦户，支持其先温饱、先脱贫，从而带动其他贫困户脱贫。党的十八大以来，中国共产党人更加注重扶贫与扶志相结合，培育和筑牢贫困群众自我脱贫意识。2017 年，习近平指出：“要把扶贫同扶志结合起来，着力激发贫困群众发展生产、脱贫致富的主动性，着力培育贫困群众自力更生的意识和观念，引导广大群众依靠勤劳双手和顽强意志实现脱贫致富。”[①] 通过开展思想教育、宣传感召、文化扶贫、移风易俗等多种活动，贫困群众依靠自身努力脱贫致富的信心和决心得到强化。

第二，在提升贫困人口脱贫能力中减贫。劳动素质和就业能力是贫困人口脱贫致富的内在根基。新中国成立初期，中国共产党人积极发动农民群众，提升农民的生产积极性，进行土地改革和农业合作化运动，为摆脱贫困提供物质准备。改革开放以来，党和国家注重解决贫困人口就业问题。一方面，通过发展乡镇企业和农村二、三产业，吸纳贫困劳动力就近就业；另一方面，通过开展劳务输出，组织贫困劳动力到东部沿海发达地区就业，广开贫困人口就业增收渠道。进入 21 世纪以来，劳务输出规模进一步扩大。党和国家通过开展贫困劳动力务工技能培训和职业教育等方式，加强劳动力输出地与输入地的对接，贫困人口就业区域进一步扩大、就业岗位进一步增加。党的十八大以来，党和国家重视将扶贫与扶智相结合，全力推进就业扶贫：通过开展贫困人口职业技能培训和就业服务，健全输出地与输入地劳务对接机制，促进贫困人口外出务工；通过发展扶贫车间和扶贫龙头企业，带动贫困劳动力就地就业。建档立卡贫困人口中，90% 以上的得到了产业扶贫和就业扶贫支持，2/3 以上的主要靠外出务工和产业脱贫。[②] 新冠肺炎疫情发生以来，党和国家努力克服疫情对就业的直接影响，着力推动贫困人口返岗复工。通过

① 中共中央党史和文献研究院：《习近平扶贫论述摘编》，第 140 页。

② 习近平：《在决战决胜脱贫攻坚座谈会上的讲话》，《人民日报》2020 年 3 月 7 日。

点对点、一站式就业服务，分批有序组织贫困劳动力外出务工；通过增加本地就业岗位，积极引导贫困劳动力就近务工。截至 2020 年 4 月 10 日，全国外出务工贫困劳动力 2353 万人，占 2019 年外出务工总数的 86%；扶贫龙头企业和扶贫车间复工率分别为 97.2%、96%。[①]

① 刘永富：《坚决克服新冠肺炎疫情影响，全力啃下脱贫攻坚硬骨头》，《求是》2020 年第 9 期。

脱贫攻坚：中国方案、中国经验和中国贡献[*]

唐任伍[**]

摘　要：中国的成功实践不仅印证了中国自身选择的脱贫攻坚的正确性，而且用无可辩驳的脱贫攻坚事实，进一步坚定了中国特色社会主义的道路自信、理论自信、制度自信和文化自信，同时给世界上那些既希望加快发展又希望保持自身独立性的国家和民族提供了一种崭新的选择，为消除贫困、实现共同富裕贡献了中国经验和中国智慧。

关键词：脱贫攻坚　中国方案　中国经验

2020年注定是极不平凡的一年。作为脱贫攻坚的收官之年，中国将消除绝对贫困、全面建成小康社会，实现中华民族几千年来苦苦追求的梦想和期盼，写下中华民族发展史上浓墨重彩的一笔。党的十八大以来，以习近平同志为核心的党中央带领广大人民以大无畏的勇气和力量，向贫困宣战，成功走出了一条具有中国特色的脱贫攻坚道路，使数亿贫困人口成功摆脱了贫困，谱写了人类脱贫攻坚、消除贫困的辉煌篇章，形成了卓有成效的脱贫攻坚中国经验和中国方案，向世界贡献了脱贫攻坚的中国智慧，具有深远的世界意义。

---

* 文章刊发于《人民论坛》2020年第2期，是国家社科基金年度项目（18AGL019）的阶段性成果。该文章收录本书时，内容和文献标注方式略有调整。

** 唐任伍，浙江师范大学。

一　脱贫攻坚的中国方案

党的十八大以来，我国实施精准扶贫、精准脱贫，之所以能够取得巨大成功，一个重要因素就在于形成了一个行之有效的脱贫攻坚中国方案，开创了中国脱贫攻坚的新局面。

一是党委领导，建立了党政一把手扶贫工作责任制。脱贫攻坚，任务艰巨，坚持中国共产党对脱贫攻坚的全面领导，才能确保脱贫攻坚工作落到实处。党的十九大将打好脱贫攻坚战作为全面建成小康社会的三大攻坚战之一，并将其作为实现中国共产党第一个百年奋斗目标的战略任务，各级政府均成立了专门的扶贫工作领导小组，明确主体责任，建立了党政一把手扶贫工作责任制。通过加强农村基层党组织建设，保证扶贫攻坚措施精准落实到贫困村、贫困户；通过加强扶贫人员队伍建设，强化各级扶贫机构及其职责，提高扶贫开发水平；通过加强扶贫开发统计监测和扶贫资金审计，提高扶贫精准性和资金使用效率。

二是政府主导，将脱贫攻坚纳入国家总体发展战略。脱贫攻坚是一项前无古人、难有来者的伟大的系统工程，中国政府始终将其作为国家行动，周密进行顶层设计。党的十八大以来，中国开辟精准扶贫新时代，精心设计，精准发力，成为脱贫攻坚中国方案的一个重要特点。政府将脱贫攻坚纳入国家总体发展战略，摆到治国理政的重要位置，提升到事关全面建成小康社会、实现第一个百年奋斗目标的新高度，纳入“五位一体”总体布局和“四个全面”战略布局进行决策部署。2015 年 11 月，《中共中央国务院关于打赢脱贫攻坚战的决定》发布；2016 年 3 月，《中华人民共和国国民经济和社会发展第十三个五年规划纲要》发布，制定了到 2020 年如期实现贫困人口“两不愁三保障”、确保我国现行标准下农村贫困人口实现脱贫，贫困县全部摘帽，解决区域性整体贫困的合理目标。既制订长期减贫规划，又确定年度减贫目标，常抓不懈，还根据不同阶段、不同时期的特点，政府及时发布相关脱贫攻坚的政策文件，开展大规模专项扶贫行动，针对特定人群组织实施妇女儿童、残疾人、少数民族发展规划。

三是社会参与，构建起了政府、社会、市场协同推进的脱贫攻坚大格局。中国是世界上最大的发展中国家，贫困人口多，规模大，原因复杂，脱贫攻坚涉及政治、经济、教育、医疗、文化、生态等多层面、多方位、多维度、多系统，必须立足国情，多方发力、多管齐下、上下联动，毕其功于一役，只有这样才能取得成效。脱贫攻坚的中国方案的一个典型特征，就是充分发挥中国特色社会主义制度的优势，动员全社会参与，构建起政府、社会、市场协同推进的脱贫攻坚大格局，形成了跨地区、跨部门、跨单位、多主体、多渠道、全社会共同参与的脱贫攻坚大体系。充分凝聚各方力量，脱贫攻坚的资金多渠道筹措，脱贫攻坚的人才多方调配。政府积极实施“东西帮扶”协作，结合西部大开发战略，东部地区对口帮扶西部各省、区，促进区域协调发展，缩小东部与中西部的发展差距。社会多方力量参与脱贫攻坚。

四是激发脱贫攻坚对象的内生动力。脱贫攻坚的关键是人，重点在于充分调动脱贫攻坚对象的积极性，激发脱贫攻坚对象的内生动力，只有这样才能取得成效。脱贫攻坚中国方案的重要特点是，把发展作为解决贫困的根本途径，将“扶志、扶智、扶技”作为激发脱贫内生动力的重要着力点，从单纯的给钱给物转变为扶志扶智扶技，从单纯的物质扶贫转变为物质扶贫与技术扶贫相结合，调动脱贫攻坚对象的潜在的积极性，提高其发展能力，发挥其主体作用。

二　从人类社会发展的视域总结中国脱贫攻坚事业的成功经验

万物得其本者生。中国的脱贫攻坚是中国共产党领导中国人民积极探索、勇于实践而积累起来的一条具有中国特色的消除贫困、进行贫困治理的道路。中国的成功实践不仅印证了中国自身选择的脱贫攻坚的道路的正确性，而且用无可辩驳的脱贫攻坚事实，进一步坚定了中国特色社会主义的道路自信、理论自信、制度自信和文化自信，同时给世界上那些既希望加快发展又希望保持自身独立性的国家和民族提供了一种崭新的选择，为消除贫困、实现共同富裕贡献了中国经验和中国智慧。

从人类社会发展的宏大视域中来审视中国脱贫攻坚事业的成功，其中不乏可复制、可学习、可推广的中国经验，蕴藏着极富哲理的中国智慧，丰富了世界贫困治理理论。这些经验和智慧体现在下列几个方面。

坚持党的集中统一领导，是脱贫攻坚取得成功的根本保证。“中国共产党领导是中国特色社会主义最本质的特征，是中国特色社会主义制度的最大优势。”脱贫攻坚，目标高远，责任巨大，任务繁重，攻坚克难，需要调动各方资源，统筹人力物力，协调各方利益，这就需要一个领导核心做保障，没有领导核心的脱贫攻坚是靠不住的。东西南北中，党政军民学，党是领导一切的。中国共产党始终坚持将消除贫困、改善民生、实现共同富裕作为社会主义本质要求，将全心全意为人民谋幸福作为自己的初心和历史使命。只有发挥党的领导政治优势，依靠党的坚强领导，发挥党组织的核心作用，才能保障脱贫攻坚顺利开展。坚持党对脱贫攻坚的绝对领导，是中国共产党自身优势所决定的。党的集中统一领导，是保持政治稳定、确保国家始终沿着社会主义方向前进的显著优势。中国共产党具有强大的政治动员能力和优势，能够迅速高效地动员各方力量、各种资源，集中力量打歼灭战，啃下脱贫攻坚中的那些“老大难”“硬骨头”，达成脱贫攻坚的目标。中国共产党具有运筹帷幄的高效决策能力，能够对脱贫攻坚中出现的各种风险和疑难及时作出决策，“坚决打赢脱贫攻坚战，巩固脱贫攻坚成果，建立解决相对贫困的长效机制”。中国共产党具有强大的执行力，全国一盘棋，令行禁止，决策作出之后，就能够雷厉风行，以踏石留印、抓铁有痕的劲头贯彻到底。抓好党建促脱贫攻坚，是贫困地区脱贫致富的重要经验，越是进行脱贫攻坚战，越是要加强和改善党的领导。

坚持中国特色社会主义制度的显著优势，是脱贫攻坚取得成功的关键。中国立足国情，充分发挥社会主义制度集中力量办大事的优势，运用“党的领导、政府主导、社会参与”的工作机制，将脱贫攻坚纳入国家整体战略，形成跨地区、跨部门、跨行业、全社会多元主体共同参与的脱贫攻坚体系，集中必要的人力、物力、财力、智力，勠力同心，上下同行，开辟出一条具有中国特色的脱贫攻坚之路，形成立足中国国情的社会主义贫困治理实践创新成果。

坚持改革开放，坚持发展是硬道理，是脱贫攻坚取得成功的基础。

改革开放是强国之路，也是脱贫攻坚之路。中国的改革开放释放了巨大红利，使经济保持了快速增长，国家财政收入逐年雄厚，为脱贫攻坚奠定了坚实的物质基础。一方面，政府扩大了对贫困地区的投资，大大改善了贫困地区的基础设施条件，为贫困地区的贫困人口脱贫致富创造了条件；另一方面，政府有财力加大对贫困地区的转移支付，增加贫困地区的公共产品和公共服务供给，为脱贫攻坚提供了保障。正是经济的发展、综合国力的增强，使得人民福祉不断增进，幼有所育、学有所教、劳有所得、病有所医、老有所养、住有所居、弱有所扶等方面国家基本公共服务制度体系不断完善，贫困地区的普惠性、基础性、兜底性民生建设得到加强，人民多层次多样化需求得到保障，脱贫攻坚的成果得到巩固。

坚持精准方略、多种形式，是脱贫攻坚取得成功的有效途径。中国脱贫攻坚之所以能够取得成功，一个重要的因素就是按照习近平总书记所提出的，坚持了“扶贫对象精准、措施到户精准、项目安排精准、资金使用精准、因村派人（第一书记）精准、脱贫成效精准”的“六个精准”的脱贫攻坚基本方略，建立起了精准的脱贫攻坚工作体系，解决了“扶持谁”“谁来扶”“怎么扶”等一系列问题。同时还克服了传统的单纯依靠政府送钱送物的“授鱼”模式，充分发挥市场在脱贫攻坚中的配置资源、吸引资本、激发活力上的作用，坚持扶志扶智扶技相结合，教育扶贫、医疗扶贫、项目扶贫、电商扶贫、旅游扶贫、光伏扶贫、资产扶贫等多种模式并举，通过市场的力量将贫困户有限的资源转化为资产，“授贫困者以渔”，使贫困户真正成为市场的经济主体，激发贫困户脱贫攻坚的内生力量。

三　中国作为世界上最大的发展中国家，脱贫攻坚的同时也为人类消除贫困作出了贡献

消除贫困是全人类共同面临的严峻挑战和需要解决的重大难题。在消除贫困的艰难历程中，世界各国根据本国的国情和文化，形成了具有自身特色的方案。中国作为世界上最大的发展中国家，矢志不渝、锲而

不舍地将消除贫困作为党和政府的头等大事，动员全社会力量，从体制、机制等方面实施全方位立体式的脱贫攻坚，为全球消除贫困的伟大事业作出了举世瞩目的贡献，形成了脱贫攻坚的中国方案，走出了消除贫困的中国道路，同时也为人类消除贫困、脱贫攻坚，作出了中国贡献。

中国成为世界上减贫人口最多的国家，成为消除贫困的典范、全球减贫的主要贡献者。中国作为世界上人口最多的发展中国家，实现消除绝对贫困的目标，其本身的意义远远超出中国自身，是为人类文明发展和进步作出的巨大贡献。其意义表现为如下几点。

第一，中国为7.5亿人口消除绝对贫困，贫困人口大幅减少，贫困发生率明显下降，贫困地区农民生活水平显著提高，贫困地区基础设施条件明显改善，社会事业得到较快发展，基础教育水平明显提高，医疗卫生条件得到巨大改善、服务能力不断增强，基本实现“小病不出村、大病不出县”，社会保障投入力度不断加大，社会保障制度不断完善，社会保障水平不断提高，解决了中华民族几千年来始终未能解决的贫困问题，实现了中国人民苦苦追求的解决贫困、实现小康的伟大梦想，足以载入中华民族乃至人类社会发展史册。

第二，中国脱贫攻坚伟大实践中形成和确立的精准扶贫方略，指导着中国脱贫攻坚取得胜利，并继续为中国解决不平衡不充分发展的矛盾、治理相对贫困、促进共享发展、实现共同富裕发挥指引作用，成为世界脱贫攻坚实践中一份宝贵的精神财富。

第三，中国脱贫攻坚的成功实践形成的中国道路和中国方案，为全球发展中国家消除贫困、脱贫攻坚提供了难得的案例，为广大发展中国家的贫困治理提供了可资借鉴的经验。

第四，中国脱贫攻坚的成功直接惠及世界。消除贫困作为人类的共同使命，也是世界各国的发展目标。中国消除了绝对贫困，就可以在自己力所能及的范围内援助发展中国家。中国共向166个国家和国际组织提供了近4000亿元人民币援助，派遣60多万援助人员，先后7次宣布无条件免除重债穷国和最不发达国家对华到期政府无息贷款债务，向亚洲、非洲、拉丁美洲和加勒比地区、大洋洲的69个国家提供医疗援助，先后为120多个发展中国家落实千年发展目标提供帮助。中国通过“一带一路”倡议，让国际减贫合作成果惠及更多的国家和人民，同时不附带任何条件，用参与式的方式充分考虑受援国老百姓的需求，让受援国充分参与到减贫合作项目的管理中，使其有平等感和拥有感，促进民心相通。

中国脱贫攻坚战的成功，是中华民族为世界文明发展作出的巨大贡献，具有彪炳史册的意义。中国脱贫的巨大成就证明：中国特色社会主义好，中国共产党能，中华民族完全能够为人类作出较大的贡献。

参考文献

习近平：《在解决“两不愁三保障”突出问题座谈会上的讲话》，《求是》2019 年第 16 期。

新时代中国共产党初心使命的重要体现*

——以精准脱贫为分析视角

岳　奎**

摘　要： 中国共产党的初心和使命是为中国人民谋幸福，为中华民族谋复兴。初心要外化为使命担当来践行，践履党的初心使命必然是这样一个梯次性实现的过程：首先要破除束缚人全面发展的制度性障碍，其次要紧抓生产力发展这个根本手段，最后还必须聚焦于对具体的现实的人的关注。从制度性变革到生产力发展再到对具体的人的重视，是中国共产党在百年奋斗历程中面对时代命题的变动性所做出的阶段性解答。中国共产党推进的扶贫事业，尤其是新时代脱贫攻坚战中的“精准脱贫”方略，不仅是对马克思主义反贫困理论的实践深化，也是党的初心使命梯次性实现的必然过程和阶段性结果，是中国共产党初心使命在新时代的集中体现。精准脱贫方略的提出，是在具体的、现实的人的维度上对“两为”这一初心的践履和细化。只有具体的现实的人摆脱贫困状态，消除物的奴役，实现个体解放，才能为创建符合人自由全面发展的真正共同体奠定坚定的基石。

关键词： 精准脱贫　党的领导　初心使命

---

* 文章刊发于《马克思主义研究》2020 年第 12 期，是国家社科基金年度项目（18BDJ085）的阶段性成果。该文章收录本书时，内容和文献标注方式略有调整。

** 岳奎，中国地质大学（武汉）。

消除贫困，自古以来就是人类梦寐以求的理想，是各国人民追求幸福生活的基本权利。在人类发展历史上，贫困问题一直是困扰世界各国的重大挑战和未竟难题。作为马克思主义的忠诚信仰者和继承者，中国共产党从创始之初就担负起无产阶级的历史使命和树立起共产主义远大理想，把为人民谋幸福、为民族谋复兴（以下简称“两为”）作为自己的初心和使命。这个初心和使命，是激励中国共产党人在反贫困事业上不断前进的根本动力。党的十九大报告指出，“让贫困人口和贫困地区同全国一道进入全面小康社会是我们党的庄严承诺”[①]，强调“从现在到二〇二〇年，是全面建成小康社会决胜期”，并把脱贫攻坚列为党要打好三大攻坚战的重要任务之一。[②] 新时代脱贫攻坚战中的“精准脱贫”方略，关注的是每一个具体的、现实的人的全部脱贫。这是党践履初心使命的必然过程和阶段性结果，也是中国共产党初心使命在新时代的集中体现。

一 为了谁、如何做：中国共产党的初心源起与使命推进

在党的十九大报告中，习近平同志将中国共产党人的初心和使命精准概括为“为中国人民谋幸福，为中华民族谋复兴”，并指出“这个初心和使命是激励中国共产党人不断前进的根本动力”。[③] 对中国共产党人初心和使命的这一概括不是凭空创造出来的，更不是某种口号，而是一种誓言，是对马克思主义人民性的中国表达，是对中国共产党人前仆后继的艰难探索与实践历程的升华提炼，同时也是中国共产党对“为了谁、如何做”这一根本性问题的集中解答。

1. “为了谁”的本质规定性

马克思指出，“过去的一切运动都是少数人的，或者为少数人谋利益的运动。无产阶级的运动是大多数人的，为绝大多数人谋利益的独立的运动”。[④] 无产阶级运动的目的是消灭一切阶级和阶级对立，最终实现

① 《习近平谈治国理政》（第三卷），外文出版社，2020，第 37 页。
② 《习近平谈治国理政》（第三卷），外文出版社，2020，第 22 页。
③ 《习近平谈治国理政》（第三卷），外文出版社，2020，第 1 页。
④ 《马克思恩格斯选集》（第一卷），人民出版社，2012，第 411 页。

人自由而全面的发展。这表明，无产阶级政党“除了工人阶级和最广大人民群众的利益，没有自己特殊的利益”，[①] 这是由无产阶级政党的阶级属性所决定的。作为马克思主义的忠诚信仰者和继承者，中国共产党从诞生伊始，就把“一切为了人民”视为自己的根本宗旨。

中国共产党是在中国人民贫困与被束缚的极端状态下诞生的，所以中共二大明确提出“为工人和贫农目前利益计”的主张。以毛泽东为代表的中国共产党人提出了群众路线，即“全心全意地为人民服务，一刻也不脱离群众”[②]，并强调要“团结一切可能团结的人，并且尽可能地将消极因素转变为积极因素”[③]。正是在把握住农民中国的底色基础上，创造性地通过“农民取得土地，党取得农民”[④] 这一方式赢得了新民主主义革命的胜利。在社会主义革命与建设时期，面对新中国初建时“一穷二白”和复杂的国际局势，党不得不把建设的重点放在重工业上。但以毛泽东同志为核心的第一代中央领导集体仍强调要处理好重工业与轻工业、农业的关系，并指出在国家、生产单位和生产者个人的关系问题上，必须兼顾三者，关心好群众生活。以邓小平同志为核心的第二代中央领导集体，在充分尊重人民的首创精神的前提下，作出了改革开放的战略部署，强调社会主义的本质是“解放生产力，发展生产力，消灭剥削，消除两极分化，最终达到共同富裕”，并指出“不坚持社会主义，不改革开放，不发展经济，不改善人民生活，只能是死路一条”[⑤]。自党的十八大以来，中国的改革发展进入“深水区”，我国社会的主要矛盾也转化为“人民日益增长的美好生活需要和不平衡不充分的发展之间的矛盾”。相比来说，改革形势更加复杂，人民需求层次也发生了深刻变化。为此，习近平总书记明确指出“人民对美好生活的向往，就是我们的奋斗目标”。[⑥]

---

① 《中国共产党第十九次全国代表大会文件汇编》，人民出版社，2017，第 77 页。

② 《毛泽东选集》（第三卷），人民出版社，1991，第 1094 页。

③ 《毛泽东文集》（第七卷），人民出版社，1999，第 228 页。

④ 杜润生：《杜润生自述：中国农村体制变革重大决策纪实》，人民出版社，2005，第 17 页。

⑤ 《邓小平文选》（第三卷），人民出版社，1993，第 370 页。

⑥ 《习近平谈治国理政》，外文出版社，2014，第 3 页。

由此可见，中国共产党的初心和使命是由党的阶级性决定的，而中国共产党阶级性的核心在于人民性。因此，面对时代的发展要求，党要始终坚持好自己的初心不变，并将自身的初心与人民需要的变化性紧密结合起来，在不断满足人民日益增长的美好生活需要的实践中履行自身的初心和使命。

2. “如何做”的梯次实现性

中国共产党自成立之日起，就宣告自己的奋斗目标是“消灭资本家私有制”“直到社会的阶级区分消除为止”。[①] 中共二大就明确了“铲除私有财产制度，渐次达到一个共产主义的社会”的目标。[②] 这是对中国共产党初心使命的先声表达，自此以后，党对初心使命的追求一直都没有变过。初心永恒，但使命却是变动的。永恒的初心在实现过程中要通过阶段的目标来逐步实现。如何实现这一初心？正如党的二大宣言所指出的，有一个渐次达到或梯次实现的过程。

实现“两为”，首先要破除束缚人全面发展的制度性障碍。对人的重视，是马克思主义理论中最重要的内容之一。从对人的重视出发，马克思从社会制度的层面全面分析了资本主义在发展中面临的贫困问题，提出了消除贫困实现共同富裕的发展目标，最终目标是实现人的全面发展。在《英国工人阶级状况》一文中，恩格斯强调，贫困是现代社会制度的必然结果。消灭贫困，必须消灭资本主义制度才可以实现。这时，“人以一种全面的方式，就是说，作为一个总体的人，占有自己的全面的本质”。[③] 列宁也强调，消灭贫困，必须消灭资本赖以生存的社会基础和生存关系。马克思主义理论创始人一方面分析了贫困问题的制度性成因，另一方面也探索了无产阶级贫困问题得以解决的路径问题，从而成为科学社会主义实践的重要指南。在半殖民地半封建的中国，要消除贫困，就必须首先破除束缚人全面发展的制度性障碍，消除阻碍人全面发展的一切旧有上层建筑，并通过构建社会主义制度来阻断资本主义的制

① 《建党以来重要文献选编（1921—1949）》（第一册），中央文献出版社，2011，第 1 页。
② 《建党以来重要文献选编（1921—1949）》（第一册），中央文献出版社，2011，第 133 页。
③ 《1844 年经济学哲学手稿》，人民出版社，2000，第 85 页。

度化贫困。这是实现“两为”初心的前提和基础。

实现“两为”，要紧抓生产力发展这个根本手段。生产力是人类社会发展的基本动力，也是人类社会发展的最终决定力量。共产主义社会是建立在生产力高度发达基础上的共同富裕社会，作为共产主义的初级阶段，社会主义社会的建设目标就是要尽可能增加社会财富的总量，为共同富裕奠定丰富的物质基础。因此，社会主义的基本特征是富而不是穷，这就决定了在建设社会主义的过程中，必须把大力发展生产力，消灭贫穷，逐步实现共同富裕作为建设的首要目标。在总结社会主义建设历史经验的过程中，邓小平明确提出：“贫穷不是社会主义，社会主义要消灭贫穷。不发展生产力，不提高人民的生活水平，不能说是符合社会主义要求的。”[①] 他还强调，“落后国家建设社会主义，在开始的一段很长时间内生产力水平不如发达的资本主义国家，不可能完全消灭贫穷。所以，社会主义必须大力发展生产力，逐步消灭贫穷，不断提高人民的生活水平”。[②] 实现“两为”，在破除束缚人全面发展的制度性障碍之后，必须把发展生产力作为重要任务，奠定走向共同富裕的物质基础。

实现“两为”，还必须聚焦对具体的现实的人的关注。马克思最早从黑格尔主义的抽象的人的概念中走出，提出了具体的现实的人的概念。马克思指出，人的解放是“一种历史活动，不是思想活动”，“只有在现实的世界中并使用现实的手段才能实现真正的解放”。[③] 人是现实和历史的统一生命体，实现人的自由和解放，就要回归到现实的世界中进行分析。因此，在马克思的理念中，“人”不是抽象的固有物。由此生发的“人民”也不是抽象的符号，“而是一个一个具体的人，有血有肉，有情感，有爱恨，有梦想，也有内心的冲突和挣扎”。[④] 如此，“为中国人民谋幸福，为中华民族谋复兴”就不可能是抽象的空洞教条，而是具体的、现实的，它通过实践性体现出来，并在满足人民多层次需要中一步步彰显。马克思把“自由人联合体”的本质归纳为“社会劳动生产力极

① 《邓小平文选》（第三卷），人民出版社，1993，第116页。

② 《邓小平文选》（第三卷），人民出版社，1993，第10页。

③ 《马克思恩格斯选集》（第一卷），人民出版社，1995，第74页。

④ 《习近平谈治国理政》（第二卷），外文出版社，2017，第317页。

高度发展的同时又保证每个生产者个人最全面的发展”①。因此，要实现“两为”，在生产力发展的同时，也要关注每一个生产者个人的全面发展，尤其是还处于贫困状态的具体的现实的人。只有具体的现实的人摆脱贫困状态，才能消除物的奴役，实现个体的解放，进而为创建符合人自由全面发展的真正共同体奠定基石。

总之，中国共产党初心使命的实现不是一蹴而就的，而是要靠一点一滴的积累与奋斗得来的，有一个长期发展、梯次实现的过程特点。从制度性变革到生产力发展再到对具体的人的重视，是中国共产党在百年奋斗历程中面对时代命题的变动性所做出的阶段性解答。这些阶段性的解答是前后接续的，是中国共产党人初心使命的时代表达。而初心使命也成为阶段性发展目标实现与接续的核心支点，两者统一于中国特色社会主义的伟大实践历程中。

二　贫困治理：中国共产党的初心践履与路径细化

从“两为”这一初心使命出发，在百年发展史中，中国共产党始终坚持将马克思主义的人民性理论与中国革命、建设的具体实践相结合，并结合不同历史时期的时代特点，进行战略上的谋划和细分。在半殖民地半封建的中国，要实现“两为”，就必须首先在破除人民生存问题上实现整体民族利益，消除阻碍人全面发展的一切旧有上层建筑，通过构建社会主义制度来阻断资本主义的制度化贫困。党的十一届三中全会以后，中国共产党在尊重人民自主性的基础上追求共同富裕，紧紧抓住生产力这个贫困治理的根本手段，开展了大规模的救济救助，提出了建设“小康”社会的目标。党的十八大以来，党继续坚守人的全面发展这一理念，更加关注具体的现实的人的发展，将脱贫攻坚摆在治国理政的突出位置，并将消除贫困、全面建成小康社会作为初心使命的时代表达。

---

① 《马克思恩格斯全集》（第二十五卷），人民出版社，2001，第144页。

1. 将推翻旧有的上层建筑视为贫困治理的前提

鸦片战争以后，中国逐步沦为半殖民地半封建社会，争取民族独立成为时代课题。与此同时，在帝国主义和封建主义的双重压迫下，“中国人民的贫困和不自由的程度，是世界所少见的”。[①] 实现人民的脱贫与解放工作迫切呼唤新的领导力量，中国共产党应运而生。

作为中国共产党的创始人之一的李大钊在构想社会主义时就指出，社会主义“不是使人尽富或皆贫，是使生产、消费、分配适合的发展，人人均能享受平均的供给，得最大的幸福”[②]。因此，中国共产党从创始之初就坚持无产阶级的历史使命和共产主义远大理想，把“共同富裕”作为自己的重要使命。中共一大纲领明确提出，“以无产阶级革命军队推翻资产阶级，由劳动阶级重建国家，直至消灭阶级差别；采用无产阶级专政，以达到阶级斗争的目的——消灭阶级；废除资本私有制，没收一切生产资料，如机器、土地、厂房、半成品等，归社会所有”，[③] 其中“消灭阶级”“废除私有制”“生产资料归社会所有”都是为实现“共同富裕”创造条件。

中共二大明确了党的最低纲领和最高纲领，表达了党致力于摆脱贫困、走向共同富裕的目标，“中国共产党是中国无产阶级政党。他的目的是要组织无产阶级，用阶级斗争的手段，建立劳农专政的政治，铲除私有财产制度，渐次达到一个共产主义的社会”。[④] 为此，党的第二次全国代表大会发表的宣言着重指出，“各种事实证明，加给中国人民（无论是资产阶级、工人或农民）最大的痛苦是资本帝国主义和军阀割据的封建势力”。[⑤] 这表明，民族独立与人民的脱贫和解放是关联性极强的两个方面，没有民族的独立，人民的脱贫和解放是难以真正实现的；而没有作为主体的人民的参与，民族独立也是难以完成的。

---

① 中共中央党史研究室：《中国共产党的九十年（新民主主义革命时期）》，中共党史出版社、党建读物出版社，2016，第 5 页。

② 《李大钊全集》（第四卷），人民出版社，2006，第 196 页。

③ 《中共中央文件选集》（第一册），中共中央党校出版社，1989，第 3 页。

④ 《中共中央文件选集》（第一册），中共中央党校出版社，1989，第 115 页。

⑤ 《建党以来重要文献选编（1921—1949）》（第一册），中央文献出版社，2011，第 133 页。

中共七大进一步提出了“共同富裕”的价值取向，强调党在革命胜利后的任务是“根据中国社会经济发展的需要与中国人民的意愿，经过必要步骤，为在中国实现社会主义与共产主义的制度而奋斗”。[①]“铲除私有财产制度”“实现社会主义与共产主义的制度”，是摆脱贫困、走向共同富裕的必要步骤和必然要求。为此，中国共产党把推翻“三座大山”作为自己的奋斗目标，追求实现民族独立、人民解放和国家统一。在这一目标即将完成之际，毛泽东提出了新民主主义理论，并强调“由新民主主义社会进到社会主义社会和共产主义社会，消灭阶级和实现大同”。[②]

在推翻旧有的上层建筑之后，中国共产党继续从制度的公平性层面进行顶层设计，在解决贫困的制度性成因基础上进行贫困治理。1949 年新中国成立宣告了民族独立和人民解放工作取得决定性胜利，但实现脱贫致富与国家富强还有很长的路要走。帮助农民摆脱贫困进而实现共同富裕，是党发动农业社会主义改造的重要初衷。在讨论农业合作化问题的七届六中全会上，毛泽东再次强调，逐步实现农业的社会主义改造，“使全体农村人民共同富裕起来。我们认为只有这样，工人和农民的联盟才能获得巩固”[③]。同时，党的八大党章还提出要建立“全民所有制”，通过人民群众自己解放自己来进一步实现人民的富裕生活。八大党章指出，“党对于人民群众的领导作用，就是正确地给人民群众指出斗争的方向，帮助人民群众自己动手，争取和创造自己的幸福生活”[④]。很显然，中国共产党的一系列举措都是从制度的公平性层面来创设人民发展的条件，从而服务于社会主义现代化事业的总体目标。

总之，不论是在革命时期还是在社会主义建设时期，中国共产党都致力于解决贫困的制度性成因。将推翻旧有上层建筑作为人民的脱贫和解放的前提，进而通过建立社会主义基本制度等顶层设计，从制度的公平性层面为人民的脱贫和发展提供基本条件。在此基础上，改革开放之后，中国共产党紧紧抓住生产力这个贫困治理的根本手段，并将“共同

① 《中共中央文件选集》（第十五册），中共中央党校出版社，1991，第 115 ~ 116 页。
② 《毛泽东选集》（第四卷），人民出版社，1991，第 1476 页。
③ 《毛泽东文集》（第六卷），人民出版社，1999，第 437 页。
④ 《邓小平文选》（第一卷），人民出版社，1994，第 217 页。

富裕”提升到了社会主义本质的高度来认知和实践。

2. 紧紧抓住生产力这个贫困治理的根本手段

党的十一届三中全会以后，中国的改革开放迈开大步伐。邓小平发出指示，“为了有效地实现四个现代化，必须认真解决各种经济体制问题”。[①] 对农民包产到户和包干到户生产责任制的尊重被以家庭联产承包责任制的形式确定和推行开来，解决了农民的温饱问题；扩大企业自主权的改革激发了企业的活力，商业流通体制的改革也激发了城乡的流通活力，等等。党所领导的一系列经济社会体制改革充分激发了“人”这个独特要素的活力，释放了社会主义制度前所未有的能量。

面对活力十足的经济社会发展状况，邓小平创造性地提出了“让一部分人、一部分地区先富起来，先富带动后富，逐步实现共同富裕”的理论，进而将共同富裕提升到了社会主义本质的高度。由此，中国共产党工作的重点是，“应当大力发展社会生产力，并且按照生产力的实际水平和发展要求，逐步完善社会主义的生产关系”。[②] 这里的“大力发展社会生产力，逐步完善生产关系”从根本上说就是为了摆脱贫困，实现共同富裕的目标。此后，党中央、国务院采取了系列重大扶贫行动，制定了一系列扶持贫困地区经济发展和扶贫开发的重大政策，如 1984 年中共中央、国务院发出的《关于帮助贫困地区尽快改变面貌的通知》，就第一次系统地、完整地提出了我国扶贫开发的工作思路和政策措施。

党的十四大报告中提出了既鼓励先进又防止两极分化，逐步实现共同富裕的发展思路。在党的十五大上，中央明确了“三步走”发展战略，将党的小康社会建设目标推向了新的阶段。在 1999 年召开的全国扶贫开发工作会议上，江泽民对新时期的扶贫策略、扶贫主体、扶贫模式的问题进行了部署，强调：“下个世纪继续开展扶贫开发，要首先解决剩余贫困人口的温饱问题，巩固扶贫成果，使已经解决温饱的人口向小康迈进，同时在稳定解决温饱的基础上，全面推进贫困地区经济社会发

---

① 《邓小平文选》(第二卷)，人民出版社，1994，第 161 页。

② 《中国共产党历次党章汇编（1921～2012)》，中国方正出版社，2012，第 295 页。

展。”[①] 党十五届五中全会又提出“从新世纪开始，我国将进入全面建设小康社会，加快推进社会主义现代化的新的发展阶段”。[②] 但此时的小康，仍是不全面、低水平、不平衡的小康。为此，中央专门制定《国家八七扶贫攻坚计划》，明确要在20世纪末期基本解决农村的贫困人口温饱问题。

2002年，党的十六大把全面建设小康社会作为党的奋斗目标。这一时期的小康社会发展目标已经从解决温饱问题转向“两不愁三保障”的发展目标。2007年，胡锦涛在党的十七大报告中提出，“要始终把实现好、维护好、发展好最广大人民的根本利益作为党和国家一切工作的出发点和落脚点……走共同富裕道路，促进人的全面发展，做到发展为了人民、发展依靠人民、发展成果由人民共享”[③]，并提出了全面建设小康社会的新要求，为反贫困事业提供了新的动力和目标。党的十七大报告在主题中就要求“为夺取全面建设小康社会新胜利而奋斗”，强调“全面建设小康社会是党和国家到二〇二〇年的奋斗目标，是全国各族人民的根本利益所在”[④]，要求全党抓好机遇，锐意进取，继续全面建设小康社会。自此，党的扶贫开发战略的重点也从解决温饱为主要任务的阶段转入巩固温饱成果、提高发展能力、加快脱贫致富、缩小发展差距的新阶段。

3. 在对现实的具体的人的关注中实现全面小康

进入新时代，我国社会的主要矛盾转变为人民日益增长的美好生活需要和不平衡不充分的发展之间的矛盾，这是新时代消除贫困，打赢脱贫攻坚战的基本出发点。面对这一矛盾，在党的十八届一中全会结束后的中外记者见面会上，习近平总书记强调，党的责任就是，不断解放和发展社会生产力，坚定不移走共同富裕的道路。在党的十九大报告中，习近平同志进一步明确：“我们要在继续推动发展的基础上，着力解决好发展不平衡不充分问题，大力提升发展质量和效益，更好满足人民在

① 《江泽民论有中国特色社会主义》（专题摘编），中央文献出版社，2002，第138～139页。

② 《改革开放三十年重要文献选编》（下），人民出版社，2008，第1109页。

③ 《中国共产党第十七次全国代表大会文件汇编》，人民出版社，2007，第15页。

④ 《改革开放三十年重要文献选编》（下），人民出版社，2008，第1712页。

经济、政治、文化、社会、生态等方面日益增长的需要，更好推动人的全面发展、社会全面进步。”[①] 在这里，事实上强调要在社会生产能力发展的基础上，着力实现全面发展。

为了进一步破除人的全面发展的障碍因素，习近平总书记从全面建成小康社会、实现中华民族伟大复兴的战略高度，提出“以脱贫攻坚统揽经济社会发展格局”[②]，并立下了“到二〇二〇年我国现行标准下农村贫困人口实现脱贫，贫困县全部摘帽，解决区域性整体贫困”[③] 的庄严政治承诺。这一系列决定和承诺不仅仅是针对现实问题的治理，更是党的初心和使命的时代展现。习近平总书记指出，“到我们党成立一百年时，到新中国成立七十年时，如果还没有解决贫困人口脱贫问题，那党的宗旨怎么体现、我们的承诺怎么兑现呢?”[④] 也就是说，决战决胜脱贫攻坚既是马克思主义“人的自由全面发展”理论在新时代的实践之一，也是我们党的初心在新时代的具体展现内容之一。

“全面建成小康社会”目标，是“以人民为中心”立场的充分表现，集中体现了中国共产党人对具体的、现实的人的关注。“全面建成小康社会”目标的落脚点在“小康”。“小康”的底线目标是“到二〇二〇年实现‘两不愁三保障’”[⑤]。“全面建成小康社会”目标的核心在“全面”，实现“全面”的关键在于补短板，“一个都不能掉队”。经过改革开放后对人的重视，破除束缚发挥人的主观能动性的一系列制度性障碍，一部分人先富起来了，但有一部分人还没有脱贫。所以，要达到“全面”的目标，就要明确区分人民的分群分层差异，找到最薄弱人群、最突出短板。习近平总书记指出，“最艰巨最繁重的任务在农村、特别是在贫困地区。没有农村的小康，特别是没有贫困地区的小康，就没有全面建成小康社会”。[⑥] “全面建成小康社会”目标的关键在于“建成”，

① 《习近平谈治国理政》（第三卷），外文出版社，2020，第9页。
② 《十八大以来重要文献选编》（下），中央文献出版社，2018，第46页。
③ 《十八大以来重要文献选编》（下），中央文献出版社，2018，第29页。
④ 《习近平扶贫论述摘编》，中央文献出版社，2018，第20页。
⑤ 《十八大以来重要文献选编》（下），中央文献出版社，2018，第33页。
⑥ 《习近平谈治国理政》（第一卷），外文出版社，2018，第189页。

"建成"是指结果上。需要以农户的持续脱贫、区域内的整体性脱贫为导向，彻底而不是阶段性消灭贫困。

与改革开放以来的一系列改革举措致力于充分发挥人民的创造性、积极性不同，脱贫攻坚的难点和短板在于农村贫困人口、民族地区，尤其是贫困程度最深的深度贫困地区。然而，"每个贫困户的致贫原因、发展能力、发展需求是不同的。所谓贫有百样、困有千种"①。为了确保"一个都不能少"，实现"扶真贫、真扶贫"，习近平总书记于2013年在湖南湘西考察时提出要"实事求是、因地制宜、精准扶贫"的理念。"精准扶贫、精准脱贫"理念迅速成为党实现全面建成小康社会的重要战略安排。

三 精准脱贫：新时代中国共产党初心使命的集中体现

在马克思的理念中，"人"不是抽象的固有物。如此，"两为"就不可能是抽象的空洞教条，而是具体的、现实的，它通过实践性体现出来，并在满足人民多层次需要中一步步彰显。精准脱贫方略的提出，正是源于中国共产党人对具体的、现实的人的关注。习近平总书记明确指出，"扶贫开发推进到今天这样的程度，贵在精准，重在精准，成败之举在于精准"②。在扶贫工作中的强调"精准"二字，实际上是把"人民"细化为每一个具体的、现实的人，并在每一个具体的、现实的人的脱贫中践行初心使命。围绕"精准"二字，也形成了中国在反贫困事业上的政治优势。

1. 精细构建帮扶力量

习近平总书记明确指出，"全面建成小康社会，是我们对全国人民的庄严承诺，必须实现"。③ 这既表明中国共产党实现全面建成小康社会的坚定决心、信心，更凸显中国共产党的政治优势。那就是中国共产党

---

① 《习近平扶贫论述摘编》，中央文献出版社，2018，第75页。

② 《习近平扶贫论述摘编》，中央文献出版社，2018，第58页。

③ 《十八大以来重要文献选编》（下），中央文献出版社，2018，第29-30页。

有能力集中优势资源，精细构建帮扶力量，使扶贫行动真正惠及贫困群众。

一是全党动员，坚持党在脱贫攻坚战中的领导地位。党自身拥有超强的领导能力，能够调动各种力量和优势资源投入脱贫攻坚中，面对脱贫攻坚中的难题也能协调各方，顺利解决。将扶助困难群众摆脱贫困落后的局面当作重大政治任务，精准脱贫战略在统一全党认识方面具有先天优势。二是高效组织，确保脱贫攻坚责任落实到人。在坚持党的集中统一领导之下，确立了“坚持中央统筹、省负总责、市县抓落实的管理体制，坚持党政一把手负总责的工作责任制，真正落到实处”[①]。尤其是基层党组织作为改变贫困地区落后面貌、真正使农民走上致富道路的关键，“抓好党建促脱贫攻坚”成为新时代脱贫攻坚中的重要经验。三是多元协同，凝聚脱贫攻坚的强大合力。不断完善专项扶贫、行业扶贫、社会扶贫等多方力量、多种举措有机结合和互为支撑的扶贫格局。从总体上看，“党的坚强领导，充分发挥社会主义制度优势，形成的政府主导、对口帮扶的脱贫机制为世界扶贫减贫事业提供了成功的中国扶贫模式”[②]。这种模式对扶贫减贫工作作用是显著的。

2. 精准确定帮扶举措

实现精准的关键在于帮扶举措精准，“就是要对扶贫对象实行精细化管理，对扶贫资源实行精确化配置，对扶贫对象实行精准化扶持”[③]，这种精准化的脱贫方式结合当地资源禀赋结构，发挥地方资源禀赋优势，把资源优势变成经济社会发展优势。

一是以户为单位，着力解决好识别精准问题。精准脱贫的要点是要掌握“扶持谁”的问题，这也是“精准脱贫”的第一要义，“关键的关键是要把扶贫对象摸清楚，把家底盘清”。[④] 二是坚持靶向治理，着力解决好帮扶精准问题。为此，习近平总书记提出了“六个精准”“五个一批”的脱贫方略，使精准脱贫的路线图更为清晰、明确，“该精准到户

① 《习近平谈治国理政》（第二卷），外文出版社，2017，第 87 页。

② 岳奎：《习近平关于扶贫重要论述的重大意义》，《学海》2020 年第 4 期。

③ 《习近平扶贫论述摘编》，中央文献出版社，2018，第 58 页。

④ 《习近平扶贫论述摘编》，中央文献出版社，2018，第 59 页。

的一定要精准到户，该精准到群体的一定要精准到群体，防止出现新的矛盾和不稳定因素”[①]。三是强化结果导向，着力解决好退出精准问题。“坚持成熟一个摘一个，既防止不思进取、等靠要，又防止揠苗助长、图虚名。”[②] 习近平总书记指出，“贫困县摘帽要和全面建成小康社会进程对表，早建机制、早作规划，每年退出多少要心中有数”。[③] 坚持严格考核，让脱贫攻坚绩效得到人民认可、经得起历史检验。

3. 精心培育脱贫主体

中国共产党人始终认为，群众拥有无穷的创造力，能够自己解放自己。精准扶贫战略的落脚点，在于激发困难群众脱贫的能动性，实现长效脱贫，最终彻底消除贫困。因此，在为困难地区输入资源的同时应注重激发群众的主体性，让困难群众在接受外来帮助的同时拥有自助的能力。只有精心培育脱贫主体，才能避免陷入“脱贫又返贫”的困境，最终实现全面消除贫困的目标。

一是帮助困难群众改变观念，实现主体“我要脱贫”。一些地区的粗放式扶贫甚至滋生了部分群众不劳而获的思想，导致扶贫资源投入越多，群众脱贫越难。习近平指出：“脱贫致富贵在立志，只要有志气、有信心，就没有迈不过去的坎。”[④] 所以，各扶贫主体注重对困难群众思想观念进行改造，加强对精神扶贫的重视。二是帮助贫困群众提升能力，实现主体“我能脱贫”。在拥有致富观念的同时，致富能力的培育是真正激发内生发展动力的关键。这就需要充分重视教育扶贫的作用，一方面是要解决家庭经济困难学生的就学问题，另一方面是对贫困户开展技术培训以提升就业能力。实践也证明，贫困地区和贫困户重视技能培训和互助合作，能够有效解决困难户生产积累不足的问题。

综上所述，中国共产党人经过百年奋斗历程，不仅建立了优越的社会主义制度，也大力推动了社会生产力的发展，这些举措为实现人的全面发展提供了基础性条件。中国特色社会主义进入新时代，以习近平同

---

① 《十八大以来重要文献选编》（下），中央文献出版社，2018，第 39 页。

② 《习近平扶贫论述摘编》，中央文献出版社，2018，第 72 页。

③ 《十八大以来重要文献选编》（下），中央文献出版社，2018，第 44 页。

④ 《习近平论扶贫工作——十八大以来重要论述摘编》，《党建》2015 年第 12 期。

志为核心的党中央在贯彻“以人民为中心”的发展观中，创造性地提出了“精准扶贫”理念，并将其作为推动人的全面发展、实现全面小康的重要指导方略，这是对“两为”初心与使命的历史继承和时代书写。消除贫困作为人类社会的共同梦想在中国共产党人的百年奋斗之下即将成为现实，但这也仍只是中国共产党人的阶段性目标。正如习近平总书记所指出的，“脱贫摘帽不是终点，而是新生活、新奋斗的起点”。① 一个个具体的现实的人摆脱贫困状态，消除物的奴役，实现个体解放，就为创建符合人自由全面发展的真正共同体奠定了基石。在此基础上，中国共产党人的初心和使命又将与新的时代命题再次碰撞结合，书写新的时代篇章并导向更加美好的未来。

① 习近平：《在决战决胜脱贫攻坚座谈会上的讲话》，《人民日报》2020 年 3 月 7 日。

打赢脱贫攻坚战是治理能力现代化的成功实践*

张　琦**

摘　要： 中国的贫困治理是国家治理的重要组成部分。党的十八大以来，中国脱贫攻坚的贫困治理实践内化于国家治理体系和治理能力现代化建设进程中，形成了良性互动、相互促进的局面。与此同时，脱贫攻坚实践和贫困治理进程中形成的相应制度安排、实践策略和有效经验，进一步完善和提升了中国国家治理体系和治理能力，为国家治理体系和治理能力现代化提供了成功的创新案例和经验示范。

关键词： 脱贫攻坚　国家治理体系　治理能力　现代化

现代化是人类社会近代历史发展进程中的重要主题。当前，国家治理能力现代化已成为世界各国关注的焦点。中国实施改革开放 40 多年来，社会主要矛盾发生显著变化，这对中国共产党推动国家治理体系和治理能力现代化提出了新的挑战和要求。2013 年，中国共产党第十八届中央委员会第三次全体会议正式提出"推进国家治理体系和治理能力现代化"这一时代命题。习近平总书记指出："我们的国家治理体系和治

* 文章刊发于《人民论坛》2020 年第 2 期，是教育部重大攻关项目（16JZD025）的阶段性成果。该文章收录本书时，内容和文献标注方式略有调整。

** 张琦，北京师范大学。

理能力总体上是好的，是有独特优势的，是适应我国国情和发展要求的。同时，我们在国家治理体系和治理能力方面还有许多亟待改进的地方，在提高国家治理能力上需要下更大气力。”随后，党的十八届四中全会进一步明确指出，中国国家治理体系和治理能力是中国特色社会主义制度及其执行能力的集中体现，并提出“坚持和完善中国特色社会主义制度、推进国家治理体系和治理能力现代化”的总体目标。可以说，推进国家治理现代化是全面深化改革的必然要求，为中国推动国家治理提供了前进的方向和道路。

坚持以人民为中心的发展思想，不断保障和改善民生、增进人民福祉，走共同富裕道路是中国国家制度和国家治理体系的显著优势。作为社会主义国家，不同于西方传统意义上依赖社会福利减贫的路径模式，我国自新中国成立以来就形成了以国家行政力量为主导的减贫实践模式，即充分发挥社会主义制度优势和政治优势，将政府外部干预与贫困地区贫困人口自力更生相结合，推动贫困地区经济社会整体发展以及贫困人口脱贫致富，从而实现共同富裕。因此，中国的贫困治理是国家治理的重要组成部分。一方面，国家治理现代化水平影响和制约着贫困治理现代化水平，减贫成功有赖于制度建设及社会环境的健全和完善；另一方面，贫困治理也影响着国家治理体系和治理能力现代化水平，有效的贫困治理能够推进国家治理体系和治理能力的现代化。党的十八大以来，以习近平同志为核心的党中央着眼于全面建成小康社会，把脱贫攻坚工作纳入“五位一体”总体布局和“四个全面”战略布局，全面打响脱贫攻坚战。在此过程中，中国脱贫攻坚取得了显著成效，形成了具有中国特色的贫困治理体系，并与国家治理相互促进、相互推动，脱贫攻坚治理实践为国家治理体系和治理能力现代化提供了成功经验和示范。

一 作为我国贫困治理的成功案例，脱贫攻坚是新时代国家治理的重要组成部分

贫困问题是世界各国特别是发展中国家经济社会发展过程中面临的共同挑战。自 18 世纪以来，西方有关贫困的认知逐渐从个人问题转向社

会公共问题，在国家干预主义思想下，解决贫困问题成为各国重要的责任，贫困及其缓解开始成为一种国家建构，世界各国在发展过程中形成了相应的反贫困话语体系、制度安排以及专门性的组织机构等。自新中国成立以来，我国始终致力于在推动经济社会发展的整体进程中解决农村贫困问题，经历了从救济式扶贫、广义扶贫到建立正式扶贫制度、推行区域瞄准的开发式扶贫、扶贫瞄准对象的村级转移和参与式扶贫、扶贫开发与社会保障“两轮驱动”、精准扶贫等不同发展阶段，取得了显著成效，走出了一条具有中国特色的贫困治理道路，逐渐构建起中国的贫困治理体系。

中国的贫困治理可以理解为政府、市场以及社会等多方主体共同参与，协调调动各项资源，合力帮助贫困人口实现消减贫困目标的过程和状态。即在政府的主导下，充分调动全社会力量和资源形成合力，针对具体的贫困问题采取相应的减贫举措，从而消减和摆脱贫困。在宏观层面，贫困治理涉及政府、市场、社会三者在解决贫困问题中的关系和责任，为消除贫困所采取的战略和政策工具以及贫困治理过程中的责任和问责；在微观层面，则涉及对贫困的识别、分析、监测和评估等一系列行动模式。因此，从本质上来看，贫困治理是一个社会再动员、再组织和再塑造的过程，内在地蕴含于国家治理体系中。

当前全面建成小康社会背景下的脱贫攻坚，不仅对贫困治理体系的进一步完善提出了全新要求，也明确将贫困治理纳入国家治理体系当中，提出以脱贫攻坚统揽经济社会发展全局，把脱贫攻坚作为头等大事和第一民生工程推进等。一方面，全面建成小康社会，困难群众不落一户、不落一人。因而实现脱贫攻坚目标是解决现阶段农村经济社会发展过程中突出性问题、决胜全面建成小康社会的重要内容。党的十八届四中全会提出将“坚持和完善统筹城乡的民生保障制度，满足人民日益增长的美好生活需要”作为推进国家治理体系和治理能力现代化的具体要求。在此意义上，脱贫攻坚是当前统筹城乡发展的重要内容和迫切任务，是当前全面建成小康社会的必要条件，是国家步入经济发展新常态下的战略抉择，是满足人民美好生活需求的必经之路。另一方面，长期以来，国家主导成为中国农村贫困治理的显著特征和总体性要求，即坚持“中央统筹、省负总责、市县抓落实”的政策原则和管理体制。从中国共产党执政和政府过程行为的视角看，脱贫攻坚是国家自上而下进行的社会治理过程，也是充分发挥社会主义制度优势的集中体现，内在地成为国家治理体系的重要内容。同时，脱贫攻坚阶段的贫困治理体系在习近平总书记关于扶贫开发工作重要论述指引下，以精准扶贫精准脱贫的基本方略不断优化贫困治理的投入、动员、实施、监督、评估和考核体系，贫困治理的现代化水平和治理能力得到显著提升。

二　脱贫攻坚的制度安排和实践经验，有效推动了国家治理体系的进一步完善

国家治理体系和治理能力的现代化，本质上要求国家治理适应时代发展，符合国家经济社会发展的整体要求，通过创新国家治理的方式和手段，积极回应国民社会生活需求，推动国家治理体系制度化、科学化、规范化，从而取得显著的治理成效。就中国而言，国家治理现代化具有两个层面的含义：一是制度层面，要求国家治理制度设计和制度结构安排的科学化、合理化，突出治理体系的现代化；二是治理能力层面，要求实现国家治理能力的现代化，即作为治理主体的国家在治国理政过程中所具备的能力和水平。

中国农村贫困治理经历了从非制度化到制度化的演进过程。在此过程中，中国逐渐形成了有关农村扶贫开发的职能机构——国务院扶贫开发领导小组，并推动实施开发式扶贫、集中连片区域开发等系列举措。农村贫困治理从新中国成立之初普遍性的社会救助逐渐走向专门性、系统性的扶贫开发制度体系。当前，在中国打赢脱贫攻坚战进程中，国家提出精准扶贫精准脱贫基本方略作为农村贫困治理的主要制度安排，并逐步形成了有关精准扶贫对象识别、帮扶、退出、考核、评估等一系列政策建构，以及坚持党的集中统一领导、坚持全国一盘棋，发挥中国特色社会主义制度优势以及集中力量办大事优势，有效推动了国家治理体系的完善。

总的来看，中国脱贫攻坚制度体系的顶层设计，突出强调各级政府

都要承担起责任，发挥好中央和地方“两个积极性”，形成上下联通、高效协同的管理体制。按照习近平总书记“五级书记一起抓扶贫”的指导思想，各省自上而下地形成了省、市、县、乡、村五级书记一起抓扶贫的领导责任体制。部署东西部协作扶贫、定点扶贫，以及社会各界合力攻坚，不仅有效增强了国家贫困治理体系的资源动员能力，也不断推动着贫困治理领域的改革创新。同时，建立了与脱贫任务相适应的投入体系，解决好资金、资源的问题，保障脱贫攻坚各项目标如期实现。在实施体系层面，国家提出“六个精准”“五个一批”实施路径，包括在贫困地区实施基础设施建设、产业发展、就业培训、生态建设、医疗健康服务、公共文化服务、社会保障等多项举措。在监督考核层面，逐步建立起比较完善的脱贫攻坚监督和考核评估体系，运用多种形式、相互配合的监督、考核和评估制度和方法，对脱贫攻坚政策和规划的落实情况、扶贫对象识别、政府扶贫绩效、财政专项扶贫资金和贫困退出等进行考核评价。由此，中国脱贫攻坚形成了包含责任体系、组织体系、投入体系、动员体系、政策体系、监督体系、考核体系等在内的“四梁八柱”，不仅为决胜脱贫攻坚战、全面建成小康社会提供了有力的制度支撑，也促进了国家治理体系的进一步完善。脱贫攻坚治理体系在实践中不断调整完善，具有鲜明的创新性、科学性、指导性。基于此，国家各项治理的体制机制得以完善，基层社区治理能力得以加强，社会成员协作得到推进，从而强化了党的执政能力建设，巩固了党的执政基础。

三　脱贫攻坚中贫困治理体系的创新发展，推进了国家治理体系和治理能力现代化

新中国成立70多年来，中国政府主导的扶贫开发工作取得了显著成效，同时也推动了世界减贫事业的发展。伴随着扶贫工作进入“啃硬骨头、攻坚拔寨”的冲刺期，中国仍面临严峻的贫困问题。一方面，剩余贫困人口大多分布在一些深度贫困地区，自然条件恶劣、发展资源不足、经济基础薄弱是其主要特点，在帮扶政策和方式上，对扶贫政策及其执

行方式的精细化、专业化水平要求较高；另一方面，在以往国家大力持续投入扶贫财力和人力资源的现实情况下，需要进一步创新扶贫开发工作的方法，提升效率，以充分发挥国家主导扶贫开发的制度效用。

党的十八大以来，习近平总书记提出精准扶贫精准脱贫基本方略，中国国家贫困治理体系经历了一系列调整创新，在信息汲取能力、政治保障和制度保障能力、综合回应能力、资源动员能力以及政策执行能力等方面都有显著提升。可以说，以精准扶贫为主的有关脱贫攻坚的一系列制度安排和实践策略是中国贫困治理体系因应新时期减贫形势变动和打赢脱贫攻坚战“时代呼唤”所作出的战略调整，其实践过程是国家贫困治理体系现代化和治理能力提升的过程，也是进一步推动中国国家治理能力现代化的过程。

具体而言，中国脱贫攻坚进程中，着力构建起政府、市场、社会协同参与的“大扶贫”格局，综合发挥政府、市场、社会在贫困治理中的作用，进一步提升政府的资源整合能力和社会动员能力；利用市场机制“看不见的手”进行宏观层面的资源配置，通过促进贫困地区经济发展，实现带动贫困人口脱贫致富的“涓滴效应”；发挥社会组织灵活、高效的特点和优势，使其在帮扶救助特殊贫困地区及特殊贫困人口过程中发挥专业性、补缺型作用。在政策供给层面，提出以“绣花”功夫强化“因村因户因人施策”，解决帮扶措施不精准的问题，提高贫困治理的精细化管理水平。围绕“五个一批”实施路径，各地贫困地区因地制宜，创新形成了“扶贫车间”“消费扶贫”“电商扶贫”“构树扶贫”等一系列精准扶贫模式，不仅彰显了政府对于贫困地区和贫困户多元化、差异化需求的综合性回应能力，也凸显了基层政府高效、创新的政策执行能力。同时，通过精准扶贫实施过程中签订目标责任状、层层压实责任以及严格的精准考核和评估机制，脱贫攻坚治理实践进程充分发挥中央和地方的积极性、创造性，有效提升了脱贫攻坚治理体系在不同贫困地区应对不同贫困问题的适应性和执行力，集中体现了中国国家治理体系将社会主义制度与市场经济有机结合，不断解放和发展社会生产力，以及坚持改革创新、与时俱进，善于自我完善、自我发展的显著优势。

四 贫困治理的成功实践为国家治理体系和治理能力现代化提供了经验

新时代中国脱贫攻坚取得了显著成效，也充分彰显了中国共产党的执政宗旨以及国家制度和国家治理体系具有多方面的显著优势。在此过程中，以精准扶贫、政府主导为主要理念和特征，中国积累了丰富的减贫实践经验，进一步推动中国特色贫困治理体系的丰富和完善，这为提升国家治理体系和治理能力的现代化提供了经验。

贫困问题是一项复杂的、与整个经济社会系统密切相关的问题和现象，其在人类社会发展过程中不仅具有经济、社会、文化、心理等不同的表现形式，在致贫原因的讨论上也形成了道德缺陷致贫说、资源匮乏致贫说、制度结构致贫说、文化心理致贫说等不同解释观点，因此解决贫困问题的方式亦在不断创新和发展，从而走向了更加多元化、多层次、多维度的综合性治理方式。中国农村扶贫开发进程中，逐渐形成了经济开发与社会保障并重的扶贫“两轮驱动”举措。特别是脱贫攻坚阶段，中国提出实施精准扶贫精准脱贫基本方略，以综合性减贫策略回应发展中国家贫困问题的复杂性和艰巨性。当前中国的贫困治理体系，强调精准识别、精准帮扶，提出因地制宜，因人、因户、因村施策，针对贫困人口不同需求采取更加具有针对性的扶贫措施，提高扶贫资源供给与贫困人口需求的衔接度。由此，“精准”或者说“精细化”成为当前中国国家治理体系建设当中重要的实施策略和目标取向，不仅强调政府政策供给与政策需求的匹配度和针对性，也强调了提升政策的综合性，应对人民群众多元化、差异化需求的重要意义。

同时，中国注重发挥政府在减贫中的主导作用，通过落实“中央统筹、省负总责、市县抓落实”的管理体制，由政府主导贫困人口识别、帮扶、退出、评估的各个阶段，精准扶贫转化成为地方政府的中心任务，同时打破以往政府内部行政治理条块之间的明确界限，动员各个部门的资源和力量投入脱贫攻坚进程中，有效提升了地方政府的统筹整合能力和资源配置能力。驻村帮扶、“第一书记”等制度安排，促使党员干部深入贫困地区基层前线，切实帮助贫困地区开展精准扶贫，不仅助力贫困地区改变贫困现状，提升基层治理水平，也进一步密切了党群关系、干群关系，巩固了中国共产党的执政基础，成为新时代中国贫困治理进程的显著特色和成功经验，集中体现了“紧紧依靠人民推动国家发展的显著优势”。这对于国家其他发展领域治理体系和治理能力现代化具有积极的借鉴和示范意义。

国家治理能力“是运用国家制度管理社会各方面事务的能力，包括改革发展稳定、内政外交国防、治党治国治军等各个方面”。我国自新中国成立之日起开始了消除贫困、改善民生的实践探索，特别是20世纪80年代正式启动了有组织、有计划、大规模的扶贫开发进程，减贫发展成为国家治理的重要组成部分。实践过程中，中国政府主导下的扶贫开发取得了突出成就，逐步形成和建立了具有中国特色的贫困治理体系。当前，新时代脱贫攻坚的治理实践伴随着中国经济社会发展步入新常态、社会主要矛盾发生重大转变以及全面建成小康社会进程，中国对扶贫开发作出的最新战略安排内在地成为国家治理体系的一部分。同时，脱贫攻坚进程中形成的一系列制度安排以及实践策略模式，提升了国家治理体系和治理能力的现代化水平，其实践为国家治理体系和治理能力现代化提供了经验。同时，我们也要清醒地认识到，中国脱贫攻坚治理实践仍然处于不断完善发展的动态过程中，需要进一步的实践检验和理论提升，而脱贫攻坚治理实践经验的可持续性及其在其他国家治理领域的适用性、边界性、可复制性等问题有待进一步审视和检验，脱贫攻坚治理实践对其他国家治理领域的影响和意义，以及如何进一步参与全球治理，为构建人类命运共同体不断作出贡献等，都将是值得继续深入挖掘和研究的问题。

参考文献

《习近平谈治国理政》，外文出版社，2014。

刘欣：《国家精准扶贫政策的乡村执行研究》，华中师范大学博士学位论文，2017。

刘敏:《NGO 与贫困治理:以香港为例》,《兰州学刊》2008 年第 8 期。

王小林:《改革开放 40 年:全球贫困治理视角下的中国实践》,《社会科学战线》2018 年第 5 期。

江必新:《国家治理现代化基本问题研究》,《中南大学学报》(社会科学版)2014 年第 3 期。

吕方:《精准扶贫与国家减贫治理体系现代化》,《中国农业大学学报》(社会科学版)2017 年第 5 期。

孙德超、高锐:《打好"三大攻坚战"的理论阐释与推进路径——基于国家治理能力的视角》,《理论探讨》2019 年第 3 期。

凌文豪、刘欣:《中国特色扶贫开发的理念、实践及其世界意义》,《社会主义研究》2016 年第 4 期。

许汉泽、李小云:《"行政治理扶贫"与反贫困的中国方案——回应吴新叶教授》,《探索与争鸣》2019 年第 3 期。

秋石:《不断提高运用中国特色社会主义制度有效治理国家的能力》,《求是》2016 年第 19 期。

新中国成立70年来的经济发展与反贫之路*

姚树洁　王洁菲**

摘　要：新中国成立70年来，特别是经过过去40年来的改革开放，中国实现了从贫穷落后的农业大国到世界第二大经济体的华丽蜕变，创造了世界近代史上最伟大的经济发展和减贫奇迹。本文通过梳理新中国成立70年、改革开放40年来的经济发展历程，总结我国经济实现跨越式发展的理论及实践经验，在此基础上进一步以区域发展非均衡和城乡发展不平等为切入点，探讨我国经济发展非均衡存在的根源及现状，并基于这一视角回顾新中国成立以来各阶段扶贫开发政策及制度安排，勾勒出我国贫困治理的历史轮廓，阐述我国各个阶段贫困治理的路径及特征。进一步，从贫困和不平等的测算、"两不愁三保障"、建档立卡、贫困治理行政管理机制、"扶志"和"扶智"等视角着重剖析习近平总书记精准扶贫、精准脱贫重要战略的科学性和创新性。通过分析，我们进一步得出，经济增长、发展不平衡和贫困总是相互影响、相互制约的三角关系。经济增长在促进贫困减少的同时，也会因资源配置差异、收入分配不均造成区域、城乡非均衡发展，而日益加剧的区域、城乡不平等又会抵消经济增长对减少贫困的作用。基于此，本文提出新时代精准扶贫无疑

* 文章刊发于《中南财经政法大学学报》2019年第6期，是国家社科基金重大项目（18ZDA005）的阶段性成果。该文章收录本书时，内容和文献标注方式略有调整。

** 姚树洁，重庆大学经济与工商管理学院，华南农业大学经济管理学院，宁波诺丁汉大学经济学院；王洁菲，重庆大学经济与工商管理学院。

是决胜全面建成小康社会最合理的制度安排，是实现全民共享经济发展成果最科学的路径。

关键词： 经济发展　区域不平等　贫困治理　精准扶贫

一　引言

新中国成立 70 年来，中国从 1949 年那个满目疮痍、一穷二白的农业大国，蜕变成为一个欣欣向荣、富有经济增长活力和科技创新能力的全球第二大经济体，创造了世界近代史上最伟大的经济发展和减贫奇迹。1952 年我国国内生产总值仅为 679 亿元，人均国内生产总值 119 元，仅为当时非洲撒哈拉南部人均 GDP 的 1/3。2018 年国内生产总值比 1952 年增长 175 倍，年均实际增长 8.1%，其中 1979 ~ 2018 年，年均实际增长 9.4%，远高于同时期 2.9% 的世界经济年均增速。2018 年全国居民人均可支配收入达到 28228 元，全国居民人均消费支出 19853 元，较 1978 年分别增长了 24.3 倍和 19.2 倍（按可比价格计算）。2018 年九年义务教育巩固率高达 94%，高等教育毛入学率已达 48.1%，国民平均预期寿命由新中国成立初期的 35 岁增加到 2018 年的 77 岁，婴儿死亡率也由 200‰下降至 6.1‰[①]。

新中国成立 70 年以来，我国农业基础作用日益夯实，工业主导逐渐稳固，服务业对经济社会的贡献迅速增加，三大产业共同发展的同时，结构日益优化。

首先，农业快速发展，农产品结构更加多元化。粮食总产量由 1949 年的 11318 万吨提高到 2018 年的 65789 万吨，棉花产量由 1958 年的 197 万吨增加到 2018 年的 610 万吨。改革开放以前，肉类、禽蛋、牛奶、蔬菜、水果和水产品等高蛋白和高营养的农产品严重缺乏。1978 年以后，这些农产品产量飞速增长，40 年间，肉类产量增长 9 倍，牛奶产量增长

① 数据来源于国家统计局和《中国统计年鉴》历年资料。若无特殊说明，全文数据均来源于此。

33倍，水果产量增长39倍，水产品产量增长近13倍，大大改善了全国人民的食物结构及生活质量。

其次，工业化不断推进，高附加值产业蓬勃发展。工业增加值从1952年的120亿元增加到2018年的305160亿元，增长了970倍（按不变价格计算）。2018年，煤炭产量高达36.8亿吨，较1949年增长近114倍；钢材产量11.1亿吨，水泥产量22.1亿吨，较1949年分别增长8503倍和3344倍。2018年我国手机、计算机和彩电产量分别达18亿部、3.1亿台和1.9亿台，占全球总产量比重稳定在70%～90%，汽车产量2781.9万辆，连续多年位居世界第一。

再次，第三产业发展顺应时势进入快车道，交通运输业、房地产业、金融服务业增加值不断攀升。以交通运输业为例，2018年末，我国铁路营业里程达13.1万千米，其中高速铁路达2.9万千米，总量位居世界第一，“四纵四横”的高铁网络已然成为我国亮丽的名片，“八纵八横”的高铁网络正在迅速形成，中国高铁总里程占全球的2/3，客运量占全国铁路总客运量的65%。

最后，三大产业结构不断优化，1952年三大产业占国内生产总值的比重分别为50.5%、20.8%和28.7%。改革开放以来，随着工业化、城镇化、现代化的不断推进，第二和第三产业发展水平不断提高，尤其是服务业迸发出前所未有的活力，逐渐成为国民经济第一大产业，并且生产性、生活性服务业发展齐头并进。2018年，我国三大产业占国民经济比重分别为7.2%、40.7%和52.2%。

中国共产党和中国政府历来高度重视国家扶贫开发工作，改革开放40年来，我国贫困治理取得了举世瞩目的伟大成就，谱写了人类与贫困作斗争的辉煌篇章。随着农业、农村改革的不断深化，国家贫困治理能力的不断提高，我国农村人口的贫困发生率不断下降，绝对贫困人口不断减少，中低收入人群的生活质量不断提升。1978年末我国农村贫困人口7.7亿人（按照2010年标准），农村贫困发生率高达97.5%。通过农村家庭联产承包责任制的改革，广大农民群众的劳动热情被激发，促进了农村土地和劳动生产率的迅速提高，我国农村贫困发生率急速下降。党的十八大以来，我国扶贫开发工作进入“最后一公里”的攻坚阶段，国家将精准扶贫、精准脱贫作为基本方略，把扶贫开发摆在更加突出的位置，2013～2018年6年，我国贫困人口共减少8239万人，农村贫困发生率下降8.5个百分点。2018年末我国农村贫困人口减少至1660万人，农村贫困发生率下降至1.7%，远远低于全球中低收入国家的贫困发生率。2013年习近平主席提出的共建“一带一路”重大国际合作倡议不但促进了相关国家总体经济吸引力的提升，更促进了全球减贫提速①，中国贫困治理为其他发展中国家提供了范例和借鉴。

二 新中国成立70年来的经济发展路径

（一）新中国成立后前30年的社会经济发展

1. 经济恢复期（1949～1952年）

中国共产党经历了反对北洋军阀统治的国民大革命，反对国民党蒋介石集团反动统治、废除封建土地制度的土地革命，抵抗外强侵略的抗日战争和推翻国民党统治、解放全中国的解放战争后成功赶走了列强，推翻了旧政府，从枪杆子里夺得了政权，建立了新民主主义社会。但是，经历过列强欺凌、频繁战乱的新中国极度贫穷落后，国民经济千疮百孔、百废待兴。1949年中华人民共和国成立，开启了中华民族伟大复兴的历史征程。为了恢复长期战乱对社会、经济的破坏，国家首先没收了全部官僚资本企业，将其改造为社会主义国营企业。其次，建立了社会主义民主管理制度，结束长久以来的压迫和剥削，工人阶级生产积极性得以调动，工业生产能力得到了迅速恢复和提高，人民政府开始掌握国民经济命脉。再次，通过平衡财政收支，实现了国家收入主要部分集中到中央，有效抑制恶性通货膨胀。而回笼货币统一由国家银行管理，这为工

---

① 国家统计局：《重大战略扎实推进 区域发展成效显著——新中国成立70周年经济社会发展成就系列报告之十八》，http://www.stats.gov.cn/tjsj/zxfb/201908/t20190819_1691881.html。

农业生产的恢复和发展提供了政治及制度保障。最后，开展土地改革，废除了地主阶级封建剥削的土地所有制，使农业经济摆脱了封建土地制度的束缚，农业生产力得到极大解放。

2. 第一个五年计划（1953～1957年）

“一五”期间，以苏联为首的社会主义制度和以美国为首的资本主义制度矛盾不断激化，中国身处社会主义阵营只能利用苏联与东欧的经济援助，“一边倒”的外交策略使中国周边战争局势更为紧张，这一时期加快工业化进程、完善工业化体系不但是经济建设的前提，更是巩固政权独立的基础。“一五”期间，国家社会主义公有制改造基本实现，5年新增固定资产投资460亿元，是1952年底固定资产原值的1.9倍。1957年工农业总产值达1241亿元，较1952年增长67.8%，原定五年计划工业总产值年均增长14.7%，实际增长18%。农业也获得了较大发展，粮食、棉花产量年均增速分别为3.7%和4.7%。超额完成规定任务的第一个五年计划，不但推动了国民经济快速发展，也为我国工业化建设奠定了基础。

3. 人民公社化运动、“文化大革命”及徘徊中前进的两年（1958～1978年）

土地改革虽然调动了农民生产积极性，但是当时的土地、耕畜和生产工具普遍被分散占有，远不能满足生产需要。国家开始探索通过“组织起来”以发挥农民互助合作的积极性，所以1953年《关于农业生产互助合作的决议（草案）》应运而生。紧接着，1958年5月，中共八大二次会议召开，通过了“鼓足干劲，力争上游，多快好省地建设社会主义”总路线，盲目求快、急于求成的“大跃进”拉开了序幕。农业生产强调“以粮为纲”，工业生产强调“以钢为纲”的“大跃进”过分夸大了主观意志和努力的作用，片面追求工农业生产和建设的高速度，忽视了国民经济比例的均衡和经济发展的客观规律。而缺乏责任制的生产和过分平均主义的分配方式，严重挫伤了农民生产积极性。历史证明，“大跃进”和人民公社化运动是我国探索建设社会主义道路中的一次严重失误，造成了国民经济比例严重失衡，是1959～1961年粮食供给严重短缺的主要原因。但是，人民公社化运动为当时工业的发展提供了巨大的劳动力和资金支持。工业的发展反过来又促进了农业生产条件的改善，尤其是农田水利设施的建设，在一定程度上提高了农业生产水平，工业对农业不再是单纯的攫取原始积累。

新中国成立后的前30年，在国际关系微妙紧张、国内生产资料和技术匮乏的背景下，中国取得了历史性的发展，但是急于求成和“左”的错误也使国家遭受了损失。中国在“一五”和“二五”期间所确立的资本密集型重工业优先发展战略，是以压低利率、汇率、工资、原材料价格和农产品价格为代价的。人为扭曲的资源配置方式导致宏观经济运行极为低效①，尤其是忽视经济发展客观规律，导致市场机制的调节作用无法发挥。微观层面激励机制缺失，宏观层面资源配置效率低下，加上十年“文化大革命”，使国民经济雪上加霜。但是，这30年的成就与曲折不但造就了改革开放，更为新时期的发展提供了宝贵的经验。

（二）改革开放以来40年的社会经济发展

1978年，中国共产党召开了十一届三中全会，果断结束“以阶级斗争为纲”，重新确立了马克思主义的思想路线、政治路线、组织路线。②推动了计划经济向市场经济的转型，通过改善资源配置和激励机制实现了各部门生产效率不断提升，改革开放和社会主义现代化建设的伟大征程也正式拉开序幕。

首先，中国的改革开放发端于农村，开启于农民与土地关系的变革。1978年安徽凤阳小岗生产队率先发起的农村家庭联产承包责任制，是实践中最符合当时农村生产条件的一种制度安排，它极大地调动了农民生产积极性，推动了农业大发展，并且为其后各项改革奠定了基础。农村劳动力和其他资源的重新配置，极大地提高了农业生产效率，这一时期近一亿农村剩余劳动力被吸纳到乡镇企业③。乡镇企业的蓬勃发展，以及大量的农村劳动力向城市转移，极大地推动了我国工业化和城市化发展④。

---

① 林毅夫、蔡昉、沈明高：《我国经济改革与发展战略抉择》，《经济研究》1989年第3期。

② 习近平：《在庆祝改革开放40周年大会上的讲话》，新华网，2018年12月18日，http://www.xinhuanet.com/2018-12/18/c_1123872025.htm。

③ 王小鲁：《中国经济增长可持续性与制度变革》，《经济研究》2000年第7期。

④ 伍山林：《农业劳动力流动对中国经济增长的贡献》，《经济研究》2016年第2期。

国有企业改革从易到难，逐步推进。国家鼓励、引导和支持私有经济发展，与时俱进地协调计划与市场的关系，开创中国城市经济发展新道路，是中国特色社会主义经济理论及实践的伟大创举，也是维持长时期不间断高速经济增长的秘密所在。教育、科技的巨大进步，成就了我国能够在高铁、移动通信、核电、新能源、新材料、人工智能及隧桥建设等领域对西方发达经济体实现“弯道超车”。

其次，对外开放，走近世界舞台中央是市场经济发展不断深化的必然结果。改革开放以来，我国经济增长方式的一个重要特征就是出口导向，2018 年我国对外货物贸易进出口总额达 4. 62 万亿美元，贸易顺差 3517. 6 亿美元，外贸依存度约为 33. 8%，我国是全球第一贸易大国和出口大国。我国已然由经济改革前的进口替代和自力更生转变为发展外向型经济，良好的营商环境吸引了大量国外资本。外商直接投资对经济发展的重要性不仅在于弥补国内投资不足，更重要的是为发展中经济体带来新技术和国际商业管理经验[①]。2018 年我国实际使用外商直接投资金额达 1349. 7 亿美元，是 1983 年的 147 倍。随着产业结构的不断升级，传统制造业仍然是外商投资的主要领域，但是近几年信息传输、计算机服务和软件业，科学研究、技术服务和地质勘查业实际利用外商直接投资金额呈明显上升趋势，外商直接投资领域不断拓宽。

最后，深化改革，开启新时代全面建设社会主义现代化国家的新征程。改革开放40 年是中国“摸着石头过河”的40 年，经济连续不间断的高速增长，离不开体制机制的创新，更离不开经济理论及实践创新。坚持中国共产党的领导，坚持以经济建设为中心，坚持“实践是检验真理的唯一标准”，我国成功实现经济转型，从容应对亚洲金融危机和全球经济危机，综合国力快速超越许多西方经济体。但是，随着时间的推移，以高污染、高能耗为代价的数量型经济增长模式弊端日益显现，传统粗放式经济增长方式已经难以为经济增长提供持续动力[②]。房地产

---

① 姚树洁、韦开蕾：《中国经济增长、外商直接投资和出口贸易的互动实证分析》，《经济学》（季刊）2007 年第 7 期。

② 李彩华：《中国经济转向高质量发展阶段的历史必然性》，《中南财经政法大学学报》2019 年第 1 期。

泡沫、股市的不健康发展、环境污染日益严重、收入两极分化、城乡一体化进程缓慢、"刘易斯"拐点逐渐显现以及人口红利消失，使劳动力成本不断攀升，这些都是经济增长放慢的原因①。当前，中国特色社会主义进入新时代，新时代经济发展的特点便是"新常态"，如何在"新常态"下谋求经济可持续发展，如何将增长动力由原来主要依靠资源和劳动力等要素投入转向创新驱动，如何避免掉入"中等收入陷阱"，这些都是我国未来发展必须直接面对的问题。充分激发经济内生增长动力，推进产业升级换代，推动科学技术创新，充分利用高质量人力资本提高各类生产要素的边际产量，已经成为我国全面深化改革的主旋律。

三　非均衡的经济发展

我国经济持续高速增长，社会总财富不断攀升，但是与之相伴的收入不平等、发展不均衡和贫困问题也日益突出。华盛顿共识主张的涓滴经济学坚信经济增长所带来的经济利益能够在各阶层自由扩散，并自动消除贫困。但是国内外许多学者提出质疑，认为经济增长、减贫和收入不平等总是相互影响、相互制约的三角关系，经济增长在促进贫困减少的同时，也会带来收入不平等，而日益加剧的不平等又会抵消经济增长对减少贫困的作用，所以均衡的经济增长和公平的收入分配对减少贫困都具有同等重要的作用。

（一）区域发展不均衡

一个地区人均收入水平是其经济发展水平的表现，而收入分配则是社会资源配置的财富表现。在社会总资源既定的情况下，若想实现社会福利最大化，则必须有科学合理的分配机制。不可否认的是，我国区域间经济发展水平仍存在较大差距，地区间经济协调发展的政策法律体系

① 姚树洁：《"新常态"下中国经济发展和理论创新》，《经济研究》2015 年第 12 期。

不健全，区域改革和协调发展的任务依然艰巨①。

1. 生产要素配置的倾斜和开放程度的差异导致东、中、西部地区发展非均衡

新中国成立初期我国推行的重工业优先发展战略形成的生产要素存量配置结构，与许多省区的资源禀赋结构决定的比较优势相违背，所以中、西部地区产生大量缺乏自主创新能力的企业，而政府的扶持措施又不利于市场机制的正常运转，从而进一步制约技术进步和资本积累②。加上我国经历了史无前例的“文化大革命”，进一步导致地区间经济发展差距不断扩大。改革开放以后，中国从一个以政府为主导的计划性封闭式农业经济体转变为一个市场化的开放型城市经济体。东部地区5个经济特区、14个沿海港口城市建立的经济技术开发区和长江三角洲、珠江三角洲、闽南三角洲等沿海经济开放区使东部地区实现率先发展。尤其是加入WTO后我国深入开展专业化分工，积极参与世界经济贸易，开放程度较高的东部沿海城市得益于地理位置优势发展迅猛，这就导致在全国经济发展中，东部地区长期处于领先地位。2018年东部地区国内生产总值达到48.1万亿元，成功占据全国“半壁江山”。与东部地区相比较，中、西部地区则发展较为缓慢。

林毅夫等研究指出，中国东、中、西部三类地区内部人均收入的情形是：发达地区的领先程度越来越高，而落后的西部地区与全国平均水平差距越来越大。另外，经济发展水平较高的区域和城市又会产生明显的“虹吸效应”，导致越来越多的生产资料不断涌入。Yao和Zhang研究得出，由于我国改革开放期间生产要素在不同区域间配置的差异性，东、中、西部同一区域内人均收入水平差距在不断缩小，但是区域间的差距却在不断扩大，呈现区域内收敛、区域间发散态势，存在明显的地区发展不均衡。Yao、Zhang和Hammer利用全国2003年城市家庭调查资料，进一步将基尼系数进行分解发现，全国城市居民收入分配不平等的40%

① 国家统计局：《重大战略扎实推进　区域发展成效显著——新中国成立70周年经济社会发展成就系列报告之十八》，2019年8月19日，http://www.stats.gov.cn/tjsj/zxfb/201908/t20190819_1691881.html。

② 林毅夫、蔡昉、李周：《中国经济转型时期的地区差距分析》，《经济研究》1998年第6期。

来自省间收入差距，而省间收入不平等又有近2/3来自东部、中部和西部之间的不平等。

2. 区域经济发展的不均衡，导致区域间人民生活水平也呈现巨大差异

近几年，随着经济的不断发展，人民生活水平不断提高，全国城镇和农村居民人均可支配收入由2015年的31195元和11422元分别增长到2018年的39251元和14617元。分区域看，2015年东部地区城镇和农村居民人均可支配收入分别是西部地区的1.39倍和1.57倍。2018年东部地区城镇居民的人均可支配收入已经达到46433元，是西部地区的1.39倍，农村居民的人均可支配收入是西部地区的1.55倍（见表1）。由此可见，我国区域发展不均衡依然存在，针对人均可支配收入这一项指标，区域间差距并没有明显缩小。区域经济发展和人均收入的增长还受到资源禀赋、产业结构以及地区间要素流动等因素的影响①。要缩小我国东、中、西部地区发展的不平衡，不但需要政府财政支持，更需要当地政府结合自身要素禀赋特征，充分尊重市场机制，明确具有比较优势的产业，进而给予一定扶持。

表1　2015～2018年东、中、西部及东北地区城镇和农村居民人均可支配收入

单位：元

区域	2015年		2016年		2017年		2018年	
	城镇	农村	城镇	农村	城镇	农村	城镇	农村
东部	36691	14297	39651	15498	42990	16822	46433	18286
中部	26810	10919	28879	11794	31294	12806	33803	13954
西部	26473	9093	28610	9918	30987	10829	33389	11831
东北	27400	11490	29045	12275	30960	13116	32994	14080
全国	31195	11422	33616	12363	36396	13423	39251	14617

资料来源：中国住户调查主要数据。

（二）城乡经济发展不均衡

虽然我国经济快速发展，改革不断深化，然而维持社会公平的分配

① 魏后凯：《中国地区经济增长及其收敛性》，《中国工业经济》1997年第3期。

机制尚未成熟，经济发展、教育普及、医疗卫生条件改善、人民生活质量提高等社会全面发展都受制于“短板”——农村的发展。从发展的角度来看，中国城乡居民之间的收入构成存在巨大的差异。早在人民公社时期，农民收入几乎全部来自生产队的统一分配。家庭联产承包责任制和粮食购销体制的调整虽然促进了农产品市场化改革，但是农业生产仍然是农村经济发展的主要部分，农村居民收入中的绝大部分仍然是自产自用的实物性收入，无法用货币计量①。改革开放以前，国有经济和集体经济是城镇经济的主要部分，城镇居民稳定就业于国有或集体经济部门，劳动工资制度是集体资源计划配置体制的一个组成部分②，工资是城镇居民货币收入的主要来源。改革开放以后，劳动力、资金和技术迅速向城市集聚，股份制经济、联营经济、外资经济等持续不断涌入城市，尤其是财政、金融等领域的城市化偏向③，促使城市经济高速发展，城市产业结构不断优化。在城镇居民收入快速增长的同时，居民收入来源也更加多元化，各种实物性的补贴和公共福利项目，诸如住房公积金、公费医疗、养老保险、失业保险等在城镇居民收入中占有相当大的比重。

回顾历史，值得肯定的是我国城市经济和农村经济都从经济体制改革中获得了发展，但是，严格的户籍制度形成了城乡分割的二元经济体系，导致城乡差距巨大，尤其是城市人口享有的医疗、养老、教育、交通和公共事业等方面的福利更加剧了这种不平等。1992年，邓小平南方谈话推动改革进入新阶段，大批农村剩余劳动力加速向城市二、三产业转移，城市化与工业化建设的不断推进，导致城乡发展愈加不平衡，城乡居民人均可支配收入差距也在1992年后逐渐扩大（见图1）。Yao等研究发现，中国城乡不平等解释了中国各省之间支出和收入不平等的70%④。但是经

---

① 李实、罗楚亮：《中国收入差距究竟有多大？——对修正样本结构偏差的尝试》，《经济研究》2011年第4期。

② 林毅夫、蔡昉、李周：《中国经济转型时期的地区差距分析》，《经济研究》1998年第6期。

③ 汪锋、刘旗、张宗益：《经济体制改革与中国城乡经济发展不平衡》，《中国软科学》2007年第5期。

④ Yao, S. J., Zhang, Z. Y., Feng, G. F., "Rural - urban and Regional Inequality in Output, Income and Consumption in China under Economic Reforms", *Journal of Economic Studies*, 2005, 32 (1): 4 - 24.

济的高速增长不可否认地提高了全国人民的生活水平，改革开放初期无论是城市还是农村居民家庭恩格尔系数都高于50%，1978年农村恩格尔系数高达67.7%。然而，2018年我国全体居民家庭恩格尔系数下降至28.4%，城镇和农村居民家庭恩格尔系数分别降至27.7%和30.1%，且差距逐渐缩小。

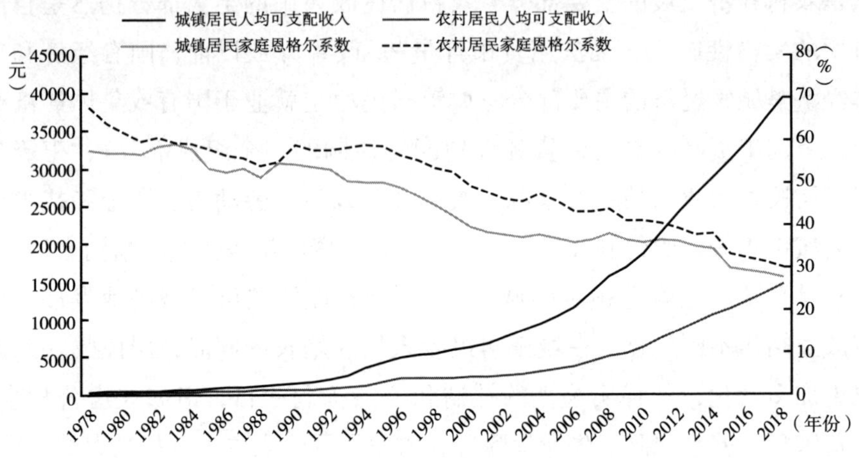

图1 1978～2018年中国城乡收入差距

除了城乡之间人均收入存在差距，城镇和农村内部收入差距对总体不平等也存在极大影响。林毅夫等研究1978～1995年人均收入差距贡献率后发现，城乡间差距对总体差距的影响最大，始终保持在50%左右，农村和城镇内部差距的作用也占到50%，其中农村内部差距对总体影响更大[①]。通过对2015～2018年按五等份分组的城镇和农村居民人均可支配收入进行分析我们发现：一是农村内部居民收入差距较城镇更大，2018年城镇居民最高收入组人均收入是最低收入组的5.9倍，而农村居民最高收入组人均收入是最低收入组的9.3倍；二是不同收入组人均可支配收入增长幅度差距较大。2018年城镇和农村最低收入组人均可支配收入较2015年分别增长17.6%和18.8%，同一时间段，城镇和农村最高收入组人均收入增长分别高达30.5%和30.8%（见表2）。

① 林毅夫、蔡昉、李周：《中国经济转型时期的地区差距分析》，《经济研究》1998年第6期。

所以，无论是城镇还是农村，都出现了“富者更富、穷者更穷”的现象。

表2 2015~2018年按五等份分组的城镇和农村居民人均可支配收入

组别	2015年		2016年		2017年		2018年	
	城镇	农村	城镇	农村	城镇	农村	城镇	农村
人均可支配收入(元)	31195	11422	33616	12363	36396	13432	39251	14617
低收入(元)(20%)	12231	3086	13004	3006	13723	3302	14387	3666
中间偏下(元)(20%)	21446	7221	23055	7828	24550	8349	24857	8508
中间收入(元)(20%)	29105	10311	31522	11159	33781	11978	35196	12530
中间偏上(元)(20%)	38572	14537	41806	15727	45163	16944	49174	18051
高收入(元)(20%)	65082	26014	70348	28448	77097	31299	84907	34043
高收入/低收入	5.32	8.43	5.41	9.46	5.62	9.48	5.90	9.29

资料来源：中国住户调查主要数据。

四 新中国成立70年来的反贫之路

区域发展不平衡、城乡收入差距扩大直接导致社会财富分配不均，进而加剧贫困问题。然而，贫困问题又始终与经济、政治、文化等一系列社会问题相生相伴，是社会发展所要面临的严峻挑战。改革开放40年，中国经济经历了连续不间断的快速增长，人民生活水平大幅提高，贫困治理也卓有成效。党的十八大以来，国家将贫困治理上升至国家战略层面，党和政府凝聚社会各界力量众志成城打响精准扶贫攻坚战，其目的就是让社会全体成员共享经济发展成果，决胜全面建成小康社会。

统计数据显示，我国农村贫困人口由1978年末的7.7亿人（现行农村贫困标准）减少到2018年末的1660万人，农村贫困发生率由1978年末的97.5%下降到2018年末的1.7%。尤其是党的十八大以来，中国打响了全面脱贫攻坚战，2013~2018年，每年减贫人数均超过1000万人，农村已累计减贫8239万人，减幅达到83.2%。但是，按照现行国家农村贫困标准测算，一半以上的农村贫困人口仍然集中在西部地区。2018年末东部地区农村贫困人口仅剩147万人，而西部地区农村贫困人口有916万人，占全国的55.2%，贫困发生率3.2%（见表3），所以西部地区仍然是脱贫攻坚主战场。

表3 2012年和2018年农村贫困人口地区分布

单位：万人，%

指标 区域	农村贫困人口		贫困发生率	
	2012年末	2018年末	2012年末	2018年末
东部	1367	147	3.9	0.4
中部	3446	597	10.5	1.8
西部	5086	916	17.6	3.2
全国	9899	1660	10.7	1.7

资料来源：国家统计局资料整理。

（一）贫困的测算

1. 贫困的界定

长期以来，人们对于贫困最直观的认识便是饥饿或者基本生活难以得到保障。世界银行作为国际社会研究贫困问题的主要机构，《1990年世界发展报告》将贫困界定为"缺少达到最低生活水准的能力"。随着经济社会的不断发展，世界银行在《2000/2001年世界发展报告·与贫困作斗争》中，把贫困重新定义为"除了物质上的匮乏、低水平的教育和健康外，还包括风险和面临风险时的脆弱性，以及不能表达自身的需求和缺乏影响力"。联合国开发计划署在《2010年人类发展报告》中引入多维贫困指数，指出贫困不只是收入的不足，更应该延伸至健康、教育和生活标准等方面遭受的剥夺。我国农村贫困标准被定义为在一定的时间、空间和社会发展阶段条件下，维持人们基本生活所必须消费的食物、非食物的基本费用①。

2. 贫困的测算

贫困标准的设定主要是基于生活必需的食品支出和基本营养，最常用的是恩格尔系数法，但因其忽视物价水平和家庭人口规模，导致测量可信度被质疑。Sen 推导出测量贫困的方法被命名为“森指数”（Sen index）：$P = H\{I + (1 - I)G\}$，其中 H 代表贫困线以下人口比例，I 代表贫困缺口，即全体穷人收入与特定贫困线差距的总和，G 代表贫困线之下收入分配不平等的程度，该测算方法的优点在于将相对贫困引入测量体系②。在 Sen 的启发下，新的贫困测量方法相继产生，例如，Foster 的 FGT 指数：$P_{\alpha}(y_i;z) = \frac{1}{n}\sum_{i=1}^{q}\left(\frac{g_i}{z}\right)^{\alpha}$，其中 n 是全部人口数，y_i 代表第 i 个贫困家庭收入，z 代表既定贫困线，q 代表贫困线以下家庭数量，g_i 代表第 i 个家庭收入与贫困线的差距。式中 α 的取值意义不同，当 $\alpha = 0$ 时，指数测算的结果是贫困发生率（贫困人口占全部人口的比重）；当 $\alpha = 1$ 时公式计算的结果则表示社会的平均贫困程度；当 α 继续增加，则贫困距的权重增加，表示极端贫困人口的贫困程度在指数中得到更多的反映③。FGT 指数不仅可以全面反映贫困状况，还可以通过对指数的分解观察经济增长和收入分配对贫困变动的影响。李实和古斯塔夫森利用 FGT 指数将社会整体贫困程度分解成城镇和农村，东、中和西部，农村贫困地区与非贫困地区贫困程度，发现 20 世纪 80 年代末期中国的贫困主要发生在农村地区，并且西部地区农村贫困程度最高，其 FGT（$\alpha = 2$）指数是东部农村的 2.82 倍④。Townsend 基于相对剥夺理论，认为贫困的测量不仅要关注生存需求和收入水平，更要从福利需求多样性视角

① 国家统计局住户调查办公室：《中国农村贫困监测报告（2016）》，中国统计出版社，2016，第 1 ~ 8 页。

② Sen，A.，“Poverty：An Ordinal Approach to Measurement”，*Econometrica*，1976，44（2）：219 - 231.

③ Foster，J.，Greer，J.，Thorbecke E.，“A Class of Decomposable Poverty Measures”，*Econometrica*，1984，52（3）：762 - 766.

④ 李实、古斯塔夫森：《八十年代末中国贫困规模和程度的估计》，《中国社会科学》1996 年第 6 期。

进行分析[①]。世界银行设定的极端贫困线常被用于分析国与国之间贫困程度的比较分析，但是 Deaton 在分析印度贫困问题时，强调贫困线在城市、农村、不同区域间的更新、调整对贫困人口的测算至关重要，并对世界银行发布的全球贫困线产生怀疑，主张使用以美元计价的国家自我报告的贫困线[②]。

3. 不平等程度的测算

贫困与平均收入和收入分配密切相关，经济增长可以提高社会人均收入水平，降低贫困发生率，若没有科学合理的收入分配机制，则会产生极大的社会贫富差距，直接影响贫困深度和强度。所以对收入不平等程度的测算也成为贫困问题研究的重要内容之一。

基尼系数虽然是反映贫富差距和收入不平等最常用的指标，但是也存在诸多的局限性，主要表现在两方面：一是基尼系数对应的洛伦兹曲线非唯一性，不同的洛伦兹曲线可能有相同的基尼系数，即不同分配结构对应相同收入差异，显然不尽合理；二是基尼系数分解的约束性。苍玉权运用标准洛伦兹曲线斜率与实际洛伦兹曲线斜率所形成的三角形面积差来对基尼系数进行调整，实现基尼系数与洛伦兹曲线对应的唯一性[③]。针对基尼系数分解，以往研究大多依赖复杂的矩阵运算和回归模型，不利于实证分析和实践操作。

（二）新中国成立 70 年以来贫困治理历程与路径创新

扶贫开发是长期的历史任务，回溯我国贫困治理历程，可以发现其本身是一个制度变迁和政策创新的过程。无论是在贫困治理目标、治理对象还是制度安排等层面，中国减贫的每个阶段都有历史特殊的烙印。

1. 平均主义福利模式的贫困救助（1949～1977 年）

新中国成立初期，按照世界银行每人每天 1.9 美元（2011 年购买力

---

① Townsend, P. , "The Meaning of Poverty", *British Journal of Sociology*, 2010 (61): 86－102.

② Deaton, A. , "Data and Dogma the Great Indian Poverty Debate", *World Bank Research Observer*, 2005, 20 (2): 177－199.

③ 苍玉权：《论基尼系数的局限及调整》，《数量经济技术经济研究》2004 年第 4 期。

平价）的绝对贫困线测算，我国极端贫困人口占比远高于非洲水平，处于全面贫困状态，国民经济恢复任务在积贫积弱条件下变得更为棘手。连年战争和生产资料所有制无疑是贫困的主要原因，所以 1949～1978 年的贫困治理主要围绕“所有制改造”展开。首先是 1950～1953 年的土地改革，轰轰烈烈的“打土豪、分田地”，农民获得了赖以生存的土地，生产有了动力。随后开展的人民公社化运动主张按照平均主义原则分配生产资料，政府针对老、弱、孤、寡和残疾人员建立了集中供养的五保制度。这一时期的贫困治理带有强制性制度变迁的特点，通过平均主义福利模式，在强调集体与群众帮扶基础上，国家再提供必要救助[①]。但是过度的平均主义，催生出大量“搭便车”行为，严重挫伤农民生产积极性，这在一定程度上又酿成贫困。

2. 制度变革激励生产的贫困救助（1978～1985 年）

由于平均主义引发了严重的生产力停滞，政府开始探索激励生产的制度变革。第一，农村家庭联产承包责任制的试点与推行。历史证明，1978 年的家庭联产承包责任制无疑是当时最为有效的农村改革，为农业和农村的高效发展提供了不竭的强大动力和坚实的制度保障，产生了普惠式减贫效应的集中释放[②]。第二，农产品价格制度和流通体制改革。国家大幅度提高农产品收储价格，直接增加了农民的收入，改善了长期存在的工农产品价格“剪刀差”现象。与此同时，国家启动了农产品流通体制改革，逐步废除了统购统销制度，进一步促进农产品市场调节机制的建立，粮、棉、油等重要农产品的价格不断提高，产生了显著的减贫效应。

3. 全面改革背景下的瞄准到县的扶贫模式（1986～1994 年）

1978～1985 年的减贫是农村先行，极大缓解了农村地区的贫困。但是，随着市场化改革的不断深化，制度改革红利和经济增长拉动的农村扶贫模式效应减弱。一方面，随着城市化、工业化进程的不断推进，城

---

① 郭佩霞、邓晓丽：《中国贫困治理历程、特征与路径创新——基于制度变迁视角》，《贵州社会科学》2014 年第 3 期。

② 姚树洁、王洁菲、汪锋：《新时代破除连片特困地区“贫困陷阱”的理论及战略路径研究》，《重庆大学学报》（社会科学版）2019 年第 5 期。

市经济和大量工业企业迅速增长，这与农村发展形成了鲜明对比。另一方面，工业品价格上涨，导致原有的工农产品价格“剪刀差”依然存在，加上城乡分割的“二元经济”社会结构仍然没有打破，农村和城市之间差距越来越大。针对这一系列新问题和挑战，1986 年国务院贫困地区经济开发领导小组正式成立，贫困问题严峻的省、地、县也先后成立了扶贫开发领导机构，并首次将重点扶持贫困对象瞄准到县，同时提出增加贫困人口内生发展能力的必要性①，贫困治理日益常规化。1994 年出台的“八七扶贫攻坚计划”，标志着我国贫困治理进入城市反哺农村、工业反哺农业的新阶段，中国的减贫治理不断制度化。

4. 非均衡发展格局下区域专项扶贫（1995～2010 年）

随着国家采取的一系列减贫和社会投资发展政策的实施，大规模贫困现象得到一定缓解，但是由于地理位置差异、资源配置非均衡，区域连片顽固贫困问题成为贫困治理新焦点。2000 年提出的“西部大开发”战略，建立东部地区与西部贫困地区协作扶贫模式，便是政府着手开展协调区域均衡发展的体现。与此同时，国家还酝酿出台了新的扶贫纲要，即《中国农村扶贫开发纲要（2001—2010 年）》，继续实施大规模的扶贫开发，将贫困治理转向综合治理。2003 年推行的新型农村合作医疗有效防止了农民因病致贫和因病返贫，医疗救助融入贫困治理体系。为巩固和发展农村税费改革成果，2005 年底颁布了《国务院关于深化农村义务教育经费保障机制改革的通知》，实施了国家贫困地区义务教育工程，农村贫困家庭中小学生“两免一补”政策等，贫困治理转向农村人力资本发展与积累，将干预环节前置。2006 年国家全面废除农业税，进一步减轻了农民家庭负担。

5. 精准扶贫、精准脱贫，决胜全面建成小康社会（2011 年至今）

2013 年 11 月 3 日，习近平总书记考察湘西十八洞村时首次提出了“精准扶贫”的重要思想，作出了“实事求是、因地制宜、分类指导、精准扶贫”的重要指示，并且郑重提出“小康路上一个也不能少”，向

① 姚树洁、王洁菲、汪锋：《新时代习近平关于扶贫工作重要论述的学理机制及文献分析》，《当代经济科学》2019 年第 1 期。

全党全军全国人民宣誓要在2020年之前，全面消除绝对贫困。习近平总书记2018年5月31日主持中共中央政治局会议，审议通过了《中共中央国务院关于打赢脱贫攻坚战三年行动的指导意见》，充分展现了党中央和国务院决胜全面建成小康社会的坚定信心，明确了精准扶贫和精准脱贫的实施方案。我国建立的脱贫体制机制及所采取的脱贫方案，包括五级行政负责制、多维贫困界定、分层次分地区靶向、“五个一批”多层扶贫举措、政府和社会力量融合、管理智能化、政策执行及效果评估等的具体安排，已经打破现有世界脱贫的思想理论边界，也打破了世界扶贫措施的实践边界，充分体现了我国在脱贫工作中的政治和体制优势。

（三）新时代我国扶贫开发工作的体制机制及政策创新

我们必须认识到，反贫困不是一个简单使用资源对贫困者施以救助的过程，其背后需要的是一套行之有效的政策体系和实施方略的支撑，只有对贫困风险因素和反贫困政策工具的功能有深刻的认识，才能根据贫困特征选择具有针对性的政策工具[①]。消除贫困、实现共同富裕是社会主义制度的本质要求，事关党的执政基础，尤其是当前我国仍处于并将长期处于社会主义初级阶段，扶贫开发已经从以解决温饱为主要任务的阶段转入巩固温饱成果、提高发展能力、缩小发展差距的新阶段。党的十九大以后，党中央把打好精准脱贫攻坚战作为全面建成小康社会的三大攻坚战之一，扶贫开发工作上升到建设中国特色社会主义的政治高度。

新时代，精准扶贫、精准脱贫体制机制及政策创新突出表现在如下几个方面。

1. “两不愁三保障”成为脱贫新标准

2011年中共中央、国务院印发的《中国农村扶贫开发纲要（2011—2020年）》，规定“到2020年，稳定实现扶贫对象不愁吃、不愁穿，保障其义务教育、基本医疗和住房”，这是新阶段贫困治理的总体目标。其中“两不愁”（不愁吃、不愁穿）是人类生存最基本的物质保障。19

① 徐月宾、刘凤芹、张秀兰：《中国农村反贫困政策的反思——从社会救助向社会保护转变》，《中国社会科学》2007年第3期。

世纪80年代以来，解决温饱问题一直是政府扶贫开发工作的基础性目标。世界银行提出的保证维持个体生存需要的热量是每人每天2100大卡，1986年国家的扶贫标准是按照1985年不变价确定的每人每年206元，虽然能够满足所需热量，但是该标准中基本生活食物需求支出高达85%，食物质量差，肉蛋类比重非常低。2008年我国扶贫标准提高至1196元每人每年（按照当年不变价），基本食物支出比重下降至60%[①]。2010年扶贫标准再次提高，贫困人口在获取必须热量的同时，还可以获得一定量的蛋白质，以满足维持健康生存的需求。

“义务教育、基本医疗、住房”构成的“三保障”是在满足贫困人口基本物质需求基础之上提出的更高层次的脱贫标准，旨在提高农村人口的发展能力和抵御风险能力。保障“住房安全”实现了贫困人口居有定所；保障“义务教育”有利于提高农村人力资本积累，这是切断“贫困代际传递”的关键；保障“基本医疗”可显著减少贫困人口因病返贫，巩固扶贫成果。由此可见，我国的贫困衡量标准不再是单纯的经济指标，而是多个维度的科学衡量。2020年以后我国农村减贫战略需要由“扶贫”转变为“防贫”，“两不愁三保障”不但是精准脱贫的标准，更是未来“防贫”的有效机制。为了确保“两不愁三保障”目标的实现，中央财政连续4年每年净增200亿元专项扶贫资金，2019年达到1261亿元。与此同时，中央扶贫贴息贷款、拨付低保资金、省级扶贫资金，尤其是社会各界筹集的扶贫资金等都呈现连年增长趋势。

2. 建档立卡，提高贫困监测能力

要在2020年确保我国现行标准下农村贫困人口实现脱贫，贫困县全部摘帽，解决区域性整体贫困，任务非常艰巨。第一，从贫困家庭长期发展来看，越到最后的贫困人口，脱贫的难度就越大、越复杂，越需要分类制定有针对性的精准扶贫政策措施；第二，“三区三州”仍然有172万建档立卡贫困人口，占全国现有贫困人口的12.5%[②]，这些地区边远

---

① 国家统计局住户调查办公室：《中国农村贫困监测报告（2016）》，中国统计出版社，2016。

② 《习近平在解决“两不愁三保障”突出问题座谈会上的讲话》，中国共产党新闻网，2019年8月15日，http://cpc.people.com.cn/n1/2019/0815/c64094-31298180.html。

落后，少数民族人口集中，通过传统的脱贫方式难以见效。教育、医疗及基础设施条件落后，导致脱贫成本奇高，脱贫见效缓慢。脱贫“最后一公里”上贫困顽固、返贫严重、贫困代际传递问题突出。而在完成短期脱贫任务的同时，阻断返贫路径，确保脱贫及低收入人口收入及能力的持续发展，是习近平总书记关于扶贫工作重要论述的核心内容。

为了解决好“扶持谁”的问题，确保每一个贫困家庭都能精准脱贫，2014 年，国务院扶贫开发领导小组办公室起草并印发了《扶贫开发建档立卡工作方案》，要求在全国范围内建立贫困户、贫困村、贫困县和连片特困地区电子信息档案，构建全国扶贫信息网络系统。通过建档立卡，对贫困户和贫困村进行精准识别，了解贫困状况，分析致贫原因，摸清帮扶需求，明确帮扶主体，落实帮扶措施，开展考核问效，实施动态管理。建档立卡以收入为主的同时，还综合考虑住房、教育、家庭成员健康等情况。农户结合家庭实际情况提出申请，村里开展民主评议，评选结果进行公示，最终实现整户识别①。建档立卡政策作为精准扶贫工作的基础，实现了中国贫困治理历史上贫困户识别第一次到村到户到人，成为国家扶贫体系的重要组成部分。

3. 扶贫先扶志，治贫先治愚

2016 年 7 月，习近平总书记在东西部扶贫协作座谈会上指出：“摆脱贫困首要并不是摆脱物质的贫困，而是摆脱意识和思路的贫困。扶贫必扶智，治贫先治愚。贫穷并不可怕，怕的是智力不足、头脑空空，怕的是知识匮乏、精神委顿。”当下，“扶智”和“扶志”已然成为精准扶贫方略的重要组成部分，是我国贫困治理智慧凝结的理论新成果。未来随着农村绝对贫困成为历史，生存性贫困将不再是我国农村贫困的主要特征，除了少部分特殊群体必须依靠政府托底政策给予生活保障以外，其余群体的致富则越来越需要依靠自己参与当地经济建设，获取劳动报酬。精准扶贫成果是否可持续取决于：一是已经脱贫人口不再返贫；二是贫困人口具有自我发展的能力。政府的转移支付虽然对缓解区域经济

① 朱梦冰、李实：《精准扶贫重在精准识别贫困人口——农村低保政策的瞄准效果分析》，《中国社会科学》2017 年第 9 期。

发展不平衡具有重大作用，但却受限于作用区域的吸收能力。李铮等利用国家级贫困县数据的实证分析发现，吸收能力对政府转移支付资金的使用效率的解释力高达50%①，而贫困人口自我发展能力和政府能力不但影响扶贫资金使用效率，还关系着减贫成效是否可持续。姚树洁、王洁菲基于经典信号博弈模型，研究信息不对称在扶贫攻坚过程中如何诱发贫困户的机会主义行为，实证分析了“志”与“智”对贫困人口高标准、可持续脱贫的重要影响②。未来相对贫困、相对落后、相对差距将长期存在。新时代必须将习近平总书记关于扶贫工作的重要论述落到实处，完成全面消除贫困的历史使命，做好扶贫与扶志、扶智相结合，快速高效实现“真扶贫、扶真贫，真脱贫、脱真贫”。

4. “政治联结”优化扶贫体制机制

十九大报告强调“把党的群众路线贯彻到治国理政全部活动之中”“紧紧围绕保持党同人民群众的血肉联系，增强群众观念和群众感情，不断厚植党执政的群众基础”。精准扶贫是全面建成小康社会目标的国家战略，打赢精准扶贫战役是全国人民的共同愿望，其不但要求相关制度顶层设计科学，更重要的是制度在运作中不要出现差异和缺陷，乃至带来与预设目标相悖的现象。党和国家机关在组织实施精准扶贫过程中建立、加强、深化与人民群众、社会各界的“政治联结”，促进党和国家与不同社会成员、群体、社区在利益铸造、情感深化和文化认同等维度的统一，改善和再造党与群众的联结关系，实现全民参与式的精准扶贫。例如，我们的调研对象新疆喀什疏勒县安居尔村是中国人寿保险股份有限公司定点帮扶贫困村，陕西省大荔县龙门村是渭南师范学院定点帮扶贫困村，这种对口“联结”体现在贫困户精准识别过程中的入户调查和民众参与、精准帮扶过程中的驻村工作组和干群结对机制、精准考评过程中的民意摸底和干部监督，等等。值得强调的是，精准扶贫过程中建立的联结机制是制度化和项目化的，相较以往粗放式扶贫开发，其

---

① 李铮、邓晓兰、金博涵：《精准扶贫视角下转移支付的吸收能力——来自贫困县的证据》，《财贸研究》2017年第9期。

② 姚树洁、王洁菲：《不对称信息条件下精准扶贫效果偏离的内在机理及实证分析》，《中国人口·资源与环境》2019年第5期。

特点是更精细、客观、公平、公正，这种联结再造将在很大程度上转变农村社会的政治生态以及党与群众的关系。

（四）精准扶贫加速了世界减贫进程

新中国成立70年来，通过深化改革、对外开放和以政府为主导的有组织有计划的大规模扶贫开发，我国贫困人口数量大幅下降，我国成为全球最早实现联合国千年发展目标中减贫目标的发展中国家，加速了世界减贫进程，为全球减贫事业做出了卓越贡献。按照国际贫困线标准（每人每天1.9美元），1990年世界贫困发生率是35.3%，撒哈拉以南非洲地区是54.4%，而我国却高达66.6%，2005年我国的贫困发生率首次低于世界平均水平，并呈逐年锐减趋势（见表4）。我国从1981年末到2015年末贫困发生率累计下降了87.6个百分点，同期全球贫困发生率累计下降32.2个百分点[①]。

表4 世界、撒哈拉以南非洲地区和中国贫困人口占比

单位：%

年份	1990	1993	1996	1999	2002	2005	2008	2011	2014	2016
世界	35.3	34.0	29.3	28.6	25.8	20.8	18.0	13.7	10.9	9.5
撒哈拉以南非洲地区	54.4	59.0	58.1	57.6	56.1	50.3	46.9	44.2	43.0	36.0
中国	66.6	57.0	42.1	40.5	32.0	18.8	14.7	7.9	1.6	1.3

资料来源：Word Bank Open Data，环球网。

联合国开发计划署2015年发布的《联合国千年发展目标报告》明确指出："中国在全球减贫中发挥了核心作用。"在"2017年减贫与发展高层论坛"上，联合国秘书长盛赞中国贫困治理成绩，称"精准扶贫方略是帮助最贫困人口、实现2030年可持续发展议程宏伟目标的唯一途

① 国家统计局：《扶贫开发持续强力推进脱贫攻坚取得历史性重大成就——新中国成立70周年经济社会发展成就系列报告之十五》，2019年8月12日，http：//www.stats.gov.cn/tjsj/zxfb/201908/t20190812_ 1690526.html。

径，中国的经验可以为其他发展中国家提供有益借鉴"①。世界银行在2018年发布的《中国系统性国别诊断》报告称，"中国数十年的经济快速发展使中国取得了史无前例的减贫成就"②。我国精准扶贫的新理论、新方法、新实践为全球贫困治理提供了中国范例，彰显了中国共产党领导和我国社会主义制度的政治优势，赢得了国际社会高度评价③。

五 总结及政策建议

本文回顾新中国成立70年来，特别是改革开放40年来所取得的经济发展成就和减贫效果。本文把经济增长、非均衡发展与贫困三个重要的社会经济问题联系起来，指出经济长期可持续发展是减贫的重要基础，但是，非均衡发展和收入分配差距扩大是少部分人长期难以脱贫的主要障碍。

本文以区域发展差异、城乡差异为突破口，考察我国在经济发展的同时，为什么长期存在不同维度的发展不平衡，以及中央及地方政府如何采取各种发展措施去改善这些不平衡。经济结构转变、产业升级、对外开放与对内深化改革，是我国经济长期不间断高速增长的体制机制保障。中国特色社会主义把扶贫开发工作提到社会和政治的高度，从贫困界定演变、扶贫工作重心转移到扶贫政策措施的落实，我国政府不断进行体制机制创新和政策创新，确保在经济发展的同时，贫困人口不断下降，扶贫工作不断深化。

随着经济实力的不断增长，我国贫困标准也不断提高。从19世纪80年代的基本食物保障，到2000年的基本食物附加一些蛋白质食物及

① 国家统计局：《扶贫开发持续强力推进脱贫攻坚取得历史性重大成就——新中国成立70周年经济社会发展成就系列报告之十五》，2019年8月12日，http：//www. stats. gov. cn/tjsj/zxfb/201908/t20190812_ 1690526. html。

② World Bank Group, *China Systematic Country Diagnostic*：*Towards a More Inclusive and Sustainable Development*, Washington：World Bank Publications, 2018, 1～85.

③《习近平在解决"两不愁三保障"突出问题座谈会上的讲话》，中国共产党新闻网，2019年8月15日，http：//cpc. people. com. cn/n1/2019/0815/c64094－31298180. html。

非食物需求，再到2010年与世界标准贫困线持平。进入新时代，特别是党的十八大以来，中央提出的“两不愁三保障”的脱贫标准，首次突破世界银行和联合国的最低贫困线要求，适应了我国全面建成小康社会的总体目标。

精准扶贫、精准脱贫的关键在于识别贫困人口，在于因地、因人制订脱贫方案。我国实施的“建档立卡”措施，在世界扶贫开发史上是一种前所未有的创新举措，也只有在中国共产党强有力的领导下，在实施五级行政管理与分工的政治体制下，才可能在一个近14亿人口的国家内部，把每一个贫困户和贫困人口精准识别出来，通过大数据和现代信息手段，把建档立卡户的详细动态信息从地方联通到中央。

在具体的脱贫工作中，各地政府通过“五个一批”，进行多维减贫，包括生产、生态补偿、兜底、异地搬迁、教育医疗辅助等，以及通过公共设施、公共服务支持，统筹中央、地方和社会各方面的资金，大力改善贫困地区的交通、医疗和教育等条件，使所有贫困地区和人口充分享受到国家扶贫开发投资的经济社会效果。我国的扶贫工作与其他国家最根本的区别在于政府的政治意识，统筹扶贫资金和应用资金的能力，更在于扶贫措施如何通过驻村干部和党群联动贯彻到村到户到人的执行体制。

我国经济发展和减贫的成就，大大超过全球其他发展中国家。特别是习近平总书记关于精准扶贫的重要论述及战略措施已经深入人心，深入每一个村庄、每一个贫困家庭，使我国的扶贫理论及实践已经明显突破世界现有减贫理论及实践边界，为人类的扶贫开发工作贡献了中国的智慧及方案。

当前，我国经济发展处于增速放缓、结构优化与驱动转变的特色社会主义新时代，社会的主要矛盾已经转化为人民日益增长的美好生活需要和不平衡不充分的发展之间的矛盾，这就要求我国经济今后的发展必须更加注重质量及可持续性。2020年我国将全面建成小康社会，实现第一个百年奋斗目标，精准脱贫不但是均衡社会发展，更是决胜全面建成小康社会的关键内容。习近平总书记在参加第十三届全国人大二次会议甘肃代表团审议时明确指出：“现在距离2020年完成脱贫攻坚目标任务只有两年时间，正是最吃劲的时候，必须坚持不懈做好工作，不获全胜、绝不收兵。”①

我国2019年的GDP增长还有可能维持在6%以上，但是，经济增长的压力越来越大，通过微小的刺激，只能减缓经济增长下行的速度，不能改变下行的基本格局。“大水漫灌”的刺激措施也不可行，主要是债务的不断提高会给长期的经济增长带来更大的风险。

面对国内外的风险和压力，我国当前最佳的对应措施就是“稳”字当先，通过区域均衡增长、缩小城乡差距挖掘内生动力，通过产业结构转型升级确保就业稳定增长和实现民生福祉，通过技术创新以提高全要素生产率，通过“弯道超车”对发达经济体实现技术超越。

精准扶贫、精准脱贫不仅有利于社会稳定团结，有利于增强中国共产党的执政能力和基础，更重要的是通过提升贫困及低收入人群的生活水平及创造能力，为我国广大农村注入持续发展的原动力，充分体现中国特色社会主义制度及文化的优越性。在2020年决胜全面建成小康社会以后，我国未来的扶贫扶弱重心将转移为支持低收入人群的就业和生活水平的不断提高，在中国特色社会主义现代化建设过程中，确保全体低收入人群能够分享到经济发展的成果，实现共同富裕的伟大目标。

参考文献

林毅夫、刘培林：《中国的经济发展战略与地区收入差距》，《经济研究》2003年第3期。

Yao, S. J., Zhang, Z. Y., “On Regional Inequality and Diverging Clubs: A Case Study of Contemporary China”, *Journal of Comparative Economics*, 2001, 29 (3): 466－484.

Yao, S. J., Zhang, Z. Y., Hammer, L., “The Implications of Growing Inequality on Poverty Reduction in China”, *China Economic Review*, 2004, 15 (2): 145－163.

① 《习近平“八句话”为脱贫攻坚“标重点”》，中国新闻网，2019年3月7日，http://www.chinanews.com/gn/2019/03－07/8774390.shtml。

唐莉、姚树洁、王建军：《基尼系数分解分析中国城市居民收入不平等》，《数量经济技术经济研究》2006年第11期。

Yao, S. J., "On the Decomposition of Gini Coefficients by Population Class and Income Source: A Spreadsheet Approach and Application", *Applied Economics*, 1999, 31 (10): 1249 - 1264.

改革开放以来革命老区扶贫脱贫的历史进程及经验启示*

韩广富　刘心蕊**

摘　要： 革命老区地位特殊，老区人民为中华民族解放和新中国的成立做出了巨大牺牲和不可磨灭的贡献。改革开放以来，中国共产党和中国政府高度重视并不断推进革命老区的扶贫脱贫工作，完善各项政策措施，为革命老区全面建成小康社会奠定了坚实基础。革命老区扶贫脱贫的历史进程可分为制度改革带动下的起步阶段（1978～1983年）、扶贫开发方针指导下的展开阶段（1984～2000年）、专项特惠政策推动下的深化阶段（2001～2010年）、实施精准扶贫方略的脱贫攻坚阶段（2011～2020年）四个阶段。中国革命老区扶贫脱贫的经验启示就是在深刻认识革命老区特殊的历史地位和准确把握老区资源优势的基础上，坚持党委领导、政府主导，增强对老区扶贫脱贫工作的政治责任意识；尊重老区群众主体地位，激发内生动力；以精准解决老区的突出问题为重点，提高扶贫实效；加大对老区的支持和投入，动员社会力量共同参与。

关键词： 改革开放　革命老区　扶贫脱贫　扶贫开发　精准扶贫

---

* 文章刊发于《当代中国史研究》2019年第1期，是国家社科基金项目（17BDJ055）的阶段性成果。该文章收录本书时，内容和文献标注方式略有调整。

** 韩广富，吉林大学；刘心蕊，吉林大学。

革命老区地位特殊，老区人民为中华民族解放和新中国的成立做出了巨大牺牲和不可磨灭的贡献。新中国成立后，中国共产党和中国政府对革命老区的扶贫脱贫和开发建设高度重视。1952 年 1 月 28 日，中央人民政府政务院发布了《关于加强老根据地工作的指示》，对恢复和发展老根据地的经济、文化、教育、医疗、卫生、交通等各项事业做出了具体部署，并要求辖区内有老根据地的各级人民政府“组织专门委员会，指定得力干部经常注意老根据地的工作”[①]。根据指示精神，全国及有老根据地的大行政区、省、行署相继成立了老根据地建设委员会。1953 年，中央人民政府政务院又在全国重要革命根据地确定了 782 个革命老区县由国家给予重点扶持。但是，后来由于受到“左”倾错误尤其是“文化大革命”的严重影响，各级老根据地建设委员会或停止工作或被撤销，革命老区的开发建设实际上处于停滞状态，老区农村和全国绝大多数农村一样普遍处于贫困状态。以宁夏、陕北革命老区为例，1978 年，宁夏老区农民人均纯收入在 50 元以下的有 59.75 万人，占老区人口的 47%；[②] 陕北老区农民人均纯收入 50 元以下、人均占有粮食 300 斤左右，志丹、子洲、清涧、佳县、吴堡等县人口大量外流，外出逃荒讨饭者达 2 万多人。[③] 同年底，按照农民年均纯收入 100 元的贫困标准，全国农村没有解决温饱的贫困人口为 2.5 亿人，贫困率为 30.7%。[④] 造成这一时期农村普遍贫困的原因是多方面的，主要是农业经营制度不适应生产力发展需要，造成农民生产积极性低下，农民普遍处于贫困状态。

改革开放以来，党和政府对革命老区的发展振兴给予了高度关注，不断推进革命老区的扶贫脱贫工作，为革命老区全面建成小康社会奠定了坚实基础。习近平指出：“加快老区发展步伐，做好老区扶贫开发工作，让老区农村贫困人口脱贫致富，使老区人民同全国人民一道进入全面小康社会，是我们党和政府义不容辞的责任。”[⑤] 对改革开放以来党和

---

① 《周恩来选集》（下），人民出版社，1984，第 80 页。

② 中国老区建设促进会：《中国革命老区》，中共党史出版社，1997，第 1045 页。

③ 陕西省老区建设促进会：《陕西革命老区》，陕西人民出版社，1998，第 192 页。

④ 《中国扶贫开发年鉴（2016）》，团结出版社，2016，第 747 页。

⑤ 《习近平扶贫论述摘编》，中央文献出版社，2018，第 7 页。

政府推进革命老区扶贫脱贫的历史进程进行梳理，揭示革命老区扶贫脱贫的经验启示，不仅具有深化当代中国史研究的学术价值，而且对革命老区打赢脱贫攻坚战具有宝贵的现实意义。

一 1978～1983年：制度改革带动下的革命老区扶贫起步阶段

改革开放初期，针对全国农村普遍存在的贫困问题，党和政府把制度改革作为农村整体减贫的主要手段。以家庭承包经营制度取代人民公社的集体经营制度，激发农民的生产积极性，解放农村生产力，提高土地产出率，增加农民收入，以实现减贫脱贫。同时，在农村实行减免工商所得税、发展乡镇企业、调减粮食征购指标、提高农副产品价格、降低农用工业品价格等政策，增加农民收入，减轻农民负担，推动减贫脱贫。此外，随着国家经济的恢复和发展，党和政府加大对贫困地区的财政资金援助力度，帮助贫困地区改善农业生产条件，解决农民温饱问题。例如，1980年，中央财政设立了“支援经济不发达地区发展资金”，支援对象是“老、少、边、穷”地区；1983年，中央财政又设立了专门针对甘肃河西地区、定西地区和宁夏西海固地区的“三西”农业建设专项补助资金。

为贯彻落实国务院转发财政部《关于减轻农村税收负担问题的报告》精神，1979年6月24日，民政部、财政部针对革命老区制定了专项政策，即《关于免征革命老根据地社队企业工商所得税问题的通知》，规定：革命老区“按公社或大队为单位计算，其社员一九七八年每人平均收入在五十元以下的社、队，自一九七九年起，免征其企业工商所得税五年”。这一文件对革命老区的划定标准做出了明确规定：土地革命战争时期老区的划定标准是“曾经有党的组织，有革命武装，发动了群众，进行了打土豪、分田地、分粮食、牲畜等运动，主要是建立了工农政权并进行了武装斗争，坚持半年以上时间的”；抗日战争时期老区的划定标准是“曾经有党的组织，有革命武装，发动了群众，进行了减租减息运动，主要是建立了抗日民主政权并进行了武装斗争，坚持一年以上时间的”。文件还确定革命老区划分以生产大队为基础单位，如果一个公社内属于革命老区的生产大队超过半数，这个公社即可认定为革命老区公社。[①] 根据文件要求，有革命老区的各省（自治区、直辖市）民政部门对辖区内被划定的老区生产大队数、人口数、耕地数以及所属的公社、县等情况进行了登记，并经各省（自治区、直辖市）人民代表大会或人民政府审批划定了本省（自治区、直辖市）的革命老区县。据民政部 1980 年 12 月发布的数据，全国共有革命老区县 1009 个公社 13655 个，人口 2. 1172 亿人。[②]

在此阶段，有革命老区的各省（自治区、直辖市）在贯彻执行减免工商所得税、调减粮食征购指标等政策时，对贫困老区给予了特殊照顾。例如，江西省从 1980 年起对特困老区社队企业和个体手工业产品（烟、酒、糖、鞭炮、棉纱除外）均免征工商所得税 3 年，社队和社员出售的农林牧副渔产品一律免征工商所得税 3 ~5 年；人均口粮不足 450 斤的老区生产队免除征购粮任务；除国家每年拨给江西省的 2000 万元支援经济不发达地区发展资金外，省财政每年还安排 300 万元重点支援赣州和吉安老区。[③] 在农业经营制度改革的推动和地方政府的帮助下，革命老区的贫困问题有所缓解，初步改善了老区群众的生产生活条件，基本改变了逃荒要饭、吃糠咽菜的社会生活状况。以陕北延安、榆林两地区为例，1978 ~1983 年，兴修基本农田 90. 35 万亩，新增造林保存面积 887. 44 万亩，新增人工种草保存面积 306. 38 万亩，新架 35 千伏以上农村电力线路 1031 公里、6 ~10 千伏农村电力线路 3661 公里，新修县社公路和乡村公路 5228 公里，老区农村生产生活条件得到了明显改善。[④]

二　1984 ~2000 年：扶贫开发方针指导下的革命老区扶贫展开阶段

随着农村改革的全面展开和农村经济的不断发展，农村贫困问题得

① 农牧渔业部乡镇企业局：《乡镇企业政策法规选编（1979 ~1985）》，新华出版社，1987，第 198 页。

② 中国老区建设促进会：《中国革命老区》，中共党史出版社，1997，第 4 页。

③ 中国老区建设促进会：《中国革命老区》，中共党史出版社，1997，第 821 ~822 页。

④ 姚文刚：《在国家支援下陕北老区正在改变面貌》，《中国财政》1986 年第 2 期。

到有效缓解。但由于各地发展基础、自然条件等的差异，农村经济发展还很不平衡。1984 年底，按照农民年均纯收入 200 元的贫困标准，全国农村没有解决温饱的贫困人口为 1.28 亿人，贫困率为 15.1%。[①] 1984 年 9 月 29 日，中共中央、国务院印发了改革开放后第一个关于农村扶贫的重要文件《关于帮助贫困地区尽快改变面貌的通知》。这一文件要求各级党委和政府必须采取切实可行的措施，尽快帮助贫困地区解决温饱问题。同时，建立扶贫开发组织领导机构，确定国家重点扶持贫困县，安排扶贫开发专项资金，启动有组织、有计划、大规模的农村扶贫开发。20 世纪 90 年代初，由于农业结构调整，农村经济发展的减贫效应有所减弱，贫困人口减少的速度越来越慢。有鉴于此，1994 年 4 月 15 日，国务院印发《国家八七扶贫攻坚计划（1994—2000 年）》，提出“集中人力、物力、财力，动员社会各界力量，力争用七年左右的时间，基本解决目前全国农村八千万贫困人口的温饱问题”[②]，对 1994 ~ 2000 年的扶贫开发工作做出全面部署。这是新中国历史上第一个有明确目标、明确对象、明确措施和明确期限的扶贫开发行动纲领。

在此阶段，党和政府推进扶贫开发的政策措施主要是：对贫困户、贫困地区实行减免税、银行信贷、经济开发等优惠政策；除继续安排财政专项扶贫资金外，开始投放银行扶贫信贷资金；实施开发式扶贫，例如，稳步推进扶贫搬迁，通过以工代赈改善贫困地区生产生活条件；实施“星火计划”“丰收计划”，帮助贫困地区开发支柱性产业、提升乡镇企业技术水平、推广农业实用技术；实施“国家贫困地区义务教育工程”，帮助贫困地区普及九年义务教育；建立贫困地区三级医疗预防保健网，提高乡村医生服务水平；有计划地组织劳务输出，引导贫困地区劳动力合理有序地转移就业。

从 1984 年起，党和政府陆续把贫困人口比较集中的地区划分为 18 个片区，其中，井冈山和赣南地区、闽西南和闽东北地区、陕北地区、沂蒙山区、吕梁山区、太行山区、大别山区、武陵山区、秦岭大巴山区、

---

① 《中国扶贫开发年鉴（2016）》，团结出版社，2016，第 747 页。

② 《十四大以来重要文献选编》（上），人民出版社，1996，第 774 页。

西海固地区等全部或大部分是革命老区县。1986 年，国务院贫困地区经济开发领导小组在确定国家重点扶持贫困县时对革命老区给予照顾，即国家重点扶持贫困县的标准是农民人均年收入低于 150 元，老区放宽到 200 元，井冈山、延安等做出特殊贡献的在国内外有重要影响的老区则放宽至 300 元，以扩大扶贫政策受惠覆盖范围。① 1994 年，国务院扶贫开发领导小组在调整国家重点扶持贫困县时对革命老区县给予倾斜，在 592 个国家重点扶持贫困县中革命老区县有 315 个②，占总数的 53.2%。

1995 年，中国老区建设促进会对全国革命老区进行了一次大规模的调研活动。调查资料显示，全国革命老区乡镇 18995 个，涉及 1389 个县。其中，一类老区，即 90% 及以上的乡镇为老区的县有 409 个；二类老区，即 50% ~89% 的乡镇为老区的县有 486 个；三类老区，即 10% ~49% 的乡镇为老区的县有 419 个；四类老区，即 9% 及以下的乡镇为老区的县有 75 个。③ 与 1980 年的统计数据相比，革命老区县增加了 380 个。究其原因有：一是原来统计遗漏的，此次统计予以增补；二是原来有争议的，后来统一认识予以确定；三是原来的游击区没有被定义为根据地的，后来予以明确改划为老区；四是原来的县建制升格了，增加了县一级的区。④ 这次调研活动为后来党和政府制定革命老区扶贫开发政策提供了客观依据。

有革命老区的各省（自治区、直辖市）对贫困老区给予大力扶持，积极帮助老区农民解决温饱问题。例如，1986 年，中共福建省委发布的《关于加强老少边岛贫困地区脱贫致富工作的决定》提出了“三年脱贫，五年摘帽，八年做贡献”的奋斗目标，并先后制定了 67 条扶持老、少、边、岛贫困地区脱贫致富的政策措施；⑤ 1988 年，江苏省人民政府发布的《关于茅山老区经济开发的若干政策规定》提出了扶持茅山老区经济

① 刘坚：《在全国革命老区扶贫工作座谈会上的讲话》，《党史天地》2006 年第 9 期。
② 中国老区建设促进会：《中国革命老区》，中共党史出版社，1997，第 598 页。
③ 中国老区建设促进会：《中国革命老区》，中共党史出版社，1997，第 595 页。
④ 中国老区建设促进会：《中国革命老区》，中共党史出版社，1997，第 4 页。
⑤ 中国老区建设促进会：《中国革命老区》，中共党史出版社，1997，第 791 页。

开发的 7 条优惠政策;[①] 1989 年，江西省人民政府印发的《关于对贫困地区和老区特困乡继续实行优惠政策的通知》提出了扶持贫困地区和老区特困乡加快发展的 7 条政策措施。[②]

在国家和地方各级政府的大力扶持下，革命老区的贫困问题得到有效缓解，贫困群众的收入逐步增加，沂蒙山区、井冈山区、大别山区、闽西南地区等老区群众的温饱问题基本得到解决。例如，2000 年，沂蒙山区的贫困率下降到 2.7%，农民人均年纯收入达到 2035 元，实现了村村通车、户户通电;[③] 临沂市所辖沂南、沂水、苍山、费县、平邑、蒙阴、临沭等 7 个老区县农民人均纯收入分别从 1978 年的 114 元、110 元、69 元、54 元、84 元、76.3 元、67 元增加到 2001 年的 2406 元、2406 元、2387 元、2323 元、3296 元、2452 元、2413 元。[④]

三 2001～2010 年：专项特惠政策推动下的革命老区扶贫深化阶段

进入 21 世纪，中国的农村贫困呈现新的阶段性特征，即没有解决温饱的贫困人口一般都生活在自然条件恶劣地区；初步解决温饱的贫困人口，由于生产生活条件尚未得到根本改变，温饱是不稳定的，需要继续扶持。2001 年底，按照农民年均纯收入 630 元的贫困标准，全国农村没有解决温饱的贫困人口为 2927 万人，贫困率为 3.2%；按照农民年均纯收入 872 元的低收入标准，全国农村低收入人口为 9029 万人，低收入人口比例为 9.8%。[⑤] 2001 年 6 月 13 日，国务院发布《中国农村扶贫开发纲要（2001—2010 年）》，提出 2001～2010 年扶贫开发的奋斗目标是

① 江苏省人民政府：《关于茅山老区经济开发的若干政策规定》，《源流》1994 年第 6 期。

② 江西省人民政府：《关于对贫困地区和老区特困乡继续实行优惠政策的通知》，《江西政报》1989 年第 14 期。

③ 《今年我国农村 800 万人实现脱贫》，人民网，2000 年 12 月 25 日，http://www.people.com.cn/GB/channel1/10/20001225/362097.html。

④ 黄征学等：《集中连片贫困地区扶贫开发的成功之路——临沂沂蒙山区脱贫致富的经验与启示》，《中国经贸导刊》2011 年第 2 期。

⑤ 《中国扶贫开发年鉴（2016）》，团结出版社，2016，第 747 页。

"尽快解决少数贫困人口温饱问题，进一步改善贫困地区的基本生产生活条件，巩固温饱成果，提高贫困人口的生活质量和综合素质，加强贫困乡村的基础设施建设，改善生态环境，逐步改变贫困地区经济、社会、文化的落后状况，为达到小康水平创造条件"[①]。在此阶段，党和政府开始把西部大开发等区域发展战略的实施与推进扶贫开发密切结合起来，通过实施易地搬迁、整村推进、以工代赈、产业扶贫、就业促进、扶贫试点等政策，开发特色优势产业，开展科技扶贫，完善基础设施，发展教育文化事业，提高医疗卫生服务水平，健全社会保障制度，加强能源和生态建设，推动贫困地区加快发展。

革命老区作为特殊的政治地理区域，绝大部分地处偏远山区、自然环境差、交通和信息不畅。进入21世纪，虽然革命老区的扶贫开发工作取得了显著成绩，但老区基础设施差、公共服务水平低、自我发展能力弱的问题并没有得到彻底改变，老区人民用电难、行路难、喝水难、就医难等问题仍没有得到根本解决。2006年7月，国务院扶贫办在湖北省黄冈市和江西省井冈山市召开全国革命老区扶贫工作座谈会。"这次会议是在国务院扶贫办成立之后，第一次就革命老区的扶贫工作召开的专题座谈会。"[②] 会议交流了贵州省石漠化区晴隆县通过科技扶贫实施连片开发和广西壮族自治区东兰、巴马、凤山3县通过连片开发改善生产生活条件、促进产业发展的成功经验，要求有关部门对革命老区扶贫工作开展一次专题调查研究，为进一步做好革命老区扶贫工作打下基础；调整完善扶贫规划，对革命老区实施连片开发，统筹解决基础设施、公共服务、生态建设、产业发展等问题；扶贫资金和各项工作措施进一步向老区倾斜，扩大革命老区扶贫资源；抓好典型，搞好试点，以点带面做好革命老区扶贫工作。[③] 同年，中国老区建设促进会组织开展了革命老区百县千村调研活动，撰写了160份调研报告，集中反映了革命老区生产、建设、社会发展等方面的成就，同时向中共中央、国务院反映了革

① 中共中央文献研究室：《十五大以来重要文献选编》（下），人民出版社，2003，第1877～1878页。

② 刘坚：《在全国革命老区扶贫工作座谈会上的讲话》，《党史天地》2006年第9期。

③ 刘坚：《在全国革命老区扶贫工作座谈会上的讲话》，《党史天地》2006年第9期。

命老区建设和发展所面临的突出困难和问题。2007 年，中共中央、国务院把指导革命老区开发建设的任务归口交给了国务院扶贫办，国务院扶贫办在政策法规司加挂革命老区工作办公室的牌子，中国老区建设促进会也从水利部划归国务院扶贫办主管。这标志着革命老区的扶贫开发进入新的历史阶段。

这一阶段，党和政府开始制定针对革命老区扶贫开发的专项特惠政策，推动革命老区扶贫开发工作不断深化。

一是设立革命老区专项转移支付资金。2001 年，中央财政在一般性转移支付中增设了革命老区转移支付，主要用于老区专门事务、公益事业和基础设施建设，补助对象是对中国革命做出重大贡献、经济社会发展相对落后、财政较为困难的老区（主要是土地革命战争时期的老区）县，年度转移支付资金规模从 2001 年的 5.02 亿元增加到 2005 年的 16.52 亿元。① 2006 年，财政部把革命老区转移支付从一般性转移支付中划出，调整为专项管理，设立了革命老区专项转移支付资金。2006～2010 年，中央财政安排的革命老区专项转移支付资金总计达到 147.7 亿元。②

二是中央彩票公益金支持革命老区整村推进项目。从 2008 年起，中央财政安排彩票公益金支持革命老区贫困村开展基础设施建设、环境和公共服务设施建设，推动产业发展。2008～2010 年，中央财政共安排彩票公益金 5.1 亿元，在国家扶贫开发工作重点县中的部分革命老区县实施整村推进项目，范围涉及河北、山西、安徽、江西、河南、湖北、湖南、广西、四川、贵州、陕西 11 个省区 27 个县 360 个贫困村。③

三是红色旅游带动革命老区协调发展。2004 年 12 月，中共中央办公厅、国务院办公厅印发的《2004～2010 年全国红色旅游发展规划纲要》提出了发展红色旅游的原则、目标、任务、措施、指导思想和总体

---

① 金人庆：《完善促进基本公共服务均等化的公共财政制度》，《中国财政》2006 年第 11 期。

② 宁新路：《专项转移支付资金推进革命老区快速发展——专访财政部副部长廖晓军》，《中国财经报》2010 年 11 月 4 日。

③ 彭红：《中央彩票公益金支持贫困革命老区项目取得成效》，中华人民共和国中央人民政府网，2011 年 11 月 21 日，http：//www.gov.cn/jrzg/2011－11/21/content_1999511.htm。

布局等问题。通过发展红色旅游把革命老区的历史、文化和资源优势转化为经济优势，有助于老区县调整经济结构，培育特色产业，促进生态建设和环境保护，带动商贸服务、交通电信、城乡建设等相关行业发展，为老区经济社会协调发展注入新的活力和动力。

四是推进革命老区建设示范试点。2008 年，国务院扶贫办在湖北省红安县和广西壮族自治区隆林各族自治县开展了革命老区建设示范试点；2009 年，在山西、广西、陕西 3 省区各选择 1 个县参加示范试点；2010 年，在湖南省选择 2 个县，在河北、安徽、江西、河南、湖北、广西、四川、陕西 8 省区各选择 1 个县，共 10 个县参加示范试点。革命老区建设示范试点为统筹解决老区基础设施、公共服务、生态建设、产业发展等问题积累了重要经验。

据国家统计局 2011 年对 592 个国家扶贫开发工作重点县中 146 个一类革命老区县的 1322 个村 13190 户的抽样调查，“十一五”期间，革命老区县贫困人口减少了 286.6 万人，地方生产总值年均增长 19.9%，地方财政预算内收入年均增长 27%，农民人均纯收入年均增长 13.1%。2010 年，革命老区县人均年收入低于 1274 元标准的贫困人口约为 362.4 万人，贫困率为 8.1%，比国家扶贫开发工作重点县贫困率低 0.2 个百分点；革命老区县通公路、通电、通电话、能接收电视节目的自然村占比分别为 87.1%、98.6%、93.7%、95.2%，比“十五”期末分别提高了 8.4 个、2.1 个、15.3 个、7.8 个百分点；革命老区县农村 7～15 岁儿童在校率为 97.9%，比“十一五”期初提高了 1.9 个百分点；革命老区县有卫生室、乡村医生、合格接生员的村占比分别为 79.9%、76.8%、72.7%，比“十一五”期初分别提高了 7.6 个、3.7 个、3.4 个百分点。①

四 2011～2020 年：实施精准扶贫方略的革命老区脱贫攻坚阶段

随着《中国农村扶贫开发纲要（2001—2010 年）》的成功实施，中

① 国家统计局住户调查办公室：《中国农村贫困监测报告（2011）》，中国统计出版社，2012，第 74～82 页。

国农村扶贫开发工作取得了显著成就。但是，制约贫困地区发展的深层次矛盾依然存在，特别是集中连片特殊困难地区扶贫攻坚任务仍很艰巨，地区发展差距日益凸显。2011 年 5 月 27 日，中共中央、国务院颁发《中国农村扶贫开发纲要（2011—2020 年)》，提出 2011 ~ 2020 年扶贫开发的总体目标是“到 2020 年，稳定实现扶贫对象不愁吃、不愁穿，保障其义务教育、基本医疗和住房。贫困地区农民人均纯收入增长幅度高于全国平均水平，基本公共服务主要领域指标接近全国平均水平，扭转发展差距扩大趋势”[①]。该纲要明确了扶贫开发主战场是六盘山区等 11 个集中连片特殊困难地区和西藏、四省藏区、新疆南疆三地州以及片区外的国家扶贫开发工作重点县和贫困村。同年 11 月 29 ~ 30 日，中央扶贫开发工作会议召开，决定将农民年人均纯收入 2300 元（2010 年不变价）作为新的贫困线划分标准。据此，2011 年，全国农村贫困人口为 12238 万人，贫困率为 12.7%。[②]

受自然、地理、社会、历史等多重因素影响，一些革命老区发展仍相对滞后、重大基础设施薄弱、人民生活水平不高，特别是革命老区还有数量不少的农村贫困人口。据统计，在全国 832 个国家扶贫开发工作重点县和集中连片特殊困难地区县中，革命老区县有 357 个，占贫困县总数的 43%；建档立卡革命老区贫困村近 4 万个，占全国贫困村总数的 37%；建档立卡革命老区贫困人口近 3000 万人，占全国贫困人口总数的 33%。[③] 另外资料显示，2011 年山东省沂蒙山老区和福建、广东原中央苏区的 47 个县人均 GDP、人均地方财政一般预算收入、农民人均纯收入分别是三省平均水平的 50.29%、23.10% 和 86.78%，贫困率是三省平均水平的 2.55 倍；357 个革命老区县人均 GDP、人均地方财政一般预算收入、农民人均纯收入分别是中西部有革命老区县的 19 个省（自治区、直辖市）平均水平的 44.91%、22.52%、69.12%，贫困率是其平均水平的 1.86 倍；全国 404 个贫困革命老区县（包括山东、广东、福建的 47

---

① 中共中央文献研究室：《十七大以来重要文献选编》（下），中央文献出版社，2013，第 358 页。

② 《中国扶贫开发年鉴（2016)》，团结出版社，2016，第 747 页。

③ 何立峰：《扎实推进革命老区开发建设与脱贫攻坚》，《行政管理改革》2016 年第 6 期。

个贫困革命老区县）人均 GDP、人均地方财政一般预算收入、农民人均纯收入分别是 22 个省（自治区、直辖市）平均水平的 44.81%、22.10%、72.65%，贫困率是其平均水平的 1.95 倍。①

党的十八大以来，习近平强调："中国在扶贫攻坚工作中采取的重要举措，就是实施精准扶贫方略，找到'贫根'，对症下药，靶向治疗"，扶贫开发要切实做到"扶持对象精准、项目安排精准、资金使用精准、措施到户精准、因村派人精准、脱贫成效精准"，解决好"扶持谁""谁来扶""怎么扶""如何退"的问题。② 2015 年 10 月，中共十八届五中全会明确提出到 2020 年我国现行标准下农村贫困人口实现脱贫、贫困县全部摘帽、解决区域性整体贫困。中国的农村扶贫开发由"扶贫攻坚战"进入"脱贫攻坚战"阶段。③ 在此阶段，党和政府推进贫困地区脱贫攻坚的政策措施主要是：对贫困地区实行土地使用、生态建设、人才保障、资产收益等优惠政策；国家在贫困地区安排的公益性建设项目取消县级和西部集中连片特殊困难地区地（市）级配套资金；深入开展易地扶贫搬迁、以工代赈扶贫、整村推进扶贫、产业化扶贫、就业促进扶贫、扶贫试点等专项扶贫；全面推进教育扶贫、科技扶贫、文化扶贫、卫生扶贫、能源扶贫、生态扶贫、特困群体扶贫、农村危房改造、基础设施建设、健全社会保障体系等行业扶贫。

为了摸清革命老区经济社会发展底数，2011 年，中国老区建设促进会对全国革命老区经济和社会发展情况进行了一次"万人千县"调研活动。调查范围覆盖全国有老区的 28 个省（自治区、直辖市）1599 个县 4628 个乡（镇）28681 个村 418.8 万户。调查报告全面反映了革命老区经济社会发展的主要成就、存在的突出矛盾和问题，并提出了推进革命老区振兴发展的政策建议。同年，国务院扶贫开发领导小组在确定集中连片特困地区县和国家扶贫开发工作重点县时，把革命老区作为重点予以优先考虑，对革命老区县采用了增加权重的办法给予倾斜照顾，这使

① 《中国扶贫开发年鉴（2013）》，团结出版社，2014，第 888 页。
② 《习近平扶贫论述摘编》，中央文献出版社，2018，第 60～72 页。
③ 《习近平扶贫论述摘编》，中央文献出版社，2018，第 18 页。

一批革命老区县被划入集中连片特困地区或被确定为国家扶贫开发工作重点县。例如，在14个集中连片特困地区的680个县中，有老区县252个[①]，占37.06%；在片区外152个国家扶贫开发工作重点县中，有老区县105个，占69.08%。[②]可见，革命老区脱贫攻坚任务仍很艰巨。2013年7月，国务院总理李克强和时任副总理汪洋分别对中国老区建设促进会提交的《关于全国革命老区调研情况汇报》做出重要批示，要求国家发改委、国务院扶贫办等部门研究调研报告提出的政策建议，结合新的扶贫举措，提出促进贫困革命老区脱贫致富的工作意见报国务院。[③]2015年11月27日，全国革命老区开发建设座谈会在北京举行，会议对今后一个时期革命老区开发建设与脱贫攻坚工作做出具体部署，即"加快建设公路、铁路、水利、电力、网络等重大基础设施，破解老区发展瓶颈制约。培育壮大特色农业、红色旅游等产业，大力促进转移就业，积极有序开发优势资源，加强生态建设和环境保护，不断增强老区自我发展和可持续发展能力。提高老区基本公共服务水平，尽快补齐教育、医疗等方面短板，加大社会保障力度，提高优抚对象优待抚恤标准，让老区人民与全国人民一道共享全面建成小康社会成果"[④]。

在此阶段，为了推进贫困革命老区脱贫攻坚，党和政府采取的相关政策和措施主要有以下几方面。

一是针对性制定革命老区脱贫攻坚指导意见。2015年12月，中共中央办公厅、国务院办公厅发布《关于加大脱贫攻坚力度支持革命老区开发建设的指导意见》，强调以支持贫困革命老区为重点，全面加快革命老区小康建设进程；以扶持困难群体为重点，全面增进革命老区人民福祉；以集中解决突出问题为重点，全面推动革命老区开发开放。[⑤]这

---

① 国务院扶贫办：《国家扶贫开发工作重点县和连片特困地区县的认定》，国务院扶贫开发领导小组办公室网，2013年3月1日，http://www.cpad.gov.cn/art/2013/3/1/art_50_23734.html。

② 《中国扶贫开发年鉴（2013）》，团结出版社，2014，第888页。

③ 《中国扶贫开发年鉴（2014）》，团结出版社，2014，第25页。

④ 《加大脱贫攻坚力度　推动老区振兴发展》，《人民日报》2015年11月29日。

⑤ 《关于加大脱贫攻坚力度支持革命老区开发建设的指导意见》，《中华人民共和国国务院公报》2016年第6期。

一文件对革命老区脱贫攻坚与开发建设的总体要求、工作重点、主要任务、支持政策、组织领导等问题做出了明确规定。文件发布后，一些省制定了革命老区发展条例或实施意见，如福建省、湖北省制定了《促进革命老区发展条例》，陕西省制定了《革命老区脱贫攻坚实施意见》，河北省制定了《关于支持贫困革命老区加快发展的意见》，甘肃省制定了《关于进一步支持革命老区脱贫致富奔小康的意见》，等等。

二是扩大贫困革命老区的扶持范围。2011 年 10 月初，国务院办公厅印发的《关于山东沂蒙革命老区参照执行中部地区有关政策的通知》提出对 18 个沂蒙山革命老区县在安排中央预算内投资时参照执行中部地区政策。2012 年 6 月，国务院印发的《关于支持赣南等原中央苏区振兴发展的若干意见》提出对地跨赣、闽、粤的原中央苏区实施特别扶持政策，强调要优先解决民生问题、夯实农业基础、推动城乡统筹发展、加快基础设施建设、培育壮大特色优势产业、加强生态建设和环境保护、发展繁荣社会事业、促进基本公共服务均等化。[①] 这样，中央财政对革命老区的扶持范围由中西部地区扩大到东部地区。同时，积极支持湘鄂赣、太行、海陆丰等欠发达革命老区加快发展。

三是发布专项计划推动革命老区振兴发展。2012 年 3 月至 2016 年 7 月，国家发展改革委先后印发了《陕甘宁革命老区振兴规划（2012～2020 年）》《赣闽粤原中央苏区振兴发展规划（2014～2020 年）》《左右江革命老区振兴规划（2015～2025 年）》《大别山革命老区振兴发展规划（2015～2020 年）》《川陕革命老区振兴发展规划（2016～2020 年）》等跨省区重点老区振兴发展规划，明确了这些重点老区发展的指导思想、战略定位、发展目标、空间布局、主要任务、发展重点、支持政策、保障措施等问题，通过实施专项计划推动革命老区振兴发展。

四是区域发展带动革命老区脱贫攻坚。罗霄山区、吕梁山区、燕山—太行山区、大别山区、秦巴山区、武陵山区、六盘山区、滇桂黔石漠化区等 8 个集中连片特殊困难地区是革命老区县较为集中地区，如罗霄山

① 《关于支持赣南等原中央苏区振兴发展的若干意见》，《中华人民共和国国务院公报》2012 年第 20 期。

区和吕梁山区内的县全部是老区县，燕山—太行山区、大别山区中的革命老区县均占各片区县总数的75%以上，秦巴山区、武陵山区中的革命老区县均占各片区县总数的50%以上。[①] 2011年11月至2013年2月，国务院先后批复实施了《武陵山片区区域发展与扶贫攻坚规划（2011～2020年）》《秦巴山片区区域发展与扶贫攻坚规划（2011～2020年）》《滇桂黔石漠化片区区域发展与扶贫攻坚规划（2011～2020年）》《六盘山片区区域发展与扶贫攻坚规划（2011～2020年）》《燕山—太行山片区区域发展与扶贫攻坚规划（2011～2020年）》《吕梁山片区区域发展与扶贫攻坚规划（2011～2020年）》《大别山片区区域发展与扶贫攻坚规划（2011～2020年）》《罗霄山片区区域发展与扶贫攻坚规划（2011～2020年）》等，通过实施区域发展与扶贫攻坚规划，带动革命老区脱贫攻坚。

五是规范革命老区资金转移支付工作。2012年6月，财政部印发的《革命老区转移支付资金管理办法》把革命老区转移支付资金由专项转移支付改为一般性转移支付。2015年，内蒙古、辽宁、黑龙江、吉林、云南5省区被纳入革命老区转移支付范围，享受中央财政革命老区转移支付资金的省区市扩大到23个。同时，革命老区转移支付资金不再要求县级财政配套。2001～2015年，中央财政累计安排革命老区转移支付资金412亿元。[②] 根据相关资料统计，2016年、2017年、2018年，中央财政安排的革命老区转移支付资金分别为75.86亿元[③]、87.03亿元[④]、97.083亿元。[⑤]

---

① 《中国扶贫开发年鉴（2013）》，团结出版社，2014，第888页。

② 《中央财政加大对革命老区、民族边疆贫困地区转移支付力度》，《人民政协报》2015年12月8日。

③ 《财政部关于下达2016年度革命老区转移支付资金的通知》（财预〔2016〕59号），中华人民共和国财政部网，2016年4月16日，http://yss.mof.gov.cn/ybxzyzf/lsbqdqzyzf/201607/P020160715422501535608.pdf（财预〔2016〕59号）；《财政部关于下达2016年度革命老区转移支付资金的通知》（财预〔2016〕60号），中华人民共和国财政部网，2016年4月16日，http://yss.mof.gov.cn/ybxzyzf/lsbqdqzyzf/201607/P020160715423252329969.pdf。

④ 《财政部关于下达2017年革命老区转移支付资金的通知》，中华人民共和国财政部网，2017年4月15日，http://yss.mof.gov.cn/zhengwuxinxi/zhengceguizhang/201705/t20170508_2595506.html。

⑤ 《财政部关于下达2018年革命老区转移支付资金的通知》，中华人民共和国财政部网，2018年4月18日，http://yss.mof.gov.cn/zhengwuxinxi/zhengceguizhang/201805/t20180504_2885695.html。

六是中央彩票公益金支持革命老区试点项目。在中央彩票公益金支持革命老区整村推进的基础上，实施扶贫开发创新试点项目和小型公益设施建设试点项目。中央彩票公益金支持革命老区扶贫开发创新试点项目启动于2012年，项目内容是小型生产性的公益设施建设，项目实施范围是江西、福建、广东三省原中央苏区，山东沂蒙革命老区，四川、陕西两省原川陕苏区以及甘肃庆阳等7省革命老区县。中央彩票公益金支持革命老区小型公益设施建设试点项目于2013年启动，项目内容包括交通、水利和环境改善等小型公益设施建设，项目实施范围是集中连片特殊困难地区未实施彩票公益金项目的革命老区县。

七是中央企业开展百县万村专项扶贫行动。在中央企业定点帮扶的国家扶贫开发工作重点县中有108个革命老区县，这些老区县贫困程度深、基础设施欠账多、社会事业滞后、经济发展能力不强，特别是群众反映强烈的行路难、用水难、用电难等问题尤为突出。2014年10月，国资委、国务院扶贫办决定联合开展中央企业定点帮扶贫困革命老区百县万村活动，安排68家中央企业定点帮扶108个贫困老区县的14954个贫困村，利用2015~2017年的三年时间，开展路、水、电等小型基础设施建设，帮助老区贫困村解决行路难、用水难、用电难问题。

八是红色旅游带动革命老区加快发展。中共中央办公厅、国务院办公厅印发的《2011~2015年全国红色旅游发展规划纲要》《2016~2020年全国红色旅游发展规划纲要》明确了全国红色旅游发展的指导思想、基本原则、发展目标、主要任务、保障措施、组织领导等问题，为全国红色旅游发展指明了方向，也推动了革命老区的经济发展。相比较而言，《2016~2020年全国红色旅游发展规划纲要》“更加突出强调红色旅游的理想信念教育功能，更加突出强调红色旅游的脱贫攻坚作用，更加突出强调红色旅游的内涵式发展”①。

党的十八大以来，在党和政府的正确领导下，中国革命老区的脱贫

① 《宣传贯彻〈2016~2020年全国红色旅游发展规划纲要〉电视电话会议在京顺利召开》，中华人民共和国国家发展和改革委员会网，2017年3月31日，http://www.ndrc.gov.cn/xwzx/xwfb/201703/t20170331_843241.html。

攻坚已经取得了阶段性胜利。如革命老区江西省井冈山市，2016 年底的贫困率降至 1.6%，低于 2% 的全国贫困县退出标准。根据国务院扶贫办《关于反馈江西省井冈山市退出专项评估情况意见的函》，经江西省政府批准，井冈山市于 2017 年 2 月 26 日正式宣布在全国率先脱贫摘帽。① 2017 年 3 月 27 日，河南省政府宣布兰考县退出国家扶贫开发工作重点县，正式摘下“贫困帽”。② 除井冈山、兰考外，2017 年全国还有 26 个县（市、区）宣布脱贫。③ 在 2017 年宣布脱贫摘帽的 28 个县（市、区）中，江西省井冈山市、吉安县，河北省望都县、海兴县、南皮县，河南省兰考县、滑县，重庆市黔江区、秀山县，四川省南部县、广安市广安区，贵州省赤水市等是革命老区县。2018 年 8 月 17 日，国务院扶贫办举行新闻发布会，宣布 40 个贫困县（市、区）脱贫摘帽，其中有 29 个是革命老区县。④

五　中国革命老区扶贫脱贫的经验与启示

中国革命老区的扶贫脱贫工作与中国的改革开放相伴而生，是中国扶贫脱贫事业的重要组成部分。历时 40 年的中国革命老区扶贫脱贫工作取得了显著成绩，为革命老区全面建成小康社会奠定了坚实基础，同时为进一步推进革命老区的振兴发展提供了丰富的经验与启示。

（一）坚持党委领导、政府主导，增强对老区扶贫脱贫工作的政治责任意识

坚持党委领导、政府主导扶贫脱贫工作，这既是由各级党委和政府

① 《井冈山市退出贫困县新闻发布会在南昌举行》，江西省人民政府网，2017 年 2 月 26 日，http：//www. jiangxi. gov. cn/xzx/xwfbh/201702/t20170226_ 1314550. html。

② 《兰考成功脱贫　成河南省首个“摘帽”的贫困县》，人民网，2017 年 3 月 27 日，http：//society. people. com. cn/n1/2017/0327/c1008 –29172233. html。

③ 《继井冈山市、兰考县率先脱贫后　我国又有 26 个贫困县摘帽》，《人民日报》2017 年 11 月 2 日。

④ 《国务院扶贫办：我国中西部 40 个贫困县实现脱贫摘帽》，新华网，2018 年 8 月 17 日，http：//www. xinhuanet. com/2018 –08/17/c_ 1123286908. htm。

全心全意为人民服务的根本宗旨所决定的，同时又体现了社会主义制度能够集中力量办大事的政治优势。习近平强调："加强领导是根本，发挥各级党委领导作用，建立并落实脱贫攻坚一把手负责制，实行省市县乡村五级书记一起抓，为脱贫攻坚提供坚强政治保障。"[①] 党委领导，就是在扶贫脱贫工作中发挥各级党委总揽全局、协调各方的核心作用；政府主导，就是各级政府把扶贫脱贫作为本行政区域发展的重要任务。各级党委在革命老区扶贫脱贫工作中不断强化政治责任意识、发挥领导作用的主要体现是：构建省、市、县、乡（镇）、村五级书记一起抓扶贫，层层落实责任制的治理格局；深刻认识革命老区在中国革命事业中的重要地位，优先选派省部级、厅局级后备干部到革命老区担任市、县党政主要领导；加强革命老区基层党组织建设，选优配强党组织带头人；根据革命老区贫困村实际需求，精准选派第一书记和驻村扶贫工作队。各级政府在革命老区扶贫脱贫工作中发挥主导作用的主要体现是：把扶贫脱贫工作纳入革命老区经济社会发展总体战略，制定革命老区扶贫开发中长期规划；把贫困革命老区作为公共财政支持的重点区域，优先保障革命老区扶贫开发的资金需求；建立革命老区扶贫开发的领导和工作机构，组织实施大规模扶贫开发行动；建立革命老区扶贫开发考核评价、督查问责制度。坚持党委领导、政府主导扶贫开发，这是革命老区扶贫脱贫工作得以顺利推进的组织保障。

（二）尊重老区群众主体地位，激发内生动力

贫困革命老区群众，既是扶贫脱贫的对象，更是扶贫脱贫的主体，必须充分尊重贫困老区群众在扶贫脱贫中的主体地位。同时，充分相信和依靠群众，传承和发扬老区独特的革命传统和革命精神，激发内生动力，坚持群策群力，动员群众积极参与扶贫方案的制定、项目的选择、措施的落实，保障贫困群众对扶贫开发的知情权、参与权、管理权；帮助贫困群众学习和掌握文化知识、职业技能，增强贫困群众就业创业本领，提高贫困群众脱贫致富的能力；既扶贫又扶志、扶智，加强对贫困

① 《习近平扶贫论述摘编》，中央文献出版社，2018，第 44 页。

老区干部群众的宣传教育，引导他们树立“宁愿苦干、不愿苦熬”的观念，焕发贫困群众自力更生、艰苦奋斗的自强自立精神；建立健全贫困人口利益与需求表达机制，充分尊重群众意见，精准回应贫困老区群众需求。正如习近平所指出的：“脱贫致富终究要靠贫困群众用自己的辛勤劳动来实现。要尊重扶贫对象主体地位，各类扶贫项目和扶贫活动都要紧紧围绕贫困群众需求来进行，支持贫困群众探索创新扶贫方式方法。”① 尊重老区群众在扶贫开发中的主体地位，这是革命老区扶贫脱贫的基础条件。

（三）以精准解决老区突出问题为重点，提高扶贫实效

农村贫困人口全部脱贫，这是全面建成小康社会的底线任务。革命老区全面建成小康社会，必须切实精准解决老区存在的突出问题。为此，贫困老区必须坚持区域开发与精准扶贫协同推进，通过实施易地搬迁、雨露计划、小额信贷、生态保护等扶贫项目，促进贫困人口稳定实现脱贫。贫困地区基本公共服务主要领域指标接近全国平均水平，保障贫困人口义务教育、基本医疗和住房，这是扶贫开发的总体目标。这要求贫困老区必须“要紧紧扭住农村基本公共服务和基本社会保障的制度建设，编织一张兜住困难群众基本生活的社会安全网”②，提高扶贫实效。贫困老区要把教育作为管长远的事业抓好，保证贫困家庭子女都能接受公平有质量的教育；实施健康扶贫工程，改善医疗卫生机构条件，提升服务能力；加快推进农村危房改造，重点解决建档立卡贫困户、低保户、分散供养特困人员、贫困残疾人家庭的基本住房安全问题；加强社会保障制度和社会救助体系建设，提高优抚对象优待抚恤标准。基础设施薄弱是制约革命老区脱贫发展的重大问题，推进革命老区脱贫致富和振兴发展，必须切实加强交通、水利、能源等重大基础设施建设，彻底解决老区贫困村通路、通水、通电、通网络等问题，改善贫困老区区域发展

① 中共中央文献研究室：《十八大以来重要文献选编》（下），中央文献出版社，2018，第50页。

② 中共中央文献研究室：《十八大以来重要文献选编》（上），中央文献出版社，2014，第682页。

环境与条件，提升革命老区“造血”功能，为老区区域性整体脱贫提供有力支撑。

（四）加大对老区的支持和投入，动员社会力量共同参与

推进革命老区扶贫脱贫，既是各级党委和政府的重要任务，也是全社会的共同责任，需要进一步增强推进老区扶贫脱贫工作的政治责任意识，加大投入，更加广泛、更加有效地组织动员和凝聚社会各界力量，形成全社会共同参与的大扶贫格局。2015 年 2 月，习近平在陕甘宁革命老区脱贫致富座谈会上指出：“在顶层设计上，要采取更加倾斜的政策，加大对老区发展的支持，增加扶贫开发的财政资金投入和项目布局，增加金融支持和服务，鼓励引导社会资金投向老区建设，鼓励引导企事业单位到老区兴办各类事业和提供服务，形成支持老区发展的强大社会合力。”[①] 党的十八大以来，党政机关、军队武警部队、国有企事业单位的定点扶贫对贫困老区实现全覆盖；健全东、西部扶贫协作机制，把贫困老区全部纳入东西部扶贫协作框架；推进了贫困老区与发达地区干部交流，开展中央和国家机关、中央企业与贫困老区干部双向挂职锻炼工作，实施边远贫困地区、边疆民族地区和革命老区人才支持计划；引导各类企业到贫困老区投资兴业、培训技能、吸纳就业、捐资助贫、包县包村扶贫；鼓励社会团体、基金会、民办非企业单位、广大民众、港澳同胞、台湾同胞、华侨及海外人士等通过多种途径参与革命老区扶贫事业；完善专项扶贫、行业扶贫、社会扶贫有机结合和互为支撑的“三位一体”扶贫机制；增加金融资金对扶贫开发的投放，吸引社会资金参与老区扶贫开发。组织动员各界力量共同参与革命老区扶贫开发，不仅有助于贫困老区脱贫致富，而且有助于增强中华民族凝聚力，培育和发扬良好社会风尚，这是革命老区扶贫脱贫的社会条件。

综上所述，革命老区和老区人民是中国共产党和人民军队的根基，革命老区和老区人民为中国革命胜利和社会主义建设做出了巨大牺牲和重要贡献，这些牺牲和贡献永远镌刻在中国共产党、中国人民解放军、

① 《习近平扶贫论述摘编》，中央文献出版社，2018，第 88 页。

中华人民共和国的历史丰碑上。新中国成立后特别是改革开放40年来，在党中央、国务院关心支持及社会各界帮助下，老区面貌发生了深刻变化，老区人民生活明显改善。但是，受多重因素综合影响，一些老区目前发展相对滞后、基础设施薄弱、人民生活水平不高的矛盾仍然比较突出，脱贫攻坚任务仍很艰巨。对此，习近平指出："全面建成小康社会，没有老区的全面小康，特别是没有老区贫困人口脱贫致富，那是不完整的。"[①] 虽然"生活一天比一天好，但我们不能忘记历史，不能忘记那些为新中国诞生而浴血奋战的烈士英雄，不能忘记为革命作出重大贡献的老区人民。让老区人民过上好日子，是我们党的庄严承诺，各级党委和政府要继续加大对革命老区的支持，形成促进革命老区加快发展的强大合力。"[②] 在党中央、国务院的领导下，各级党委和政府把扶贫脱贫作为老区全面建成小康社会的底线任务、促进老区共享改革发展成果的重大举措、增进老区人民民生福祉的必然要求、提高老区发展内生动力的现实选择，全力推进革命老区的扶贫脱贫工作，为革命老区的振兴发展奠定了坚实基础。

---

① 《习近平扶贫论述摘编》，中央文献出版社，2018，第7页。

② 《中国扶贫开发年鉴（2014）》，团结出版社，2014，第5页。

基于政府集成的中国特色减贫道路（1978～2018）：历史进程和逻辑主线[*]

蒋永穆　万 腾　周宇晗[**]

摘　要：贫困是人类面临的重大课题，中国的贫困治理为全球反贫困实践作出了巨大贡献。我国坚持以社会主义公有制为主体的基本经济制度和以人民为中心的价值目标，但同时社会主义市场经济也存在难以避免的市场缺陷，这就决定了我国的贫困治理必然坚持政府集成。四十年减贫道路中的政府集成主要体现在：中央政府和地方政府的集成；政府主体与其他主体的集成；“扶志”与“扶智”的集成；“输血”与“造血”的集成；“精准”方略的集成和“政策”扶贫的集成。新时代全力应对“最难啃硬骨头”，须进一步强化政府集成，注重生产力与生产关系、经济基础与上层建筑的集成，并将扶贫开发与农业农村现代化建设有机结合。

关键词：改革开放四十年　中国特色　减贫道路　政府集成

中国共产党走过的97年历程，是为强国和富民奋斗的历程，也是不断与贫困斗争、保障人民生存权和发展权，为人民谋幸福的历程。我国

---

* 文章刊发于《当代经济研究》2018年第12期，是国家社科基金重大项目（18ZDA035）的阶段性成果。该文章收录本书时，内容和文献标注方式略有调整。

** 蒋永穆，四川大学经济学院；万腾，四川大学经济学院；周宇晗，四川大学马克思主义学院。

严格意义上的扶贫工作始于改革开放，在四十年的减贫实践中，我们探索出了一条以政府集成为主线的中国特色的减贫道路。

一 集成属性：中国特色减贫道路探索的内在要求

“集成”是系统科学的重要概念，指通过系统协作以节约资源、提高效率，重点在于各要素的组织和整合。国内外对于“集成”的研究主要集中在技术系统领域和企业管理领域。近年来，“集成”的思想从理论探讨向实践应用不断深化。我们曾将“集成”思想用于研究“5·12”抗震救灾，得到了一些非常重要的研究结论。[①] 反贫困工作是一个复杂庞大的系统工程，需要多部门、多主体、多要素的整合和功能优化。在中国，反贫困工作实行“政府集成”，这是由我国的基本国情和价值追求所决定的。

1. 坚持基本经济制度的需要

在社会主义初级阶段，我们实行“公有制为主体、多种所有制经济共同发展”的基本经济制度。基本经济制度是整个国家经济健康发展的制度基础，也为进行分配调节提供了可能性，与做大“蛋糕”和分好“蛋糕”都关系极大，推进反贫困工作必须坚持这一基本经济制度。

坚持社会主义初级阶段的基本经济制度首先要坚持公有制的主体地位，而坚持公有制的主体地位对“政府集成”方式提出了要求。一方面，“公有制为主体”的核心是所有制问题，属于经济制度的范畴，必须由社会主义国家机器、社会意识形态以及相应政治法律制度、组织和设施对其进行维持，这就离不开党和政府的高度领导；另一方面，公有制经济的主体地位体现在对国民经济的控制力和影响力上，坚持公有制的主体地位必须处理好全社会多种所有制经济、多个经济部门的相互关系，需要政府自身通过整合优化提高领导能力。

2. 发展社会主义市场经济的需要

在坚持基本经济制度的基础上，我国建立起了社会主义市场经济体

① 蒋永穆、李丽：《“5·12”大地震抗震救灾新模式：政府集成》，《天府新论》2011 年第 2 期。

制。市场经济体制对于激发经济活力、打通资源流通通道以及提升脱贫内生动力具有重要意义。

但在扶贫工作中，市场是一把“双刃剑”，在起到积极作用的同时难以摆脱盲目性和无政府状态，容易造成扶贫资源的流失而加大两极分化的可能性。因此，在社会主义市场经济的条件下推进扶贫工作，尤其需要“政府集成”：一方面，扶贫工作仍要坚持以政府为主导，政府的主导作用体现在贫困识别、资金使用、项目安排等各个核心环节，需要不同级别、不同门类的政府机关协调功能、统一协作；另一方面，要正确处理政府与市场的关系，发挥好政府在提供外部支持、优化公共服务、维护市场秩序等方面的作用，同时活跃市场主体，注入内生发展动力，实现“输血”与“造血”并重。

3. 实现共同富裕的需要

实现共同富裕是我国发展的最终目标，实现共同富裕首先要消除贫困。长期以来我国深入推进扶贫工作，实际上是一个不断实现共同富裕的过程。

共同富裕目标的实现是一个渐进的过程，受历史、环境、资源、政策等多方面因素的影响。我国现在还面临着发展不平衡不充分的问题，实现共同富裕需要在政府集成模式下，消弭制约因素，优化要素配置，确保科学统筹。实现共同富裕，首先要实现生产力的极大发展，这就需要各政府部门集合成一个有机整体，最大限度地发挥政府的领导作用，综合解决复杂问题，有力推动生产力的解放和发展；其次，还需要通过建立社会主义生产资料公有制对社会财富进行重新分配。当前我国实行与生产力水平相适应的多种所有制经济共同发展，多种所有制条件下，一部分人先富起来了，但贫困问题仍然是全社会共同的问题，消除贫困还需要构建多主体集成的大扶贫格局。

二　历史进程：基于政府集成视角的改革开放四十年中国特色减贫之路的艰辛探索

改革开放以来，我国政府高度重视减贫工作，以党的十一届三中全会为起点，我国扶贫工作依次经历了体制改革推动扶贫阶段、大规模开发式扶贫阶段、扶贫攻坚阶段、扶贫开发新阶段和精准扶贫阶段，减贫工作不断在阶段性成果基础上向前迈进。

1. 体制改革推动扶贫阶段

1978 年党的十一届三中全会实现了新中国成立以来我们党历史上具有深远意义的伟大转折，揭开了党和国家历史的新篇章，也开启了我国体制改革推动扶贫的阶段。我国的改革肇始于农村，从党的十一届四中全会通过《中共中央关于加快农业发展若干问题的决定（草案)》，到 1983 年农村普遍建立家庭联产承包责任制，激发了农民的劳动热情，极大地解放并发展了农村生产力，农产品短缺问题得到基本缓解，大批贫困农民生产生活条件得以改善，农村贫困现象大幅减少。

这一阶段我们党通过体制改革的集成对扶贫的推动主要体现在四个方面。第一，肯定并确立了家庭联产承包责任制。1978 年，安徽省凤阳县小岗村的 18 家农户为了能吃饱饭，“不再向国家伸手要钱要粮”，率先实行了“包产到组、包产到户”，拉开了中国农村经济体制改革乃至整个经济体制改革的序幕。之后，中央对这一做法加以肯定，并在此基础上逐步形成了家庭联产承包责任制。家庭联产承包责任制极大地调动了农民的积极性，农产品产量大幅增加，农民收入大幅提高。第二，恢复中国农业银行，明确提出，大力支持农村商品经济，提高资金使用效益，开办专项贷款业务，支持家庭承包经营、乡镇企业和国有农业企业的发展。第三，开展多种经营，扶持乡镇企业发展，准许农民自筹资金、自理口粮，进入城镇务工经商，允许并鼓励农村劳动力进入非农产业，跨区域、城乡流动务工。第四，启动专项扶贫。1982 年 12 月 10 日，中国政府决定实施“三西”农业建设计划。“三西”计划是我国首个区域性扶贫项目，为其后全国性扶贫开发积累了丰富经验。1984 年，为改善贫困地区基础设施，国家实施了以工代赈计划，为贫困地区经济发展创造了良好的基础条件，提高了贫困地区自我发展的能力。

1978～1985 年，我国农村的贫困状况得到明显缓解。人均粮食产量增长 14%，肉类增长 87.8%；全国农村农民人均纯收入增长了 2.6 倍；未解决温饱问题的贫困人口从 2.5 亿人减少到 1.25 亿人；贫困发生率从

30.7%下降到14.8%；贫困人口平均每年减少1786万人。[①]

2. 大规模开发式扶贫阶段

20世纪80年代中期，我国农村贫困状况得到缓解，但主要的贫困问题没有得到解决，一些自然条件较差的地区贫困问题仍十分严峻，农村发展不平衡问题开始出现。对此，国务院于1986年成立贫困地区经济开发领导小组，安排专项资金，制定专项政策，确定了开发式扶贫方针，自此，我国开始了有计划、有组织、大规模的开发式扶贫工作。

中央为全力推进扶贫开发工作，一方面完善了组织架构，实现了组织机构的集成。1986年，国务院成立贫困地区经济开发领导小组，在省市县甚至乡镇均设立扶贫开发办公室，政府支出专项资金用于扶贫，划分重点扶持贫困县，通过区域瞄准来确定扶贫对象。[②] 另一方面确定了开发式扶贫的方针，变救济式扶贫为开发式扶贫，实现了“输血”与“造血”相结合的集成转变。通过加强贫困地区基础设施建设，改善基本生产条件，帮助农民发展种养业，提高贫困人群和贫困地区的自我发展能力。此外，国家科委于1986年提出并组织实施科技扶贫，这是由单纯救济式扶贫向依靠科学技术开发式扶贫转变的一个重要标志。经过8年努力，到1993年底，我国农村贫困人口由1985年的1.25亿人减少到1993年的8000万人，平均每年减少640万人，年均递减6.2%；贫困人口占农村总人口的比重从14.8%下降到8.7%。[③]

3. 扶贫攻坚阶段

经过大规模开发式扶贫，农村总体贫困的面貌得到很大改善，但还存在不少脱贫难度较大的重点地区。贫困人口主要集中在国家重点扶持的592个贫困县，这些贫困县大多分布在深山高山区、荒漠地区等自然环境恶劣、资源匮乏的地区，其地域偏远、经济发展缓慢、文化教育落后、生产生活条件恶劣，是扶贫攻坚的主战场。为此，1994年4月15

---

① 中华人民共和国国务院新闻办公室：《中国的农村扶贫开发》，《人民日报》2001年10月16日。

② 王曙光：《中国的贫困与反贫困》，《农村经济》2011年第3期。

③ 中华人民共和国国务院新闻办公室：《中国的农村扶贫开发》，《人民日报》2001年10月16日。

日，国务院发布《国家八七扶贫攻坚计划（1994—2000 年）》，计划力争用 7 年的时间解决当时全国农村 8000 万贫困人口的温饱问题。该计划对这一阶段的扶贫工作做出战略调整，把扶贫工作重点放到中西部贫困地区，把扶贫到户工作摆到突出的位置，把解决贫困残疾人温饱纳入大扶贫。这一计划的实施标志着我国扶贫开发进入攻坚阶段。

在扶贫攻坚阶段，中央在教育、金融等方面采取了一系列针对性措施，力图实现扶贫攻坚中“扶志”和“扶智”的集成、各项“造血”扶贫措施的集成。如 1995 ~ 2000 年，教育部（原国家教委）、财政部联合组织实施了第一期“国家贫困地区义务教育工程”，1996 年中央开始实施针对贫困地区的小额信贷项目，1997 年开始实施相关单位定点扶贫工作。

经过多年开发建设，到 2000 年底，国家“八七”扶贫攻坚目标基本实现，贫困地区经济发展速度明显加快，贫困人口数量大幅减少，基本解决了贫困人口的温饱问题。贫困人口降至 3000 万人，农村贫困发生率降至 3% 左右；贫困地区生产生活条件也得到明显改善，到 2000 年底，贫困地区通电、通路、通邮、通电话的行政村分别达到 95.5%、89%、69% 和 67.7%。①

4. 扶贫开发新阶段

随着扶贫开发的推进，虽然贫困人口与贫困发生率持续下降，但剩余贫困人口数量依然庞大，少数绝对贫困人口温饱问题还没有解决，返贫现象时有发生，我国的扶贫工作进入以解决温饱和巩固温饱并重的阶段。

面对依然严峻的减贫形势，在扶贫开发中，我们着重强调中央政府和地方政府的集成，加大了“扶志”和“扶智”集成的力度。2001 年 5 月，国务院发布《中国农村扶贫开发纲要（2001—2010 年）》，对今后十年扶贫开发的重点做了明确规定。纲要指出要求按照重点关注集中连片的原则，将贫困人口集中的中西部少数民族地区、革命老区、边疆地区

---

① 中华人民共和国国务院新闻办公室：《中国的农村扶贫开发》，《人民日报》2001 年 10 月 16 日。

和特困地区作为扶贫开发的重点，并在上述四类地区确定扶贫开发工作重点县。[①] 东部以及中西部其他地区的贫困乡、村，主要由地方政府负责扶持，并规定各有关省、自治区、直辖市要分别制定本地区的扶贫开发规划，且规划要以县为基本单元、以贫困乡村为基础。[②] 2003 年 9 月，国务院印发《关于进一步加强农村教育工作的决定》，强调将农村教育作为教育工作的重中之重。2004 年 3 月 3 日，国务院批转了教育部《2003—2007 年教育振兴行动计划》，确定了“重点推进农村教育发展与改革”“重点推进高水平大学和重点学科建设”两大战略重点。2004 年，我国开始实行产业化扶贫项目和西部地区两基攻坚计划。

这一阶段的扶贫开发重点转向解决少数绝对贫困人口温饱问题和返贫问题。由于我们强调中央政府和地方政府的集成、“扶志”和“扶智”的集成，经过十年的努力，截至 2010 年，按照年人均纯收入 1274 元的扶贫标准，全国农村贫困人口已减至 2688 万人，占农村人口的比重下降到 2.8%。[③] 贫困地区的基础设施、生态环境和科技教育等方面大幅改善。

5. 精准扶贫阶段

我国扶贫开发取得了举世公认的成就，但扶贫实践中“大水漫灌”的问题开始显现，如贫困人口底数不清，扶贫措施针对性不强，扶贫资源指向不准等。同时，随着 2011 年中央大幅提高我国扶贫标准，当年农村贫困人口数量从 2688 万人增加到 1.28 亿人[④]。以往的粗放扶贫方式不再适用，且扶贫任务愈加艰巨。

针对这一情况，习近平总书记提出“精准扶贫”的重要思想，并落地为“精确识别、精确帮扶、精确管理”的治贫方式。2013 年 11 月，习近平到湖南湘西考察时首次作出了“实事求是、因地制宜、分类指

---

① 国务院：《中国农村扶贫开发纲要（2001—2010 年）》，2001 年 6 月 13 日，中国政府网，http：//www.gov.cn/zhengce/content/2016－09/23/content_5111138.htm。

② 国务院：《中国农村扶贫开发纲要（2001—2010 年）》，2001 年 6 月 13 日，中国政府网，http：//www.gov.cn/zhengce/content/2016－09/23/content_5111138.htm。

③ 盛运来：《中国发展报告（2011）》，中国统计出版社，2011，第 476 页。

④《我国扶贫标准大幅提高　已有上亿低收入人口受益》，2012 年 6 月 23 日，中国政府网，http：//www.gov.cn/jrzg/2012－06/23/content_2167789.htm。

导、精准扶贫”的重要指示。2014 年 1 月，中办对精准扶贫工作模式进行了详细的顶层设计，强调各项“精准”方略和扶贫政策的集成，引导各类扶贫资源优化配置，做到“扶贫对象精准、项目安排精准、资金使用精准、措施到户精准、因村派人精准、脱贫成效精准”①。在此基础上，中央不断加大财政投入，强调资金的整合使用，大力动员社会力量参与，产业扶贫、住房保障、金融扶贫、健康扶贫、教育扶贫多措并举，实现了我国扶贫开发从“大水漫灌”向“精准滴灌”的转变。

精准扶贫方略实施以来，由于强调各项“精准”方略和扶贫政策的集成，减贫工作取得巨大成效。农村贫困人口数量和贫困发生率持续下降，全国农村贫困人口从 2012 年末的 9899 万人减少至 2017 年末的 3046 万人，累计减少 6853 万人；贫困发生率从 2012 年末的 10.2% 下降至 2017 年末 3.1%，累计下降 7.1 个百分点。② 贫困地区农民素质显著提高，各项社会事业快速发展，集中连片贫困地区正在整体摆脱贫困。

三　逻辑主线：以政府集成推动和形成中国特色减贫之路

改革开放 40 年来，中国人民不断探索、不懈努力，走出了一条以政府集成为逻辑主线的中国特色减贫道路，极大地提升了集成工作效率。我国减贫道路中的政府集成主要体现在以下五个方面。

1. 中央政府和地方政府的集成

中央政府作用的充分发挥是地方政府有效治理的前提条件，地方政府的有效治理是中央政府科学谋划的基础。二者的关系体现了整体与部分、集中与分散、统一领导与因地制宜的辩证统一。中央政府与地方政府的集成主要体现在两个方面。

一方面是组织架构的协同与分工，具体表现为责任、任务、资金和权力四个到省的扶贫工作责任制、各级政府扶贫工作首长负责制，以及

① 中共中央、国务院：《中共中央国务院关于打赢脱贫攻坚战的决定》，2015 年 12 月 7 日，新华网，http://www.xinhuanet.com/politics/2015-12/07/c_1117383987.htm。

② 《2017 年末我国农村贫困人口减至 3046 万人》，《光明日报》2018 年 2 月 2 日。

从中央到地方的扶贫工作领导机构。1982 年，我国设立国务院三西地区农业建设领导小组；1986 年，成立了国务院贫困地区经济开发领导小组办公室，负责扶贫开发工作，并在贫困县建立扶贫领导小组和办公室；2001 年发布的《中国农村扶贫开发纲要（2001—2010 年）》明确提出了“省负总责，县抓落实，工作到村，扶贫到户”的扶贫机制，不断加强省级扶贫领导小组的组织和协调能力，建立和完善基层扶贫治理体系，壮大基层扶贫工作机构，增加专职扶贫工作人员。据统计，截至 2017 年 8 月，全国共选派 77.5 万名干部驻村帮扶，其中中央组织部组织选派了 19.5 万名优秀干部到贫困村和基层党组织薄弱涣散村担任第一书记，实现了所有扶贫工作重点村驻村帮扶和第一书记全覆盖。①

另一方面是宏观政策与微观政策的集成以及贫困治理政策的组合集成。一是宏观政策与微观政策的集成，中央政府保证有效有力的宏观政策供给，地方政府因地制宜，根据当地优势资源和具体情况，细化目标任务，创新执行方式方法。如在扶贫资金的投入和使用上，中央政府在增加财政专项扶贫资金的同时，安排地方政府债务用于改善贫困地区生产生活条件。再比如，从 2016 年 4 月开始，国务院明确将中央和省市级相关财政涉农资金的配置权、使用权完全下放到试点贫困县，由贫困县依据当地脱贫攻坚规划安排相关涉农资金。② 二是贫困治理政策的组合集成，主要体现为政策的“组合拳”，2015 年 10 月，《中共中央国务院关于打赢脱贫攻坚战的决定》明确提出发展生产脱贫一批、异地扶贫搬迁脱贫一批、生态补偿脱贫一批、发展教育脱贫一批、社会保障兜底脱贫一批的“五个一批”政策组合拳。③

综上，中央与地方政府的集成既提高了我国脱贫攻坚工作组织与制度的质量和效率，也保证了顶层设计与微观策略的有机统一。

2. 政府主体与其他主体的集成

2011 年，中央颁布实施《中国农村扶贫开发纲要（2011—2020

---

① 李培林、魏后凯等：《中国扶贫开发报告（2017）》，社会科学文献出版社，2017，第 13 页。

② 李培林、魏后凯等：《中国扶贫开发报告（2017）》，社会科学文献出版社，2017，第 16 页。

③《中共中央国务院关于打赢脱贫攻坚战的决定》，新华网，2015 年 12 月 7 日，http://www.xinhuanet.com/politics/2015-12/07/c_1117383987.htm。

年)》，第一次提出专项扶贫、行业扶贫和社会扶贫“三位一体”的“大扶贫格局”。在中国的扶贫开发实践中，一条重要的经验便是形成了政府主导、多元主体协作的扶贫体系，即“动员全社会参与，发挥中国制度优势，构建了政府、社会、市场协同推进的大扶贫格局，形成了跨地区、跨单位、全社会共同参与的多元主体的社会扶贫体系”。[①]

大扶贫格局，是相对于专项扶贫的“小格局”而言的。党的十八大以来，随着各项扶贫措施的强化，大扶贫格局的概念也在丰富发展，专项扶贫、行业扶贫、社会扶贫联动，营造出全社会广泛参与的良好氛围。其中，专项扶贫持续发力。政府是扶贫开发的组织者和实施者，起着中流砥柱的作用，拥有完备的扶贫政策体系和针对性较强的专项政策，通过安排专项资金对扶贫进行大量投入，是扶贫开发事业的最坚实保障。行业扶贫补齐短板。自1996年开始，我国各地明确责任不断推进行业扶贫精确对接，引导行业部门在资金、项目、技术、人才等方面向贫困地区倾斜和集聚，在村级道路、危房改造、医疗卫生、安全饮水等领域，加大项目资金支持力度，突破发展瓶颈，尤其是自精准扶贫以来，行业扶贫的支撑作用不断凸显[②]。社会扶贫释放潜力。改革开放后，我国社会资源和市场资源不断壮大，早在国家政策动员之前，就有社会力量参与到反贫困实践中。在此基础上，中国政府在农村扶贫开发过程中，搭建帮扶平台，整合社会资源，动员了大量的资金、技术、人才等参与扶贫，党政机关和企事业单位定点扶贫，东西部扶贫协作，军队武警、非政府组织和民营企业等构成了中国特色的社会扶贫体系。除此之外，依托互联网技术的发展，个人、家庭也通过“电商扶贫”等模式参与到扶贫中来。

贫困治理是一个复杂工程，任何单一的力量或部门都无法取得反贫困的最终胜利，政府与各行业、众多社会力量的集成显现出我国社会主义制度的优越性，既能极大地调动人力物力财力，把各主体集成起来，

① 中共中央文献研究室：《十八大以来重要文献选编》（中），中央文献出版社，2016，第718～719页。

② 蒋永穆、周宇晗：《习近平扶贫思想述论》，《理论学刊》2015年第11期。

又能优化集成体功能，发挥“1+1>2”的叠加效应。

3. “扶志”与“扶智”的集成

随着改革开放以来我国扶贫工作的推进，反贫困主体缺失的问题逐渐暴露出来。其一，部分贫困群众缺乏积极参与的意识和动力，长期处于被动地位，在享有被帮扶权利的同时未承担义务和责任，导致政府负担加重，扶贫事业推进艰难。具体而言，一方面，部分贫困户“等、靠、要”思想与福利依赖状况严重；另一方面，贫困群众当中存在不愿脱贫甚至怕脱贫的观念以及“不患寡而患不均”的乡村平均主义思想。其二，贫困群众受教育程度普遍偏低，自我发展能力和风险防范能力不足，返贫风险高。

针对这种情况，我国在反贫困理论和实践中尤为注重反物质贫困与反精神贫困相统一。习近平多次强调了“扶志”与“扶智”对于脱贫致富的重要性，这体现出我国减贫事业中“志”与“智”的集成。

一方面，扶贫要以扶志为先。“脱贫致富贵在立志，只要有志气、有信心，就没有迈不过去的坎。”[①] 道德及思想观念属于上层建筑范畴，由生产力决定，也会反作用于生产力。贫困地区贫困的根本原因不在于物质资本的匮乏，而在于人力资本的缺乏以及人们对这一认识的不足，只有“立志”才能有效扩大人力资本的供给。因此，帮助贫困群众树立脱贫信心，营造良好的脱贫环境，最大限度地发挥主观能动性，是脱贫攻坚的战略重点。正如习近平总书记所说：“我们的党员、我们的干部、我们的群众都要来一个思想解放，观念更新，四面八方去讲一讲‘弱鸟可望先飞，至贫可以先富’的辩证法。”[②]

另一方面，扶贫要以扶智为本。“把贫困地区孩子培养出来，这才是根本的扶贫之策。”[③] 党和国家十分重视贫困地区教育问题，大力发展乡村教育，着力提升贫困群众的文化素质和技能，以巩固脱贫成果和阻断贫穷的代际传递。2015 年 6 月，中央全面深化改革领导小组第十一次

① 本书编写组：《习近平总书记系列讲话精神学习读本》，中共中央党校出版社，2013，第 80 页。

② 习近平：《摆脱贫困》，福建人民出版社，2014，第 2～3 页。

③ 习近平：《做焦裕禄式的县委书记》，中央文献出版社，2015，第 24 页。

会议指出：实现教育现代化的短板在乡村，发展乡村教育，让每个乡村孩子都能接受公平、有质量的教育，阻止贫困现象代际传递，是功在当代、利在千秋的大事。[①] 会议审议通过了《乡村教师支持计划（2015—2020年）》。2018年2月，教育部、国务院扶贫办印发《深度贫困地区教育脱贫攻坚实施方案（2018—2020年）》，为教育扶贫提供了纲领性指导意见。

"志"与"智"的集成既体现出反贫困工作需要政府、行业、社会、贫困群众多主体集成，也强调了扶贫过程中贫困群众这一主体内部各要素的集成与功能优化，只有将贫困户自身各要素的自组织性发挥到最大限度，扶贫成效才能更加稳固和可持续。

4. "输血"与"造血"的集成

自1986年起，我国开始了大规模的开发式扶贫，政府成立专门的扶贫机构、制定专门的扶贫政策、划拨专门的扶贫资金、安排专门的扶贫项目，我国的减贫事业取得了实实在在的成绩，但以政府为主导的扶贫开发也导致一些问题，如过于依赖外力帮扶、返贫现象严重等。习近平指出："贫困地区发展要靠内生动力，如果凭空救济出一个新村，简单改变村容村貌，内在活力不行，劳动力不能回流，没有经济上的持续来源，这个地方下一步发展还是有问题。一个地方必须有产业，有劳动力，内外结合才能发展。"[②] 只有具备"造血"能力、依靠内生动力实现自身发展，反贫困成果才具有可持续性，"被动脱贫"始终靠不住。

因此，我国对传统的救济式扶贫进行了改革，确立了开发式扶贫的方针。1994年，中央在《国家八七扶贫攻坚计划（1994—2000年）》中明确提出开发式扶贫方针这一概念，这是我国扶贫工作的一个重大转变。开发式扶贫是相对传统的救济式扶贫而言的，与传统救济式扶贫强调分配和结果不同，开发式扶贫更加强调过程。开发式扶贫的方针既避免了

---

① 《习近平主持召开中央全面深化改革领导小组第十一次会议》，新华网，2015年4月1日，http://www.xinhuanet.com//politics/2015-04/01/c_1114842146.htm。

② 习近平：《做焦裕禄式的县委书记》，中央文献出版社，2015，第17页。

过度福利政策造成的贫困人口依赖性增强和财政不堪重负，又可以有效降低返贫率。

在当前情况下，我国仍要坚持“输血”与“造血”的集成。坚持社会救济和扶贫开发的两轮驱动扶贫模式。一方面，重视社会救济，农村低保作为社会救济的主要形式，通过政府转移支付的方式，给予贫困人口现金或实物的生活补助，保障了人的生存权，得到了长期坚持。另一方面，重视扶贫开发，扶贫开发更多地关注人的发展权，是今后扶贫工作的主要趋势。两项制度的有效衔接更好地保障了贫困群众的生存权与发展权。

5. “精准”方略的集成和“政策”扶贫的集成

中国减贫实践中的政府集成还体现在各种精准的集成，既强调全过程的精准集成，又坚持普惠政策与特惠政策的集成。

一是强调全过程精准的集成。一方面，与传统的粗放式扶贫不同，精准扶贫强调将计划的资源准确滴灌给目标人群。传统的粗放扶贫中，低质低效的问题普遍存在，如贫困人口数量不清，扶农不扶贫，人情扶贫及腐败问题等时有发生。精准扶贫则强调贫困瞄准，贫困瞄准经历了区域瞄准、县域瞄准、贫困村瞄准，再到现在的贫困户瞄准，使资源传递更加准确有效，针对性更强，效果更直接。另一方面，与福利国家利用福利政策达到“全民保障”的结果以消减贫困不同，精准扶贫强调全过程的精准——扶贫对象的精准识别、适应每户具体情况的项目安排、资金的靶向滴灌、一户一个脱贫计划、一户一套帮扶措施等，覆盖了扶贫的全过程，强调过程管理和动态管理，既可保证脱贫成效，又能避免资源浪费。

二是坚持普惠政策与特惠政策的集成。中国是个农业大国，“三农”问题关系党和国家的根本，党和国家历来高度重视农业、农村、农民问题，针对“三农”实施了一系列普惠政策。同时，针对农村贫困群众，又具体实施了针对性较强的特惠政策。我国在扶贫过程中，实现了普惠政策与特惠政策的集成。如在金融扶贫中，普惠金融将农民、城镇低收入群体等作为重点服务对象，2018 年中央一号文件强调，要将普惠金融重点放在乡村。除此之外，金融精准扶贫还需要大力度的特惠金融，以满足贫困地区和贫困户发展生产的资金需求，探索出“企业+农户”“企业+合作社+农户”“政府平台+农户”等特惠金融模式。

四 未来展望：政府集成视角下中国减贫之路的进一步探索

依托政府集成的贫困治理，我国改革开放40年来减贫成就斐然。联合国《2015年千年发展目标报告》显示，中国极端贫困人口比例从1990年的61%，下降到2002年的30%以下，率先实现比例减半，2014年又下降到4.2%，中国对全球减贫的贡献率超过70%，为全球减贫事业作出了重大贡献。[①] 但如今依然严峻的减贫形势，促使我们对以政府集成为主线的减贫道路作出进一步的思考，以确保扶贫攻坚的全面胜利、确保农村贫困群众共享经济社会发展成果。

1. 进一步强化政府集成

40年的贫困治理实践证明了我国以政府集成为主线的中国特色减贫道路的正确与高效。但按现行国家农村贫困标准测算，2017年末，中国还有农村贫困人口3046万人，贫困发生率为3.1%[②]，剩下的贫困人口相当一部分生活在生存条件和发展条件较差的高山区、高寒缺氧区、荒漠化地区等，脱贫难度极大，我国的扶贫开发已进入“啃硬骨头、攻坚拔寨”的冲刺期。要顺利完成2020年“一个都不能少”的全面脱贫目标，解决绝对贫困问题，必须进一步强化政府集成，更好地发挥中央政府和地方政府的积极性，强化政府与行业、社会力量等主体的集成，强化“志”与“智”的集成、“输血”与“造血”的集成，强化各种精准的集成，以使集成体组织最优、功能倍增，进而提高扶贫攻坚效率。

2. 注重生产力与生产关系、经济基础与上层建筑的集成

生产力与生产关系、经济基础与上层建筑之间的矛盾是整个社会发

---

① 中华人民共和国国务院新闻办公室：《中国的减贫行动与人权进步》，新华网，2016年10月17日，http://www.xinhuanet.com/politics/2016-10/17/c_1119730413.htm。

② 《2017年末我国农村贫困人口减至3046万人》，《光明日报》2018年2月2日，第1版。

展的动力，贯穿我国整个扶贫事业。一方面，我国以政府集成为主线的贫困治理必须注重生产力与生产关系的集成，原因在于：其一，生产力是社会发展的最终决定力量，必须大力发展生产力，构筑持续减贫的经济基础。其中，尤其需要以产业扶贫、科技扶贫、教育扶贫、健康扶贫的集成调动生产力中人这一最活跃的因素。其二，生产关系适应生产力的规律是我们党制定路线、方针、政策的理论依据。在全面深化改革的背景下，必须通过体制改革和制度安排确保生产关系适应和促进生产力的发展。另一方面，我国贫困治理还须注重经济基础与上层建筑的集成，以坚强有力的党的领导、高效廉洁的政府、完备的法律保障以及观念的转变更好地推进精准扶贫精准脱贫。

3. 将扶贫开发与农业农村现代化建设有机结合

党的十九大作出分两步走在本世纪中叶建成富强民主文明和谐美丽的社会主义现代化强国的战略安排，并完整勾画了实现这一目标的时间表和路线图。就全球视域来看，现代化有许多种路径和发展模式，但无论哪一种路径和模式，农业农村的现代化都应是现代化的应有之义。我国由于长期实行城乡隔离政策和农村支持城市的发展策略，形成了根深蒂固的城乡二元结构，是很长时间内我国实现脱困的瓶颈。如今，我国扶贫开发已经进入冲刺阶段，应当以贫困治理为契机，推动农村综合发展与农业农村现代化进程有机结合，进而推动中国特色社会主义现代化建设。

中国贫困动态变化分解：1991～2015*

罗良清　平卫英**

摘　要：本文针对现有贫困变化分解研究中存在的问题，在贫困变化分解中考虑人口因素的影响，系统考察贫困变化受经济增长、不均等和人口三因素的综合作用，分析中国城镇化进程对城乡贫困的影响，为因地制宜制定减贫战略提供依据。从各阶段的贫困变化分解结果来看，中国大规模减贫离不开经济增长提供的物质基础。不均等始终是使贫困状况恶化的主要因素，导致贫困群体从经济增长中得到的份额逐渐减少。人口增速的减缓及贫困人口数量的显著下降有效地促进平均收入的提高，进而对贫困程度的降低起到显著的正向作用。人口流动对城市和农村贫困变化的影响力度是不同的，其对农村贫困指数的降低作用更为显著，说明城市发展确实是减轻农村贫困的一个重要途径。但人口流动对农村贫困程度的影响随着时间的推移逐渐减缓，乡村振兴战略的提出和实施非常必要且及时。另外，自 2011 年以来，贫困缺口指数的整体下降速度趋缓，说明在绝对贫困得到有效解决之后，剩余贫困人口的贫困程度越来越深、减贫难度较大，贫困阶层有固化态势，需要采取更有针

---

* 文章刊发于《管理世界》2020 年第 2 期，是国家社科基金重大项目（17ZDA094）、国家社科基金年度项目（18ATJ001）的阶段性成果。该文章收录本书时，内容和文献标注方式略有调整。

** 罗良清，江西财经大学，江西省应用统计研究中心；平卫英，江西财经大学，江西省应用统计研究中心。

对性的帮扶措施。

关键词： 贫困变化分解　经济增长　不均等　人口

一　引言

贫困统计是评估贫困状况及制定反贫困政策的基本依据。掌握贫困状况随时间的变动趋势，对于了解贫困动态、制定反贫困政策都是至关重要的。在贫困状况变化的过程中，往往还需要确定是什么因素导致了这样的变化，贫困变化分解是解决这一问题的基本思路。贫困变化分解有助于针对不同的群体和地区，采取合适的减贫政策措施。如在经济增速较低且贫困程度较深的地区，采取加快地方经济增速的一系列政策措施（如加强基础设施建设）将是合理的政策选择；在经济增速较高但贫困程度未明显缓解的地区，促进分配政策（如各种转移支付）将是更合适的选择。

从目前贫困变化分解的相关文献来看，分解因素往往只考虑经济增长和不均等，大部分文献以平均收入或消费的增速反映经济增长效应，总人口变动的影响隐含在平均收入或消费中从而被忽略。我国 20 世纪 80 年代以来，实施了十分严格的生育政策，生育率的下降伴随人们婚育观念的转变，1991 年以来我国人口增长率稳步下降，人口因素对贫困趋势的影响不容小觑。另外，新中国成立以来，特别是改革开放以后，人口空间分布发生了巨大变化，形成了农村到城镇、欠发达地区到发达地区的人口流动大潮。改革开放 40 年间，我国的城镇化水平快速提升，1978 ~2018 年，全国总人口增长 1.5 倍，而城镇人口增长 4.8 倍，城镇人口占总人口的比重由 17.92% 增加到 59.58%，人口的空间结构变化势必也会影响各地的贫困状况。

由此，本文尝试在贫困变化分解中探索人口变动带来的影响，从经济增长、不均等和人口三个方面解释贫困变化的总效应，同时考虑人口流动对城市和农村贫困变化的影响。综合来看，本文对现有文献可能的贡献主要有以下两点。①针对现有贫困变化分解研究中存在的问题，考虑到经济增长对减贫的效应可能因为总人口的变动而变动，将贫困变化的分解因素扩展至人口变动，在贫困变化分解中考虑总人口的变动在贫困变化中的作用，将贫困变化进一步分解为经济增长、不均等和总人口三类效应；②对现有的贫困分解方法进行修正，并依据 Son（2003）提出的组内和组间效应分解模式，组内效应主要考虑经济增长、不均等和人口效应，组间效应主要考虑人口在组间的流动效应，从而系统考察城市和农村贫困变动受经济增长、不均等和人口三因素的综合作用，分析中国城镇化进程对城乡贫困的影响，为理解我国贫困发展趋势提供新的视角。

本文结构安排如下：第二部分是相关文献综述和研究假说。第三部分提出了贫困动态变化的指数构造及分解原理。第四部分基于 CHNS 数据进行了实证分析，通过实证分析试图回答和解决以下几个问题：中国在 1991 ~ 2015 年较长的时间段中，贫困趋势及其分解结果如何；人口因素是不是影响贫困程度减缓的主要因素；城乡之间的人口流动对贫困趋势的影响程度。第五部分给出了相关结论。

二　文献综述与研究假说

贫困与经济增长之间的关系是复杂的，也与不均等程度和变化密切相关。历史上，经济增长与贫困的关系一直受到广泛关注，亚当·斯密、马克思、米勒等经济学家都认为资本积累是消除极端贫困的有效手段。自联合国开发计划署的“人类发展报告”在 1990 年首次出版以后，经济增长一直被视为反贫困的根本因素，大量的理论和实证研究也证明了这一点，即经济增长与减贫之间存在正相关关系。Ravallion 和 Chen（1996）基于经济模型的分析，发现在不同贫困线下，经济增长的贫困弹性总为负值。Kraay（2006）在对 80 个发展中国家的研究中发现，贫困指标和平均收入均呈负相关关系。

Dollar 和 Kraay（2000）提出，任何一个国家的平均收入水平的提高都有助于间接地帮助最弱的成员。这一论断明显较为武断，后续在一些地区研究中发现反例。Brock 和 Durlauf（2000）、Bourguignon（2000）、Deininger 和 Okidi（2001）均认为不能确定经济增长与贫困之间的关系。

特别是一些第三世界国家在过去的几十年中取得了显著的经济成就，但其贫困群体的生活水平并未与经济同步增长，不均等与贫困的关系成为研究热点。Ravallion（2001）研究了50个生活水平处于提高阶段的发展中国家样本后发现，不均等程度下降的国家，其年均减贫幅度显著提高。Kakwani 和 Pernia（2000）认为伴随不均等程度的降低，经济增长是亲贫困的。Bourguignon（2003）通过实证研究发现，贫困趋势与经济增长没有系统的联系，原因在于贫困可能与不均等程度有关，并取决于贫困、经济增长和不均等之间的复杂联系。基于以上分析，可以解释为什么在诸多贫困变化分解的文献中，通常的做法都是将贫困变化归结为经济增长效应和不均等效应①（如 Jain 等，1990；Kakwani 和 Subbarao，1990；Tsui，1996；Kakwani，2000）。

从贫困变化的分解因素来看，只考虑经济增长和不均等效应的做法存在一定的缺陷。传统分析中往往是以平均收入或消费的增速反映经济增长效应，总人口变动的影响隐含在平均收入或消费中从而被忽略。也有学者考虑了单纯的人口因素对贫困变动的影响，如 Huppi 等（1991）从就业和人口变化两个维度对贫困变化进行了分解。但系统地从经济增长、不均等与人口三个方面进行贫困变化分解的文献较为少见，由此本文尝试在贫困变化分解中探索人口变动带来的影响，研究中将人口因素从平均收入代表的经济增长效应中剥离，从经济增长、不均等和人口三个方面解释贫困变化的总效应。

从贫困分解的具体方法来看，Datt 和 Ravallion（1992）以平均消费的变动来解释经济增长因素导致的贫困变化，同时保持消费分布不变，将其固定在基期状态。这一方法被广泛用于贫困分解的研究中，例如 Ravallion 和 Huppi（1991）、Grootaert（1995）、Sahn 和 Stifel（2000）等。但这一方法的主要缺点是分解后存在一个无法明确解释的残差项。正如 Baye（2006）提出的质疑，如果大多数贫困变化是无从解释的，那么贫困变化分解将不能为政策制定者提供更多有用的信息。其实这一问题的合理解决办法很简单，即按照时间先后顺序考察各因素导致的变化，需

① 也被称为再分配效应。

要在研究中事先假定各因素发生效应的先后次序。例如 Kakwani 和 Subbarao（1990）在研究中隐含地假设经济增长是导致贫困变化的首要因素，其次才是再分配因素。但是 Jain 和 Tendulkar（1990）认为再分配因素优于经济增长因素，其在研究中并没有依据这一结论直接进行测算，而是较为客观地通过取均值的方式，对两种可能的因素顺序选择结果进行平均，这样的分解方式被称为 Shapley 分解。之所以称为 Shapley 分解，主要由于分解方法的特点是对所有可能的顺序序列，每个因素都取到了边际贡献，类似于合作博弈中的 Shapley 分解。Kolenikov 和 Shorrocks（2005）、Shorrocks（2013）的文献中都主要采取了这一分解方法。但以上分解方法都存在不符合动态可加性的缺点，即影响贫困变化的某一特定因素跨期的贡献，不等于每期变化的贡献之和。另外，除 Shapley 分解之外，其他分解方法都不满足时间一致性，也就是说，某一特定因素从期初到期末的变化，不是期末到期初变化的相反数。

后续 Kakwani（2000）提出的贫困分解方法，将贫困变化的百分比归结为两个部分的和。一部分是经济增长效应，用于衡量平均收入变化导致的贫困变化，但假定不均等程度保持不变；另一部分是不均等效应，测算不均等程度变化时导致的贫困变化，此时平均收入保持不变。Fujii（2014）提出了一种基于合并思路的动态贫困分解方法，将参考时期内化，保持了分解在时间上的一致性，这一分解方法可以扩展至区域内和区域间不均等的因素分解，但这一分解方法过度依赖平均消费和消费分布等人口层面的总体特征。Son（2003）给出了贫困变化分解的组内和组间效应分解模式，将贫困变化归结为四个要素的总和，一是不均等程度不变时的经济增长效应，二是各组间增长率差异的影响，三是不同组内不均等变化的影响，四是各组人口比例变化的影响。

在指标使用上，大部分贫困变化分解的文献中使用收入或消费指标表征经济增长，由于是两因素分析，往往将经济增长效应扣除后的部分归入不均等效应。也有学者在研究中采用洛伦兹曲线表征不均等程度，如 Kakwani（2000）等。Ravallion（2004）等采用 GDP 的直接影响因素（如经济结构）而不是用收入指标考察经济增长对贫困的作用。从数据来源来看，文献研究中采用的数据主要为微观调查数据，因此需要依据调查的特点选择合适可靠的指标展开分析，不均等程度的度量可能较为困难，测算结果过度依赖于微观调查中的样本设计，使用中有一定的局限性。

从贫困分解涉及的地区层面来看，除了以上提到的一些跨国研究外，Ravallion 和 Huppi（1991）、Datt 和 Ravallion（1992）、Kakwani（1993）、Kakwani（2000）、Aliya 和 Ali（2003）分别对印度尼西亚、巴西和印度、科特迪瓦、泰国及巴基斯坦展开了贫困分解的研究工作，对相关国家的减贫战略提出了相关政策建议。

中国的贫困分解研究主要集中于农村贫困。胡兵等（2007）在建立农村居民收入 Lorenz 曲线的基础上，对农村贫困变动的测度和分解表明，经济增长使农村居民收入增加，大幅度减少了贫困，但农村居民的收入差距不断拉大，收入不均等加剧部分地抵消了经济增长的减贫成效。洪兴建和邓倩（2013）将中国农村贫困的变动分解为长期贫困效应、脱贫效应和返贫效应。刘轶芳等（2014）利用 SST 贫困综合测度指标的分解和 FGT 指数的分解，归纳出我国农村贫困的组群特征和差异原因。徐映梅和张提（2016）通过贫困指数的构造和因素分解，对跨度 20 年的中国农村贫困进行了实证分析，并对未来的平均贫困缺口水平等指标进行了预测。

值得注意的是，在现有的文献中，很少有关于中国城市贫困问题的研究，学者们的研究重点绝大部分集中于农村贫困问题。原因主要在于农村贫困是中国社会贫困的主体，且农村贫困与城市贫困在贫困的形成、程度等方面差异巨大，因此很少将城市贫困和农村贫困联系在一起进行动态考察。夏庆杰等（2007）认为对中国城市贫困问题的忽略在一定程度上是由于使用低贫困线的原因，在现有的贫困线下，有显著比例的农村人口在贫困线下，但只有极低比例的城市人口被认定为贫困人口。例如 Ravallion 和 Chen（2007）在研究中发现 2001 年中国只有不到 0.5% 的城市人口生活在贫困线以下。使用低贫困线测度城市贫困，类同于假设城市贫困不存在，相关研究成果的政策意义非常有限（Khan 和 Azizur，1996；夏庆杰等，2007）。

但从现实情况来看，中国的城市贫困问题也亟须社会关注，一些低收入群体的生存情况令人忧心。特别是近年来作为快速城镇化的“后遗症”，生活成本上升、就业难、因病因残致贫导致的贫困人口规模不容小觑。朱庆芳（2002）估计城市贫困人口占当时中国城市人口总数的比重约为8%，之后的相关研究中多次引用这一比例。

基于以上相关文献，结合本文研究目的，提出以下几个研究假说。

假说1：经济增长、不均等对贫困趋势的影响随形势的变化会呈现不同的影响效应。

经济增长不会自动惠及所有社会成员，经济增长虽然是解决贫困问题的决定性因素，但收入分配将影响经济增长的减贫效果。如果不重视收入分配，即使经济增长，也有可能出现贫困加重的后果。正如罗楚亮（2012）指出：如果经济增长过程中收入差距扩大表现为低收入人群收入的衰退，甚至有可能出现经济增长与贫困程度上升并存的状态。另外，经济增长作用的发挥，还依赖于经济增长的性质和结构、初始条件、市场效率以及政策取向等经济和非经济因素（张平，2016）。

假说2：人口因素是贫困趋势分解中不能忽视的因素。

现有文献往往是以平均收入或消费的增速反映经济增长效应，平均收入或消费由总收入或总消费除以总人口得到，这当中人口总量变动的影响隐含在平均收入或消费中从而被忽略。特别是在我国，新中国成立以来人口总量经历了高速增长到平稳增长的过程，人口增长率近年来持续下降并稳定在0.5%左右。人口总量的变化无疑对平均收入或消费有着显著的影响，需要单独予以考察。以往研究中仅从经济增长和收入分配层面进行贫困趋势分解的做法不够全面。

假说3：城乡间的人口流动将显著影响城市贫困和农村贫困的状态。

长期以来，我国政府和学界更多地关注农村贫困，忽略了城市贫困。在我国城镇化发展的历程当中，城乡间的人口流动无疑会影响城市贫困和农村贫困的状况。Glaeser（2011）认为城市贫困人口的存在，根本原因是农村贫困的存在，城市发展是解决农村贫困问题的重要途径。城市发展是否有助于解决农村贫困的相关结论尚待实证检验，但从中国社会的实际情况来看，农村贫困和城市贫困密切相连。中国城镇化过程中，大量农村人口进入城市，城乡间的人口流动一方面有助于显著增加农村人口的收入，使务工收入成为减贫的主要来源；另一方面城市中由于征地形成的“失地农民”和农村流入城市的部分人口无农地、无保障、无就业岗位，往往形成新的贫困群体。

三　贫困动态变化的指数构造及分解原理

（一）现有贫困指数概述

1. *SST*（Sen - Shorrocks - Thon）指数

SST 指数是反映贫困强度的指数之一，也被称为调整后的 *Sen* 指数，是 Shorrocks（1995）在 Sen（1976）提出的贫困指数基础上的扩展。正如 Zheng（1997）提到的，这一调整后指数与 Thon（1979）提出的指数的极限是一致的。鉴于这有趣的巧合，Xu（1998）称这一调整后的指数为 *SST* 指数。目前 *SST* 指数是被广泛使用的贫困指数之一，*SST* 指数的基本公式如下：

$$SST = \sum_{i=1}^{q}\left(\frac{2(n-i)+1}{n^2}\right)\left(\frac{z-y_i}{z}\right)$$

其中，n 为总人口数，q 为收入 y_i 低于贫困线 z 的样本数，$2(n-i)+1$ 是第 i 个个体收入在总人口收入中的排序，以此为权重。如果样本收入 $y_i > z$，贫困程度 $\left(\frac{z-y_i}{z}\right) = 0$。

SST 指数实际上是贫困差距比率的加权综合，权重随着收入分布排序的增加而递减，从而给相对更加贫困的人口更多的权重。该指数具有很多良好的特性，如均匀性、单调性、连续性等。

根据 Xu 和 Osberg（1999）以及 Osberg（2000）的研究，*SST* 指数在特定的时间内，是贫困发生率 H、平均贫困差距 $APGR$ 和总人口收入差距比率分布的基尼系数 G_X 三个部分的乘积。

$$SST = H \times APGR \times (1 + G_X)$$

上式取对数后可得，*SST* 指数的分解式：

$$\Delta \ln SST = \Delta \ln H + \Delta \ln APGR + \Delta \ln(1 + G_X)$$

从而 SST 指数可明确地分解为贫困发生率、贫困深度和不均等三个组成部分。

2. FGT (Foster - Greer - Thorbecke) 指数

Foster 等（1984）将 SST 指数的权重改为收入差距比率 $\left(\frac{z-x_i}{z}\right)^{\alpha-1}$，提出了测度贫困的一个指标族—— FGT 指数，其计算公式为：

$$P_{\alpha}(x;z) = \frac{1}{N}\sum_{i=1}^{Q}\left(\frac{z-x_i}{z}\right)^{\alpha};\alpha \geqslant 0$$

其中，z 代表设定的贫困线，x_i 代表第 i 个贫困者的收入或者消费额，N 为总人口数，Q 为贫困人口数，α 一般取值为 0、1、2，取值越大，对最贫困群体的关注度越大，对贫困的厌恶程度越深，贫困转移的敏感度越强。显然，$P_0(x;z)$ 为人数比例，即贫困发生率；$P_1(x;z)$ 为收入差距比例，也被称为贫困缺口指数；$P_2(x;z)$ 为加权贫困距指数。以上三个指数都是目前被广泛使用的贫困指数。

（二）研究中贫困指数的构造

1. 经济增长、不均等及总人口的分解原理

借鉴 Mishra（2015）在贫困分解中采用的公式，在贫困缺口指数的基础上，考虑时间变化，得到如下的贫困指数：

$$P_{\alpha_t} = \sum_{i_t=1}^{n_t}\frac{1}{N_t}\left(\frac{z-x_{i_t}}{z}\right)^{\alpha};\alpha \geqslant 0 \qquad (1)$$

$t=1,2$，表示两个不同的时间段，在每个时间段，有 $i_t = 1_t,\cdots,n_t$ 的贫困人口，N_t 代表总人口，z 代表贫困线，x_{i_t} 代表第 i_t 个贫困者的收入或者消费额。

为在分解中表征各因素的影响，构造贫困因素指数：

$$P_{\alpha_t|\gamma_\tau} = \sum_{i_t=1}^{n_t}\frac{1}{N_t}\left(\frac{z-\lambda_v x_{i_t}}{z}\right)^{\alpha};\alpha \geqslant 0,\gamma_\tau = m_\tau, Y_\tau, n_\tau \qquad (2)$$

每一位贫困人口的收入和消费乘以一个常数 λ_v，$\lambda_v = \left(\frac{m_\tau}{m_t}\right),\left(\frac{X_\tau}{X_t}\right)$，

$\left(\frac{n_t}{n_\tau}\right)$（$\nu = m, X, n$，且 $t \neq \tau$）分别表示两个不同时期的平均收入、总收入和总人口的比值。

在贫困变化分解的文献中，往往只考虑经济增长和不均等效应，经济增长主要体现为平均收入的变化，扣除经济增长效应后的剩余为不均等效应。从式（1）到式（2），依据 Heshmati（2004）的做法，可以得到经济增长和不均等分解的不同形式。

Kakwani 和 Subbarao（1990）的分解式为：

$$\Delta P_\alpha = (P_{\alpha 1 \mid m_2} - P_{\alpha 1}) + (P_{\alpha 2} - P_{\alpha 1 \mid m_2}) \tag{3}$$

Jain 和 Tendulkar（1990）提出的方法是：

$$\Delta P_\alpha = (P_{\alpha 2} - P_{\alpha 2 \mid m_1}) + (P_{\alpha 2 \mid m_1} - P_{\alpha 1}) \tag{4}$$

Kakwani（2000）对以上两个式子进行了简单平均，即

$$\begin{aligned} \Delta P_\alpha = & \frac{1}{2}\{(P_{\alpha 1 \mid m_2} - P_{\alpha 1}) + (P_{\alpha 2} - P_{\alpha 2 \mid m_1})\} \\ & + \frac{1}{2}\{(P_{\alpha 2} - P_{\alpha 1 \mid m_2}) + (P_{\alpha 2 \mid m_1} - P_{\alpha 1})\} \end{aligned} \tag{5}$$

以上三个式子都是通过平均收入的分析测算贫困指数变化的经济增长效应，如果通过总收入计算，结果是不同的，可将式（5）改写为：

$$\begin{aligned} \Delta P_\alpha = & \frac{1}{2}\{(P_{\alpha 1 \mid X_2} - P_{\alpha 1}) + (P_{\alpha 2} - P_{\alpha 2 \mid X_1})\} \\ & + \frac{1}{2}\{(P_{\alpha 2} - P_{\alpha 1 \mid X_2}) + (P_{\alpha 2 \mid X_1} - P_{\alpha 1})\} \end{aligned} \tag{6}$$

在式（6）中，可进一步将经济增长因素分解为平均收入效应和总的附加效应。即：

$$(P_{\alpha 1 \mid X_2} - P_{\alpha 1}) = (P_{\alpha 1 \mid m_2} - P_{\alpha 1}) + (P_{\alpha 1 \mid X_2} - P_{\alpha 1 \mid m_2}) \tag{7}$$

和

$$(P_{\alpha 2} - P_{\alpha 2 \mid X_1}) = (P_{\alpha 2} - P_{\alpha 2 \mid m_1}) + (P_{\alpha 2 \mid m_1} - P_{\alpha 2 \mid X_1}) \tag{8}$$

如果两个时期的总人口不变，则通过平均收入和总收入计算得到的

增长效应相同，即 $n_t = n_\tau$，$P_{\alpha_t|m_\tau} = P_{\alpha_2|X_\tau}$。

由式（7）、（8），可得到：

$$\Delta P_\alpha = \frac{1}{2}\{(P_{\alpha1|m_2} - P_{\alpha1}) + (P_{\alpha2} - P_{\alpha2|m_1})\} + \frac{1}{2}\{(P_{\alpha1|X_2} - P_{\alpha1|m_2}) + (P_{\alpha2|m_1} - P_{\alpha2|X_1})\} + \frac{1}{2}\{(P_{\alpha2} - P_{\alpha2|X_2}) + (P_{\alpha2|X_1} - P_{\alpha1})\} \quad (9)$$

另外，

$$(P_{\alpha2} - P_{\alpha2|X_2}) = (P_{\alpha2|n_1} - P_{\alpha1|X_2}) + (P_{\alpha2} - P_{\alpha2|n_1}) \quad (10)$$

$$(P_{\alpha2|X_1} - P_{\alpha1}) = (P_{\alpha2|X_1} - P_{\alpha1|n_2}) + (P_{\alpha1|n_2} - P_{\alpha1}) \quad (11)$$

结合式（9）、（10）、（11），可得

$$\Delta P_\alpha = \frac{1}{2}\{(P_{\alpha1|m_2} - P_{\alpha1}) + (P_{\alpha2} - P_{\alpha2|m_1})\} + \frac{1}{2}\{(P_{\alpha1|X_2} - P_{\alpha1|m_2}) + (P_{\alpha2|m_1} - P_{\alpha2|X_1})\} + \frac{1}{2}\{(P_{\alpha2|n_1} - P_{\alpha1|X_2}) + (P_{\alpha2|X_1} - P_{\alpha1|n_2})\} + \frac{1}{2}\{(P_{\alpha2} - P_{\alpha2|n_1}) + (P_{\alpha1|n_2} - P_{\alpha1})\} \quad (12)$$

在式（12）中，有四个主要部分，分别为平均收入的增长效应、扣除平均收入效应后总收入的增长效应、不均等效应和人口变动效应。

在式（12）的基础上，具体分解的方式将取决于分解中每个因素的先后顺序和基期的选择。随后的分析中，我们主要考虑贫困指数变化的三个效应：总收入的经济增长效应、不均等效应和总人口效应。由于平均收入由总收入和总人口计算得出，因此平均收入的效应包含在两种效应之中，不再单列。考虑到分解的顺序问题，三种效应的分解意味着将有六种可能的分解方式。

经济增长—不均等—人口

$$\Delta P_\alpha = (P_{\alpha1|X_2} - P_{\alpha1}) + (P_{\alpha2|n_1} - P_{\alpha1|X_2}) + (P_{\alpha2} - P_{\alpha1|n_1}) \quad (13)$$

经济增长—人口—不均等

$$\Delta P_\alpha = (P_{\alpha1|X_2} - P_{\alpha1}) + (P_{\alpha2|L_1} - P_{\alpha1|X_2}) + (P_{\alpha2} - P_{\alpha1|L_1}) \quad (14)$$

不均等—经济增长—人口

$$\Delta P_{\alpha} = (P_{\alpha1 \mid L_2} - P_{\alpha1}) + (P_{\alpha2 \mid n_1} - P_{\alpha1 \mid L_2}) + (P_{\alpha2} - P_{\alpha2 \mid n_1}) \tag{15}$$

不均等—人口—经济增长

$$\Delta P_{\alpha} = (P_{\alpha1 \mid L_2} - P_{\alpha1}) + (P_{\alpha2 \mid X_1} - P_{\alpha1 \mid L_2}) + (P_{\alpha2} - P_{\alpha2 \mid X_1}) \tag{16}$$

人口—经济增长—不均等

$$\Delta P_{\alpha} = (P_{\alpha1 \mid n_2} - P_{\alpha1}) + (P_{\alpha2 \mid L_1} - P_{\alpha1 \mid n_2}) + (P_{\alpha2} - P_{\alpha2 \mid L_1}) \tag{17}$$

人口—不均等—经济增长

$$\Delta P_{\alpha} = (P_{\alpha1 \mid n_2} - P_{\alpha1}) + (P_{\alpha2 \mid X_1} - P_{\alpha1 \mid n_2}) + (P_{\alpha2} - P_{\alpha2 \mid X_1}) \tag{18}$$

以第一个分解式为例加以解释，$(P_{\alpha_1 \mid X_2} - P_{\alpha_1})$ 表示不均等和人口都固定在基期，经济增长带来的贫困指数变化。$(P_{\alpha_2 \mid n_1} - P_{\alpha_1 \mid X_2})$ 表示人口固定在基期，而总收入固定在报告期（由于不均等效应的测定在经济增长效应测定之后），不均等程度变化带来的贫困指数变化。$(P_{\alpha_2} - P_{\alpha_1 \mid n_1})$ 表示经济增长和不均等都固定在报告期，单纯由于人口变动带来的贫困效应。

对六个分解式中同一效应进行平均，可分别定义经济增长、不均等、人口的综合效应，公式如下：

$$\Delta P_{\alpha_j} = \frac{1}{6}\sum\nolimits_s \Delta P_{\alpha_{js}};j = X,L,n;s = 1,2,\cdots,6 \tag{19}$$

$$\Delta P_{\alpha1} = \frac{1}{3}(P_{\alpha1 \mid X_2} - P_{\alpha1}) + \frac{1}{6}(P_{\alpha2 \mid n_1} - P_{\alpha1 \mid L_2}) + \frac{1}{6}(P_{\alpha2 \mid L_1} - P_{\alpha1 \mid n_2}) + \frac{1}{3}(P_{\alpha2} - P_{\alpha2 \mid X_1})$$

$$\Delta P_{\alpha2} = \frac{1}{3}(P_{\alpha1 \mid L_2} - P_{\alpha1}) + \frac{1}{6}(P_{\alpha2 \mid X_1} - P_{\alpha1 \mid n_2}) + \frac{1}{6}(P_{\alpha2 \mid n_1} - P_{\alpha1 \mid X_2}) + \frac{1}{3}(P_{\alpha2} - P_{\alpha2 \mid L_1})$$

$$\Delta P_{\alpha3} = \frac{1}{3}(P_{\alpha1 \mid n_2} - P_{\alpha1}) + \frac{1}{6}(P_{\alpha2 \mid L_1} - P_{\alpha1 \mid X_2}) + \frac{1}{6}(P_{\alpha2 \mid X_1} - P_{\alpha1 \mid L_2}) + \frac{1}{3}(P_{\alpha2} - P_{\alpha2 \mid n_1})$$

贫困总变化是以上三类效应的叠加：

$$\Delta P_{\alpha} = \sum_{j} \Delta P_{\alpha_j}; j = X, L, n \tag{20}$$

在单纯分析经济增长和不均等两类效应的文献中，只需要测算出一类效应，往往是经济增长效应，余下的就是不均等效应，从而避免了不均等效应测算的难题。借鉴 Datt 和 Ravallion（1992）在研究中对不均等因素采取的参数化处理办法并加以改进。由于效应之间的互斥性，容易证明，不均等效应保持在报告期水平时的贫困变化基期测度值，与经济增长效应保持在基期水平的贫困变化报告期测度值相同，即 $P_{\alpha_t|L_\tau} = P_{\alpha_\tau|m_t}$，由于经济增长效应可分解为总人口和总收入效应，可以得到：$P_{\alpha_t|L_\tau} = P_{\alpha_\tau|m_t} = P_{\alpha_\tau|X_t,n_t}$，同理，也有 $P_{\alpha_t|X_\tau} = P_{\alpha_\tau|L_t,n_t}$，$P_{\alpha_t|n_\tau} = P_{\alpha_\tau|L_t,X_t}$，由此可完成经济增长、不均等及人口效应的三因素分解。

2. 组内效应和组间效应的分解

一般来讲，若有 k 个组，且每个组具体的收入份额 $a_{i_{kt}}$、人口份额 b_{kt}、平均收入 $m_{i_{kt}}$、贫困总人口 n_{kt}、总收入 X_{kt}、FGT 指数 $P_{\alpha_{kt}}$、基尼系数 L_{kt} 和表示个人收入变化的常数因子 λ_{kv} 都已知。贫困指数变化 $\Delta P_{\alpha} = P_{\alpha_2} - P_{\alpha_1}$，$\Delta P_{\alpha_j}$，$\Delta P_{\alpha_k}$，$\Delta P_{\alpha_{jk}}$（$j = X, L, n$）具体指由于经济增长、不均等和人口效应引起的贫困指数变化。式（20）可以表示为：

$$\Delta P_{\alpha} = \sum_{k=1}^{K} \Delta P_{\alpha_k} = \sum_{j} \sum_{k=1}^{K} \Delta P_{\alpha_{jk}}; j = X, L, n \tag{21}$$

$$\begin{aligned} \Delta P_{\alpha} &= (P_{\alpha 2} - P_{\alpha 1}) = (\sum_{k=1}^{K} b_{k2} P_{\alpha k2}) - (\sum_{k=1}^{K} b_{k1} P_{\alpha k1}) \\ &= (\sum_{k=1}^{K} b_{k2} \Delta P_{\alpha_k} + \sum_{k=1}^{K} b_{k1} \Delta P_{\alpha_k} + \sum_{k=1}^{K} P_{\alpha k2} \Delta b_k + \sum_{k=1}^{K} P_{\alpha k1} \Delta b_k)/2 \\ &= (\sum_{k=1}^{K} (\frac{b_{k1} + b_{k2}}{2}) \Delta P_{\alpha_k}) + (\sum_{k=1}^{K} (\frac{P_{\alpha k1} + P_{\alpha k2}}{2}) \Delta b_k) \end{aligned} \tag{22}$$

Son（2003）将贫困指数变化分解为组内效应和组间效应。也可将此研究结论应用于式（21）。组内效应可以分解为经济增长、不均等和总人口的变化；与组间的人口份额及其他影响效应独立，所有组内和组间的效应都可以通过分解得到互斥的结果。也就是说，有：

$$\Delta P_{\alpha} = \left(\sum_{j} \sum_{k=1}^{K} (\frac{b_{k1} + b_{k2}}{2}) \Delta P_{\alpha_{jk}} \right) + \left(\sum_{k=1}^{K} (\frac{P_{\alpha k1} + P_{\alpha k2}}{2}) \Delta b_k \right); j = X, L, n \tag{23}$$

这意味着我们在式（20）中展示的公式可进一步分解为组内和组间效应（Son，2003）。人口因素的影响有两个方面，一方面人口构成了组内效应的分量，另一方面人口在不同组之间的分布结构也会影响贫困指数的变化。在前一种情况下，若总人口增加，总收入和不均等保持不变，那么整个群体的贫困程度增加。后者是人口份额变化导致的组间效应，只要人口份额发生变动，势必会对各组产生积极或消极的影响。

四 实证分析

（一）数据来源与描述

研究中使用的数据主要来源于“中国健康与营养调查”（CHNS），该调查由美国北卡罗来纳大学的卡罗来纳人口研究中心与美国国家营养与食物安全研究所及中国疾病预防控制中心合作展开。目前已公布了10轮数据（1989、1991、1993、1997、2000、2004、2006、2009、2011、2015），参与调查的省区市有贵州、广西、湖南、湖北、河南、山东、江苏、辽宁、黑龙江、北京、上海、重庆、云南、浙江和陕西。其中辽宁1997年未参与调查，黑龙江从1997年开始加入调查，辽宁和黑龙江均参与了后续调查，2011年北京、上海和重庆开始参与调查，2015年云南、浙江、陕西开始参与调查。调查采用多阶段整群随机抽样的方式，数据具有较强的连续性。

1990年，世界银行选取当时一组最贫穷国家的贫困线，采用购买力折算并计算均值，将贫困线设定在人日均1美元左右。2005年，世界银行进行了新一轮更大规模的国际可比价格数据收集，并根据新的购买力平价和当时15个最贫穷国家贫困线的平均值，将国际贫困线上调到人日均1.25美元。2008年，世界银行发布“1天2美元”的贫困标准，按2011年价格计算则为每天3.1美元，该标准通常被称为“一般贫困标准”。鲜祖德等（2016）的研究指出，我国绝对贫困测度标准略低于世界银行2008年“1天2美元”的标准。2017年世界银行指出，考虑到全球各个国家的平均收入和发展水平不一样，有必要重新调整贫困线，于是将贫困线划定为三档：1.90 美元/天的国际极端贫困线标准；3.2 美元/天的中低收入国家贫困线标准；5.5 美元/天的高收入发展中国家贫困线标准。依据 Ravallion（1992）提出的占优分析理论，针对按高低顺序排列的多重贫困线分析贫困变化趋势的稳定性，建议使用绝对贫困线以上的贫困线，不建议使用随生活水平变动的相对贫困线。因此本文为使分析结果既能反映我国实际，又方便进行国际比较，同时使用国家规定的农村贫困线标准 2300 元/年（2010 年不变价）、中低收入国家贫困线标准 3.2 美元/天、高收入发展中国家贫困线标准 5.5 美元/天进行实证测算，文中分别用贫困线 1、贫困线 2、贫困线 3 表示。

根据世界银行 2014 年公布的 2011 年国际购买力平价（PPP）结果，1 美元购买力相当于人民币 3.506 元，3.2 美元相当于 3886 元/年（2010 年不变价），5.5 美元相当于 6678 元/年（2010 年不变价）。另外，为保证数据的可比性，研究主要针对具有连续数据记录的贵州、广西、湖南、湖北、河南、山东、江苏、辽宁进行总量测算。每一轮数据的样本量为 4000 户左右，10 轮数据的样本量总和为 42973 户。

（二）国家层面的贫困变化因素分解

1. 贫困缺口指数的总体发展趋势

表 1 给出了三条贫困线下，贫困缺口指数的计算结果。可以发现，三条贫困线下的贫困缺口指数呈现相似的发展趋势，都呈现不断下降的基本态势。三条贫困线下的全国贫困缺口指数的年均降低速度分别为 5.42%、6.07% 和 6.16%。另外，贫困线取值水平越高，贫困缺口指数的波动越明显。农村的贫困程度明显高于城市和全国一般水平。从贫困缺口指数的变化速度来看，随着时间的推移，下降幅度趋缓，特别是 2015 年与 2011 年对比，只在贫困线 3 下出现了全面下降态势，贫困线 1 和贫困线 2 下都未出现明显的降低趋势，说明脱贫攻坚工作进入全面小康的扶贫开发阶段（2011 年至今），现有标准下的绝对贫困问题得到了有效解决，但剩余贫困人口的减贫难度不断增大。贫困缺口指数没有明显降低的主要原因，可能在于剩余贫困人口主要为分布于深度贫困地区与一般城市和农村的特殊贫困人群，需要更加有针对性的帮扶措施，是

脱贫攻坚中的“硬骨头”。已有的研究也证实了这一点。汪三贵（2018）提到：中国和世界各国的减贫经验都表明，由于条件好、能力强的贫困人口会率先脱贫，越到后期扶贫难度越大，减贫速度越慢。一些深度贫困地区和一部分特殊类型、特殊困难的贫困人口要实现稳定脱贫还有相当难度。洪兴建、邓倩（2013）基于 CHNS 的八轮农村家庭收入调查数据，发现虽然长期贫困发生率显著下降，但是长期贫困的贫困缺口指数变化不大甚至出现了一定程度的上升，说明越往后长期贫困家庭越少，但是这些家庭一般都是异常贫困家庭，脱贫难度高，需要更加精准的反贫困策略。肖殿荒等（2018）在研究中发现，农村家庭子辈收入向上流动困难，存在严重的贫困固化现象。目前我国脱贫攻坚已经进入决战决胜的关键时期。“大水漫灌”的方式很难奏效，必须采取更精准的措施，把精准扶贫做深做足。

表 1　三条贫困线下贫困缺口指数的计算结果

年份	贫困线 1			贫困线 2			贫困线 3		
	全国	城市	农村	全国	城市	农村	全国	城市	农村
1989	0. 1602	0. 0504	0. 2104	0. 3019	0. 1559	0. 3687	0. 5098	0. 3933	0. 5630
1991	0. 1458	0. 0647	0. 1807	0. 2955	0. 1734	0. 3479	0. 5077	0. 4029	0. 5527
1993	0. 1415	0. 0822	0. 1648	0. 2821	0. 1918	0. 3175	0. 4729	0. 3854	0. 5071
1997	0. 0919	0. 0625	0. 1041	0. 1994	0. 1347	0. 2263	0. 3769	0. 2959	0. 4105
2000	0. 0901	0. 0556	0. 1039	0. 1729	0. 1047	0. 2004	0. 3149	0. 2166	0. 3546
2004	0. 0708	0. 0478	0. 0804	0. 1391	0. 0876	0. 1605	0. 2572	0. 1708	0. 2931
2006	0. 0641	0. 0474	0. 0713	0. 1316	0. 0850	0. 1514	0. 2404	0. 1581	0. 2754
2009	0. 0381	0. 0270	0. 0429	0. 0700	0. 0469	0. 0801	0. 1389	0. 0899	0. 1601
2011	0. 0344	0. 0263	0. 0402	0. 0598	0. 0392	0. 0744	0. 1060	0. 0638	0. 1359
2015	0. 0376	0. 0205	0. 0484	0. 0593	0. 0301	0. 0777	0. 0976	0. 0463	0. 1298

2. 国家层面的贫困变化分解

考虑目前“中国健康与营养调查”（CHNS）数据的时间范围为 1989 ~ 2015 年，因此选取 1991 ~ 2000 年、2000 ~ 2011 年、2011 ~ 2015 年三个较长的时间段分析贫困变化的影响因素。选取 1991 年而不是 1989 年作为起始年，主要原因是 1989 年 CHNS 调查第一次进行，非抽样误差可能较大。

（1）1991～2000年的贫困变化分解

表2给出了1991～2000年三条贫困线下贫困缺口指数变化分解得到的测算结果。可以发现，经济增长、不均等、人口因素在三条贫困线下分解结果的方向都相同。经济增长是促使贫困缺口指数降低的主要因素，这一阶段中国的平均经济增长率为10.43%，特别是1992～1995年，每年的经济增长率均高于10%，1992年的经济增长率更是达到了14.22%的高位。说明长期高速的经济增长是减贫最根本和最重要的力量源泉（Chambers等，2008）。另外，贫困线越高，经济增长因素所起的作用越大。不均等在这一时间段对贫困缺口指数的下降起到了反向作用，说明这一时期的收入分配并不利于贫困程度的降低，收入分配整体来看更有益于相对富裕的阶层，不均等因素基本上抵消了经济增长带来的减贫效应。人口因素也是促使贫困程度降低的主要因素。这一阶段中国人口自然增长率从1991年的12.98‰减少到2000年的6.95‰，人口总量由1991年的11.58亿人缓慢增长至2000年的12.67亿人。[①] 人口增速的减缓及贫困人口数的显著下降有效地促进了平均收入的提高，进而对贫困程度的减缓起到正向作用。另外，由于较高贫困线的设定意味着更大规模的贫困人口，因此经济增长、不均等和人口因素对贫困减缓的作用力度也明显增强。

表2 1991～2000年贫困变化分解结果

效应	具体公式表达	权重	贫困线1	贫困线2	贫困线3
经济增长	$P_{\alpha1\mid X_2}-P_{\alpha1}$	1/3	-0.2639	-0.4274	-0.5503
	$P_{\alpha2\mid n_1}-P_{\alpha1\mid L_2}$	1/6	-0.0701	-0.1200	-0.2834
	$P_{\alpha2\mid L_1}-P_{\alpha1\mid n_2}$	1/6	0.0587	0.2137	0.3826
	$P_{\alpha2}-P_{\alpha2\mid X_1}$	1/3	-0.0670	-0.1146	-0.2552
	总效应	—	-0.1122	-0.1651	-0.2520
不均等	$P_{\alpha1\mid L_2}-P_{\alpha1}$	1/3	0.0087	-0.0123	-0.0242
	$P_{\alpha2\mid X_1}-P_{\alpha1\mid n_2}$	1/6	0.3125	0.5985	0.7578
	$P_{\alpha2\mid n_1}-P_{\alpha1\mid X_2}$	1/6	0.2024	0.2951	0.2817
	$P_{\alpha2}-P_{\alpha2\mid L_1}$	1/3	0.1868	0.2702	0.2603
	总效应	—	0.1510	0.2349	0.2520

① 数据来源于中国统计年鉴（1992～2001）。

续表

效应	具体公式表达	权重	贫困线 1	贫困线 2	贫困线 3
人口	$P_{\alpha_1 \mid n_2} - P_{\alpha_1}$	1/3	-0.3012	-0.6064	-0.9535
	$P_{\alpha_2 \mid L_1} - P_{\alpha_1 \mid X_2}$	1/6	0.0213	0.0346	0.0397
	$P_{\alpha_2 \mid X_1} - P_{\alpha_1 \mid L_2}$	1/6	0.0025	0.0043	0.0066
	$P_{\alpha_2} - P_{\alpha_2 \mid n_1}$	1/3	0.0057	0.0097	0.0148
	总效应	—	-0.0945	-0.1924	-0.3052
总变化		—	-0.0558	-0.1226	-0.1928

（2）2000～2011 年的贫困变化分解

表 3 给出了 2000～2011 年三条贫困线下贫困缺口指数变化分解得到的测算结果。可以发现，三条贫困线下经济增长、不均等、人口因素的分解结果仍然在方向上趋同。与 1991～2000 年不同的是，在较高的贫困线下，经济增长、不均等和人口因素的作用程度均有提升，在较低的贫困线下，两个阶段的贫困程度减缓及各因素的作用程度较为接近。综合来看，经济增长的作用仍然非常强劲，这一阶段中国经济的年均增长率为 10.46%，对贫困趋势的下降起到了决定性作用。但经济增长带来的减贫效应全部被不均等因素抵消，收入分配差距对贫困变化的反向作用愈加明显，且对比上一个阶段，影响程度有所上升。人口因素的减贫效应也较为明显，这一时期中国人口自然增长率从 2000 年的 6.95‰减少到 2011 年的 4.79‰，人口总量由 2000 年的 12.67 亿人缓慢增长至 2011 年的 13.47 亿人，[①] 贫困人口的数量也显著下降。

表 3　2000～2011 年贫困变化分解结果

效应	具体公式表达	权重	贫困线 1	贫困线 2	贫困线 3
经济增长	$P_{\alpha_1 \mid X_2} - P_{\alpha_1}$	1/3	-0.3228	-0.5522	-0.8440
	$P_{\alpha_2 \mid n_1} - P_{\alpha_1 \mid L_2}$	1/6	-0.0262	-0.0448	-0.0843
	$P_{\alpha_2 \mid L_1} - P_{\alpha_1 \mid n_2}$	1/6	-0.1431	-0.2071	-0.2153
	$P_{\alpha_2} - P_{\alpha_2 \mid X_1}$	1/3	-0.0263	-0.0449	-0.0844
	总效应	—	-0.1446	-0.2410	-0.3594

① 数据来源于中国统计年鉴（2001～2012）。

续表

效应	具体公式表达	权重	贫困线1	贫困线2	贫困线3
不均等	$P_{\alpha_1 \mid L_2} - P_{\alpha_1}$	1/3	-0.0294	-0.0683	-0.1245
	$P_{\alpha_2 \mid X_1} - P_{\alpha_1 \mid n_2}$	1/6	0.1507	0.2774	0.5051
	$P_{\alpha_2 \mid n_1} - P_{\alpha_1 \mid X_2}$	1/6	0.2672	0.4392	0.6352
	$P_{\alpha_2} - P_{\alpha_2 \mid L_1}$	1/3	0.2675	0.4397	0.6360
	总效应	—	0.1490	0.2432	0.3605
人口	$P_{\alpha_1 \mid n_2} - P_{\alpha_1}$	1/3	-0.1800	-0.3457	-0.6296
	$P_{\alpha_2 \mid L_1} - P_{\alpha_1 \mid X_2}$	1/6	-0.0004	-0.0007	-0.0009
	$P_{\alpha_2 \mid X_1} - P_{\alpha_1 \mid L_2}$	1/6	0.0001	0.0001	0.0000
	$P_{\alpha_2} - P_{\alpha_2 \mid n_1}$	1/3	0.0000	0.0000	-0.0001
	总效应	—	-0.0601	-0.1153	-0.2101
总变化		—	-0.0556	-0.1131	-0.2089

（3）2011～2015年的贫困变化分解

表4给出了2011～2015年三条贫困线下贫困缺口指数变化分解得到的初步结果。与1991～2000年和2000～2011年比较，2011～2015年贫困缺口指数变化明显趋缓，部分原因在于对比的时间长度偏短。值得注意的是，在贫困线1下，贫困程度未出现下降态势。说明较低的贫困线下，贫困缺口指数的整体敏感度下降。贫困线2和贫困线3下的分解结果在变化分解的方向上趋同。经济增长是贫困趋势下降的正向作用因素，但作用效果很微弱。不均等因素仍然是贫困缺口指数降低的反向因素，作用力度明显超过了经济增长因素，说明收入分配仍然未能有利于贫困程度的减缓。人口因素的正向促进作用和不均等的反向作用力度基本持平，这一时期中国人口自然增长率从2011年的4.79‰上升到2015年的4.96‰，人口总量由2011年的13.47亿人增长至2015年的13.75亿人，[①] 贫困群体的数量也显著下降。对比1991～2000年和2000～2011年，经济增长对贫困缺口指数的影响程度明显降低，除了时间因素以外，主要原因还在于随着社会经济发展，贫困群体呈现固化的态势，即经济增长很大程度上增加了大部分社会群体的收入，但对特别困难群体的作

① 数据来源于中国统计年鉴（2012～2016）。

用非常有限。不均等因素对贫困缺口指数的下降起到了反向作用，显示这一阶段收入分配仍然未能有利于贫困程度缓解。

表 4　2011～2015 年贫困变化分解结果

效应	具体公式表达	权重	贫困线 1	贫困线 2	贫困线 3
经济增长	$P_{\alpha_1 \mid X_2} - P_{\alpha_1}$	1/3	-0.0147	-0.0296	-0.0473
	$P_{\alpha_2 \mid n_1} - P_{\alpha_1 \mid L_2}$	1/6	-0.0091	-0.0161	-0.0283
	$P_{\alpha_2 \mid L_1} - P_{\alpha_1 \mid n_2}$	1/6	0.0581	0.1012	0.1773
	$P_{\alpha_2} - P_{\alpha_2 \mid X_1}$	1/3	-0.0087	-0.0067	-0.0271
	总效应	—	0.0004	0.0021	0.0001
不均等	$P_{\alpha_1 \mid L_2} - P_{\alpha_1}$	1/3	0.0109	0.0131	0.0155
	$P_{\alpha_2 \mid X_1} - P_{\alpha_1 \mid n_2}$	1/6	0.0824	0.1286	0.2359
	$P_{\alpha_2 \mid n_1} - P_{\alpha_1 \mid X_2}$	1/6	0.0165	0.0266	0.0345
	$P_{\alpha_2} - P_{\alpha_2 \mid L_1}$	1/3	0.0156	0.0207	0.0315
	总效应	—	0.0253	0.0372	0.0607
人口	$P_{\alpha_1 \mid n_2} - P_{\alpha_1}$	1/3	-0.0705	-0.1224	-0.2172
	$P_{\alpha_2 \mid L_1} - P_{\alpha_1 \mid X_2}$	1/6	0.0023	0.0084	0.0074
	$P_{\alpha_2 \mid X_1} - P_{\alpha_1 \mid L_2}$	1/6	0.0010	-0.0069	0.0031
	$P_{\alpha_2} - P_{\alpha_2 \mid n_1}$	1/3	0.0014	0.0025	0.0044
	总效应	—	-0.0225	-0.0397	-0.0692
总变化		—	0.0032	-0.0005	-0.0084

（三）城乡层面的贫困变化分解

1. 1991～2000 年城乡层面的贫困变化分解

表 5 分别给出了城市和农村在 1991～2000 年贫困缺口指数变化分解的结果。从分解结果来看，三条贫困线下各因素的作用方向相同。随着贫困线的提高，城市和农村的贫困缺口指数变化幅度均逐渐增大，且农村贫困程度的降低更为明显，在贫困线 1 下，城市贫困程度的变化相对较为稳定。整体来看，经济增长是这一阶段促使城市和农村贫困缺口指数降低的主要因素。且经济增长对城市减贫的效用更大，当贫困线提高时表现得更加突出。随着我国经济社会市场化程度的加深，收入差距不断增大，不均等因素在这一时间段对贫困缺口指数的下降起到了反向作用，且作用力度超过经济增长因素。人口因素对贫困缺口指数的下降也

是起反向作用，值得关注的是，人口因素对农村贫困变化的影响相比城市作用更大，说明这一阶段农村人口的总量下降及贫困人口总量的减少显著影响贫困缺口指数的取值。这一阶段，正处于国家“八七扶贫攻坚”阶段，农村仍然有相当一部分人收入不能维持基本生活需要，内部的收入差距迅速扩大，仅靠传统的救济式扶贫对于缓解贫困作用甚微。这一时期政府将扶贫开发工作作为重要的社会工程，明确了开发式扶贫方针，农村贫困人口的生活条件得到了明显改善（苏红键、魏后凯，2018）。伴随着经济体制改革和经济结构调整，城市贫困问题逐渐凸显。这一阶段中央和地方政府相继出台了一系列关于城镇居民最低生活保障的相关规定，有效地减少了城市贫困带来的负面影响。

表5　1991～2000年城市和农村的贫困变化分解结果

效应	具体公式表达	权重	农村			城市		
			贫困线1	贫困线2	贫困线3	贫困线1	贫困线2	贫困线3
经济增长	$P_{\alpha_1 \mid X_2} - P_{\alpha_1}$	1/3	-0.3000	-0.4337	-0.4328	-0.1640	-0.3979	-0.6211
	$P_{\alpha_2 \mid n_1} - P_{\alpha_1 \mid L_2}$	1/6	-0.0839	-0.1367	-0.1927	-0.0359	-0.0779	-0.1585
	$P_{\alpha_2 \mid L_1} - P_{\alpha_1 \mid n_2}$	1/6	0.1110	0.3339	0.7444	-0.0337	-0.0491	0.1880
	$P_{\alpha_2} - P_{\alpha_2 \mid X_1}$	1/3	-0.0787	-0.1283	-0.1808	-0.0358	-0.0777	-0.1582
	总效应	—	-0.1217	-0.1545	-0.1126	-0.0782	-0.1797	-0.2548
不均等	$P_{\alpha_1 \mid L_2} - P_{\alpha_1}$	1/3	-0.0024	-0.0262	-0.0273	0.0267	0.0089	-0.0284
	$P_{\alpha_2 \mid X_1} - P_{\alpha_1 \mid n_2}$	1/6	0.3789	0.6991	1.1106	0.1564	0.3564	0.7787
	$P_{\alpha_2 \mid n_1} - P_{\alpha_1 \mid X_2}$	1/6	0.2138	0.2707	0.2128	0.1548	0.3290	0.4342
	$P_{\alpha_2} - P_{\alpha_2 \mid L_1}$	1/3	0.1892	0.2369	0.1855	0.1543	0.3278	0.4325
	总效应	—	0.1610	0.2319	0.2733	0.1122	0.2265	0.3368
人口	$P_{\alpha_1 \mid n_2} - P_{\alpha_1}$	1/3	-0.3769	-0.7183	-1.1279	-0.1297	-0.3474	-0.8068
	$P_{\alpha_2 \mid L_1} - P_{\alpha_1 \mid X_2}$	1/6	0.0341	0.0493	0.0492	0.0006	0.0014	0.0023
	$P_{\alpha_2 \mid X_1} - P_{\alpha_1 \mid L_2}$	1/6	0.0044	0.0071	0.0100	0.0001	0.0001	0.0003
	$P_{\alpha_2} - P_{\alpha_2 \mid n_1}$	1/3	0.0095	0.0156	0.0219	0.0001	0.0003	0.0006
	总效应	—	-0.1160	-0.2248	-0.3588	-0.0431	-0.1154	-0.2683
总变化		—	-0.0767	-0.1474	-0.1981	-0.0091	-0.0687	-0.1863

2. 2000～2011年城乡层面的贫困变化分解

表6分别给出了城市和农村在2000～2011年贫困缺口指数变化分解的结果。从分解结果来看，三条贫困线下各因素的作用方向相同。经济

增长因素仍然是贫困程度减缓的重要因素，随着贫困线的提高，经济增长对贫困程度减缓的正向作用更为明显，有助于抵消不均等因素带来的贫困程度加剧。不均等因素在这一时间段对贫困缺口指数的下降起到明显的反向作用，随着贫困线的上升，不均等因素的作用愈加明显，也即收入差距的扩大，使贫困程度不断加深。低贫困线下不均等因素对农村贫困程度的影响高于城市，但高贫困线下不均等因素对农村、城市贫困程度的影响程度较为接近。这一阶段人口因素在城市和农村贫困变化分解中的结果呈现较大差异，人口因素对农村贫困缺口指数的下降作用明显高于城市。2000~2011 年适逢农村扶贫工作的巩固温饱阶段，宏观扶贫政策转向开发式扶贫与多项惠农政策并举，重视保障性扶贫及教育、卫生、生态扶贫等内容。城市贫困方面，2002 年基本实现了对城市贫困人口最低生活保障的“应保尽保”，2004 年正式实施最低工资规定。对城市贫困人群起到了一定的保障作用（姚迈新，2017）。失业、医疗及养老保险以及城镇最低收入家庭廉租房制度的进一步完善也对保障民生发挥了重要作用，低收入群体的生活状况得到了较大的改善。

表 6　2000~2011 年城市和农村的贫困变化分解结果

效应	具体公式表达	权重	农村			城市		
			贫困线 1	贫困线 2	贫困线 3	贫困线 1	贫困线 2	贫困线 3
经济增长	$P_{\alpha_1 \mid X_2} - P_{\alpha_1}$	1/3	-0.2723	-0.4439	-0.6255	-0.2440	-0.5290	-1.0768
	$P_{\alpha_2 \mid n_1} - P_{\alpha_1 \mid L_2}$	1/6	-0.0263	-0.0446	-0.0810	-0.0205	-0.0359	-0.0765
	$P_{\alpha_2 \mid L_1} - P_{\alpha_1 \mid n_2}$	1/6	-0.1873	-0.2434	-0.1986	-0.0190	-0.0730	-0.1417
	$P_{\alpha_2} - P_{\alpha_2 \mid X_1}$	1/3	-0.0320	-0.0543	-0.0987	-0.0142	-0.0249	-0.0530
	总效应	—	-0.1370	-0.2141	-0.2880	-0.0927	-0.2028	-0.4130
不均等	$P_{\alpha_1 \mid L_2} - P_{\alpha_1}$	1/3	-0.0287	-0.0665	-0.1106	-0.0167	-0.0434	-0.1058
	$P_{\alpha_2 \mid X_1} - P_{\alpha_1 \mid n_2}$	1/6	0.1444	0.2775	0.5164	0.1157	0.2110	0.4194
	$P_{\alpha_2 \mid n_1} - P_{\alpha_1 \mid X_2}$	1/6	0.2173	0.3328	0.4339	0.2068	0.4497	0.8945
	$P_{\alpha_2} - P_{\alpha_2 \mid L_1}$	1/3	0.2998	0.4666	0.6164	0.1205	0.2591	0.5080
	总效应	—	0.1507	0.2351	0.3270	0.0883	0.1820	0.3530
人口	$P_{\alpha_1 \mid n_2} - P_{\alpha_1}$	1/3	-0.1762	-0.3493	-0.6365	-0.1307	-0.2516	-0.5191
	$P_{\alpha_2 \mid L_1} - P_{\alpha_1 \mid X_2}$	1/6	-0.0912	-0.1487	-0.2096	0.0943	0.2044	0.4160
	$P_{\alpha_2 \mid X_1} - P_{\alpha_1 \mid L_2}$	1/6	-0.0031	-0.0052	-0.0094	0.0016	0.0029	0.0061
	$P_{\alpha_2} - P_{\alpha_2 \mid n_1}$	1/3	-0.0088	-0.0149	-0.0271	0.0079	0.0139	0.0295
	总效应	—	-0.0774	-0.1471	-0.2577	-0.0250	-0.0447	-0.0928
总变化		—	-0.0638	-0.1261	-0.2187	-0.0293	-0.0655	-0.1528

3. 2011～2015 年城乡层面的贫困变化分解

表 7 分别给出了城市和农村在 2011～2015 年贫困缺口指数变化分解的结果。从分解结果来看，因为时间间隔较短，在趋势形成上还不十分明显。整体来看，这一阶段农村贫困程度变化不明显，城市贫困程度有微弱下降。在较高的贫困线下，各项因素的分析结果相对明显。与前面两个阶段不同，经济增长不再是这一阶段促使城市和农村贫困缺口指数降低的主要因素，作用非常微弱。对比经济增长因素，人口和不均等因素的作用相对显著。不均等因素在这一时间段对贫困缺口指数的下降起到了反向作用，且不均等因素对农村的影响明显大于城市。人口因素对农村贫困缺口指数的降低作用大于城市。综合来看，人口因素的正向作用和不均等因素的反向作用基本抵消。从 2011 年开始，我国扶贫开发进入以全面小康为目标的减贫阶段，精准扶贫、精准脱贫成为扶贫工作的重点，这一阶段相对贫困问题比较突出，处于贫困线边缘的贫困人口由于抗风险能力有限，返贫可能性较大。虽然贫困人口整体不断减少，但是剩余贫困人口的减贫难度在不断加大（曾小溪、汪三贵，2017）。这一阶段，针对城市扶贫，政府开始大力实施一系列开发性扶贫政策，如完善就业服务、实施职业扶贫教育制度等，更加关注城市贫困人口的自我发展问题。

表 7　2011～2015 年城市和农村的贫困变化分解结果

效应	具体公式表达	权重	农村			城市		
			贫困线 1	贫困线 2	贫困线 3	贫困线 1	贫困线 2	贫困线 3
经济增长	$P_{\alpha_1 \mid X_2} - P_{\alpha_1}$	1/3	-0.0197	-0.0393	-0.0608	-0.0074	-0.0156	-0.0275
	$P_{\alpha_2 \mid n_1} - P_{\alpha_1 \mid L_2}$	1/6	-0.0125	-0.0229	-0.0395	-0.0042	-0.0063	-0.0121
	$P_{\alpha_2 \mid L_1} - P_{\alpha_1 \mid n_2}$	1/6	0.0714	0.1335	0.2441	0.0441	0.0634	0.0956
	$P_{\alpha_2} - P_{\alpha_2 \mid X_1}$	1/3	-0.0114	-0.0089	-0.0359	-0.0043	-0.0031	-0.0125
	总效应	—	-0.0005	0.0024	0.0018	0.0028	0.0033	0.0006
不均等	$P_{\alpha_1 \mid L_2} - P_{\alpha_1}$	1/3	0.0167	0.0189	0.0209	-0.0013	-0.0023	-0.0042
	$P_{\alpha_2 \mid X_1} - P_{\alpha_1 \mid n_2}$	1/6	0.1044	0.1685	0.3154	0.0506	0.0715	0.1207
	$P_{\alpha_2 \mid n_1} - P_{\alpha_1 \mid X_2}$	1/6	0.0239	0.0353	0.0421	0.0019	0.0070	0.0111
	$P_{\alpha_2} - P_{\alpha_2 \mid L_1}$	1/3	0.0216	0.0261	0.0353	0.0022	0.0050	0.0126
	总效应	—	0.0342	0.0490	0.0783	0.0091	0.0140	0.0248

续表

效应	具体公式表达	权重	农村			城市		
			贫困线 1	贫困线 2	贫困线 3	贫困线 1	贫困线 2	贫困线 3
人口	$P_{\alpha_1 \mid n_2} - P_{\alpha_1}$	1/3	-0.0848	-0.1564	-0.2856	-0.0522	-0.0776	-0.1258
	$P_{\alpha_2 \mid L_1} - P_{\alpha_1 \mid X_2}$	1/6	0.0063	0.0165	0.0193	-0.0007	0.0014	-0.0027
	$P_{\alpha_2 \mid X_1} - P_{\alpha_1 \mid L_2}$	1/6	0.0028	-0.0067	0.0090	-0.0003	-0.0038	-0.0008
	$P_{\alpha_2} - P_{\alpha_2 \mid n_1}$	1/3	0.0040	0.0073	0.0126	-0.0004	-0.0006	-0.0012
	总效应	—	-0.0254	-0.0481	-0.0863	-0.0177	-0.0265	-0.0429
总变化		—	0.0082	0.0033	-0.0061	-0.0059	-0.0092	-0.0175

（四）组内效应和组间效应的分解

1. 1991 ~2000 年人口分布对贫困变化的影响分析

表 8 显示了 1991 ~2000 年贫困变化的组内和组间效应的分解结果，在三条贫困线下，综合来看，人口变化都促进了贫困指数的下降。综合考虑组内效应和组间效应的影响，人口流动对贫困的影响有两个方面：一方面，由于人口构成了组内效应的分量，在组内效应方面，贫困人口总量的变动降低了贫困指数；另一方面，人口在不同组之间的分布结构，也会影响贫困指数的变化。在组内效应方面，若总人口减少，总收入和不均等保持不变，那么整个群体的贫困程度增加。在组间效应方面，若组间的人口份额发生变动，势必会对各组产生积极或消极的影响。显然，人口在城乡之间的流动，促进了贫困指数的下降。单独从组间效应的结果来看，人口流动对城市和农村贫困变化的影响力度是不同的，人口流动对农村贫困指数的降低作用更为显著。结合我国城镇化的发展历程来看，1991 ~2000 年，恰逢我国城镇化由慢到快过渡的关键时期，城镇化由原来的缓慢推进、以就近城镇化为主进入逐步加快、就近城镇化与异地城镇化并存的阶段，城镇化率由 1991 年的 26.94% 上升至 2000 年的 36.22% 。虽然这一阶段中国城镇化步伐开始加快，但由于实施“严控大城市规模、合理发展中等城市和小城市”的发展战略，农村人口向城镇人口的转移规模比较有限，人口流动对于贫困指数的影响也较小。

表8 1991～2000年贫困变化的组内和组间效应分解

效应	类别	贫困线1		贫困线2		贫困线3	
		农村	城市	农村	城市	农村	城市
组内效应	经济增长	-0.0833	-0.0247	-0.1057	-0.0567	-0.0770	-0.0805
	不均等	0.1102	0.0354	0.1587	0.0715	0.1870	0.1064
	人口	-0.0794	-0.0136	-0.1538	-0.0364	-0.2455	-0.0847
组间效应	人口流动	-0.0242	-0.0062	-0.0465	-0.0470	-0.0626	-0.1275

2. 2000～2011年人口分布对贫困变化的影响分析

表9显示了2000～2011年贫困变化的组内和组间效应的分解结果。三条贫困线下，人口的变动都促进了贫困指数的下降，对比上一个阶段，这一阶段人口变动对贫困程度的影响增强。从组间效应的结果看，人口流动对城市和农村贫困变化的影响力度仍然是不同的，即人口流动对农村贫困指数的下降起到的作用更大。在组内效应方面，贫困人口减少对城市和农村的贫困程度均起到了减缓作用，农村的作用力度更大。考虑到这一阶段正是我国城镇化加速发展的关键时期，政府出台了一系列政策鼓励支持农村富余劳动力向城市转移，以异地城镇化为主，城镇化率由2000年的36.22%快速上升为2011年的51.27%。农村人口在这一阶段的持续下降，明显促进了贫困程度的改善。

表9 2000～2011年贫困变化的组内和组间效应分解

效应	类别	贫困线1		贫困线2		贫困线3	
		农村	城市	农村	城市	农村	城市
组内效应	经济增长	-0.0534	-0.0566	-0.0835	-0.1237	-0.1123	-0.2520
	不均等	0.0588	0.0539	0.0917	0.1110	0.1275	0.2154
	人口	-0.0302	-0.0153	-0.0574	-0.0273	-0.1005	-0.0566
组间效应	人口流动	-0.0390	-0.0114	-0.0769	-0.0255	-0.1334	-0.0596

3. 2011～2015年人口分布对贫困变化的影响分析

表10显示了2011～2015年贫困变化的组内和组间效应的分解结果。由于时间间隔相对较短，所以趋势并不十分明显。对比前两个阶段，人口变动对贫困程度的影响程度趋缓。从组间效应的结果看，人口流动对

农村贫困变化的影响在贫困线 1 和贫困线 2 下出现了反向作用，说明这一阶段的人口流动开始向不利于农村贫困减缓的方向发展。人口流动对城市贫困和农村贫困变化的影响力度均较小，组内效应的人口因素对贫困变化的影响较大，说明城镇化的影响作用基本固定。这一阶段宏观层面的城镇化战略仍然快速推进但速度有所放缓，呈现就近城镇化与异地城镇化并存的局面，政府开始倡导小城镇发展和乡村振兴，农村人口向城镇流动的规模开始下降。

表 10　2011 ~2015 年贫困变化的组内和组间效应分解

效应	类别	贫困线 1		贫困线 2		贫困线 3	
		农村	城市	农村	城市	农村	城市
组内效应	经济增长	-0.0002	0.0014	0.0012	0.0017	0.0009	0.0003
	不均等	0.0167	0.0046	0.0240	0.0071	0.0383	0.0127
	人口	-0.0124	-0.0090	-0.0235	-0.0135	-0.0422	-0.0219
组间效应	人口流动	0.0041	-0.0029	0.0017	-0.0045	-0.0031	-0.0086

五　分析及结论

本文使用 CHNS 数据库，利用贫困缺口指数的测算原理，对经济增长、不均等和人口的作用进行了分解。得到的主要结论如下。

第一，20 世纪 90 年代以来，中国取得了举世瞩目的减贫成就，扶贫工作成效显著，三条贫困线下的贫困缺口指数的年均降低速度分别为 5.42%、6.07% 和 6.16%，且贫困线取值水平越高，贫困缺口指数的波动越明显。农村贫困一直是中国扶贫开发工作的主体内容，农村的贫困水平明显高于城市和全国一般水平。但 2011 年以来，贫困缺口指数的下降速度趋缓，说明在绝对贫困得到有效解决之后，剩余贫困人口的贫困程度越来越深、减贫难度较大，贫困阶层有固化态势，需要采取更有针对性的帮扶措施。

第二，从各阶段的贫困变化分解结果来看，中国大规模减贫离不开经济增长提供的物质基础，经济增长不仅有利于提供就业和增收机会，还使政府有能力采取各项措施帮助贫困人口脱贫（汪三贵，2018）。但不断扩大的收入差距阻碍了经济增长的成果涓滴到穷人，贫困程度不均等始终是使贫困缺口指数恶化的因素，导致贫困群体从经济增长中得到的份额逐渐减少。人口增速的减缓及贫困人口数量的显著下降有效地促进平均收入的提高，进而对贫困程度的减缓也起到显著的正向作用。具体来看：1991 ~2000 年，经济增长和人口都是促使贫困缺口指数降低的因素，相较于经济增长因素，在更高的贫困线下，人口因素的变动对贫困程度降低的贡献更大。不均等在这一时间段对贫困缺口指数的下降起到了反向作用，说明这一时期的收入分配并不利于贫困程度的降低，收入分配整体来看更有益于相对富裕的阶层，经济增长对贫困减缓的正向作用主要由不均等因素予以抵消，三种因素中对贫困缺口指数变化影响最大的是不均等因素。2000 ~2011 年与 1991 ~2000 年不同的是，在较高的贫困线下，经济增长、不均等和人口因素的作用程度均有提升，在较低的贫困线下，两个阶段的贫困程度减缓及各因素的作用程度较为接近。经济增长的作用仍然非常强劲，对贫困趋势的下降起到了决定性作用。但经济增长带来的减贫效应全部被不均等因素抵消，收入分配差距对贫困变化的反向作用愈加明显，且对比上一个阶段，影响程度有所上升。与前两个阶段比较，2011 ~2015 年的贫困缺口指数变化明显趋缓，部分原因在于对比的时期长度偏短。经济增长仍然是贫困趋势下降的正向作用因素，但作用效果很微弱。不均等因素仍然是贫困缺口指数降低的反向因素，作用力度明显超过了经济增长因素，说明收入分配仍然未能向有利于贫困程度缓解的方向发展。人口因素的正向促进作用和不均等的反向作用力度基本持平。经济增长之所以对贫困减缓起到负向作用，可能的原因是贫困人口呈现固化的态势，即经济增长很大程度上增加了大部分社会群体的收入，但对特别贫困群体的作用非常有限。

第三，从城市和农村在各阶段的分解结果来看，三条贫困线下各因素对贫困缺口指数的影响方向和变动趋势基本一致，即分解结果对贫困线选择的敏感度较小。农村贫困缺口指数的下降幅度相比城市更加显著。经济增长和人口都是促使贫困缺口指数降低的因素，不均等因素对贫困缺口指数的下降起到了反向作用。从城市和农村的测算结果对比来看，

1991～2000年经济增长对城市减贫的效用更大，当贫困线提高时表现得更加突出。不均等因素对贫困缺口指数的下降起到了反向作用，且作用力度超过了经济增长因素。值得关注的是，人口因素对农村贫困变化的影响相比城市作用更大。2000～2011年，低贫困线下不均等因素对农村贫困程度的影响高于城市，高贫困线下不均等因素对农村、城市贫困程度的影响程度较为接近。人口因素在城市和农村贫困变化分解中的结果呈现较大差异，人口因素对农村贫困缺口指数的下降作用明显高于城市。2011～2015年，农村贫困程度变化不明显，城市贫困程度有微弱下降。经济增长不再是这一阶段促使城市和农村贫困缺口指数降低的主要因素。不均等因素在这一时间段对贫困缺口指数的下降起到了反向作用，且不均等因素对农村的影响明显高于城市。人口因素对农村贫困变化的影响相比城市作用更大。

第四，人口因素对贫困缺口指数的下降起到了显著的反向作用，说明非常有必要单列强调人口流动对贫困程度降低的作用。从组内和组间效应的分解结果看，人口流动对城市和农村贫困变化的影响力度是不同的，人口流动对农村贫困指数的下降作用更为显著，说明城市发展确实是减轻农村贫困的一个重要途径。结合我国城镇化的历程分析，1991～2000年，是我国城镇化步伐开始加快的时期，但由于实施“严控大城市规模、合理发展中等城市和小城市”的发展战略，农村人口向城镇人口的转移规模比较有限，因此人口流动对于贫困指数的影响较小。2000～2011年，人口流动对农村贫困程度减缓的影响增强，对城市贫困程度的影响减缓。这一阶段正是我国城镇化加速发展的关键时期，政府出台了一系列政策鼓励支持农村富余劳动力向城市转移，农村人口的持续下降，明显促进了农村贫困程度的改善。2011～2015年，人口流动对贫困程度的影响趋缓，说明这一阶段的人口流动开始向不利于农村贫困减缓的方向发展。这一阶段城镇化战略仍然快速推进但速度有所放缓，政府开始倡导小城镇发展和乡村振兴，农村人口向城镇流动的规模开始下降。说明在快速城镇化导致的农村人口大规模迁移之后，乡村空心化及引致的一系列问题日益凸显。乡村振兴战略的适时提出，将引导更多的农民留在农村，通过改善乡村面貌、加强基础设施建设、发展涉农产业等措施，提升乡村价值。我国的城镇化进程也将从规模发展向高质量发展转型，真正实现城乡一体化。

参考文献

胡兵、赖景生、胡宝娣，2007，《经济增长、收入分配与贫困缓解——基于中国农村贫困变动的实证分析》，《数量经济技术经济研究》第5期。

洪兴建、邓倩，2013，《中国农村贫困的动态研究》，《统计研究》第5期。

罗楚亮，2012，《经济增长、收入差距与农村贫困》，《经济研究》第2期。

刘轶芳、罗文博、刘新波，2014，《我国农村贫困分解及组群研究》，《系统工程理论与实践》第6期。

苏红键、魏后凯，2018，《改革开放40年中国城镇化历程、启示与展望》，《改革》第11期。

汪三贵，2018，《中国40年大规模减贫：推动力量与制度基础》，《中国人民大学学报》第6期。

肖殿荒、毕艳成、王姝力，2018，《中国农村家庭代际贫困传递及演化趋势》，《上海经济研究》第12期。

夏庆杰、宋丽娜、Simon Appleton，2007，《中国城镇贫困的变化趋势和模式：1988～2002》，《经济研究》第9期。

徐映梅、张提，2016，《贫困缺口总指数的构造、分解与应用》，《统计研究》第7期。

鲜祖德、王萍萍、吴伟，2016，《中国农村贫困标准与贫困监测》，《统计研究》第9期。

姚迈新，2017，《中国城市扶贫：经验分析与发展路向》，《广东行政学院学报》第5期。

张平，2016，《经济增长是否一定有利于减少贫困——近期国外相关研究文献综述》，《西北民族大学学报》第1期。

朱庆芳，2002，《让贫困群体走出贫困——关于城镇贫困群体的特点、致贫原因及解困对策的分析》，《经济工作导刊》第10期。

曾小溪、汪三贵，2017，《中国大规模减贫的经验：基于扶贫战略和政策的历史考察》，《西北师大学报》（社会科学版）第6期。

Aliya, H. K. and Ali, S. A., 2003, "Decomposition of Changes in Poverty Measures: Sectoral and Institutional Considerations for the Poverty Reduction Strategy Paper of Pakistan", *The Pakistan Development Review*, Vol. 42, pp. 879 – 892.

Baye, F. M., 2006, "Growth, Redistribution and Poverty Changes in Cameroon: A

Shapley Decomposition Analysis", *Journal of African Economies*, Vol. 15, pp. 543 – 570.

Bourguignon, F., 2000, "Can Redistribution Accelerate Growth and Development?", Paper Presented at the World Bank ABCDE/Europe Conference, Paris.

Bourguignon, F., 2003, "The Poverty – Growth – Inequality Triangle", Paper Presented at Indian Council for Research on International Economic Relations, New Delhi.

Brock, W. A. and Durlauf, S. N., 2000, "Growth Economics and Reality", National Bureau of Economic Research Working Paper Series, No. 8041, pp. 1 – 48.

Chambers, D., Ying, W. and Y. Hong, 2008, "The Impact of Past Growth on Poverty in Chinese Provinces", *Journal of Development Economics*, Vol. 19, pp. 348 – 357.

Datt, G. and Ravallion, M., 1992, "Growth and Redistribution Components of Changes in Poverty Measures: A Decomposition with Applications to Brazil and India in the 1980s", *Journal of Development Economics*, Vol. 38, pp. 275 – 295.

Deininger, K. and Okidi, J., 2001, "Growth and Poverty Reduction in Uganda, 1992 – 2000: Panel Data Evidence", Paper Presented at World Bank, Washington D. C. and Economic Research Council, Kampala.

Dollar, D. and Kraay, A., 2000, "Growth is Good for the Poor", World Bank, Working Paper.

Fujii, T., 2014, "Dynamic Poverty Decomposition Analysis: An Application to the Philippines", ADBI Working Paper Series 466, Asian Development Bank Institute, Working Paper.

Foster, J., Greer, J. and Thorbecke, E., 1984, "A Class of Decomposable Poverty Measures", *Econometrica*, Vol. 52, pp. 761 – 766.

Grootaert, C., 1995, "Structural Change and Poverty in Africa: A Decomposition Analysis for Côte d'Ivoire", *Journal of Development Economics*, Vol. 47, pp. 375 – 401.

Glaeser L. Edward, 2011, "The Challenge of Urban Policy", *Journal of Policy Analysis and Management*, Vol. 31, pp. 111 – 122.

Heshmati, A., 2004, "A Review of Decomposition of Income Inequality", IZA Discussion Paper No. 1221, Institute for the Study of Labor, Working Paper.

Huppi, M. and M. Ravallion, 1991, "The Sectoral Structure of Poverty During an Adjustment Period: Evidence for Indonesia in the Mid – 1980s", *World Development*, Vol. 19, pp. 78 – 1653.

Jain, L. and Tendulkar, S., 1990, "The Role of Growth and Distribution in the Observed Change in Head – Count Ratio – Measure of Poverty: A Decomposition Exercise for India", *Indian Economic Review*, Vol. 25, pp. 165 – 205.

Kakwani, N., Pernia, E., 2000, "What is Pro – Poor Growth?", *Asian Development Review*, Vol. 18, pp. 1 – 16.

Kakwani, N. and K. Subbarao, 1990, "Rural Poverty and Its Alleviation in India",

Economic and Political Weekly, Vol. 25, A2 – A16.

Kakwani, N., 1993, "Measuring Poverty: Definitions and Significance Tests with Application to Coted'Ivoire", Michael Lipton and Jacques Van der Gaag (eds.), World Bank, Working Paper.

Kakwani, N., 2000, "On Measuring Growth and Inequality Components of Poverty with Application to Thailand", *Journal of Quantitative Economics*, Vol. 16, pp. 8 – 67.

Khan and Azizur, 1996, "The Impact of Recent Macroeconomic and Sectoral Changes on the Poor and Women in China", New Delhi: ILO, Working Paper.

Kolenikov, S. and Shorrocks, A., 2005, "A Decomposition Analysis of Regional Poverty in Russia", *Review of Development Economics*, Vol. 9, pp. 25 – 46.

Kraay, A., 2006, "When is Growth Pro – Poor? Evidence from a Panel of Countries", *Journal of Development Economics*, Vol. 80, pp. 198 – 227.

Osberg, L., 2000, "Poverty in Canada and the USA: Measurement, Trends and Implications", *Canadian Journal of Economics*, Vol. 33, pp. 847 – 877.

Ravallion, M., 1992, "Poverty Comparisons: A Guide to Concepts and Methods", Living Standards Measurement Paper No. 88, World Bank, Working Paper.

Ravallion, M., 2001, "Growth, Inequality and Poverty: Looking Beyond Averages", *World Development*, Vol. 11, pp. 1803 – 1815.

Ravallion, M., 2004, "Poverty Comparisons", Harwood Academic, Chur.

Ravallion, M. and Huppi, M., 1991, "Measuring Changes in Poverty: A Methodological Case Study of Indonesia during an Adjustment Period", *World Bank Economic Review*, Vol. 5, pp. 57 – 82.

Ravallion, M. and Chen, S., 1996, "What Can New Survey Data Tell Us About Recent Changes in Distribution and Poverty?", *The World Bank Economic Review*, Vol. 11, pp. 345 – 361.

Ravallion, M. and Chen, S., 2007, "China's (Uneven) Progress against Poverty", *Journal of Development Economics*, Vol. 82, pp. 1 – 42.

Sahn, D. and Stifel, D., 2000, "Poverty Comparisons Over Time and Across Countries in Africa", *World Development*, Vol. 28, pp. 2123 – 2155.

Sen, A. K., 1976, "Poverty: An Ordinal Approach to Measurement", *Econometrica*, Vol. 44, pp. 219 – 231.

Shorrocks, A., 1995, "Revisiting the Sen Poverty Index", *Econometrica*, Vol. 63, pp. 1225 – 1230.

Shorrocks, A., 2013, "Decomposition Procedures for Distributional Analysis: A Unified Framework Based on Shapley Value", *Journal of Economic Inequality*, Vol. 11, pp. 99 – 126.

Son, H., 2003, "A New Poverty Decomposition", *Journal of Economic Inequality*, Vol. 1, pp. 7 – 181.

Srijit Mishra, 2015, "Decomposing Poverty Change: Deciphering Change in Total Population and Beyond", *Review of Income and Wealth*, Vol. 61, pp. 799 – 811.

Thon, D., 1979, "On Measuring Poverty", *Review of Income and Wealth*, Vol. 25, pp. 429 – 440.

Tsui, K., 1996, "Growth – Equity Decomposition of a Change in Poverty: An Axiomatic Approach", *Economics Letters*, Vol. 50, pp. 23 – 417.

Xu, K., 1998, "The Statistical Inference for the Sen – Shorrocks – Thon index of Poverty Intensity", *Journal of Income Distribution*, Vol. 8, pp. 143 – 152.

Xu, K. and L. Osberg, 1999, "An anatomy of the Sen and Sen – Shorrocks – Thon Indices, Multiplicative Decomposability and Its Subgroup Decompositions", No. 9905 Department of Economics, Dalhousie University, Working Paper.

Zheng, B., 1997, "Aggregate Poverty Measures", *Journal of Economic Survey*, Vol. 11, pp. 123 – 162.

2020年后反贫困战略：话语切换、顶层谋划与学界探讨[*]

施海波　吕开宇[**]

摘　要：2020年后，我国反贫困事业将进入一个崭新的历史阶段，贫困话语亟须因势而变，战略走向也备受国内顶层设计者、学界研究者两类主体的高度关注。研究发现：2020年后，由于我国整体贫困语境会有所变化，需要适时将“扶贫”切换成“反贫困”新话语。从两类主体的现实“声音”来看，顶层设计者高度重视2020年后反贫困战略思路的系统研究谋划，聚焦乡村振兴与脱贫攻坚的战略统筹衔接，关注返贫和相对贫困、多维贫困、城乡贫困；在机制设计上，正在持续巩固脱贫攻坚成果，谋划调整贫困标准，规划具体实施路径。学界研究者主要关注的焦点是2020年后反贫困形势变化与战略调整；争论的核心是未来贫困空间形态是否发生变化、贫困线划定与否和具体方法，以及反贫困政策是否需要过渡期。由此可见，顶层谋划是政策方向、学界探讨是理论基础，两种“声音”相互呼应、支撑与依赖，但也各有侧重、存在差异与矛盾之处。值得关注的是，基层干群们作为反贫困事业的主体，他们对政策的期盼是现实需求，然而，在现实中却“集体失语”。未来，在谋划与制定

* 文章刊发于《中国农业大学学报》（社会科学版）2020年第3期，是国家社科基金重大项目（16ZDA021）的阶段性成果。该文章收录本书时，内容和文献标注方式略有调整。

** 施海波，中国农业科学院；吕开宇，中国农业科学院。

2020 年后反贫困战略时要重点关注不同主体的"声音"。

关键词： 2020 年后　反贫困战略　贫困话语　相对贫困　城乡贫困

一　引言

贫困是伴随人类社会发展的一个长期现象，反贫困也必将是一个永恒的课题。[①] 回顾过去，新中国成立 70 年来，我国从救济式扶贫到开发式扶贫再到精准扶贫，出台实施了一系列中长期扶贫规划，探索出一条符合国情的特色扶贫开发道路。尤其是党的十八大以来，以习近平同志为核心的党中央明确要求确保打赢精准脱贫攻坚战，将其作为对 2020 年如期全面建成小康社会、实现第一个百年奋斗目标具有决定性意义的攻坚战，举全国之力大攻坚，创造了人类减贫史的奇迹，中国成为世界上减贫人口最多的国家，是第一个完成联合国千年发展计划减贫目标的发展中国家，对全球减贫贡献率超过 70%。但是，到 2020 年"现行标准下农村贫困人口如期脱贫、贫困县全部摘帽、解决区域性整体贫困"目标的实现，只是历史性、阶段性地解决了绝对贫困现象，并不意味着没有绝对贫困，也不意味着贫困问题的消失和消除，更不意味着中国与贫困作斗争的事业终结。[②] 理论和国际发展实践均表明，在任何社会形态的国家，贫困问题是长期存在的，中国也不例外，将会始终走在反贫困的道路上。展望未来，2020 年后我国贫困地区的致贫因素和贫困形态都将会出现新变化，管理的碎片化、资源的部门化与工作要求整体性推进等之间的矛盾日益突出，反贫困战略思路、工作体系与制度体系也将要作出新的调整，中国反贫困事业会进入一个崭新的历史阶段，[③] 整体贫困语境也将会有所变化。

① 魏后凯：《当前"三农"研究的十大前沿课题》，《中国农村经济》2019 年第 4 期。

② 黄承伟：《我国新时代脱贫攻坚阶段性成果及其前景展望》，《江西财经大学学报》2019 年第 1 期。

③ 高强、刘同山、沈贵银：《2020 年后中国的减贫战略思路与政策转型》，《中州学刊》2019 年第 5 期。

由于贫困话语与语境直接相关，因而贫困话语亟须因势而变。

综观全球，贫困问题始终是一个世界性难题，反贫困是人类共同面临的一项历史任务，每当世界各国站在重要的时代关口、关键的历史节点，反贫困战略的演进方向都备受社会各界的高度关注。当前，中国正处在全面建成小康社会目标实现之年、脱贫攻坚收官之年，也是脱贫攻坚和乡村振兴“两大战略”统筹衔接的政策叠加期，更是实现“两个一百年”奋斗目标的历史交汇期，2020 年后反贫困战略走向也必然引起社会各界的高度关注和讨论，成为社会各界探讨和争论的焦点议题。在贫困新语境下，顶层设计者、学界两类主体是主要的“发声者”，也是战略走向的关键。2020 年后反贫困战略引起了这两类主体高度关注的主要原因有两点。第一，顶层设计者需要继续肩负反贫困的历史使命。我国是世界上人口最多的发展中国家，发展不平衡、不充分仍然是社会的主要矛盾，反贫困是一项长期的历史任务，也是体现党的宗旨和社会主义制度优越性的重要标志，更是解决社会主要矛盾的重要措施，[①] 从实现第二个百年目标出发，国家将持续关心贫困问题，采取强有力措施来逐步缩小差距，最终实现共同富裕，以此为实现中华民族的伟大复兴和全面建成社会主义现代化强国奠定坚实的基础，继续引领全球反贫困事业、为全人类做出更大贡献。第二，学界需要继续夯实反贫困的理论基础。研究贫困的重要意义不仅在于贫困理论本身，而是为实践奠定坚实的理论基础，或直接设计一套可供选择或参考的政策方案。当前中国处于一系列重大战略、重要政策的历史交汇期和政策叠加期，不失为研究贫困的重要阶段，可以在理论研究的基础上开展 2020 年后反贫困政策设计与试验。同时，全国各地生动的扶贫实践为研究提供了丰富的案例素材，可以全面总结这些经验，向世界介绍中国智慧，让国际社会了解中国的制度优势。

综上所述，在新语境下，贫困话语将会切换，且 2020 年后反贫困战略必然引起社会各界广泛的“热论”，并赋予不同的主体不一样的“战

---

① 黄承伟：《论中国新时代扶贫理论实践研究》，《华中农业大学学报》（社会科学版）2019 年第 1 期。

略构想”，需要聆听各界“声音”。其中，顶层谋划是政策方向、学界探讨是理论基础，两者缺一不可，各个主体都在不断强化自身在“热论”中的焦点价值，究竟这两类不同主体对 2020 年后的反贫困战略在谋划什么、探讨什么，亟须对不同主体的“声音”进行全面系统的梳理、廓清和归并，以期为 2020 年后反贫困战略的进一步讨论奠定理论基础。

二 话语切换：扶贫、减贫与反贫困

（一）话语呈现

研究顶层设计者、学界“热论”前，有必要在新语境下，进一步讨论几个相关话语，即几个重要概念，这既是对文章题目中为何使用“反贫困”的解释，也是对社会各界关注的“2020 年后还叫扶贫吗?”等类似问题给予一个尝试性的回答。世界范围内关于“摆脱贫困”的概念主要是扶贫、减贫与反贫困，它们主要有三个关注点，即关注过程、程度和结果，其中扶贫、反贫困更多的是关注过程，而减贫既关注过程，也关注结果。长期以来，在国内政策文件、学术期刊、基层实践等很多正式和非正式场合都会提及这三个概念，但大多数时候并没有充分厘清概念间的差异，而将这三个概念混用、误用甚至乱用，国内很多关于 2020 年后贫困问题的研究中涉及的概念更是五花八门，亟待考察辨析。

国内的重要政策文件中，主要使用“扶贫”一词，但也出现过“减贫”和“反贫困”的概念。改革开放初期，在《中共中央关于加快农业发展若干问题的决定》《关于帮助贫困地区尽快改变面貌的通知》等相关涉及贫困的重要政策文件中并未提及这三个概念，而使用“摆脱贫困”一词；自 1986 年后开始使用“扶贫”的概念，至今相关重要政策文件也是更多地使用“扶贫”一词，如《关于加强贫困地区经济开发工作的通知》《国家八七扶贫攻坚计划（1994—2000 年）》《中国农村扶贫开发纲要（2001—2010 年）》等。但是，2010 年后的相关重要政策文件，在使用“扶贫”概念的同时，也开始使用“减贫”的概念，如《中国农村扶贫开发纲要（2011—2020 年）》《中共中央国务院关于打赢脱贫攻坚战的决定》《“十三五”脱贫攻坚规划》《中共中央国务院关于打赢脱贫攻坚战三年行动的指导意见》等重要文件，其中“减贫”主要有两种用意：第一是表示结果，如减贫数量、减贫任务、减贫指标等；第二是对外宣传和交流合作，如讲好减贫的中国故事、开展国际减贫合作等。同时，也出现了少数“反贫困”的概念，如“中国谱写了人类反贫困史上的辉煌篇章”等。在学术研究中这三个词使用的频率大致相同，而在基层实践中常常使用“扶贫”一词。

（二）概念考辨

究竟我国2020年后使用哪种“话语”更为准确或得当，还需要详细考察三个概念的基本内涵。扶贫（Poverty Alleviation）是“中国式”表述，是面向贫困群体的行动概念。通常狭义的扶贫是指政府、社会各界和个人通过某些措施帮助贫困群体提高发展能力，增加贫困群体的就业机会，提高贫困群体的劳动生产率，增加贫困群体的可支配收入，以达到减缓贫困的目的，而广义的扶贫则指使用包括生产性和分配性的措施，直接或间接增加所有贫困群体的收入，它包括狭义的扶贫和通过各种社会福利政策或制度增加贫困群体的可支配收入两个主要方面。[①] 减贫（Poverty Reduction）是指贫困人口的减少或者贫困程度的降低，既有扶贫之意，也有贫困减少的结果之意，其动力来源不只是扶贫，也包括经济增长等其他各类措施。反贫困（Anti－Poverty）概念最早由瑞典学者冈纳·缪尔达尔提出，之后对此概念的认识不断深入，是指通过个人和社会的共同努力，在政治、经济、社会、文化等多方面消除致贫因素的过程；首先需要满足人们最基本的物质生活需求，其次在环境建设和能力建设的过程中提升自立于社会的能力，最后需要在兼顾公平与效率的过程中注重公平，缩小差距，实现共同富裕；同时，反贫困政策是指旨在缓解贫困程度，解决贫困问题，包括绝对贫困和相对贫困问题，实

① 吴国宝：《对中国扶贫战略的简评》，《中国农村经济》1996年第8期。

现“反贫困”目的的政策的总和。[①] 目前，理解反贫困概念具有较强的层次性，逐一递进，即减少贫困、减缓贫困、扶持贫困和消除贫困，其中，“减少贫困”“减缓贫困”均可简称“减贫”，但前者强调减少贫困人口的数量、贫困的发生因素，后者强调减缓贫困的程度及减轻、缓和贫困的手段；“扶持贫困”简称扶贫，主要是从政策实践的角度研究和落实反贫困计划与项目，我国目前在反贫困过程中，主要从“扶贫”的层面来理解反贫困，更加重视通过制定政策、计划等具体行为过程来反贫困。[②]

由此可见，中国的“扶贫”是表示“减贫”的具体行为过程，是我们国家从政府和相关组织的角度出发提出的减贫概念，是政府对政策实施或是反贫困实践的总结，已被广泛认可，严格地说，它是减贫的一种具体方法或路径。[③] “扶贫”和“减贫”均有帮扶的含义，更适用于绝对贫困，而“反贫困”则是绝对、相对贫困都适用，且是一个更为宏观一些的概念。鉴于 2020 年后贫困大多为相对贫困，而致贫原因又具有多样性（在下文会作详细论述），因此传统意义上的“扶贫”一词应由“反贫困”一词替代更为妥帖，[④] 在新语境下，需要适时将“扶贫”切换成“反贫困”新话语。

三　顶层谋划：政策导向与制度设计

关于 2020 年的反贫困战略，顶层设计者主要包括党和国家领导人、相关部门负责人，他们的“声音”具有鲜明的政策导向，并对 2020 年后反贫困战略的机制设计作了一定的阐释，顶层设计者们“声音”的具体政策导向与制度设计内容如下。

---

① 赵定东、方琼：《新中国成立以来农村反贫困政策的层次结构与历史变迁》，《华中农业大学学报》（社会科学版）2019 年第 3 期。

② 闫坤、于树一：《中国模式反贫困的理论框架与核心要素》，《华中师范大学学报》（人文社会科学版）2013 年第 6 期。

③ 王海：《财政支出减贫：机理分析与政策启示》，《河南师范大学学报》（哲学社会科学版）2013 年第 3 期。

④ 雷明：《扶贫战略新定位与扶贫重点》，《改革》2016 年第 8 期。

（一）政策导向

1. 高度重视 2020 年后反贫困战略思路系统研究谋划

习近平总书记 2018 年 9 月 21 日在十九届中央政治局第八次集体学习时明确指出，2020 年全面建成小康社会之后的贫困问题，要及早谋划、早作打算。[①] 其实，早在 2014 年开始打脱贫攻坚战时，顶层设计者们就已经高度重视 2020 年后的反贫困战略，提出要把握好攻坚战与持久战的关系，2020 年以前要实现全面建成小康社会目标，必须攻坚，但这一目标实现后并不意味着没有扶贫开发任务了，要有 2020 年以后打持久战的思想准备。认为到 2020 年现行标准下农村贫困人口全部脱贫，只是解决了中国千百年来没有解决的绝对贫困问题，也只是完成了最基本的扶贫任务，并不意味着我们解决了贫困问题，扶贫将贯穿整个社会主义初级阶段，是一项长期任务。同时，要认真总结脱贫攻坚经验，研究谋划 2020 年后减贫战略，持续推进中国特色减贫开发事业。近年来，在中共中央、国务院印发的《关于打赢脱贫攻坚战三年行动的指导意见》《关于坚持农业农村优先发展做好“三农”工作的若干意见》等一系列扶贫的重要文件中，也均提出要及早谋划 2020 年完成脱贫攻坚目标任务后的战略思路。

2. 高度聚焦乡村振兴与脱贫攻坚的战略统筹衔接

认为到 2020 年全面建成小康社会的目标实现后，我国的反贫困事业将会进入一个新的发展阶段，为了巩固脱贫攻坚的成果、接续推动经济相对落后地区经济社会的发展和人民生活水平的改善，要做好脱贫攻坚和乡村振兴的衔接工作。应确保脱贫攻坚和乡村振兴战略的规划衔接、政策衔接、投入衔接，现有的脱贫攻坚的巨量资金应当继续投入乡村振兴当中，保证投入政策不退坡，更不能退出，投入力度不能减弱。应加快建立健全脱贫攻坚与乡村振兴相衔接的机制办法。[②] 在中共中央、国务院印发的《乡村振兴战略规划（2018—2022 年）》《关于实施乡村

---

① 习近平：《把乡村振兴战略作为新时代“三农”工作总抓手》，《求是》2019 年第 11 期。

② 韩长赋：《坚持农业农村优先发展　大力实施乡村振兴战略》，《求是》2019 年第 7 期。

振兴战略的意见》《关于打赢脱贫攻坚战三年行动的指导意见》《关于坚持农业农村优先发展做好“三农”工作的若干意见》等文件中，均提出要做好实施乡村振兴战略与打好精准脱贫攻坚战的有机衔接，推动两大战略有机结合、相互促进。李克强总理在 2019 年政府工作报告中也明确指出，要加强脱贫攻坚与乡村振兴统筹衔接。农业农村部、水利部等一些部门也从各自领域出发，对脱贫攻坚与乡村振兴衔接问题进行了具体部署。

3. 高度关注返贫和相对贫困、多维贫困、城乡贫困

习近平总书记在 2017 年参加十二届全国人大五次会议四川代表团审议时特别指出，扶贫需要下一番“绣花”功夫，防止返贫和继续攻坚同样重要。同时，也强调脱贫和高标准的小康是两码事，我们不是一劳永逸，毕其功于一役，相对贫困、相对落后、相对差距将长期存在。即便是全面建成小康社会之后，我们将消除绝对贫困，但相对贫困仍将长期存在，到那时，现在针对绝对贫困的脱贫攻坚举措要逐步调整为针对相对贫困的日常性帮扶措施，并将其纳入乡村振兴战略架构下统筹安排。[①]绝对贫困解决的主要是生存问题，相对贫困解决的主要是发展、共享的问题，在 2020 年实现了脱贫攻坚目标之后，需要用更多的精力研究返贫和相对贫困问题。未来中国减贫战略将会实现三个新的转变，即由主要消除绝对贫困向减缓相对贫困转变，从主要解决收入贫困向解决多维贫困转变，由主要解决农村贫困向统筹解决城乡贫困转变。中共中央、国务院印发的《乡村振兴战略规划（2018—2022 年）》和《关于实施乡村振兴战略的意见》远景谋划到 2035 年我国相对贫困将得到进一步缓解。

（二）制度设计

1. 巩固脱贫攻坚成果

认为保证脱贫的真实性是巩固脱贫攻坚成果的基本前提，但 2020 年全面脱贫后返贫的风险依然会存在。因此，要以长期稳定政策为起点，

---

① 习近平：《在解决“两不愁三保障”突出问题座谈会上的讲话》，《求是》2019 年第 16 期。

加快建立促进群众稳定脱贫、防范返贫的长效机制。习近平总书记在2019年解决“两不愁三保障”突出问题座谈会上指出，对于这些需要长期逐步解决的问题，要有总体安排，创造条件分阶段逐步解决。同时，顶层设计者们一直认为，对已经摘帽的贫困县、退出的贫困村和脱贫的贫困人口，要继续巩固，保持相关扶贫政策稳定，减少和防止贫困人口返贫，研究解决收入水平略高于建档立卡贫困户的群众缺乏政策支持等新问题，对摘帽后的贫困县要通过实施乡村振兴战略巩固发展成果，接续推动经济社会发展和群众生活改善。并要从长远着手，发展产业，增加就业，增加收入，让脱贫有可持续的能力，对返贫的和新发生的贫困人口及时纳入进行帮扶。

2. 谋划调整贫困标准

认为中国当前贫困标准已高于世界银行最新贫困标准，未来需要根据经济社会发展水平，完善贫困标准动态调整机制。同时，科学设定与调整各类社会救助标准，就收入型相对贫困而言，进一步研究最低生活保障标准的设定与调整机制；就支出型相对贫困而言，进一步健全健康、教育、住房、就业等专项社会救助政策，制定各类专项救助标准，明确相应救助对象范围，从台阶式的救助转向稳定的梯度救助和退出转变。我国也正在由统一制定国家扶贫标准，向尊重区域发展的梯度差异梯次制定区域扶贫标准转型。实际上，目前有部分发达省份早已开始探索相对贫困的标准划定，如2015年浙江省在全国率先消除家庭人均纯收入4600元以下贫困现象，目前正在实施高水平全面小康计划，到2022年低收入农户最低收入水平达到年人均9000元以上。2015年江苏省411万农村低收入人口整体实现4000元脱贫目标，并明确到2020年使277万建档立卡农村低收入人口人均年收入超过6000元。2018年广东省176.5万相对贫困人口整体实现4000元脱贫目标，到2020年有劳动能力相对贫困人口年人均可支配收入达到当年全省农民人均可支配收入的45%，相对贫困村年人均可支配收入达到当年全省农民人均可支配收入的60%。

3. 规划具体实施路径

虽然当前已经建立了一套比较好的体制机制，这有可持续性，但

2020 年后仍需要在此基础上创新完善相关制度。中共中央、国务院印发的《乡村振兴战略规划（2018—2022 年）》明确提出，要加快建立健全缓解相对贫困的政策体系和工作机制，持续改善欠发达地区和其他地区相对贫困人口的发展条件，完善公共服务体系，增强脱贫地区“造血”功能，探索统筹解决城乡贫困的政策措施。党的十九届四中全会也明确提出，要巩固脱贫攻坚成果，建立解决相对贫困的长效机制。胡春华副总理在 2019 年全国扶贫开发工作会议上指出，要围绕接续推进减贫工作，研究建立解决农村相对贫困的长效机制，开展工作衔接试点，在 2019 年中央农村工作会议上再次强调，要保持脱贫攻坚政策总体稳定，抓紧研究接续推进减贫工作。目前相关部门正在研究开展国家脱贫攻坚普查，及 2020 年后反贫困战略的目标、思路、路径设计，系统勾画建成现代化国家进程中反贫困战略路线图。由此看来，从机制设计上来看，顶层已经有一个较为具体清晰的框架思路了。

综上所述，顶层设计者早已高度重视 2020 年后反贫困战略思路的系统研究谋划，聚焦乡村振兴与脱贫攻坚的战略统筹衔接，关注返贫和相对贫困、多维贫困、城乡贫困。受制于专业背景及机构限制，顶层设计者对如何巩固脱贫攻坚成果、调整现行贫困标准、规划具体实施路径等方面关注仍然相对不足。但是，顶层设计者在强化 2020 年后反贫困战略的焦点价值以及学术方向引领方面依然发挥着极为重要的作用。

四　学界探讨：关注焦点与争论核心

近几年，随着我国脱贫攻坚战不断向纵深推进，国内学术界也逐渐开始关注 2020 年后国内的反贫困问题，主要聚焦在反贫困总体形势变化与战略体系建构两大问题上，同时对贫困空间形态是否发生变化，贫困线划定与否和具体方法，反贫困政策是否需要过渡期等三个核心问题也存在一定争论，学界关注焦点与争论核心的具体内容如下。

（一）关注焦点

1. 反贫困总体形势变化

总体来看，学术界认为 2020 年后我国反贫困的总体形势将会发生“四个”重大转变，即贫困形态由绝对贫困向相对贫困转变、治理地域由农村贫困向城乡贫困转变、审视维度由单一贫困向多维贫困转变、重点人群由一般群体向特殊群体转变。当然，这几个转变之间也不可避免地存在相互叠加或可以转化。

（1）贫困形态由绝对贫困向相对贫困转变。2020 年后，我国将经历贫困结构转化的过程，[①] 随着长期困扰中国农村原发性绝对贫困的消失，贫困的相对性、次生性会凸显，农村贫困将进入一个以转型性的次生贫困和相对贫困为特点的阶段。[②] 相对贫困是贫困现实更为真实的表现形式，[③] 具有地域差异性、城乡差异性、主观性与客观性等特征，同时在新的时代背景下相对贫困会呈现多种类型。[④] 解决相对贫困问题将成为推动乡村振兴战略、城乡一体化发展和社会主义现代化建设中的重大议题，[⑤] 也是中国进入高质量脱贫阶段的重要体现，更是“后脱贫时代”的主要攻坚方向。未来，在我国贫困人口构成中，相对贫困人口将成为主体部分，[⑥] 相对贫困人口可划分为三类，第一类包括仍需“低保兜底”的贫困人口、遭遇风险冲击的返贫人口和易地移民扶贫搬迁安置的贫困人口；第二类是由于东西部区域发展不平衡而产生的相对贫困人口；第三类是“十三五”期间在城市化进程推动下实现了市民化而融入城市的

---

① 张琦、冯丹萌：《我国减贫实践探索及其理论创新：1978 ~ 2016 年》，《改革》2016 年第 4 期。

② 李小云、许汉泽：《2020 年后扶贫工作的若干思考》，《国家行政学院学报》2018 年第1 期。

③ 孙久文、夏添：《中国扶贫战略与 2020 年后相对贫困线划定——基于理论、政策和数据的分析》，《中国农村经济》2019 年第 10 期。

④ 邢成举、李小云：《相对贫困与新时代贫困治理机制的构建》，《改革》2019 年第 12 期。

⑤ 黄承伟：《新中国扶贫 70 年：战略演变、伟大成就与基本经验》，《南京农业大学学报》（社会科学版）2019 年第 6 期。

⑥ 雷明：《扶贫战略新定位与扶贫重点》，《改革》2016 年第 8 期。

低收入人口。①

（2）治理地域由农村贫困向城乡贫困转变。长期以来，我国扶贫开发政策主要以解决农村贫困问题为首要目标，2020 年脱贫目标也是以农村贫困人口脱贫作为标准来衡量，而对城市人口的贫困问题始终关注不够。② 未来虽然农村贫困仍不容忽视，但与农村贫困相比，2020 年后我国城市贫困问题将日趋严重、更加棘手，且城市贫困具有成因较为复杂、内容涵盖较多、标准难以统一等特点，城市贫困和农村贫困并重将是全面建成小康社会后我国贫困问题的长期趋势。③ 随着城镇化的加速推进，大量农村人口涌向城市后，贫困问题从农村向城市转移的趋势明显，农民工成为城市新的贫困群体，他们不仅面临着收入贫困，还面临消费贫困；此外，在经济结构转型升级过程中，下岗失业、待业等群体的贫困问题也逐渐显现。④ 同时，从农村转移到城市的新市民群体以及城镇“三无”（无生活来源、无劳动能力又无法定赡养人、扶养人或者抚养人）家庭的贫困问题尤其值得关注。⑤

（3）审视维度由单一贫困向多维贫困转变。伴随我国经济水平的不断提升和社会发展的不断加速，2020 年后我国贫困问题不再是单纯的经济现象，而是集经济、社会、文化、自然等因素于一体的复合现象，即由以经济贫困为主转变为经济贫困、资产贫困、社会贫困、文化贫困和生态贫困等并存状态，需要从经济发展、社会发展、自然生境等多个维度来重新审视贫困问题。⑥ 未来由于致贫原因多元化、复杂化，多维贫

---

① 凌经球：《乡村振兴战略背景下中国贫困治理战略转型探析》，《中央民族大学学报》（哲学社会科学版）2019 年第 3 期。

② 罗玉辉、侯亚景：《中国扶贫改革 40 年：过去、现在和未来》，《宁夏社会科学》2019 年第 5 期。

③ 白永秀、刘盼：《全面建成小康社会后我国城乡反贫困的特点、难点与重点》，《改革》2019 年第 5 期；冯丹萌、陈洁：《2020 年后我国城市贫困与治理的相关问题》，《城市发展研究》2019 年第 11 期。

④ 黄征学、高国力、滕飞、潘彪、宋建军、李爱民：《中国长期减贫，路在何方？——2020 年脱贫攻坚完成后的减贫战略前瞻》，《中国农村经济》2019 年第 9 期。

⑤ 谷树忠：《贫困形势研判与减贫策略调整》，《改革》2016 年第 8 期。

⑥ 谷树忠：《贫困形势研判与减贫策略调整》，《改革》2016 年第 8 期。

困已然成为农村贫困的主要表现。[①] 贫困不仅意味着收入水平低，更重要的是贫困者缺乏可发展的资源、能力与机会。[②] 换句话说，判断贫困与否要从多个维度进行考量，然而，现阶段我国的贫困治理主要通过收入水平来判断个体贫困与否，这种评价标准会忽视很多其他类型的贫困问题，也不利于及早发现、预防潜在的贫困问题。[③] 同时，为实现这一战略转换，贫困的识别和认定也更加具有综合性，也会引发衡量指标从收入向包括收入和基础设施、公共服务等在内的多维指标拓展。[④]

（4）重点人群由一般群体向特殊群体转变。在消除绝对贫困阶段，国家采取的精准扶贫措施使有劳动能力的贫困户通过产业发展和就业扶持等途径基本实现了稳定脱贫，而老少病残等特殊群体需要靠社保兜底，2020 年后有劳动能力人群的收入将随经济发展而逐步提高，尽管随着国家社保政策支持力度的加大，老少病残等特殊群体生活条件也将逐步得到改善，但大部分仍难以跳出低收入群体。[⑤] 具体来看，老年人贫困形势将更加严峻，独居和空巢老人贫困现象更为突出，农村光棍危机与懒汉问题叠加，精神障碍患者是极为困难的社会弱势群体，贫困残疾人在教育、康复服务、重度残疾人家庭无障碍等方面发展严重滞后，妇女、儿童比其他人群更易于陷入贫困状态。[⑥] 这些特殊群体属于持久性贫困群体，在脱贫过程中难以享受产业扶贫政策和就业扶持政策，存在救助政策定位困难、实施难以到位、返贫风险大等特征。[⑦]

---

① 张永丽、徐腊梅：《中国农村贫困性质的转变及 2020 年后反贫困政策方向》，《西北师大学报》（社会科学版）2019 年第 5 期。

② 崔红志：《乡村振兴与精准脱贫的进展、问题与实施路径——“乡村振兴战略与精准脱贫研讨会暨第十四届全国社科农经协作网络大会”会议综述》，《中国农村经济》2018 年第 9 期。

③ 向德平、华汛子：《改革开放四十年中国贫困治理的历程、经验与前瞻》，《新疆师范大学学报》（哲学社会科学版）2019 年第 2 期。

④ 雷明：《扶贫战略新定位与扶贫重点》，《改革》2016 年第 8 期；姜长云：《关于实施乡村振兴战略的若干重大战略问题探讨》，《经济纵横》2019 年第 1 期。

⑤ 叶兴庆、殷浩栋：《从消除绝对贫困到缓解相对贫困：中国减贫历程与 2020 年后的减贫战略》，《改革》2019 年第 12 期。

⑥ 汪三贵、曾小溪：《后 2020 贫困问题初探》，《河海大学学报》（哲学社会科学版）2018 年第 2 期。

⑦ 姜会明、张钰欣、吉宇琴、顾莉丽：《2020 年后扶贫开发政策转型研究》，《税务与经济》2019 年第 6 期。

2. 反贫困战略体系建构

（1）调整战略总体取向。从战略方向上，2020 年后需要改变原有的城乡扶贫二元战略框架和以农村开发式扶贫为主导的路径，新的农村扶贫战略应考虑两个“一体化”，即城乡一体化和开发与社会公共服务一体化。[①] 从战略思路上，设计出差异化的减贫路径，构建共建共享减贫大格局。[②] 继续巩固消除绝对贫困的成就，重点从数量型消除绝对贫困人口的目标转向高质量扶贫，从解决贫困群体的“两不愁三保障”等基本问题转向满足贫困群体更高层次的美好生活需要上，从政府主导帮扶向提高贫困人口可持续生计能力转变，从“扶贫”向“防贫”转变，[③] 应聚焦贫困的产生机制，改变一边生产穷人、一边扶持穷人的局面。未来主要面临的将是“扶持谁”“怎么扶持”两大问题，同时必须解决“扶持如何实现”；要解决好“扶持谁”的问题，必须找准贫困的类型及其原因；要解决好“怎么扶持”的问题，必须在减贫“造血”机制上下功夫；要解决“扶持如何实现”的问题，必须寻找可持续增收渠道的突破口。[④] 在国家治理现代化的整体框架内，要综合运用市场性益贫、社会性防贫、制度性减贫等手段，探寻更有效阻断致贫路径的新策略，实现从“精准扶贫”逐步向“综合减贫”转型，[⑤] 以内生式扶贫为抓手来推动扶贫工作发展，以政府行为转型来促进扶贫工作提质增效，实现农村发展和脱贫成果的长期性与持续性。[⑥]

（2）促进战略有机衔接。脱贫攻坚与乡村振兴是实现中国农业与农

---

① 魏后凯：《2020 年后中国减贫的新战略》，《中州学刊》2018 年第 9 期；李小云、许汉泽：《2020 年后扶贫工作的若干思考》，《国家行政学院学报》2018 年第 1 期。

② 王超、刘俊霞：《中国反贫困工作 40 年历史演进——基于 1979 ~ 2018 中国反贫困政策的量化分析》，《中国农村经济》2018 年第 12 期。

③ 周绍杰、杨骅骝、张君忆：《中国 2020 年后扶贫新战略——扶贫成就、主要目标、总体思路与政策建议》，《中国行政管理》2019 年第 11 期；白增博：《新中国 70 年扶贫开发基本历程、经验启示与取向选择》，《改革》2019 年第 12 期。

④ 杨璐璐：《减贫“造血”能力提升与农村土地股份合作》，《改革》2016 年第 8 期。

⑤ 欧阳煌：《精准扶贫战略落实与综合减贫体系构建思考》，《财政研究》2017 年第 7 期。

⑥ 王俊程：《中国农村扶贫实践逻辑与未来发展：1978 ~ 2017》，《青海社会科学》2018 年第 5 期。

村现代化、农民生活富裕必须完成的两大重大战略任务，[①] 其中摆脱贫困是乡村振兴的基本前提，打赢精准脱贫攻坚战是实施乡村振兴战略的重要内容和优先任务，作为不同发展阶段的战略任务并不是相互孤立的，而是紧密相连、各有侧重。[②] 它们在县级这一行政单位和县域这一区域范围内具有明显的连续性和继起性特征，[③] 只有两大战略相互支撑、协调推进，"两个一百年"的奋斗目标才能最终实现。[④] 乡村振兴可以借鉴脱贫攻坚的有效经验实现稳健推进，而脱贫攻坚也能够利用乡村振兴机遇谋求纵深发展。[⑤] 具体来看，未来需要长短结合、标本兼治，建立脱贫攻坚与乡村振兴的统筹衔接机制，关键要实现观念的衔接、规划的衔接、产业的衔接、体制的衔接和政策的衔接，[⑥] 要根据不同地区社会经济发展的现实情况，既要抓好梯度跟进，又要抓好优化升级。[⑦]

（3）完善战略政策框架。2020 年后扶贫制度设计将从政治任务式扶贫转向精细保障式救助，扶贫开发政策将从集中叠加式兜底转向专项长效性扶持，[⑧] 需要建立城乡减贫联动、扶贫社保融合、减贫良性互动三项机制，[⑨] 避免减贫对象和其他低收入群体在政策待遇上的"悬崖效应"和"福利陷阱"，[⑩] 构建并完善城乡一体化综合性的社会安全保障网络，

① 汪三贵、冯紫曦：《脱贫攻坚与乡村振兴有机衔接：逻辑关系、内涵与重点内容》，《南京农业大学学报》（社会科学版）2019 年第 5 期。

② 高强：《脱贫攻坚与乡村振兴有机衔接的逻辑关系及政策安排》，《南京农业大学学报》（社会科学版）2019 年第 5 期。

③ 朱启铭：《脱贫攻坚与乡村振兴：连续性、继起性的县域实践》，《江西财经大学学报》2019 年第 3 期。

④ 庄天慧、孙锦杨、杨浩：《精准脱贫与乡村振兴的内在逻辑及有机衔接路径研究》，《西南民族大学学报》（人文社科版）2018 年第 12 期。

⑤ 豆书龙、叶敬忠：《乡村振兴与脱贫攻坚的有机衔接及其机制构建》，《改革》2019 年第 1 期。

⑥ 魏后凯：《当前"三农"研究的十大前沿课题》，《中国农村经济》2019 年第 4 期。

⑦ 左停、刘文婧、李博：《梯度推进与优化升级：脱贫攻坚与乡村振兴有效衔接研究》，《华中农业大学学报》（社会科学版）2019 年第 5 期。

⑧ 莫光辉、杨敏：《2020 年后中国减贫前瞻：精准扶贫实践与研究转向》，《河南社会科学》2019 年第 6 期。

⑨ 欧阳煌：《精准扶贫战略落实与综合减贫体系构建思考》，《财政研究》2017 年第 7 期。

⑩ 黄征学、高国力、滕飞、潘彪、宋建军、李爱民：《中国长期减贫，路在何方？——2020 年脱贫攻坚完成后的减贫战略前瞻》，《中国农村经济》2019 年第 9 期。

为相对贫困人口提供制度化的福利供给成为未来扶贫工作的关键所在。[①]由于反贫困形势的变化，2020 年后的政策重点也将会有重大的变化，应在完善现有政策框架的基础上，继续加大对重点扶贫地区的产业扶持和交通、通信等基础设施建设，[②] 制度化建设以基本权利公平为基础的社会保障体系，持续扩大社会保障覆盖面，提高医疗、教育、养老等社会保障水平，完善专项救助制度，制定针对特殊人群的救助政策，扶贫财政体系改革和金融机制创新也是扶贫战略可持续的重要支撑，[③] 要持续关注非贫困低收入户和返贫户，设立防贫返贫保险基金。[④] 此外，2020 年后仍然要贯彻精准原则，借助大数据和互联网建立相对贫困人口的监测机制和帮扶机制，构建扶贫第三方评估长效机制。[⑤]

（4）优化战略治理体系。新的贫困格局和战略需要培育一个综合的贫困治理机制，并开展扶贫制度的供给侧改革，[⑥] 要从经济、政治、文化、社会、生态、党的建设、法治建设等方面多维度推进国家贫困治理能力现代化建设。2020 年后我国减贫治理体系的职能将常规化，扶贫工作会被嵌入政府常规性的职责中去，减贫职能也会由分散型向集中型转化，集中整合扶贫资源和部门力量，作为一种新型的、在整合分散性资源基础上的减贫机制。[⑦] 未来的反贫困治理方案需要从前提上克服二元化视角的认识倾向，建立城乡统筹的贫困治理体系是扶贫战略实施的组织基础，重塑经济与文化、技术理性与文化价值以及权力知识与传统文化之间的关系，重视对贫困群体的生活世界的关怀，倡导多元、平等的

---

① 许汉泽：《新中国成立 70 年来反贫困的历史、经验与启示》，《中国农业大学学报》（社会科学版）2019 年第 5 期。

② 肖宜滨、张立冬、包宗顺：《江苏脱贫攻坚历程、举措、绩效与展望》，《南京农业大学学报》（社会科学版）2019 年第 6 期。

③ 陈志钢、毕洁颖、吴国宝、何晓军、王子妹一：《中国扶贫现状与演进以及 2020 年后的扶贫愿景和战略重点》，《中国农村经济》2019 年第 1 期。

④ 白增博：《新中国 70 年扶贫开发基本历程、经验启示与取向选择》，《改革》2019 年第 12 期。

⑤ 莫光辉、张菁：《精准扶贫第三方评估长效机制建构策略——2020 年后中国减贫与发展前瞻探索系列研究之一》，《苏州大学学报》（哲学社会科学版）2018 年第 6 期；程承坪、邹迪：《新中国 70 年扶贫历程、特色、意义与挑战》，《当代经济管理》2019 年第 9 期。

⑥ 李小云、许汉泽：《2020 年后扶贫工作的若干思考》，《国家行政学院学报》2018 年第1 期。

⑦ 张琦：《减贫战略方向与新型扶贫治理体系建构》，《改革》2016 年第 8 期。

对话，共建反贫困共同体。[①] 其中，政府职责的再界定及农民自主性的激发，是后脱贫时代贫困治理场域政府主体性及农民主体性建构的核心问题，需要加快均衡性的贫困治理体系的构建，实现政府政治主体性与行政主体性及农民权利与责任的对称性均衡。[②]

（二）争论核心

1. 贫困空间形态是否发生变化

（1）贫困分布由集中连片向面广分散转变。部分学者认为在消除绝对贫困阶段，我国贫困人口区域集中度相对较高，但经过区域性扶贫和“精准扶贫”，国家对集中连片特困地区的扶持力度不断加大，通过制定一系列更有针对性的政策措施，绝大多数地区已经摆脱了绝对贫困。按照现行标准，到 2020 年我国在 2011 年划定的 14 个集中连片特困地区整体脱贫、592 个国家扶贫开发重点县集体脱帽，集中连片的区域性贫困问题得到较大缓解。到 2020 年后集中连片特困地区已经不再存在，集中连片贫困区将基本上消失，过去我国长期存在的地域性、连片化、块状型的贫困将总体不复存在，虽然贫困现象在一些地区可能依然相对集中，但就全国而言，贫困将呈现一种弥漫状、散点型、插花式的图景。[③]

（2）老少边穷地区仍然需要长期持续关注。部分学者认为 2020 年后革命老区、少数民族自治地区、边境边远地区、集中连片贫困地区（老少边穷）仍然是反贫困的重点区域，其中以“三区三州”为主的深度贫困地区仍然是“贫中之贫，困中之困”，[④] 仍需要帮扶的县主要分布

---

① 费雪莱：《2020 年后乡村反贫困治理转型探析》，《青海社会科学》2019 年第 6 期；陈志钢、毕洁颖、吴国宝、何晓军、王子妹一：《中国扶贫现状与演进以及 2020 年后的扶贫愿景和战略重点》，《中国农村经济》2019 年第 1 期。

② 刘建：《主体性视角下后脱贫时代的贫困治理》，《华南农业大学学报》（社会科学版）2019 年第 5 期。

③ 欧阳煌：《精准扶贫战略落实与综合减贫体系构建思考》，《财政研究》2017 年第 7 期；孙久文、张静、李承璋、卢怡贤：《我国集中连片特困地区的战略判断与发展建议》，《管理世界》2019 年第 10 期；叶兴庆、殷浩栋：《从消除绝对贫困到缓解相对贫困：中国减贫历程与 2020 年后的减贫战略》，《改革》2019 年第 12 期。

④ 黄征学、高国力、滕飞、潘彪、宋建军、李爱民：《中国长期减贫，路在何方？——2020 年脱贫攻坚完成后的减贫战略前瞻》，《中国农村经济》2019 年第 9 期。

在青藏高原高寒区、三级阶梯的过渡地带、西南喀斯特地区等生态脆弱区和少数民族集聚区。[①] 未来这些地区发展不足、发展不充分的基本态势没有改变，自身发展条件和发展潜力非常有限，仍旧呈现区域性的整体欠发达状态，如果贫困标准上调，其依然是新标准下的贫困地区，贫困治理任务依然非常艰巨。[②] 主要是与其他地区相比，这些地区仍然存在生态脆弱、地理条件差、基础设施不完善、社会保障机制不健全等问题，加上历史上就是自然灾害频发、地方病和传染病多发地区，且面临的自然风险、健康风险和市场风险仍然较大，各致贫因素的交互系数高、交互形式多元，脱贫人口重新返贫或处于贫困线边缘的低收入者陷入贫困的可能性较大，[③] 因此需要继续促进这些地区的经济发展，缩小与其他地区发展的差距。[④]

2. 贫困线划定与否和具体方法

（1）是否需要划定贫困标准。对于是否需要划定贫困标准存在一定争议，有学者认为中国可以考虑取消国家贫困线标准，转向不同地区依据地区生活成本而设定的低保标准，同时逐步缩小城乡低保标准的差异，形成从统一性标准向多样性标准过渡，与此同时，要求各个地区的低保标准设定动态化，与地区的经济发展水平相适应。[⑤] 但也有学者认为贫困标准的划定是估算贫困人口的规模、特征和分布的前提，有利于确定具体的工作方向，[⑥] 消除绝对贫困需要有一个贫困标准，以利于识别扶持对象、

---

① 周扬、郭远智、刘彦随：《中国县域贫困综合测度及 2020 年后减贫瞄准》，《地理学报》2018 年第 8 期。

② 郑长德：《2020 年后民族地区贫困治理的思路与路径研究》，《民族学刊》2018 年第 6 期；张永丽、徐腊梅：《中国农村贫困性质的转变及 2020 年后反贫困政策方向》，《西北师大学报》（社会科学版）2019 年第 5 期；孙久文、李星：《攻坚深度贫困与 2020 年后扶贫战略研究》，《中州学刊》2019 年第 9 期。

③ 谷树忠：《贫困形势研判与减贫策略调整》，《改革》2016 年第 8 期，第 66 页；唐梅玲、曹晅：《我国贫困治理政策的回顾与展望》，《学习与实践》2018 年第 3 期。

④ 程承坪、邹迪：《新中国 70 年扶贫历程、特色、意义与挑战》，《当代经济管理》2019 年第 9 期。

⑤ 杨骅骝、周绍杰、胡鞍钢：《中国式扶贫：实践、成就、经验与展望》，《国家行政学院学报》2018 年第 6 期。

⑥ 陈志钢、毕洁颖、吴国宝、何晓军、王子妹一：《中国扶贫现状与演进以及 2020 年后的扶贫愿景和战略重点》，《中国农村经济》2019 年第 1 期。

衡量减贫效果，转向对相对贫困群体提供日常性帮扶后，同样需要划定一个贫困标准，但在理念和方法上应与以前制定绝对贫困标准有所不同。①

（2）贫困线划定的具体方法。现在对2020年后贫困线划定的具体方法存在较大争议，主要包括五种。第一，按照收入的绝对水平予以确定，与现行贫困线的全国性统一标准不同，相对贫困标准依据地区发展水平设定，中国的减贫应向高贫困线看齐。② 第二，对全体家庭收入进行排序，取收入中位数或众数的固定比例，在此基础上再考虑全民收入分布特征和家庭结构，划定不同类型家庭的收入阈值，采取一家一线的方案。如2021～2025年可以按照前一年全国居民人均可支配收入中位数的40%划定次年贫困线，其间贫困线绝对值仅随价格指数调整。③ 第三，与低保线挂钩进行确定。农村贫困线的划定宜与当地城市低保标准线挂钩，而不应全国农村统一，改变目前城乡分别计算贫困线的做法，而只是计算城市贫困线，农村根据城市贫困线来划定贫困线，考虑到现实生活差距和操作条件，农村贫困线是城市贫困线的90%。④ 第四，参照国际标准进行确定，联合国、世界银行和其他发达国家均有相应的贫困指导线或救助标准，在综合我国国情实际和对比分析的基础上确定相对贫困线。如在“十四五”时期以世界银行3.2美元的中低收入国家贫困线标准作为国家贫困线，“十五五”时期按照世界银行5.5美元的中高收入国家贫困线标准，到2025年和2030年消除全部按照相应标准确定的贫困人口。⑤ 第五，以多维贫困识别和测度作为相对贫困和制定多维减贫政策的标准，逐步把“两

① 叶兴庆、殷浩栋：《从消除绝对贫困到缓解相对贫困：中国减贫历程与2020年后的减贫战略》，《改革》2019年第12期。

② 魏后凯：《2020年后中国减贫的新战略》，《中州学刊》2018年第9期。

③ 孙久文、夏添：《中国扶贫战略与2020年后相对贫困线划定——基于理论、政策和数据的分析》，《中国农村经济》2019年第10期；程蹊、陈全功：《较高标准贫困线的确定：世界银行和美英澳的实践及启示》，《贵州社会科学》2019年第6期；叶兴庆、殷浩栋：《从消除绝对贫困到缓解相对贫困：中国减贫历程与2020年后的减贫战略》，《改革》2019年第12期。

④ 何秀荣：《改革40年的农村反贫困认识与后脱贫战略前瞻》，《农村经济》2018年第11期。

⑤ 周绍杰、杨骅骝、张君忆：《中国2020年后扶贫新战略——扶贫成就、主要目标、总体思路与政策建议》，《中国行政管理》2019年第11期。

不愁三保障”的物化标准量化，构建包括教育、医疗卫生、住房等在内的多维度指标体系，客观、全面衡量全社会的贫困程度，制定省际差异化的标准体系。①

3. 反贫困政策是否需要过渡期

（1）由运动式向制度化转变。一部分学者认为打赢脱贫攻坚战，从中央到地方都实施了一系列超常规的政策举措，这种运动式扶贫脱贫的成就是巨大的，但成本也是巨大的，2020 年以后不能简单复制、延续所有的短期政策，而应挖掘体制性、机制性的因素，依靠制度建设实现可持续脱贫，要建立一个稳定、内嵌式的新型扶贫机制，由集中性减贫转向常规性减贫治理战略，② 运动式、大规模的扶贫开发在 2020 年后将会转向制度化与社会保障兜底，③ 这种转变不仅具有客观必然性，也是国家治理体系和治理能力现代化的必然要求。④ 即使在 2020 年全面建成小康社会之后，各贫困县也都是摘帽不摘政策，也会有相关政策的持续支持，但扶贫工作应该加快从运动式治理向制度化治理的转型，探索精准扶贫的长效化、制度化的实践机制。⑤ 也有学者认为，除中西部少数经济特别落后的地区，尤其是仍然需要采取易地搬迁方式扶贫的地区外，沿海及其他绝大多数地区应由全民总动员的大规模运动式扶贫，转变为常规化、制度化减贫。⑥

（2）防止政策断崖式的退出。而另外一部分学者认为 2020 年后应

---

① 黄征学、高国力、滕飞、潘彪、宋建军、李爱民：《中国长期减贫，路在何方？——2020 年脱贫攻坚完成后的减贫战略前瞻》，《中国农村经济》2019 年第 9 期。

② 何秀荣：《改革 40 年的农村反贫困认识与后脱贫战略前瞻》，《农村经济》2018 年第 11 期；高强、刘同山、沈贵银：《2020 年后中国的减贫战略思路与政策转型》，《中州学刊》2019 年第 5 期。

③ 张亚玲、李雪蕾、郭忠兴：《统筹推进后扶贫时代脱贫攻坚与乡村振兴的有机衔接——“脱贫攻坚与乡村振兴”学术研讨会综述》，《南京农业大学学报》（社会科学版）2019 年第 6 期。

④ 凌经球：《乡村振兴战略背景下中国贫困治理战略转型探析》，《中央民族大学学报》（哲学社会科学版）2019 年第 3 期。

⑤ 许汉泽、李小云：《精准扶贫：理论基础、实践困境与路径选择——基于云南两大贫困县的调研》，《探索与争鸣》2018 年第 2 期。

⑥ 肖宜滨、张立冬、包宗顺：《江苏脱贫攻坚历程、举措、绩效与展望》，《南京农业大学学报》（社会科学版）2019 年第 6 期。

当给脱贫攻坚政策设立过渡期，防止“断崖式”退出。[①] 脱贫工作应该一以贯之，在脱贫攻坚结束后，应给予贫困地区和贫困人口一个政策稳定期和过渡期，以巩固脱贫成果。[②] 就贫困县而言，2020 年摘帽之后，原有财政支持、项目援助等政策短期内仍将延续，以巩固贫困县经济社会发展和减贫成果；就贫困人口而言，按照现行标准脱贫的群体并不代表其贫困脆弱性得到彻底解决，依靠教育扶持、就业促进、社保兜底等综合举措的减贫路径仍需一段时间的缓冲期，以阻断返贫之路。[③] 2020 年需要继续执行以中央、省级政府为主，市、县级政府为辅的减贫经费投入机制，对已摘帽的贫困县再延续三年的专项扶贫和行业扶贫相结合的过渡期支持政策，实现脱贫攻坚和减贫政策的无缝对接。[④]

五　结论与讨论

本文探讨了我国 2020 年后贫困语境变化，就是使用扶贫、减贫还是反贫困话语，并梳理、廓清和归并顶层设计者和学界关于 2020 年后反贫困战略的“声音”。总体来看，我国贫困语境将有所变化，需要适时将“扶贫”切换成“反贫困”新话语。从两类主体的现实“声音”来看，顶层设计者高度重视 2020 年后反贫困战略思路的系统研究谋划，聚焦乡村振兴与脱贫攻坚的战略统筹衔接，关注返贫和相对贫困、多维贫困、城乡贫困；在机制设计上，正在持续巩固脱贫攻坚成果，谋划调整贫困标准，规划具体实施路径。学界主要关注的焦点是 2020 年后反贫困形势变化与战略调整；认为反贫困形势将发生“四个”重大转变，即贫困形态由绝对贫困向相对贫困转变，治理地域由农村贫困向城乡贫困转变，审视维度由单一贫困向多维贫困转变，重点人群由一般群体向特殊群体

① 郑秉文：《“后 2020”时期建立稳定脱贫长效机制的思考》，《宏观经济管理》2019 年第 9 期。

② 张琦、孔梅：《“十四五”时期我国的减贫目标及战略重点》，《改革》2019 年第 11 期。

③ 张琦：《减贫战略方向与新型扶贫治理体系建构》，《改革》2016 年第 8 期；姜长云：《关于实施乡村振兴战略的若干重大战略问题探讨》，《经济纵横》2019 年第 1 期。

④ 黄征学、高国力、滕飞、潘彪、宋建军、李爱民：《中国长期减贫，路在何方？——2020 年脱贫攻坚完成后的减贫战略前瞻》，《中国农村经济》2019 年第 9 期。

转变；未来需要调整战略总体取向，促进战略有机衔接，完善战略政策框架，优化战略治理体系。同时，学界在贫困空间形态是否发生变化、贫困线划定与否及具体方法、反贫困政策是否需要过渡期等三个方面存在争论。由此可见，顶层谋划是政策方向，学界探讨是理论基础，两者相互呼应、支撑与依赖，但也各有侧重，存在差异与矛盾之处。

值得关注的是，在压力型体制下，基层扶贫干部长时间、高强度投身第一线，运动式治理往往会使地方政府在运动初期表现出高涨的工作热情，但是随着运动的持续和深入，这种工作热情将会慢慢淡化。① 2020 年以后到底怎么办？这几乎是所有基层参与扶贫攻坚战干部和群众关心的问题。笔者在基层调研发现，当前基层总体舆论导向有上面怎么安排怎么干、扶贫政策还会再延续、松口气歇歇脚再上路等，这些导向均带有迷惑与猜测。很多干部群众非常期待，这个阶段国家能尽快出台扶贫后续政策或明确政策导向。同时，基层干群们也存在很多担忧，如非贫困县比贫困县、非贫困户比贫困户还差，这样一直持续下去怎么办？2020 年以前的扶贫主要依靠的是密集的政策支持、密集的资金投入、密集的人才进入，随着经济下行的压力不断增大，高度依赖财政转移支付比较困难，而县级财政收入很少，很多已经难以支付公务员的工资，怎么解决？扶贫工作队撤回来后，村上的干部能不能干好？然而，以上这些基层期盼与现实担忧并没有一个稳定畅通的渠道得到有效的反馈，导致长期以来基层干群们对 2020 年后反贫困战略始终是“集体失语”。

基于此，笔者认为 2020 年后我国反贫困战略需要着重考虑以下三个方面内容。第一，构建现代多维反贫困治理体系。推动“扶贫”向“防贫”和“助贫”转变，探索解决相对贫困的长效机制，加快构建市场化手段为主、行政手段为辅、城乡全面统筹的现代多维反贫困治理体系。第二，提升反贫困治理效能。要对当前脱贫攻坚政策体系进行系统梳理，将实用的部分纳入乡村振兴这一框架统筹安排。需要从提高治理效能、促进国家治理现代化的视角，来进一步明确 2020 年之后哪些政策不宜继

① 邢成举：《压力型体制下的“扶贫军令状”与贫困治理中的政府失灵》，《南京农业大学学报》（社会科学版）2016 年第 5 期。

续坚持，哪些政策需要进一步修改以后继续坚持，哪些政策亟待改革创新。第三，关注不同主体的“声音”。这一点也是重中之重，国家在制定 2020 年后各类反贫困政策时，要注意倾听包括学术界、基层干部群众等社会各界的有益“声音”，畅通信息反馈渠道，让全社会能真正有效地参与到 2020 年后的反贫困事业中。

多元耦合：乡村振兴语境下的精准扶贫路径*

陈小燕**

摘　要： 中共十九大报告首次提出乡村振兴战略，作为实现“两个一百年”奋斗目标的一项重大战略，乡村振兴战略是中国农民脱贫致富、缩小城乡差距、全面建成小康社会和全面建设社会主义现代化国家的重要举措，为有效推进精准脱贫攻坚提供了宏观战略支撑和思路创新。在实现全面建成小康社会目标的当下阶段，精准扶贫和乡村振兴相互融合、耦合推进。将耦合理论引入乡村振兴语境下的扶贫开发研究不失为一个新的理论视角，对于脱贫攻坚效果的提升和乡村振兴会起到积极的促进作用。乡村振兴下的脱贫攻坚耦合系统是一个包含人才耦合、产业耦合、治理耦合、环境耦合、脱贫耦合等在内的多元耦合系统。

关键词： 耦合　乡村振兴　精准扶贫

中共十九大报告首次提出乡村振兴战略，要求按照“产业兴旺、生态宜居、乡风文明、治理有效、生活富裕的总要求，加快推进农业农村

---

* 文章刊发于《贵州社会科学》2019 年第 3 期，是国家社科基金年度项目（17BKS022）的阶段性成果。该文章收录本书时，内容和文献标注方式略有调整。

** 陈小燕，海南师范大学。

现代化”。[①] 精准脱贫攻坚作为实现乡村振兴的重要举措之一，是实现乡村振兴的前提和基础。中国的贫困人口主要集中在乡村，没有农村贫困人口的脱贫致富，就没有乡村的全面振兴。乡村振兴战略作为实现“两个一百年”奋斗目标的一项重大战略，是中国农民脱贫致富、缩小城乡差距、全面建成小康社会和全面建设社会主义现代化国家的重要举措，为有效推进精准脱贫攻坚提供了宏观战略支撑和思路创新。在实现全面建成小康社会目标的当下阶段，精准扶贫和乡村振兴相互融合、彼此影响、互相协同、耦合推进。

耦合原是一个物理学术语，后被广泛应用于社会科学领域，指两个或两个以上的系统通过各种相互作用，彼此影响、相互依赖以至协同的现象，耦合度越高，表明系统间联系越紧密。[②] 乡村振兴的实现是多个要素系统相互耦合、协同推进的结果。这些要素系统包括产业融合系统、人力资源系统、乡村善治系统、绿色发展系统、脱贫攻坚系统等。这些要素系统内部以及系统之间在耦合互动中，推动乡村振兴的实现。脱贫攻坚作为乡村振兴的一个子系统，不能脱离乡村振兴战略的导向，在乡村振兴的背景下，乡村振兴的内在要求将渗透于扶贫开发中，进一步拓展和创新扶贫开发的思路。扶贫开发目标的实现，离不开扶贫开发系统之内的各个要素系统的综合作用。鉴于此，将耦合理论引入乡村振兴和扶贫开发研究不失为一个新的理论视角，对于脱贫攻坚效果的提升和乡村振兴会起到积极的促进作用。乡村振兴下的脱贫攻坚耦合系统是一个包含人才耦合、产业耦合、治理耦合、环境耦合、脱贫耦合等在内的多元耦合系统。

一 人才耦合：以“外引”与“内育”的结合汇聚脱贫致富新力量

乡村振兴，人才是关键。从脱贫攻坚到乡村振兴都离不开人力资源

① 习近平：《决胜全面建成小康社会 夺取新时代中国特色社会主义伟大胜利》，《人民日报》2017年10月28日。

② 张冀民、孟昱煜：《现代农业与新型城镇化耦合发展的影响因素及实现机制》，《生产力研究》2016年第3期。

这一核心要素。然而当前，乡村人才资源短缺，人才瓶颈成为制约乡村振兴的桎梏，因此，“要把人力资本开发放在首要位置，畅通智力、技术、管理下乡通道，造就更多乡土人才，聚天下人才而用之”。[①] 乡村人力资本开发是一项系统工程，要将人才“外引”与“内育”相结合，实现内外结合、耦合发展。

（一）以“内育”培养乡土人才“领头雁”

改革开放以来，伴随着城市化进程的加快，大批乡村青壮年劳动力和青年人才外出务工，转移到城市，乡村青年人才大量流失，劳动力骤减，农村空心化现象严重，边远、贫困地区的农村尤为严峻，这些地区留守劳动力多是一些老弱妇幼，自身发展能力匮乏，严重制约了乡村经济社会的发展。面对乡村人才的短缺，要实现乡村振兴，开发乡村人力资源是关键。要培养新时代的乡土人才，通过加强乡村教育和培训，在乡村本土培养和发掘一批乡土人才，使其成为乡村振兴的“领头雁”，带动群众脱贫致富；要培育新时代的新型农民，使其具有综合文化素质、掌握互联网技术和现代农业技术、懂得现代经营管理，成为名副其实的乡村振兴主体；要加强新时代乡村干部队伍建设，培养一批乡村振兴的“带头人”。

（二）以“外引”促进乡土人才的优化配置

除了培育乡村本土人才之外，还需要通过外部人才的引进为贫困乡村注入新鲜的血液。在外部人才的引进方面，要加强专业人才队伍建设，引进懂科技、懂管理、懂市场、懂法律的现代人才，为乡村振兴注入新的活力和动力；要利用农村创新创业政策引导、吸引大学生、退伍军人、青年企业家等各类“双创”人才返乡下乡进行各种形式的创新创业，促进乡村产业发展，助力农业农村现代化；要吸进和鼓励社会各界人士参与到农业农村建设中来，引导、支持从乡村走出去的企业家、干部、专家、学者等投资农村，造福贫困乡村；要充分发挥政府、事业

① 《中共中央国务院关于实施乡村振兴战略的意见》，《人民日报》2018 年 2 月 5 日。

单位、社团等的人才资源优势，利用一切可利用的力量，加快乡村振兴战略的实施。

二　产业耦合：以“农业产业”与“其他产业”相融合培育脱贫攻坚新动能

“产业兴旺”是实现乡村脱贫致富和乡村振兴的原动力，是乡村可持续发展的基础。扶贫开发要以产业作为载体，提升贫困乡村产业发展能力，从而促进贫困乡村发展，增加贫困群众增收的途径。产业融合发展是乡村产业发展的新业态，是乡村振兴战略的新动能。推进农村一、二、三产业融合发展，是拓宽农民增收渠道、探索中国特色农业现代化道路的必然要求。我国贫困地区大多具有自然资源丰富、人文历史悠久、发展潜力大等基本特征。但是，单一的产业结构和落后的生产方式是造成我国不发达地区长期贫困落后的主要原因。因此，要通过推动农业供给侧改革，寻求产业融合减贫模式。

（一）以农业内部产业整合型融合和农业产业链延伸型融合促进农业增效

农业内部产业整合型融合，通过对传统农业生产方式的改革，促进农业产业内部各子产业的融合，形成循环农业、庭院经济等新型经济业态，促进了农业增效和价值链提升。农业产业链延伸型融合，主要是以农业产业为中心，通过向农业产业链的上游和下游延伸，前向融合实现与种子、农药、肥料供应、涉农服务等的一体化，后向融合实现与农产品加工、物流运销等的一体化。通过前向一体化与后向一体化融合，完善了农业产业链，改变了传统农业小农分散经营的模式，增强了农业的竞争力和可持续发展能力，是提高农民收入、加快脱贫攻坚的必然选择。

（二）以农业与二、三产业交叉融合构建多功能产业体系

以市场需求为导向，以农业供给侧结构性改革为动力，推动农村产业融合发展，构建农业与二、三产业交叉融合的现代产业体系，是农业

增效、农民增收的重要途径，是实现全面建成小康社会和乡村振兴战略的重要支撑。贫困乡村大多拥有独特的自然资源和优良的生态环境。贫困乡村因地制宜，通过生态农业与生态旅游业融合发展往往会产生一定的耦合效应，从而带动贫困乡村振兴。乡村生态农业和旅游业的耦合发展催生了生态农业旅游、生态休闲农业等新兴业态，如各种采摘节，各具特色的农家乐、共享农庄、生态农场、特色民俗文化村、生态农业观光园等，正在受到广大消费者的青睐。在大数据和“互联网＋”的现代科技环境下，要充分利用互联网与传统产业的深度融合，推动发展旅游扶贫、观光农业、创意农业、康养基地、电商扶贫、农家乐、特色村镇等绿色减贫新业态，逐渐显现农业的社会、经济、生态、文化等多重功能。

三　治理耦合：以“三治合一”相结合构建扶贫治理新体系

筑牢全面建成小康社会的基础，必须健全和完善乡村治理体系，提升乡村治理质效。构建现代乡村社会治理体制，需要坚持自治、法治、德治“三治合一”。“三治合一”乡村治理体系建设，有利于完善乡村治理模式，有利于满足乡村人民对美好生活的需要。扶贫治理作为乡村治理不可或缺的重要环节，也要以自治、法治、德治相耦合，彼此连接，相互促进，共同发挥作用，从而更好地实现乡村治理体系现代化。在新的条件下，村民自治、法治和德治三者耦合，相辅相成，将有效提升精准扶贫的质量和效果。“三治合一”的精准扶贫治理是新时代乡村振兴的重要举措，为新时代我国乡村社会实现“乡风文明”“治理有效”“产业兴旺”“生态宜居”“生活富裕”提供了坚实支撑。

（一）以“自治为本”激发村民脱贫动力

自治是健全乡村治理体系的核心。坚持和完善村民自治制度，将扶贫开发工作与村民自治紧密结合，有利于提升精准扶贫精准脱贫的效率和质量。村民自治的最大特征主要体现为民主选举、民主管理、民主决策、民主监督“四个民主”,[①] 凡是涉及村民切身利益的事情，必须通过“民主”的方式加以解决。扶贫开发是涉及村民切身利益的大事，必须纳入村民自治之中。在村民自治的过程中，首先，各级党委要加强领导，建立乡村治理领导协调机制，发挥总揽全局、协调各方作用。其次，要加强农村基层党组织建设，要强化农村基层党组织在乡村社会治理中的领导核心地位，扎实推进抓党建促扶贫工作，强化村级领导班子建设，确保在扶贫开发工作中做到公正廉洁，防止扶贫资源精英俘获等现象的发生。最后，通过“四个民主”，完善民主决策程序，加大民主监督力度。扶贫项目立项、工程预算等重要事项不能仅仅由村级领导班子或主要“领导”决定，要实行民主决策，以确保扶贫开发的精准性。扶贫开发项目的实施要实行民主监督，确保扶贫项目的顺利实施。“四个民主”能够充分调动广大村民共同参与扶贫开发的主动性和积极性，从而加速脱贫致富的步伐。扶贫开发关乎贫困乡村的长足发展，关乎每个村民的切身利益，因而必须纳入村民自治的范畴。

（二）以“法治为要”推动村民依法扶贫

法治是完善乡村治理体系的基础和保障。精准扶贫作为乡村治理体系的重要组成部分，也需要发挥法治的引领和保障作用，从而确保“让改革发展成果更多更公平惠及全体人民”。[②] 首先，做好扶贫开发工作，需要树立法治思维，各级领导干部和扶贫工作者要树立学法、尊法、懂法、用法意识，要用法治的视角和思维对待扶贫开发工作。要加大法治宣传力度，通过各种方式和手段加大农村普法力度，提高村民的法治意识和法治思维，构建乡村普法教育长效机制，培养以法律思维武装头脑的新型农村干部和新型农民。其次，要将法治理念贯穿精准扶贫全过程。精准扶贫是乡村振兴的重要方面，是中国特色社会主义发展道路上共同富裕的政治任务。做好精准扶贫精准脱贫工作，需要以法治思维看待扶贫工作，以法治方式推进扶贫开发。努力形成依法行政、依法扶贫的工

① 薛国栋:《村务公开管理应当完善“四个民主”》,《中国社会报》2003 年 11 月 18 日。

② 《中共中央国务院关于实施乡村振兴战略的意见》,《人民日报》2018 年 2 月 5 日。

作氛围，使精准扶贫的每一个环节更加规范化、制度化和法治化。要依法推进精准识别和建档立卡工作，确保精准识别扶贫对象；要健全扶贫政策、扶贫项目的合法性审查机制，完善扶贫资金监管机制，确保精准帮扶贫困群众；要建立扶贫成效第三方评估机制和贫困退出机制，确保脱贫结果真实可信。

（三）以“德治为基”促进村民以德扶贫

德治为乡村治理提供支持。精准扶贫的有效推进要在自治和法治的基础上，加强德治，以德治和自治、法治相互耦合，共同推进。一是以文养德。大力宣传社会主义核心价值观和中华传统美德，发动广大群众对当地低保户、五保户、贫困户进行各种形式的一对一帮扶，开展走访慰问等服务群众活动，营造崇德向上的文化氛围。开展“扶贫大讲堂”系列公益讲座，建立乡村，社区儒学讲堂，为脱贫致富集聚精神力量。二是以评促德。组织开展“脱贫致富带头人”等系列评选活动，大力宣传和弘扬群众身边看得见、摸得着、学得到的“脱贫致富道德模范”，营造脱贫光荣的正向激励浓厚氛围。三是以规立德。通过制定村规民约，让村民对勤劳文明、遵纪守法的致富模范和游手好闲、好逸恶劳等反面典型进行评议。引导村民向榜样模范学习，告诫村民遵守村规民约，消除陋习，实现自我教育和自我提高。通过引导贫困乡村群众主动参与讨论和制定村规民约，可以让村民全过程参与，充分调动村民的积极性，营造村民自我管理、自我教育和自我约束的良好氛围。提升群众脱贫致富的主动性和积极性；要引导群众传承良好家风。将反贫困纳入“家庭、家风、家教”，广泛开展“好家风、好家训”征集评选、展示推广等宣教活动，弘扬脱贫致富好家风。

四　环境耦合：以“绿色发展”与“质量兴农”相结合推进形成绿色富民新格局

“绿色发展”与“质量兴农”是脱贫致富的需要，也是守住乡愁的需要。守住乡愁，前提是留住青山绿水。如果产业兴旺了、乡村振兴了、农民致富了，环境却被污染了，见不到蓝天白云，喝不着干净的水，就违背了乡村振兴的本意。可见，乡村振兴必须保护生态环境，乡村产业发展必须是绿色发展。乡村振兴不能以牺牲生态环境为代价，必须走人与自然和谐共生的绿色发展之路。质量兴农、绿色兴农相互配合才能实现乡村可持续发展。精准脱贫攻坚作为乡村振兴的重要方面，也要以质量兴农、绿色发展为重要手段，做强农业、做美农村、做富农民。

（一）以绿色发展做美农村

乡村绿色发展是农业农村可持续发展的前提和保障。乡村绿色发展，不仅包括农业绿色发展，还包括生态环境保护。农村是脱贫攻坚任务最为艰巨的地方，全面建成小康社会的核心在于“全面”，不仅要实现城市的小康，也要实现农村的小康，不仅要有经济的富裕，而且还要有政治的民主、文化的繁荣、社会的公正和生态的良好。[①] 在脱贫攻坚的进程中，要以乡村振兴战略为导向，遵循生态宜居的原则，以人与自然的和谐共生为前提，安排贫困乡村的脱贫攻坚计划。在扶贫手段的选择方面，要以乡村生态环境保护为着眼点，实施生态移民扶贫、乡村旅游扶贫、特色产业扶贫、电子商务扶贫、光伏发电扶贫等扶贫新业态。推进一、二、三产业融合，发展绿色富民产业，加大绿色有机生态产品的供给，促进生态和经济的良性循环。将乡村的绿水青山转变为金山银山，提高和增强脱贫的质量和可持续性。

（二）以质量兴农做强农业

新时代的乡村产业发展，必须从传统粗放型经济增长转变为坚持质量兴农的高质量发展，将绿色发展和质量兴农相互耦合，实现农业农村可持续发展。绿色发展和质量兴农相耦合，意味着乡村产业发展要突出质量和绿色，注重农业发展与生态环境的关系，不但要提高农产品质量和农业结构布局，而且要重视农业与自然生态的关系。当前，广大消费

---

① 黄秋生：《“四个全面”：实现中华民族伟大复兴中国梦的关键》，《光明日报》2015 年 11 月 29 日。

者大多渴望购买绿色安全食品，而贫困地区大多地理位置偏远，较少受到环境污染，是生产特色优质农产品的天然场所。贫困乡村生产绿色优质生态产品，顺应了城市消费者的消费需求，这是乡村贫困人口脱贫致富的根本出路。贫困乡村推进绿色发展和质量兴农耦合协调，就是要着眼于农业与山水林田湖草这个生命共同体的关系，从资源保护节约和要素市场化配置上入手，改变原有的高投入、高消耗、高污染、低效益的粗放型发展方式，走可持续的绿色发展之路。这是解决我国主要矛盾的必然要求，也是农民增产增收、脱贫致富的重要途径。要遵循生产、生活、生态“三生统一”[①] 原则，以生产发展、生活富裕、生态良好为目标，坚持资源开发与生态保护相结合，走生态扶贫、绿色振兴之路。

五　脱贫耦合：“脱贫质量”与“脱贫效率”有机统一防止贫困反弹

“脱贫效率”和“脱贫质量”互相耦合，是新时代打赢打好脱贫攻坚战的保障。要坚决打赢脱贫攻坚战，必须在规定的时间之内完成脱贫攻坚任务，同时，又要保证脱贫攻坚的质量，确保可持续脱贫。为此，需要“脱贫质量”与“脱贫效率”有机统一、协同推进。

（一）以“脱贫效率”打赢脱贫攻坚战

精准脱贫是决胜全面建成小康社会必须打好的三大攻坚战之一，而当前，脱贫攻坚的任务还十分繁重，未来三年，要实现3000余万人脱贫，任务重，难度大，而且越往后遇到的越是难啃的硬骨头。[②] 截至2017年11月初，全国已有28个贫困县摘帽，还有804个贫困县需要陆续摘帽。特别是“三区三州”（西藏、四省藏区、南疆四地州和四川凉山州、云南怒江州、甘肃临夏州）等深度贫困地区，面临“基础条件薄

① 陈小燕、王睿：《春天的故事：海南省精准扶贫成就、经验与展望》，《红旗文稿》2018年第14期。

② 《提高脱贫质量聚焦深贫地区　扎扎实实把脱贫攻坚战推向前进》，《人民日报》2018年2月15日。

弱、致贫原因复杂、贫困发生率高、贫困程度深、发展严重滞后等困境，脱贫攻坚难度更大”。[①] 为确保如期完成脱贫任务，必须在兼顾“脱贫效率”和“脱贫质量”的基础上，加快脱贫进度，提高脱贫效率。要以习近平关于精准扶贫重要论述为指导方略，以“六个精准”为核心要义，以“五个一批”为实现路径，以“四个切实”为具体要求，以“七个强化”为总体方略，实现贫困户的精准识别、精准帮扶、精准管理，坚决打赢脱贫攻坚战。必须清醒地把握打赢脱贫攻坚战的困难和挑战，切实增强责任感和紧迫感，一鼓作气、尽锐出战、精准施策，以更有力的行动、更扎实的工作，集中力量攻克贫困的难中之难、坚中之坚，确保坚决打赢脱贫这场对如期全面建成小康社会、实现第一个百年奋斗目标具有决定性意义的攻坚战。

（二）以“脱贫质量”打好脱贫攻坚战

为做到可持续脱贫，必须以“脱贫速度”与“脱贫质量”相结合，打好脱贫攻坚战。当前，脱贫攻坚剩下的贫困人口都是“贫中之贫、困中之困、难中之难、坚中之坚”，[②] 脱贫攻坚难度越来越大，不能只追求脱贫“速度”，不顾及脱贫“质量”。长期以来，脱贫人口返贫是阻碍我国扶贫开发顺利推进的拦路石。造成返贫的原因复杂多样，除了因病返贫等偶发因素导致的返贫之外，还包括在扶贫开发工作中算账脱贫、数字脱贫等虚假脱贫导致的返贫。因此，必须坚持精准扶贫、精准脱贫方略，在注重减贫进度的同时更要注重脱贫质量，实现脱贫效率和脱贫质量的协调推进。要“把提高脱贫质量放在首位”，[③] 既要“打赢”又要“打好”精准扶贫精准脱贫这场没有硝烟的战争。面对脱贫难度最大的“最后的贫困人口”，必须注重提高脱贫质量，防止贫困反弹。在保证脱贫质量方面，“要量力而行，既不能降低标准，也不能擅自拔高标准、提不切实际的目标，避免陷入‘福利陷阱’，防止产生贫困村和非贫困

① 《中共中央国务院关于打赢脱贫攻坚战三年行动的指导意见》，《人民日报》2018 年 8 月 20 日。

② 龚亮保：《坚决攻克深度贫困这座最坚“堡垒”》，《老区建设》2017 年第 6 期。

③ 杨洁：《把提高脱贫质量放在首位》，《四川日报》2018 年 1 月 18 日。

村、贫困户和非贫困户待遇的‘悬崖效应’”。[①] 把提高脱贫质量放在首位，一是坚持扶贫同扶志扶智相结合，激发贫困人口的内生动力，调动他们脱贫的积极性和主动性；二是结合贫困乡村资源禀赋等，打造特色产业，挖掘可持续脱贫动力；三是加强组织领导，完善管理机制，通过构筑长效机制，为提高脱贫质量提供有力保障；四是坚持开发式扶贫和保障性扶贫相统筹，建立社会保险、社会救助、社会福利制度，完善大病保险、医疗救助等各方面制度，构筑防止返贫的长效保障机制；五是坚持“脱贫不脱政策”，贫困县、贫困村、贫困户退出后一段时间内，帮扶政策不变，以巩固脱贫效果，实现贫困人口稳定脱贫，防止返贫。总之，要通过脱贫数量与脱贫质量的有机耦合，实现脱真贫、真脱贫。

① 《中共中央国务院关于打赢脱贫攻坚战三年行动的指导意见》，《人民日报》2018 年 8 月 20 日。

农村低保与扶贫开发有效衔接机制构建研究*

孙远太**

摘　要：农村低保与扶贫开发有效衔接在顶层设计和实践探索方面取得一定进展。衔接机制缺失导致农村低保与扶贫开发衔接实践中面临识别困境、帮扶困境和管理困境，制约衔接预期成效的实现。作为跨部门协同治理问题，农村低保与扶贫开发有效衔接需从结构性机制和程序性机制两个维度构建跨部门协同机制。结构性机制由协调机制、信任机制和激励机制组成，程序性机制包括精准识别机制、分类帮扶机制、动态管理机制和统一考核机制。农村低保与扶贫开发有效衔接机制的功能发挥依赖于贫困治理理念转变、贫困治理能力提升和贫困治理工具创新。

关键词：农村低保　扶贫开发　结构性机制　程序性机制

一　问题的提出

我国社会主要矛盾已经转化为人民日益增长的美好生活需要和不平

* 文章刊发于《中国行政管理》2019 年第 10 期，是国家社科基金年度项目（17BZZ004）的阶段性成果。该文章收录本书时，内容和文献标注方式略有调整。

** 孙远太，郑州大学。

衡不充分的发展之间的矛盾。正确认识这一矛盾，要以共享发展理念解决好贫困地区和贫困人口的脱贫问题，使这些地区的群众同全国人民一道步入小康社会。农村低保与扶贫开发共同面对农村贫困问题，保障贫困人口的生存权与发展权。从2007年农村低保建立开始，农村低保与业已存在的扶贫开发衔接问题就被提上日程。实践证明，农村低保与扶贫开发衔接既是一个现实问题，又是一个理论问题。

关于农村低保与扶贫开发衔接问题学界早已有人关注。李庆梅和聂佃忠认为“负所得税”是农村低保与扶贫开发有效衔接的现实选择。[①] 王三秀提出以“复合衔接模式”发挥农村低保与扶贫开发的协同作用。[②] 向阳生认为在两项制度衔接过程中如何识别“扶贫低保户”至关重要。[③] 刘宝臣和韩克庆认为有效衔接的实现依赖于反贫困政策框架的整体设计。[④] 张泽胜分析在两项制度衔接中存在对象认定条件不一、对象识别存在偏差、对象退出程序不一等问题。[⑤] 朱梦冰和李实提出为实现农村扶贫标准和农村低保标准“两线合一”，低保户识别标准要从单一收入标准向多维贫困标准转型。[⑥] 左停和贺莉从协同治理视角出发，认为需要通过跨部门分工协作实现两项制度的衔接互嵌。[⑦] 汪怀君和汝绪华剖析了在对象衔接、政策衔接、标准衔接、信息衔接、管理衔接上存在的瓶颈问题。[⑧]

现有研究成果多关注“为什么衔接”“如何衔接”等一系列问题，

---

① 李庆梅、聂佃忠：《负所得税是实现扶贫开发与农村低保制度有效衔接的现实选择》，《中共中央党校学报》2010年第5期。

② 王三秀：《可持续生计视角下我国农村低保与扶贫开发的有机衔接》，《宁夏社会科学》2010年第4期。

③ 向阳生：《扶贫开发与农村低保制度的有效衔接及评估与改革》，《贵州社会科学》2010年第12期。

④ 刘宝臣、韩克庆：《中国反贫困政策的分裂与整合：对社会救助与扶贫开发的思考》，《广东社会科学》2016年第6期。

⑤ 张泽胜：《农村低保制度与扶贫开发政策的有效衔接》，《重庆社会科学》2017年第8期。

⑥ 朱梦冰、李实：《精准扶贫重在精准识别贫困人口——农村低保政策的瞄准效果分析》，《中国社会科学》2017年第9期。

⑦ 左停、贺莉：《制度衔接与整合：农村最低生活保障与扶贫开发两项制度比较研究》，《公共行政评论》2017年第3期。

⑧ 汪怀君、汝绪华：《社会救助与精准扶贫有效衔接的“瓶颈问题”及其治理——基于新时代精准扶贫思想的思考》，《河南大学学报》（社会科学版）2018年第5期。

鲜有学者探讨农村低保与扶贫开发有效衔接的具体机制问题。农村低保和扶贫开发有效衔接实质是跨部门协同治理贫困问题。因此，从跨部门协同治理理论出发，探讨如何构建农村低保与扶贫开发有效衔接机制，有助于推动农村低保与扶贫开发衔接实践的发展。

二 农村低保与扶贫开发有效衔接的政策与实践

（一）衔接的顶层设计

农村低保建立伊始，作为一种新的制度安排就面临着如何与存在30余年的扶贫开发相衔接问题。2007年7月，《国务院关于在全国建立农村最低生活保障制度的通知》提出，农村低保“要与扶贫开发、促进就业以及其他农村社会保障政策、生活性补助措施相衔接”。2008年10月，《中共中央关于推进农村改革发展若干重大问题的决定》要求，“完善国家扶贫战略和政策体系，坚持开发式扶贫方针，实现农村最低生活保障制度和扶贫开发政策有效衔接”。正是在此背景下，2009年5月，国务院扶贫办等五部门共同下发《关于做好农村最低生活保障制度和扶贫开发政策有效衔接试点工作的指导意见》（后面简称《试点意见》）。《试点意见》对于农村低保和扶贫开发衔接的重要意义、总体目标和要求、关键环节、制度保障等内容做出部署。在总结一些地方试点经验的基础上，2010年6月国务院扶贫办等五部门共同下发《关于做好农村最低生活保障制度和扶贫开发政策有效衔接扩大试点工作的意见》（后面简称《扩大试点意见》）。《扩大试点意见》进一步对农村低保和扶贫开发衔接的目标、基本原则和试点范围、标准和对象、主要内容、保障措施等做出部署。2014年1月《关于创新机制扎实推进农村扶贫开发工作的意见》指出，“建立精准扶贫工作机制，坚持扶贫开发和农村最低生活保障制度有效衔接”。《中共中央国务院关于打赢脱贫攻坚战的决定》强调实行农村低保制度兜底脱贫。2016年9月，国务院办公厅转发民政部等六部门《关于做好农村最低生活保障制度与扶贫开发政策有效衔接的指导意见》（后面简称《指导意见》）。《指导意见》对农村低保和扶贫开发有效衔接的总体要求、重点任务、工作要求和保障措施做出部署。

从目标定位看，《试点意见》和《扩大试点意见》都以消除绝对贫困现象为目标，相比较而言，《指导意见》则进一步具体明确为现行扶贫标准下的农村贫困人口脱贫，使实践更具操作性。从基本原则看，《试点意见》和《扩大试点意见》都较为抽象和笼统，《指导意见》则针对贫困人群“应扶尽扶”，针对低保人群“应保尽保”，实现对两类群体“动态管理”，以及对贫困治理资源实行统筹。从重点任务看，三份文件差异不大，在前面两份文件基础上《指导意见》进一步明确衔接的重点是政策、对象、标准和管理。从牵头部门看，《试点意见》和《扩大试点意见》都是由国务院扶贫办牵头的，而《指导意见》是由民政部牵头的；从组成部门来看，《试点意见》和《扩大试点意见》都由国务院扶贫办、民政部、财政部、统计局和残联构成，《指导意见》加入中央农办这一部门（见表1）。

表1 农村低保与扶贫开发有效衔接文本比较

项目	《试点意见》	《扩大试点意见》	《指导意见》
目标定位	2020年基本消除绝对贫困现象	2020年基本消除绝对贫困现象	2020年现行扶贫标准下农村贫困人口全部脱贫
基本原则	公开、公平、公正 分类指导	公开、公平、公正 分类指导	应扶尽扶 应保尽保 动态管理 资源统筹
重点任务	明确衔接对象 设置识别指标 规范识别程序 实行动态管理	程序衔接 政策衔接 管理衔接	政策衔接 对象衔接 标准衔接 管理衔接
发布部门	国务院扶贫办（牵头）、民政部、财政部、统计局、残联	国务院扶贫办（牵头）、民政部、财政部、统计局、残联	民政部（牵头）、国务院扶贫办、中央农办、财政部、统计局、残联

（二）衔接的实践探索

在农村低保与扶贫开发衔接实践中，围绕政策衔接、对象衔接、标准衔接和管理衔接进行了一些经验探索。

1. 政策衔接

农村低保和扶贫开发针对对象分别为农村低保户和扶贫开发户（实践中指建档立卡户，下同），两类对象本质上同属于广义的贫困人口。农村低保和扶贫开发衔接，把政策对象统一化、纳入一个范畴来思考农村贫困问题。针对农村低保户和符合低保条件的扶贫开发户，按照规定程序纳入农村低保覆盖范围，以收入低于农村低保标准的差额享受低保金。对符合扶贫开发条件的农村低保对象，按照规定程序纳入扶贫开发覆盖范围，针对致贫原因予以帮扶措施。政策衔接旨在打破农村低保和扶贫开发之间的政策障碍，发挥政策叠加效应，重点关注那些农村低保与扶贫开发双重覆盖的“扶贫低保户”，明确农村低保在精准扶贫政策体系中的兜底保障功能。

2. 对象衔接

在政策衔接问题解决后，特别是统一贫困人口概念后，贫困人口同属农村低保和扶贫开发的对象。在实践探索中，各地加强农村低保和扶贫开发在对象认定上的衔接，完善农村低保和扶贫开发家庭经济状况核查机制。对象衔接体现在识别过程中，尝试用统一的程序和方法识别农村低保户与扶贫开发户，避免重复识别造成的浪费，以及重复享受资源的情况。广西农村低保对象与扶贫开发对象的重合率从35.28%提高到58.75%。[①] 识别出两类对象后，将扶贫开发对象中完全或部分丧失劳动能力、无法脱贫的贫困人口全部纳入农村低保覆盖范围，发挥农村低保兜底保障作用。

3. 标准衔接

用统一标准识别出贫困人口后，根据致贫原因和有无劳动能力，分别采取开发式扶贫措施和保障式扶贫措施。基于对福利依赖的警惕和现实财力的考虑，我国城乡低保标准一直处于低位状态，低于国家制定的扶贫标准。标准衔接主要改变长期以来农村低保标准过低的状况，逐渐使农村低保标准和扶贫开发标准统一起来。在2015年全国2850个行政区中有54.8%低保标准低于国家贫困线，592个贫困县中有84%低保线

① 《湖南　广西　云南　积极探索衔接路径》，《中国民政》2016年第20期。

低于国家贫困线。[①] 这一状况在标准衔接中逐步得到改变。截至2018年底，全国所有县（市、区）农村低保标准均达到或超过国家扶贫标准。[②]

4. 管理衔接

基于2020年现行标准下的贫困人口全部脱贫目标压力，每年都有约1000万贫困人口脱贫，扶贫开发建立了完善的退出机制。农村低保却没有绝对的目标压力，而且对于退出扶贫开发的贫困人口，农村低保的兜底保障是一项重要扶贫措施。管理衔接就是要统筹管理农村低保对象和扶贫开发对象，对农村低保对象和扶贫开发对象实施有进有出的动态管理。民政部门将掌握的农村低保名单提供给扶贫部门，扶贫部门将扶贫开发人口名单提供给民政部门。农村低保家庭和扶贫开发家庭的人口、收入、财产变化情况及时上报民政部门和扶贫部门，确保信息及时共享。

（三）衔接的实践困境

在脱贫攻坚责任制压力下，农村低保与扶贫开发衔接由虚假衔接向实质衔接转变，但这种实质衔接仍需继续深化。[③] 农村低保与扶贫开发衔接在实践中遭遇识别困境、帮扶困境和管理困境。

1. 识别困境

一是计算标准不一。在识别过程中，农村低保以家庭人均纯收入与低保标准进行比较。在人均纯收入计算中，民政部门不会将抚恤金、助学金、临时救助金等转移性收入纳入核算范畴，而扶贫部门会将这部分转移性收入作为家庭收入核算构成部分。

二是测算过程模糊。收入标准相对容易测量，多维贫困目标却缺少统一测算方法。农村低保基于家庭收入标准，有专业化的经济状况核查机制。扶贫开发基于多维贫困标准，往往采取主观评价标准，“一看房、

① 左停、贺莉：《制度衔接与整合：农村最低生活保障与扶贫开发两项制度比较研究》，《公共行政评论》2017年第3期。

② 张霖生：《坚决贯彻中央决策部署　推进民政事业创新发展——近年来全国民政事业发展成就综述》，《中国社会报》2019年3月31日。

③ 王蒙：《扶贫开发与农村低保衔接的政策执行偏差及其矫正——基于复杂政策执行的“模糊—冲突”分析框架》，《中国农业大学学报》（社会科学版）2018年第5期。

二看粮、三看劳动力强不强、四看有无读书郎、五看有无病怏怏、六看有啥家当”。不仅没有发展出统一的测算方法，测试过程也相对模糊。

三是认定程序差异。农村低保识别需经农户申请、村委会审核、村民代表大会民主评议并公示、乡镇审核并公示、县民政部门审查与审批等环节。扶贫开发识别需经过农户申请、村民代表大会民主评议、村委会与驻村工作队核实并公示、乡镇审核与公示、县扶贫办复审并发布公告等程序。

2. 帮扶困境

一是缺乏贫困需求分析。农村低保和扶贫开发都是对贫困人口需求的制度性回应，其效果取决于供需匹配。目前农村低保和扶贫开发均以供给为主，忽视了受助对象的需求。农村低保与扶贫开发分别满足贫困人口不同层次的需求。基本生活有保障是贫困人口低层次的需求，在基本生活有保障得到满足后，他们的发展性需求逐渐显现，却被相对忽视。

二是缺乏分类帮扶措施。贫困人口致贫原因是多样化的，其具体脱贫需求也有所差异。农村低保与扶贫开发在总体上应有同有异，在瞄准群体方面应尽量一致，在帮扶措施上应保持区分度。[①] 在精准扶贫中采取的帮扶措施有“五个一批”或“六个一批”，目的是增强帮扶措施的针对性。但在实践中往往理解为每一户都需要有这些措施，忽视了帮扶措施的针对性，造成帮扶措施同质化。

三是出现“精英俘获”[②] 现象。农村低保与扶贫开发的资源有限，衔接效果取决于资源有效配置程度，即资源是否被配置到需要的对象。无论是低保资源，还是扶贫资源，都易于被农村的一些精英所获取。如一些经济基础较好、社会交往广泛、家族势力庞大的农户，容易获得低保金和扶持项目。农村低保和扶贫开发衔接中，以前分别享有两类资源的精英实现了重合，能够获取更多的低保资源和扶贫资源。

3. 管理困境

一是缺乏统一的贫困治理机构。农村低保与扶贫开发分属于民政部

① 左停、贺莉：《制度衔接与整合：农村最低生活保障与扶贫开发两项制度比较研究》，《公共行政评论》2017 年第 3 期。

② 吴高辉：《国家治理转变中的精准扶贫——中国农村扶贫资源分配的解释框架》，《公共管理学报》2018 年第 4 期。

门和扶贫部门。农村低保主要属于民政部门的业务范畴，在具体实施中由乡、镇人民政府以及村（居）民委员会负责日常管理工作。扶贫开发牵头单位是当地的扶贫部门，帮扶措施落实需多个政府组成部门支持，社会扶贫组织也参与其中。无论是政府内部扶贫机构，还是社会扶贫组织，作为精准扶贫主体呈现“碎片化”特征。[①]

二是缺乏统一的贫困治理政策。低保制度最初起源于城市，后来该制度由城市移植到农村，2007 年国务院颁布《关于在全国建立农村最低生活保障制度的通知》，正式确定建立农村低保制度。城乡低保制度在 2014 年颁布实施的《社会救助暂行办法》中予以专门规定。扶贫开发一直针对农村地区，国家先后颁布实施《国家八七扶贫攻坚计划 1994—2000 年》《中国农村扶贫开发纲要（2001—2010 年）》《中国农村扶贫开发纲要（2011—2020 年）》，作为扶贫开发的指导方针。相对于农村低保制度，扶贫开发政策较为零散，我国目前缺少统一的、覆盖城乡的贫困治理政策。

三是缺乏衔接的有效运行机制。农村低保与扶贫开发衔接在实践中处于象征性执行状态，由此导致实质衔接不够。象征性执行的原因在于农村低保与扶贫开发衔接缺乏必要的运行机制，尤其是跨部门协同机制缺乏。跨部门协同治理的关键在于有一套运行机制，去消除协同过程中的交易成本，如协商成本、信息成本以及追责成本，否则会导致跨部门“协同失灵”[②] 现象。

三 农村低保与扶贫开发有效衔接机制的设计基础

（一）理论基础

农村低保与扶贫开发有效衔接问题，涉及政府多个部门，尤其是民政部门和扶贫部门如何共同处理贫困公共事务，本质是一个跨部门协同

① 何植民、陈齐铭：《精准扶贫的“碎片化”及其整合：整体性治理的视角》，《中国行政管理》2017 年第 10 期。

② 周志忍、蒋敏娟：《中国政府跨部门协同机制探析——一个叙事与诊断框架》，《公共行政评论》2013 年第 1 期。

治理问题。关于如何实现跨部门协同治理，整体性治理对此给予有益的启示。整体性治理兴起于西方新公共管理运动之后，面对新公共管理过度强调竞争带来的治理碎片化问题，呼吁重新整合以达到有效治理的目的。整体性治理着眼于政府内部机构的整体性运作，主张管理从分散走向集中，从部分走向整体，从破碎走向整合。① 整体性治理的核心是治理层级整合、治理功能整合和公私部门整合。② 尽管整体性治理有诸多不同概念，如"整体政府""协同政府""网络化治理""水平化管理"等，但都强调制度化的协调与整合。因此，整体性治理的关键是建立跨部门协同机制，以实现跨部门协同治理。

国内研究者基本采用经济合作与发展组织（OECD）提出的跨部门协同机制。OECD 把跨部门协同机制分为两类：结构性协同机制和程序性协同机制。结构性协同机制是为实现跨部门协同做出的结构性安排，程序性协同机制是为实现跨部门协同做出的程序性安排和技术手段。③ 有学者以跨部门协同机制为分析框架，分析农村扶贫"三位一体"（专项扶贫、行业扶贫、社会扶贫）工作格局中政府内部协同、地方政府间协同、政府与社会组织协同问题。④

本文以 OECD 的跨部门协同机制作为分析框架，认为要实现农村低保与扶贫开发的有效衔接，需建立与完善跨部门协同的结构性机制和程序性机制。结构性机制是贫困治理各主体之间的地位和作用安排，重在解决农村低保与扶贫开发实现衔接后的贫困治理工作格局问题。程序性机制是贫困治理各主体如何协同起来共同致力于贫困治理，重在解决衔接之后的贫困治理格局如何运转问题。

（二）现实基础

农村低保与扶贫开发有效衔接机制构建的现实基础是对两项制度的

---

① 竺乾威：《从新公共管理到整体性治理》，《中国行政管理》2008 年第 10 期。

② Perri, 6. Diana Leat. Kimberly Seltzer & Gerry Stoker. *Towards Holistic Governance: the New Reform Agenda*. New York: Palgrave. 2002. p. 29.

③ 周志忍、蒋敏娟：《中国政府跨部门协同机制探析——一个叙事与诊断框架》，《公共行政评论》2013 年第 1 期。

④ 陈忠言：《中国农村扶贫中的跨部门协同机制分析》，《宁夏社会科学》2014 年第 7 期。

认知。农村低保是一项制度性的保障式扶贫模式，扶贫开发是一项政策性的开发式扶贫模式。农村低保在现有的精准扶贫政策体系中起到兜底的作用，对于那些无劳动能力的贫困人口通过兜底保障其基本生活，织就最后一层安全网。扶贫开发则通过发展生产、易地搬迁、生态补偿、发展教育、社会保障等手段帮助有劳动能力的贫困人口摆脱贫困。农村低保本身属于社会保障扶贫的一种，是社会保障体系中社会救助的基础性制度。因此，广义的扶贫开发包括农村低保，狭义的扶贫开发则专指除农村低保外的扶贫开发措施。此处在与农村低保衔接的语境中，扶贫开发是狭义的，是专门针对有劳动能力的贫困人口采取的帮扶措施。两者之间的定位具有互补性，可以通过衔接的方式达到贫困治理的目的。

农村低保和扶贫开发都是为消除农村贫困问题而做的基础性安排。农村低保的行政管理职能以民政部门为主，扶贫开发的行政管理职能以扶贫部门为主。农村低保是“输血式”救助，关注低保户的生存权；扶贫开发是“造血式”扶贫，关注的是贫困户的发展权。农村低保作为一项保障性制度，目标在为贫困人口提供基本生活保障；扶贫开发通过贫困人口自我发展能力的培育，重在减少贫困人口。农村低保侧重于现金救助，确定最低生活标准后，按其收入水平补差；扶贫开发则多以项目的形式，向贫困地区和贫困人口配置资源。就其政策属性而言，农村低保具有救助性质，本质是社会政策；扶贫开发具有投资性质，本质是经济政策（见表2）。

表2　农村低保与扶贫开发有效衔接的现实基础

类别	农村低保	扶贫开发
主导机构	民政部门	扶贫部门
权利保障	生存权	发展权
目标定位	维持基本生活	减少贫困人口
标准制定	地方制定	国家统一
作用机制	输血(救助)	造血(开发)
实施形式	现金制	项目制
政策属性	社会政策	经济政策

四 农村低保与扶贫开发有效衔接的具体机制设计

基于农村低保与扶贫开发有效衔接的理论基础和现实基础，下面将构建衔接的结构性机制和程序性机制。

（一）结构性机制

为克服跨部门“协同失灵”现象，降低跨部门协同治理的协商成本、信息成本和问责成本，农村低保与扶贫开发跨部门协同治理需要协调机制、信任机制和激励机制。

1. 协调机制

协调是跨部门协同的基本要素之一，在某种意义上协调是整合的基础。协调指部门间开展联合性及整体性工作，以及共同对话与决策过程。议事协调机构、部际联席会议和部门协议是我国政府部门常用的横向协调机制。[①] 贫困治理涉及多个部门，这就牵涉各部门之间的协调问题。《中国农村扶贫开发纲要（2011—2020年）》规定：各相关部门要根据国家扶贫开发战略部署，结合各自职能，形成扶贫开发合力。在“三位一体”的扶贫工作格局中，政府内协同是整个贫困治理格局的元机制。[②] 扶贫开发实行分级负责、以省为主的扶贫工作责任制。各级政府设立扶贫开发领导小组，并作为常设机构。扶贫开发领导小组运作模式主要是扶贫开发领导小组联席会议。《指导意见》明确规定，各地民政、扶贫、农村工作、财政、统计等部门和残联要各负其责，加强沟通协调，定期会商交流情况，研究解决存在的问题。虽然明确划分了各部门衔接工作职责，对于如何衔接只是笼统提到“加强沟通协调、定期会商交流”，这不利于在实践中落实和操作。建立健全农村低保和扶贫开发的协调机制，可从近期建议与远期建议两个方面考虑。近期建议可考虑依靠扶贫

---

① 朱春奎、毛万磊：《议事协调机构、部际联席会议和部门协议：中国政府部门横向协调机制研究》，《行政论坛》2015年第6期。

② 陈忠言：《中国农村扶贫中的跨部门协同机制分析》，《宁夏社会科学》2014年第7期。

开发小组联席会议，建立农村低保与扶贫开发衔接专项联席会议，每月或每季度定期召开会议，研判衔接情况并作出决策，同时试点乡镇一级的低保机构和扶贫机构合并运行。远期建议在后精准扶贫时代组建统一的贫困治理机构，将农村低保与扶贫开发由协调变为整合，纳入贫困治理机构的职责范围，从而实现整体性运作。

2. 信任机制

信任是政府组织得以运行的基石，[①] 也是跨部门协同的基本要素之一，能够促进有效协同目标的实现。不论是“协同政府”“整体政府”还是其他形式的跨部门协同，都提出了部门之间相互信任的重要性，没有信任的合作行动是低效的，甚至是不可能完成的。[②] 由于我国部门间长期以来形成的“本位主义”思想，部门与部门之间竞争大于合作，彼此之间缺少应有的互信机制。扶贫攻坚目标取决于多部门的合作与配套政策供给，最容易受到部门利益掣肘。如产业扶贫中，一些政府部门对于利益的最大化追求，使产业扶贫政策难以形成合力。[③] 现有关于农村低保与扶贫开发的衔接文件，缺少对部门间信任机制的规定。《指导意见》曾对“建立沟通机制”做出规定：各地要加快健全低保信息系统和扶贫开发信息系统，逐步实现低保和扶贫开发信息系统互联互通、信息共享。建立健全农村低保与扶贫开发有效衔接的信任机制，可通过以下两个途径着手：一是建立健全部门间的信息共享机制，实现信息系统的共建共享，逐步统一农村低保和扶贫开发系统为贫困人口系统，在共建共享中增强彼此间信任；二是推动农村低保部门和扶贫开发部门的人员交互任职，增强两个部门的人际信任，以人际信任促进组织信任。人际信任“关系到政府组织内的知识、技术和信息等资源的共享与扩散”，[④] 应强化农村低保和扶贫开发的跨部门协同治理。

---

① Perri, 6. Diana Leat. Kimberly Seltzer & Gerry Stoker. *Towards Holistic Governance: the New Reform Agenda*. New York: Palgrave. 2002. p. 118.

② 陈曦：《跨部门合作机制对我国政府的启示》，《学术探索》2015 年第 4 期。

③ 孙德超、曹至立：《产业精准扶贫中的基层实践：策略选择与双重约束——基于 A 县的考察》，《社会科学》2018 年第 12 期。

④ 曾凡军：《基于整体性治理的政府组织协调机制研究》，武汉大学出版社，2013，第 233 页。

3. 激励机制

跨部门协同由于涉及多个部门，所协同的事项往往不是一个部门的职责，导致在协同中动力不足。我国大多数跨部门协同的达成依靠上级权威，是一种典型的“强制性协调格局”。[①] 在这种情况下，政府面临的跨部门协同困境在于协同动力主要来自上级权威，协同持续性和效果难以得到保障。[②] 在缺少外界约束和内部利益的情况下，政府部门往往不会主动采取合作行动，而是习惯依赖上级进行协调。现阶段从中央到地方动员了多个部门共同参与扶贫攻坚战，这些部门中除专事扶贫职责的扶贫部门和民政部门外，其他部门尽管也与扶贫工作相关，扶贫攻坚却不是它们的主要职责，这些部门参与扶贫的动力源于政治任务和上级命令。在《中国农村扶贫开发纲要（2011—2020 年）》和《“十三五”脱贫攻坚规划》等政策文件中，都对农村低保与扶贫开发衔接中如何激励贫困人口做出规定，缺少对参与衔接的扶贫机构和人员进行针对性的激励的规定。建立健全农村低保和扶贫开发有效衔接的激励机制，可以从正激励和负激励两个方面入手。正激励机制主要是对完成农村低保和扶贫开发有效衔接，实现跨部门协同的扶贫机构及人员给予各种奖励，以物质激励和精神激励的方式提高其积极性。负激励机制主要是对在农村低保和扶贫开发衔接中履行职责不积极，难以及时有效完成跨部门协同目标的扶贫机构及人员予以相应处分，督促其努力改正。

（二）程序性机制

为保障结构性机制有效运行，农村低保与扶贫开发跨部门协同治理需要精准识别机制、分类帮扶机制、动态管理机制和统一考核机制。

1. 精准识别机制

识别机制关注农村低保与扶贫开发衔接后“扶持谁”的问题。农村低保识别建立了家庭经济状况核对系统，识别工作一直相对完善。但是，

---

① 周志忍、蒋敏娟：《中国政府跨部门协同机制探析——一个叙事与诊断框架》，《公共行政评论》2013 年第 1 期。

② 蒋敏娟：《中国政府跨部门协同动力及困境探析——以“成本—收益”为视角》，《湖北行政学院学报》2018 年第 5 期。

农村低保识别坚持的是收入单一维度，在面对多维度的贫困人口时，家庭经济状况核对系统则面临挑战。扶贫开发一直存在“重开发轻对象识别”的现象，至今还没有统一贫困人口识别方法。[①] 在精准扶贫过程中，精准识别是第一个环节，以确保真正的贫困人口被识别出来，精准识别可谓精准扶贫、精准脱贫的基础和前提。在脱贫攻坚过程中，中西部地区的22个省份结合当地实践探索，在识别内容、识别过程和识别方法方面积累了卓有成效的经验，中央及各级政府部门要及时总结精准识别中的经验教训。农村低保标准与扶贫开发标准之间存在兜底、统一、倒挂三种关系，兜底仍然是农村低保要坚持的制度目标。[②] 农村低保与扶贫开发有效衔接要实现低保线和扶贫线的“两线合一”，以实现农村低保与扶贫开发的标准衔接。“两线合一”不是简单地把农村低保标准和扶贫开发标准统一化，而是以统一标准精准识别出贫困人口，并根据有无劳动能力把贫困人口分类。具体而言，对于有劳动能力的贫困人口，采取开发式扶贫提升发展能力；对于完全丧失劳动能力或通过扶贫开发不能摆脱贫困的人口，以保障式扶贫措施维持其基本生活。

2. 分类帮扶机制

帮扶机制解决农村低保与扶贫开发衔接后如何保证帮扶措施“因户施策”和“因人施策”问题。相对于农村低保的现金救助，扶贫开发的帮扶措施可选择性较大。在精准扶贫政策设计中，针对贫困人口不同致贫原因，采取产业带动、搬迁安置、转移就业、教育资助、医疗救助、低保兜底“六个一批”帮扶措施。这些帮扶措施基本覆盖了贫困人口的致贫原因和脱贫需求，在实践中不能一揽子给予贫困人口，而要一户一策、一人一策。在制定帮扶措施时，要注意倾听贫困人口的声音，注重贫困人口的脱贫需求表达，以激发贫困人口的内生动力。农村低保与扶贫开发有效衔接要结合致贫原因和脱贫需求，建立和完善分类帮扶机制，提高脱贫需求与帮扶措施之间的衔接程度。帮扶措施可分为普适性措施

---

① 左停、贺莉：《制度衔接与整合：农村最低生活保障与扶贫开发两项制度比较研究》，《公共行政评论》2017年第3期。

② 韩克庆：《兜底，统一，还是倒挂——农村低保标准与扶贫标准的关系》，《探索与争鸣》2018年第12期。

和特殊性措施，前者是惠及所有贫困人口的共性措施，后者为瞄准部分贫困人口的个性措施。在帮扶措施制定的实践中要兼顾共性和个性，保持帮扶措施的灵活性。即使针对同一家庭的不同贫困人口，帮扶措施也可能因人而异，既有共性化的帮扶措施，又有个性化的帮扶措施。同时在帮扶措施实施过程中，要注意帮扶措施与贫困人口的利益联结机制建设，确保贫困人口获益最大化。

3. 动态管理机制

贫困是一个难以避免的复杂社会现象，致贫原因具有诸多的不确定性，因此贫困人口帮扶是一个动态管理过程。农村低保尽管建立了明确的退出与进入机制，但由于农村低保与专项救助的“福利叠加”，事实上农村低保退出与进入的落实程度有限。在2020年脱贫攻坚的压力下，各地都设置了不晚于2020年的脱贫时间表。“整体考核指标都以脱贫人口数量和速度为重的情况下，贫困的进入机制容易被自动关闭。”① 贫困人口只有退出机制，没有重新进入机制。农村低保与扶贫开发有效衔接要建立和完善动态管理机制，即进入机制与退出机制。在进入机制方面，对于重新返贫人口继续采取开发式扶贫措施帮助其摆脱贫困，有些符合农村低保资格的以保障式扶贫措施对其基本生活兜底。在退出机制方面，对于有劳动能力的贫困人口采取普适性措施或特殊性措施帮助其脱贫后退出，对于无劳动能力的贫困人口以低保兜底并遵循自然退出的原则。

4. 统一考核机制

农村低保与扶贫开发衔接是否成功取决于衔接成效如何，因而要建立考核机制衡量农村低保与扶贫开发衔接效果。党的十八大以来，政府出台一系列考核政策，完善第三方评估机制，科学评估扶贫开发效果，确保精准扶贫政策有效落实。② 但这些考核措施主要针对扶贫工作本身，缺少对农村低保与扶贫开发有效衔接的评估。对跨部门衔接工作的考核，除了考核履行本部门职能，还要考核跨部门协同中涉及的工作内容，才

---

① 唐丽霞：《精准扶贫机制的实现——基于各地的政策实践》，《贵州社会科学》2017年第1期。

② 向德平、华汛子：《党的十八大以来中国的贫困治理：政策演化与内在逻辑》，《江汉论坛》2018年第9期。

能够保证农村低保与扶贫开发有效衔接的实现。农村低保与扶贫开发有效衔接的考核机制，主要包括指标筛选机制与结果运用机制。在指标筛选方面，从机构层面设置一致性、协调性、整合性等指标，从贫困人口层面设置公平性、效果性和受益性等指标。在结果运用方面，根据考核结果制定绩效改进计划书，对照衔接的预期目标找出存在的差距，进而提出下一阶段的整改方案。

五　结论

基于 OECD 的跨部门协同机制，本研究构建了农村低保与扶贫开发有效衔接的结构性机制和程序性机制。结构性机制包括协调机制、信任机制和激励机制，其主要解决民政部门和扶贫部门衔接的工作格局及动力问题。程序性机制包括精准识别机制、分类帮扶机制、动态管理机制和统一考核机制，其主要关注农村低保与扶贫开发衔接后如何运行问题。农村低保与扶贫开发有效衔接的结构性机制是程序性机制得以构建的前提和基础，程序性机制是结构性机制得以运行的关键和保障。农村低保与扶贫开发有效衔接机制要发挥作用，尚需要一定的条件，这些条件包括贫困治理理念转变、贫困治理能力提升和贫困治理工具创新。

首先，贫困治理理念转变。在农村低保与扶贫开发有效衔接实践中，要树立整体性贫困治理理念以应对多维贫困问题。贫困问题从单纯的经济贫困向经济、文化和社会多维贫困转型，因而对贫困问题的认识要随之转变。多维贫困反映了现代贫困的综合性，既包括绝对贫困和相对贫困，又包括生存贫困和发展贫困，还包括能力贫困和权利贫困。面对多维贫困，传统的贫困治理理念已无法满足贫困治理实践需要，亟须树立整体性贫困治理理念，以整体性视野重新审视多维贫困问题，制定多维贫困的整体性治理政策，推进多维贫困的整体性治理实践。

其次，贫困治理能力提升。农村低保与扶贫开发衔接实质是贫困的跨部门协调治理问题，因而跨部门合作能力成为一种必备要素。跨部门合作能力指超越单一部门局限，用整体观和系统观去思考公共问题，进而整合资源解决这些问题。[①] 农村低保与扶贫开发有效衔接所需跨部门合作能力包括合作决策能力、信息沟通能力、冲突解决能力等。跨部门合作能力提升有效路径是推动“组织学习”，提高工作人员的专业化水平，同时加强民政部门和扶贫部门的跨部门人员交流。

最后，贫困治理工具创新。农村低保与扶贫开发有效衔接后要统筹配置低保资源和扶贫资源，即贫困治理资源。贫困治理资源不单纯包括贫困治理资金，还包括贫困治理服务。为了避免贫困治理资源中的“精英俘获”现象，在贫困治理过程中要引入竞争机制改进资源配置绩效。同时推广政府购买服务，综合使用大数据技术[②]、资产建设[③]、第三方评估[④]等工具，以不断提升贫困人口的自我发展能力，保障脱贫效果的稳定性和可持续性。

---

① 〔美〕尤金·巴达赫：《跨部门合作：管理“巧匠”的理论与实践》，周志忍、张弦译，北京大学出版社，2011，第234页。

② 莫光辉：《大数据在精准扶贫过程中的应用及实践创新》，《求实》2016年第10期。

③ 汪三贵、梁晓敏：《我国资产收益扶贫的实践与机制创新》，《农业经济问题》2017年第9期。

④ 孟志华、李晓冬：《精准扶贫绩效的第三方评估：理论溯源、作用机理与优化路径》，《当代经济管理》2018年第3期。

新时代精准扶贫要紧扣社会主要矛盾变化*

唐顺利**

摘　要： 新时代社会主要矛盾变化，为推进精准扶贫工作指明了新方向、提出了新要求、给予了新思路。在精准扶贫实践中，应紧扣新时代我国社会主要矛盾的变化，找准突破口、把握关键点，切实加强产业结构调整，积极推动优质教育供给，着力提升公共文化产品供给质量，不断增强精准扶贫的针对性和长效性。

关键词： 社会主要矛盾　精准扶贫　新时代

认识国情，特别是认清新时代我国社会主要矛盾的变化，是打赢脱贫攻坚战的重要理论基础。新时代，我国社会主要矛盾已由人民日益增长的物质文化需要同落后的社会生产之间的矛盾，转化为人民日益增长的美好生活需要和不平衡不充分的发展之间的矛盾。这是以习近平同志为核心的党中央，立于国情社情民情变化做出的新论断。准确理解这一新论断的科学内涵，全面把握这一新论断的实践要求，对推动新时代精准扶贫工作，增强精准扶贫工作的科学性与实效性，具有重大的指导意义。

---

* 文章刊发于《人民论坛》2019 年第 18 期，是国家社科基金青年项目（17CKS014）的阶段性成果。该文章收录本书时，内容和文献标注方式略有调整。

** 唐顺利，长沙师范学院。

准确理解新时代我国社会主要矛盾的变化

在范畴上，人们对美好生活的需要更加全面。众所周知，改革开放前的中国，因物质生产水平低下，国内各类商品极其匮乏，只能满足人民群众在衣食住行等领域最基本的生存生活需求。而40年后的中国，改革开放让中国取得了世界瞩目的历史性成就，实现了从站起来到富起来再到强起来的伟大飞跃，人民群众在改革开放进程中的安全感、获得感和幸福指数不断增强，生活水平相比改革开放前有翻天覆地的变化。一个显著的变化，就是人民告别了商品短缺时代，不仅基本生活需求的获取告别了“票证”，而且需要的范畴更加全面，由日用必需品向耐用消费品转变，由基本物质生活需要向精神文化需要转变，由中国式小康生活向共同富裕转变，迎来了需求领域大延伸、大拓展、大转变的新时代。人民群众的需要更加多元，需求内容更为丰富，追求范围越来越宽，视野越来越广，生活越来越美好，既有当前的生活享受和需求满足，也有更全面和更长远的未来思虑。

在品质上，人们对美好生活的需要更加高雅。新时代我国社会主要矛盾的变化，有力揭示了当前社会生活不平衡、不充分发展的制约因素，折射出满足人们日益增长的美好生活需要的价值追求，进一步指明了影响城乡全面发展的突出短板和薄弱环节。有品质的经济政治文化社会生活，是人民美好生活需求的重要内容，也是解决不平衡不充分问题的必然结果。随着我国经济社会不断发展，政治生活逐渐民主化，公共文化日益繁荣，人们日益增长的美好生活需要越来越有品质、上档次、讲内涵。过去，人们仅须满足有吃有穿有住就行，不愁吃不愁穿、够吃够用过得去，不求大富大贵，保障基本温饱生活，需求层次低、方式单一、内容枯燥。而如今人们的需要更为高雅、更有品质，讲究优良空气、优质水源、绿色食物等品质生活。当今社会满足人们日益增长的美好生活需要，不但要通过发展社会生产力创造更多物质财富和精神财富，满足人们对安全感、获得感和幸福感等的向往，不断满足人们孜孜追求高尚的人生理想，而且要大力提升需求品质，追求生活质量，享受品位生活与文化生活乐趣，期盼政治生活民主，发现社会生活美好，实现生活环境舒心，以此更好满足人们在经济、政治、文化、社会、生态等方面日益增长的需求，增强人们追求品质生活的动力，激励人们迈向灿烂而美好的未来。

在类别上，人们对美好生活需求更加多样化。我国已基本解决了十几亿人口吃穿住行用方面的温饱问题，总体上实现了小康，正全力以赴决胜全面建成小康社会。从物质层面需求多样化看，而今的人们穿着五颜六色的衣裳，改变过去单一“的确良式”的着装，讲究生活品质，追求生活趣味性，种类繁多；从文化产品需求丰富性看，对美好生活需求更加多层次，更加多样化和多元化，需求内涵随之扩展，外延更为丰富，不仅对物质文化生活提出更高要求、更多需求，对昔日关注甚少的民主、法治、公平、正义、安全、环境等方面的需要也日益增长，从物质文化领域需求丰富多样，扩大到其他各个领域的需求亦多种多样。

深刻把握社会主要矛盾变化与精准扶贫的内在逻辑

理解社会主要矛盾变化是扎实推进精准扶贫工作的基本依据。新时代，推进精准扶贫工作的重要前提，就是要牢牢把握社会主要矛盾的变化这一理论，关注贫困山区人们追求和向往什么样的美好生活，以及他们的实际困难和现实需求，突出重点，关注难点，研究疑点；不能走过场、浮于表面、流于形式，切忌喊口号、浅尝辄止，不得半点投机、马虎与懈怠，这就要求要以更加明确的目标、更加有力的举措、更加有效的行动，深入实施精准扶贫、精准脱贫，项目安排和资金使用都要提高精准度，扶到点上、根上，让贫困群众真正得到实惠，扶贫主体要沉下心来抓关键点，俯下身子摸清底子，找准扶贫客体的贫困根子。

把握社会主要矛盾变化是提升精准扶贫实效性的基本条件。牢牢把握新时代我国社会主要矛盾的变化，是提升精准扶贫实效性的前提条件，也是打赢脱贫攻坚这场硬仗的内在要求。要抓准主要矛盾和矛盾的主要方面，抓关键要害，把准发展方向，找准主要矛盾。精准扶贫是解决不平衡不充分发展问题的有效手段，而贫困地区社会主要矛盾的化解和消融离不开精准扶贫。社会主要矛盾决定精准扶贫的理念、内涵及路径，也促进扶贫主体和客体发生变化。进入新时代，精准扶贫成效举世瞩目，但贫困人口思维方式、生产生活方式跟不上时代发展脚步，等靠要思想严重，自力更生、艰苦创业精神逐渐消退，不思进取、安于现状、无心脱贫等文化贫困与贫困文化现象较为突出。穷乡僻壤的贫困山区本身难以脱贫致富，贫困地区发展不平衡、不充分成为主要矛盾的主要方面，并且成为我国社会贫富分化成因的一个方面，影响社会全面进步和实现共同富裕的主要限制因素。实现全面建成小康社会需要精准扶贫，而精准扶贫又是全面建成小康社会的重要抓手，其成效取决于社会发展层面的现实状况、发展的平衡状况和充分程度。

打赢脱贫攻坚战是消解新时代社会主要矛盾的内在要求。要实现贫困人口精准脱贫，摆脱生活困难状况，实现全面建成小康社会，就需要适应新时代社会主要矛盾的变化，注重保障基本民生，关注低收入群体生活，防范化解社会改革带来的重大风险，克服社会发展带来的重大阻力，有效解决重大矛盾。从社会主义新农村建设看，应切实抓好乡村振兴战略与美丽乡村建设，聚焦“三农”发展问题，实现贫困地区产业兴旺、生态宜居、乡风文明、治理有效和生活富裕的乡村振兴战略目标，正确处理好经济脱贫、健康脱贫、教育脱贫、生态脱贫和社保政策兜底脱贫的关系，把握整体脱贫与局部脱贫的关系，科学处理好已富和未富、先富和后富之间的关系。从精准扶贫的实践看，贫困人口的需要和现实发展的变化从深层次反映了时代发展理念正在发生转变，其实质要求应从扶贫对象的价值取向、内心素养、精神需求和生活向往，来满足美好生活需要的更均衡更充分发展。

紧扣社会主要矛盾变化，提升新时代精准扶贫工作实效性

着力加快乡村产业结构调整，夯实精准脱贫产业基础。“食者生民之原，天下治乱，国家废兴存亡之本也。”要顺应和把握社会主要矛盾的变化，紧扣城乡主要矛盾，统筹推进县乡镇村产业发展，走中国特色乡村产业发展之路，从而有效破解贫困地区产业发展不平衡、不充分的

问题，不断满足农民日益广泛的美好生活需要。坚持从实际出发，分类指导，按照产业发展因地制宜的基本原则，抓准产业发展的突破口，选准产业项目，延伸产业链条，形成产业优势，把老少边穷地区自身的比较优势发挥好。成立农村产业发展专业合作社，着力打造柑橘、梨子、葡萄、蔬菜等绿色优质农产品产业带和特色农产品基地，农商可出让土地、劳动力、肥料、农药入股分红，合作社提供果苗树种、技术培训、包装加工、运输、储藏、营销入股，农产品印上产品标签，统一品牌销售；可积极探索引入“互联网+”、电商、共享经济、共享农场等产业发展新模式和新业态，统筹谋划“大农业”区域布局，构建产、供、销“三位一体”的高效农业产业体系。

着力推动优质教育供给，夯实精准脱贫智力基础。有效推进农村教育供给侧改革，是阻止贫困现象代际传递的根本之策，也是消除城乡教育发展不均衡的有效之举。当前，要抓住学校“城市挤、农村弱”的怪象与矛盾，健全教育供给机制，整合城乡教育资源，扩大农村地区教育有效供给，提升教育供给质量，优化教育供给机构，努力满足沟壑纵横和山高路远的大山深处的孩子从“有学上”到“上好学”的需求转变，确保贫困山区的每个孩子都能享有公平而有质量的教育。打好教育脱贫攻坚战，重在摆脱意识和思路的贫困。在精准扶贫过程中，着力推进治贫先治愚、扶贫先扶智的教育扶贫工程，可采取减免、补奖、贷助等形式，向贫困山区定向招录免费师范生、全科医生，持续开展关爱留守儿童系列活动，因校制宜地开展乡村雨露计划、圆梦行动等助学活动，大力推进贫困地区文化教育扶贫行动计划，防止学龄儿童失学辍学，确保每个贫困孩子有学上并能上得起学，切实提高教育精准扶贫的针对性。

着力提升公共文化产品供给质量，夯实精准脱贫文化基础。打赢脱贫攻坚战归根到底就是要把贫困人口从愚昧思想文化深处解放出来，摆脱现有腐朽陈旧思维束缚，使其在体力、智能、品质、兴趣和潜力等方面获得最大化发展。治穷根关键还在于摆脱精神贫困和文化贫困，加快推进公共文化产品供给，满足人们的精神文化生活需求。尽快加大乡村公益性文化生活投入力度，组建以丰富农民精神生活为主题的文化志愿者服务队，以乡村大讲堂、大舞台、大展台为载体，开展形式多样、精彩纷呈的文化活动，切实加强民俗博物馆、村史村志馆、农家书屋、名人文化园、家风家规讲堂等方面的场所建设。以乡情乡愁为重要载体，通过现代手段图文并茂、生动逼真地呈现乡村文化产品，按季度开展形式多样且主题丰富的乡村文化趣味活动。正确处理乡村文化生活“需求侧”与“供给侧”之间关系，以贫困户需求变化为导向，以共建共享为目标，选择贴近实际生活的乡村文化活动，实行“菜单式”供给，不遗余力地推进文化生活品质建设，不断改善贫困群众的精神文化生活，增强文化生活的满足感和获得感，提升农民生活幸福指数。

参考文献

习近平：《摆脱贫困》，福建人民出版社，1992。

柳礼泉、杨葵：《精神贫困：贫困群众内生动力的缺失与重塑》，《湖湘论坛》2019 年第 1 期。

刘新玲、粟显淇：《准确理解新时代我国社会主要矛盾》，《红旗文稿》2018 年第 4 期。

后扶贫时代脱贫清单的数字化运作及信息共享理路*

陈浩天**

摘　要：脱贫政策清单作为一种规制性治理工具，凭借其自身信息传播与数字化运作的技术优势嵌入扶贫治理场域，将脱贫目标细化为各项任务部署和组织动员等数字化的行动方案，从而实现了脱贫治理"技术逻辑""数字逻辑"和"治理逻辑"的三维整合，达成政府外源性扶贫与农户内源性脱贫的良性互动和治理均衡。然而，囿于既有科层体制与项目化扶贫方式，清单制脱贫的数字化执行面临信息数据分割、碎片化传递与技术应用限制等诸多难题。对此，首先，需要从总体上审视脱贫清单治理系统的互动结构和运作规范，理顺清单系统与科层结构之间的数字互动关系；其次，加强扶贫治理的整体组织协同与信息共享能力；最后，着眼于扶贫主体跨界合作和用户需求参与，搭建一体化多层次的数字化信息共享模块，拓展脱贫清单信息数字化运作的技术空间。

关键词：后扶贫时代　脱贫清单　数字化治理　信息共享

* 文章刊发于《中国行政管理》2020 年第 7 期，是国家社科基金青年项目（17CZZ012）的阶段性成果。该文章收录本书时，内容和文献标注方式略有调整。

** 陈浩天，河南师范大学。

一 研究背景与问题的提出

在科层架构和压力型体制运作下，清单制被植入一系列政策网络实践之中，并扎根于基层社会，巧妙地升级为一种宏大的治理思维。[①] 具体到扶贫实践，清单制可视为一种“数字信息为体、清单技术为用”的脱贫治理体制。本质上而言，清单制脱贫的初衷是在脱贫治理中嵌入可量化的政策执行工具，以实现治贫场域中国家意志、政府目标与主体责任的良性互动。当下，全面落实脱贫攻坚的政策目标已细化为清单制脱贫的任务部署、组织动员、督查考核以及农户参与评价的具体行动方案。具体来看，清单制脱贫在于厘清各政策行动者之间的权责边界，确保扶贫资源的精准化配置与诸政策系统的标准化接应。然而，“一项政策得以贯彻到什么程度，取决于官僚对它的解释，以及政策的性质和执行效果。”[②] 从地方脱贫的具体实践来看，作为植入科层制结构与政策网络的量化工具，清单制脱贫已经呈现无可比拟的技术优势。2020 年中央一号文件明确提出要集中力量打赢脱贫攻坚战，同时提出加快实施数字乡村战略试点，全面推进信息扶贫和信息进村入户。在此背景下，按照中央“脱贫不脱政策、脱贫不脱帮扶、脱贫不脱责任”总要求，要成功实现国家脱贫攻坚的总体目标，一方面需要继续发挥清单制脱贫的信息集约与治理简化的政策执行优势，另一方面要进一步彰显乡村信息化和数字化建设对脱贫治理的结构支撑与协同效应。然而，受到既有科层体制和运作机制的结构制约，清单制脱贫造成了扶贫信息协同受阻的数字化治理悖论。这是因为，“官僚体制更倾向于采用清单式的简约方式传递信息，而脱贫清单数字化运作结果反而呈现出更多的形式化特征。”[③] 因

---

① 付建军：《当代中国公共治理中的清单制：制度逻辑与实践审视》，《当代世界与社会主义》2016 年第 5 期。

② 〔美〕加布里埃尔·A. 阿尔蒙德、小 G. 实厄姆：鲍威尔：《比较政治学：体系、过程和政策》，曹沛霖等译，上海译文出版社，1987，第 325 页。

③ 雷文艳等：《新“双轨制”：中国精准扶贫脱贫的一种新形式》，《西北农林科技大学学报》（社会科学版）2017 年第 4 期。

此，需要充分关注清单制模式在扶贫官僚组织内部的执行绩效和运作特征，尽可能规避导致脱贫治理绩效偏差的多维隐性因素，利用数字化脱贫清单的信息化和可视化手段，在厘定数字化清单运作效用边界的基础上实现扶贫信息的互动与共享。

二　信息集约与治理简化：扶贫政策清单数字化运作的技术优势

脱贫清单是对扶贫诸政策要素的系统集成和简化治理，清单系统作为扶贫体制的执行载体，统摄了脱贫治理的全过程。在扶贫实践中，清单首先是以“建档立卡”形式呈现的规章制度以及各种可量化的数据表格和指标体系。清单制脱贫模式进一步拓展并涵盖了扶贫过程中的目标清单、需求清单、时限清单、措施清单、责任清单等“五项”清单治理系统，做到了精准扶贫与精准脱贫“一本清账”的无缝隙衔接。[①] 清单制模式在扶贫与脱贫的政策运作过程中实现了“数字逻辑”“信息逻辑”“治理逻辑”的三维整合：“数字逻辑”——清单作为扶贫的有效工具，实现了扶贫目标与需求的数字化匹配；“信息逻辑”——清单将复杂的扶贫信息简化为纲要性条目，实现了脱贫时限和考核的可操作性；“治理逻辑”——凸显了脱贫清单的帮扶措施，厘定了扶贫执行的主体责任。

总体而言，作为一种政策执行工具，脱贫清单系统的设计应用是以“数字的真实性”、“信息的有效性”与“治理的整体性”为基本要求，发挥其在扶贫信息获取、数字处理、组织实施与绩效评价等方面的政策功能。作为一种脱贫治理体制和管理机制，它兼具“外源性扶贫”政策目标和“内源性脱贫”能力建设的双重治理诉求——外源性扶贫主要凸显国家帮扶的政策目标，内源性脱贫主要体现为农户的自我脱贫能力（见图 1）。扶贫清单技术在组织参与、流程设计、组织规范等方面已经表现出了技术脱贫的精准性和专业性。

---

① 陈浩天：《精准扶贫政策清单治理的价值之维与执行逻辑》，《河南师范大学学报》（哲学社会科学版）2017 年第 2 期。

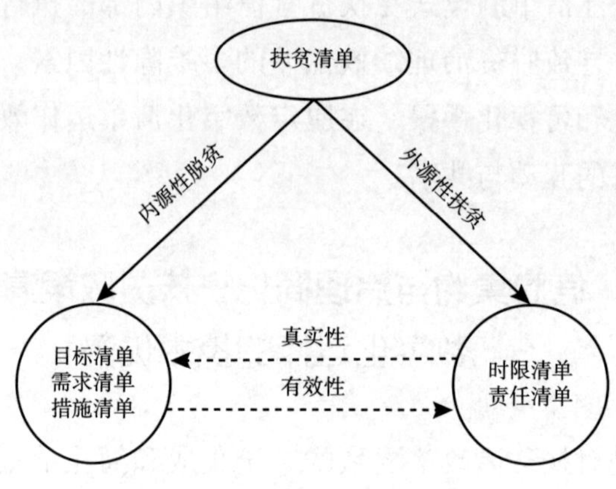

图1 扶贫清单的运作体系

（一）明晰了脱贫政策清单网络系统的信息结构与功能

清单作为脱贫信息的承载工具，必然受到各级政府的“组织安排”和清单自身“技术细节”的影响。脱贫清单执行过程中的“组织安排”涵盖了扶贫过程中部门职责的“应为之事”“行事之权”“应担之责”的数字信息内容，最终外化为官僚体系及组织间形成的信息化与数字化执行结构。清单制脱贫模式实现了扶贫规则和脱贫标准等数字化信息的聚合，“通过这种组织手段，产品得以生产、服务得以提供。”①

从“技术细节”来看，清单制的制度功能存在于扶贫过程中效率与公平导向的目标和需求差异。脱贫清单中的“目标清单”“需求清单”属于扶贫主体的“应为之事”、“措施清单”属于扶贫主体的“行事之权”，而“时限清单”和“责任清单”属于扶贫政策系统的“应担之责”。在彰显脱贫清单功能的“技术细节”中，基层扶贫干部按照清单设计的“应为之事”、“行事之权”和“应担之责”实行包户帮扶，负责贫困户数字化信息的搜集和管理，最终达成“时限脱贫”和“脱贫责任”的清单内容。

① 〔美〕简·芳汀：《构建虚拟政府：信息技术与制度创新》，邵国松译，中国人民大学出版社，2004，第11页。

（二）重构了脱贫清单政策单元的数字化运作流程

脱贫清单的网络设计和编制流程为脱贫政策单元的信息互动提供了规范与有效的数字化运作空间。以“建档立卡”脱贫方式实施的清单治理单元，将各种复杂关系简化为清单信息的数字化传递过程，具体遵照“宣传发动—对象识别—建档立卡—信息管理—过程反馈”的脱贫流程。按照“四议两公开”和群众路线等基层民主形式，将所有村民有效地吸纳进贫困户识别流程。利用村民之间彼此信息透明、伦理一致和监督有效等优势，将符合贫困标准和道义规范的农户析出，并以“在地化”的数字信息进行公布。[①]

在扶贫实践中，数字化清单运行的脱贫政策网络和清单信息传递的规范化要求主要体现在两个层面。第一，脱贫清单权责体系的集约化和制度化使治理政策得以简约和清晰。各级脱贫清单行动主体基于清单制脱贫的时限和责任要求，“自上而下”或“自下而上”地收集和整合相关政策单元的脱贫信息，并对这些信息进行在地化和规范化处理，以实现脱贫清单的总体政策执行。第二，诸脱贫政策单元对清单系统内源结构进行了协调。清单制脱贫体现为一种系统规范和执行标准，是对脱贫政策单元的行动边界和运作空间进行适时调整和重新构造的过程。具体而言，它内在地被要求以“信息窗与政策集”[②] 的数字化运作方式来实施。毫无疑问，信息是一种达到想要的政策结果工具，政策制定者则通过其向目标听众传达政策内容或者行为规范。[③] 因此，脱贫清单的数字化运作同样要体现来自外部政策反馈的扶贫考核压力和内部脱贫规范性执行的双重要求。

（三）厘清脱贫绩效清单制考评的治理规范

目前，我国实施了“中央统筹，省负总责，县抓落实”的多层级清

---

① 王雨磊：《数字下乡：农村精准扶贫中的技术治理》，《社会学研究》2016 年第 6 期。

② 张书涛：《政府绩效评估的多层治理与偏差控制：一个政策协同的分析框架》，《河南师范大学学报》（哲学社会科学版）2018 年第 6 期。

③ 〔美〕莱斯特·M. 萨拉蒙：《政府工具：新治理指南》，肖娜译，北京大学出版社，2016，第 188 页。

单制脱贫治理工作机制。脱贫清单制度的整体设计倾向于以条目化和数字化的技术设计，以确保脱贫清单的责任和内容得到整体贯通和全面执行。因此，脱贫政策清单的科层化执行被理想化为实现高效脱贫的标准体制和运行机制。科层制之所以被当作脱贫清单治理和政策执行的理想场域，是因为国家脱贫政策意图仅仅被抽象为单一的政策目标和行动规范，脱贫清单主要依照清单制的运作规则和流程进行扶贫考核。

但是，“不同的治理场域意味着不尽一致的技术要求，政策工具要做好适配治理体系和治理能力的准备。”① 在脱贫清单的推进过程中，地方党委与政府整合县（区）、乡镇（街道）、村各级行政力量，主导村庄扶贫工作。显然，“从一个政策领域到另一个政策领域，那些相关的专业人员共同体在分裂的程度上有很大的差别。”② 因此，扶贫工作是各级政府的“中心”任务，扶贫工作人员共同担负脱贫清单的责任，形成一个脱贫清单责任执行共同体。县域政府基于脱贫清单的数量化目标，按照脱贫清单脱贫攻坚责任要求，将脱贫攻坚工作纳入基层工作责任清单，按照清单标准进行数字化的指标脱贫，同时建立健全日常工作督导制度，在制定扶贫干部详细数字化清单的基础上，开展脱贫攻坚的常态化督导与考核，以提升脱贫清单的执行效率。

三　系统抵牾与信息异化：脱贫清单数字化运作的目标偏离

在扶贫实践中，国家“自上而下”或“自下而上”单向度的数字化信息提取、确认、管理和利用能力也受到常规治理的体制惰性和乡村社会复杂结构等负面影响；同时，在纵向科层与横向区域差异的清单制脱贫过程中，条块分割体制及部门化的利益竞逐造成清单信息交流受限。既有扶贫体制的科层结构、多层次主体间的错位需求及目标差异，带来

① 吕德文：《治理技术如何适配国家机器——技术治理的运用场景及其限度》，《探索与争鸣》2019年第6期。

② 〔美〕约翰·W. 金登：《议程、备选方案与公共政策》，丁煌、方兴译，中国人民大学出版社，2017，第119页。

了脱贫清单执行的异化及数字信息失真等问题。事实上，脱贫清单系统是作为一种政策工具和治理手段被嵌入扶贫场域之中，它以自身技术优势和清晰化制度执行框架实现扶贫过程的治理整合。清单制运作总体上在于达成内源脱贫与外源扶贫的共有规范，以数字化的手段实现各政策系统与行动单元的高效协同治理。因此，清单制脱贫技术优势的充分发挥与制度功能的实现，一方面需要正视既有脱贫政策执行网络系统间的结构紧张关系，另一方面需要对脱贫清单信息系统数字化运作的效应作出诊断，在此基础上厘清导致脱贫清单制执行目标偏离的诱因。

（一）内外之困：压力型政绩诱发脱贫清单数字信息的科层化调配

如前文所言，脱贫清单治理在于通过信息集约与数字简化来达成国家意图、政策系统与行动单元的整体协同与多维互动，并以此来实现外源性扶贫与内源性脱贫之间的治理整合。而事实上，在纵向扶贫科层运作条件下，中央和省级政府将脱贫清单执行的权力和责任下放到县域各级扶贫单位，具体涉及了民政、医疗、教育、卫生等多个部门。为了对脱贫清单的实施效果进行监督，上级部门对县域政府开始“层层加码式”的政绩验收和考核，基于数目字管理的文本信息与数量化的任务分解，将工作任务与所匹配的职责转化为数量化指标并据之测定绩效。同时，上级政府可基于粗放的数字化考核清单对下级政府的扶贫效果进行“一票否决”，迫使下级政府将工作重心转向扶贫“迎检”日常考核。国家与社会关系在扶贫领域的简约化治理，助长了科层组织模糊治理的惰性，造成国家与乡村社会之间长期存在“信息断裂带”，导致脱贫清单在上下级政府之间信息不对等条件下的变相执行。①

在脱贫清单执行中，看似互相负责、科学合理的工作安排，却加剧了权力与职级不对等、分工与职责不匹配，普遍责任推诿的务虚性落实。在基层村域，第一书记一般是各政府部门下派锻炼的后备干部，职级多在副科级以下。而扶贫工作队队长却多是各政府部门下派的年富力强、

---

① 文宏：《府际关系视角下基层形式主义的本质与逻辑重思》，《探索与争鸣》2019 年第 11 期。

有基层工作经验和阅历的副科级以上领导干部。这样的工作配对，造成了第一书记无法领导和监督扶贫工作队的问题。同样，乡镇（街道）包村干部在职责与权属上也较少接受第一书记和扶贫工作队队长的领导与监督。村庄扶贫力量表面是铁板一块，实则是"一盘散沙"。因而，实质性放权与选择性达标并行模糊的清单制执行体制，在遭遇国家脱贫清单精准化实施的要求时，往往会因难以廓清乡村社会模糊信息，而出现脱贫清单信息传递与执行的异化。

（二）项目分割：条块治理格局导致部门间信息数字的碎片化传递

在项目制治理背景下，脱贫清单的政策执行体现在各类扶贫项目上，具体涉及基本医疗、就业创业、教育保障、兜底政策等多种项目类别。诸扶贫项目主体通过调整纵向层级抑或横向的扶贫部门进行运动式执行。由于脱贫清单的设计和编制都是在县扶贫办的指导下完成，扶贫数据的编制过程与清单绩效考核的结果休戚相关。在既有行政框架中，"强烈的技术崇拜和科层制下固化的部门分工使得政府效率日益衰减",[①] 造成条块分割的管理体制之间"各自为政"和"互为壁垒"的局面。诚然，政策层级节制体系并不能决定政策的生产，而依赖于行政官僚本身所拥有的裁量权。[②] 因此，脱贫清单执行的政策标准存在层级差异和部门差异，从而造成脱贫清单多头参与的共享难题。

另外，扶贫项目执行的动力源于政策系统与行动单元的自主性行为，政府部门的自由裁量权最终是以脱贫清单供给的数量来呈现，而数字指标是个理性的产物，是高度抽象后的绩效表达形式。因此，随着扶贫工作向其他部门的扩散，扶贫数据的落地最终要靠村庄及驻村干部，整个数据生产过程都是驻村干部亲自执行的。在权责一致的原则下，县级政府承担将本地区"时限脱贫"的第一性责任。在县域范围，各级政府需要围绕扶贫政策清单的内容设计，搜集整理扶贫开发项目的内容，作出

---

① 刘祺、彭恋：《"互联网"+政务的现实困境及其优化策略——以广东省为例》，《福建论坛》2018 年第 2 期。

② 李允杰、丘昌泰：《政策执行与评估》，北京大学出版社，2008，第 15 页。

脱贫清单内容的政策整合。但是，条块分割体制、部门利益与项目争取的无序竞逐导致跨部门清单信息交流受阻。对此，亟待建构脱贫清单与其他社会保障体系的衔接，探索建立多部门共同参与、共享治理的运作机制。

（三）技术限制：扶贫清单信息化自身固有的数字应用难题

扶贫清单作为一种政策工具和技术设计，存在自身固有的信息不完全性与数字准确性转化的应用难题。从地方扶贫实践过程来看，脱贫清单“建档立卡”信息的录入与数字化运作兼顾了“精准”与“标准”的精细化治理过程。虽然脱贫清单内容的设计涵盖了行业扶贫、专项扶贫、社会扶贫和兜底扶贫等多个领域的内容，但最终仍以“数字”和“指标”作为脱贫绩效考核的线性评判标准。在脱贫清单绩效的考核过程中，上级政府通过“自上而下”科层体制的考核程序以期实现脱贫清单执行的量化效果。清单制运作逻辑下的扶贫绩效往往重在应对形式上数量化的监督，而对扶贫绩效的抽象性和概括性的测评就显得力所不逮。

脱贫清单的执行过程涉及多个部门的交叉数据，形成了“纵向层次化”和“横向区域化”混同清单结构。下级政府为了“迎合”上级政府的扶贫意图，在精准脱贫过程中“竞相修饰”扶贫效果的“软指标”，造成扶贫过程中的信息“形式主义”和数字“面子工程”，制约了脱贫清单发挥以评促改、以评促建的技术工具作用。[①] 如果脱贫清单治理过程中缺乏具体的可操作性指标及监督机制，“在执行中则极易出现选择性执行、简单化复制、观望性回应等变通策略”。[②] 虽然现行扶贫机构具有宏观协调职能，但贫困问题开始作为一种整体性的社会问题并扩展到其他领域层面，脱贫清单的整体设计与局部差异的并存共同导致了扶贫资源使用的低效率。因此，数字化清单制定与执行的精细化标准与粗放

① 陈浩天、蔡丽丽：《农户认知、政策信任与教育扶贫清单执行绩效——基于河南省 20 村 1542 户贫困农户的实证调查》，《教育与经济》2020 年第 1 期。

② 徐刚、杨雪非：《区（县）政府权责清单制度象征性执行的悖向逻辑分析：以 A 市 Y 区为例》，《公共行政评论》2017 年第 4 期。

性执行的叠加加剧了脱贫清单执行的异化，并从根本上限制了脱贫清单技术效能的发挥。

四 组织协同与数字规制：脱贫清单治理的信息共享架构

脱贫清单的执行效果以数字化指标来呈现，“数字化世界是一片崭新的疆土，可以释放出难以形容的生产能量”。[①] 事实上，清单制脱贫主要运用“五项清单”依托于常规化的信息与数字化治理系统，旨在实现信息协同与数字简化的技术优势。因而，构建脱贫清单信息共享系统需要关注扶贫信息化建设普遍存在的共性问题，一方面既要与常规化的信息共享与数据治理相区别，另一方面又要凸显清单制信息共享的独有特点。具体而言，脱贫清单共享的数字化治理必须以农户的可持续脱贫为目标，在此基础上建构整体主义的数字化共享架构。“数字化治理理论主张不断引入云计算、大数据等先进的信息技术和信息系统。”[②] 因此，脱贫清单信息共享的实现不仅强化了脱贫清单构成的部门权威，也拓展了贫困农户“信息权”的表达通道。具体而言，脱贫清单的数字化共享着眼于扶贫主体的跨界合作和农户的需求参与，促使诸扶贫主体、扶贫组织和脱贫对象在虚拟空间进行数字资源配置，形成“线下”与“线上”同步共享治理。具体按照国家时限“脱贫摘帽”的考核要求，脱贫清单的数字化治理要围绕“脱贫清单全覆盖、程序流程全公开、脱贫考核全监督”的流程，搭建脱贫内容和脱贫过程的数字化信息共享模块。围绕农户脱贫需求，从“组织能力、技术能力、规范能力”[③] 三个层面建构清单制脱贫的数字化信息共享架构（见图2）。

---

① 〔美〕埃瑟·戴森：《2.0版：数字化时代的生活设计》，胡咏、范海燕译，海南出版社，1998，第76页。

② 翁士洪：《数字时代治理理论——西方政府治理的新回应及其启示》，《经济社会体制比较》2019年第7期。

③ 鲍静、贾开：《数字治理体系和治理能力现代化研究：原则、框架与要素》，《政治学研究》2019年第3期。

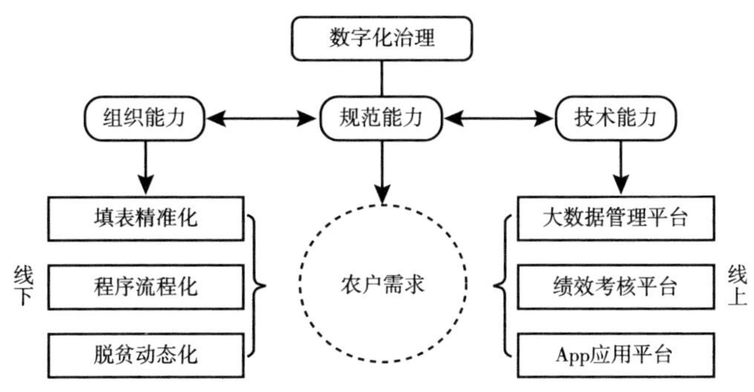

图2　清单制脱贫的数字化治理框架

（一）清单调试："内外""上下"数字化规范推进与整体性信息协同

现有脱贫清单治理系统是以权力为纽带的科层制分工结构，主要依照既定的"填表精准化、编制程序流程化、全面脱贫动态化"政策规则来落实脱贫清单内容的精准治理。除此之外，尚需通过搭建脱贫清单数字化共享框架"倒逼"扶贫体系从"碎片化"治理迈向"整体性"共享，以实现扶贫清单数字化信息的"内外"协同，并最终通过清单信息调试实现精准扶贫系统从"有边界"到"无边界"、"被组织"到"自组织"的数字化转型。

其一，建立"整体性"的数字化规范治理体系，实现扶贫清单的"内外"融合。清单治理体系力主打破诸扶贫主体之间"各自为政"的合作困局，为跨区域和跨部门的脱贫清单数字化共享提供流程再造方案。通过调整原有的"清单"流程，建立脱贫清单纵向治理与横向识别的扶贫治理体系。以清单原始驱动数据库为基础，通过对扶贫机构和贫困对象需求信息的采集和整理，将清单数据信息录入不同层级的扶贫帮扶部门，整合多层级部门，按照脱贫清单供给与贫困农户需求的类别设计数据编码。

其二，建立互动适应的数字化共享空间，达成脱贫清单治理"上下"信息协同。通过扶贫权力边界的调整建立清单数据的共享交换空间，形成纵向权力线与横向职能线共享推进的数字化结构。在对贫困农户信息采集过程中，设定扶贫信息采集的统一标准，避免信息重复采集、多次录入的效率低下问题。将农户需求清单的帮扶内容进行单元归类与数据挖掘，扩充在线动态贫困识别的数字化空间，实现脱贫清单信息数据的再造与精准识别，促使时限脱贫、措施脱贫与需求脱贫在时间与空间上衔接，将脱贫清单执行主体与贫困对象的互动信息即时传送。

（二）“系统”强化：“清单供给＋主体体验”的信息规制与数字联通

在脱贫清单数字化体系的执行架构中，清单各政策单元扮演着扶贫内容供给“元治理”的角色。[①] 脱贫清单的系统强化贯穿“清单供给＋主体体验”的数字化联通与应用过程。脱贫清单的数字化信息的传递应规避清单内容设计的同质性复制和农户体验的表层化执行。具体而言，扶贫信息数据要着力疏通政策单元之间的信息交互脉络，调整和优化等级式运作规程，以实现扶贫治理由经验决策向数字决策转变。扶贫信息的数字化联通过程涵盖了脱贫清单供给信息的设计、行动主体信息数据的挖掘、扶贫项目的决策执行、脱贫与返贫的监测预警等内容。

其一，从宏观上来看，脱贫清单的数字化联通要围绕各扶贫部门的功能与业务信息交换这一逻辑展开。因此，要依托扶贫业务流程的设计，对扶贫权力清单、责任清单的跨部门业务政策供给进行规制，搭建各级扶贫数据库横向对接的平台，实现扶贫部门之间脱贫清单的数字化联通应用。同时，打通全域扶贫数据库与国家级、省级等其他部门脱贫清单系统的纵向联通，做到脱贫清单数字化信息的系统修正和净化。

其二，从微观上来看，全面脱贫目标的实施贯穿以主体需求清单为原点的供需联通过程。因而，要改变既往线性扶贫权力的运作模式，实现脱贫清单内容供给与脱贫需求的信息联通，建构契合农户需求体验的数据处理和信息交流的转换系统。对清单信息中贫困对象的个体情况进

---

① 陈浩天：《精准扶贫政策清单的数字化传播与信息共享架构》，《湖南师范大学》（社会科学学报）2018 年第 6 期。

行登记与核准，建立由基层（乡、镇）政府录入、县级政府核准和备案的脱贫清单信息数据。利用宽带网络等数字技术，通过采集贫困农户和帮扶村庄的清单信息，对贫困农户的需求体验进行模拟和反馈。在政府“脱贫菜单”和农户“建档立卡”供需联通的基础上，推动脱贫清单数字化共享系统的“自我”强化。

（三）“技术”再造：脱贫清单信息数字化运作的空间拓展

清单数字化技术的共享平台助推了脱贫清单组织边界由现实空间扩展至虚拟空间。“在整合信息、决策过程中……数据整合化的信息处理平台大大加速了跨机构信息和服务的流动。”[①] 因此，要打造从顶层设计到末端治理相贯通的数字化技术共享平台，突出脱贫清单数据管理、绩效考核和智能平台的减贫职能配置和责任定位。构建多层次复合型的清单信息数字化平台，分步骤建立清单信息数字化应用的大数据管理平台、绩效考核应用平台和 App 应用平台。

其一，大数据管理平台。大数据管理平台主要对各种清单要素进行有机组合和有效匹配，实现数据高效快捷的自动化采集。在管理方式上，脱贫清单共享平台横向整合公安、人社、工商、住建等不同部门，纵向整合省—市—县—乡—村不同层级的扶贫单位，对脱贫清单的实施机制和对象进行动态监测。在管理内容上，将兜底保障、教育扶贫、健康扶贫、易地扶贫、产业扶贫等脱贫清单内容信息整合至“一卡通”管理平台。

其二，绩效考核应用平台。脱贫清单绩效考核应用平台借助“大数据+脱贫清单”技术，实施扶贫项目受理、审批、监管相分离，建构动态化的综合考核模式。利用大数据平台识别出脱贫清单的关键节点，以清单供给内容为参照考核扶贫部门的权责关系。运用关联分析、聚类分析以及孤立点分析建构扶贫主体和脱贫户互动的激励约束机制，做到“职、权、责”合理配套，保障扶贫主体的“声誉”机制，凸显帮扶对

① 〔美〕简·芳汀：《构建虚拟政府：信息技术与制度创新》，邵国松译，中国人民大学出版社，2004，第 11 页。

象的“表达权”。

其三，App 应用平台。作为脱贫清单数字化信息处理的“硬件系统”和“微中枢神经”，App 应用平台是脱贫清单管理、清单信息搜集和扶贫质量实时监测的移动版。具体来看，App 应用平台是以“管理节点”为核心，将脱贫清单信息的搜集、处理和监测融为一体，主动再造扶贫信息主动推送的服务流程。[①] 同时，App 应用平台是以脱贫清单信息的互联互通为目标。借助 App 应用平台的信息发布，将脱贫工作进程、农产品销售、农业科技精准服务等进行分类呈现，实现各类扶贫数据报表自动快速地生成与展示。

五 结论与讨论

如果说扶贫清单文本系统是纸质构建的“物理集合”，那么脱贫清单的数字化共享就是扶贫过程的“化学反应”。如果缺乏科层制的制度依托，脱贫清单就失去了组织基础和权力来源，同样，失去脱贫清单的科层制，扶贫过程也将变得僵化和低效。脱贫清单的生产机制完全依赖于政府权力的科层运作。引入政策清单工具的数字化治理理念，虽然不能完全改变脱贫清单的生产机制，但改变了脱贫清单执行的“出入口”，彰显了清单“扁平治理”的大数据技术优势。就此来看，“社会的发展形塑了技术，但它本身也为技术所形塑，技术和制度二者是互构的。”[②] 正如韦斯特所言：“官僚和政治家是公共部门做出采纳新技术的核心……很多政府行政官员对待互联网都很亲切，并且将它视为增强公共部门绩效的力量。”[③] 利用大数据平台对贫困对象和区域脱贫需求进行的整合，极大增强了脱贫清单运作体系的韧性和可持续脱贫治理能力。可见，“信息技术对国家和社会来说是一个有效的工具，对社会而言，它

---

① 王建磊：《App：技术赋权的回归》，《新闻大学》2016 年第 6 期。

② 邱泽奇：《技术与组织：学科脉络与文献》，中国人民大学出版社，2018，第 76 页。

③ 〔美〕达雷尔·韦斯特：《数字政府：技术与公共领域绩效》，郑钟扬译，科学出版社，2011，第 22 页。

是组织集体行动的一个工具。”[①] 显然，脱贫清单的共享治理消解了既有扶贫权力的独有性和专断性，为后扶贫时代的可持续脱贫行动提供了重要平台。目前，国务院扶贫办已经主导建立了全国通用的扶贫信息系统，以期通过建档立卡大数据库以及云计算技术开展对贫困户的帮扶、对接和众筹。但该信息系统功能单一，扶贫主体和客体的活跃度均较低，甚至沦为地方政府扶贫“迎检”的面子工程，也远未解决平台信息系统运行过程中的“信息孤岛”“信息壁垒”等“逆数字化”联通难题。因此，后脱贫时代国家扶贫体系的数字化治理要继续发挥清单制脱贫的优势，按照农业农村部《数字农业农村发展规划（2019—2025 年）》的既定要求，理性面对扶贫体系本身的复杂性特征，将脱贫清单的数字化共享提上日程。就此而言，在清单式脱贫视域下，国家全面脱贫治理能力的提升需要做到两个方面：一是扩大国家脱贫清单信息供给的有效范围，增强政策系统与行动主体的信息应用能力；二是要重组脱贫清单的执行机制与运作流程，推动后续扶贫治理向技术型的数字化共享转变。

① 郑永年：《技术赋权：中国的互联网、国家与社会》，东方出版社，2015，第 22 页。

相对贫困理论及其治理对策的研究进展*

魏月皎　葛深渭**

摘　要：2020年后，中国农村的绝对贫困问题得到根治，相对贫困问题将成为国家贫困治理的主题。随着我国20世纪下半叶以来反贫困斗争的实践探索，尤其是中国特色精准扶贫的持续推进，学者们对贫困问题的研究也不断深入。由于贫困问题有其特有的复杂性、相对性、动态性，学者对贫困问题的研究视角、研究方法、评价标准也随着经济社会的动态发展而发生改变。本研究从相对贫困的概念界定、测度方法、归因研究、治理对策四个方面进行相关文献的梳理并进行归纳总结，发现关于相对贫困的概念尚未形成一个统一的界定，且大多数研究主要停留在对相对贫困表象的描述、重要性呼吁层面或者一般性的治理政策建议上，在相对贫困的测度方法上多采用单一经济物质指标，缺少对相对贫困深入系统的实证研究，从而制约了对相对贫困本质的认知和问题的有效解决。

关键词：相对贫困　内涵界定　测度方法　贫困治理

---

* 文章刊发于《贵州师范大学学报》（社会科学版）2020年第3期，是国家社科基金年度项目（18BJY163）的阶段性成果。该文章收录本书时，内容和文献标注方式略有调整。

** 魏月皎，浙江师范大学；葛深渭，浙江师范大学。

一 引言

从贫困研究的历史看，在基本消除绝对贫困以前，人们更关注的是绝对贫困。只有在消除绝对贫困取得重大进展以后，人们才会更多地关注相对贫困问题。我国要在2020年实现全面脱贫，在越来越接近全面消除绝对贫困的今天，相对贫困问题将越来越凸显，贫困形式的多样化、复杂化将是我国反贫困斗争面临的更加严峻的挑战。随着经济的发展和人均收入水平的提高，未来一段时期我国的相对贫困问题将进一步加剧，我国的贫困问题将逐步过渡到以相对贫困为主的贫困模式。我国的反贫困斗争，既要彻底消除绝对贫困，也要逐步重视相对贫困问题，要从关注人的基本生存需要逐步过渡到更加关注人的“体面”生存与发展需要，从共享改革发展成果、社会公平正义的角度考虑人的全面发展，故反贫困思路要从注重反绝对贫困向反绝对贫困与反相对贫困并重过渡，并进而转向以反相对贫困为主。

与绝对贫困只关注低收入者的实际状况相比，相对贫困更关注财富、收入和权利分配的不平等性，更关注相对贫困群体在社会经济中的经济地位和体面生活。相对贫困在不同的国家社会都普遍存在，相对贫困只能缓解，并不能完全消除，且一般都是在全面消除绝对贫困后才会开始关注相对贫困。反贫困作为世界性的重大难题，从来没有终点，聚焦相对贫困问题的研究，可以真正让全体国民共享改革开放、经济发展的重大成果，最大限度地提高全社会的最大效用，让人们真正过上体面生活。

二 相对贫困的概念与内涵

（一）国外关于相对贫困的界定

早在20世纪50年代，随着西方发达资本主义国家社会福利政策的相继建立，很多发达国家乐观地认为已经全面消除了贫困。当时英国的绝对贫困人口只占全体人口的1.6%，可以说在绝对贫困几乎完全消除的时候，英国学者汤森穷其一生对英国当时的收入分配、公平与效率、民众就业率及社会福利等方面进行分析，发现贫困只是以一种新的形态继续存在。随后，伦敦经济学院的理论研究者蒂特马斯（R. M. Titmuss）、斯密斯（A. Smith）和汤森（P. Townsend）对贫困的概念进行了新的延伸和扩展，指出反贫困不再单单是为了满足人们生存的物质需求，而是具有人类社会发展的深远意义，这时开始出现了相对贫困的雏形。①

“相对剥夺”最早是由美国学者斯托弗在 1949 年提出，后经过包括默顿在内的其他学者发展与应用，主要讲的是人们将自己的处境与其他参照群体进行比较后的劣势会让人产生受剥夺的感觉，从而用来解释贫困，指出相对贫困不全是指绝对意义上的客观物质基础缺乏，其包含着与他人比较后的主观心理因素，相对贫困实为一种被剥夺感。②

1958 年，美国经济学家加耳布雷思（John Kenneth Galbraith）就曾指出，一个人贫困与否不仅取决于他拥有收入的多少，还取决于他周围其他人的收入多少。当周围其他人的收入水平在增加时，即使他的收入水平不变，这种收入差距会使其感到比以前更贫穷。这种相对贫困感强调与他人相比较的主观感受。

1971 年，英国社会政策学家彼得·汤森通过“绝对中的相对剥夺理论”系统阐述了相对贫困理论。他指出贫困不仅限于基本生活资料的不足，还在于资源的剥夺与缺乏，而正是这种资源的缺乏导致穷人不能达到现存社会制度下正常的生活水平和不能获得有效参与正常社会活动的机会。资源分配导致穷人一开始拥有的资源就不足，进而导致其本该获取的机会和条件被剥夺，这种剥夺不仅在于客观物质条件的剥夺，更在于客观物质条件的缺乏而导致的规范或习俗剥夺、个体或群体剥夺。1998 年诺贝尔经济学奖获得者阿马蒂亚·森用权利的缺失来说明贫困的

---

① 杨立雄、谢丹丹：《“绝对的相对”，抑或“相对的绝对”——汤森和森的贫困理论比较》，《财经科学》2007 年第 1 期。

② 付琳赟：《相对剥夺感视角下的三峡库区城镇移民生存状态研究——重庆市云阳县莲花市场和水库路的个案分析》，《科技与企业》2012 年第 21 期；〔美〕罗伯特·K. 默顿：《社会理论和社会结构》，唐少杰、齐心译，译林出版社，2015。

本质，收入低下只是贫困的外在表现，权利的缺失进而造成贫困人口自我发展能力的缺乏才是贫困的本质，贫困人口因此而缺少获得和享有正常生活的能力。①

1993 年英国学者奥本默（Oppenhenin）试图从机会被剥夺的角度去定义贫困，他认为贫困是指人们的生存、身体健康、体面教育、安全住宅、退休生涯等机会被剥夺；2001 年美国学者纳拉扬等人从穷人的视角定义贫困，他们指出，在穷人眼里，贫困除了指物质的缺乏外，其核心要义是指缺乏发言权和其他权利。

朗西曼通过职业结构中收入的差异来调查人们对相对贫困的感知，发现人们倾向于将自己的收入同那些与他们相当的人进行比较，或者说很容易把自己同那些与自己社会境遇差不多的人进行比较，当发现自己与其他人的差距时，这种差距很可能是个人因素造成的，把自己与处在同一个阶层体系的人去比较，这种有限的参照群体有利于减弱人们的相对贫困感。②

（二）国内关于相对贫困的界定

国内关于相对贫困的研究要晚于国外，兴起于 20 世纪 90 年代。从已有的文献来看，关于相对贫困的概念和内涵主要有以下 8 种不同的阐释。

第一，相对贫困是指与社会平均收入水平、消费水平或一般社会成员的生活水平比较相对偏低。③ 张殿发、王世杰认为相对贫困是指个人或家庭与社会平均水平相比，其收入低到一定程度所维持的生活状态，表现为各个阶层之间或阶层内部的收入差异，这种差异会造成他们不能享有一般的生活资料或服务设施，不能享有所谓的“体面”生活和现代社会所具有的基本需求，如没有各种现代生活设施、子女不能接受好的

---

① 董晓波、袁媛、杨立雄：《英国贫困线发展研究》，《世界农业》2016 年第 9 期；黄忠晶：《“绝对贫困与相对贫困”辨析》，《天府新论》2004 年第 2 期。

② 姜辉：《美国和英国的社会阶级》，重庆出版社，2010。

③ 蔡玲：《论清除绝对贫困减少相对贫困——基于实证的角度提出政策化建议》，《现代商贸工业》2013 年第 6 期；刘宗飞、姚顺波、渠美：《吴起农户相对贫困的动态演化：1998—2011》，《中国人口·资源与环境》2013 年第 3 期。

教育、没有文化娱乐活动等；[①] 厉以宁认为相对贫困是指在与全社会人均收入的比较中，即使一些人的收入有了明显提高，其收入水平甚至高于本地区维持生活最低限度所必需的收入，但只要该收入与社会平均收入仍存在差距，人们也会有相对贫困感；[②] 李石新指出相对贫困是偏离社会平均水平的差距状态，随着经济的不断增长，社会人均收入水平必然也在不断提高，这种与社会平均水平的差距也会呈现些许变化，相应的扶贫标准也应随经济状况的发展而做出调整。[③]

第二，相对贫困被看作与不同利益集团、不同群体之间的相互攀比，将自己的期望值与现状，或者是本人同自己曾经的收入最高峰相比较后产生的落差感。除了人本身能力的差异外，地理位置、自然条件、地区发展的不平衡、工种和技术水平的差别都会使本身与其他群体比较时存在差距，人的期望和现实一般也总是存在差距的，这些都决定了相对贫困感的持久性。[④]

第三，相对贫困是一种主观的心理感受或价值判断，它不单单局限于生活水平，更强调人的主观心理感受。李权超、陆旭指出贫困总是在特定的参照体系中相对于特定的心理群体而言，人们主观认定的可维持生存的水准在不同的国家或地区会有很大差别。即便在一个整体比较富裕的国家，如果社会居民内部贫富差距较大，会有较多的人具有被剥夺感，相对贫困的问题也可能会比较严重；[⑤] 黄晶忠指出相对贫困不单单是相对于生活水平而言的，更强调人心理上的主观感受，比如就维持人生存的基本水准而言，在不同国家社会存在很大差别，在发达国家或地区被认为是必需品的东西，可能在欠发达国家或地区会被认为是奢侈品，但同时他也指出相对贫困的主观心理感受还是来自生活水平处于一个相对较低状况的客观事实，是先有客观事实的差别，才有人的主观心理感

---

① 张殿发、王世杰：《贵州反贫困系统工程》，贵州人民出版社，2003。

② 厉以宁：《工业化和制度调整》，商务印书馆，2015。

③ 李石新：《中国经济发展对农村贫困的影响研究》，中国经济出版社，2010。

④ 厉以宁：《工业化和制度调整》，商务印书馆，2015。

⑤ 李权超、陆旭：《老年健康促进》，军事医学科学出版社，1999。

受的，不存在盲目的单纯的心理感受；[①] 陈芳妹和龙志和用“RD假说”在研究农村劳动力的相对贫困对其迁移决策的影响时，指出农村家庭成员迁移，不只是为了提高自己的绝对收入，同时也是为了提高与其他家庭比较的相对收入，减轻与某一参照群体相比较后的相对贫困感。这种思想强调的是对于个人或家庭而言收入的提高给人带来效用的提升和心理的满足感，绝不仅仅在于绝对收入的多少，更在于与特定参照群体相比较后的主观心理感受；[②] 不同地区、国家、社会维持人生存的基本水准是千差万别的，即使是发达地区或国家，也会有人在心理上产生相对贫困感，因为每个国家对贫困的社会准则定义，个人看待问题角度、持有的观点不同，最终人们眼中的相对贫困也会出现不同；李石新认为相对贫困还会受到主观因素的影响，一个处在中等生活水平的人，如果总是和社会富有阶层相比较，就会以为自己处在相对贫困的地位。[③]

第四，从区域经济发展不平衡、地区经济发展差距不断扩大的视角来看待相对贫困问题。洪华喜和马骏从区域经济增长不平衡的角度来说明内陆地区的相对贫困化成为整个经济增长的主要障碍。虽然东、中、西三个地区的收入保持着同步增长趋势，但是中、西部地区国民收入和人均国民收入年均增长率一直低于全国平均增长率，且落后于东部地区，国民收入也出现了由西向东集中的趋势，这种不断扩大的人均收入差距凸显了内陆发展的相对贫困化；[④] 毛广熊在研究区域经济相对发达的苏南地区时，发现该地区存在农村相对贫困问题，虽然该地区农村居民的人均收入远高于全国平均水平，但仍然存在就业类型的传统化、贫困线水平的高端化、贫富差距扩大化和弱势群体“赤贫化”这样的相对贫困问题；[⑤] 朱姝等用AHP与EVM组合赋权的方法，从行政村尺度识别发达省份的欠发达地区粤北山区66个相对贫困村的基本特征，进而研究该相

① 黄晶忠：《“绝对贫困与相对贫困”辨析》，《天府新论》2004年第2期。

② 陈芳妹、龙志和：《相对贫困对农村劳动力迁移决策的影响研究——来自江西的经验分析》，《南方经济》2006年第10期。

③ 李石新：《中国经济发展对农村贫困的影响研究》，中国经济出版社，2010。

④ 洪华喜、马骏：《中国区域经济运行·模式·比较》，云南大学出版社，1996。

⑤ 毛广熊：《“苏南模式”城市化进程中的农村贫困问题》，《人口与经济》2004年第6期。

对贫困地区的脱贫潜力。①

第五，将贫困看作一种相对现象，没有一个确定的标准与之相对应。其一，相对贫困是相对于社会上大多数人的正常生活水平而言，人们倾向于将这部分相对贫困人口看作生活水平向负方向发展的群体；其二，相对贫困是相对于历史阶段和社会现象而言，贫困是与一国早期的生活条件及其他国家比较而言的；其三，相对贫困是相对于不同地方、不同年龄层、不同社会群体而言的，比如学生的消费支出远低于一个有劳动收入的成年人，但人们并不认为学生贫困，东部沿海和西部地区的贫困线设定标准也应该是不同的；② 王敏正等认为相对贫困是指相对于一般社会成员的生活水平而言，在社会中被认为处于贫困状况。相对贫困有两层含义：①由于经济的动态发展，贫困线不断提高而产生的贫困；②在同一时期，由于地区差异、阶层差别甚至同一阶层内部的收入差距而处在社会底层的群体。③

第六，相对贫困常常与不平衡的经济增长、社会收入分配有关，财富、资源、权利越来越集中在少数人手中，社会成员彼此之间存在较大的收入差距，部分成员处于劣势地位。吴海涛提出，未来 10 年，我国将基本消除绝对贫困现象，相对贫困将是未来贫困的主要表现形式，已经成为全球第二大经济体的中国面临最为严峻的挑战之一在于不断拉大的贫富差距，这是相对贫困不断凸显的重要证据。④

第七，从相对剥夺的角度定义相对贫困。相对剥夺起源于国外，国内从相对剥夺的角度来定义贫困要晚于国外且并不多见，辛秋水指出相对贫困的本质是指一定阶层的人在物质上或非物质上遭到持续性的"剥削"而导致的社会不平等。⑤

第八，纪德尚指出由于我国经济体制的转轨和物价的上升，尤其是

---

① 朱姝、冯艳芬、王芳：《粤北山区相对贫困村的脱贫潜力评价及类型划分——以连州市为例》，《自然资源学报》2018 年第 8 期。
② 〔挪〕图特维特：《挪威社会工作》，邹学银等译，中国社会出版社，2009。
③ 刘建华、张云松：《节约型社会辞典》，中国财政经济出版社，2006。
④ 吴海涛：《贫困动态性理论与实证》，武汉大学出版社，2013。
⑤ 辛秋水：《辛秋水文集（上）》，中国社会科学出版社，2013。

生活必需品价格的快速上升，低收入家庭的实际生活水平日趋下降，形成了社会的相对贫困层，又称返贫层。受此影响最深的群体一般多为失业待业者、离退休人员、老弱病残人员。[①]

三　国内外相对贫困测度方法的比较综述

（一）测度方法

1. 定义法

亦称比重法，从生活水平、富裕是个相对概念的角度出发，把全部人口的一定比例定义为贫困人口，然后根据这个比例，利用家庭收支统计资料，求出贫困标准，如国家统计局就把 5% 的最低收入者定义为贫困人口，其平均消费支出即最低生活费用标准。[②]

2. 收入法

以平均收入和偏斜度来考虑贫困线，即以社会收入集中趋势的一定比例作为相对贫困线，如以一个国家或地区的中位数或平均收入的 50% 或 60% 为贫困线。

3. 恩格尔系数法

根据营养学的标准调查一定数量家庭的基本生活消费，由此确定居民的基本食品支出费用，低收入家庭食品消费支出占生活消费总支出的比重即恩格尔系数，用贫困人口的基本食物支出除以恩格尔系数即为所求贫困线。

4. 马丁法

主要是将贫困标准分成食物贫困线和非食物贫困线，食物贫困线主要是指维持人体生存需要的基本食物量的价值，非食物贫困线是指满足基本生存所需要的所有支出，包括衣着、住房、医疗等，但不包括食物支出。

---

① 纪德尚：《世纪之交中国经济增长与社会发展的问题研究》，陕西人民出版社，1998。

② 林擎国：《社会和人口统计分析概论》，中国统计出版社，1994。

5. 生活需求法

又称“市场菜篮法”。用这种方法确定贫困线，首先要根据当地维持生活所需的物品和服务列出一份清单，包括物品和服务的种类和数量，然后根据市场价格，计算拥有这些物品和服务需要多少现金，这样确定的现金金额，即为贫困线。①

6. 生活形态法

从人们的生活方式、消费行为等“生活形态”入手，提出一系列有关家庭生活形态的问题，然后选择若干剥夺指标，即在某种生活形态中舍弃某种生活方式和消费行为，再根据这些剥夺指标和被调查者的实际生活状况，确定哪些人属于贫困者，再分析他们被剥夺的需求和消费以及收入，从而计算出贫困线。②

7. 基尼系数

通常通过画洛伦兹曲线图来刻画每个百分比的家庭人口所占的收入百分比，经济学家用它来衡量一个社会成员的经济状况和收入分配的公平程度。

8. 贫困发生率、贫困缺口指数、Sen 指数、FGT 指数

贫困发生率指贫困人口数量占总人口的比重，主要用来反映贫困发生的广度，用公式表示为 $H=q/n$；贫困缺口指数，是将每位贫困者的收入与贫困线之间差额的总和与理论最大贫困缺口总额的比值，反映的是贫困的深度，用公式表示为 $I=G/qz$；森（Sen）指数，将贫困发生率与贫困缺口率都考虑了进去，能够在一定程度上反映穷人群体内部的收入分配状况，用公式表示为 $P=H\left[I+(1-I)G\right]$；FGT 指数是一个反映全社会人口的平均贫困程度的综合性指标，用公式表示为 $FGT=\frac{1}{n}\sum_{i=1}^{q}\left(\frac{z-y_i}{z}\right)^{a}$。

9. 扩展性线性支出模型（ELES）法

扩展性线性支出模型法是以消费者的各类消费支出来反映需求量，

① 张民省：《新编社会保障学》，山西人民出版社，2015。

② 唐钧：《中国城市居民贫困线研究》，上海社会科学院出版社，1998。

并用收入和价格的函数来表示，它将人的需求分为基本需求和根据个人偏好选择的超额需求。[①]

10. 复合指数法

复合指标采用40%最高收入组的加权收入水平与60%以下收入组的加权平均收入水平的比例来衡量社会相对贫困程度；同时利用位于社会平均收入水平60%的人口数量占总人口数量的比重来衡量社会相对贫困发生率；用二者的乘积作为度量相对贫困指数。具体计算公式为：$RPE = [1/(n-m+1)\sum_{i=1}^{n} y_i] \quad [1/(m-1)\sum_{i=1}^{m-1} y_i]$，$RPR = (1/n)\sum_{i=1}^{n} y_i \times 60\%$，$RPI = RPR \times RPE$。其中，RPE、RPR和RPI分别表示相对贫困程度、相对贫困发生率和相对贫困指数；n、m 和 y 分别表示农村总人数、按收入水平排序40%的最高收入组的人数、农村人口的收入水平。

11. A－F方法、模糊函数集

A－F方法为多维贫困指数，它的核心在于先确定各个维度的贫困临界值，然后判别个体在单个维度下是否遭受剥夺，最后综合所有维度的贫困临界值判断个体是否处于多维贫困状态；[②] 模糊函数集方法主要是根据权重函数和隶属度函数来构造个体的多维模糊指数，权重函数用来衡量单一维度指标对整体贫困的影响，权重代表了各个维度的贫困指标在多大程度上会影响某一个体陷入贫困，隶属度函数值在0和1之间，代表了贫困的程度，数值越大代表越贫困。[③]

（二）比较综述

贫困测度方法是贫困程度测量和进行贫困研究的基础和前提，测量

---

① 王翠翠、夏春萍、蔡轶：《几种贫困线测算方法的比较分析与选择》，《新疆农垦经济》2018年第4期。

② 张昭、吴丹萍：《多维视角下贫困的识别、追踪及分解研究——基于中国家庭追踪调查》，《华中农业大学学报》（社会科学版）2018年第3期；蒋南平、郑万军：《中国农村人口贫困变动研究——基于多维脱贫指数测度》，《经济理论与经济管理》2019年第2期。

③ 张茜：《多维贫困视角下中国农村贫困家庭的识别研究》，首都经济贸易大学硕士学位论文，2018。

结果会直接影响到人们对贫困的认识，甚至是国家反贫困政策的制定与实施。根据以上对贫困测度方法的描述，几种测度方法之间并无绝对的优劣之分，不同的测度方法依据的侧重点不同，在依据统一贫困标准使用不同方法进行贫困测度时，会得出基本相似的结论。贫困测度方法的选择在微观上取决于数据的可获得性和数据处理的复杂性，在宏观上取决于学术界对贫困问题研究的层次和一国经济发展的阶段，随着贫困问题研究的不断深入和一国在不同时期经济发展水平的提高，人们自然会从经济视角转向非经济视角、一维贫困视角转向多维贫困视角来测度贫困。

综观这几种贫困测度方法，在数据的可获得性和数据处理的难易程度方面，定义法直接将一定比例的最低收入者定为贫困人口，收入法是将收入集中趋势的一定比例定为贫困线，这两种方法操作起来最简单，且考虑到了贫困者收入的相对性，但只考虑了收入单一因素指标，更偏重于绝对贫困层面；恩格尔系数法同样由于其简明、操作简单常被广泛应用于贫困理论研究和扶贫实践领域，但是其只考虑到了基本生活需要的食物支出层面，未考虑到人们其他层面的消费支出需求。马丁法、市场菜篮法、生活形态法对前面三种方法进行了补充，扩大了人们的基本生活需要，不再只停留在食物消费层面，共同点是将人们的基本需要折算成现金金额作为贫困线，但这需要耗费更多的人力去调查人们多个层面的基本生活需要，并且研究还是停留在物质层面的需求。基尼系数超越了收入层面本身的意义，开始考虑到社会收入分配的不平等程度，也被经济学家广泛应用。贫困发生率、贫困缺口指数、Sen 指数、FGT 指数之间是一脉相承、层层递进的，贫困发生率、贫困缺口指数分别衡量的是贫困发生广度、贫困发生深度，Sen 指数是由公理推导而成，结果较为客观，可以更好地刻画和度量一个地区的贫困程度，但也由于其本身操作的复杂性限制了其应用，FGT 指数是在 Sen 指数的基础上推理而成，综合统一了前面三种测度方法的优势，能够较为全面地反映贫困发生的广度、深度、强度，其独特的优势还在于可以将各类贫困指标进行分解，但依然停留在经济或物质层面。

在研究视角上，扩展性线性支出模型（ELES）法和复合指数法从绝对贫困视角转向了相对贫困视角，分别从消费支出和收入分配角度对相对贫困状况进行测度。扩展性线性支出模型法核心是依靠居民自己选择生活必需品来计算贫困线，而不是政策制定者主观认为的生活必需品，复合指数法除了考虑到财富分配的不平等程度，更能够精确计算社会中相对贫困人口的发生规模和相对贫困程度，① 但是仍然没有跳出物质层面的单一局限性。A－F 方法、模糊函数集从单一贫困指标转向多维贫困层面，除了考虑到人们物质层面的需求外，更将贫困广泛扩展到人们的就业、安全、能力和权利剥夺等体面生活的层面，较为全面地考虑了人们的发展需要，但是 A－F 方法在使用单个指标确定贫困临界值时是否会存在人为的主观性判定，模糊函数集在确定各个贫困指标的权重时是否合理，都有待探究。由于区域经济发展水平的差异、各个地区影响贫困的主要因素存在差异会造成贫困指标权重的赋值差别，人们主观认为的贫困剥夺也会存在差别等，相对贫困视角下多维贫困的测度在反贫困的实践应用领域存在更多需要克服的困难，需要学者在理论和实践需求中进行更多的探索。②

四　相对贫困的归因研究

（一）交换权利的恶化

阿马蒂亚·森在研究贫困问题时，首次将贫困与权利联系起来。毛广雄把苏南农村地区的相对贫困问题归结为“苏南模式”城市化迅速推进过程中农村交换权利的恶化，主要表现在以生产和贸易为基础的权利不断恶化、苏南农民自己的劳动权利不断恶化。在农业生产贸易方面，苏南农村地区传统的小农经济存在劳动力、科技等经济要素缺乏，农产品交易成本高，农地被占用等情况；苏南地区工业化推进的过程中，农

---

① 王翠翠、夏春萍、蔡轶：《几种贫困线测算方法的比较分析与选择》，《新疆农垦经济》2018 年第 4 期。

② 高艳云、马瑜：《多维贫困测度方法比较及其展望》，《兰州商学院学报》2014 年第 4 期。

民失去了赖以生存的土地，就失去了自己劳动的权利，加之乡镇企业改制，辞退部分在乡镇企业工作的农民，这部分农民被迫再转移或回流，加剧了劳动权利的恶化。[①]

（二）社会剥夺

赵伦指出在我国城乡收入差距持续扩大的过程中，农村居民内部收入差距也呈现扩大趋势，很多农村贫困群体难以获得体面且有尊严的生活，他们的生活水平处于相对下降阶段，但这种收入差距的持续扩大已经不是贫困群体个人的经济能力问题，而是社会归因，反映的是社会分配制度、资源配置的失衡、相对贫困群体被剥夺的社会问题；[②] 张彦和孙帅指出现有的不合理的分配体系带来的多维度收入差距引发了社会分配正义的失序失衡。此外，公共资源的不公平、不均等配置导致的个人机会与能力差异更使相对贫困群体被排斥在应享有的国民待遇体系之外，而这种不正义又成为一种恶性循环再次诱发相对贫困。[③]

（三）资本与财富拥有量的差异

冯素杰、陈朔将收入水平的差距造成相对贫困的成因归结为资本和财富要素拥有量的不同，指出我国的经济增长主要是投资拉动的，而高收入者通常都是资本和财富的拥有者，他们将手中的资本要素进行投资，并参与收入分配，在这一过程中产生了循环累积效应，财富不断积累和增加。而低收入群体缺乏这些生产要素，没有资本的原始积累，收入的绝大部分都用于消费性支出，几乎没有储蓄或闲钱用来投资，这种收入差距只会越来越大；[④] 林南是较早从理论上分析社会资本不平等影响收入分配不平等作用机制的，他认为不平等主要是通过资本欠缺和回报欠

---

① 毛广雄：《“苏南模式”城市化进程中的农村相对贫困问题》，《人口与经济》2004 年第 6 期。

② 赵伦：《相对贫困从个体归因到社会剥夺》，《商业时代》2014 年第 18 期。

③ 张彦、孙帅：《论构建“相对贫困”伦理关怀的可能性及其路径》，《云南社会科学》2016 年第 6 期。

④ 冯素杰、陈朔：《论经济高速增长中的相对贫困》，《现代财经》（天津财经大学学报）2006 年第 1 期。

缺两个渠道形成的，Runciman 指出社会资本可能造成和加剧相对贫困，进而扩大收入差距。[①]

（四）知识性贫困

李青丽指出知识贫困不单单指人们的受教育水平低下，更表现为在获取信息、掌握技能等方面的本领较弱，最终演变为人力资本的贫困。农村居民获取信息的能力与渠道缺乏，会使农民中的能力贫困者更容易陷入相对贫困，[②] 所以物质贫困存在于绝对贫困时代，在新时期，知识贫困将会成为相对贫困的又一新的特征。宋福忠等发现由于农民中存在相当比例的文盲、半文盲，普遍文化素质较低，加之市场观念淡薄，所以农业新技术、新产品在农村推广较慢，农民难以具备发展特色农业的知识技能。[③]

（五）产业结构单一，工业化、城镇化水平低

张辉和雒佩丽在研究河南省粮食主产区相对贫困的现状时发现，从不同时期国家制定的贫困线以及全省平均收入标准来看，该粮食主产区的贫困发生率在不断提高，并且人均收入、地方财政预算收入同全省、全国相比，差距越来越大，造成这一相对贫困现象的主要原因之一在于这些地区产业结构单一，主要靠农业生产来增加收入，而农业生产经营的规模小、效益低，其他产业发展相对比较落后，工业化、城镇化水平和全省乃至全国相比都处于较低水平。[④]

① 周晔馨、叶静怡：《社会资本在减轻农村贫困中的作用：文献述评与研究展望》，《南方经济》2014 年第 7 期。

② 李青丽：《建立健全西北贫困地区文献信息保障机制》，新疆科学技术出版社，2007。

③ 宋福忠、许鲜苗、赵洪彬：《重庆市相对贫困地区统筹城乡发展困难与措施研究》，《重庆大学学报》（社会科学版）2010 年第 5 期。

④ 张辉、雒佩丽：《河南省黄淮四市相对贫困问题成因与对策》，《江西农业学报》2012 年第 11 期；张辉、田建民、李长法：《河南省粮食主产区相对贫困问题的成因与对策》，《河南农业科学》2009 年第 11 期；席雪红：《河南省农村居民相对贫困动态演化的实证研究》，《安徽农业科学》2012 年第 18 期。

（六）财政支出结构偏向

李永友和沈坤荣在研究财政支出结构、相对贫困与经济增长之间的关系时指出，相对贫困主要受收入分配影响，但在收入的再分配环节中，政府的财政支出对相对贫困水平的作用非常有限，除了社会保障支出具有一定的减缓作用外，基础教育支出与医疗卫生支出对相对贫困的减缓作用并不显著，不仅如此，医疗卫生支出在某种程度上还扩大了相对贫困的水平；[①] 秦建军、戎爱萍在研究财政支出结构对农村相对贫困的影响时发现，在再分配环节，教育性支出以及农村救济对缓解农村相对贫困具有积极作用，而医疗卫生支出存在瞄准偏差，一定程度上加大了农村的相对贫困程度，可见财政支出结构偏向对农村相对贫困的产生有重大影响；[②] 李盛基等发现政府财政支出对农村扶贫的边际效果存在明显差异，教育和卫生支出的扶贫效果显著，而其他的支农建设支出由于滞后性和缺乏管理而使扶贫效果不明显，甚至是负影响。[③]

（七）制度结构

霍艳丽、童正容从制度因素视角分析我国相对贫困产生的原因，将我国目前的相对贫困归因于制度结构因素，富人在经济、文化、政治层面容易形成精英联盟，他们作为一个共同体为了自己的既得利益对一国制度的制定施加影响，而这一制度最终又是为富人阶层服务的，从而形成了财富积累的循环，而穷人则很少有此机会去获取资源，造成财富和贫困同步积聚，这只有以社会公平来解决。[④]

---

① 李永友、沈坤荣：《财政支出结构、相对贫困与经济增长》，《管理世界》2007 年第 11 期。

② 秦建军、戎爱萍：《财政支出结构对农村相对贫困的影响分析》，《经济问题》2012 年第 11 期。

③ 李盛基、吕康银、朱金霞：《财政支出、经济增长与农村贫困——基于 1990—2008 年时间序列数据的实证分析》，《东北师大学报》（哲学社会科学版）2014 年第 3 期。

④ 霍艳丽、童正容：《从制度因素视角分析我国的相对贫困现象》，《技术与市场》2005 年第 4 期。

五 相对贫困的治理对策

（一）制度创新

主要包括社会保障制度、调节收入分配的税收制度、土地使用制度等。胥爱贵将反贫困与社会保障兜底结合，对于丧失劳动能力、因病及其他不可控因素致贫的群体纳入社会保障范围，实行全面的帮扶，同时完善农村基本养老保险制度，有效减少和防控返贫；[①] 刘欢从贫困的精准识别出发，提出对于最贫困地区的循环贫困现象，已有的开发式扶贫不能惠及所有贫困人口，应该实行保障性扶贫，要靠社会救助来提高贫困人口抵御贫困风险的能力；[②] 张清霞提出由于不公平的收入分配在一定程度上抵消了经济增长的作用，使低收入者从经济增长中获益较少，因此应该在促进经济增长的同时，加大收入分配调节力度，完善与收入分配相关的税收制度与政策，实施针对性、倾向性的公共投资，运用经济、科技投入加大对种植业扶持力度；其次加快农村土地流转，加快农业现代化建设。这种合规适度流转一方面可以克服小农经营规模小的局限性，另一方面可以促进农村剩余劳动力向非农产业的转移，促进农民增收。[③]

（二）产业扶贫

纪永茂在研究富裕村里相对贫困户的现状时提出，要通过调整产业结构、培植支柱性产业来实现相对贫困群体的增收，考虑农业劳动力消耗量大、资金投入小的特点，提出要主攻农业，开发高附加值农产品，

---

① 胥爱贵：《探索建立缓解相对贫困的长效机制》，《江苏农村经济》2017 年第 11 期。

② 刘欢：《从绝对到相对转变视域下的中国农村脱贫新探析——基于精准扶贫背景的分析》，《软科学》2017 年第 5 期。

③ 张清霞：《浙江农村相对贫困：演变趋势、结构特征及影响因素》，浙江大学博士学位论文，2007。

与此同时尝试开发服务业；[①] 罗秀秀在研究中国农村居民家庭多维贫困的测度时提出，要改变传统的种植畜牧结构，发挥地区特有的比较优势，创新发展模式，利用优惠的金融政策吸引优秀企业入驻，促使地区逐步向第二、三产业过渡，既可以解决当地人的就业，也可以多途径实现农民增收。[②]

（三）引导鼓励就业和创业

打造农民致富内生动力。在劳动力市场竞争激烈的大环境下，有能力的高素质劳动力可实现非农就业，对于有创业意向的低收入群体，利用政策引导，积极稳妥地确保相对贫困群体成为依靠自身劳动创造财富的社会主义劳动者，例如鼓励利用政府创业补贴、贴息贷款发展挖掘乡村商机。[③]

（四）增加财政投入

陈书认为财政手段是政府优化社会福利的重要方式之一，政府应该加快社会保障建设，进一步扩大财政对社会保障的资金投入力度，尤其是要加大政府在农村建设方面的公共投入支出；[④] 曾晨晨在研究农村居民健康对我国农村人口相对贫困的影响时发现疾病是导致农村居民贫困的主要原因，因此提出要加大财政在农村公共医疗卫生上的投资力度，逐步改善农村居民的健康状况，一方面可以减少因病致贫的人数，另一方面可以预防农村居民陷入贫困。[⑤]

---

① 纪永茂：《富裕村里相对贫困户的现状及其帮贫赶富对策》，《中国农村观察》1995 年第 4 期。

② 罗秀秀：《中国农村居民家庭贫困的多维模糊测度及代际性原因研究》，安徽财经大学硕士学位论文，2016。

③ 蔡玲：《论清除绝对贫困减少相对贫困——基于实证的角度提出政策化建议》，《现代商贸工业》2013 年第 6 期；胥爱贵：《探索建立缓解相对贫困的长效机制》，《江苏农村经济》2017 年第 11 期。

④ 陈书：《“增长性贫困”与收入分配差异研究》，重庆大学博士学位论文，2012。

⑤ 曾晨晨：《农村居民健康对我国农村人口相对贫困的影响——以我国中西部地区为例》，《农村经济》2010 年第 9 期。

（五）提高人力资本

罗秀秀提出农村居民知识水平不高，不仅容易在个体身上形成贫困，这种贫困更容易通过代际传递形成贫困的恶性循环。国家应该不断向贫困地区输入教育资金，促使教育机会公平，农民的劳动力素质提高后，会增加其获取其他方面能力的机会；① 汪燕敏在分析农村居民的身体健康状况和个人贫困发生概率之间的关系时，提出健康是人力资本非常重要的组成部分，所以减贫除了直接的经济杠杆作用外，提高相对贫困人口的人力资本也是反贫困的重要措施之一；② 朱荣皋提出通过农村职教缓解农村家庭的相对贫困，主观上首先进行收入差距合理教育，使农民意识到中国经济在过渡转型期的贫富差距是正常现象，增强其对收入差距的心理承受能力，其次通过培训教育鼓励其学习农业知识，利用科技致富，最后转变其传统多子多福的观念，进行计划生育，提高人口素质；客观上可具体采取动员和培训先富者帮助贫困户的措施，学习国外农业先进经验，不断扩大农村中等收入群体。③

六　结语

综上所述，贫困问题一直学者研究的重要领域之一，并且学者对贫困问题的研究不断深入。由于贫困问题有其特有的复杂性、相对性、动态性，所以学者对贫困问题的研究视角、研究方法、评价标准也随着经济社会的动态发展而改变。研究问题经历了从贫困识别、贫困度量、贫困产生的原因及贫困的治理对策，直至扶贫效果的评价。在精准脱贫后时代，在2020年全面消除绝对贫困后，学者们将开始更多地关注相对贫困问题，已有的关于相对贫困的研究视角也开始从经济贫困转向能力贫困、知识性贫困、社会排斥、社会制度等，由于相对贫困涉及的范围宽

① 罗秀秀：《中国农村居民家庭贫困的多维模糊测度及代际性原因研究》，安徽财经大学硕士学位论文，2016。

② 汪燕敏：《居民健康对我国农村相对贫困影响的实证研究》，《卫生软科学》2009年第4期。

③ 朱荣皋：《农村职业教育反贫困责任问题研究上》，海南出版社，2010。

广，尚未形成统一的标准来衡量相对贫困。且已有的关于相对贫困的研究大多还停留在定性分析上，偏重于对相对贫困现象的描述，强调缓解相对贫困对经济社会的重要性等方面，缺乏深入全面的定量分析。虽然已有学者开始从多维贫困的视角来识别农村贫困状况，主要是运用 A－F 方法或借鉴数学中的模糊函数集概念。虽然多维贫困的识别是未来相对贫困问题研究可以学习借鉴的地方，但由于制度、就业、社会剥夺、人们的主观心理等非经济指标数据的缺乏、获取难度大，是否能够真正有效识别多维贫困群体并为扶贫实践提供理论支撑，尚缺乏实践检验，故已有的研究视角依然停留在绝对贫困层面，偏重于经济层面。贫困是带有一定历史阶段性、地域性的综合问题，人们对贫困的认知也在不断深化，国内外学者对贫困的理解也有很多共同之处，贫困不再停留在能满足最低物质需求的层次，更会随着社会发展进程呈现一定的动态性，涉及经济、政治、社会等领域。

基于风险因素识别的返贫预警机制构建*

李会琴　张　婷**

摘　要： 返贫预警是贫困治理的重要一环，决定着扶贫成果的有效性和持续性。在我国扶贫的决胜时期，返贫预警系统的构建尤其关键。在返贫风险因素识别的基础上，构建精准长效动态识别返贫风险人口的流程图，然后从返贫风险因子、信息监测机制、长效帮扶机制、利益联动机制和监督反馈机制五个方面构建了返贫预警机制框架，为我国后续脱贫攻坚预防返贫现象给予理论支撑。

关键词： 返贫风险　返贫风险人口识别　返贫预警机制　长效脱贫

贫困是制约社会发展的难题，反贫困也一直是我国经济社会发展中的重要工作。我国扶贫工作经历了制度变革推动扶贫、开发式扶贫、攻坚式扶贫及精准扶贫阶段，取得了举世瞩目的成绩。① 2012～2019 年底，我国农村贫困人口从 9899 万减少到 551 万，贫困发生率从 10.2% 降至 0.6%。② 中国减贫方案和减贫成就得到国际社会普遍认可。然而随着我国减贫速度的放缓，返贫现象不断出现。据统计，2017 年返贫人口有

---

* 文章刊发于《国土资源科技管理》2020 年第 4 期，是国家社科基金年度项目（19BJY202）的阶段性成果。该文章收录本书时，内容和文献标注方式略有调整。

** 李会琴，中国地质大学（武汉）；张婷，中国地质大学（武汉）。

① 刘志明主编《中国旅游扶贫发展指数报告》，中国社会科学出版社，第 4～8 页。

② 光明网，2020 年 4 月 26 日，http://mini.eastday.com/a/200426142704191.html。

20.8万人，2018年为5.8万人，2019年为5400人。[①] 脱贫与返贫并存的问题已成为当今蚕食扶贫开发工作成果和阻碍脱贫攻坚取得胜利的顽疾。[②]

防止返贫和继续攻坚同样重要。[③] 2020年是我国脱贫攻坚战收官之年，实现贫困人口全部脱贫，是党中央向全国人民做出的郑重承诺，必须如期实现。[④] 然而，2020年新冠肺炎疫情的蔓延及其带来的不确定因素给我国脱贫攻坚带来了新的挑战和新的风险。要保持持续长效脱贫，摆脱返贫风险，需要构建防止返贫的返贫风险识别、信息反馈、风险干预、返贫阻断等机制，即返贫预警机制。[⑤] 构建返贫预警机制，不仅可以防范化解边缘人口、贫困人口的返贫风险，降低农户返贫的概率，更在一定程度上提高我国脱贫质量，确保现有扶贫、脱贫成果的可持续性，[⑥] 对提高我国扶贫工作的质量、改变现有“边扶贫边返贫”的现状、推进我国持续减贫具有重要意义。

返贫现象的本质还是贫困。学界对于贫困的认识经历了经济视角[⑦]、社会视角[⑧]、发展视角[⑨]、能力视角[⑩]以及多维贫困视角[⑪]。对返贫的研究目前尚没有统一的评判标准，学者们多从收入水平识别返贫，强调返贫

---

① 光明网，2020年4月26日，http://mini.eastday.com/a/200426142704191.html。

② 丁军、陈标平：《构建可持续扶贫模式　治理农村返贫顽疾》，《社会科学》2010年第1期；郑瑞强、曹国庆：《脱贫人口返贫：影响因素、作用机制与风险控制》，《农林经济管理学报》2016年第6期。

③ 中国共产党新闻网，2019年3月8日，http://cpc.people.com.cn/n1/2019/0308/c164113-30963932.html。

④ 国务院扶贫开发领导小组办公室，2020年3月6日，http://www.cpad.gov.cn/art/2020/3/6/art_624_114021.html。

⑤ 范和生：《返贫预警机制构建探究》，《中国特色社会主义研究》2018年第1期。

⑥ 刘平：《社会治理视角下产业扶贫发展路径研究》，《洛阳理工学院学报》（社会科学版）2018年第3期。

⑦ Townsend P. *Poverty in the United Kingdom: A Survey of Household Resources and Standards of Living*. California: University of California Press, 1979: 176-184；汪三贵：《贫困问题与经济发展政策》，农村读物出版社，1994。

⑧ 杨菊华、刘轶锋、王苏苏：《贫困的识别与测量：从单维到多维的变化》，《扬州大学学报》（人文社会科学版）2019年第5期。

⑨ 康晓光：《中国贫困与反贫困理论》，广西人民出版社，1995，第187~198页。

⑩ 凌国顺：《能力供给与返贫现象探析》，《江汉论坛》2000年第11期。

⑪ 陈闻鹤、常志朋：《国内外多维贫困研究进展》，《长江师范学院学报》2019年第5期；SEN A. “Poverty: An Ordinal Approach to Measurement”, *Econometrica* 1976, 44 (2): 219-231；Grusky D B, Kanbur S M R, Sen AK. *Poverty and Inequality*, Stanford: Stanford University Press. 2006: 176-188；杨瑚：《返贫预警机制研究》，兰州大学博士学位论文，2019。

现象的过程性。如冉洋、柯元、邓永超等人认为返贫是指已脱贫的贫困人口因某种原因收入再次回到贫困线之下的一种动态现象，他们经历了贫困—脱贫—贫困的发展过程，[①] 这一概念属于狭义的返贫。[②] 广义的返贫既包括脱贫人口再次陷入贫困状态的现象，又包括非贫困人口因受各种因素影响而沦为贫困人口的现象。[③] 概括来说，返贫是指已脱贫人口因某些原因再次陷入贫困的现象，其认定标准是农户家庭人均年收入低于当年贫困线。返贫的原因是多样的、复杂的。宏观层面，我国农村地区贫困人口陷入“扶贫、脱贫、再返贫”怪圈的主要原因是经济脆弱性、[④]“主体—供体—载体”三者的不可持续性。[⑤] 微观层面，返贫现象产生的根源在于返贫人口自身具有的脆弱性特征，人力资本才是解决贫困问题的决定性要素[⑥]。返贫现象的产生有时也是各方多种因素综合作用的结果，如王鑫在对国家深度贫困县重庆城口县的实地帮扶中发现，自然环境恶劣、基础设施落后、思想水平落后、低水平脱贫隐患及经济水平低下是该地返贫的主要原因。[⑦]

对于返贫的治理，多聚焦于返贫现象发生后的补救措施。而返贫预警机制的构建也逐渐成为研究热点。范和生在辨析贫困脆弱性的政策环境预警、自然环境预警、主体自身预警三种返贫预警类型的基础上，构建了由预警信息机制、组织预警机制、长效衔接机制、利益联结机制和

---

① 冉洋：《贵州返贫状况、原因及抑制措施探讨》，《贵州民族研究》1999 年第 3 期；柯元：《我国农村返贫问题的现状、成因及对策》，《九江学院学报》2007 年第 4 期；邓永超：《乡村振兴下精准扶贫中防治返贫的优化机制》，《湖南财政经济学院学报》2018 年第 4 期。

② 赵玺玉、吴经龙、李宏勋：《返贫：巩固扶贫开发成果需要解决的重大课题》，《生产力研究》2003 年第 3 期；陈端计、杨莉莎、史扬：《中国返贫问题研究》，《石家庄经济学院学报》2006 年第 2 期。

③ 赵玺玉、吴经龙、李宏勋：《返贫：巩固扶贫开发成果需要解决的重大课题》，《生产力研究》2003 年第 3 期。

④ 董春宇、栾敬东、谢彪：《对返贫现象的一个分析》，《经济问题探索》2008 年第 3 期。

⑤ 张丽敏：《扶贫攻坚中返贫问题的成因与对策研究》，《中国集体经济》2019 年第 28 期；包国宪、杨瑚：《我国返贫问题及其预警机制研究》，《兰州大学学报》（社会科学版）2018 年第 6 期。

⑥ 范和生：《返贫预警机制构建探究》，《中国特色社会主义研究》2018 年第 1 期；凌国顺：《能力供给与返贫现象探析》，《江汉论坛》2000 年第 11 期。

⑦ 王鑫：《基于一线帮扶责任人的视角对深度贫困县预防贫困户返贫的思考——以城口县为例》，《乡村科技》2019 年第 28 期。

考核监督机制组成的返贫预警机制。[①] 包宪国、杨瑚在对返贫现象生成诱因分析的基础上，构建了我国返贫预警模型框架，并提出以农户家庭人均纯收入测算返贫预警的级别，以此开展相应的帮扶措施。[②] 黄海棠等人在对防范返贫的长效机制研究中，深入挖掘了农村返贫现象的原因，并设计了返贫风险评估方法，然而未对构建返贫预警机制做进一步研究。[③] 由此可见，学界对返贫预警机制的研究已取得初步成果，还缺乏对返贫预警机制的整体性构建，并较少将边缘人口纳入其中进行动态考察。因此，在我国扶贫攻坚决胜的关键时期，需在返贫风险因素辨析、返贫风险人口精准识别的基础上，从返贫风险因子、信息监测机制、长效帮扶机制、利益联动机制和监督反馈机制五个方面构建返贫预警机制框架，为我国从根本上预防返贫现象提供理论支撑和借鉴。

一 返贫风险识别

有效识别返贫风险，构建返贫预警机制，才能有效阻断现有农村脱贫人口以及边缘人口的返贫风险，降低后期贫困治理的难度，巩固现有的脱贫成果。本文基于广义的返贫定义，认为返贫风险主要是指那些容易导致农民年收入大幅下降或年支出大幅上升的隐患问题，以致其人均年收入低于当年贫困线，从而造成返贫。我国返贫风险主要包括疾病、教育、自然灾害、老龄化以及自身发展能动力不足五个方面。

（一）因病返贫

因病返贫主要是指因患上慢性病、重大疾病，甚至残疾等导致返贫的现象。贫困人口长期营养不良、生活习惯不健康、常年农耕劳作等导致身体健康状况较差，再加上一些地区医疗卫生条件差，居民较易患上

---

① 范和生：《返贫预警机制构建探究》，《中国特色社会主义研究》2018 年第 1 期。

② 包国宪、杨瑚：《我国返贫问题及其预警机制研究》，《兰州大学学报》（社会科学版）2018 年第 6 期。

③ 黄海棠、蔡创能、滕剑仑：《乡村振兴背景下的返贫风险评估及防范长效机制研究》，《洛阳理工学院学报》（社会科学版）2019 年第 3 期。

高血压、糖尿病等慢性病，或是药物缺少、无钱就医导致小病拖成大病最后患上重大疾病。身体健康水平的下降导致他们难以在劳务市场上获得稳定可观的收入，仅靠农耕所得的收入也较有限。而慢性病、重大疾病所带来的长期医疗费用支出却是农村家庭难以承受的沉重负担。并且若有家庭成员因外界不可抗力身体残疾，由此给原本不富裕的家庭带来的经济压力会更大。2017 年贫困人口中因病致贫返贫的占 44%，是致贫返贫现象最主要的因素。① 由此可见，疾病是极易导致农村脱贫人口以及边缘人口返贫的风险点。

（二）因学返贫

因学返贫主要是指家庭子女接受非义务教育而返贫的现象。现如今，越来越多农村家庭意识到文化教育、知识技能的重要性，他们寄希望于通过提高子女的文化水平来带动整个家庭脱离贫困，阻断贫困代际传递。因此他们无条件地支持子女的教育，甚至出现因供子女读书家徒四壁的情况。在我国九年义务教育阶段，个人需要承担的费用较低。而非义务教育阶段如中专、高中、大学个人承担的费用逐年增多。并且随着子女们教育周期越来越长，持续稳定的教育成本和子女生活支出使其日渐贫困，因而面临因学返贫风险，并且在短时间内难以通过自身能力实现稳定脱贫。

（三）因灾返贫

因灾返贫主要是指发生自然灾害导致返贫的现象。我国是一个自然灾害多发的国家，并且具有灾害种类多、发生频率高和灾情严重等特点。我国贫困地区大多分布在海拔较高的山地、石漠化和沙漠化较严重的边缘地区，区域经济环境和当地基础设施都较薄弱，这些地区贫困人口的生存与发展本就受其所处的地理环境限制。而贫困地区地震、泥石流、干旱、沙尘暴、洪涝等自然灾害的多发，在破坏区域内公共服务设施、基础设施的同时，更为区域内的人口带来严重的财产损失和巨大的返贫风险。对于无灾不成年的云南

---

① 黄海棠、蔡创能、滕剑仑：《乡村振兴背景下的返贫风险评估及防范长效机制研究》，《洛阳理工学院学报》（社会科学版）2019 年第 3 期。

省，2018年全省6544人返贫，其中因灾返贫的高达53.3%。[①] 由此可见，自然灾害是极易导致生态环境恶劣地区人口返贫的风险点。

（四）因老返贫

因老返贫主要是指因年龄渐长逐渐丧失劳动力而返贫的现象。目前我国农村人口老龄化现象较严重，青壮年劳动力多外出务工，滞留在农村的多为老弱妇孺。在农村的老人因年龄较大无法外出务工，只能通过在家务农勉强维持自身生计。随着年龄的增长，这些农村边缘人口逐渐丧失劳动力，抵御外界风险的能力直线下降，仅仅依靠自身能力难以保证人均年收入超过逐年上升的贫困线，若政府社会救济、社会供养不及时则会快速坠入贫困人口队伍。并且随着我国农村人口老龄化的加深，越来越多的农村老人最终只能通过政府救济和社会供养来保证自身持续脱贫。

（五）自身发展能动力不足

因自身发展能动力不足返贫主要是指因受教育程度较低、缺少生存技能甚至“等、靠、要”思想严重而返贫的现象。很多地区的青壮年因知识水平较低、缺少生存技能，外出务工也大多只能选择卖力气的工作，自身致富能力不强，抵御外界风险的能力较薄弱。一旦因市场波动或意外失去工作，可选择的生计方式也较有限，收入的减少导致其难以带动整个家庭脱贫。更有甚者，因自身知识技能薄弱，也不愿卖力气务农务工，日渐丧失脱贫致富的斗志与决心，最终产生“破罐子破摔”和依靠政府社会救济的“等、靠、要”思想，欠缺自我发展的能动力。扶贫先扶“智”和“志”，对于这类农村脱贫人口以及边缘人口，可通过相关激励措施提升其自身发展能动力，最终依靠自身能力实现持续稳定脱贫。

二 返贫风险人口识别

在返贫预警机制构建之前，还需解决的问题是如何精准长效识别返

---

① 光明网，2019年2月16日，http：//epaper.gmw.cn/gmrb/html/2019-02/15/nw.D110000gmrb_ 20190215_ 7-04.htm。

贫风险人口。精准识别并长期动态考察返贫风险人口是杜绝“边扶贫边返贫”的有效手段。返贫风险人口不仅包括现有贫困人口，还包括家庭人均年收入虽超过当年贫困线，但长期徘徊在贫困线上、“数字化”脱贫以及抵御外界风险能力差的边缘人口。

返贫风险人口的认定标准是识别返贫风险人口的关键。当前，多数地区根据个体需求评估法划分贫困人口与非贫困人口，即农户家庭人均年收入是否达到当年贫困线，但是据此单一指标在识别贫困人口时颇受掣肘。本文采用将个体需求评估法和特征瞄准法相结合的方式，解决难以精准有效识别返贫风险人口的现实问题。特征瞄准法选用的指标通常具有清晰的边界，使无返贫风险群体难以模仿，具有直观、快捷的优势。[①] 将这两种方法结合运用可扬长避短，使返贫风险人口的认定标准更科学、有效。

在个体需求评估法中，仍以农户收入指标是否达到当年贫困线为标准，由于物价上涨等我国现行贫困线每年略有上长，故以农户家庭人均年收入是否达到当年贫困线的 1.5 倍为标准。在特征瞄准法中，根据返贫风险因子梳理出以下五个返贫风险特征指标：患重大疾病、慢性病或残疾；读书郎（接受非义务教育）；遭遇自然灾害；年龄达到 60 岁；其他重大意外变故。返贫风险人口既要农户家庭人均年收入未达到当年贫困线，又要具有返贫风险，即其家庭至少需具备 1 个返贫风险特征指标。“其他重大意外变故”指标认定需由驻村工作队成员、村干部和村民共同裁决。对于认定成功的返贫风险人口将在次年加强风险监测和应对帮扶措施，化解其返贫风险。之后在次年年末将再次对返贫风险人口和非风险人口核算人均年收入，依据其人均年收入是否达到当年贫困线的 1.5 倍，以及其家庭中是否至少具备 1 个返贫风险特征指标，划分下一年度返贫风险人口与非风险人口，实现及时将不符合帮扶标准的农户移除，同时将真正需要帮扶的返贫风险人口纳入，以此形成对所有返贫风险人口的长效动态精准识别，如图 1 所示。

---

① 罗江月、唐丽霞：《扶贫瞄准方法与反思的国际研究成果》，《中国农业大学学报》2014 年第 4 期。

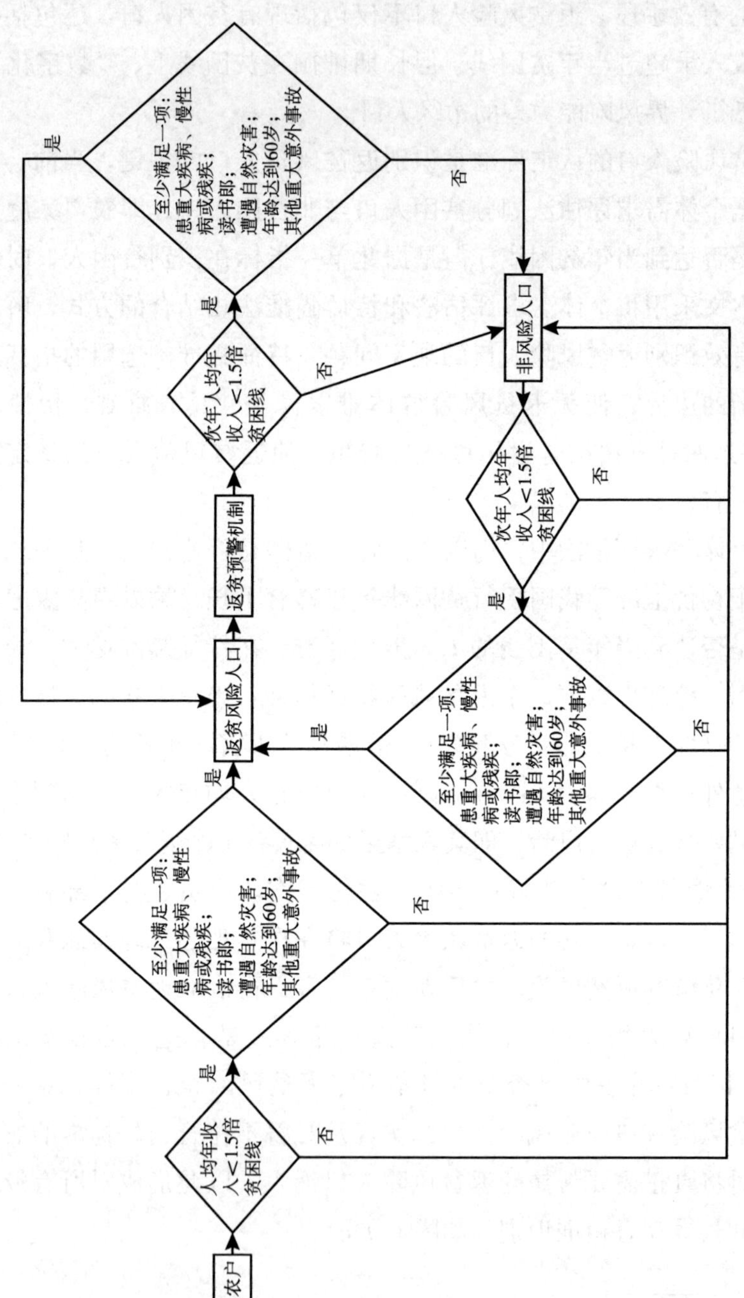

图 1　返贫风险人口识别流程

三 返贫预警机制构建

在精准长效识别返贫风险人口后，即对返贫风险人口进行返贫风险信息监测，当返贫风险出现时开展长效帮扶措施及时阻断返贫风险。与此同时，还应对返贫风险人口实施利益联动机制，促进其稳定增收，增强其抵御返贫风险的能力。除此之外，返贫预警机制中还应包括监督反馈机制，确保此返贫预警机制顺利运行，巩固我国贫困地区脱贫质量。因此，本文从返贫风险因子、信息监测机制、长效帮扶机制、利益联动机制和监督反馈机制五个方面构建长效动态的返贫预警机制（见图2）。

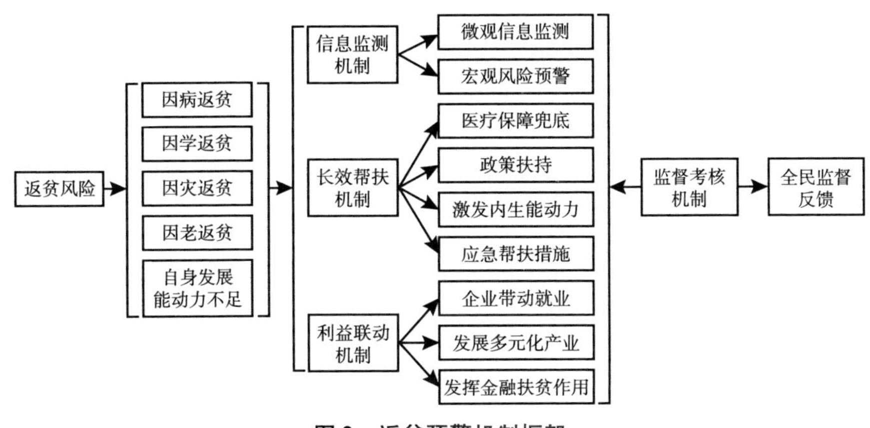

图2 返贫预警机制框架

（一）信息监测机制

1. 微观信息监测

对相关信息收集和处理是构建返贫预警机制的关键。建立微观信息监测中心，及时收集、处理可能影响农村返贫风险人口生计变动、生活质量下降等信息，并对其生活状况进行持续的动态监测，在返贫风险出现时及时化解。对农村返贫风险人口进行微观信息监测的客体主要是其健康状况、收支情况、思想意识、突发重大事件以及扶贫政策落实等因素，这些因素可直接引起农村返贫风险人口的收支变化。对农村返贫风险人口进行微观信息监测的主体主要是村民自身和村级扶贫干部，村民上报和村级扶贫干部排查以后经驻村工作队核实再向县级上报。确认后对其实施相应干预帮扶措施，阻断潜在返贫风险和实际发生返贫现象之间的关联。

2. 宏观风险预警

在返贫预警机制构建中，还需对间接影响农村返贫风险人口收支变化的宏观风险因素进行预警。对农村返贫风险人口进行宏观风险预警的客体主要是自然灾害、气象灾害、村级扶贫产业经营状况以及突发卫生安全事件等，这些因素往往能对农村返贫风险人口造成普遍、严重的经济损失，属于重大返贫风险。对农村返贫风险人口进行宏观风险预警的主体主要是县级、市级、省级扶贫工作小组，政府扶贫工作小组需加强与农业部门、气象管理部门、卫生部门等有关部门的协作，提前做好应对重大返贫风险的应急预案，防止宏观风险对已有贫困治理成果产生大规模的破坏。

（二）长效帮扶机制

1. 医疗保障兜底

解决农村返贫风险人口“因病返贫”的问题，一方面，要提高农村返贫风险人口的卫生意识，引导树立健康生活观念，完善和提升贫困地区整体公共卫生环境和医疗卫生设施，杜绝贫困地区居民因公共卫生环境落后、医疗卫生资源欠缺等因病返贫，从根本上降低贫困地区居民因病返贫概率。另一方面，在加强现有医疗保障兜底政策的基础上，还需扩大现有医疗救助体系帮扶范围。我国目前已有针对贫困户患重大疾病的医疗救助体系，但对于在贫困线上徘徊、抵御外界风险能力不强的农村边缘人口而言，家庭成员患慢性病、重大疾病甚至意外导致身体残疾产生的长期医疗费用支出，无疑是其难以承受的沉重负担。对他们而言返贫是迟早的事。因此需将农村返贫风险人口纳入我国医疗救助体系，以便及时有效地阻断农村返贫风险人口的返贫风险。

2. 政策扶持

解决农村返贫风险人口“因学返贫”和“因老返贫”的问题，要充分发挥国家政策的扶持作用。目前我国对所有适龄儿童、少年强制实施免学杂费的义务教育，所以因学返贫主要是家庭子女接受非义务教育造成，并且教育周期较长难以短时间内通过自身脱贫。我国在贫困治理进程中，对贫困户实施了多项补助政策，比如我国已有的“两免一补”（免学杂费、免书本费，逐步补足寄宿生生活费）政策对农村贫困家庭子女接受义务教育进行帮扶，对农村贫困家庭子女的非义务教育亦有奖助学金支持。但是对于农村边缘人口只能通过自身能力供子女读书，因而具有因学返贫的风险。一方面，国家在加强对贫困户子女非义务教育阶段的政策扶持之外，还应该将农村边缘人口纳入其中进行帮扶。另一方面，还要为此类农村返贫风险人口创造长期、稳定的务工机会，帮助其获得稳定收入，这是防止此类风险人口返贫的有效手段。而对于常年留守在农村，且随年龄增长逐渐丧失劳动能力的返贫风险人口而言，在发挥农村最低生活保障和五保供养兜底机制作用的同时，还应鼓励老人的子女共同承担赡养老人义务，社会和家庭共同着力消除因老返贫现象。

3. 激发内生能动力

激发贫困人口自身积极性和能动性才是保障其长效稳定脱贫和遏制返贫现象的根本。为应对农村返贫风险人口自身发展能动力不足的问题，贫困地区政府应通过发展教育、开展职业技能培训、转变思想观念等措施来“扶智”，提高农村返贫风险人口自我脱贫的内生能力。同时，政府应将“有条件现金转移支付”（CCTs）应用于当地贫困治理中，CCTs主要内容是受益人在接受贫困救助时需承诺承担起某些家庭义务。[①] 在我国贫困治理进程中，政府需对农村返贫风险人口的某些现金补贴项目增设一定条件来“扶志”，将某些现金补助项目同人力资本指标相结合。比如享受非义务教育阶段奖助学金补助的学生，其家庭中必须要至少一位有条件外出务工者外出工作。以此来鼓励此类农村返贫风险人口稳定就业，激发此类农村返贫风险人口自我脱贫的内生能动力。

4. 应急帮扶措施

对于无法及时防范且已对农村返贫风险人口或当地扶贫产业造成重

---

① The World Bank Group，World Development Report：The Changing Nature of Work，2018.

大经济损失的返贫风险，比如洪涝等自然灾害、新冠肺炎疫情等公共卫生事件，政府需制定系统的应急帮扶措施，对农村返贫风险人口以及农村扶贫产业等启动应急帮扶措施。如为生活收支波动较大的农村返贫风险人口提供物资帮扶，帮助其渡过难关；对遭遇农产品滞销、生产成本上升等困境的农村扶贫产业，提供拓宽农产品销售渠道、低息贷款、税收减免等方面的帮助与支持，确保农村扶贫产业获得稳定持续收入。系统的应急帮扶措施旨在防止返贫风险人口进一步加深贫困或返贫，减少无法及时防范的返贫风险对现有贫困治理成果的蚕食。

（三）利益联动机制

1. 企业带动就业

解决返贫风险人口就业是带动其稳定脱贫的重要途径。政府应充分发挥企业带动返贫风险人口就业的主导作用，进一步弥补政府扶贫力量的不足。首先，政府应对吸收周边返贫风险人口就业的企业，按吸收数量给予税收分级优惠或一定比例补助，激发企业参与当地扶贫的积极性。其次。政府应加强与周边企业合作，发起各类扶贫专项行动，为无条件离家外出务工的返贫风险人口如农村留守妇女、残疾人等，长期提供如代加工之类的工作机会。最后，政府应在多方面出台有关政策或提供便利支持，帮助积极参与扶贫事业的企业进一步发展。

2. 发展多元化产业

产业扶贫自20世纪80年代开始实施以来，就在开发式扶贫阶段发挥着重要作用。进入精准扶贫精准脱贫攻坚阶段后，产业扶贫在我国贫困治理进程中发挥的减贫作用和减贫效果愈发明显。在实施精准扶贫战略中，各地区按照国内外市场需求，充分发挥本地资源优势，开展规模化、标准化、品牌化和市场化建设的“一村一品”。“一村一品”现在已是贫困地区开展扶贫开发、帮助农民脱贫致富的重要途径。因此，贫困地区政府也应在当地引进发展多元化产业、培育村级扶贫集体经济，优先带动农村返贫风险人口就业脱贫的同时，将村级扶贫集体经济收益以分红形式反哺给农村返贫风险人口。使农村返贫风险人口实现收入多元化，增强抵御返贫风险的能力，带动当地返贫风险人口长效稳定脱贫。

3. 发挥金融扶贫作用

自20世纪80年代开始，我国探索以信贷支持贫困地区发展的金融扶贫模式，金融扶贫以市场化机制配置金融扶持资金，变革了政府对贫困人口“输血式”的扶贫模式，也为贫困地区和贫困群体的脱贫致富提供了新路径。因此，对于有贷款意愿、发展能力、知识技能和一定还款能力的返贫风险人口，政府应和当地金融机构联合为此类人群提供小额信贷、低息贷款等资金支持，解决农户因缺资金而无法发展的困境。而对于有贷款意愿、发展前景和一定还款能力的小微型企业，政府也应联合当地金融机构为其提供专项扶贫贴息贷款、低息贷款等资金帮扶，使其长效发挥扶贫带动作用，让贫困地区真正有造血能力。

（四）监督反馈机制

在返贫预警机制中，还需接受社会全体公民的监督和意见反馈。通过广泛的监督和意见反馈，促使返贫预警工作取得实效，避免扶贫干部渎职、失职，扶贫政策落实不到位等情况的出现。在返贫预警的监督反馈机制中，首先要借助信访和市长信箱等互联网方式充分发挥社会群众的监督和意见反馈作用。与此同时，由县级、市级、省级相关部门定期派出工作组进行家访，对返贫预警机制中的返贫风险识别、返贫风险人口认定、监测信息反馈、帮扶政策落实等环节进行监督检验，并对各项环节的执行效果进行评价反馈，发现问题并及时整改，确保防止返贫过程中各项工作落到实处。对工作组巡查中发现的失职行为，须及时纠正、严肃问责，确保真扶贫、高质量持续脱贫。

整体性治理视角下中国农村扶贫脱贫实践过程研究*

丁建彪**

摘　要：农村贫困治理内嵌于国家治理现代化的进程中。它既是一项系统性的国家工程，也是当代中国的大治理问题，因而呈现内在的复杂性与多维性，并要求多元化的治理思维、逻辑和方法等。农村扶贫脱贫实践过程体现着整体性治理的内在特质与行动逻辑。扶贫行为主体利用独特新颖的措施和手段，丰富和完善了其内涵，从而提升了它的适应性和实践性。本文基于当代中国本土化的治理资源，构筑了以执政党主体性回归、党政同职同责、内外监督和综合施策等要素为内在结构的整体性贫困治理模式。中国农村扶贫脱贫实践过程也存在不足：过强的协调与整合制约了职能部门的专业性；责任过度网格化和精细化带来了责任泛化、转嫁和无限责任等问题；基层行动者出现的认知偏差导致对服务设施“对号入座”属性认识不足等一系列衍生性问题。有效规避和消解这些问题，有助于提升农村地区的治理效能，进而为国家治理现代化提供有益的治理资源和治理智慧。

关键词：整体性治理　扶贫脱贫　治理效能　治理智慧

---

* 文章刊发于《政治学研究》2020 年第 3 期，是国家社科基金年度项目（19BZZ101）的阶段性成果。该文章收录本书时，内容和文献标注方式略有调整。

** 丁建彪，吉林大学。

一、农村扶贫脱贫实践的文献述评与整体性治理理论

强力高位引领和推动①扶贫脱贫进程、如期实现总体目标和具体的子目标，是我国农村扶贫脱贫的鲜明特色。扶贫脱贫作为政治属性强、路线图和时间表明确、任务和事项要求具体的集体行动过程，为基层社会注入大量外源性资源，在实现基本的公平正义、转变干部作风和密切干群关系、提升基层社会治理能力、加速推进现代化进程，以及推动经济社会发展、公共设施和服务均等化、文化产品供给等方面发挥了关键性作用。随着扶贫脱贫行动进程的加快以及总体目标规定时限的迫近，对中国农村扶贫脱贫实践过程进行全观性审视，总结、提炼和发掘其中蕴含的中国经验和中国智慧，为国家治理实践提供某些有益的启示，就成为学术界的一项重要任务。

（一）农村扶贫脱贫实践的已有研究述评

目前，学术界关于农村扶贫脱贫实践过程的研究，主要从国家和政府主导、社会组织参与以及村级组织与目标群体能力建设等几个方面展开。

第一，从国家和政府主导扶贫脱贫过程的角度研究。在当代中国单一制的国家结构中，国家和政府主导扶贫脱贫过程具有充分的合理性和正当性，这不仅因为国家和政府掌握着大量的公共资源、具备充分调动资源的能力，也因为国家和政府主导事关社会公平正义和基层社会稳定的反贫困议题，是其基本的职责所在。国家和政府主导的具体形态则是通过自上而下的目标设计、资源调动和任务分解来落实总体目标。“中国解决农村贫困的主要模式是以政府为主导力量，由政府组织系统充分发挥其组织与动员优势，对扶贫资源进行分配、管理和运作，主导和负

① “高位推动”作为学术术语最早由贺东航和孔繁斌两位学者。参见贺东航、孔繁斌《公共政策执行的中国经验》，《中国社会科学》2011 年第 5 期。

责扶贫行动。"[①] 蔡科云指出，政府的主导性在于它是合作扶贫规则的制定者，能够运用制度的方法将支持谁、选择谁、排除谁的条件和程序公示出来。[②] 许汉泽认为，精准扶贫是行政力量主导之下自上而下发起的一项综合性扶贫治理运动，扶贫脱贫被纳入正式化的行政体系之中，[③] 呈现"行政治理扶贫"的特征。[④]

国家和政府主导扶贫脱贫过程提高了组织动员、资源调配和任务分解的效率，因而减贫效应明显。联合国著名的反贫困专家拉瓦龙比较了巴西、印度和中国三个最大的发展中国家的减贫成效后，得出了中国的减贫成效高于其他两个国家的结论。[⑤] 作为农村公共治理议题，国家和政府主导并不意味着排斥其他行动主体的广泛参与和作用发挥。由国家和政府主导产出的高效率需要其他参与主体的支持、配合和协调，才能转化为较高的治理效能，这是因为扶贫脱贫的治理效能很大程度上取决于多种措施综合实施带来的净收益，以及目标群体收入增长、综合保障与能力提升等多个方面。

第二，从社会组织参与扶贫脱贫过程方面的分析。在现代社会，社会组织具备宣传动员、救助帮扶、开展志愿活动等优势，它们深度参与扶贫脱贫过程既符合治理的实质要义，也在某种程度上能够有效预防国家和政府主导带来的边际效用递减、效能衰减以及治理失灵等问题。作为复杂程度高的扶贫脱贫议题，国家和政府过度主导也存在针对部分事项治理失效的可能性。"社会组织是社会扶贫的中坚力量，亦是政府精准扶贫的重要合作伙伴，它们在一定程度上弥补了政府扶贫和行业扶贫

---

① 姚迈新：《对扶贫目标偏离与转换的分析与思考——政府主导型扶贫模式中的制度及行动调整》，《云南行政学院学报》2010 年第 3 期。

② 蔡科云：《政府与社会组织合作扶贫的权力模式与推进方式》，《中国行政管理》2014 年第 9 期。

③ 许汉泽：《行政主导型扶贫治理研究——以武陵山区茶乡精准扶贫实践为例》，中国农业大学博士学位论文，2018。

④ 许汉泽、李小云：《"行政治理扶贫"与反贫困的中国方案》，《探索与争鸣》2019 年第 3 期。

⑤ Martin Ravallion，"A Comparative Perspective on Poverty Reduction in Brazil，China，and India"，*The World Bank Research Observer*，Vol. 26，No. 1，2011.

‘失灵’的短板。”①

一方面，社会组织将自身拥有的资金、技术、知识和信息等资源嵌入贫困地区，因户制宜地实施多样化帮扶举措。这既满足了贫困群体多元化、个性化的需求，也提升了扶贫对象的专业化水平和内生动力。引导各级社会组织借助其专业优势，在贫困地区的产业扶贫、文化扶贫、健康扶贫、网络扶贫和物资捐赠等方面发挥积极作用，是贯彻落实党的十九大精神，如期顺利打赢脱贫攻坚战的必然要求。② 另一方面，目标对象致贫原因多元、差异化现象明显，这使贫困问题的复杂性加剧、反贫困措施的精准性面临挑战，依靠政府单一力量或单向度的扶贫措施很难取得突破性成效。社会组织适时介入能有效补充必要的资源和实现不同扶贫措施的精准配位。“‘软嵌入’中的策略性的参与方式，可以通过柔性的互动方式，灵活地调动村庄资源，激发村民的参与热情，培养村民的主体意识和参与能力”。③ 但仅从一个参与主体的视角观察整个扶贫脱贫的实践过程，难以充分考虑不同主体之间的互动关系和整体性的集体行动逻辑，亦难以将不同主体形成的结构化关系上升为一种治理体系或治理范式。

第三，从村级组织和目标群体能力建设角度的研究。扶贫脱贫的实践过程受到压力型体制和任务导向驱动的显著影响，使政府系统与目标群体的真实需求之间出现了一定的“断裂化”倾向。村级组织作为联结者与调节器，因其成员熟悉乡土社会的运作流程、掌握熟人或半熟人社会的传统规则，以及感知乡土社会的基本伦理，发挥着平衡与调节的作用，从而使产业和项目实施、资金和收益分配更加精准、公平，更符合扶贫对象的真实需求。因此，作为扶贫脱贫最末端的治理主体，村级组织建设无疑对提升扶贫脱贫效能具有重要作用。杨秀丽、徐百川认为，

---

① 徐顽强、李敏：《公益组织嵌入精准扶贫行动的生态网络构建》，《西北农林科技大学学报》（社会科学版）2019 年第 3 期。

② 邹新艳、徐家良：《基于整体性治理视域的社会组织集成攻坚扶贫模式研究》，《行政论坛》2018 年第 5 期。

③ 张雪、甘甜：《软嵌入：社会组织参与扶贫的行动逻辑——基于 H 组织的案例研究》，《中国非盈利评论》2019 年第 1 期。

“开展精准扶贫、实现精准脱贫的工作主要由村民自治组织通过自治管理方式展开，其效果直接影响到精准扶贫工作推进和精准脱贫任务完成。”①

在农村地区，无论是自发形成的乡土规则，还是嵌入的议事程序，均在某种程度上渗透到村级组织的活动过程中。这些规则和程序对解决农村棘手性事务、促进农村和谐有序发挥着重要作用。“研究发现，精准扶贫基层实践困境反映出村民自治组织能力和权威的缺失与不足”。②而且，依据村民自治出现的各类合作社或互助社，对村民参与扶贫事务的能力具有积极的培育功能。“通过互助社的平台将家庭承包分散经营条件下的小农联系到一起，充分调动了蕴含在农户中潜在的民主意识以及自我管理和自我组织能力，大大提高了农户参与村级事务决策的积极性，增强了互助合作的精神、增强了农户的主人翁意识”。③

目标群体能力既包括与生存相关的能力，也包括参与公共事务决策、讨论、管理和监督等方面的能力。“贫困人口既是扶贫对象也应该是扶贫主体。因此，如何激发目标人群的积极性和内生动力是保证精准帮扶和长效脱贫的关键。”④ 目标群体能力建设包括过程和机会两个层面：过程层面是指贫困户在扶贫脱贫实践过程中实现了基本的住房、教育和医疗等方面的保障，从而减轻或消除了因营养不良、身份歧视、地方病等带来的能力限制；机会层面是指公共决策和公共事务的全过程向贫困群体开放，以确保他们充分享受基本的参与机会、信息获取和公共辩论。“只有通过政治讨论和集体的政治行动，一个被日常职业将兴趣局限在他周围的小圈子的人，才学会同情他的同胞，和他们有同感，并自觉地变成伟大社会的一个成员。”⑤

① 杨秀丽、徐百川：《精准扶贫政策实施中村民自治能力提升研究》，《南京农业大学学报》（社会科学版）2017 年第 4 期。

② 万江红、苏云勋：《精准扶贫基层实践困境及其解释——村民自治的视角》，《贵州社会科学》2016 年第 8 期。

③ 范小建：《完善国家扶贫战略和政策体系》，中国财政经济出版社，2011，第 208 页。

④ 左停等：《中国打赢脱贫攻坚战中反贫困治理体系的创新维度》，《河海大学学报》（哲学社会科学版）2017 年第 5 期。

⑤ 〔英〕J. S. 密尔：《代议制政府》，商务印书馆，1982，第 127 ~ 128 页。

尽管村级组织和目标群体能力建设是扶贫脱贫实践过程中的重要内容，也是基层公共治理的应有之义，但其建设带来的扶贫脱贫效应具有较长的时间性和周期性。大多数研究仅仅停留在组织的建章立制、事务公开流程以及能力建设笼统的原则要求等方面，对其研究的动态性以及与其他主体的互动性探讨相对不足。

总的来讲，既有研究侧重于从某一单一维度出发，因而研究主题和研究内容呈现零散化和碎片化倾向，而系统性和整体性不足。扶贫脱贫实践过程作为一项系统性的国家工程，不仅涉及不同主体之间的互动、协同和合作关系，也涉及多主体合作输出的制度、政策和举措介入事务解决和服务供给的过程，以及这些要素带来的减贫效应及其效能评估。任何零散化和碎片化的研究都不足以系统和科学地总结和提炼出相应的经验和智慧，在将其上升为一种治理结构或范式的过程中存在顾此失彼、以偏概全的情形。即使单一维度的研究，也没有从纵向层面深入挖掘政党、国家和政府在实践过程中的主体性回归，尤其是没有深入研究政党意志表达、政治学习、组织动员和系统外监督等带来的较强政治势能所发挥的统合作用；横向层面也没有深入探究不同组织、机构和行业部门通过协调与整合的方式深度介入扶贫脱贫过程的内在机制，更没有将纵向和横向加以整体性联动研究。

除此之外，已有部分研究过度关注行动主体介入的机制、功能发挥和扶贫效率等议题，却没有从扶贫脱贫事务解决和服务提供的角度反向观察这一过程呈现的特征、行动逻辑和实践后果。农村扶贫脱贫说到底还是与精准扶贫目标和任务要求相关的事务解决和服务提供的过程。“治理者除了执行行政体系及其指令，还需要时时刻刻思考如何处理其治理对象的想法、态度、行为以及对治理的反馈”。[①] 作为复杂程度高的扶贫脱贫实践活动，任何观察者可能都是“局外人”，但理论恰恰为观察者提供了研究视角、逻辑和行动图谱。整体性治理（holistic governance）为观察和分析这一实践过程提供了一个非常有用的视角和理论分析工具。

---

① 王雨磊：《技术何以失准？——国家精准扶贫与基层施政伦理》，《政治学研究》2017 年第 5 期。

（二）整体性治理理论的兴起与特色

整体性治理理论于20世纪90年代中后期发端于英国，并被该国佩里·希克斯等学者上升为一种系统化的理论体系，此后被澳大利亚、新西兰和加拿大等英联邦属性的国家引入。目前已成为与网络化治理、数字治理并驾齐驱的三大主流治理新范式。

该理论最早主要针对英国当时部门主义扩张导致政府系统在面临诸如社会排斥、犯罪问题、环境保护、反贫困等跨部门合作议题中存在的条块分割、各自为政、目标冲突、反应迟钝、效能低下等弊病，而做出的一种理论上的回应和矫正，旨在有效解决治理碎片化和跨部门合作等难题。它将协调与整合作为实现自身内容的两个关键手段。协调被看作是一种斡旋的过程，旨在创造出合作的可能性；整合则是明确不同参与者任务使命、义务关系和策略选择的过程。协调涉及工作层面的联合、一体化的信息系统，以及不同机构、计划方案和不同决策主体之间的对话，而整合则关注实际执行，通过共同的组织结构、相近的专业知识和执行工具等实现。[①] 在协调与整合的基础上，这一理论进一步从政策目标、组织协同、机构整合、预算模式变革以及公众需求等多维层面进行了系统性的论证，形成了完整的理论架构和结构体系。概言之，这一理论的最大特色和优势就在于重视政府系统输入的一致性政策目标对各个参与主体的引领和导向作用，并通过纵向层面权力的相对集中和等级式的适度控制，促使政府在治理过程中的主体性回归，以此为横向层面各部门和机构间的协调与整合创造有利条件。同时将流动性、交叉性和棘手性事务解决与公众的需求和服务有机地连接起来，实现事物解决与服务供给的高度集成，借助协调、整合、信任和责任等手段，以及运用信息技术克服不同信息系统和数据库带来的“信息孤岛”等障碍，最终实现治理活动从破碎迈向整合、从分散迈向集中、从局部迈向整体。

本文在汲取整体性治理理论提供的相关知识资源和深入调研的基础

---

① Perri 6，*Towards Holistic Governance*：*The New Reform Agenda*，New York：Palgrave，2002，p. 33.

上，试图观察和分析在中国农村扶贫脱贫实践过程中呈现的整体性治理逻辑、结构和体系，并在实践反思、总结和提炼的基础上，尝试做出进一步的理论概括。

二 农村扶贫脱贫实践的整体性治理逻辑及其智慧贡献

政策目标、组织协同、机构整合、预算模式变革以及公众需求等构成整体性治理的关键要素，而不同要素的整体联动构成其鲜明特色。政策目标涉及对特定事务和服务进行公共介入的整体性导向；组织协同涉及建立机制性的保障以确保各种组织介入整体性目标，并有效管理各自的组织活动；机构整合涉及激活不同机构的活力与整合不同机构职责、资源与能力；预算模式变革关注将“联合预算”（aligned budgets）和“集合预算”（pooled budgets）等作为两种主要模式并灵活地运用于公共资金的使用过程中；公众需求则重点关注公众的真实需要或引导公众形成集体理性偏好，以此将政策目标转化为目标对象的实际效能。

在对整体性治理理论的要素及其内容做简单的阐释之后，我们来进一步分析这些要素在扶贫脱贫实践中的呈现过程。其中，总体目标和具体的子目标在政策层面很好地体现了整体性治理的核心内涵；组织协同体现了其内在属性；机构整合体现了其行动逻辑；资金整合体现了其关键保障。

（一）整体性治理要素的呈现过程

1. 政策目标层面

党的十九大报告清晰地界定了总体政策目标，为扶贫脱贫过程提供了行动基础并限定了参与者的行动边界。“确保到2020年我国现行标准下农村贫困人口实现脱贫，贫困县全部摘帽，解决区域性整体贫困，做到脱真贫、真脱贫。”[①] 在一致性目标的总体要求下，扶贫脱贫行动者将分散在各领域、行业和部门的扶贫资源充分调动和整合起来。按照集中

① http://www.sohu.com/a/198676567_407270，2017年10月18日。

统一原则，有计划、有阶段、有步骤地实现总体政策目标。具体的政策子目标则被描述为“两不愁三保障”，其为行动者提供了明确的任务要求和行动导向。“到2020年稳定实现农村贫困人口不愁吃、不愁穿，义务教育、基本医疗、住房安全有保障，是贫困人口脱贫的基本要求和核心指标，直接关系攻坚战质量。”①

2. 组织协同层面

组织协同促进了不同组织间要素的共享和集成，从而加速了组织集体行动的过程和能力提升。国务院扶贫开发领导小组出台《关于广泛引导和动员社会组织参与脱贫攻坚的通知》（国开发〔2017〕12号），明确提出：社会组织是参与脱贫攻坚的重要载体，要求其制定2020年前参与脱贫攻坚工作规划和年度工作计划，以明确工作目标和细化任务措施。确切地说，社会组织是社会力量介入扶贫脱贫过程的重要载体和聚集扶贫资源的重要纽带。“通过组织化的力量将全社会分散化的扶贫资源有效募集与整合，并将其与精准扶贫的目标有效对接”。② 当社会组织彼此间协同作业时往往能集中不同组织拥有的资源、人力、信息和优势，形成扶贫脱贫的整体合力；当政府与社会组织协同作业时，既能发挥出各自的优势又能形成合作双赢的局面，共同致力于总体目标和具体的子目标的实现。

3. 机构完善方面

扶贫开发办公室（扶贫办）在成立之初的归属关系五花八门。部分地区隶属于发展和改革委员会；部分地区隶属于政府研究室；部分地区的扶贫职责分散在其他的机构之中，如农业、水利、畜牧等部门。隶属关系不清和职责分散使其独立性受到限制，其职责也仅围绕争取和执行上级政府或部门的扶贫资金和项目，与其他机构交集少，协调与整合能力弱。伴随着扶贫脱贫行动的加快，特别是精准扶贫战略的提出和落地，各地明显强化了扶贫办的地位和职责，赋予其更大的独立性和职责权限。

---

① http://www.xinhuanet.com/politics/leaders/2019-04/17/c_1124379968.htm，2019年4月17日。

② 黄建：《论精准扶贫中的社会组织参与》，《学术界》2017年第4期。

在新一轮党和国家机构改革过程中，扶贫办正式成为政府的职能组成部门，赋予其独立的决策权、执行权、监督权与调查权。在实际运行过程中，部分地区由市（县）党委办公室副主任兼任扶贫办主任。通过多轮次的整合和完善，目前扶贫办的地位和能力得到了强化，决策和业务能力得以显著提升，很好地适应了新阶段扶贫脱贫过程的整体性实践需要。

4. 资金整合方面

针对扶贫资金多头管理、交叉重复、使用分散等问题，国务院制定了《关于探索建立涉农资金统筹整合长效机制的意见》（国发〔2017〕54 号），强调要把专项扶贫资金、相关涉农资金和社会帮扶资金捆绑集中使用，同时各省（地）要把财政安排的性质相同、用途相近的涉农资金纳入同一资金池，统一项目管理、统一组织实施、统一拨付使用、统一考核验收，形成资金使用的整体合力。早期，各地按照专项转移支付和基建投资两大类，对两个类别内交叉重复的涉农资金进行了整合，并允许同一大类别内的资金调剂使用。在后期实践过程中，部分市（县）党委和政府依据“大类间打通、跨类别使用”原则，加大了资金实质性整合力度，形成了“多个渠道引水、一个龙头放水”的资金捆绑使用新格局。这一举措既转变了早期扶贫脱贫过程中部分项目资金拥挤、项目重复、资金分散、产业“小、散、弱”等不利局面，为实现总体性政策目标供给了资金支持，从而确保了扶贫脱贫集体行动的顺利开展，也有助于推动组织间的协同和机构整合。

无论从党和政府出台相关文件的内容，还是从基层政府实际工作的需要来看，扶贫脱贫过程充分体现着整体性治理的关键要素和行动逻辑，二者呈现高度的耦合性和一致性。

（二）扶贫脱贫实践过程的智慧贡献

在整体性治理视角下，考察中国农村扶贫脱贫行动，执政党处于主导地位的政治结构和集中统一的执行结构，为扶贫脱贫行为主体利用独特新颖的手段和措施拓展与丰富整体性治理的内涵与外延，提供双重结构，从而在提升其适应性和实践性的基础上，为当代中国基层治理提供了有益的治理资源、经验和智慧。

1. 基层行动者强化了协调与整合能力

为强化协调与整合能力，全国各地的贫困市（县）党委和政府在扶贫开发领导小组与具体的职能部门之间，成立了具有临时性的工作组。这一举措很好地解决了协调与整合难以深入推进和实现的顽疾。扶贫开发领导小组作为扶贫脱贫行动中的最高决策机构，因市（县）党委和政府一把手担任双重组长成为总指挥部。工作组则是为促进多个部门间协调与合作而设立的临时组织，一旦特定的任务完成便自动解散。其优势在于确保在短期内各部门相互协调和配合，并通过建立特定的工作机制，消除阻碍协调和合作的各类障碍性因素。工作组的成员既来自不同等级的党政机构，也来自不同的职能和业务部门。成员选择不仅取决于任务要求所具备的知识、经验与能力，还充分考虑他们在各自部门的地位和权威，以促进协调与整合的实现。工作组的组长大多由市县两级的主要领导担任，这使其既具备地位和权威优势又能够协调和解决问题，而组长又是扶贫开发领导小组的核心成员，进而强化了协调与整合能力。目前，扶贫脱贫实践过程中主要的工作组有经济发展工作组、贫困人口增收工作组、基础设施建设工作组、壮大村级集体经济工作组、扶贫资金管理监督工作组等。

2. 基层行动者有效解决了“通才”与“专才”间的矛盾

在当代中国农村地区，基层行政人员“通才”特质明显。多数乡（镇）和村两级的主要工作人员几乎涉猎了农村所有的行业、领域和事务。农村地区的专业性人才却普遍匮乏。“城市和城镇教育、就业和医疗等优质资源不断地被集中，我国城乡之间出现了‘层层聚集效应’，这导致了现有的乡村出现了空心化现象，空心化又造成人才缺乏和大型企业难以深度介入。”① 针对专业人才不足的困局，执政党的组织部门积极介入，明确要求选派能力过硬、专业对口的人员组成驻村工作队，有针对性地聚焦贫困地区经济发展、产业布局、基础设施建设和党建等议题。驻村工作队作为扶贫脱贫过程中独特的组织形式和治理载体，在某种程度上已成为专业性人才的介入机制。驻村工作队人员往往由更高层

① 丁建彪：《我国精准扶贫政策中公众权益的保护与建设研究》，《行政论坛》2019 年第 1 期。

次的部门选派。这些人员均经过严格录取程序的筛选，并拥有在较高层级部门工作的实际经验，因而对扶贫脱贫过程中的某一专项事务，具备专业管理、统筹和规划能力。如笔者调研的某国家级贫困县统计数据显示，“全县 141 名第一书记中，熟悉经济工作 24 人，占 17%；熟悉司法调解、医疗救助等方面工作的 28 人，占 19.9%；熟悉社会工作 16 人，占 11.3%；熟悉党务工作 13 人，占 9.2%”。

除此之外，基层行动者通过有效的学习机制缓解了“通才”与“专才”间的矛盾。学习机制包括三个层面的内容。一是驻村工作队成员间的相互学习。由于驻村工作队成员来自不同的专业和拥有不同的知识结构，通过面对面的交流和学习，整个团队的交叉性知识得到培育。二是驻村工作队成员与基层工作人员间的相互学习。通过相互学习既吸纳了基层工作人员的经验和优势，也将自身的专业知识传递给基层行动者。三是基层行动主体内部开展的学习。在各个地区，市（县）和乡（镇）党政“一把手”，以及其他的参与者均参加各级各类扶贫脱贫专题培训。同样，由主要领导带队到其他发达地区和本地先进地区观摩和吸取经验。在总体目标和子目标的规制下，扶贫脱贫事务在全国范围内具有较高的同质性，其所要求的知识结构、行动方案和路径选择等方面均具有较大的相似性，这使培训和经验借鉴能够在较短的时间快速提升本地扶贫脱贫行动者的专业化水平。

3. 基层行动者从静态、动态和督察、监督等多层面规避了责任模糊情形的发生

首先，从静态层面，以省（自治区）为总体单元，将域内所有的党政机关、社会组织和企事业单位等统一纳入扶贫脱贫过程之中。依据总体目标和子目标，将目标分解和细化为具体的任务和事项，并按照不同的等级，制定党政机关领导、包保部门、驻村工作队、第一书记、乡镇、村等六个层面的责任清单，且“一把手”作为第一责任人，从而将事项和任务落实到具体的机构和人员。省、市、县、乡（镇）和村等五级党委和政府层层签订责任状。责任状明确了市（县）与乡（镇）、村之间的责任分担内容和实现方式。业务部门、社会组织和企事业单位按照自身的业务属性和优势，承担事务解决和提供服务的具体职责。

其次，从动态层面，基层行动者实施了“战区管理”的模式。这一模式将所有行动者的责任进行集中捆绑，防止静态层面责任的流失和规避，并通过“高位引领”和“高位推动”的方式将责任细化和落地。一方面，责任捆绑机制可以有效规避上级行动者隐性下放责任的弊端。在权责关系中，上级行动者更愿意将责任下放而截留权力。这一机制则将责任连带关系双向化，从而提高了上级行动者承担自身责任的意愿和积极性；另一方面，强化了下级行动者承担责任的意愿和主动性。下级行动者处在上级直接的监督和压力之下，从而克服了上下级间的“信息不对称”现象，下级责任主体只有严格按照责任要求才能在“锦标赛”的竞争模式中获得优先关注和相对竞争优势。

最后，督察和监督两个系统同时发力。市（县）党委和政府利用自身系统的督察机构，部分地区党委和政府甚至将隶属于各自系统的督察室合为一个机构，定期或不定期地开展专项督查，及时发现责任落实不到位的问题并要求限期整改和纠错，从而确保责任落到实处。执政党也动用系统外的监督机制，对扶贫脱贫过程涉及的相关责任主体、部门和人员开展专项巡视巡察，针对主体责任落实不到位或监督责任落实不力等问题提出整改和完善建议，并实行严格的惩戒机制。

三　农村扶贫脱贫实践的深度反思与改进策略

在整体性治理视角下反思中国农村扶贫脱贫实践过程，会发现存在的一些内在局限与不足之处，准确定位并采取措施及时加以规避，才能为当代中国的基层治理提供某些有益启示，从而在微观层面提升基层治理水平，在宏观层面推进国家治理体系和治理能力的现代化进程。

（一）农村扶贫脱贫实践的反思

第一，过度的协调与整合制约了职能部门的专业性，或增加了协调成本。为确保扶贫脱贫过程的集中统一和集体行动，部分地区由市（县）党委办公室副主任兼任扶贫办主任的做法在提升协调与整合能力的同时，也产生了一些不利后果。一方面，党委办公室是一个综合性部门，而扶贫部门是一个业务部门，二者要求的知识结构并不相同。而且，党委办公室人员自身需要从事大量日常性的协调工作，并不具备充裕的时间学习相关的业务知识，即使进行短期的学习，也难以真正胜任实际工作，因为扶贫脱贫工作既涉及收入增长、教育、医疗、卫生、就业等事务，也涉及饮水等基础设施，以及住房安全和文化产品等服务，是一种事务解决与服务供给的高度集合体。这一属性既要求从业人员拥有准确理解政策目标要求、上级任务和举措部署内在规定的能力，也要求其具备分析和研判扶贫脱贫事务之间的因果机制、潜在风险以及寻找科学方法的知识，掌握了解目标对象真实需求、心理特征以及与他们交流和沟通的经验，形成能力、知识和经验三者有机统一的综合性素质。从实际运行过程看，党委办公室人员普遍存在扶贫脱贫专业知识不足的局限，而扶贫部门人员却较好地发挥着参谋作用。另一方面，为解决协调与整合制约专业性的问题，部分地区在扶贫办之上增加了“脱贫办”或“退出办”等机构。机构负责人由市（县）党委办公室主任兼任，扶贫办主任兼任副主任来确保其专业性。但这些机构需要增设大量人员，而人员一般来自下级党委和政府，或横向部门中从事扶贫脱贫事务的专业人员。下级或横向部门人员的数量原本就不足，专业性强的人员更是有限。“在湖北、河南、甘肃、陕西和宁夏等地乡镇政府的调查中，我们发现，具体负责扶贫工作的一般是两到三人，一个是乡镇干部，另外一两个就是被借调到乡镇的大学生村官。”[①] 他们被抽调之后，导致下级或横向部门扶贫事务的专业性受到威胁。此外，新的机构增加了协调和整合成本，延长了事务和信息传递的时间周期，在某种程度上影响了扶贫脱贫的效率。

第二，责任过度泛化带来了责任转嫁和无限责任等问题。作为整体性治理理论奠基人的希克斯也承认，“整体性责任不仅导致不可接受的家长制，也导致过度的集中主义”。[②] 在扶贫脱贫实践过程中，责任过度

---

① 邢成举：《压力型体制下的“扶贫军令状”与贫困治理中的政府失灵》，《南京农业大学学报》（社会科学版）2016 年第 5 期。

② Perri 6, *Towards Holistic Governance*: *The New Reform Agenda*, New York: Palgrave, 2002, p. 168.

泛化导致乡（镇）干部忙于应付上级的大量指导和检查，唯上级导向和要求行事，加剧了与贫困群体之间的隔阂与疏离，显示了官僚化的特征。村干部则忙于制作各类报表、填写繁多的记录和信息，花费大量时间和精力去从事数字化和文本化工作，显示了职业主义的特质。

责任的边界问题是基层公共治理的核心问题。责任过于模糊带来权责不匹配或责任相互转嫁、选择性承担责任等不利后果；责任过度细化又导致基层行动者热衷于“痕迹管理”，因为只有存留具体、翔实的行为记录，在责任落实和追究过程中才处于有利地位。如某国家级贫困县责任书内容显示：切实履行主体责任，解决脱贫攻坚突出问题；确保项目资金安全、高效，确保项目按时、按标准完成；全面落实各项扶贫政策；加强对驻村工作队和帮扶责任人的管理和贫困户、非贫困户收入等方面的监测管理，以及其他工作任务等，且责任追究明确规定：工作任务达不到要求的，严肃追究相关责任人责任。乡镇将与县级党委和政府签订的责任书一字不差、原封不动地与村级复制签订。

从责任书的内容看，责任存在严重的模糊和细化的双重情形，很多具体的责任乡镇与村级根本不具备承担的条件和能力。责任书的实质，反映了责任层层转嫁甚至层层规避的本质。一方面，责任内容不充分考虑不同层级党委和政府之间的差异，导致责任层层转嫁、层层包揽和层层泛化等现象；另一方面，责任追究不科学评估和不充分考虑相关责任人之间责任的内在关联、承担责任的强弱，而是层层追责、层层加码。

第三，基层行动者出现了对扶贫脱贫设施的认知偏差，导致对相关设施“对号入座”属性认识不足。在中国农村地区，政府提供的公共饮水、道路、住房、医疗和教育等设施所需的资金大，资源耗费多，后续运行和维护成本高昂，且这些设施服务对象大多数是年老、疾病缠身、身体残疾，以及丧失可行能力的群体。这些群体借助自身的能力彻底摆脱贫困的局面具有相当大的难度，但他们需要的服务设施却具独特性、专用性和长期性。同样，这些公共物品的非竞争属性导致其使用成本低廉。应该认识到，公共设施和服务平等供给所有人的事实并不意味着它会被所有人平等地消费和使用。如果某种社会利益实际上可以无成本地获得，那么它就会鼓励获利群体的规模不断扩大，这有时被称为“道德风险”。[①]

在宏观层面，由于城市化和城镇化强大的“稀释效应”，以及现代化带来的强外部冲击性，贫困村和贫困户的自然消失不以人的意志为转移。当贫困村消失和贫困户减少后，这些设施因“对号入座”的属性难以被其他的村庄和人员使用，造成大量扶贫资源和资金的浪费。这些服务设施通常不可转移、不可出售、除非一个人实际上真的需要它们，否则它们就没有什么用处。[②] 如针对饮水和住房安全保障这两项具体要求，部分基层行动者严格按照政策要求和标准，以村为单位来建设新的饮水设施和系统，没有充分考虑“后扶贫时代”贫困村自然消失等长远问题。针对住房安全，部分地区为部分建档立卡贫困户新修建40余平方米的标准安全住房。从基本的住房需要和安全保障看，这一举措严格符合政策的子目标要求。但我国各地区现实环境差异大、贫困户需求多样化。尤其是子女在外地打工或就业的家庭，当子女回家探亲或团聚时，现有的住房条件难以满足实际需要。

总之，部分基层行动者将扶贫脱贫理解为是向少数人输送局限于生存水平需要的且受到严格规则控制的外源性资源，这已不符合扶贫脱贫过程的本质要求。

（二）关于农村扶贫脱贫实践的改进策略

基于以上问题，本文尝试提出具有建设性的一些建议，包括从微观的效益，到中观的责任，再到宏观的政策目标调试。这三个方面呈现一种递进式的演进次序。

第一，短期效益与长期效益确保科学衔接。通过深入的实际调研和相关贫困户的数据[③]分析发现，目前农村扶贫脱贫措施的短期效益明显而长期效益有待提升。短期效益明显的实例则是光伏发电、入股分红和

① 〔英〕诺曼·巴里：《福利》，吉林人民出版社，储建国译，2005，第7页。

② 〔印〕阿马蒂亚·森：《以自由看待发展》，任赜、于真译，中国人民大学出版社，2002，第128页。

③ 研究团队目前已收集3个不同省份1000户以上建档立卡且已脱贫的贫困户收入与能力相关数据。

低保金，占据了贫困户收入的主要份额，构成他们脱贫的三个最主要来源。与此相对应，诸如传统的种植养殖、加工业、电商、小额贷款等措施带来的收入增长不足。扶贫措施对激发贫困户内生动力的影响更是有限。短期效益与长期效益的科学衔接一方面需要调整和优化过程监管的内容和方式。过程监管过细、过频影响了基层行动者实施长期收益项目的意愿和动机，如对扶贫资金使用效率、保值增值等方面的严格要求和监管，就使基层行动者有意放弃乡村旅游、种植养殖等方面的产业和项目，因它们的收益面临的风险较高。因此，过程监管应在相对宏观的层面针对扶贫主体责任担当，或是否存在寻租行为等进行，且监管的频率和内容应有明确的规定，以鼓励基层行动者的创新和担当行为，从而提升相关措施的长期效益。另一方面，需要优化和完善部分制度和政策要求，适时调整“一乡一业、一村一品”的目标导向。农村贫困地区受自然资源、经济发展水平和人才储量等诸多方面的限制，乡村发展特定产业和品牌塑造的能力弱、可持续性差，严格的规定造成产业和项目对扶贫资金的依赖程度高，一旦缺少相关的资金注入，其长期收益就面临考验。同样，适度调整扶贫资金注入产业和项目要求较高价值抵押物或担保物的规定，这一规定使产业和项目优先聚焦于那些资金、实力雄厚的大型企业，而具备技术、经验和管理能力的部分合作社带头人或致富能人却难以深度介入，他们却有可能为相关扶贫措施带来的长期收益提供某种稳定和可靠的保障。

第二，政府责任与个人责任实现有机匹配。中国农村长期受制于城乡二元结构而陷入“结构性困局”，这导致其获得的外部性资源有限、公共设施和公共服务不均等、发展环境脆弱、发展动能不足。农村公共治理目前已成为国家治理体系中最薄弱的环节。近年来，国家和政府通过注入大量的外源性资源，以减轻不均衡和剪刀差造成的“差异格局”。在此意义上，依照国家的财政能力为农村注入何种数量的资源，只具有效率或工具性意义，而在价值和公平层面均具有合理性和正当性，诸如政府承担最低限度的吃饭、穿衣、住房、教育和医疗保障等职责。但是，政府承担职责不仅应有特定的边界，而且要为贫困群体个人承担特定责任预留出空间，否则便会陷入“福利资源陷阱”之中。换言之，国家和政府供给的资源越多，目标群体的需求则越强，而需求过强便要求更多的资源供给，二者陷入一种循环状态之中。当资源供给的数量和规模超过某一临界点时，便会带来贫困群体“等、靠、要”等观念的滋生和蔓延，从而造成内生动力不足；当供给方资源减少，目标群体便出现各种抱怨、不信任，甚至对抗性思维，加剧了基层治理体系的脆弱性。

国家和政府层面应承担顶层设计、组织协调、过程监管和目标考核，以及综合性保障等职责。既不能扩大也不能缩小这些职责的范围和强度。个人层面的责任则表现为贫困群体积极从事相关的生产、劳务和学习培训等工作，通过个体责任的承担来提升可行能力。政府责任的履行只有建立在个人责任履行的基础上，才能最大限度地提升扶贫脱贫的效能，因为个人责任没有替代品可言。用政府责任取代个人责任的做法，不可避免地会在不同程度上产生负面效应和不利后果。所以，应通过政府责任与个人责任的有机匹配，共同推进基层社会治理的可持续性进程。

第三，公共决策目标做到明确性与模糊性的大致均衡。公共决策要有明确的目标和行为导向，以此为公共行动提供方向和任务要求。但明确性不代表决策目标本身不包含一定的模糊性。在理论层面，任何公共决策也仅仅建立在部分合理性的基础之上，这是因为公共决策受有限理性、实际条件、任务要求和时间周期等影响，不可能全面考虑所有的因素。因此，公共决策大多关注那些根本性或关键性的议题。随着政策目标逐步实现或实际情势的流变，原先处于核心和关键位置的因素会发生变化，甚至成为次要的和附属性的因素，此时只有相对模糊的决策目标，才能为相关议题的切换和转向提供一定的空间。在实践层面，公共决策和行为导向往往是具体的、清晰的、可操作的和可量化的，但实施过程往往充斥着复杂性和不确定性，因为实施过程涉及执行者的行为选择、经验偏好和利益博弈，而只有目标的相对模糊才能有效耦合复杂的行为过程。一旦目标过于明确，因其明确性带来的规制力导致在实践过程中出现的新议题，难以在短期内进入行动者的视野之中，或行动者有意或无意地将其遮蔽或悬置起来，从而造成执行偏差行为的产生。

上述问题在扶贫脱贫过程尤为明显。“两不愁三保障”是具体的目标和行为导向，基层行动者围绕这一明确的目标来进行资源配置和构筑行为重点，但随着政策的执行和资源投入的加大，相关的保障问题就会得到一定的缓解，而部分群体内生动力相对不足上升为一个重要议题。受制于明确的目标，这一议题上升为关键性议题的空间和动力略显不足。

四 结论

习近平总书记指出，“在扶贫脱贫实践中，我们形成了不少有益经验，概括起来主要是加强领导是根本、把握精准是要义、增加投入是保障、各方参与是合力、群众参与是基础”。[①] 总体而言，扶贫脱贫实践过程中呈现的整体性治理模式建立在吸纳原有理论资源和合理因子的基础上，扶贫主体又创新性地丰富和完善了其内涵，增加了中国特色的治理资源和治理智慧，在很大程度上提升了其适应性和实践性。只有将原有资源和新的要素有机结合起来，才构成当代中国整体性治理模式的完整图景。概言之，这一模式具有如下几个方面的独特属性和关键特质。

首先，执政党介入带来的政治势能。贺东航、孔繁斌认为，政治势能有三层含义。一是“党的领导在场”。通过“党的领导在场”来产生凝聚力，并整合跨部门利益，从而解决政策执行碎片化难题。二是“构建权势”。利用党政联合发文将公共政策上升为党的议题，赋予其更高的政治意义。三是“借势成事”。让下级感受到一种动而不可止的势能，进而对“顺势而行者”起到推动作用，对“逆势而行者”起着阻遏、阻止或改变行进方向的作用。[②] “科层组织一旦遇有政治势能强大的公共政策，各级执行主体可以突破惰性和部门割裂，具有高化的效能和执行力。”[③] 在当代中国的政策执行过程中，由于执政党处于领导核心和支柱

① 陈二厚、董峻、侯雪静：《党的十八大以来以习近平同志为核心的党中央引领脱贫攻坚纪实》，http：//cpc. people. com. cn/n1/2017/0522/c64387 - 29289828 - 3. html，2017 年 5 月 22 日。

② 贺东航、孔繁斌：《中国公共政策执行中的政治势能——基于近 20 年农村林改政策的分析》，《中国社会科学》2019 年第 4 期。

③ 贺东航、孔繁斌：《中国公共政策执行中的政治势能——基于近 20 年农村林改政策的分析》，《中国社会科学》2019 年第 4 期。

地位，这必然决定了政党主导型的政治结构和集中统一的执行结构。扶贫脱贫实践过程中政党意志的表达和传递、政治学习、组织动员和党的监督带来的较强政治势能也就必然引领这一实践的全过程，并构成整体性治理模式作用发挥的前提性条件。

其次，党政同职同责带来的正当性公共权威。扶贫开发领导小组作为扶贫脱贫行动中的最高决策机构，因市（县）党委和政府“一把手”担任双重组长成为总指挥部，这种决策和执行架构确保了政策目标按照顶层设计的路线图和时间表严格执行，并充分动员两个系统中的制度和治理优势。“中国共产党的本质属性和执政地位，在法理意义上决定了中国共产党必然代表人民执掌政权、运行治权，并由此决定了执政党组织与其层级对应的政府体系必然融合而成‘党政体制’，进而现实地体现为当代中国治理的党政结构和路径。”① “党政体制”将政治势能与公共权威深入结合在一起，并依据扶贫脱贫实践过程的目标性、系统性与合作性需要，在二者之间灵活切换，以聚合和发挥政治与政府的双重优势，从而为整体性治理模式正向功能的释放奠定了基础性条件。

再次，内外监督带来的问题导向。党和政府利用巡视、巡察和督察等多种监督手段，分主体、分层级地发现扶贫脱贫过程中存在的党委和政府主体责任落实不到位、监督部门监管不力、职能和业务部门合作不畅以及项目推进缓慢、产业同质化倾向严重而特色化不足、扶贫措施覆盖不全、扶贫资金保值增值面临风险等各类具体的实际问题。扶贫主体以问题为导向，不断地进行整改、完善与解决，实现政策执行与问题解决的有机联动，最大限度上防止政策目标空转、选择性和变通性执行等行为的发生，从而实现了政策在问题解决中执行、在执行中发现问题的循环逻辑，为整体性治理模式发挥效能提供了可持续的动力机制。

最后，综合施策带来的显著效能。效能是由三个核心要素构成的概念组群。一是效能关注实际结果与预定目标间的接近程度。二是效能关注整个政策系统产出的净收益，也即各种措施综合实施过程中正负效能

---

① 王浦劬、汤彬：《当代中国治理的党政结构与功能机制分析》，《中国社会科学》2019 年第 9 期。

抵消之后获得实际成果。三是效能内含着特定目标群体和受益对象的真实获得、实际感受和满意评价，既包括数量、质量，也包括价值等层面。农村扶贫脱贫实践过程在原初决策目标与实际结果之间实现了较高的匹配度，各项措施综合施策带来的净收益显著，尤其是针对贫困群体收入增长和基本保障这两个方面。贫困群体较高的满意度和较强的幸福感彰显了中国社会基本公平正义的真实改进，以及弱势群体生存权、健康权和发展权的切实维护，更凸显了执政党以人民为中心的执政理念扎根于基层社会的有效过程。显著的治理效能为整体性治理模式的运行提供了明确的方向。

结构性嵌入：下派干部扶贫的制度演进与实践逻辑[*]

——以四川省凉山彝族自治州的扶贫实践为例

张 磊 伏绍宏[**]

摘 要： 当前对扶贫干部问题的研究多聚焦于村庄截面，未考虑对基层政府的嵌入及其关系互动。本文基于凉山扶贫实践和政策分析提出：下派干部扶贫制度变迁是由单维嵌入向结构性嵌入的演进。国家通过建构定点扶贫（“条—块”）、对口帮扶（“块—块”）、综合帮扶（“面—块”）等扶贫模式以及挂职扶贫、驻村扶贫、包联式扶贫等实践机制，实现了扶贫力量在基层政府和村级组织中的“反科层制”嵌入。嵌入性机制与本土结构的耦合协同，缓解了压力型体制与治理有效性之间的张力，促进了基层政府治理能力提升、社会整合和文明建设，但也会诱致权力惰性替代、村庄自治性消解、村民自主性弱化等负效应。同时，囿于制度和技术层面的条件，嵌入性机制还面临着协调困境、责任困境和效率困境。后精准扶贫时期，应结合国家战略衔接，推动下派干部扶贫制度创新；结合系统协同性，推动下派干部扶贫体系机制优化；结合贫困治理“在地

* 文章刊发于《社会科学研究》2020 年第 4 期，是国家社科基金青年项目（19CSH028）、国家社科基金年度项目（15BSH080）的阶段性成果。该文章收录本书时，内容和文献标注方式略有调整。

** 张磊，四川省社会科学院；伏绍宏，四川省社会科学院。

化"，"寓扶于育"，推进"本地人的建设"。

关键词： 扶贫干部　结构性嵌入　制度演进　实践逻辑　基层治理

党的十八大以来，全国已累计选派300余万名县级以上机关和事业单位干部参加驻村帮扶，当前在岗的第一书记20.6万人、驻村干部70万人，加上197.4万乡镇扶贫干部和数百万村干部，一线扶贫力量明显加强，打通了精准扶贫"最后一公里"。[①] 对此，学界从扶贫干部的角色、功能、成效及困境等方面进行了较多的理论探讨，提出了双轨治理、[②] 嵌入治理、[③]"补充论"和"冲突论"等论述。然而，既有文献大多是对驻村干部的研究，尚没有文献探讨扶贫干部对基层政府的嵌入及其关系互动。本文尝试基于"结构性嵌入"理论，结合四川省凉山彝族自治州的扶贫实践和相关政策文本，分析下派扶贫干部的制度演进轨迹，并在此基础上探讨结构性嵌入扶贫的现实要求、保障机制及实践逻辑。

一　文献回顾与本文理路

（一）已有研究

以往对嵌入性问题的研究，主要是围绕国家与基层社会的互动而展开的，论题涉及国家与地方的互嵌、[④] 基层政权对社区的嵌入、[⑤] 跨区域

① 习近平：《在解决"两不愁三保障"突出问题座谈会上的讲话》，《求是》2019年第16期。

② 谢小芹：《"双轨治理"："第一书记"扶贫制度的一种分析框架》，《南京农业大学学报》2017年第3期。

③ 张义祯：《嵌入治理：下派驻村干部工作机制研究——以福建省为例》，《中共福建省委党校学报》2015年第12期。

④ 何艳玲：《"嵌入式自治"：国家—地方互嵌关系下的地方治理》，《武汉大学学报》（哲学社会科学版）2009年第4期。

⑤ 陈锋：《论基层政权的"嵌入式治理"——基于鲁中东村的实地调研》，《青年研究》2011年第1期。

协作的纵向嵌入[①]、社会组织嵌入社区治理[②]、项目制的地方化运作[③]等。在嵌入扶贫问题上，既有研究大致形成了两种论断。一种观点认为，下派干部驻村扶贫是国家嵌入村庄的过程，是对村民“自治失灵”的有益补充。驻村扶贫实现了国家治理（以第一书记为代表）和村庄治理（以村书记为代表）的双轨交融，[④] 推动了乡村制度体系的重构、社会资本的培育和治理结构的优化。[⑤] 另一种观点认为，嵌入性村干部造成了自治与他治的内在逻辑冲突。[⑥] 驻村干部在贫困户识别、贫困村产业发展和项目实施中的支配性作用，诱发了村庄治理的权力替代问题，[⑦] 带来了村庄公共性瓦解、资源投入内卷化、村民边缘化、自治性弱化和治理风险上升等问题。嵌入性机制与乡村社会机制的冲突以及嵌入机制之间的关系失调，可能会导致扶贫资源分配中国家自主性的流失。[⑧] 在嵌入绩效方面，压力型体制和锦标赛晋升体制的驱动，造成了扶贫干部的软抵抗和行为异化，[⑨] 使其不能将组织、文化与认知内嵌于村庄，也无法实现精准扶贫由“输血”到“造血”的根本性转变。

总体观之，已有研究虽然讨论了国家对村庄（社区）的嵌入问题，但未考虑到对基层政府的嵌入以及作为新结构一部分的扶贫力量是如何

① 邢华：《我国区域合作的纵向嵌入式治理机制研究》，《中国行政管理》2015 年第 10 期。

② 徐珣：《社会组织嵌入社区治理的协商联动机制研究——以杭州市上城区社区“金点子”行动为契机的观察》，《公共管理学报》2018 年第 1 期。

③ 吴斌才：《从分类控制到嵌入式治理：项目制运作背后的社会组织治理转型》，《甘肃行政学院学报》2016 年第 3 期。

④ 袁铭健：《精准扶贫下的“第一书记”制度及其扶贫困境——以“双轨”合作为视角》，《四川行政学院学报》2018 年第 4 期。

⑤ 张义祯：《嵌入治理：下派驻村干部工作机制研究》，《中共福建省委党校学报》2015 年第 12 期。

⑥ 陈国申、孙丰香、宋明爽：《嵌入型村干部与村民自治的冲突及调谐——对下乡干部的考察》，《经济社会体制比较》2017 年第 5 期。

⑦ 张欢：《驻村帮扶中的权力替代及其对村庄治理的影响》，《湖南农业大学学报》2018 年第 5 期。

⑧ 穆军全、方建斌：《精准扶贫的政府嵌入机制反思——国家自主性的视角》，《西北农林科技大学学报》2018 年第 3 期。

⑨ 李尧磊、韩承鹏：《驻村帮扶干部何以异化？——基于石村的个案调查》，《党政研究》2018 年第 6 期。

进入地方治理体系的，同时也忽略了嵌入主体、客体和载体之间的关系互动，这造成既有研究结论的单一化和静态化问题。

（二）概念框架和本文思路

本文试图以“结构性嵌入”概念来探讨下派干部扶贫的制度演进与实践逻辑。“嵌入”是波兰尼（Karl Polanyi）提出的概念，认为经济过程是在一定的社会结构内保持统一性和稳定性，经济运行依赖于特定的时间和空间，缠结于各种社会关系之中。格兰诺维特（Mark Granovetter）对嵌入性的概念进行深化阐释，认为经济活动是一个社会过程，经济行动者的行为受其所处社会结构的影响。格氏进一步将嵌入划分为关系性嵌入（relational embeddedness）和结构性嵌入（structural embeddedness）。其中，关系性嵌入是指行为主体嵌入个人关系中，结构性嵌入是指行为主体嵌于更为广阔的社会网络中。

根据研究的问题情境，我们修正了格兰诺维特的“结构性嵌入”概念。文中，结构性嵌入是指将下派干部扶贫工作作为一个整体考虑，从顶层宏观结构层面嵌入基层政府①和社区治理结构之中，并为此构建起系统的制度支撑体系及运行机制。就本质而言，结构性嵌入可以说是一种由嵌入理论和扶贫实践耦合形成的理论和实践模式，具有临时性、运动式和“反科层制”② 的特征。

本文以四川省凉山彝族自治州的下派干部扶贫实践为案例。凉山州是全国区域性整体深度贫困的特殊样本，面积6.04万平方公里，集中连片贫困地区达4.16万平方公里，占总面积的68.9%。2018年末总人口为529.94万，彝族占53.62%。经历年动态管理，截至2019年底，全州共有建档立卡贫困人口21.4万户97.5万人，共有各级各类下派扶贫干部1.17万人。

---

① 本文的基层政府是指县、乡两级政府。

② 反科层制是指依托于常规化的科层组织，但在运作机理和运行逻辑方面明显迥异于科层制原理的治理机制。

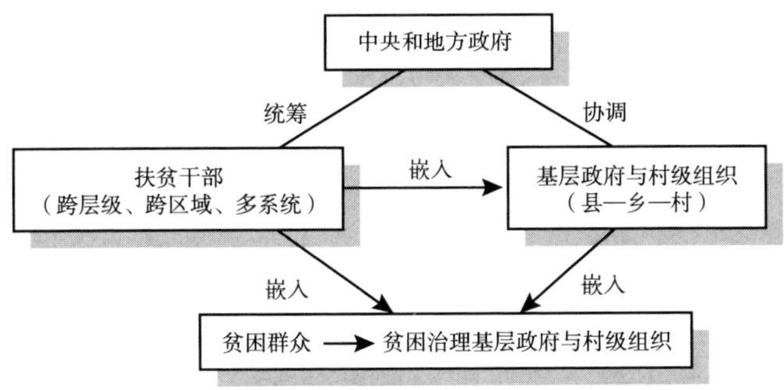

图1　下派干部扶贫的“结构性嵌入”分析框架

二　下派干部扶贫：制度演进与结构性嵌入格局的形成

（一）我国下派干部扶贫制度的形成

我国下派干部扶贫发起于1986年5月的国务院贫困地区经济开发领导小组第二次会议。该会议提出要采取多种形式支持贫困地区，“每个部门要重点联系一片贫困地区帮助脱贫致富，并作为一项制度长期坚持下去，不脱贫，不脱钩”“凡有条件的部委，都应当抽派干部，深入一片贫困地区，定点轮换常驻，重点联系和帮助工作”。[①] 1987年国务院召开第一次中央和国家机关定点扶贫工作会议以后，中央单位开始开展定点扶贫工作，并选派干部下乡到被帮扶地区参与扶贫开发。国务院1990年2月批转的《国务院贫困地区经济开发领导小组关于九十年代进一步加强扶贫开发工作的请示》提出，贫困面较大的省、自治区和贫困地、县“要选派精明强干的干部到最困难的贫困县、乡、村去开展工作”。[②] 1997年1月，中央组织部、人事部印发的《关于进一步做好选派干部下

① 国务院办公厅：《关于转发贫困地区经济开发领导小组第二次全体会议纪要的通知》，《中华人民共和国国务院公报》1986年第23期。

② 《国务院贫困地区经济开发领导小组关于九十年代进一步加强扶贫开发工作的请示》，《中华人民共和国国务院公报》1990年第5期。

乡扶贫工作的意见》提出，每个贫困县都要有定点扶贫的机构，有下乡扶贫的干部开展工作，实行定点责任制；选派干部扶贫要同配备好贫困县领导班子、同加强贫困地区农村基层组织建设、同培养选拔锻炼干部相结合，同时还明确了选派干部下乡扶贫的组织实施、工作要求、主要任务、考核管理等问题。[①] 至此，下派干部扶贫形成了一项制度，并一直延续至今。

（二）凉山州下派干部扶贫的制度演进：从“下乡”到“驻村”再到“结构性嵌入”

凉山州下派干部扶贫始于1994年的“七二一计划”。该计划提出：在抓整体扶贫工作的情况下，以集中人力、物力、财力进行100个乡的扶贫突破来带动整个面上扶贫工作，以至推动全州经济的较快发展。1996年初，凉山州正式实施“百乡扶贫工程”，从州级政府单位和各县（市）抽调460名干部定点到百乡开展扶贫工作。2000年以后，下派干部扶贫的工作重点转到援助当地民族教育事业发展上。从2010年起，凉山州开始实施“挂包帮”活动，积极推动扶贫开发和新农村建设，仅2011年即选派了53648名干部联系帮扶1478个乡。

精准扶贫开启了干部驻村扶贫新时期。2014年，中共中央办公厅、国务院办公厅印发的《关于创新机制扎实推进农村扶贫开发工作的意见》提出，要“健全干部驻村帮扶机制。在各省（自治区、直辖市）现有工作基础上，普遍建立驻村工作队（组）制度。可分批安排，确保每个贫困村都有驻村工作队（组），每个贫困户都有帮扶责任人”。2015年8月，中央组织部、中央农办和国务院扶贫办联合印发《关于做好选派机关优秀干部到村任第一书记工作的通知》，要求选派优秀干部到党组织涣散的行政村担任第一书记，并要求对所有建档立卡贫困村实行全覆盖。当年，凉山州选派了2177名优秀干部到2072个贫困村和部分软弱涣散村开展驻村工作，以解决农村“软、散、乱、穷”等突出问题。2018年初，为了解决驻村帮扶中的突出问题，凉山州各县政府向下辖所

---

① 韩广富、周耕：《党政机关选派干部下乡扶贫制度的建立》，《理论学刊》2013年第11期。

有建档立卡贫困村派出了全脱产的驻村工作队，脱贫攻坚一线力量进一步增强。

2018 年春节前夕，习近平总书记到凉山州考察脱贫攻坚工作，强调“聚焦深度贫困地区，将脱贫攻坚战进行到底”“决不让一个少数民族、一个地区掉队”。为了落实习近平总书记的重要指示，四川省委、省政府在 2018 年 5 月提出精准施策综合帮扶凉山州全面打赢脱贫攻坚战，要在前期选派了 2000 余名帮扶干部的基础上，再从政法、教育、财政、农林、商务、卫生、旅游等系统以及 11 个已摘帽的贫困县，选派 3500 余名优秀干部分赴凉山州 11 个深度贫困县开展脱贫攻坚和综合帮扶工作。至此，凉山州聚集了各级各类帮扶干部 1.17 万人，覆盖了从州到县到乡的各级政府相关部门以及所有贫困村和有建档立卡贫困人口的行政村。

综观扶贫干部的制度变迁，可见其选派主体、范围、规模以及目标任务、分布层次、总体格局均在不断变化和拓展。首先，在选派主体上，从以党政机关选派为主，扩展到党政军、企事业单位和社会团体多系统共同选派。这意味着，党政机构不再是单一的扶贫主体，而是将所有体制内的组织都动员起来，选派干部投入贫困地区的脱贫攻坚事业中。其次，在选派范围上，由以县内选派为主扩展到县内外并重，在帮扶人员规模上实现了县内外、州内外基本持平。再次，在分布层次和目标任务上，扶贫干部从最初的“下乡扶贫”到“驻村扶贫”再到“新时期的综合帮扶”，工作重点从扶贫扶弱转向扶贫与扶业、扶智和扶志并重。最后，在总体格局上，下派干部扶贫已经形成了专项扶贫、行业扶贫和社会扶贫“三位一体”有机结合的综合扶贫体系，构建起了“覆盖县乡村，全方位、多层次”的结构性嵌入扶贫格局。

三　下派干部扶贫：结构性嵌入的现实要求与保障机制

（一）结构性嵌入的现实要求

由于凉山州脱贫攻坚的艰巨性、复杂性、紧迫性，地方政府囿于自身能力和条件难以如期完成既定的目标任务，因此需要从顶层宏观结构层面统筹更多力量投入凉山州开展帮扶工作。

1. 脱贫攻坚任务的艰巨性

凉山州彝区作为由奴隶社会“一步跨千年”进入社会主义社会的“直过区”，贫困问题根深蒂固，贫困面宽、量大、程度深。11个深度贫困县的贫困发生率一度达到29.3%。截至2013年底，全州还有5.2万户26.1万人居住在高寒山区、严重干旱缺水地区、地质灾害多发地区。一些特困家庭家徒四壁、一贫如洗，处于赤贫状态。

2. 脱贫攻坚形势的复杂性

贫穷与毒品、艾滋病、超生、辍学等各种特殊性社会问题交织，多重致贫返贫因素叠加，造成了凉山州脱贫攻坚形势的复杂局面。数据显示，凉山州彝区群众受教育年限不足6年，远低于全省的平均水平（9年），还有相当比例的农村青壮年不懂汉语，群众就业能力弱、创业意识差。同时，无序超生和“越穷越生、越生越穷”的问题依然顽固，毒情和艾滋病情形势严峻，这些问题明显已成为阻碍群众脱贫致富的大障碍。

3. 实现脱贫奔康目标的紧迫性

截至2014年底，凉山州的全面小康总体实现程度仅为67.8%，人均GDP、城镇居民人均可支配收入、农民人均纯收入三项核心指标，仅为2020年全国小康目标值的47.6%、61.8%、69.8%。同时，凉山州区域发展极不平衡，相对贫困问题仍相当突出，综合扶贫开发区8县经济总量仅占全州的14.7%，农民人均纯收入仅为全州的67.2%。可见，要实现深度贫困地区的“旧貌换新颜”，可谓形势逼人，任务催人。

由此可见，只有从中央和省级层面给予力度更大、针对性更强、作用更直接的政策支持，投入更强大的帮扶力量，才能推动形成外力输入与内生发展的共轭效应，才能推进实现区域贫困的整体性治理。就此而言，从省级层面统筹选派综合帮扶力量到凉山州开展脱贫攻坚工作也就成为必然的现实选择。

（二）结构性嵌入的保障机制

针对凉山州的脱贫攻坚工作，四川省全面落实中央扶贫决策部署，积极构建独具特色的扶贫开发领导机制、工作机制和激励机制，有力确保“结构性嵌入”的有效性，保障下派干部扶贫工作落到实处。

1. 构建“党委领导、单位挂钩、纵向联动、横向协调”的领导机制

一是党委领导。省委高度重视下派干部扶贫工作，将综合帮扶凉山州工作纳入省委工作总体布局，专门出台《关于精准施策综合帮扶凉山州全面打赢脱贫攻坚战的意见》，从12个方面采取34条政策措施精准支持凉山州脱贫攻坚。由省直机关工委牵头负责全省干部驻村帮扶工作，省委组织部、省委统战部、省委教育工委、人力资源和社会保障厅、省国资委、省扶贫移民局在各自职责范围内配合做好相关工作；各市（州）、县（市、区）党委、政府负责落实干部帮扶工作的组织领导责任；各县（市、区）党委、政府作为干部帮扶工作的责任主体和实施主体，负责做好对贫困村、贫困户的扶持工作。二是加强部门挂钩责任。扶贫干部选派单位（部门）主要负责人每季度到帮扶贫困村指导调研一次，领导班子成员每月轮流到帮扶村督促调研。三是加强省市县纵向联动。省、州、县三个层级分别建立“五个一”牵头单位、责任单位联席会议制度，省级逢双月开会，市县逢单月开会，定期研究工作、解决问题。四是加强片区横向业务交流。在帮扶作用发挥好、工作推进质量高的地区召开现场会，交流工作经验，研究分析问题，形成整体合力。

2. 构建“覆盖县乡村、一域一队”的综合帮扶工作组织机制

首先，在县级层面，成立了县综合帮扶工作队。凉山州11个深度贫困县均实现“一县一队”，主要承担县委、县政府分配的脱贫攻坚和禁毒防艾、控辍保学、计划生育等重点难点任务，负责下辖乡镇工作队、县直工作队的组织领导和工作统筹，推动综合帮扶工作任务落地落实，动态收集脱贫攻坚和综合治理突出问题，并向省、州两级综合帮扶工作管理办公室报告、提出意见建议。其次，在乡镇层面，成立了乡镇综合帮扶工作队，由选派到乡镇及下辖村的扶贫干部组成，由挂职乡镇脱贫攻坚副书记担任队长。乡镇综合帮扶工作队统筹贫困村工作队工作，有效衔接起县和村之间的扶贫队伍，解决了县级管理幅度过大和管理脱节问题。最后，在贫困村层面，由分配到贫困村的所有驻村队员组成村工作队。全部驻村第一书记、驻村工作队员统一纳入贫困村工作队管理。

3. 构建“政策激励＋典型激励＋情感激励”的扶贫干部激励机制

一是政策激励。对下派扶贫干部的政治、经济和工作待遇提出“五个优先”“五个不变”的明确规定。其中，四川省委办公厅2017年4月印发的《切实关心爱护脱贫攻坚一线干部激发干事创业活力办法（试行）》提出“五个优先”，即脱贫攻坚一线干部在提拔任用、交流重用、职级晋升、岗位晋聘、公务员遴选等方面优先考虑；四川省委组织部在2018年9月出台的《凉山州脱贫攻坚综合帮扶工作队管理办法》提出“五个不变”，即除了提拔重用外，下派扶贫干部的工资关系、福利待遇、工作岗位、工作职务以及政治待遇均保持不变。二是典型激励。通过表彰、宣传等形式，树立“先进受激励、优秀得表扬”的鲜明导向。注重在中央和省级媒体重要版面、重要时段开设专栏专题，以及通过组织事迹报告会、发放宣传光碟和微信、微博等形式，持续宣传报道扶贫干部先进典型，充分发挥典型的示范、带动和辐射作用。三是情感激励。各级党委、政府特别是选派单位和受扶单位，积极加强与扶贫干部的感情沟通和联系，尽力帮助扶贫干部解决工作和生活中遇到的困难，切实激发他们工作热情。

“结构性嵌入”保障体系的构建，使下派干部扶贫工作获得了系统性制度体系支撑，使下派干部扶贫工作能够真正落到实处、取得实效。其中，领导机制，为下派干部扶贫工作的总体推进提供了坚强的制度保障；组织机制，为下派干部扶贫工作的持续推进提供了有力的组织保障；激励机制，为下派干部扶贫工作的持续推进提供了强大的精神动力。这三大工作机制相辅相成、相互衔接，构成了系统有效的下派扶贫干部工作机制，有力推动了下派干部扶贫工作富有成效地开展。

四　结构性嵌入：实践模式、机制、效应与困境

（一）实践模式

根据嵌入的主体和客体的性质及关系，结构性嵌入扶贫主要有以下三种实践模式。

1. “条—块”扶贫模式：定点扶贫

即各级党政军机关、企事业单位和社会团体单位选择贫困区域的重点贫困县作为帮扶对象，并与之开展合作以助其脱贫的开发式扶贫模式。一般而言，定点扶贫工作按照“同一类单位定点扶贫任务相对均衡”的总体原则，通过干部挂职、智力支持、技术服务以及信息与政策指导，将帮扶资金和措施落实到贫困人口。在扶贫内容上，以扶贫项目为主要方式，以农村基础设施建设和产业发展为重点；在工作方式和对象上，通常是选派驻村工作队员，直接面向贫困村和贫困农户开展帮扶工作；在扶贫模式上，通常以开发式扶贫为主导，同时注重开发与救助并重。

2. “块—块”扶贫模式：对口帮扶

即在中央和地方政府的统筹安排下，调配发达地区的力量援助欠发达地区。通过政府行政推动建立区域间联系机制，促进人才、技术和资金等资源的交互流动，以解决区域之间自然条件、资源禀赋等因素造成的经济发展不平衡问题。对口帮扶模式具有政府主导、区域互动和地方互惠的特点。在宏观制度安排上，对口帮扶涉及三个层面——国家层面的东西部扶贫协作、省内市州对口帮扶和州内县市对口帮扶。在工作方针上，对口帮扶通常是按照“机构对口、行业相近、优势互补”的原则，采取“一对一”“多对一”“一对多”方式开展。在具体机制上，对口帮扶主要有“区域内统筹结对”“点对点全面结对”“重点带动精准结对”三种形式。其中，区域内统筹结对是按照对口帮扶结对关系，由双方对口帮扶工作领导小组统筹辖区内各领域、各行业的工作力量结成帮扶对子；点对点全面结对是双方以部门（单位）对部门（单位）、乡镇对乡镇、村（社区）对村（社区）、学校对学校、医院对医院等方式开展；重点带动精准结对是一种由帮扶地优选能力强、资源多的单位参与扶贫，构建“强乡带弱乡、富村带穷村、先进帮后进”的对口帮扶模式。

3. “面—块”扶贫模式：综合帮扶

即从顶层宏观结构范围统筹协调帮扶力量嵌入深度贫困地区，以推动解决区域整体性贫困和综合性治理问题。综合帮扶模式将以往驻村帮扶为重点的扶贫模式进行了深化和拓展，使扶贫力量覆盖到县、乡、村各层面以及脱贫攻坚的各个方面，极大地充实了深度贫困地区脱贫攻坚综合帮扶的领导力量、专业力量和基层力量。

表1　结构性嵌入的实践模式

项目	定点扶贫	对口帮扶	综合帮扶
形式上	条—块	块—块	面—块
内容上	定点到县，帮扶到村，项目扶贫	区域对接，机构对口，项目帮扶	选派到县，覆盖县乡村，综合帮扶
身份上	干部身份、工作岗位、职务、政治待遇以及福利待遇均不变		
派出单位	中央和省、市（州）、县直机关	对口省、市、县（区、市）	全省统筹，各行业系统、区县市选派
组成人员	项目人员，挂职干部，第一书记、驻村队员	项目人员，挂职干部，驻村队员	挂职干部，驻村队员，农林技术员、教师、警察、医生、四治专员等
工作职责	扶贫开发，发展产业，支部共建	发展产业，社会帮扶，劳务协作，结对共建	宣传政策，建强基层组织，推动脱贫攻坚，为民办事服务，提升治理水平
工作形式	地方党政领导，扶贫干部协同	地方党政领导，扶贫干部协同	地方党政领导，扶贫干部协同
工作重点	扶贫开发，项目帮扶	发展产业，劳务协作，项目帮扶	脱贫攻坚，禁毒防艾，计划生育，控辍保学，移风易俗等

（二）实践机制

根据嵌入的载体、层次和方式，结构性嵌入扶贫主要有以下三种实践机制。

1. 嵌入村庄（社区）：驻村扶贫

即上级政府部门选派干部下沉到村开展扶贫工作的制度形式。其政策初衷是通过行政嵌入加强基层组织建设，推进脱贫攻坚任务，解决农村治理中的突出问题。从组织机制来看，驻村扶贫主要有三种形式。其一，驻村第一书记。第一书记是村党组织的第一负责人，领导村党组织和党组织书记的工作，主要职责是宣传党的政策、建强基层组织、推动精准脱贫、为民办事服务、提升治理水平。其二，驻村工作组。一般由县级直属部门、国有企事业单位、学校和乡镇政府选派的驻村干部、第一书记、乡镇干部、大学生村官、“三支一扶”人员等组成，组长由帮扶单位负责人担任。工作组在协调扶贫项目、推进产业发展等方面发挥了积极作用。但是，由于工作组组长往往不能脱产驻村扶贫，而第一书记只是工作组成员，不能指挥和安排其他队员的工作，因此很难形成凝聚力、战斗力。其三，驻村工作队。工作队一般有3～5人，第一书记任队长。工作队在第一书记的领导下开展驻村扶贫工作，同时还要配合乡镇党委、政府、帮扶单位和帮扶责任人，做好政策宣传、落实扶贫项目和帮扶措施。相较而言，驻村工作组织的管理体制从“组长协调下的第一书记负责制”调整为“第一书记领导制”，责任更加明确，关系更加清晰，解决了扶贫工作中的权责不一致问题，推动了治理重心下移，有效保证了基层事情基层办、基层权力给基层。

2. 嵌入基层政府：挂职扶贫

挂职扶贫是指国家机关有计划地选派人员到下级机关以及贫困地区的机关和国有企事业单位担任相应职务，以推动扶贫开发相关工作。从运作方式来看，挂职扶贫主要有以下两种类型。一是下挂，即由上级党政机关和行业系统选派干部人才到贫困县、贫困乡镇挂职开展脱贫攻坚工作。在县级层面，挂任县领导职务的一般有4～7人，包括县委副书记、县委常委、副县长等，通常来自不同的系统和领域；在县直部门方面，挂职干部主要集中在扶贫开发、农业畜牧、林业、财政、发改、公安等行业扶贫业务部门，通常挂任副局长（副主任）、副股长等职务。在乡镇层面，下派干部通常是挂任乡镇党委副书记、副乡镇长，主要负责脱贫攻坚、禁毒防艾、计划生育、控辍保学等方面工作。二是双向挂职，由帮受双方选派优秀干部人才进行双向挂职，开展人才交流，促进观念互通、思路互动和技术互学。这种形式主要体现在对口帮扶模式中。

3. 嵌入责任制：包联式扶贫

即通过制度化分片包点和责任联系的形式，安排县乡村领导干部和普通职工下沉到更下级的单位开展扶贫相关事务。从制度安排来看，包联式扶贫主要涉及县、乡、村、户四个层面。在县级层面，四大班子主要领导负责分片联系几个乡镇，每个副县级领导定点联系一个乡（镇），重点开展脱贫攻坚相关工作。在乡镇层面，党政“一把手”分别分片联系若干个行政村，乡镇副职干部作为包村领导负责联系一个行政村，乡镇普通职工作为包村成员联系一个行政村。在村级层面，联村干部每月必须下村开展工作 10 天以上，主要参与脱贫攻坚、生育秩序整治、禁毒防艾、控辍保学和产业发展等重点难点工作。在农户层面，每一个下派扶贫干部、帮扶责任人和村组干部均要负责联系帮扶若干户建档立卡贫困户，帮助农户解决“两不愁三保障”方面的突出问题。就本质而言，包联式扶贫类似于一种承包制的扶贫模式，具有显著的行政包干色彩。它打破了科层制的专业化分工，增强了政府对基层社会需求的回应性，有力弥补了村庄治理公共性的缺失。

（三）实践效应

从嵌入的作用和效果来看，结构性嵌入扶贫实践既有正效应，也存在负效应。

1. 结构性嵌入的正效应

首先，对基层政府的嵌入，促进了地方政府治理能力和治理水平的提升。通过大规模整合扶贫资源、全方位多层次嵌入扶贫干部，提升了贫困地区基层政府在资源聚集、组织构建、问题回应等方面的能力。其次，对村级组织的嵌入，促进了党和国家对基层社会的整合。下派扶贫干部通过参与村庄治理，减少了地方精英威权治理的负面作用，在一定程度上缓和了社会矛盾和干群关系；通过宣传落实党的政策，“听民声、访民情、解民忧”，增进了群众对党和国家的认同；通过推进脱贫攻坚工作，改善贫困群众的生产和生活条件，增强了广大农村群众的幸福感。这些良性变化能够有效地促进党和国家对基层社会的整合。最后，对村民文化活动的嵌入，推动了基层精神文明和社会文明建设。下派扶贫干部通过开展“农民夜校”“小手牵大手”“五洗活动”等，引导群众在衣食住行中养成好习惯、形成好风气；通过参与推动农村“薄养厚葬”、高价彩礼、酗酒赌博、违法生育等问题的全面整治，激发了群众自力更生脱贫内生动力，促进群众加快融入现代文明。

2. 结构性嵌入的负效应

首先，对本土结构的过度介入，可能引发了权力惰性替代问题。下派扶贫干部大量地进入地方政府和基层社会，帮助解决脱贫攻坚相关事务，如果不全心全力投入则扶贫效果不佳，但若介入过宽、过多、过深，则可能造成权力越位，诱发惰性替代问题。考察发现，部分地区出现扶贫干部替代本地干部绝对支配扶贫资源分配、惠农政策安排和扶贫项目实施的情况；一些地区扶贫干部忙得焦头烂额，而本地干部却在“隔岸观火”。其次，对村庄治理的过多参与，容易造成村庄自治性的消解。扶贫干部嵌入村级组织，重塑了乡村治理结构和治理方式，推进了乡村治理的现代化，但同时也在一定程度上抑制了村庄自治性，加剧了村庄治理的行政化趋向。最后，对村民生活的过度干预，容易造成村民自主性的流失。扶贫干部为了完成上级政府下达的脱贫攻坚任务，要求贫困户必须配合地方政府完成各项脱贫指标，如要求建档立卡贫困户按期建房改厕、限期搬迁入住、拆旧复垦等，在现实操作中难免出现政策执行偏差，这对农民自主性和财产自决权造成一定的干扰。

（四）实践困境

从嵌入的功能发挥来看，结构性嵌入扶贫面临三大实践困境。

1. 结构性嵌入的协调困境

管理学研究表明，管理幅度超过一定限度，组织运转会出现失调。结构性嵌入扶贫涉及不同的行业、系统、区域和层级，不仅需要对不同类别的机构、人员进行协调，而且要实现对多类协调者之间的协调，这很有可能陷入某种“帕金森陷阱”。

2. 结构性嵌入的责任困境

当前的脱贫攻坚有关政策文本对相关扶贫主体责任的界定是，地方党政主要领导对脱贫攻坚工作负有主体责任，帮扶干部负帮扶责任。各级各类下派扶贫干部均在地方党委和政府的领导下开展帮扶工作。然而，如果下派扶贫干部责任意识不强而本地干部群众缺乏内生发展动力，那么这种迫于政治责任和体制压力而形成的多元嵌入扶贫模式可能会流于形式。

3. 结构性嵌入的效率困境

由于区域、部门和制度的壁垒以及信息不对称问题，多元扶贫主体要达到高效协同在现实中的操作成本是很高的。现实观察表明，大量的扶贫资源被耗散在协同链、对接链、沟通链上，许多帮扶干部的精力消耗在重复性的表格和数据填报上，这造成实际扶贫工作低效甚至无效。除此之外，下派扶贫干部还存在无法融入村庄、嵌入作用发挥不足、内外结构整合失败等问题。

五 结论与讨论

下派干部扶贫是解决压力型体制下基层治理能力不足的重要机制，呈现了政府治理的精细化以及国家权力对基层社会的柔性控制。从我们的观察分析来看，国家并非单维度地将扶贫干部嵌入社区治理结构中，而是通过建构定点扶贫（“条—块”模式）、对口帮扶（“块—块”模式）、综合帮扶（“面—块”模式）等多类扶贫模式以及挂职扶贫、驻村扶贫、包联式扶贫等多种实践机制，实现了帮扶力量在贫困地区基层政府和村级组织中“反科层制”嵌入。嵌入性机制与本土结构的耦合协同，促进了基层政府治理能力提升、社会整合和文明建设，但也会诱致权力惰性替代、村庄自治性消解和行政化增强、村民自主性弱化等负向效应。与此同时，由于制度层面和技术层面的条件制约，嵌入主体之间以及其与客体之间还面临着协调困境、责任困境和效率困境问题。

事实上，作为一种特殊主义的制度探索，下派干部扶贫制度是有特定时限和条件的，是临时性、运动式的国家治理机制。在后精准扶贫时期，脱贫攻坚将转向相对贫困治理，扶贫开发工作将由超常规向常规化转变、由短期攻坚战向长期持久战转变。现有扶贫干部体系将如何优化，下派干部扶贫制度将如何发展，未来反贫困治理的动力从何而来？笔者认为，可以作以下三个方面的引申讨论。

首先，应结合国家战略衔接，推动下派干部扶贫制度创新。要致力于实现精准扶贫战略与乡村振兴战略的有效衔接，建立解决阶段性攻坚脱贫与解决长期性相对贫困相衔接的扶贫干部制度机制。比如，通过提高政治待遇和福利待遇等方式，鼓励一部分下派扶贫干部留在贫困地区，将扶贫干部的优良作风和丰富经验传承下去，为未来的相对贫困治理和乡村振兴继续贡献力量。

其次，应结合系统协同性，推动下派干部扶贫体系机制优化。进一步健全帮扶主体和客体之间的协商机制，加强帮受双方对贫困治理议题的协商，促进共识方案的形成，以利于扶贫方案和扶贫项目的执行。进一步建立健全扶贫信息共享机制，促进各扶贫主体及时了解贫困群众、贫困地区和贫困治理的动态，减少扶贫主体之间、主客体之间的信息不对称，打破区域、部门的信息垄断和“信息孤岛”，提高反贫困治理的整体性效率。

最后，应结合贫困治理“在地化”，“寓扶于育”，大力推进“本地人的建设”。贫困治理关键在人而不在物，因此人的建设应是扶贫开发工作的主要着力点之一。乡村建设家晏阳初先生认为，人的建设在于“培养民力”，即知识力、生产力、健康力和组织力。培养民力的根本在于“教育”，即识字教育、生计教育和公民教育。这启示我们，中央和地方政府都应高度重视深度贫困地区人才的培养教育，持续加大财政投入以改善基础教育条件，持续加强职业教育以全面提升农民自我发展能力；充分发挥好农民夜校、新型农民素质培训提升工程等平台作用，着力提升弱势群体的综合文化素质；积极推动地方政府创造条件，促进“城归”大学生和外出农民工返乡创业就业；着力培育一批作风良好、担当能干的致富带头人和村组干部。

参考文献

伏绍宏、张磊：《计生博弈、策略行动与乡村治理的实践逻辑——以凉山彝乡生育秩序整治为例》，《社会科学研究》2019 年第 3 期。

中国脱贫攻坚的路径选择及其重要内涵*

王　蕾**

摘　要：新中国成立以来，中国共产党和中国政府为消除贫困进行了不懈努力，取得了丰硕的理论和实践成果。中国的脱贫攻坚始终坚持“以人民为中心”的价值取向，探索形成逐步精准的渐进式道路，建立健全一整套科学的制度体系，成功走出一条独具特色的扶贫开发道路。这种独特的路径选择，源自中国共产党治国理政理念与时俱进和生产力快速发展，实现扶贫格局由政府主导向政府、市场、社会协同发力转变，更加注重树立贫困地区自我发展、自身发力的意识，厚植脱贫攻坚“人”的全面发展基础。

关键词：贫困治理　乡村振兴　精准扶贫　小康社会

新中国成立以来，中国共产党和中国政府为消除贫困进行了不懈努力，从理论到实践都取得丰硕的成果。新中国成立时，中国绝对贫困发生率在80%以上，此后70年来居民人均可支配收入年均实际增长6.1%，恩格尔系数从80%以上下降到28.4%，绝大多数城乡居民过上了日益富足的生活。① 2019年底，全国贫困人口降至551万人，贫困发

---

* 文章刊发于《北京党史》2020年第5期，是国家社科基金特别委托项目的阶段性成果。该文章收录本书时，内容和文献标注方式略有调整。

** 王蕾，中国社会科学院。

① 郑功成：《民生发展彰显中国制度与治理优势》，求是网，http：//www.qstheory.cn/wp/2020-01/13/c_1125453990.htm。

生率降至0.6%。[①] 在脱贫攻坚取得全面胜利之际，本文重在研究和总结中国脱贫攻坚的路径选择及其深刻内涵，希望对做好后脱贫时代农村贫困治理工作、实现乡村振兴有所助益。

一 中国脱贫攻坚的路径选择

70余年来，中国的脱贫攻坚有着独特的路径选择，即坚持“以人民为中心”的价值取向，探索形成逐步精准的渐进式道路，建立健全一整套脱贫攻坚的科学制度体系。

（一）坚持“以人民为中心”的价值取向

价值取向和价值追求是一个政党是否先进的重要体现。中国共产党在长期治国理政过程中，坚持以马克思主义为指导，牢固树立全心全意为人民服务的宗旨意识，形成了在本质上不同于西方国家的国家治理形式。中国共产党始终坚持为人民谋幸福的初心，几十年如一日地坚持消除贫困、改善民生，为实现共同富裕而奋斗，既是贫困治理的基础与前提，又为贫困治理成功提供不竭的精神动力。中国共产党领导开展新民主主义革命，推翻“三座大山”，为的是让人民翻身解放、当家做主。社会主义革命时期“一化三改造”、扫除文盲等，为的是让人民能够改善生活；改革开放以来，将经济发展成果传递到贫困人口，为的是让人民尽快从温饱阶段向小康生活过渡。2012年11月，习近平总书记讲话指出：“人民对美好生活的向往，就是我们的奋斗目标。”[②] 党的十九大报告进一步提出，我国社会主要矛盾已经转化为人民日益增长的美好生活需要和不平衡不充分的发展之间的矛盾。在2020年全面建成小康社会的收官之年，习近平总书记在全国两会期间再次强调脱贫攻坚的目标：

① 《脱贫攻坚战，也是产业和金融升级的“协奏曲”——专访国务院扶贫办党组书记、主任刘永富》，国务院扶贫开发领导小组办公室官网，http://www.cpad.gov.cn/art/2020/7/8/art_624_182166.html。

② 习近平：《人民对美好生活的向往，就是我们的奋斗目标》（2012年11月15日），《十八大以来重要文献选编》（上），中央文献出版社，2014，第69页。

"到2020年确保我国现行标准下农村贫困人口实现脱贫、贫困县全部摘帽、解决区域性整体贫困问题，是我们党对人民、对历史的郑重承诺。"[①] 这些努力深刻体现了中国共产党人"以人民为中心"的价值传承和共同富裕的价值追求。

脱贫攻坚与人民意识具有密不可分的联系。正是根据人民对美好生活的向往，中国共产党连续出台有利于贫困地区、贫困人口发展的政策，强调脱真贫、真脱贫，真正把"决不能落下一个贫困地区、一个贫困群众"[②] 的要求落到实处。截至2020年5月17日，在既有832个贫困县中，包括少数民族地区在内的四川、贵州、云南、西藏、新疆等22个省区市的780个贫困县已宣布脱贫摘帽。[③] 脱贫攻坚已进入总攻阶段，贫困人口的生存权、发展权得到有力保障，人民获得感、幸福感、安全感更加充实。

（二）坚持逐步精准的渐进式扶贫道路

中国脱贫攻坚经历了从保障式扶贫到开发式扶贫的演进。20世纪80年代中期以前，主要实行生活用品给予和财政补贴的救济方式，即中央政府直接通过各地方政府把粮食、衣物或现金等分配给贫困户。1986年，开发式扶贫被确立为农村扶贫政策的核心，要求以经济建设为中心，支持、鼓励贫困地区农户改善生产条件，开发当地资源，发展商品生产，增强自我积累和自我发展能力。1994年4月国务院印发的《国家八七扶贫攻坚计划（1994～2000年）》对开发式扶贫作出具体规定：国家要扶持贫困户创造稳定解决温饱的基础条件，有条件的地方，人均建成半亩到一亩稳产高产的基本农田；户均一亩林果园，或一亩经济作物；户均向乡镇企业或发达地区转移一个劳动力；户均一项养殖业，或其他家庭

---

① 《习近平在看望参加政协会议的经济界委员时强调：坚持用全面辩证长远眼光分析经济形势　努力在危机中育新机于变局中开新局》，《人民日报》2020年5月24日。

② 《坚持精准扶贫、精准脱贫，坚决打赢脱贫攻坚战》（2015年11月27日），《习近平谈治国理政》（第二卷），外文出版社，2017，第84页。

③ 《全国已有780个贫困县脱贫摘帽》，《农民日报》2020年5月19日。

副业；牧区户均一个围栏草场，或一个“草库仑”。[①]

与此同时，国家逐步打破区划限制，逐步明确重点扶贫地区和贫困县。1986 年，国家首次划定 14 片集中连片贫困地区和 273 个“贫困县”，这是中国脱贫攻坚实践的一个突破。1988 年，又以此为基础进行增划和调整，把全国贫困地区划分为 18 片。1994 年，国家开始实施《国家八七扶贫攻坚计划（1994～2000 年）》，对贫困发起攻坚战，并按新的贫困标准，划定国家重点扶持的 592 个贫困县。2001 年发布的《中国农村扶贫开发纲要（2001～2010 年）》，对 21 世纪前 10 年的扶贫开发工作进行全面部署。纲要根据贫困人口主要集中于中西部、遍布全国各地农村的分布特点，再次调整和重新确定 592 个国家扶贫开发工作重点县，使脱贫攻坚更加具有指向性。同时，各省共确定 14.8 万个重点贫困村，使贫困人口覆盖率达到 80%。这些重大战略规划和相关配套政策根据脱贫攻坚在各个时期突出问题提出，是一个逐步深化和细化的历史过程，对缓解中国的贫困产生了巨大的推动作用。

党的十八大以来，以习近平同志为核心的党中央把脱贫攻坚摆到治国理政的突出位置加以强调，作出一系列重大部署和安排，全面打响脱贫攻坚战。习近平总书记从战略全局的高度，深刻阐释了脱贫攻坚的一系列重大理论和现实问题，提出了一系列新思想、新观点、新举措、新要求，具有很强的思想性、战略性、针对性和可操作性。2013 年 11 月，习近平总书记首次提出“精准扶贫”理念。2015 年 6 月，他又进一步强调扶贫工作要做到“六个精准”：扶持对象精准、项目安排精准、资金使用精准、措施到户精准、因村派人精准、脱贫成效精准。[②] 同年 11 月，中央扶贫开发工作会议提出，确保到 2020 年所有贫困地区和贫困人口一道迈入全面小康社会。2017 年 10 月，党的十九大明确把精准脱贫作为决胜全面建成小康社会必须打好的三大攻坚战之一，作出了新的部署。2018 年 6 月印发的《中共中央国务院关于打赢脱贫攻坚战三年行动的指

① 《国务院关于印发国家八七扶贫攻坚计划的通知》（1994 年 4 月 15 日），《江西政报》1994 年第 11 期。

② 《习近平在部分省区市党委主要负责同志座谈会上强调：谋划好“十三五”时期扶贫开发工作，确保农村贫困人口到 2020 年如期脱贫》，《人民日报》2015 年 6 月 20 日。

导意见》，为推动脱贫攻坚工作更加有效开展，进一步完善顶层设计、强化政策措施、加强统筹协调。

正如习近平总书记指出："扶贫开发推进到今天这样的程度，贵在精准，重在精准，成败之举在于精准。"[①] 精准扶贫的提出，是脱贫攻坚历史演进的必然要求，成为全面打赢脱贫攻坚战的关键举措。党的十八大以来，党带领人民实施精准扶贫战略，脱贫攻坚取得决定性成就，贫困人口由 2012 年底的 9899 万人减少到 2019 年底的 551 万人，连续 7 年每年减贫规模都在 1000 万人以上，离全面建成小康社会的目标越来越近。

从脱贫攻坚的历史来看，由初期的区（片）到县，逐步推进到村，再全面推进到贫困家庭和贫困个体，扶贫地区日益聚焦，对象日益精准。事实证明，中国选择的渐进式的脱贫攻坚道路完全符合国情，成就巨大。

（三）建立健全脱贫攻坚的科学制度体系

新中国成立后，制度建设贯穿中国共产党领导社会主义建设的理论探索与实践发展的过程。党的十九届四中全会在总结中国国家制度和国家治理体系所具有的多方面显著优势时，提出的首要一条，就是"坚持党的集中统一领导，坚持党的科学理论，保持政治稳定，确保国家始终沿着社会主义方向前进"。[②] 当代中国的社会治理史，可以说是制度形成、发展和规范的历史，脱贫攻坚工作也是如此。摆脱贫困、民生富裕，是近代以来无数仁人志士追求的"中国梦"之一。在中国共产党成立、夺取全国政权并建立社会主义制度后，实现这个"中国梦"才有了坚强的领导力量，由此不断开拓制度建设的可能和制度推进的空间。中国共产党探索并坚持中国特色扶贫开发道路，将脱贫攻坚作为国家总体发展战略，纳入国家五年发展规划，在党的全国代表大会上作为战略性任务进行部署，分阶段、有计划地集中力量开展大规模的专项扶贫行动，针

---

① 转引自《让全体中国人民迈入全面小康》，《人民日报》2015 年 11 月 27 日。

② 《中国共产党第十九届中央委员会第四次全体会议文件汇编》，人民出版社，2019，第 5 页。

对特定人群组织实施妇女儿童、残疾人、少数民族发展规划。中国共产党通过严密的组织安排保障脱贫攻坚的权威性和有效性，集中力量提高扶贫政策和各项保障措施贯彻落实的效率，推动脱贫攻坚的制度体系逐步建立健全，取得一系列卓越成果。

中国共产党和中国政府开展脱贫攻坚的历史不是一个单维度的演进过程，“扶持谁”“谁来扶”“怎么扶”等一系列问题涉及政治、经济、文化等各个领域，深刻展示了各项制度在社会治理领域中的作用，是一个制度体系性的存在。中国共产党充分发挥“坚持全国一盘棋，调动各方面积极性，集中力量办大事的显著优势”①，从政策、资源、人力、项目、质量、动力、保障等多个方面不断创新，制定并实施因地制宜、各有特色的扶贫制度，形成定点扶贫、产业扶贫、驻村帮扶、行业扶贫、易地扶贫、金融扶贫、社会帮扶、建档立卡、东西协作等脱贫攻坚的范式。党的十八大以后，中国特色社会主义进入新时代，脱贫攻坚制度又得到了有效的战略调整和政策创新，顶层设计更为系统化、科学化、精准化。正是依托这些制度实践和方式探索，脱贫攻坚的制度体系逐步形成并加快完善，确保了脱贫攻坚的科学性和可持续性。

二　中国脱贫攻坚的多元路径

中国脱贫攻坚的持续深入推进，解决贫困问题的方法和途径越来越多元，有赖于中国共产党治理体系的逐步系统化和社会经济的持续创新发展，有着丰富而深刻的内涵。

（一）脱贫攻坚路径选择，源自中国共产党治国理政理念与时俱进和生产力快速发展

时期不同、地区不同，贫困的发生原因和类型也各不相同。有因基本生存条件未能满足而产生的饥饿贫困，有因物资匮乏引致的收入贫困，也有区域、流域发展不平衡导致的总体性的产业不平衡。在社会广泛进

① 《中国共产党第十九届中央委员会第四次全体会议文件汇编》，第5页。

步后，脱贫攻坚又包含教育、文化、健康、可持续发展和环境保护等内核。这些内核，有的发生在不同的历史阶段，形成即期式的脱贫攻坚目标；有的发生在同一历史阶段的局部区域，导致脱贫攻坚总体上的非均衡性；有的需要前瞻眼光。比如，新中国成立后很长一段时期的脱贫攻坚都比较简单化，集中在单向性的“送粮、送衣、送救济”的物资帮扶馈赠方式上。这种方式将人民吃饭放在首要位置，缓解城市与农村整体极端贫困的现实困境，是符合当时经济不发达条件下脱贫攻坚诉求的。改革开放后，脱贫攻坚的路径向多渠道综合拓展。20 世纪 80 年代中叶，我国有组织、有计划、大规模的扶贫开发工作正式启动。中央和地方政府不断加大对水、电、路、网等基础设施和公共服务建设投资力度；全面建立农村低保和医疗救助制度，投入大量救助资金来保障农村贫困群体的基本生活；职业教育培训、医疗卫生、公共文化科技等基本公共服务供给，成为贫困治理的一部分而不断得到改善。这都改变了以单一经济指标为目标的治理方式，由物资帮扶向志智双扶转变，同贫困人群共享经济社会发展的成果。

党的十八大以来，脱贫攻坚被纳入“五位一体”总体布局和“四个全面”战略布局，成为实现第一个百年奋斗目标的重点任务。脱贫攻坚的路径与经济社会发展水平相适应，益发向教育、卫生、就业、健康等领域创造性的共生并进，由此而产生教育扶贫、产业扶贫、文化扶贫等，呈现复杂丰富的面相。如数字信息基础设施建设和信息工具的使用近年来成为新的扶贫基建领域。生态扶贫、绿色脱贫也随着生态文明理念、绿色发展模式的形成，与脱贫攻坚有机结合起来。贫困地区的生态保护与扶贫开发相结合，通过实施重大生态工程建设、加大生态补偿力度、大力发展生态产业等生态扶贫方式创新，以绿色发展取得显著减贫成效。近年来，随着基本公共卫生与人民健康观念普及，公共卫生体系建设不断深入，贫困人口健康领域短板突出、贫困地区灾害救助体系尚未完善的问题迫切需要解决。健康扶贫成为精准扶贫的新内容，包括提升农村供水保障水平、加强农村公共卫生应急管理等。以“厕所革命”“垃圾革命”为抓手实现农村人居环境友好，从源头上预防和控制疾病，不断改善与健康相关的自然和社会环境，切实防止贫困地区及人口因病致贫、因病返贫。突如其来的新冠肺炎疫情发生后，习近平总书记在中央政治局常务委员会会议重要讲话中强调："要聚焦攻克脱贫攻坚战最后堡垒，结合推进乡村振兴战略，以疫情防治为切入点，加强乡村人居环境整治和公共卫生体系建设。"[①] 其后，又要求全面建成小康社会加快补上农村公共服务短板。这说明健康扶贫成为脱贫攻坚的重点和难点。

（二）扶贫格局由政府主导向政府、市场、社会协同发力转变

新中国成立后，中国共产党和中国政府以极强的责任感把消除贫困作为重大任务，集中力量解决温饱问题，在短时间内取得明显的扶贫效果。改革开放以来，在政府治理的执行层面上，建立健全从中央到地方的扶贫工作领导机构，国务院成立国务院扶贫办公室，贫困省、区、县逐级成立相应的组织机构。实行责任、任务、资金和权力"四个到省"的扶贫工作责任制和各级政府扶贫工作首长负责制，由政府统揽使用贫困治理专项工具，统一组织安排脱贫攻坚，包含公共设施建设、发展义务教育、提供基本社会保障等。开发式扶贫成为主流后，对政府主导的扶贫模式提出了新的要求。尤其是随着市场经济的蓬勃发展，社会经济成分、组织形式、就业方式、利益关系和分配方式日益多样化，脱贫攻坚缺乏有效的市场竞争和市场动力，供给效率低下。这使政府逐步认识到要实现脱贫攻坚的普惠化和精准化，仅仅依靠政府一方自上而下的努力是不够的，"全能政府"思想和计划体制遗留的影响必须消除。另外，贫困地区的资源禀赋和发展基础各不相同，市场经济面对贫困治理固有的"失灵"不可避免，甚至由于扶贫公共产品的属性较强而具有放大效应。脱贫攻坚的政府行为与市场资源配置逻辑之间产生了巨大张力，导致"政府热、社会弱、市场冷"的普遍性问题。各级政府部门、以企业为微观主体的市场和社会组织三者难以各司其职、协调发展、和谐互动。这就需要在顶层设计上充分发挥政府、社会组织、企业及第三方平台的强大合力，构建脱贫攻坚的系统布局。

---

① 《中共中央政治局常务委员会召开会议，研究加强新型冠状病毒感染的肺炎疫情防控工作》，《人民日报》2020 年 2 月 4 日。

党的十八大以来，社会治理成为国家治理体系和治理能力现代化的重要内容，构建大扶贫格局成为脱贫攻坚的重要抓手。党的十八届三中全会通过的《中共中央关于全面深化改革若干重大问题的决定》，直接提出“加快形成科学有效的社会治理体制”的任务。2017 年，党的十九大提出要打造“共建共治共享的社会治理格局”，坚持大扶贫格局。这是以习近平同志为核心的党中央在提出精准扶贫理念后的又一重大的理论创新。2018 年 12 月，习近平总书记强调：“坚持社会动员，凝聚各方力量。脱贫攻坚，各方参与是合力。必须坚持充分发挥政府和社会两方面力量作用，构建专项扶贫、行业扶贫、社会扶贫互为补充的大扶贫格局，调动各方面积极性，形成全社会广泛参与脱贫攻坚格局。”[①] 党的十九届四中全会明确提出，要建立人人有责、人人尽责、人人享有的社会治理共同体。

构建大扶贫格局，从政策到实践都得到了很好的落实。2016 年 11 月 23 日，国务院印发《“十三五”脱贫攻坚规划》。规划明确指出，农林产业扶贫、电商扶贫、资产收益扶贫、科技扶贫是产业发展脱贫的重要内容，同时提出农林种养产业扶贫工程、农村一二三产业融合发展试点示范工程、贫困地区培训工程、旅游基础设施提升工程、乡村旅游产品建设工程、休闲农业和乡村旅游提升工程、森林旅游扶贫工程、乡村旅游后备箱工程、乡村旅游扶贫培训宣传工程、光伏扶贫工程、水库移民脱贫工程、农村小水电扶贫工程等“十三五”期间重点实施的产业扶贫工程。产业扶贫中，市场作为经济运行的机制之一，在因地制宜、推动贫困地区主导产业获得内生发展可持续动力方面表现良好。政府积极扶持支柱产业、龙头企业，贫困户以入股、务工等方式融入产业开发，分享产业发展红利等，已成为脱贫攻坚的常态。通过开发集体资源、开发物业租赁、发展消费扶贫等方式，集体经济不断发展壮大，集体财产得到保值增值。农村公共服务多元化供给机制的构建也在探索中。公共服务的本质特征在于公益性，强调服务性，中国资源有限，地域分布不

① 习近平：《在打好精准脱贫攻坚战座谈会上的讲话》（2018 年 2 月 12 日），《当代党员》2020 年第 9 期。

均匀，层次较多，这决定了农村公共服务的供给必须立足国情，实现有效供给主体的多样性。公共服务的主体是地方各级政府公共部门，市场力量、社会力量的参与正在规范。社会扶贫潜力充分释放，从多个维度将有限的资源用对、用好，避免影响脱贫攻坚成效。实践证明，坚持中央统筹、省负总责、市县抓落实的工作机制，强化党政“一把手”负总责的责任制，由政府保障权威性和有效性，引导并鼓励市场力量和社会力量参与扶贫工作的专项扶贫、行业扶贫、社会扶贫“三位一体”的扶贫格局，符合国情、政情，取得了良好效果。

（三）注重树立贫困地区自我发展、自身发力的意识，厚植脱贫攻坚“人”的全面发展基础

马克思指出，无产阶级要想真正摆脱贫困，不能依靠别人，只能依靠自身的全面发展，“使它获得一定劳动部门的技能和技巧……就要有一定的教育或训练”[①]。只有通过一定的教育和培训掌握生产技能，提升劳动者智力和素质水平，才能具备消除贫困的能力，才能保障脱贫后不再陷入贫困。中国在脱贫攻坚的路径上，从一开始就认识到人是生产力第一要素，让人民真正摆脱贫穷，就要不断破除既有的生产制度和分配制度对于人们权利和自由的限制。在缓解贫困人口的生活之需外，有意识地采取必要措施使每个人都能受到一定的文化教育，得到初级医疗救助。1952 年 11 月，成立中央扫除文盲工作委员会，推行速成识字法，形成新中国成立后的第一次大规模扫盲运动。1956 年 3 月，中共中央、国务院发布《关于扫除文盲的决定》，指出扫除文盲是社会主义建设中的一项极为重大的政治任务。20 世纪五六十年代，党中央在农民中推选出一些优秀人才去进行一定的医学培养，其学成后回来为村民服务，成为半医半农的卫生员。这是一支专门为农民解决基本医疗问题而成立的队伍。

改革开放以来，贫困现象除了收入贫困外，逐渐表现出其他多维性特征。中国经济的快速增长显著改善了收入贫困局面，在脱贫攻坚的路

① 《马克思恩格斯文集》（第 5 卷），人民出版社，2009，第 200 页。

径选择上更为注重兼顾物质扶贫与精神扶贫两个层面，开发式扶贫与保障式扶贫相统筹，即为贫困人口提供物质、技术、人才等客观物质条件和工具后，逐步向“人”本身的素质提高和战胜贫困的奋斗愿望信心转变，在扶贫救助中注重提升贫困人口的内生动力，帮助他们掌握谋生的手段技能。采取的主要路径为：扫除文盲工作走向经常化、制度化；提高农村人口受教育水平；破除贫困地区一些干部群众“等、靠、要”的深层意识；提高帮扶责任人“授之以渔”的本领，提升人力资本。1993年12月，中国成立文化扶贫委员会，将文化、教育、科学普及等与满足贫困人口求知、求富、求乐的要求和发展农村经济紧密地结合起来。

党的十八大以后，脱贫攻坚跨越到把提高脱贫质量放在首位的新阶段，突出开发式、内源式扶贫，更加注重依靠人的全面发展实现真正有效脱贫。贫困群众既是脱贫攻坚的对象，更是脱贫致富的主体。习近平总书记多次发表关于发挥群众主体作用和内生动力的讲话，强调扶贫先扶志，扶贫必扶智。党的十九大提出“振兴乡村战略”，其核心要点是人的精神的提振、人民群众的主体作用再发挥和乡村资源的再配置。2018年6月，中共中央、国务院印发《关于打赢脱贫攻坚战三年行动的指导意见》，要求切实坚持把扶贫同扶志、扶智相结合，将扶贫攻坚和转变作风、锻炼队伍相结合。这一系列重要论述和规定所提出的要求，与包容性增长所倡导的“机会平等的增长”“公平合理地分享经济增长”“寻求社会和经济协调发展、可持续发展”等理念相耦合。在“精准扶贫”的治理框架下，特别是脱贫攻坚进入“啃硬骨头、攻坚拔寨”的冲刺阶段后，提高人的素质和能力所包含的人文关怀内容逐步丰富，健康文明的日常生活方式得到大力倡导。

注重激发贫困地区内生动力和贫困主体自我发展意愿，对贫困治理路径的进一步多元化提出了要求。权利贫困、能力贫困以及生态贫困等维度的贫困得到足够的重视，片面强调收入提高即可解决贫困的传统观念得以改变。在倡导机会公平、共享增长成果的包容性增长理念指导下，提升反贫困路径的包容性和多维度综合发展，推动农村居民收入、健康、教育、生活环境等共同发展，从而全面缓解农村贫困程度，成为共识。如利用“一免一补”、特困助学、“雨露计划”等进行教育扶贫，助力贫困户参与职业教育学习一技傍身。在解除了最基础的贫困问题后，对有能力、有志气的贫困户，各地政府因地制宜，采用不同的创业贴息政策，有利于最大限度地减少可能发生的返贫现象；企业帮助当地培养经营、管理和技术人才，努力打造有当地特色、可持续发展的主导脱贫产业；健康扶贫政策无论是在贫困地区疾病预防、妇幼保健方面，还是在贫困人群健康管理和贫困地区卫生环境改善等方面，都已取得卓越成就，并将继续取得贫困人口收入的进一步增长、较长的预期寿命和较好的教育。向贫困地区村党组织选派驻村第一书记，加强基层党组织建设，成为打赢脱贫攻坚战的重要组织举措。到2020年3月，全国累计选派290多万名县级以上党政机关和国有企事业单位干部到贫困村和软弱涣散村担任第一书记或驻村干部[①]，实现所有贫困村驻村工作全覆盖。这支队伍注重贫困群众的情感心理和精神信仰建设，引导他们树立“宁愿苦干、不愿苦熬”的观念，激发他们改变贫困面貌的干劲和决心，整体提高贫困村发展的质量和水平。

消除贫困、改善民生、实现共同富裕，是中国特色社会主义的本质要求，是中国共产党的重要使命。中国共产党领导开展脱贫攻坚的路径选择和重要内涵，蕴含着为中国人民谋幸福、为中华民族谋复兴的初心和使命，是党治国理政理念与时俱进的生动体现，是中国特色社会主义制度巨大优势的全面彰显，成功地推动困扰中华民族几千年的绝对贫困问题得到历史性解决，也为后脱贫时代实现乡村振兴积蓄了磅礴力量。

① 习近平：《在决战决胜脱贫攻坚座谈会上的讲话》（2020年3月6日），《人民日报》2020年3月7日。

"双循环"新发展格局下脱贫攻坚与乡村振兴有效衔接研究：行为逻辑、机遇挑战与实施途径*

郑瑞强　郭如良**

摘　要： 实现脱贫攻坚与乡村振兴有效衔接，应准确把握"双循环"新发展格局"空间重构基础上要素组合优化和区域高质量发展"的战略要义。文章从减贫规律认知升华、行为外嵌转向发展自觉、资源配置优化与延续效应发挥三个层面分析脱贫攻坚与乡村振兴有效衔接行为的内在逻辑，厘清"双循环"新发展格局建设对于脱贫攻坚与乡村振兴有效衔接工作的机遇与挑战，提出应着力做好发展规划统筹、体制政策健全完善、产业转型升级、相对贫困治理、全域生态宜居环境创建、新时代文明实践中心高质量建设、乡村治理体系与治理能力现代化协同推进、城乡融合发展等领域工作，推进脱贫攻坚与乡村振兴有效衔接工作同"双循环"新发展格局建设良性互动。

关键词： 脱贫攻坚　乡村振兴

---

* 文章刊发于《华中农业大学学报》（社会科学版）2021 年第 3 期，是国家社科基金年度项目（20BJL085）的阶段性成果。该文章收录本书时，内容和文献标注方式略有调整。

** 郑瑞强，江西农业大学；郭如良，江西农业大学。

当今世界百年未有之大变局加速演进，国际形势发生着深刻变化，国内改革发展稳定任务艰巨繁重。为了应对经济社会发展的不确定性，国家提出构建“国内国际双循环相互促进的新发展格局”，做出了我国进入新发展阶段的科学论断，为“十四五”时期经济社会发展谋篇布局，对于全面建成小康社会、开启全面建设社会主义现代化新征程中的乡村振兴等战略实施带来机遇与挑战，尤其是通过要素市场化改革畅通国民经济循环，生产上保障产业链稳定、拉动乡村产业转型升级，分配上兼顾公平和效率、缩小城乡居民收入差距，流通上降低交易费用、跨区域高效配置资源，消费上释放农村市场内需、建设高标准市场体系，为打赢脱贫攻坚战和实施乡村振兴战略提供有利环境。作为当前国家两大战略行动，脱贫攻坚要为实现第一个“百年目标”补齐短板；乡村振兴是党的十九大科学研判农业农村发展形势基础上做出的重大战略部署，优先任务是在巩固拓展脱贫攻坚成果基础上实现稳定脱贫，核心要义是推动实现农业农村现代化，为实现第二个“百年目标”夯实基础。处在两大战略的政策叠加期、历史交汇期，基于推进农业农村现代化发展目标引领，着眼“双循环”新发展格局背景系统谋划促进两大战略的有效衔接问题，明确“双循环”新发展格局建设影响，深入探讨“双循环”新发展格局下两大战略有效衔接途径，理论意义和实践价值凸显。

一 “双循环”新发展格局的提出与战略内涵

逆全球化势头下的贸易保护主义、新冠肺炎疫情冲击等多重因素影响使全球经济持续萎缩，全球产业链和供应链受到强烈冲击并进入重构阶段。面对复杂严峻的经济社会发展形势，在科学研判我国“外贸依存度高、高能级产业链和产业链高附加值环节竞争力弱、内需市场广阔和国内大循环基础趋于牢固”等特征的基础上，国家提出“双循环”发展战略，要求“构建国内大循环为主体，国内国际双循环相互促进的新发展格局”，这既是贯彻新发展理念实现高质量发展的内在要求，更是促进全球经济复苏和社会秩序稳定的积极探索。习近平总书记指出，“这个新发展格局。是根据我国发展阶段、环境、条件变化提出来的，是重塑我国国际合作和竞争新优势的战略抉择”，并且强调，“新发展格局绝不是封闭的国内循环，而是开放的国内国际双循环”。[①]

作为党的十八大以来“不断扩大内需”“畅通国民经济循环、促进形成强大国内市场”等重大方针的升华，[②]“双循环”新发展格局是以全球视野、辩证思维对未来中国经济发展空间进行的新的历史定位。聚焦“双循环”新发展格局理论要义，共识性的认知是：推动形成“双循环”新发展格局的关键在于“破而后立”，转危为机，于变局中开新局；着眼高质量发展理念引领，系统审视和重构传统经济社会发展秩序，以期提高资源配置效率和获取核心竞争优势，更好满足和实现人民对于美好生活的向往，分析维度多选择内需为主、技术创新、市场体系、内外循环相互促进、积极开发等领域。[③] 空间重构视角下思考“双循环”新发展格局战略内涵，主要表现为通过促进商流、物流、信息流、资金流等“流”通畅传统产业链供应链的“堵点痛点”，突破“体制藩篱和空间区割”，促进要素自由流动与组合优化，聚焦核心技术创新与市场需求挖潜提升，双向提高“两侧（供给侧和需求侧）市场竞争力”，增进区域发展的动态协调发展能力，提升资源配置效率和实现区域高质量发展。

1. 促进核心技术创新，加速高能级产业链建设与完善

长期起来，消费、投资和净出口是我国经济发展的主要驱动力，尤其是 1978 年改革开放以来，我国充分利用具有比较优势的廉价劳动力、低成本土地、优惠政策甚至在初期是超国民待遇的政策支持等发展要素，大量国外投资以及附着其上的技术、管理等被引进，完善了产业体系，加速了工业化进程，使得我国短时间内能够参与并逐步融入全球产业链中低端环节。其间国民财富大大增加，据国家统计局信息，我国国内生产总值由 1978 年的 3678.7 亿元升至 2019 年的 990865.1 亿元、人均国内生产总值由 1978 年的 385 元升至 2019 年的 70892 元，外贸依存度也由

---

① 习近平：《在经济社会领域专家座谈会上的讲话》，人民出版社，2020。

② 蔡普华：《推动内外双循环实现良性互动》，《联合时报》2020 年 8 月 25 日。

③ 甄新伟：《从五个维度深刻理解“双循环”战略内涵》，《第一财经日报》2020 年 8 月 20 日。

1978 年的 9. 8% 升至 2019 年的 31. 8% 。[①] 但“两头在外，大进大出”的发展战略、出口与投资双驱动所带来的外贸依存度高、加工贸易代工利润低、制造业转型升级难、生态环境恶化等问题也逐渐显现：许多企业在国际化的产业价值链条中仅可获得“微笑曲线”中间部分 5% 左右的微薄利润。2006 年我国进出口贸易依存度更是达到 64% 的峰值，且在成为“世界工厂”的同时，也付出了惨重的环境代价。[②] 另据海关总署信息，虽然近年来随着我国比较优势的变化和产业实力的增强，2019 年进出口 7. 95 万亿元，较上年下降 5. 1% ，占比下降至 25. 2% ，但产业发展水平与具有较高竞争力的面向产品全生命周期的全新服务模式相比还有较大距离。针对我国产业发展“两端要素流通趋紧、中段环节价值增值水平亟待提升”的特征，尤其是新冠肺炎疫情期间“原料进不来，产品出不去”的“双向挤压”现象，国家在持续深化供给侧结构性改革的基础上提出和部署“双循环”新发展格局战略，短期内或因资源短缺、外部市场萎缩、内需不足等因素导致产能相对过剩的产业竞争态势更趋激烈。依据市场竞争优势获取理论，虽不乏低端产业“局部塌陷”的风险，但着眼长远分析参与竞争的企业等市场主体，理性视角下市场主体将会在现状竞争状态下整合资源要素并用于技术创新、服务升级等领域，以科技创新催生新发展动能，促进产业转型升级，提升产业链水平，以免在竞争中因比较优势丧失而被淘汰，通过内强自身、外联高端，逐步走向和占据区域产业网络中心位置与产业链高端环节，获取更多超额利润并且显著提高资源配置效率，在促进产业结构优化升级的同时也将大大提升我国产业在国际外循环环境中的市场竞争力。

2. 深耕国内市场与拓宽国际市场，提高民众福利水平

国家推动实施“双循环”新发展格局战略，根本在于高标准市场化

① 数据源于国家统计局官网（http：//www. stats. gov. cn/）和国家数据网（https：//data. stats. gov. cn/search. htm），使用时已做整理与核实，其中外贸依存度测算按照惯例，选择全球进出口与经济总量的比例，可能误差存在于汇率换算与我国第三产业统计口径（传统统计制度与方法、部分企业填报统计调查表时存在随意性）存在一定程度的低估现象。

② 王义伟：《中国企业陷入“两头在外”困局怎样才能突围?》，2020 年 11 月 15 日，https：//www. chinanews. com/news/2005/2005 - 07 - 19/26/601104. shtml。

体系建设，促进形成强大的国内市场，持续释放内需潜力，积极拓宽国际市场；底气源自我国已经形成的较为完整的现代产业体系和由14亿人口为基数的庞大消费市场。鉴于区域发展水平、产业梯度转移及资源禀赋差异等因素影响，加之市场体系建设水平的参差不齐，区域间要素顺畅交流和要素等值交换很难实现，较为直接地表现为收入分配差距较大，分工精细化基础上的劳动力价格不高且收入不稳定。正如李克强总理在2020年十三届全国人大三次会议闭幕后的记者会上披露的，“中国是一个人口众多的发展中国家，我们人均年可支配收入是3万元人民币，但是有6亿中低收入及以下人群，他们平均每个月的收入也就1000元左右”，[①] 故扎实做好“六稳”“六保”尤其是采取增加就业机会、提高就业质量等方式促进民众增收是深耕国内市场的基础，通过复工复产推动居民消费回升、构建多元化投融资模式支持扩大公共消费等全方位激活内需。在贸易壁垒下“出口高增长”即将结束的转型期，调整产业结构，扩大内需，建立一个以国内循环为主的新格局需要放松经济管制，[②] 注重为市场主体提供开放有序的发展环境，激活市场主体活力，实现“发展环境友好—高质量产品和服务提供—有效需求增加—产业结构（尤其是就业弹性大的服务产业）优化升级—市场竞争力增强—企业收益和劳动力价格双提升、消费者需求得到有效满足”的良性循环，亦即减税让利激活民间社会活力、调节收入分配稳定社会秩序以及增加财政转移支付惠及民生等举措无疑将成为“双循环”新发展格局建设工作重心。

二 推进脱贫攻坚与乡村振兴有效衔接的行为逻辑

准确把握“巩固拓展脱贫攻坚成果、推进实现农业农村的现代化离不开乡村全面振兴，推进实施乡村振兴是高质量推进农业农村工作的逻

① 《李克强总理出席记者会并回答中外记者提问》，2020年11月17日，http：//www. gov. cn/gongbao/content/2020/content_ 5517496. htm。

② 郑秉文：《不设增速目标与保就业：应对危机的良性循环市场化改革新路子》，《保险研究》2020年第6期。

辑延续"交互关系，从减贫规律认知升华、发展自觉行为驱动和资源要素高效配置三个层面明晰脱贫攻坚与乡村振兴有效衔接行为的内在逻辑，即以"补齐短板"促区域整体发展、以"外力帮扶"促内生动力激发、以"政府与市场协同"促资源要素组合优化，使脱贫攻坚和乡村振兴在居民生活水平不断提高、要素禀赋不断改善、发展秩序不断优化等基础上实现梯次、平滑与有效衔接。

1. 重要前提：减贫规律认知升华

农村贫困问题是乡村发展不平衡不充分状态的综合体现，扶贫开发是对于贫困区域和贫困发展空间重构和社会关联重建的过程；明确贫困发生机制和深化对脱贫致富行为的规律认知，亦可为"三农"问题解决和农业农村全面发展提供经验借鉴，尤其是有助于在脱贫攻坚与乡村振兴衔接的过渡期及时巩固和转化脱贫攻坚实践中获得的乡村改革和乡村治理领域的成果与经验。全球视野下历史分析不同区域不同发展阶段的减贫实践，党的十八大以来开展的精准扶贫、精准脱贫工作第一次实现了国家范围内消除绝对贫困现象，开创了减贫历史新纪元，在实现贫困人口脱贫致富的同时也促进了区域整体发展，脱贫攻坚成为促进区域减贫与发展的"综合性发展方式"。脱贫攻坚的全面胜利从根本上转变了民众对于传统的"扶贫开发仅是扶弱助困"的狭隘理解，更增进了干部群众对于"通过扶贫开发助推乡村发展实现生产生活水平全面提升"的行为预期。行为主体的行为开展总是其认知水平的外化，尤其是行为主体基于某可选行为与其他行为进行比较后获得认可，经行为主体思考加工后的认知及相应行为将在未来更长一段时间得到行为主体的青睐和坚持。[①] 全面建成小康社会目标实现以后，面对相对贫困治理问题凸显、建档立卡贫困人口返贫风险依然存在以及中国进入新发展阶段后农村发展可能遇到的新情况，巩固拓展脱贫攻坚成果，扩大扶贫开发受益范围，沿着既定的脱贫致富道路走深走实，由原来"补短板"变为乡村系统发展的"牵引"，有效衔接脱贫攻坚和乡村振兴战略。

① 李嘉惠、刘清、蒋多：《行为决策中诱饵效应的认知加工机制》，《心理科学进展》2020年第10期。

2. 核心驱动：行为“外嵌”转向发展自觉

任何社会行为主体都存在于一定的社会关联网络中，受到社会网络的影响，并在不断联系的过程中产生社会网络、社会关系和信任等，[①]逐步融于发展主流系统；如若出现关联系统“脱域”，组织体系运行系统中的权力、资源和利益关系的平衡态将被打破，系统无序致使协同混乱，发展系统中的弱势群体发展将受到排斥，进而陷入贫困状态。考虑到贫困区域“局部发展塌陷”、贫困人口综合素质不高及发展环境恶劣等因素的影响，我国扶贫开发工作在整体上遵循了“外部帮扶与内生动力激发兼顾，通过改变贫困区域和贫困人口发展空间促进行为主体发展自觉”的工作思路，尤其是精准扶贫初期阶段，在规划制定、区域分片、项目选择、推进实施等过程中具有明显的政府主导特征，在取得减贫脱贫显著成效的同时，扶贫开发行为的“外嵌”特点较为明显，贫困人口、社会组织等基本处于被动参与状态。扶贫开发不仅在结果上逐步消除贫困，在减贫过程中也在不断提高贫困人口及其他社会主体的可行能力。[②] 随着贫困人口生计发展水平不断提高，行权能力和参与水平逐步提升，贫困人口、社会组织等主体基于“美好生活”发展目标引领，主动谋求和拓宽致富门路，“发展自觉”行为已然呈现：思想意识上由“要我脱贫”走向“自我发展”；经营行为上注重传统种养产业转型升级，强化市场竞争、信息赋能等现代化发展要素增进；发展氛围上向往既有秩序又充满活力的和谐友好环境；人生目标上强调生活宽裕基础上的精神生活充实。脱贫攻坚使得此前“脱域”的乡村发展力量重新“在场”，全面激发的内生动力成为推动乡村高质量发展的关键要素，乡村振兴总要求的明确提出更是成为促进乡村共建共治共享治理体系和治理能力现代化的重要战略引领。

3. 基础支撑：资源配置优化与延续效应发挥

贫困源于发展资源匮乏或配置低效，国家为补齐全面建成小康社会

---

① 杜骏飞：《网络社会治理共同体：概念、理论与策略》，《华中农业大学学报》（社会科学版）2020 年第 6 期。

② A. SEN, *Poverty and Famines*: *An Essay on Entitlement and Deprivation*, Oxford University Press, 1982: 3 – 17.

目标的乡村发展"贫困短板"，投入大量财政扶贫资源用于脱贫攻坚工作，如据财政部公布的数据，2016～2020年，中央财政累计安排补助地方财政专项扶贫资金5304.8亿元，连续5年每年增加200亿元，[①] 此外还有大量的地方财政帮扶资金与社会力量帮扶资源。资源投入过程中强化资源配置优化机制保障，尤其是我国扶贫开发工作在科学认知多维贫困发生与治理规律的基础上，经由"政府主导、粗放帮扶、专项开展"向"政府与市场作用协同发挥、精准扶贫与精准脱贫、区域发展与扶贫开发相结合"理念转变，充分利用中国特色社会主义制度的优越性，精准发力，促进"要素供给—资源配置优化机制保障—贫困人口生计可持续发展"目标实现。决战决胜脱贫攻坚，不仅消除了现行标准下绝对贫困问题，也使得乡村发展相关的政府工作人员、村干部、普通群众等对于乡村自身情况、可能利用的发展资源以及未来发展思路更加清晰。要保障乡村振兴工作进入发展的"快车道"，实现发展"加速度"并逐步实现城乡融合，实现"区域发展空间与居民个体个性化生计空间"双向重构基础上的要素组合优化，以及在更高层次、更广领域的异质空间融合中推进"要素组合优化驱动的高质量发展"是为根本，坚持"精准"原则基础上的丰裕资源持续投入和确保已投入扶贫资源稳定高效发挥作用是为必需，而发展层次更高、涉及领域更广和汇聚资源能力更强的乡村振兴战略可作为脱贫攻坚战略的有效承接。

三　"双循环"新发展格局对于脱贫攻坚与乡村振兴有效衔接的机遇与挑战

本质意义上解读脱贫攻坚与乡村振兴之于贫困人口和乡村发展的影响，重在改善与重构贫困人口生计空间与乡村区域发展空间。"双循环"新发展格局建设将通过打破传统固化的资源流动渠道和市场交易网络，

① 数据源于中国政府网公布数据，其中2016～2019年，中央财政累计安排专项扶贫资金3843.8亿元（http：//www.gov.cn/xinwen/2019－07/18/content_5410741.htm）和国家扶贫开发领导小组办公室官网数据，2020年安排专项扶贫资金1461亿元（http：//www.cpad.gov.cn/art/2020/4/1/art_50_117365.html），共5304.8亿元。

立足国内国外两个市场尤其是强化内需激活，通过“不破不立”甚至“牺牲短期利益换取逐步赢得核心竞争优势基础上的长远优势”发展思路，调整优化发展空间与思路，基于产业比较优势和竞争优势优化产业链和供应链，不断推进产业升级和区域高质量发展。党的十九届五中全会提出：“全面实施乡村振兴战略……推动形成工农互促、城乡互补、协调发展、共同繁荣的新型工农城乡关系……实施乡村建设行动……实现巩固拓展脱贫攻坚成果同乡村振兴有效衔接”①，推进脱贫攻坚与乡村振兴有效衔接，需要加强两大系统转换与接续发展过程中资源配置、产业发展、社会治理、民生保障等领域的政策与机制创新，“双循环”新发展格局的提出和推进实施，为脱贫攻坚与乡村振兴有效衔接带来诸多机遇与挑战。

1. “双循环”新发展格局对于脱贫攻坚与乡村振兴有效衔接的机遇

（1）有助于城乡发展空间重构。“双循环”新发展格局战略就是要为我国经济可持续高质量发展找到相匹配的内源性动力和外向型动力，并有序提高两种动力之间自主可控、安全高效的灵活转换机制。② 由于“二元”经济结构影响，城乡居民收入水平和消费支出差距明显，农村居民的边际消费倾向高于城镇居民边际消费倾向，因此挖掘国内需求潜力，必须有效启动广袤的农村市场。要让农村居民“敢消费、愿消费”，促增收强保障是前提，收入分配体制改革是核心。“双循环”新发展格局战略推进将以继续深化供给侧结构性改革为重要任务，扩大有效投资，优化稳定产业链，既强化出口拉动，又重视“本地市场效应”。对于乡村发展而言，围绕重点产业链、带动性强的大中型企业、重大投资工程项目以及有序推进以智慧基础设施为代表的“新型基础设施建设”等财政投资将明显增加，教育与技能培训、医疗卫生、就业创业和高标准市场体系建设等公共服务水平将大为提高，区域内部或区际产业链各环节整合优化和产业转型升级步伐加快等，诸多行为的背后是涌动的资源与

---

① 《中国共产党第十九届中央委员会第五次全体会议公报》，2020 年 11 月 17 日，http：//www. gov. cn/xinwen/2020 – 10/29/content_ 5555877. htm。

② 王济光：《加快形成双循环相互促进的新发展格局》，《人民政协报》2020 年 8 月 27 日。

变化的发展秩序，人力、资本、物质技术和管理等要素的变化影响和重构着贫困人口生计空间和乡村区域发展空间。

（2）有助于巩固拓展脱贫攻坚成果。“双循环”新发展格局建设直面传统行政区划下“区域性竞争”发展战略带来的“地区分割”“区域间产业结构雷同”等负面影响，强调市场在资源配置中起决定性作用和更好地发挥政府作用，基于动态能力提升视角对传统资源流向、产业组织、政策体制等进行有机协调，通过流程再造和组织再造打破现行体制内组织区割和组织内体制区割，将提升国家和区域发展中的动态能力作为业务流程再造的载体，同时又把业务流程再造视作动态能力的外在表现，实现“双循环”新发展格局下资源观念、组织系统理念、商业运作模式等发生根本性转变，更好地适应市场化、全球化和网络化发展趋势的冲击。国内国外发展资源的循环畅通，为资源要素等值和顺畅交流提供了前提和基础。贫困人口因其所在发展环境动态能力提升，与其关联的政府部门、带贫企业、合作社、家庭农场及其他帮扶主体也将从发展意识、市场竞争行为能力、发展主体间协作等方面受到全方位影响。灵活的发展观念、逐步提高的生计可行能力、拓宽的就业渠道和致富门路、日益增长的劳动力等要素价格以及以区域发展水平提升为基础的民生保障改善等，夯实了脱贫人口稳定脱贫的基础。

（3）有助于新型城乡关系建设。城乡之间是一种基于产业分工而形成的互为市场的互利关系，是一种通过人的活动形成和维系的存在于城市和乡村两种实体之间的关系，[①] 体现为要素流动形成的发展系统间共生交互与“空间关系”重组过程。[②] 随着城乡一体化与城乡融合推进，城乡协调、互惠共生的新局面也在逐步形成。“双循环”新发展格局旨在着力于通过各种“流”（人员、资金、信息、商品等）紧密城乡关联，立足于“生产—发展—生活”发展视角，通过要素市场改革、基础设施改善、民生保障健全、制度政策创新等基础设施建设逐步改善城乡基础

① 亚当·斯密：《国民财富的性质及其原因的研究》，王亚南译，商务印书馆，2014，第145～147、178～200页。

② Lefebvre, *The Production of Spuce*, translated by Nicholson Smith, Oxford: Blackwell, 1991: 73.

设施的非均衡性、城乡公共服务体系的非包容性、城乡生产方式的非开放性、城乡空间布局的非协调性和城乡生活形态的非共享性，[①] 推进形成共建共治共享的“对称互惠共生”的城乡关系，为实现稳定脱贫和乡村振兴提供坚实保障。

2. “双循环”新发展格局对于脱贫攻坚与乡村振兴有效衔接的挑战

（1）乡村资源承接转化能力需要提升。系统从原来的平衡态逐渐演化到新的平衡态，需要不断与外界交换物质和能量，并通过内部的作用产生自组织现象，使系统从原来的无序状态自发转变为时空上和功能上的宏观有序状态。[②] 脱贫攻坚与乡村振兴有效衔接中需要强化资源的承接转化能力，对于“双循环”新发展格局战略推进带来的资源投入与政策调整，能够准确把握变换的发展环境，敏感感知和捕捉政策信息与资源流向，抓好人才队伍建设，分阶段梯次推进，有效“吸收”，着力脱贫攻坚和乡村振兴的重点任务高效“转化”，实现系统稳定有序基础上的产出最大化，差异化的资源承接转化能力将会影响乡村发展水平。

（2）相对贫困治理问题需要重视。“双循环”新发展格局建设背景下的区域动态能力提升也会在一定程度上增加系统发展风险，如区域市场失序、企业倒闭、部门社会政策失控等，包括贫困人口在内的弱势群体在相关负面影响发生时首当其冲：综合素质与技能水平不高导致失业风险骤增；贫困标准收入水平降低与消费支出相对增加，生计脆弱型脱贫人口和略高于贫困标准的“边缘户”面临进入贫困或返贫风险，收入型贫困与支出型贫困现象并存。持续“减少贫困人口的绝对数量”以及做好由广大低收入群体组成的相对贫困群体的治理工作成为接续减贫的重点任务，相对贫困治理所要解决的不只是基本生存问题，更是发展问题以及发展成果的共享问题；不仅要持续解决收入上的相对贫困，还要着力解决多维的相对贫困[③]；不仅要尽力减少相对贫困人口，还要努力

① 杨发祥、杨发萍：《乡村振兴视野下的城乡关系研究》，《人文杂志》2020 年第 3 期。

② I. Prigogine and P. M. Allen, *The Challenge of Complexity*, *Self Organization and Dissipative Structures*, University of Texas Press, Austin, 1982: 9.

③ 罗必良：《相对贫困治理：性质、策略与长效机制》，《求索》2020 年第 6 期。

缩小贫富差距，着力构建长效机制，稳步提升相对贫困治理的能力和水平。

（3）乡村治理现代化创新需要加强。实现城乡非均衡发展向融合发展转变，需要协同推进“双循环”新发展格局、脱贫攻坚、乡村振兴和区域协调发展等重要战略，重心任务是完善乡村治理体系、提高乡村治理水平，如乡村党建与多元整合型乡村治理结构重构、村庄公共服务和居民自我服务水平改善、村级集体经济发展、城乡贫困治理一体化推进、乡村精神文明建设推进“人的现代化”、城乡要素流动的社会管理机制建设等，逐步将扶贫开发和乡村振兴相关工作纳入“双循环”新发展格局下统筹考虑，让贫困治理、乡村发展不平衡不充分的相关问题在区域整体发展进程中得到解决。

四 “双循环”新发展格局下脱贫攻坚与乡村振兴有效衔接的实施路径——以江西为例①

为准确把握“双循环”新发展格局下脱贫攻坚与乡村振兴有效衔接过程中可能遇到的问题并提出切实可行的政策建议，课题组坚持习近平新时代中国特色社会主义思想尤其是习近平总书记关于脱贫攻坚和乡村振兴战略的重要论述为指导，选择具有“革命老区、中部省份、农业大省和连片特困区涉及省份”特征的江西省为分析样本。一是空间位置特点突出，位于中部地区的江西，与长江经济带发展规划、长三角城市群一体化发展规划和粤港澳大湾区、成渝双城经济圈等国家战略存在交融；80%以上土地面积是革命老区，也是脱贫攻坚的主战场，有原中央苏区和特困片区县（市、区）58个，其中罗霄山区连片特困县（市、区）17个；“十三五”时期省内分布有25个贫困县（市、区）（全部是重点老区县，且其中一个省定贫困县，大部分县处于赣南等原

① 课题组在中共江西省委宣传部、省农业农村厅和省扶贫办支持下，于2020年3~5月、7~9月赴赣州市、抚州市、南昌市、吉安市及上饶市等地10余个典型乡村实地调研，并与涉及市县乡村各级干部、新型农业经营主体、普通村民等100余人开展深入座谈访谈。此处数据为课题组调研期间所获并经整理所得。

中央苏区）和3058个贫困村。二是脱贫攻坚工作取得决定性成绩，经由精准扶贫，革命摇篮井冈山于2017年2月在全国率先脱贫，成为中国贫困退出机制建立后首个脱贫摘帽的贫困县；2020年4月全省贫困县全部“摘帽”，3058个贫困村全部退出；全省建档立卡贫困人口从2013年底的346万减至9.6万，贫困发生率从9.21%降至0.27%，人民生产生活水平明显提高。三是脱贫攻坚与乡村振兴有效衔接工作有了初步基础，按照乡村振兴战略要求，依据国家有关乡村振兴战略的政策框架体系，江西持续发力脱贫攻坚、发展壮大乡村产业、开展农村人居环境整治、创新农村社会治理以及纵深推进农村改革和促进城乡融合发展。习近平总书记于2019年5月明确提出江西要“在加快革命老区高质量发展上作示范、在推动中部地区崛起上勇争先”的目标定位，并对江西农业农村发展作出了“气象新、面貌美、活力足、前景好”的高度评价。

课题组先后到赣州市、抚州市、吉安市、上饶市和南昌市等地开展实地调研，且与各地农业农村、扶贫开发等政府职能部门工作人员进行了深入访谈，在每个设区市按照是否省级贫困村、是否乡村振兴示范村以及其他普通乡村的标准各选择3个村，值得说明的是，样本村中包含比较具有代表性的乡村，如“全国率先脱贫村——井冈山市神山村”“全国文明村镇——南昌县剑霞村”“全省美丽十佳新乡村——横峰县梧桐畈村”等。与样本区域市县乡村各级干部和乡村居民等进行广泛交流后，课题组发现，党的十九大以来，江西持续发力脱贫攻坚、发展壮大乡村产业、开展农村人居环境整治、创新农村社会治理以及纵深推进农村改革和促进城乡融合发展，各项工作进展有序。未来要高质量推进脱贫攻坚与乡村振兴有效衔接工作，应从要素组合优化层面深入考察促动机制，紧抓“双循环”新发展格局建设契机，打破制度壁垒和实施有效政策引导，创造更多的发展机会，促进要素组合优化，激发区域发展潜能。考虑到前述机遇与挑战，结合脱贫攻坚与乡村振兴形势调研，未来的有效衔接工作应积极探索和有效推进五大领域七个方面。

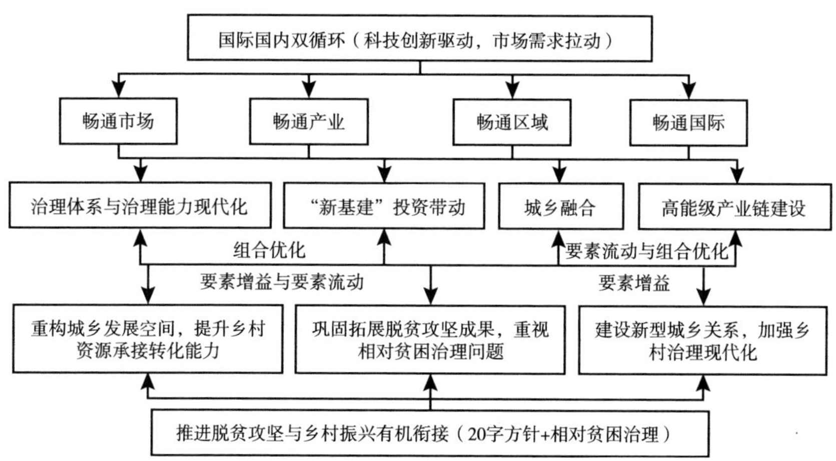

图 1　脱贫攻坚与乡村振兴有效衔接和"双循环"新发展格局建设关系

1. 贯彻落实新发展理念，科学分析"双循环"新发展格局影响，统筹编制"十四五"时期系列规划

做好江西脱贫攻坚与乡村振兴有效衔接，要深入贯彻落实新发展理念，科学分析"双循环"新发展格局多维影响，明确可能的影响领域和传导路径，强化包容性增长、共享性发展，在规划上统筹接续减贫和乡村振兴。依据《中共中央国务院关于打赢脱贫攻坚战三年行动的指导意见》《乡村振兴战略规划（2018～2022年）》等文件要求，结合江西实际，以战略规划中部署的82项重大工程、重大计划、重大行动为抓手，以加强以智慧物流设施为代表的"新基建"为基础，联通产业链、供应链、服务链、价值链，通过改善营商环境降低成本、增进服务，[①] 强化江西在长江经济带、粤港澳大湾区等区域协调战略中的融入，实施空间优化战略，统筹编制江西《"十四五"脱贫攻坚成果巩固提升规划》《"十四五"乡村振兴规划》等规划文件，为脱贫攻坚与乡村振兴有效衔接提供工作蓝图和夯实工作基础。

① 陈文玲：《当前国内外经济形势与双循环新格局的构建》，《河海大学学报》（哲学社会科学版）2020年第4期。

2. 接续推进精准扶贫、精准脱贫，构建相对贫困治理的长效机制，梯次推进城乡扶贫治理一体化

实施精准扶贫工作以来，江西贫困人口从2015年底的200万减至2019年底的9.6万，贫困发生率从5.7%降至0.27%，江西贫困地区农民人均可支配收入从2016年的8643元，增至2019年的11767元，年平均增速达到10.8%，贫困群众获得感幸福感显著增强。遵照中央提出的“巩固脱贫攻坚成果，建立解决相对贫困的长效机制”工作要求，结合“双循环”新发展格局可能带来的低收入风险，未来工作应逐步完善相对贫困治理体系，研究建立解决相对贫困长效机制，将关注重点和扶持重点向边缘村（户）等相对贫困群体倾斜，依据区域发展水平科学划定相对贫困标准（现行标准1.5~2倍为宜），开展贫困边缘村（户）识别和脱贫监测户动态监测，关注支出型贫困，延续和创新原有脱贫攻坚举措，建立相对贫困群体动态监测、动态调整和跟踪服务机制，实施精准管理和精准帮扶。同时梳理相关帮扶政策，根据涉及任务完成情况做好调整优化、提标扩面和重点强化工作，保持脱贫攻坚政策稳定，主要措施不搞“急刹车”。另外，关注低收入群体生计，把握“双循环”新发展格局带来的人口等发展要素流动加剧趋势，推进城乡扶贫开发治理一体化。江西农村脱贫攻坚工作走在全国前列的同时，城镇贫困治理工作协同推进。强化流动人口生计水平监测，关注低收入群体跟踪帮扶，将城镇贫困人员纳入城乡居民基本养老保险扶贫政策范围，逐步推进城乡扶贫开发梯次并轨与一体化治理。

3. 着力资源要素整合和区域发展联通，聚焦重点难点任务，扎实推进乡村振兴

（1）发挥资源优势与拓宽市场，大力发展乡村产业，加快建设现代农业产业体系。巩固拓展脱贫攻坚成果和全面实现乡村振兴离不开乡村产业兴旺，产业兴旺离不开要素组合优化驱动与全域治理能力提升。各地依托地域特色、农业资源禀赋，不断发掘新功能新价值，乡村产业形态日益丰富，一批新型经营主体逐渐壮大，要素分红、服务分红等多样化利益联结机制逐步构建，既让农户分享了产业增值收益，又提升了参与发展产业的能力。但乡村产业发展也面临诸多问题，如产业发展层次低，缺乏龙头企业带动、品牌影响力弱，产销对接困难、冷链设施等基础条件差，科技、人才、资金等要素支撑不足等。首先，充分发挥政策性项目引领作用，科学规划乡村产业。开阔乡村产业规划视野，"双循环"新发展格局视野下在更高层面、更广领域开展资源要素优化组配，开展产业规划的"村规乡治，乡规县管"试点探索。优化国土空间规划，增进区域产业发展和产业集聚比较优势，激活乡村产业发展内生动力。结合区域资源禀赋，推进农业产业结构调整，促进财政性支持"项目库"提质与产业转型升级，优先发展绿色生态农业，做足精深加工，坚持"创特色与抓规模并重，创品牌和增效益并举"，推进农村一二三产业融合发展。其次，多渠道引进龙头企业等市场主体，加大本土新型经营主体培育力度。提升区域冷链等基础设施建设和服务水平提升，内引外联，多渠道引进龙头企业等市场主体，强化高阶要素融汇能力和水平，增强产业发展动力和活力。乡村产业起步阶段尤其应关注大中型国有企业引进，同时通过政策奖补、技能培训等方式积极培育农业企业、专业合作社和家庭农场等本土新型经营主体发展，尤其关注带动能力强的大型龙头企业培育，实施农民合作社质量提升工程，创新完善复合型涉农组织的利益联结机制，大力发展农业生产社会化服务，推进"产业合作共同体"建设，带动扶持小农户分享生产、加工、销售环节增值收益。同时强化科技服务指导，提高农业科研成果转化应用效率，为脱贫攻坚和乡村振兴提供强有力的科技支撑。最后，进一步健全多层次农村金融服务体系，推进农业保险扩面增品提标。一是研究制定相关政策将免担保的小额贷款对象扩大到一般农户，给予50%～70%的财政贴息；提高新型经营主体贷款额度至100万元以上，支持小微企业融资政策适用于乡村产业和农村创新创业；联合金融机构将更多涉农资产纳入抵押物范畴，搭建省级、市级农业投融资平台。二是将当前省级财政补贴险种扩大到蔬菜、家禽、水产、中药材等多个主导产业，提高省级财政承担比例；将"一县一品"地方特色农业保险奖补试点扩大到非贫困县，扩大特色农产品目标价格保险试点面，组建省级专业性农业保险公司并投入运营。

（2）深入开展农村人居环境整治，探索"市场化"长效管护机制，推进城乡全域生态宜居环境创建。建设好生态宜居的美丽乡村，让广大农民有更多获得感幸福感。江西以“七改三网”为重点在2.5万个自然村组开展了村庄整治建设，并在全国率先全面启动村庄环境长效管护，2019年村庄生活垃圾有效治理率达到97.6%，粪污资源化利用率达92.3%。高质量推进农村人居环境整治工作，应直面农村人居环境整治工作推进不平衡、农村公共服务配套不到位等问题，立足推进城乡全域生态宜居环境创建，夯实城乡融合环境基础。一是促进城乡融合发展，全域推进农村人居环境整治。以“整洁美丽、和谐宜居”为要求，坚持连线成片推进，统筹安排贫困村和非贫困村项目建设，按照“人精神、地干净、物整洁、院绿化、畜规范”工作要求，推动农村人居环境实现外在美、居家美和生活美。完善和推广“县城带乡镇、乡镇带村组、县乡村三级联动”的全域生态宜居乡村创建模式，将农村人居环境整治与乡村振兴战略实施有机融合。二是加大资金投入力度，提升基础设施和公共服务水平。优化调整基础设施投入政策，整合涉农资金，加大资金投入力度。设立乡村振兴专项资金，集中用于乡村振兴重点领域、重点环节，依据政策要求将县域地方土地出让收益主要用于乡村振兴和解决相对贫困问题；调整优化涉农资金投入，重点用于推动农业产业发展、农村基础设施建设、医疗教育等基本公共服务提升等，探索建立基本公共服务与常住人口挂钩机制。因村分类施策，针对部分宜居不迁并村组村容村貌仍旧破败的实际，实施村庄整治全面覆盖工程；针对以前整治的村庄因标准较低、时间较长、设施老化、功能不足的情况，实施村容村貌提档升级工程；针对村庄整治水平仍然不高，与生态美丽宜居标准还有差距的问题，实施美丽宜居示范引领工程；针对建后管护工作有待加强的迫切需要，实施村庄环境长效管护工程；针对产村融合不够紧密的情况，实施资产盘活发展优势产业工程。三是推进政府购买服务，探索“市场化”长效管护机制。鼓励社会个体成立服务公司，参与农村人居环境整治服务，通过政府购买服务破解农村环境长效管护难题，探索“农民自治+企业履约+政府监管”的“三位一体”长效管护机制，推广城乡环卫“全域一体化”第三方治理，由注重建设向建管并重转变，激励农民自己管、引进企业专业管、政府履责严格管，确保农村由“阶段美”转变为“持久美”。四是强化生态治理和资源保护，力促在国家层面建立生态保护补偿和“产区—销区”利益补偿机制。结合江西作为粮食、生猪等农副产品外调大省以及生态资源富集区优势，力推在国家层面根据农副产品调出量研究出台规范、科学的程序和标准由受益区域向江西补偿资金，补偿江西在农副产品生产、环境保护中的污染治理、质量安全监管和生产补贴方面的等投入，用于支持乡村振兴工作开展。

（3）高质量建设新时代文明实践中心，促进群众自觉发展意识觉醒，积极培育乡村良好风尚。农业农村的现代化不仅是“物的现代化”，更是“人的现代化”。良好乡风能够浸润人心、引领向善，规范行为、凝聚力量。巩固脱贫攻坚成果和实施乡村振兴战略，不仅要让农民的生活富裕，还要让农民的精神生活充实。主要表现为三个方面。一是传承和弘扬红色基因，促进群众自觉发展意识觉醒。江西是一方红色热土，脱贫攻坚和乡村振兴衔接过程中要着力传承和弘扬红色基因，运用“红色讲习所”等形式开展宣讲培训，深入学习和广泛宣讲井冈山精神、苏区精神等老区精神的深刻内涵和精神实质，使其融于村规民约、民间信仰、风俗习惯等乡村文化，引导群众将其转化为对美好生活奋斗目标的执着追求，从发展实践切入，从精神上激励群众，树立感恩意识、主体意识，贫困群众的积极性主动性创造性凝聚起脱贫攻坚与乡村振兴的强大精神动力。二是深入推进新时代文明实践中心建设，打通宣传、教育、服务群众的“最后一公里”。以文化人，以社会主义核心价值观为引领，推进新时代文明实践走深走实。推行文明实践区域化共建机制，实行政府领导挂点、职能部门与社会组织或企业参与联建，提升志愿服务水平和质量，形成多元共建大工作格局，成风化俗，把文明实践落到实处，让文明实践站成为乡村振兴“加油站”。三是聚力乡风文明建设，促进乡村移风易俗。设立“村级文明建设办公室”，持续推进星级文明信用户创评、“好人文化”建设、家风建设等乡风文明行动，集中解决“因婚、因不孝、因懒、因赌”等致贫问题，志智双扶，紧抓《民法典》宣传契机，大力开展尊老爱幼、家庭和睦、亲仁善邻、社会和谐的文明乡风建设，树立起“崇尚劳动、崇尚科学、崇尚法治，继承和发扬优良传统”的良好风尚，使文明有礼、崇德向善成为农民群众的行动自觉，实现德治、法治、自治的互促互益。

（4）纵深推进农村改革，完善乡村治理结构，创新完善乡村治理模式。通过全面加强农村基层组织建设和推进“自治法治德治”融合等工作，乡村治理创新成效明显，2019 年江西共配齐配强村党组织书记 250 余人，余江等 5 个县（区）成功申报全国乡村治理体系建设试点单位，3 个乡镇 30 个村被列为全国乡村治理示范村镇，实现村务监督委员会设立全覆盖、农村“法律明白人”培养工程有关做法在全国推广等。当前乡村治理工作存在治理合力不够强、治理方式不够活、治理水平不够高等问题，实现乡村治理有效，前提是坚持党建引领，理顺乡村治理架构，完善治理模式。其一，深化农村要素市场改革，抓好人才培养和新型经营主体培育。一是在明确提出市、县国土空间总体规划应预留建设用地用于支持脱贫攻坚和乡村振兴需求的基础上，借鉴“标准地”实践经验研究制定江西支持农业产业尤其是产业融合项目的设施用地政策，大力盘活利用闲置宅基地、农房，打破农村用地瓶颈，并通过市场调节以提高资源配置效率。探索建立农村撂荒耕地经营权回收制度，对实施撂荒两年及以上的农村耕地，允许将经营权回收至村集体，由村集体统一组织流转或经营，并从流转费用或经营收益中提取一定比例充实村级集体经济，并返还一定比例给承包农户。二是实施“乡村振兴人才强基工程”，推进“职业农民”教育培育，加大乡村振兴所需的经营型人才、技术型人才、管理型人才和综合型人才等教育和培训力度，重视新型经营主体、致富带头人培养，注重教培机构能力评估和业务监管。其二，完善乡村治理结构，充分发挥群众主体作用。村党组织是乡村善治的重要基础，协商民主规范是乡村善治的重要保证。创新完善乡村治理模式，要在进一步健全建强村党组织的基础上，健全村务监督委员会、协商民主理事会、家乡发展委员会、乡村发展促进会等民主协商组织，以不同形式构建党群连心网、便民服务网，全面推进村级、组级民主协商、民主评议活动，激发群众主人翁意识，积极参与党务、村务、政务工作，引导农民群众、新乡贤及其他社会力量，共建共享乡村发展。其三，实施田园党建工程，促进新型经营主体发展协同。建立“党组织 + 龙头企业 + 合作社 + 基地 + 农户”产业链利益联结机制，开展“组织建在田园、党课上在田园、服务落在田园、活动放在田园、实绩亮在田园”的田园党建活动，构建以党建为引领、以产业行业（合作社）为核心、跨区域经营、产供销一体化的产业联盟，将组织优势转化为发展优势，把组织活力转化为发展动力，协调整合新型经营主体发展行为与优势资源。

4. 强化领导体制，创新工作机制，重视现有帮扶力量衔接

要推进脱贫攻坚与乡村振兴有效衔接，实现全面振兴、共同富裕，必须有明确的阶段预期、科学的指导理念、完善的机构、强而有力的干部队伍以及健全有效的管理体制与工作机制。首先，坚持精准方略，落实“五级书记”抓乡村振兴管理体制。充分考虑脱贫攻坚特殊性、局部性、紧迫性特点，以及乡村振兴综合性、整体性和持久性特征，实现乡村分类精准、发展途径精准、帮扶措施精准。落实“五级书记”抓乡村振兴管理体制，坚持农业农村发展优先、干部配备优先、要素配置优先和资金投入优先“四个优先”，压实责任，承接《中国共产党农村工作条例》和即将颁布的《中华人民共和国乡村振兴促进法》等法规要求，依据村庄发展特点建立健全“差异化”实施乡村振兴战略实绩考核制度，防止乡村振兴工作“一刀切”。其次，强化协同，建立健全实施乡村振兴战略协同推进工作机制。加强党委农村工作部门力量，建立脱贫攻坚与乡村振兴衔接工作领导小组，按照产业振兴、生态振兴、组织振兴、人才振兴、乡村治理和脱贫提升等乡村振兴涉及领域设立专项推进小组。坚持整合资金，形成政府投入和社会资本协同发力的良性机制和制度体系，坚持广泛动员，凝聚社会各方面共同参与的强大合力，形成全社会广泛参与乡村振兴的格局。最后，重视现有帮扶力量衔接，强化保障体系建设。延续并加强驻村帮扶和结对帮扶，加大单位帮扶联系村、工作队驻村帮扶、干部结对帮扶力度。衔接期内保持现有帮扶力量相对稳定，“方案转变，人心不乱，力量不散”，并将重心工作转向乡村振兴，将“乡镇扶贫工作站”和“村精准扶贫工作室”就地转为“乡村振兴工作站”“乡村振兴工作室”。强化责任、投入、帮扶、监督考核等保障体系，精准施策，着力提高资源配置效率和效益。

5. 畅通要素流动，优化乡村发展环境，促进城乡融合发展

推进脱贫攻坚与乡村振兴有效衔接，良好的新型工农城乡关系是支撑。畅通城乡发展要素交流，打破制度壁垒和实施有效政策引导，创造更多的发展机会，助推产业发展中要素组合优化，激发区域发展潜能，通过推进区域治理体系和治理能力现代化为产业发展提供适合先进生产要素成长的市场与制度环境，实现乡村区域内外要素组合优化基础上的协同发展。农业农村发展不充分、城乡发展不平衡的状态要求乡村发展既要注重提升自身实力，也要强化外部帮扶资源整合。一是大力发展村集体经济，创新乡村发展方式。加快农村产权改革进程，加强农村集体“三资”监管。省级层面明确包括村集体法人、管理人员等在内的收益分配指导办法。结合区域实际设立扶持“村级集体经济发展基金”，着手“村级（或联村联乡）产业园”“村级（或联村联乡）农业产业园”等产业园区规划建设，促进村级现代产业体系建设与提档升级，不断提升自身实力和外部资源承接能力。二是疏通乡贤回归政策通道，坚持企业与项目引智用才。完善人才回乡的居留以及社保、教育等社会保障政策，畅通青年回乡、乡贤返乡政策和渠道。创新人才引进、留用举措，坚持通过“依托引进企业、引进项目的方式引进、留住人才”，让人才有所依、有所用。三是优化农业农村发展环境，引导工商资本有序参与乡村振兴。针对工商资本下乡存在一些“下不去”“留不住”“做不大”的困难和问题，应打好土地、人才、资金等支持政策“组合拳”，如实行多层次多样化供地、加强农业专业人才培训、提高工商资本投资后所形成资产的金融活性等，使之有序注入农村，但又要严格审批，科学筛选，强化监管，使之在项目建设、技术选择、经营管理中坚持与区域自然环境、社会环境相适应，尊重和顺应乡村发展规律。

五　结语

推进“双循环”新发展格局背景下脱贫攻坚与乡村振兴有效衔接工作，核心在于以农业农村现代化目标为统领，准确把握“双循环”新发展格局“两侧（供给侧和需求侧）市场竞争力双向提升”战略内涵，明确脱贫攻坚与乡村振兴“以补齐短板促区域整体发展、以外力帮扶促内生动力激发、以政府与市场协同促资源要素组合优化”的有效衔接行为逻辑，在变化着的新发展格局中坚持“空间重构基础上要素组合优化”的思路有序开展相对贫困治理、产业链提级与融入、治理能力提升等工作，不断提高资源配置效率，高质量实现稳定脱贫与乡村振兴目标。

完善稳定脱贫长效机制的政策建议*

谢玉梅**

江南大学谢玉梅教授、国务院扶贫办黄承伟研究员主持的国家社科基金项目，对江苏、河南等省第一批脱贫的4个县8个乡镇19个行政村进行了走访调研，认为贫困地区目前已初步建立了稳定脱贫机制，但可持续脱贫形势依然严峻，提出了完善稳定脱贫长效机制的政策建议。

一 初步建立的稳定脱贫机制效果明显

一是务工成为稳定脱贫的主要路径。调研显示，务工是多地脱贫的最直接最有效方式，务工收入已成为农户收入的重要来源。二是社会保障为稳定脱贫构建了基本社会安全网络。调研样本县对因学和因病致贫、部分或者完全丧失劳动能力的贫困户在教育、医疗和生活上直接给予现金支持，基本建立了从适龄幼儿到不同教育阶段就学补助体系，为建档立卡贫困户建立了涵盖基本医疗险、大病险和健康医疗险等的政府医疗救助体系，对长期患病、残疾、孤寡老人等设立了民政救助，给予最低生活保障（中部脱贫县每人每月120元、东部地区每人每月300元）。社会保障在一定程度上解决了因残、因学、因病致贫等最低保障制度性贫困问题。三是第一书记和驻村工作队为稳定脱贫提供了组织保障。一些

* 文章刊发于《国家社科基金成果要报》。该文章收录本书时，内容和文献标注方式略有调整。

** 谢玉梅，江南大学。

地区整合第一书记、驻村干部个人资源和所在单位资源，由县直机关单位“一把手”负责引入企业驻村，对第一书记实行经济考核与党建考核并举，推进家门口就业工程。

二 要实现稳定长效脱贫还面临四大挑战

一是贫困群体“两大”现象比较普遍：剩下的贫困户多为残疾病患孤寡老人，脱贫难度大；“吃低保”问题比较突出，群众意见较大。调研的19个村中有9个村低保户比例超过50%，其余10个村在35%～40%。“吃低保”原因以生病为主，如某村468个贫困人口中“吃低保”的达338人，主要原因是脑梗和肠胃不适，但调研中没有发现针对性的疾病整治和防治措施，助长了部分没有丧失劳动能力的低保户的“等、靠、要”思想。

二是经济发展“两缺”现象比较突出：农村人才严重缺失，村集体经济缺乏增收来源。大部分村干部、党员年龄偏大、文化程度偏低。妇幼老成为村留守主体，个别村存在村委选举达不到现有户籍人数要求的现象。在对务工进行统计的16个村中，7个村的外出劳动力高于60%，最高的达到91.5%。集体经济增收渠道窄，仅有3个村具有稳定增收渠道。

三是资金使用“一低一高”现象需高度关注：扶贫资金使用中贫困户收益低，地方政府潜在风险高。财政扶贫资金以入股方式投入企业或合作社，贫困户保底分红，但调研中大部分村还没有分过红。有些地区存在合作社、大户甚至村干部以贫困户名义套取扶贫资金现象。在到村扶贫资金使用中，有的地方搞“一刀切”，强制建成标准化厂房招商引资，但引资进展缓慢，厂房空置率高。一些地方政府“引导变主导”，通过设立地方政府风险补偿金为涉农商业银行和保险公司提供担保，要求金融机构增加产业扶贫贷款，如产业扶贫贷款发生风险将转嫁为地方政府财政风险。

四是扶贫贷款“两性”矛盾逐步凸显。有些地区贫困户贷款需求不足，农村金融机构发放到户扶贫贴息贷款意愿不强，扶贫贷款的公益性与商业银行的盈利性经营原则相矛盾，影响银行发放到户扶贫贴息贷款的意愿。在实施精准扶贫中，要求扶贫贴息贷款发放给建档立卡的贫困户后，这个矛盾更加突出。

三 完善稳定脱贫长效机制的建议

1. 严格按照“六个精准”要求，加强扶贫资金稽查和监管

完善独立第三方评估，解决好过度低保和扶贫资源分配不公、扶贫资金滥用等问题。可借鉴一些地方成功做法，构建公安、税务、财政、民政、扶贫部门信息共享平台，确保贫困户识别、扶贫资源使用公平透明。

2. 积极培育贫困县内生发展动力

推动自然资源和劳动力资源具有优势的中西部县域，抓住东部地区产业结构调整和出口企业转国内市场的机遇，利用贫困地区企业优先上市、税收优惠等支持政策，引入规模以上企业进驻，吸引外地务工青年回流，建立县域稳定脱贫增收渠道，为县域城乡居民医疗、教育等社会公共事业发展提供稳定保障。要吸取一些地方“光伏扶贫”的教训，防止出现项目烂尾。

3. 增强村集体经济增收能力，提高基层组织服务水平，夯实稳定脱贫基础

以土地资源为平台，因地制宜，创新“人地钱”组合模式，发展特色产业，推进家门口就业，拓展集体经济和农民稳定增收渠道。可借鉴兰考基层组织治理模式，选派优秀干部覆盖县所有行政村，巩固第一书记和驻村帮扶成果，实行支部联村共建常态化；整合县直机关和村级党组织资源，联建联动，在短期内改善基层组织人员年龄、学历结构，提升管理服务水平。从长期来看，应通过培训再学习等方式提升村“两委”基层组织战斗力，为乡村振兴提供组织保障。

4. 进一步创新金融扶贫机制，发挥金融助推脱贫作用

对有增收能力的农户给予信贷扶持，将其纳入农业产业价值链，帮助解决农产品销售等问题，提高其增收性贷款偿还能力。鼓励金融机构向积极吸纳建档立卡贫困户的新型农业经营主体发放扶贫贴息贷款，同时应加强监管，避免以贫困户名义套取贷款现象。在一些自然灾害严重的贫困地区，建议当地扶贫办、信用社、保险公司等加强合作，积极探索农业保险和保证保险合并，扩大普惠金融覆盖面。鼓励银行和保险公司、担保公司等机构创新农村金融产品和服务方式，不断满足农村金融服务多样化的需求。

乡村振兴战略背景下就业扶贫的机制与措施*

李长安**

摘　要： 让更多的农民生活富裕，是实施乡村振兴战略的核心内容之一。在推进新型城镇化过程中，农村“失业型贫困”问题将更加突出。就业扶贫是帮助贫困人口脱贫的重要途径。从机制上看，之所以失业或就业质量不高容易导致贫困，原因就是劳动报酬是绝大多数劳动者的主要收入来源。而就业扶贫就是通过使贫困农民转移就业获得更多的非农收入，从而达到脱贫的目的。就业的扶贫功效不仅得到国内外实践经验的支持，也被诸多理论研究所证实。我国的就业扶贫具有精确性、系统性和发展性的特点。增加贫困农民的非农就业，继续实施以工代赈，提高农民工的就业质量，都是缓解农村贫困的有效手段。构建完善的就业扶贫政策体系，是提高就业扶贫效果的政策保障。

关键词： 乡村振兴　就业扶贫　就业质量

党的十九大报告中首次提出了实施乡村振兴战略的重大构想，并提出了“产业兴旺、生态宜居、乡风文明、治理有效、生活富裕”的总体要求。目前，农村贫困是我国实施乡村振兴战略最大的“短板”，要实

---

* 文章刊发于《中国高校社会科学》2018 年第 6 期，是国家社科基金年度项目（18AJL014）的阶段性成果。该文章收录本书时，内容和文献标注方式略有调整。

** 李长安，对外经济贸易大学。

现全体农民的“生活富裕”，就必须首先解决部分贫困农民收入低下的问题，采取多种措施帮助他们脱贫奔小康。扶贫攻坚是实施乡村振兴战略的重要内容，要实现乡村振兴战略的目标，就必须将农村扶贫作为一项重要的工作来抓。这是因为扶贫问题直接关乎贫困群众的基本权益，是广大贫困人口能够平等享受改革开放的发展成果、解决农村贫困人口的基本民生，进而实现全面小康的发展目标的重要前提。事实上，农村贫困是社会主义初级阶段进入新时代后社会主要矛盾在收入分配领域的集中表现，只有解决好农村贫困问题，才能解决好农村地区发展不充分、城乡发展不平衡的矛盾。在大力推进农村扶贫的攻坚战中，就业扶贫是整个扶贫战略的重要一环，在当前的精准扶贫进程中有着特殊重要的地位。通过各种途径使贫困农民转移到非农部门就业，努力增加他们参与非农业部门就业的机会，同时不断提高进城农民工的就业质量，对于增加贫困农民收入，使他们走上脱贫奔小康道路，具有重要的现实意义。

一　就业扶贫是实现乡村振兴的重要途径

乡村振兴的核心是农民富裕。尽快消除农村贫困、让更多的农村人口走上全面小康道路，是实现乡村振兴的必由之路。如果没有农民生活水平的提高，乡村振兴的目标就难以实现。因此，在实施乡村振兴战略过程中，必须将扶贫工作放到特殊重要的战略地位上来。

改革开放 40 年来，我国的扶贫工作取得了举世瞩目的成绩。1978 年，我国农村的贫困人口有 7.7 亿，贫困发生率高达 97.5%。一直到 2012 年，农村贫困人口依然接近 1 亿，贫困发生率超过 10%。2012 年 11 月召开的党的十八大，正式提出了“精准扶贫”的理念，要求到 2020 年必须确保现行标准下农村人口实现全部脱贫、所有贫困县全部摘帽，此后扶贫攻坚成为从中央到地方各级政府的一项中心工作，我国的扶贫事业也由此开始步入了“快车道”。国家统计局的数据表明，按照现行农村贫困标准计算，2017 年我国农村贫困人口已经下降到 3046 万人，贫困发生率降为 3.1%。与此同时，我国的城乡收入分配差距经历了先扩大后缩小的历程。近十年来，我国收入分配差距呈现逐步缩小的趋势，基尼系数在 2008 年达到阶段性峰值0.491后开始逐年回落，目前降到0.46左右。其中，城乡收入差距缩小明显，2007年，城乡居民人均收入倍差达到阶段性最大值3.33。到2017年，城乡居民人均收入倍差已经缩小到2.71。

对于任何一个国家来说，贫困都是社会经济发展过程中难以回避的经济社会问题。在中国，农村地区的贫困问题尤为突出。虽然我国农村贫困人口已经大幅度减少，扶贫工作取得了一定成绩。但是由于贫困人口基数大，致贫原因复杂等，贫困人口的返贫现象严重，我国农村地区的贫困问题依然十分严峻。2017年的统计数据显示，我国贫困地区农村居民人均可支配收入为9377元，仅相当于同期全国农村居民的70%不到，大约仅有城镇居民1/4。因此，必须清醒地认识到，在全面建成小康社会、实现乡村振兴的进程中，我国农村地区全部脱贫工作时间短、任务重，需要全社会花大力气予以高度关注。

和教育扶贫、金融扶贫、财政扶贫等一样，就业扶贫作为扶贫战略的重要措施之一，一直受到各级政府的高度重视。2016年国家出台了《"十三五"脱贫攻坚规划》，重点阐述了转移就业脱贫的重大意义和路径措施，还提出了开展"就业扶贫"专项行动的必要性。2017年，国务院印发了《"十三五"促进就业规划》，再次强调了就业扶贫工作的重要性，并提出了实现精准对接、劳务协作和政策扶持的实施细则。人力资源和社会保障部2017年出台的《关于切实做好就业扶贫工作的指导意见》明确提出，到2020年实现促进1000万贫困人口脱贫的目标，其主要措施包括开发政策性的公益岗位、加强地区间的劳务协作、重视对贫困人口技能培训等。

目前，我国农村地区约有数以千万计的农村劳动力处于失业状态或隐形失业状态，就业不充分、就业质量不高问题突出。在推进工业化、城镇化发展和实施乡村振兴战略的过程中，如何为农村劳动力提供数量更多、质量更高的就业岗位，对解决农村"失业型贫困"至关重要。在传统扶贫工作成效日益有限的背景下，就业扶贫成为越来越多学者和政府部门诉诸的减贫之策。目前，我国政府虽然已经制定并出台了一系列就业扶贫的具体规划和具体措施，但如何加强政策之间的系统性、衔接性依然是当前就业扶贫工作的一个核心任务。

二 就业扶贫的作用机制与理论基础分析

贫困是对人的尊严和体面生活权利的剥夺，也是造成社会不平等现象的主要根源，而失业或低质量就业是导致贫困的重要诱因。从机制上来说，之所以失业或就业质量不高容易导致贫困，是因为劳动报酬是绝大多数劳动者的主要收入来源。缪尔达尔指出，失业会导致家庭收入水平降低，低收入又使贫困家庭缺乏更多在教育、培训、健康等方面的必要投入，而技能水平不高又会影响劳动者获得更好就业岗位，从而陷入贫困的“循环累积因果”（cumulative causation）陷阱当中，并强调通过增加就业岗位、提高穷人的收入水平，形成一个上升的累积因果循环，摆脱低收入累积循环发展困境。① 阿马蒂亚·森将就业权纳入人应当享有的基本权利体系当中，如果就业权得不到保障，那么人们的生活水平就会下降，可见就业权利缺失是导致贫困的根源之一。②

绝大多数学者认为，改革开放以来，中国的贫困发生率已经大大下降了，③ 但由劳动力市场变化导致的失业或就业质量低下，进而形成的城乡贫困问题依然十分突出。虽然我国的就业形势总体良好，但还存在就业基础不稳、部分人员就业困难、就业质量不高等问题。④ 许多研究发现，失业与贫困之间存在显著的关系，而且两者会互相影响。李实、左藤宏基于 CHIPS 数据的研究表明，在我国，城镇失业率与贫困发生率之间的相关系数达到 0.854，而且失业下岗人员陷入贫困状况的概率是正常劳动者的 4 倍，这说明失业率和贫困发生率之间具有极强的相关关系。具体来说，当一个家庭存在失业人员的时候，该家庭的贫困率为

---

① Myrdal G. , *Economic Theory and Underdeveloped Regions*, London: Gerald Duckworth & Co Ltd. , 1957.

② Sen Amartya K. , *Poverty and Famines: An Essay on Entitlement and Deprivation*, Oxford University Press, 1981.

③ Appleton S. , Song Lina and Xia Qingjie, “Growing out of Poverty: Trends and Patterns of Urban Poverty in China 1988 - 2002”, *World Development*, Vol. 38 (5), pp. 665 - 678, 2010.

④ 李长安：《经济新常态下我国的就业形势与政策选择》，《北京工商大学学报》（社会科学版）2016 年第 6 期。

13.2%；但当一个家庭全部人员都在就业时，该家庭的贫困率迅速下降到2.8%。尽管失业人数按着1%的增速增加，但是贫困率却不是1%的增速，而是1.26左右的倍数增加。[①] 文雯的研究也发现，在享受低保的城镇贫困户中，有不少同时也是高失业率家庭，其中2002年高失业率家庭占比19.88%，2007年为17.44%。[②] 宋扬、赵君运用中国综合社会调查（CGSS）的数据并采用家庭等值规模调整的新方法印证了劳动收入对一个家庭脱贫的重要性，家庭中就业数量越大、就业质量越高，贫困的概率越低。[③]

就业质量不高同样是贫困的重要原因之一。就业质量包含工资水平、社会保障、工作环境、社会评价等一系列指标，如果就业质量不高的话，那么就有可能出现“工作贫困”（working poverty）现象，即有工作但未必能脱贫。根据国际劳工组织有关专家估计，发展中国家至少有1/3的就业者处于工作贫困之中，美国工作贫困率是7%，而欧盟各国的工作贫困率在3.3%～14.1%。[④] 在我国，工作贫困主要集中在非正规就业部门当中。根据张盈华的估计，目前中国处于工作贫困状态的劳动力高达3300余万，其中绝大多数是进城务工的外来劳动力，主要的原因是该群体社会保障不全、实际工资水平不高以及拖欠工资现象突出等。[⑤] 帕克和王德文也发现，外来人口由于小时工资远低于本地居民，所以必须依靠更长的工作时间、更高的劳动参与率才能缩小与本地居民贫困发生率上的差距。[⑥] 姚建平运用CGSS数据分析的结果也表明，与正规就业者相

① 李实、左藤宏：《经济转型的代价：中国城市失业、贫困、收入差距的经验分析》，中国财政经济出版社，2004。

② 文雯：《城市低保与家庭减贫——基于CHIPS数据的实证分析》，《人口与经济》2015年第2期。

③ 宋扬、赵君：《中国的贫困现状与特征：基于等值规模调整后的再分析》，《管理世界》2015年第10期。

④ Fraser N., Palacios R. G., Casas R. P., *Working Poverty in Europe: A Comparative Approach*, Palgrave Macmillan Publishing, 2011.

⑤ 张盈华：《工作贫困：现状、成因及政府劳动力市场政策的作用——来自欧盟的经验》，《国际经济评论》2016年第6期。

⑥ Park Albert and Wang Dewen, “Migration and Urban Poverty and Inequality in China”, *General Information*, Vol. 3 (1): pp. 49－67, 2010.

比，那些临时就业的人更有可能陷入工作贫困，而其中有没有城市户口是是否会陷入工作贫困的主要解释变量。[①]

就业扶贫是消除贫困的重要途径之一。就业的扶贫功效不仅得到实践经验的支持，也被诸多理论研究所证实。世界银行强调，与给予现金福利相比，使贫困者获得劳动收入才是减贫的最重要因素，而且提供就业是决定全世界各国生活质量的重要因素。[②] 张世伟、周闯研究了中国就业扶持政策的扶贫效应，他们采用自然实验的研究方法，结果发现，为城市贫困群体提供就业岗位的话，将使男性贫困劳动力的供给增加57.33%，而女性贫困劳动力的供给更为明显，达到106.47%。因此，通过就业扶持政策可以有效地增加贫困人口的劳动供给，提高贫困人口收入，达到有效削减贫困的目的。[③]

三 就业扶贫的特点与主要措施

国际劳工组织（ILO）在就业公约中提出：就业是指人们赖以生存的重要手段，同时也是人们消除贫困、融入社会、获取个人尊严和给后代带来希望的主要方式。由此可见，就业与扶贫具有内在的必然联系。在我国，就业扶贫就是政府通过为农村贫困劳动力提供更多的就业岗位、通过培训提高他们的就业能力、引进外来投资或发展当地产业等手段，使农村贫困劳动力获得更多的收入，从而实现扶贫、脱贫的目的。作为一项针对性的扶持政策，就业扶贫旨在扶助贫困户或贫困地区发展生产，提高劳动人口的就业数量和质量，从根本上消除导致贫困的各种因素和障碍，改变穷困面貌。概括起来，就业扶贫的特点包括以下三个方面。

（1）精确性：瞄准就业扶贫对象。就业扶贫的工作对象是已建档立卡且有就业创业愿望的贫困家庭劳动力，即应同时具备已建档立卡、劳

---

① 姚建平：《中国城市工作贫困化问题研究——基于 CGSS 数据的分析》，《社会科学》2016年第2期。

② 世界银行：《2013 年世界发展报告：就业》，清华大学出版社，2013。

③ 张世伟、周闯：《扶持政策的劳动供给效应——一个基于自然实验的研究》，《经济评论》2008 年第6期。

动年龄内、有劳动能力、有就业创业愿望四个基本条件。就业扶贫的精确性内涵要求扶贫工作做到识别精准、帮扶精准、管理精准。通过采集贫困户的详细信息，了解和掌握他们的就业意愿，以帮助劳动力的快速上岗。

（2）系统性：构建完整就业扶贫体系。就业扶贫工作是一项系统性的工作。一方面，就业扶贫涉及的内容十分广泛，方法措施多种多样，各地政府需要根据当地的实际情况，因地制宜采取最优的政策措施，因地施策。另一方面，就业扶贫又与其他扶贫措施相互补充、相互结合，比如金融扶贫、教育扶贫等，因此各种政策之间需要有良好的衔接机制，形成运作良好的完整系统，才能发挥就业扶贫的最大功效。

（3）发展性：实现就业脱贫长期目标。就业扶贫的目的是实现脱贫。相较其他扶贫措施，就业扶贫重视的是为农村贫困劳动力提供持久的就业岗位，并通过教育和培训，使他们获得长久性的就业创业能力，最终通过创业或就业获得稳定收入，从而脱离贫困的状况，实现人均年收入超过现行贫困标准线。换句话说，就业能够为劳动者提供长期稳定的收入，进一步改善劳动者的社会福利，从而达到长期脱贫的效果。此外，改善贫困劳动者就业条件，实现高质量就业，能够为劳动者带来更多的社会资源与机会，这也是贫困劳动人口实现长期脱贫的保障。作为一项长期系统工程，就业扶贫的内涵将随着就业扶贫方式和模式的创新不断丰富、发展，并相应地根据反贫困的实践而调整。

就业扶贫的措施和方法多种多样。让农民进入非农行业就业是帮助农民摆脱贫困的重要途径。葛霆利用 CGSS 数据测算的结果表明，通过将贫困农民转移到非农部门就业后，贫困农民群体脱贫的概率是其他贫困农民群体的 12.52 倍。[①] 努力提高进城农民工的就业质量，增加他们在正规部门就业的机会，同样是提高收入、扩展收入来源的重要途径。都阳、万广华对比了正规就业与非正规就业的减贫效应，测算结果表明，正规就业比例增加 1 个百分点，外来人口家庭的贫困发生率会下降 0.14

① 葛霆：《贫困农民群体的脱贫路径研究——基于 CGSS2010 的实证分析》，《经济问题探索》2014 年第 5 期。

个百分点，本地人口家庭的贫困发生率下降0.05个百分点。而非正规就业方面，家庭成员比例每上升1个百分点，外来家庭陷入贫困的可能性就会下降0.1个百分点，本地家庭下降0.048个百分点。[①]

以工代赈是农村地区就业扶贫的重要内容。与传统的直接救济扶贫方式不同，以工代赈是一种由政府主导投资建设公共基础设施工程，主要由农村贫困人口参加工程建设，并以此获取相应劳务报酬的开发式扶贫方式。该措施自1984年实施以来，国家共计投入资金超过1500亿元，其中为农村贫困人口累计发放劳务报酬超过160余亿元。总体而言，以工代赈取得了较为明显的效果，在兴建农村基础设施的同时，还使许多农村家庭因此摆脱了贫困。[②] 近些年来，随着互联网经济的兴起，劳动能力的范围得到不断拓展，就业创业门槛有所降低，这为传统上被认为是劳动力市场中的弱势群体特别是农村贫困人口提供了良好的就业创业环境，也成为新时期扶贫攻坚的重要阵地。

四　发达国家就业扶贫的经验

降低贫困率一直是众多国家政府努力的方向。就业扶贫是一种给贫穷人口提供劳动技能、创造劳动机会的扶贫政策，其核心机制就是将贫穷居民自身的劳动力属性作为生产要素投入劳动市场当中，继而对贫困居民个人和社会产生正向收益。在国际上，通过不断完善就业政策而达到减贫目的的国家不在少数。因此，借鉴其他国家就业政策实施的经验，可以帮助我们发现就业扶贫实施过程中可能产生的问题，成功的案例也会对我国的政策实施提供一个良好的参照。

1601年，英国王室颁布的世界上第一个《济贫法》（*The Poor Law*）中，要求对那些有劳动能力的贫民提供劳动场所，强迫他们通过自食其力以摆脱贫困，否则就会被惩罚甚至关进监狱。20世纪30年代，美国

① 都阳、万广华：《城市劳动力市场上的非正规就业及其在减贫中的作用》，《经济学动态》2014年第9期。

② 宫留记：《政府主导下市场化扶贫机制的构建与创新模式研究——基于精准扶贫视角》，《中国软科学》2016年第5期。

罗斯福总统实施的“新政”（New Deal），明确提出应把充分就业（Full Employment）作为首要目标，特别是要为那些有劳动能力的救助对象提供就业机会，让他们实现自我保障。1942年英国发布的《贝弗里奇报告》中，倡导以劳动为受助条件、促进受助者劳动以摆脱贫困的积极救助政策，奠定了现代社会保障及失业救助的基础。20世纪60年代，美国政府提出了对有就业能力的贫困者实施“工作救济”（work relieve）的措施。20世纪80年代以后，一些欧美国家又推出了“工作福利”（workfare）制度，作为积极就业政策（active employment policy）的一项重要内容，该制度要求想要享受失业救济等福利制度的有劳动能力的受助者必须参加劳动并接受就业培训，以此培养他们自立的能力。2007年全球金融危机爆发后，西方国家更加重视发挥就业在解决贫困问题当中的作用。比如美国政府通过让有劳动能力的贫困者就业激发他们的积极性和能动性，在失业率从10%以上迅速下降到不足4%的同时，贫困发生率也出现了一定幅度的下降，2009年为14.3%，到2017年已经降到12.3%。为了减少失业和贫困，法国提出了“积极就业团结收入”（Revenu de solidarité active），针对那些申领失业救济金的有劳动能力的劳动者，鼓励他们积极寻找工作，该计划自2009年起实施，失业者可以领到每月400余欧元的补助金，如果他们能获得临时工作或低薪工作，政府就额外发给他们一定比例的补助金。德国则推出了“团结协议”（Solidarpakts），特别是随着大量外来移民的涌入，迫切需要尽快解决移民的就业问题，这样不仅可以弥补本国劳动力不足的缺口，而且可以减少失业和贫困，同时还节约政府的财政补助资金。

从总体情况来看，西方发达国家普遍认识到福利扶贫的消极政策对减少贫困功效甚微，因而近些年来开始转向“积极福利政策”（positive welfare policy）和“积极就业政策”（active employment policy），鼓励和帮助有劳动能力者实现就业，让他们尽可能凭借个人劳动来满足自身和家庭的基本生活需求是其中的一项重要内容。欧盟的2020年战略目标之一就包括使就业率达到75%以上，在其2011年的战略会议报告中指出，有超过2/3的欧盟国家通过提高就业率和扩张劳动力市场来达到扶贫的目的。这些国家所实施的政策干预包括以下几点：第一，将劳动力市场进行合理分割，使更多劳动力进入劳动力市场，并促进低收入者向上流动；第二，提供现代化完善的社会保障体系使就业者受到工作激励，避免福利依赖；第三，提高专门组织的参与度，如女性组织、残疾人组织和失孤家庭组织等；第四，加强弱势群体（如低技能群体、移民等）的技能培训，打开就业服务的大门。在总政策的指导下，这些国家还针对儿童贫困、老龄贫困、移民者和残疾人等具体贫困问题采取了具体的解决措施，其中解决老年贫困人口就业的方法包括：第一，通过延长退休、对老年工作者提供工作和培训机会等方法提高劳动市场老年劳动力的参与率；第二，提高老年人的最低工资，尤其是针对女性；第三，提高政策服务质量和长期护理。同时，超过一半的欧盟国家对弱势人群（移民、残障人士等）采取了一系列的就业扶持政策，如通过给弱势人群提供技能培训等方法，以及加大反歧视法的力度等，保证其进入劳动市场当中。

五　对策和政策建议

在实施乡村振兴战略的过程中，应当结合扶贫攻坚战略的总体部署，积极发挥就业扶贫的功效。通过增加农村地区农民的就业机会，着力提高就业质量，增加收入水平，尽快摆脱贫困、走上全面小康的道路。为此，本文提出如下对策和政策建议。

（一）构建政府、企业和贫困者“三轮联动”的就业扶贫模式

在对农村地区开展就业扶贫的过程中，不仅需要政府发挥引领作用，也需要企业积极参与，而农村贫困劳动力必须主动配合。只有三者形成一股合力，就业扶贫战略才能得到落实并取得实效。具体来说，“三轮联动”的就业扶贫模式包括如下内容。首先，政府的引领。对于政府而言，其在整个就业扶贫战略中占据主导地位。在政策制定方面，政府要尽快建立健全就业扶贫的政策体系，鼓励将更多的财政、金融、人才等多种资源引导到就业扶贫工作中。加大财政资金投入的力度，帮助改善贫困地区基础设施，创新 PPP 方式，增加促进更多社会资本投入贫困地

区的税收优惠，以及对贫困劳动力创业的财政补贴，也可以利用财政资金为贫困劳动力创造更多的公益岗位；拓展金融扶持的广度和深度，对到贫困地区投资的企业给予优惠贷款，对积极创业的贫困劳动力给予贴息贷款甚至免息。其次，企业的参与。就业扶贫在很大程度上是产业扶贫，只有企业的大力投资，形成面向市场的产业，才能吸纳更多的贫困劳动力就业。因此，企业要结合农村地区的实际情况，选择最适合当地资源禀赋的产业进行投资，为贫困劳动力创造更多的就业岗位。当然，企业也必须严格遵守劳动法律法规的要求，按时足额给劳动者发放工资和上缴社保资金，这不仅是企业顺利发展的标志，也是稳定就业岗位的必要之举。最后，贫困劳动力的配合。贫困劳动力必须坚决摒弃“等、靠、要”的依赖思想，积极主动地到政府和企业提供的岗位中就业，主动参加各种技能培训，提高自身的素质。在“大众创业、万众创新”的活动中，贫困劳动力可以根据自己的特长和拥有的资源，积极投身到创业活动当中，利用互联网经济的便利，开展多种形式的创业。自主创业不仅能够实现自己的就业和脱贫，还能够发挥创业带动就业的优势，带动一批贫困户脱贫。事实证明，通过自己的辛勤劳动获取收入，是摆脱贫困的最有效方法。

（二）注重提高农村贫困人口的受教育水平与职业技能

众所周知，个人受教育程度越高，在其他条件相同时，其就业与获取收入的能力就越强。相反，受教育程度越低，其就业和收入能力越弱。当前我国农村地区劳动力文化程度普遍偏低，平均受教育程度不高，各区域之间还存在很大的差距。基础教育是劳动力学习其他技能的基础，农民的纯收入与其享受基础教育程度有紧密的联系。因此，提高农村人力资本水平，必须将夯实义务教育作为重要抓手，在进一步提高义务教育普及率的同时，高度重视教育资源的均等化，避免贫困儿童因贫困或其他原因失学。不断提高农村教师的工资和福利待遇，优化和调整农村教育结构。为摆脱农村劳动力因技术缺乏就业困难的情况，可在贫困地区建设技能培训学校，对学生实行教育补贴，同时对已在就业扶贫岗位上工作的人员进行定期的职业培训，不断更新其职业技能。经济发展提供更多的就业机会，提高劳动力的生产能力，即提高他们的工作技能，可以让贫困劳动力获得更有保障的工作，而有保障的工作不仅使贫困人口的收入有所提高，同时还增强了其收入的稳定性，使他们真正脱离贫困。

（三）注重增强农村贫困人口的就业激励

发达国家长期以来的福利国家模式，给劳动者创造了完善的福利制度环境，同时也降低了贫困人口的工作激励。有鉴于此，发达国家近年来纷纷改革福利模式，更加注重调动劳动者的工作积极性。例如，在美国，一些州在向适合者提供福利项目的时候，要求福利主张者或者参加技能培训项目，或者加入工作项目，才能获得福利。类似地，在一些发展中国家如印度也要求接受福利援助的穷人参加公益岗位工作项目。这样做主要出于两点理由：一是筛选符合条件的享受福利，二是阻止享受福利的人工作积极性降低。另外，通过对发达国家就业政策和扶贫政策的经验总结，可以发现发达国家的就业政策主要是对劳动力市场良性竞争的保护性政策，鲜有国家对就业岗位进行政策干预。劳动力市场的需求受经济发展的影响，过多政策性干预会打破就业市场的公平性，结果会适得其反。而发达国家的扶贫政策多建立在其完善的社会保障福利体系之上，以社会保障作为贫困人群最后的防护网。然而，过多的社会福利会在一定程度上造成贫困人群的福利依赖，因此需要严格制定贫困标准和享有时限，开展科学精确的扶贫工作。以市场为主体发展公平竞争的劳动力市场，完善社会保障的福利体系。目前，我国就业扶贫的激励和约束机制尚不完善，这也是未来就业扶贫工作中必须尽快加以完善的一项重要制度基础。

（四）注重提高农村贫困人口的就业质量

就业质量不高是导致贫困的重要诱因之一。就业扶贫不等于就业可以脱贫，非正式、低平均工资等就业不具备长期扶贫效用。因而如不关注就业质量的问题，极有可能发生“工作贫困”的现象。无论是对农村就业者还是进城打工的农民工来说，工资不高、社保不全、就业不稳定是导致就业质量不高的重要原因，应进一步提高劳动合同的签订率，努力消除就业歧视问题，实现农民工与城镇职工的同工同酬。目前，我国的社会保障尚未实现全覆盖，特别是在以进城务工农民为主体的流动人口中，仍有相当群体没有加入社会保障体系当中。近些年来，社保负担有所加重，导致退保现象抬头，使社会保障的功能有所削弱。再加上保障水平不高，一些农民工很容易陷入因病致贫、因伤致贫的境地。因此，尽快完善我国的社会保障制度，不断扩大社保覆盖面，将更多的农民工纳入其中，提高社会保障的水平，解决他们的后顾之忧。稳定农民工就业岗位是提高就业质量的重要途径，应改善工作环境，强化劳动法的执行力度，减少过度劳动现象。同时加快户籍制度改革的步伐，使农民工更多地融入城市，这是形成一支稳定的产业工人队伍的前提条件。

（五）加强对就业扶贫工作的绩效评估

重视对就业扶贫工作的绩效评估，是检验政策实施效果的必要手段。按照部署，到 2020 年，通过就业解决农村贫困人口脱贫的总数要达到 1000 万以上。在总目标确定的前提下，充分发挥就业扶贫的效果，是推动就业扶贫工作的有力手段。目前，我国已经建立了一套对就业扶贫工作的绩效评价指标体系和评价机制，但仍存在具体责任不清、资金使用效果不佳、脱贫又返贫现象突出等问题。因此，进一步完善责任追究机制，明确地方政府和主要负责人的相关责任，完善绩效评价指标体系，是巩固和提高就业扶贫效率效益的必要手段。可以考虑引入第三方评价机构，对就业扶贫工作进行客观公正的评价，防止弄虚作假、“数字脱贫”问题产生。当然，在实际工作中还要防止层层加码、急于求成，不能盲目给基层干部加压，这往往是诱发虚假扶贫、降低扶贫实效的重要原因之一。只有认清就业扶贫工作的新形势，端正工作作风，强化责任追究，采取科学有效的就业扶贫政策措施，我国的就业扶贫工作才能顺利实现既定的目标，从而为实施乡村振兴战略奠定坚实的基础。

绿色减贫：贫困治理的路径与模式*

万 君 张 琦**

摘 要：绿色减贫是贫困治理的重要途径，其减贫的机制在于通过产业绿色化和绿色产业化，实现贫困地区脱贫。从产业融合和利益联结机制两个视角去考察了绿色产业的模式。农业产业内部融合的模式有循环农业、林下经济、庭院经济等模式，农业产业链延伸形成的主要是电商扶贫模式，三产融合形成旅游扶贫和观光农业模式，新技术催生了光伏扶贫和大数据产业扶贫。在利益联结视角下，绿色减贫模式主要有企业主导、大户主导、集体经济主导、政策主导和资产收益扶贫五种。在此基础上，总结了绿色减贫的经验，并提出了若干建议。

关键词：精准扶贫 绿色减贫 产业扶贫 利益联结机制

绿色减贫，即通过产业绿色化和绿色产业化，促进贫困地区发展、实现贫困人口脱贫的减贫手段。① 我国贫困发生状况的一个典型特征在于贫困地区与生态脆弱地区在地理空间分布上具有高度耦合性，环保部《全国生态脆弱区保护规划纲要》指出，我国592个贫困县中80%以上地处生态脆弱区，这些县的土地面积、耕地面积和人口数量，分别占到

---

* 文章刊发于《中国农业大学学报》（哲学社会科学版）2017年第5期，是国家社科基金青年项目（17CSH013）的阶段性成果。该文章收录本书时，内容和文献标注方式略有调整。

** 万君，北京师范大学；张琦，北京师范大学。

① 张琦：《中国绿色减贫指数报告2014》，经济日报出版社，2014。

生态脆弱地区土地面积的43%、耕地面积的68%、人口数量的76%；在绝对贫困人口中，95%以上分布在生态环境极度脆弱的老少边穷地区。由于贫困与生态的交织作用，如何实现绿色减贫一直是反贫困理论与实践的热点和难点问题。

习近平总书记提出的"绿水青山就是金山银山"为绿色减贫提供了理论指南与根本遵循。2013 年，总书记在哈萨克斯坦纳扎尔巴耶夫大学发表演讲时，指出"我们既要绿水青山，也要金山银山。宁要绿水青山，不要金山银山，而且绿水青山就是金山银山。"在此基础上，习近平总书记高度重视"两山理念"在脱贫攻坚中的作用，注重脱贫攻坚与生态建设的关系以及绿色减贫的路径，指出"脱贫攻坚要与生态建设相结合"；同时，习近平总书记指出了绿色资源的减贫机理："要通过改革创新，让贫困地区的土地、劳动力、资产、自然风光等要素活起来，让资源变资产、资金变股金、农民变股东，让绿水青山变金山银山，带动贫困人口增收"，"增加重点生态功能区转移支付，扩大政策实施范围，让有劳动能力的贫困人口就地转化为护林员等生态管护员"。

近几年，立足习近平总书记的"绿水青山就是金山银山"，各地围绕绿色减贫模式开展了实践探索。绿色减贫的理念已经初步形成，理论界也较为广泛地开始就绿色减贫的机理、机制等重大问题进行探讨，北京师范大学中国扶贫研究院张琦教授团队围绕绿色减贫若干理论问题进行了研究，并就我国绿色减贫的总体状况进行了测度。[①] 雷明就"绿水青山就是金山银山"与绿色减贫的结合点较早进行了论述。[②] 莫光辉、张菁也发表系列论文就绿色减贫的若干问题进行探讨。[③] 王晓毅探讨了

---

① 张琦：《中国绿色减贫指数报告2014》，经济日报出版社，2014 年；《中国绿色减贫指数报告2016》，经济日报出版社，2016；冯丹萌：《中国绿色减贫机制及综合效应评价分析》，北京师范大学，2017。

② 雷明：《 两山理论与绿色减贫》，《经济研究参考》2015 年第 64 期。

③ 莫光辉、张菁：《绿色减贫：脱贫攻坚战的生态精准扶贫策略——精准扶贫绩效提升机制系列研究之六》，广西社会科学，2017 年第 1 期。莫光辉：《精准扶贫视域下的产业扶贫实践与路径优化——精准扶贫绩效提升机制系列研究之三》，《云南大学学报》（社会科学版）2017 年第 1 期。莫光辉：《绿色减贫：脱贫攻坚战的生态扶贫价值取向与实现路径——精准扶贫绩效提升机制系列研究之二》，《现代经济探讨》2016 年第 11 期。

绿色发展下的精准扶贫。[①] 此外，也有学者总结出一些绿色减贫的成功模式，例如，黄承伟、周晶认为贵州省石漠化片区草场畜牧业是兼顾减贫与生态双重目标下的创新模式，这种绿色减贫发展模式破解了石漠化地区的“贫困陷阱”，实现了贫困地区减贫目标和生态文明的双赢目标。[②]

总的来看，绿色减贫理论与实践仍处于探索阶段。就目前我国脱贫攻坚的实际来看，2020 年我国脱贫攻坚的目标毫无疑问可以如期完成。当下扶贫的重点除了确保深度贫困人口 2020 年如期脱贫之外，也应该考虑如何提高扶贫效率、创新扶贫思路、改革工作机制。因此，我们组织了此项研究，对近几年绿色减贫的理论与实践进行总结与梳理，以提升减贫质量为目的，把绿色减贫的理论与实践放在贫困治理的视角下去审视，阐释其减贫的路径与机理，并就近两年绿色减贫主要模式在不同层面进行总结，最后展望绿色减贫未来的发展方向。

一　贫困治理与绿色减贫

贫困问题也是治理问题，贫困问题的解决依赖于贫困治理水平和贫困地区治理能力的全面提升。理论上和实践上已有初步共识：农村贫困是一个复杂的问题，减贫的过程也是一个综合的过程。囿于中国实际，新中国成立至今，我国的反贫困战略重点一直在于解决贫困人口的基本生计问题，尽管在理论上早就提出系统的解决贫困问题，但在具体的减贫策略上，仍然是以经济为导向，重点解决贫困人口的收入问题，没有重视有关贫困治理的问题。

1986 年，中国开始有组织、有计划、大规模的农村扶贫开发工作，其重点是解决“三不户”（食不果腹，衣不蔽体，房不避风雨）的“吃、穿、住”问题；1994 年，《国家八七攻坚扶贫计划》重点解决“农村个

---

① 王晓毅：《绿色发展模式下的精准扶贫》，《中国财政》2016 年第 11 期。

② 黄承伟、周晶：《减贫与生态耦合目标下的产业扶贫模式探索——贵州省石漠化片区草场畜牧业案例研究》，贵州社会科学，2016 年第 2 期。

人和家庭依靠其收入不能维持其基本的生存需要的绝对贫困人口”的“基本生存”问题；2011 年，《中国农村扶贫开发纲要（2011 ~ 2020 年)》解决的是贫困人口的“两不愁三保障”问题，即不愁吃、不愁穿，保障其义务教育、基本医疗和住房。近 40 年的减贫政策，对于贫困人口的保障内容不断扩展、保障水平也不断提升，但基本局限于生存方面的内容，对于内生发展、治理能力等贫困治理问题关注较少，可以说，我国的反贫困政策对于贫困人口的生计问题的重视远远超过对贫困治理问题的关注，在扶贫的具体方法策略上，也是长期依赖送项目、送资金，外援推动的色彩较为浓厚。

自精准扶贫以来，在“五级书记抓扶贫”的压力下，扶贫手段中对于外源性、输血式扶贫的路径依赖越发突出，从我们参与的几次第三方评估以及贫困监测的研究来看，部分已脱贫的建档立卡贫困户人均收入有超过 40% 的收入来自财政转移支付。“扶贫养懒汉”的现象也较为突出，极个别地方精准扶贫已经有“精准送吃、送喝、送穿、送钱”的趋势。也恰是这种“路径依赖”，导致长久以来倡导的“提升内生动力”一直以来难以实现。

因此，亟须从贫困治理的视角出发，重新审视贫困地区的贫困问题，需要系统解决贫困问题，不只是单纯的提高贫困人口的收入。除了前述现实问题之外，可以预见的是，2020 年现行标准下贫困人口全部脱贫之后，我国的反贫困战略也有转型的需求，需要提升减贫的质量，从单纯的解决贫困人口的收入、生计问题，转变到综合解决贫困地区的贫困问题，注重贫困人口能力的培育、贫困地区治理水平的提升。

从目前的实践来看，绿色减贫至少是将来贫困治理可行的路径之一。绿色减贫不仅能够解决收入、生计等传统问题，还能够综合解决贫困地区的贫困问题。贫困地区目前面临的几个突出问题，诸如经济发展的“非绿色化”面临瓶颈，经济与生态矛盾日益凸显；扶贫开发和生态环境保护成为我国建设全面小康社会面临的两大短板等，都可以通过绿色产业化和产业绿色化的方式去解决。同时，近几年的绿色减贫实践表明，由于大多数绿色减贫的项目都是依托于本地的绿色资源，参与门槛较低，贫困人口通过参与绿色产业也在一定程度上提升了发展能力。更为重要的是，绿色减贫的相关产业项目在实践中创新利益联结机制，贫困地区内部不同的个体、群体、组织之间的互动大幅增加，也促进了贫困治理能力的提升。

二 绿色减贫产业的实践模式

近几年，各地围绕绿色减贫的探索主要在绿色产业扶贫方面，有以下两个特征。第一，在传统的以绿色资源为核心的扶贫产业基础上，技术推动、消费需求升级、三产融合等因素，促进形成了一些新的经济业态，绿色减贫的各项产业已经没有明确的产业界限，贫困人口已经初步能够享受到农业经营的多重价值和产业链的延伸价值。第二，利益联结机制推陈出新，贫困农户与其他利益主体之间的联系更加紧密，不同利益主体带动贫困人口增收的能力不断增强。从这两个角度出发，绿色减贫大概有以下几类实践模式。

（一）经济业态视角下的绿色减贫模式

自精准扶贫以来，中央支持和地方实践二者合力，通过产业融合，探索了一些新型的绿色减贫模式。从国家层面来看，国家已经将产业融合上升为宏观战略，国务院办公厅 2015 年下发《关于推进农村一二三产业融合发展的指导意见》，《关于打赢脱贫攻坚战的决定》也特别指出："支持贫困地区发展农产品加工业，加快一二三产业融合发展，让贫困户更多分享农业全产业链和价值链增值收益。"实际上，《关于打赢脱贫攻坚战的决定》有关"发展特色产业脱贫"一节，提出的措施基本上是围绕产业融合发展展开的。

总体来看，产业融合推动下的绿色减贫模式，一定程度上突破对传统"帮扶导向"扶贫的路径依赖，有较为明显的"改革导向"。就各地的实践来看，一般是通过推动农业供给侧改革，形成了一些成效较为突出的绿色减贫模式，有以下几种较为典型的路径。第一，通过对传统农业生产方式的改革，促进农业产业内部各子产业的融合，形成了循环农业、庭院经济等新型经济业态。第二，通过供需匹配，基于消费升级的客观规律，推动形成了诸如旅游产业扶贫、观光农业扶贫、电商扶贫等业态的绿色减贫模式。第三，基于提升农业产业的竞争力、提升农村地区的竞争力，探索了一些基于贫困地区绿色资源和比较优势的新型产业业态，此类绿色减贫模式大多数是二、三产业，较为典型的有光伏扶贫、大数据产业扶贫等。具体来看，有以下几类典型模式。

1. 农业内部产业融合形成的绿色减贫模式

此类绿色减贫产业主要是基于农业产业内部的产业融合，通过整合农业产业内部上下游之间的资源，特别是打通农业内部各子产业之间的联系，形成新型种养殖业，达到贫困人口增收的目的。其适用性也较广，工商业资本、合作社、农户均能比较广泛地参与，部分产业的技术门槛也比较低，带动贫困人口增收的效果比较直接。除了传统的种养殖业之外，较为典型的还有以下几种。

第一，循环农业模式。以农业生产中的废弃物资源再生利用为手段，通过减少资源消耗、提高资源产出率，实现绿色发展的生产方式。循环农业在贫困地区发展的历史比较长，也曾经形成一些典型案例，安徽省阜南县是国家级重点贫困县，2007 年被批准为全国唯一的“农业（林业）循环经济试点示范县”。自精准扶贫以来，阜南县在脱贫攻坚中引入循环经济理念、模式和技术，通过以废弃物为原料进行柳编加工，累计解决 26 万人就业，占劳动力总人数的 73%，其中属于贫困人口的有 20 万人以上。

第二，林下经济模式。林地确权以后，一些贫困人口以林地资源和森林生态环境为依托，发展了林下种植业、养殖业、采集业和森林旅游业。林下经济门槛低、投入少、见效快，林禽模式、林畜模式、林菜模式、林草模式、林菌模式、林药模式等都是贫困人口比较熟悉的，操作起来非常容易。国家林业局对于林业扶贫的推动力度也很大，2016 年 5 月，国家林业局出台的《关于加强贫困地区生态保护和产业发展促进精准扶贫精准脱贫的通知》对林下经济着墨颇多，此后又发文《关于在贫困地区开展国家林下经济及绿色特色产业示范基地推荐认定的通知》在全国开展了示范活动。

第三，庭院经济模式。庭院经济（courtyard economy）顾名思义是在贫困地区房前院后展开的各类产业，其形式多样、技术要求低，能够直接改善贫困人口的生活条件和生活环境，既是一种生产方式，也是农村重要的生活方式。近几年，随着脱贫攻坚的进行，各地对于庭院经济的支持力度比较大，也催生了不同的庭院经济业态，更加注重庭院经济的生产功能，形成了庭院养殖、庭院生态循环、庭院园艺、庭院手工加工业、庭院休闲产业等。

2. 农业产业链延伸形成的绿色减贫模式

此类绿色产业减贫模式是基于农业产业链延伸的产业融合方式，主要是通过农业由生产环节向产前、产后延伸而实现的，也就是“接二连三”，通过农业产加销一条龙最大限度获取生产利润，最大限度地让贫困人口分享产业链上的各个环节的价值。较为典型的是电商扶贫模式。

电商扶贫模式是我国脱贫攻坚的创举之一，是以电子商务为手段，拉动网络创业和网络消费，推动贫困地区特色产品销售的一种信息化扶贫模式，电商扶贫将农业生产与销售环节深度融合，并且与“互联网+”技术紧密结合，既让贫困人口分享了产业延伸的价值，也促进了贫困人口利用新技术和新手段参与市场竞争，提升了劳动效率和内生动力，深刻地改变了贫困人口的生活生产方式，也在脱贫攻坚方面取得了非常突出的成效。2012 年以后，随着农产品电商的爆发，越来越多的贫困地区开始根据本地实际探索电商脱贫的路径，全国涌现出了甘肃成县、吉林通榆、黑龙江明水、甘肃陇南等一批电商扶贫的县域先行者，为县域电商扶贫探索提供了宝贵的经验和典范。目前已有山东、甘肃、河北等多地印发电商扶贫文件，将通过“平台+园区+培训”等方式，整合贫困地区优势产品对接市场。此外，各大电商平台的电商下乡战略为县域扶贫提供了难得的发展契机。自精准扶贫以来，国家对此也是非常重视，2015 年 11 月，国务院下发的《关于打赢脱贫攻坚战的决定》提出加大“互联网+”扶贫力度，在顶层设计上为电商扶贫发展明确了思路。2015 年 12 月，国务院《关于促进农村电子商务加快发展的指导意见》中明确把电子商务纳入扶贫开发工作体系，以建档立卡贫困村为工作重点，提升贫困户运用电子商务创业增收的能力，鼓励引导电商企业开辟革命老区和贫困地区特色农产品网上销售平台，与合作社、种养大户等建立直采直供关系，增加就业和增收渠道。《“十三五”脱贫攻坚规划》指出要培育电子商务市场主体，改善农村电子商务发展环境。淘宝、京东等电商平台给予电商扶贫的技术支持和政策扶持也比较多。总体来看，电商扶贫模式是绿色减贫实践模式中较为成功的一类。

3. 农业与二、三产业融合形成的绿色减贫模式

此类绿色减贫模式基于贫困地区优势资源，实现农业与二、三产业融合，也是三产融合比较彻底的方式，完全打通了产业的界限，实现了“一二三产业的连接和延伸”向“一二三产业的交叉和渗透”的转型，利用贫困地区绿色资源实现全产业链条促进要素融合的一种模式。总的来看，各地较为成功的有旅游扶贫模式、观光农业模式。

第一，旅游扶贫模式。旅游扶贫是各地基于自己的区位情况和旅游资源情况，通过发展旅游业带动贫困人口增收的扶贫开发方式，有的依托旅游扶贫也发展了休闲农业。我国政府曾将旅游扶贫、电商扶贫、光伏扶贫总结为我国绿色减贫的三大模式。精准扶贫以来，对于旅游扶贫的支持力度也很大，中央不断发文支持旅游扶贫，从各地的实践来看，旅游扶贫确实也是三产融合紧密、脱贫效果突出的扶贫开发方式，贫困人口通过参与旅游经营、参与接待服务、出售农副产品、流转土地甚至量化折股参与合作社和旅游公司经营，可以直接、大幅提升收入，并且在此过程中，人力资本水平提升很快，集体经济壮大也很快。较为典型的是陕西的梁家河村，2015 年 5 月，梁家河村成立乡村文化旅游发展有限公司，仅仅一年就带动 164 人脱贫致富，整个村的农民人均纯收入达到 1.5 万元。

第二，观光农业模式。观光农业是依托城市，在城市近郊形成的旅游业和农业交叉融合的绿色减贫模式，通过吸引城市人口感受农业生产，增加贫困人口收入。观光农业的模式较多，但目前较为成功的是观光农园和民俗观光村，观光农园即在城市近郊开辟各类果园、菜园，游客通过采摘感受农业生产。民俗观光村即通过重新发现、打造贫困村落的传统文化价值，吸引游客观光的扶贫模式，尤其是一些少数民族村落，具有很好的扶贫效果。例如，西藏自治区日喀则切洼乡嘎布久嘎村，是一个拥有 1300 多年历史的自然村落，全村有 64 户 384 人，其中建档立卡贫困户 35 户 135 人，该村历来以“四古”著称，分别是 1300 多年的古村、1100 多年的古树、500 多年历史的古寺，还有曾作为班禅大师贡品远近闻名的古糌粑。嘎布久嘎村围绕“四古”找题目、做文章，投资了 400 万元，建设完成了游客服务中心和旅行步道等景点，每年稳定脱贫 50 多人。

4. 新技术推动形成的绿色减贫模式

新技术的诞生使人们重新发现了贫困地区绿色资源的价值，贫困地区富集但未能转化为生产要素的资源逐步显现，形成了贫困地区特有的资源。此类产业融合主要是先进技术在农业、农村的体现，目前来看，较为典型的是光伏扶贫、大数据产业扶贫。

第一，光伏扶贫。即利用光伏发电技术开展的各类扶贫。光伏扶贫始于 2013 年后的技术革命，太阳能光伏产业逐步成为新兴产业，而贫困地区丰富的日照成了资源优势。各地较为青睐的绿色减贫模式也逐渐形成。国家发展改革委、国家能源局等 5 部门联合下发《关于实施光伏发电扶贫工作的意见》，明确表示在 2020 年前，要以整村推进的方式，保障 16 个省 471 个县约 3. 5 万个建档立卡贫困村的 200 万建档立卡无劳动能力贫困户（包括残疾人），每年每户增收 3000 元以上。目前光伏扶贫主要有四种类型：一是户用光伏发电扶贫，利用贫困户屋顶或院落空地建设发电系统，产权和收益均归贫困户所有；二是村级光伏电站扶贫，以村集体为建设主体，利用村集体的土地建设小型电站，产权归村集体所有，收益由村集体、贫困户按比例分配；三是光伏大棚扶贫，利用农业大棚等现代农业设施现有支架建设的光伏电站，产权归投资企业和贫困户共有；四是光伏地面电站扶贫，利用荒山荒坡建设大型地面光伏电站，产权归投资企业所有，部分收益由当地政府分配给贫困户。

第二，大数据产业扶贫。大数据产业是围绕大数据的搜集、整理、储存、分析的产业。大数据产业数据储存和分析对于自然环境要求比较严苛，贵州天气凉爽、地质条件稳定、空气洁净、电量充足，因此，中国目前大数据产业的中心在贵州。大数据产业极大地推动了贵州的经济社会发展，给贫困地区和贫困人口也创造了很多机会。虽然其在贵州的发展极为成功，但其在其他贫困地区推广的可能还需要进一步研究。

（二）利益联结机制视角下的绿色减贫模式

利益联结机制视角下的绿色减贫模式，核心在于不同利益主体的联系机制、组合模式机制和利益分配机制。绿色减贫诸多模式中，核心在于实现了绿色资源的资产化和资本化，这也是习近平总书记提出的“绿水青山就是金山银山”理念的核心内容，即“绿水青山”向“金山银山”的转化过程。在不同的利益联结机制中，绿色资源通过“折股量化”等技术手段实现了向资本和资产的转移。其较为典型的模式是肇始于贵州省六盘水市的“三变改革”，即“资源变资产、资金变股金、农民变股东”，通过“三变改革”，六盘水市盘活了沉淀的绿色资源。

可以看出，这个转化过程的基石在于近些年中央推动的农村集体产权制度改革，长久以来由于农村集体产权的归属不清，很多在市场机制中具有巨大价值的绿色资源长期沉淀在农村，对这些资源的权责划分不明、保护乏力、开发流转不畅，各类市场主体在贫困地区发展过程中很难顺畅挖掘绿色资源的原有价值。从实践来看，各地基本上是基于中央近几年有关农村集体产权制度改革的精神，对集体经济组织掌握的各类绿色资源，通过折股量化等手段明确到个人，同时按照一定的比例留存或提取集体经济部分，再按照市场化运作，参与各种绿色减贫模式。在明晰产权、理顺各类市场主体关系的基础上，贫困地区、贫困人口、集体经济的议价能力逐步提升，不同主体之间的利益联结机制创新也有了可能。从利益联结机制视角来看，绿色减贫模式有以下几种。

第一，企业主导模式。龙头企业带动，合作组织或其他组织参与，促进贫困人口增收。公司 + 农户、“订单农业”是基本形式，此外，还形成了诸多的派生形式，比如，公司 + 农户 + 基地 + 市场、公司 + 基地 + 农户、公司 + 农户 + 党支部等。在此模式下，目前已经形成了“入股返利”（农户入社，合作社入股企业，企业保证收益率）、“订单合作”（企业带动，合作社标准化订单生产）、“托管保底”（企业、合作社、农户相互委托种植、养殖）及“合资兜底”（财政补助，企业、合作社、农户共同出资建设，企业保底收购）等形式的利益联结机制。

第二，大户主导模式。通过一些在生产、销售方面有特长的农户带动，贫困人口以土地、劳动力等形式参与，实现贫困人口增收。包括所谓“能人带动”“抱团经营”等形式，大户主导实际上也是企业主导模式的派生形式。

第三，集体经济主导模式。通过集体经济的壮大，带动贫困人口增收。此模式主要是一批依托优势资源和扶持政策发展壮大村集体经济的明星村，各村将村集体经济收入重点支持贫困户，精准扶贫以来，除了传统的明星村之外，依靠扶贫政策，全国也诞生了一批集体经济强大的村庄。

第四，政策主导模式。此模式主要是依靠精准扶贫以来中央扶贫的各类奖补政策支持，通过奖补扶持政策与资源开发对接，贫困户通过折股量化形式入股，在产业发展中受益，较为典型的是光伏扶贫。还有各地较为通行的小额信贷扶贫，大部分地区将小额信贷资金通过挂靠经营和保底分红的形式带动贫困人口增收。

第五，资产收益模式。该模式将绿色资源、公共资产（资金）或农户权益资本化或股权化，相关经营主体利用这类资产产生经济收益后，贫困农户按照股份或特定比例获得合理的收益。这种模式对失能和弱能贫困人口具有针对性和有效性，因为它不依赖农户的独立经营能力，重点放在扶贫效率到户，不强调资金到户。通过赋予贫困户产权或股权，有利于贫困农户积累资产并利用这些资产持续受益，从而持久脱贫。

三　绿色减贫的经验

第一，绿色减贫能够盘活贫困地区的绿色资源，提升贫困地区可持续发展能力。一些贫困地区拥有较为丰富的绿色资源，有的是自然资源即所谓“绿水青山”，有的是非物质文化遗产。随着科技的进步，一些贫困地区富集但未曾利用过的资源价值不断凸显，贫困地区已经有利用丰富的绿色资源实现产业升级实现弯道超车的可能。旅游、观光农业等新型业态，盘活了贫困地区的绿色资源，提升了贫困地区的发展能力。此外，随着科技的进步，大数据技术近几年逐渐兴起，很多企业将数据中心建立在贵州，其依托的不是诸如低廉的劳动力、财税优惠、土地优惠等以往贫困地区吸引投资的传统因素，而是贵州的地质结构稳定、森林覆盖率高、气候凉爽、电力充沛等绿色资源。又如，光伏发电技术也使大量的贫困地区由于空气洁净度高、日照时间长等优势形成了一定的规模产业。此外，由于传统工业地区环境的恶化，贫困地区形成了环境资源意义上的“洼地”，就有相当的优势。这些绿色资源，通过产业化逐渐积淀、形成了大量的绿色资本，对贫困地区区域经济的可持续发展具有持久的推动作用。

第二，绿色减贫的实践表明，绿色产业化推动的三产融合能够提升贫困地区发展质量。过去，贫困地区的规模产业，要么是资源型产业，要么是承接发达地区产业转移，很多产业对于贫困地区的生态环境并不友好，贫困地区的规模产业往往陷入“有增长无发展”的恶性循环，三产的融合程度比较低、产业结构不甚合理，贫困地区经济发展的质量也比较低。就绿色减贫目前的实践情况和未来发展的可能方向来看，绿色减贫能够较大地促进三产融合，能在一定程度上提升贫困地区的发展质量。如前所述，目前贫困地区已经探索了一些可行的产业融合方式，绿色减贫与传统扶贫方式最大的差别就在于能够促进三产融合，在注重贫困地区生态环境保护的同时，增加贫困人口收入，提升贫困地区发展质量，并且能够吸引部分劳动力回流，解决村庄衰败等问题。

第三，通过参与绿色减贫过程，贫困人口内生动力能够得到一定程度提升。贫困人口内生动力不足的现象在贫困地区广泛存在，除了少部分是受益于“制度养懒汉”而主观上缺乏脱贫意愿之外，大部分是受条件所限，或者缺乏生产要素或者缺乏生产手段和经营手段，不能通过参与脱贫攻坚进程而实现内生动力和人力资本的提升，只能被动接受帮扶。绿色减贫的核心在于立足贫困地区绿色资源，培植和扶持特色经济和支柱产业。绿色减贫产业相对门槛较低，以基于种植、养殖业的农业融合产业、资产收益等模式为主，贫困人口能够直接参与产业发展，有的贫困人口直接负责经营具体的产业项目，在生产和经营过程中，贫困人口的人力资本水平能够得到提升，扩大参与、典型示范等手段也能激发贫困人口的内生动力。近几年庭院经济、林下经济、旅游扶贫、农家乐、电商扶贫等绿色减贫手段，都有此方面的特征，贫困人口参与程度深，与市场、外界的接触和交流比较密切，对新的经济业态、新的生产和经营技术了解和掌握也非常深入，不仅收入提升较快，而且人力资本水平提升也较快。

第四，利益联结机制创新能够改善贫困地区的治理结构，提升贫困治理水平。绿色减贫产业与传统扶贫产业一个最大的区别在于，绿色减贫产业下的贫困人口有了与其他市场主体的议价能力。绿色减贫的基础是贫困地区和贫困人口的绿色资源，近些年，随着国家在农村推动诸如土地确权、林地确权等各项产权制度改革，绿色资源的产权归属越发清晰，贫困人口与工商业资本的议价能力逐步增强，因此也出现了集体资源、农户资源多种多样的折股量化方式。在此基础上，绿色减贫产业的利益联结机制创新也很多，直接对贫困地区的治理结构转型起了很大的推动作用。农户、合作社、龙头企业、工商业资本之间通过订单农业、股份合作等利益联结机制，逐渐形成了较为稳定的治理结构，各类主体的社会责任也在这种治理结构中凸显，贫困地区的治理水平和贫困治理能力也能够实现较为明显的增长。

四　绿色减贫的提升路径

第一，国家的绿色减贫策略应实现转型，减贫技术应从“帮扶导向”转到“改革导向”，通过深化农村、农业相关体制机制改革推动贫困地区发展。自 1986 年扶贫开发以来，我国对于贫困地区、贫困人口一直是帮扶优先，通过送资金、送项目以期推动贫困地区发展。这种“帮扶导向”的扶贫技术，其效率一直遭人诟病。事实上，通过对绿色减贫产业业态和联结机制的考察，我们发现，绿色减贫技术上的基石恰恰在于近几年土地、林地的所有权制度改革，让一些新兴的绿色减贫产业才有了发展的可能，贫困人口也才有了议价权力和分享收益的权利。值得一提的是，1982～1986 年，我国对于贫困地区并没有特殊的项目、资金投入，但因为家庭联产承包制改革，5 年时间减贫 2 亿人口，贫困人口年均下降 4000 万。二者的历史时代条件和历史背景确有差异，但通过体制机制改革推动贫困地区发展的路径应该正确无误。因此，如果国家在未来注重减贫质量，注重贫困地区可持续发展，应该将减贫的策略从“帮扶导向”转变至“改革导向”，通过体制机制改革，激发沉淀在农村的各类资源和贫困人口的内生动力。

第二，绿色减贫产业需要根据社会发展变化不断选择新的经济业态，提升产业融合水平。可以看到，绿色减贫的基础是农业产业融合，产业融合的驱动多来自社会发展变化。新的产业业态、更高的产业融合水平，才有可能让贫困人口在二、三产业中获得相应的利润，工商业资本、企业、大户等多元主体才有可能和贫困人口形成不同的利益共同体。因此，绿色减贫产业的发展需要不断提升产业融合水平，立足农村与农业，但不局限于农村与农业，产业融合既是农业与其他产业之间融合，也是城市与农村之间各类生产要素的融合。这也是绿色扶贫产业与其他扶贫模式、传统乡镇企业的不同之处。

第三，部分绿色减贫产业的益贫性需要更进一步提升，绿色资源的收益率需要进一步放大。绿色资源资本化和资产化的过程在技术上是通过"折股量化"的形式来解决的，贫困地区和贫困人口通过绿色资源的股份来分享各类收益。但在实践中，"量化入股"的形式有异化的趋势，部分绿色资源实现"量化"后，名义上是入股，实际上是"放贷"，只能享受到微薄的"利息"或者"股息"，而这部分甚至低于国家在相关优惠政策上的转移支付。国家对于某些产业的支持和帮扶，并未全部到贫困人口，部分被相关企业截留。在这个意义上，部分产业的益贫性是比较低的，绿色资源的收益也是比较低的。

第四，绿色减贫相关产业的选择需要智力支持。绿色减贫是通过绿色产业化和产业绿色化来实现的，产业选择是绿色减贫实施推进中的重点环节。从我国扶贫开发的实际来看，产业选择一直是我国扶贫治理技术的短板之一，"粮丰价跌，谷贱伤农"的现象时有发生。随着高新技术和新兴业态的出现，因地制宜、统筹考虑贫困地区的资源禀赋、社会状况、经济环境、思想观念、比较优势，选择适合当地的产业越发困难。尤其是在大数据和互联网技术的推动下，各类产业生产与销售更需要精细化的核算，这需要一定的科学决策水平。贫困地区地方政府应该立足目前产业转型和产业融合的实际，建立绿色减贫产业科学决策的相关机制。

参考文献

方劲：《中国农村扶贫工作"内卷化"困境及其治理》，《社会建设》2014 年第 1（02）期。

产业扶贫的多方协同治理研究*

——以重庆市X县为例

陆远权　蔡文波**

摘　要：产业扶贫是实现脱贫的根本之策，需要多方力量协同推进。本文从协同治理理论视角出发，基于重庆市X县产业扶贫的协同效果，按照"环境—结构—过程"分析框架对X县产业扶贫的协同环境、协同结构与协同过程进行考察，以期呈现X县产业扶贫协同推进的整体情况及其背后蕴含的实践逻辑。研究发现，X县产业扶贫的协同行为发生在闭合的协同系统环境之内，多方主体在这一系统环境中逐渐通过角色的嬗变形成相互协同的关系架构，并依托资源的整合配置、利益的联结分配以及持续的过程监管不断重塑和优化协同系统。X县产业扶贫的协同运行逻辑为贫困地区扎实推进产业扶贫提供了有益的参考。

关键词：产业扶贫　多方主体　协同治理

---

* 文章刊发于《重庆社会科学》2020年第1期，是国家社科基金年度项目（18BMZ149）的阶段性成果。该文章收录本书时，内容和文献标注方式略有调整。

** 陆远权，重庆大学公共管理学院，重庆师范大学经济与管理学院；蔡文波，重庆大学公共管理学院。

一　问题的提出

产业扶贫不仅是实现精准脱贫的必然举措，更是贫困地区贫困农户可持续生计的重要依托。中央政府坚持把产业扶贫作为破解农村贫困问题的根本之策，并提出在“十三五”期间要通过产业扶贫实现3000万以上农村贫困人口脱贫的战略目标。[①] 在这一政策背景下，各级政府深入推进产业扶贫的落地实施。但目前，产业扶贫仍然呈现明显的政府主导特征，面临市场联结缺位、贫困农户参与度低的突出问题，[②] 这并不契合大扶贫格局的应有之义。仅仅依靠政府的单向扶贫无法实现真脱贫的战略目标，必须将产业扶贫置于整体的市场环境之中，并充分调动贫困农户自身的积极性，依托政府、企业、农户三者的力量协同推进，以此提升脱贫成效。因此，如何有效联结多方主体协同参与产业扶贫，进而破解产业扶贫的政府主导困局，充分联动市场和贫困农户自身的力量，实现多方主体的良性协商互动，值得深入思考和探讨。重庆市X县充分利用精准扶贫的政策支持和新时期“互联网+”的信息技术优势，构建政府、企业、农户三大扶贫相关者的协同运作机制，依靠产业发展走出了一条内生长效脱贫之路，取得了良好的协同效果，成为本文的重要研究范本。以重庆市X县产业扶贫实践为研究个案进行探讨，主要基于以下三个方面的考量：一是X县曾是重庆市14个国家级贫困县之一（现已退出），位于渝鄂湘黔四省（市）接合部，是武陵山区域发展和扶贫攻坚的主战场，贫困程度深，但该县当前依托互联网技术和产业扶贫政策促进了县域经济发展，取得了显著的脱贫成果，具有典型性；二是X县常住人口为50.16万人（户籍人口65万），县域内地势较为平坦，全县平坝约800平方公里，占总面

① 胡晗、司亚飞、王立剑：《产业扶贫政策对贫困户生计策略和收入的影响——来自陕西省的经验证据》，《中国农村经济》2018年第1期。

② 胡振光、向德平：《参与式治理视角下产业扶贫的发展瓶颈及完善路径》，《学习与实践》2014年第4期；梁栋、吴惠芳：《农业产业扶贫的实践困境、内在机理与可行路径——基于江西林镇及所辖李村的调查》，《南京农业大学学报》（社会科学版）2019年第1期；焦芳芳、刘启明、武晋：《基于“权力—利益”框架的农户参与问题研究——以L县“企业+基地+农户”香菇产业扶贫模式为例》，《甘肃行政学院学报》2018年第6期。

积的1/3，周边500公里内无大城市，300公里内无中等城市，无一级批发市场，拥有丰富的人力资本、优越的地理空间和广阔的市场范围，具备协同治理开展的基础条件；三是2014年以来，重庆市政府和X县政府大力推进X县产业发展，在落实产业扶贫的过程中，充分实现了政府、企业、农户等相关主体的有序合作，形成了“政府支持＋市场运作＋农户参与”的协同模式，较为清晰地呈现了产业扶贫的协同实践逻辑。

二　文献综述与分析框架

贫困治理是国家治理的重要组成部分，完善贫困治理体系有利于推进国家治理能力与治理体系现代化。基于扶贫开发的复杂性和系统性，以大扶贫格局形成扶贫合力是提升贫困治理能力的必然要求。产业扶贫作为贫困治理的重要方式之一，其不仅是国家对于贫困群体的资源再分配过程，考量到产业发展的经济属性，更需要市场力量有效参与方能发挥作用。而如何实现“政府—企业—农户”等多元主体的有效协同需要从已有的治理研究中寻找经验，进而建立理论分析框架，形成本文研究的理论基础。

（一）文献综述

协同治理（Collaborative Governance）这一概念源于西方国家解决公共领域复杂问题的实践，具有丰富的内涵意蕴。安塞尔和加什（Ansell & Gash）认为协同治理是一个或多个公共机构直接与利益相关的非政府组织进行集体决策过程的一种治理安排，这种安排是正式的、基于共识导向的和通过审议的，旨在制定或实施公共政策并开展管理公共计划。[①] 爱默生（Emerson）等认为协同治理就是将政府、私营部门和民间社会等各种利益相关者汇集在一起并促使它们有效合作。[②] 国内学者对协同

① Ansell C., Gash A., “Collaborative Governance in Theory and Practice”, *Public Administration Research and Theory*, 2008 (4): 543－571.

② Kirk E., Tina and Stephen B., “An Integrative Framework for Collaborative Governance”, *Journal of Public Administration Research and Theory*, 2012 (1): 1－29.

治理这一概念也做了进一步的阐释。郑巧和肖文涛指出协同治理是政府、非政府组织、企业、公民个人等子系统构成的开放的整体系统，系统中各要素相互协调，形成系统内部可持续运作的结构和环境。① 这一阐释更偏向于认为协同治理发生在特定的系统环境内。吕丽娜和范如国发现，在这一系统中不同主体通过专业化的分工、资源整合和利益共享进行互动、博弈与妥协，以此实现协同系统的平衡。② 郜媛莹和郑俊田则强调协同治理过程中监督预警机制的建立，提出要对可能出现的问题和风险进行提前预测、防范，及时调整不合理的治理模式和方法，确保各主体之间形成有效的治理合力。③ 梳理已有的文献发现，协同治理蕴含了运作的环境、结构、资源整合、任务分工、共识建立、互动博弈、利益共享和监督预警等方面的内容，这为系统分析协同治理的内部结构关系与过程开展提供了理论借鉴。

产业扶贫是践行协同治理的重要实践，学者们对产业扶贫的协同治理也进行了诸多探讨。白丽和赵邦宏认为产业扶贫的协同运作逻辑主要受企业、农户和政府部门三元主体的影响。④ 马良灿则将政府部门划分为上级政府和基层政府两个层次，探讨了上级政府、基层政府和农民群体利益博弈的过程。⑤ 易法敏考察了农村电商对政府、社会力量和贫困群体合力扶贫所产生的重要推动作用。⑥ 郭晓鸣和虞洪指出产业扶贫的有效发展需要贫困群众自身、政府、企业以及社会等相关主体的有机协同。⑦ 值得注意的是，付江月和陈刚指出产业扶贫中不同主体的角色定

① 郑巧、肖文涛：《协同治理：服务型政府的治道逻辑》，《中国行政管理》2008 年第 7 期。

② 吕丽娜：《区域协同治理：地方政府合作困境化解的新思路》，《学习月刊》2012 年第 4 期；范如国：《复杂网络结构范型下的社会治理协同创新》，《中国社会科学》2014 年第 4 期。

③ 郜媛莹、郑俊田：《新常态下我国社会治理协同创新研究》，《中国人口·资源与环境》2017 年第 S1 期。

④ 白丽、赵邦宏：《产业化扶贫模式选择与利益联结机制研究——以河北省易县食用菌产业发展为例》，《河北学刊》2015 年第 4 期。

⑤ 马良灿：《农村产业化项目扶贫运作逻辑与机制的完善》，《湖南农业大学学报》（社会科学版）2014 年第 3 期。

⑥ 易法敏：《产业参与、平台协同与精准扶贫》，《华南农业大学学报》（社会科学版）2018 年第 6 期

⑦ 郭晓鸣、虞洪：《具有区域特色优势的产业扶贫模式创新——以四川省苍溪县为例》，《贵州社会科学》2018 年第 5 期。

位存在差异，其中政府主要起监督和指导作用，企业和贫困户为主要参与者，且企业和贫困户二者之间存在博弈行为，从而形成了企业的积极扶贫与农户的积极参与以及企业的消极扶贫与农户的消极参与两种策略。[①] 通过已有研究可以发现，相关研究主要是从产业扶贫涉及的利益主体、不同主体的功能角色定位以及产业扶贫的外部技术环境等方面进行探讨的，缺乏专门的协同分析理论框架。那么在产业扶贫的实践中，为什么不同主体愿意参与产业扶贫的协同推进行动？协同治理结构怎么构建？协同治理过程如何开展？

（二）分析框架："环境—结构—过程"框架

在协同治理的研究领域，学者们从多个视角构建了跨部门、跨区域以及多主体集体行动的理论分析框架。安塞尔和加什通过对 137 个跨政策部门协作治理案例的"连续近似分析"，构建了一个涵盖起始条件、制度设计、领导调解和协作过程四部分的理论模型。爱默生等整合外部系统环境、内部协作动态以及协作过程中的行动调适等维度和组件，构建了一个区域间跨境治理的制度安排框架。魏娜等从相关利益群体融入、共同利益促成、领导力共享和协同治理结果四个维度建立了多元主体协同治理的理论分析框架。[②] 上述理论分析框架主要涵盖了协同治理的系统环境、制度设计、结构安排、运作过程和具体效果等多维组件，为协同治理的逻辑梳理提供了有益参考。

综合而言，目前学术界运用较为广泛的规范性协同分析框架是"结构—过程"模型（OECD），它涵盖了协同逻辑的诸多相关因素，是一个具有高度概括性的解释性分析框架。本研究基于产业扶贫的政策属性，拟在"结构—过程"框架的基础上加入协同系统环境的考量，构建一个"环境—结构—过程"的整体性分析框架（见图 1）。其中，协同环境主要涵盖国家正式的制度安排与非正式规则技术催化；协同结构主要包含三元主体间的

---

① 付江月、陈刚：《奖惩机制下企业与贫困户在产业扶贫中的演化博弈研究》，《软科学》2018 年第 10 期。

② 魏娜、郭彬彬、张乾瑾：《协同治理视角下基金会开展儿童医疗救助研究——基于 Z 基金会 J 项目的案例分析》，《中国行政管理》2017 年第 3 期。

互动运作形态；协同过程主要围绕X县产业扶贫的协同结构展开，包括资源的整合配置、多元主体间的利益联结与分配以及协同过程中的监管。

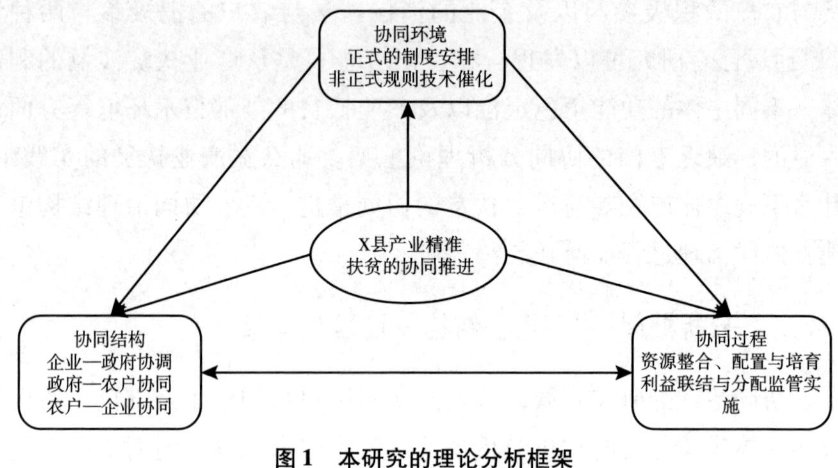

图1　本研究的理论分析框架

三　X县产业扶贫协同治理的整体图景

“大扶贫格局”的政策号召构成产业扶贫协同推进的直接动力，但政策执行将受到整个社会治理语境的影响。那么，基层产业扶贫政策的实施过程中，政府、企业、农户三股力量如何接洽？三者之间的协同运作机制如何实现？依据前文构建的理论分析框架，拟将X县产业扶贫的协同实践嵌套于该理论框架之中进行分析，进而呈现X县产业扶贫协同推进的整体图景。

（一）协同环境

协同治理作为一种治理行为，它的产生、发展、运行和维系都嵌套在特定的环境之中。协同环境指在协同场域内所形成的正式制度安排及非正式规则，包括正式的政策设计以及组织场域内所建构的理念、规则或者是认同关系等，它们都是协同治理产生与运作的基础性条件。[①] 产

① 杨永伟、陆汉文：《多重制度逻辑与产业扶贫项目的异化——组织场域的视角》，《中国农业大学学报》（社会科学版）2018年第1期。

业扶贫的协同实践也发生在特定的组织场域之中。综合分析产业扶贫的系统环境要素，是厘清其协同实践逻辑的基础。本研究在分析产业扶贫协同环境的过程中，基于X县产业扶贫协同实践中“互联网+”作用的充分发挥，在协同行为发生的正式制度安排与非正式规则基础上，纳入技术环境的考量。

正式的制度安排是协同环境发生的政策和制度依据。为推进产业扶贫的贯彻实施，《中共中央国务院关于打赢脱贫攻坚战的决定》《农业部等九部门关于印发贫困地区发展特色产业促进精准脱贫指导意见的通知》《重庆市“十三五”产业扶贫规划纲要》《重庆市实施乡村振兴战略行动计划》等政策文件明确提出要多主体、多部门联动落实产业扶贫方略，深入推进农村产业发展。据此，X县积极落实系列政策，坚定不移地推进扶贫开发工作，以开展产业扶贫、电商扶贫为重点，以提高农民收入、增强农民自身的造血功能为目的，构建左右呼应、上下联动的大扶贫模式。同时，提出要大力发展有市场、成规模的特色效益农业，形成“一村一品”的产业布局，依托农村电商技术开拓产品销售渠道，架构起产业扶贫的基本制度框架，为X县产业扶贫的协同推进提供了宏观的政策依据，构成了多主体协同推进产业扶贫的刚性要求。而协同过程中不同主体间形成的认同理念与信任关系等社会资本则构成了协同治理开展的软性激励，是协同推进产业扶贫的非正式规则。非正式规则虽然是一种不成文的规定，但一旦固化，将具有极强的稳定性，并对社会产生重大影响。因此，X县充分重视并推动多元主体间良性非正式规则的建立。贫困农户是产业扶贫的直接受益对象，企业是最直接的利益生产者与输送者，政府则主要充当企业与贫困农户关系建立与利益联结的推动者，三者被紧紧联系在产业扶贫这个政策网络系统之中。在此系统中，政府的贫困治理目标、企业基于自身的社会责任及在此基础上的利益取向和贫困农户自身的脱贫意愿达到了某种程度的不谋而合，共同构成协同推进产业扶贫的一致性目标。在价值目标基础上的信任关系建立则是三者协同的关键。X县政府推动建设的电商农产品生产基地和电商物流园区分别为农户参与产业扶贫项目和企业的入驻提供了基本的设施条件；企业积极响应政府号召，通过以产定销方式对农户的农产品进行全部包销，破除了农户参与产业生产发展的风险疑虑；贫困农户则根据政府的产业扶贫规划与市场需求，进行有选择的农业生产。因此，在政府行政力量优势、企业包销和农户有效生产的基础上，政府、企业、农户三者之间建立了稳固的信任关系，形成了协同推进产业扶贫的非正式规则。此外，“互联网 +”的新经济形态趋势以及信息化建设水平的提高，不断推动农村电子商务普及，构成了产业扶贫协同推进的技术环境，使得 X 县能突破地处武陵山连片贫困腹地的空间贫困陷阱，进而进行产业发展与产品推广。

总之，以扶贫为目标任务导向的政策提供了协同的正式制度安排，扶贫过程中政府、企业、农户三者之间价值目标的一致性与信任关系的建立则形成了协同的非正式规则，而农村电商的普及则成为协同的技术催化力量。因此，正式的制度安排、非正式信任关系的形成以及技术力量的嵌入共同构成了产业扶贫协同推进的社会网络环境，由此萌发了多主体协同推进产业扶贫的行为动机。

（二）协同结构

协同治理结构就是协同行动主体间结成的力量关系，即在协同治理过程中结成的大小不一、强弱不等的结构。[①] 亦指不同主体的聚集形态和角色定位，它们既相互影响又相互作用，在组织场域中结成某种互动关系，直接影响协同治理的整个过程。从理论上讲，我国一直倡导党委领导、政府负责、社会协同、公众参与、法治保障的社会管理体制。但是长期以来，单一制的国家结构与官僚制的行政模式弱化了社会力量，企业与农民的自主性难以有效发挥，协同治理效果并不显著。因此，基层政府如何在科层运作体制下简政放权，释放企业活力，调动民众积极性与主动性，是统筹推进协同治理需要解决的重要难题。为破解这一难题，X 县形成了企业与政府、政府与农户、农户与企业彼此协同的关系架构，并逐渐推动了政府、企业和农户三者角色的嬗变，呈现了“政府—企业—农户”三者协同的良性结构框架。

① 汪锦军：《构建公共服务的协同机制：一个界定性框架》，《中国行政管理》2012 年第 1 期。

第一，“企业—政府”的协同。企业的利益最大化原则使企业的选择更加挑剔。贫困地区由于经济基础、区位条件以及基础设施的限制，如何适应市场发展要求、吸引企业投资是最大的难题。精准扶贫政策的实施架构起了政府与企业的协同桥梁，扶贫任务目标和层层压实的脱贫压力催生出基层政府的强烈政治意愿，而政府的政策优惠扶持则诱发了企业的投资动机。X 县在推进产业扶贫的过程中，通过“委托—代理”方式，依托特定专业公司建立功能完善的物流园区，为入驻企业提供办公、仓储、住房、金融、快递、培训、行政代办、法律咨询等一站式服务，吸引了大批电商企业入股投资，迅速集聚了电商资源。通过龙头带动、流程式孵化的方式，引导企业在销售食品加工品的基础上，抱团营销本土农特产品。这不仅降低了企业的运营成本，也分担了政府部门的扶贫任务和扶贫压力，推动了政府扶贫绩效的提高，实现了政府与企业两者之间的协同。

第二，“政府—农户”的协同。政府与农户是精准扶贫政策的直接相关主体，政府是施策主体，农户是施策对象。精准扶贫政策的实施在于回应贫困农户需求，而农户积极反映自身诉求，配合政策实施则是政府政策有效的前提。贫困地区脱贫最为重要的就是调动贫困农户的内生脱贫意愿，培育其脱贫能力，达到造血式扶贫与输血式扶贫的有机统一。为实现贫困农户的充分参与，X 县尤其重视贫困农户对产业扶贫项目的知情权、决策权和监督权，组织扶贫工作队深入贫困户家中了解其生产生活情况及脱贫设想，并结合贫困村镇的自然社会条件进行具体产业项目安排。同时，通过专业导师团队的现场教学和保姆式电商辅导等方式对贫困农户农业产业生产技能和电商技能进行培训，实现对有发展意愿的贫困农户进行产业参与权力与能力的赋予。而贫困农户着眼于产业扶贫的资产收益性质和政府的行政促进优势，参与动机和实践行动被逐渐催生，实现了政府扶贫行为与农户脱贫意愿的协同一致。

第三，“农户—企业”的协同。贫困农户产业脱贫目标实现的关键在于建立稳定的销售渠道，这需要具有市场运作能力的企业组织载体参与。但相比政府而言，企业具有典型的经济人属性，其参与产业扶贫的实践行为具有一定程度的利益驱动特征。在 X 县产业扶贫的协同实践中，一方面电商企业瞄准贫困农户所拥有的土地、种植生产技能和劳动力等资源要素，基于成本节约的视角进行理性投资；另一方面，基于产业扶贫的政策性质和社会道德责任的驱使，电商企业在实现对贫困农户生产的农特产品进行全部包销的基础上，通过入股 + 分红 + 务工的模式保障贫困农户的基本权益，实现产业分红、土地入股与基本就业的联动效应。因此，企业通过一定程度的让利行为与农户建立了良好的协作共赢关系，贫困农户参与产业扶贫项目的动机得以激发，进而积极参加产业扶贫实践，为企业提供富有特色的农副产品和基本劳动力，形成了企业与农户的良性协作架构。

基于以上的分析我们可以发现，X 县企业与政府、政府与农户、农户与企业两相协同的合作关系使得三者紧密联系在一起，共同构成了“政府—企业—农户”三个相关利益主体协同的良性合作架构，并逐渐实现了三元主体自身角色的嬗变。早期的产业扶贫带有政府行政主导的特征，这与协同治理理念是相悖的。在 X 县产业扶贫的协同实践中，X 县政府主要扮演引导者与监管者的角色，在引导企业与农户共同参与的同时，也监管企业与农户的行为，确保农产品的市场规范与利益的有效分配。各合作企业在自利性动机驱使与社会道德责任的两难抉择中进行博弈。但是基于贫困地区的政策和资源优势，在权衡利益得失之后做出了一定程度的妥协，与农户关系实现了从利益争夺者到利益共享者的转变。而农户在政府与企业合力帮扶的场域中，产业参与意愿不断强化，主动性不断增强，实现了从被动脱贫到主动脱贫的观念转变和从成果共享者到协同共建者的角色转化。“政府—企业—农户”三元协同关系的建立与主体角色的嬗变共同促成三元主体协同的结构安排，形成了三者之间的良性协作关系架构（见图 2）。

（三）协同过程

协同过程即不同协同主体，为了实现协同目标，围绕协同环境和协同结构安排所进行的博弈和互动过程，包括主体联结、协商沟通、资源集聚、利益分配、过程监管等多个方面的具体内容。[①] 其中，不同主体

① 马雪松：《结构、资源、主体：基本公共服务协同治理》，《中国行政管理》2016 年第 7 期。

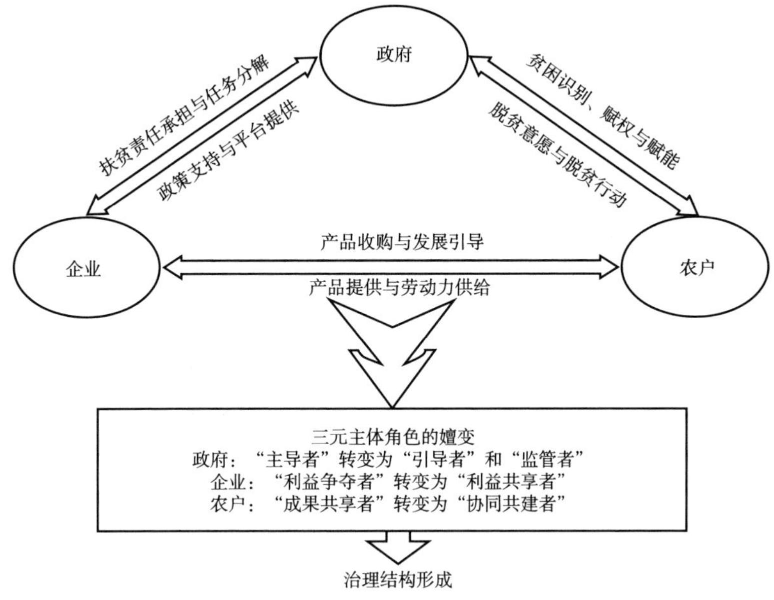

图2　X县政府、企业和农户三元主体协同结构关系

的联结及其协商沟通贯穿于协同环境和协同结构的内容框架之中。因此，对于协同过程的考察分析，主要从不同主体所进行的各种具体的程序性安排着手，重点关注了X县产业扶贫过程中的资源集聚、利益联结与分配以及过程监管方式，分析了多元主体如何逐渐实现资源协同、利益协同和监管协同的整体性目标。

1. 资源协同

资源是一个广泛的范畴，既包括政策、资金、技术、基础设施、人力等有形资源，也包括信任、理解、公共精神等无形资源。充分综合不同主体资源供给的差异性与互补性，促进资源的有效协同，这是产业扶贫协同推进的基础。具体而言，X县在推进产业扶贫的过程中实现了对以下资源的有效整合、优化配置与内生培育。其一，政策。以党委领导、政府引导的方式，从主体培育、技术创新、品牌建设、业务拓展、税收减免、行政审批简化等方面予以全方位扶持，形成了产业扶贫的系统性政策支持体系。其二，资金。以每年不少于2000万元的电商扶贫专项资金作为支柱，依托小额信贷等金融机构的资金扶持和涉农资金整合，创新电商产业贷款，设立电商产业发展基金，有效解决了产业扶贫的资金来源问题。其三，技术。不断攻克信息闭塞堡垒，全县范围内累计推进通信站建设1844个，实现4G网络全覆盖，行政村通光纤率100%，为综合运用天猫、淘宝、京东等网络销售平台和自主研发的“村头”平台进行网络销售提供了信息技术支撑。其四，物流。持续完善物流体系配套功能，设立乡镇二级分拨中心，打造冷链物流网络，整合农村机动车、摩托车及社会车辆进行配送，从仓储、包装、运输为农产品电商提供支撑，搭建城乡一体化配送网络，有效破解了“农产品进城最初一公里、工业品下乡最后一公里”难题。其五，人才。与大学、企业合作，组建多个讲师团队，建成众创空间和人才实训基地，开设普及、技能、创业三级渐进培训班，持续培育“下地能弯腰，上桌能玩鼠标”的农业产业人才和电商运营人才万余人，形成了产业扶贫推进的内生动力。其六，社会资本。“政府—企业—农户”协同结构的建立促进了三元主体的协商沟通，推动了三者之间的信任关系建立，形成了强有力的社会资本力量，并构成三元主体协同的内部软约束，确保了协同结构的稳固与协同过程的有序推进。总体而言，X县在推进产业扶贫的过程中，依托国家的政策支持，充分将农村的土地、人力、物产等有形资源盘活，并不断培育和强化社会资本等无形资源，使之转化成有形资产，实现了资源的有效协同，形成了贫困地区内生发展的重要支柱，筑牢了协同关系网。

2. 利益协同

利益问题是协同过程中最核心的问题，只有当多元协同主体在利益上没有实质性冲突并相互联结时，才能形成稳固的协同关系，推动协同进程的平稳运行。[①] 从本质上而言，产业扶贫的协同模式带有压力型的显著特征，是精准扶贫战略驱动的结果，政府压力会随着扶贫任务的完成而削减，这必然在一定程度上影响协同机制的持续运行。因此，为实现产业长效脱贫的目标，X县政府积极推动企业与农户之间利益联结与利益分配机制的建立，实现了X县产业扶贫从压力型协同模式

---

① 李世杰、刘琼、高健：《关系嵌入、利益联盟与“公司+农户”的组织制度变迁——基于海源公司的案例分析》，《中国农村经济》2018年第2期。

向利益驱动型协同模式的转变。在具体的实践过程中，X 县以贫困户管产、生活馆服务、电商企业管销的方式，构建企业与农户之间的利益联结机制。电商企业与农户在公证机构监督下，签订订单协议，承诺对农户生产的农特产品全部包销；农户则按照与电商企业签订的订单计划，进行农特产品生产；武陵生活馆则主要负责农特产品的选品、组货以及质量管控等关键环节，督促企业与农户双方履行契约，是订单农业的执行者、服务者与监督者。目前，在全县 233 家武陵生活馆的推动下，企业与农户已签订脐橙、紫薯、五谷杂粮等包销订单 2.7 万亩。以订单保底 + 电商红包 + 务工补贴的方式，构建企业与农户之间的利益分配机制。基于订单签订，农户以土地入股的，将按照每亩 300 元的标准给予保底收益；自种自养的以电商扶贫资金资助，比如土鸡经认证、建档、验收合格后给予每只 10 元的鸡苗购买补助。电商红包则是将通过电商平台销售的农产品利润分配给农户，每项产品 30%以上利润直接发放到贫困户银行账户。以土鸡蛋为例，农户卖土鸡蛋每个 1.2 元，经包装后上网销售每个 3 元，增值 1.8 元，其中 0.6 元直接返还农户。通过优先聘请贫困农户管护打理土地的方式，确保其获得务工收入。这一系列举措的有效实施，充分实现了多元主体间的利益协同，最大限度调动了贫困农户产业发展的积极性与主动性，形成了县域产业长效发展的内源性动力。

3. 监管协同

监管机制是协同社会治理的重要部分，特点在于用制度管人管事管权。强化协同治理的过程监管，倒逼协作主体在协同过程中自觉履行职责，防止协同治理的异化，这是协同治理的必然要求。① 产业扶贫项目是一个复杂的系统性工程，基于其实施推进所涉及的多主体与多环节，协同过程尤其复杂，需要设计有效的监管制衡机制，对多主体协同推进产业项目的生产、加工和销售以及产业项目收益的分红等环节进行约束和控制，以此保证合力作用的充分发挥和协同过程的持续运行。

① 罗文剑、陈丽娟：《大气污染政府间协同治理的绩效改进："成长上限" 的视角》，《学习与实践》2018 年第 11 期。

在具体的实践过程中，X县重视产业扶贫过程中的监管措施落地，并使之贯穿于产业扶贫项目的全过程。扶贫资金的合理安排和高效使用直接影响产业扶贫项目的实施运营，而扶贫资金在层层下拨的过程中又存在权力主体寻租与腐败的潜在风险。基于此，X县围绕产业扶贫项目建设计划，积极完善产业扶贫资金管理办法，建立了财政、审计、监察、扶贫、检察等部门共同参与的扶贫资金协同监管机制，确保产业扶贫资金的专项使用。同时在“互联网+产业扶贫”模式中，成立了以县委书记为组长、县长为常务副组长、相关县级部门领导为成员的电子商务产业发展小组领导办公室，督促检查各部门、街道和乡镇电商产业规划的具体推进情况，确保产业扶贫项目的落地实施。而产业项目市场效益的获取需要对产品成果进行加工包装，以此提高产品的附加值。在这一因素影响下，电商企业与贫困农户在利益驱动的市场行为和社会责任驱动的道德逻辑两者之间进行抉择。为确保产业扶贫项目不偏离市场的正常运行规律，需要相关主体部门加强监控。X县严格按照农委规定，统一生产标准，建立农产品加工中心和农产品交易检验中心，以“一农户一二维码标识”的方式建构农产品质量安全追溯体系，消费者可以通过扫描二维码来查询农产品的全部生产过程，倒逼农户和企业保证农产品质量安全，实现了对农产品生产加工的有效监管。此外，产业扶贫项目收益分配到户的过程受到县审计局督察小组的专门督察，审计电商红包的具体分配材料，也以定期公示的方式接受群众监督。总而言之，监管贯穿于产业扶贫项目从实施到分红的全过程，参与主体间相互制衡，有效实现了监管的协同，保证了协同过程中不同主体各司其职和协同任务的有效履行。

通过对X县产业扶贫协同推进整体图景的分析，发现X县产业扶贫的协同模式呈现以下逻辑：在产业扶贫和“互联网+”的外部环境背景下，X县域内政府部门、企业、农户三者建立了发展产业助推脱贫的一致性价值目标和信任关系，从而建构了一个闭合的协同系统（见图3）。在这个系统内企业与政府、政府与农户、农户与企业在双向互通的基础上形成三者之间的良性协作架构，并在协同过程中实现了资源协同、利益协同和监管协同，达到了内生长效脱贫的协同治理效果。

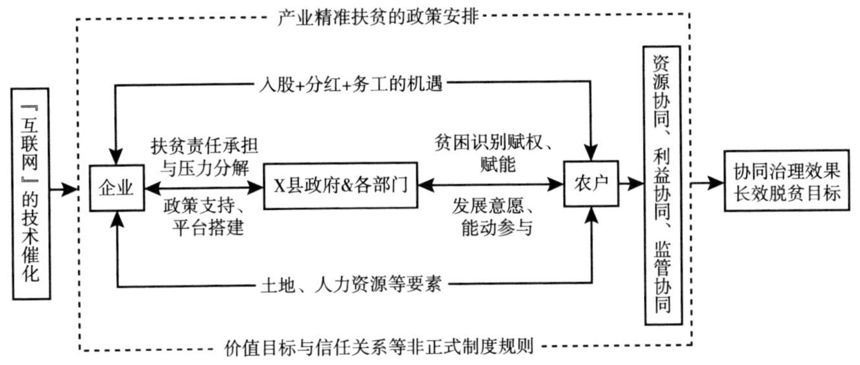

图3　X县产业扶贫的协同模式

四　结论与启示

产业扶贫是乡村可持续脱贫的根本之计。本文基于X县产业扶贫所取得的成效，从协同治理视角出发，按照“环境—结构—过程”分析框架，剖析了X县产业扶贫的协同推进逻辑，得出以下结论。一是产业扶贫协同效果的实现依托优良协同环境的推动。外部政策环境构成正式的制度安排并形成协同的硬性要求，多元主体价值目标的一致性与信任关系的建立构成非正式规则并形成协同的软性激励，而技术力量主要起催化作用。二是良性的协同结构需要实现多元主体的充分互动，“政府引导+企业运作+农户参与”的结构逻辑是适应产业扶贫的良性合作架构。三是协同过程中要尤其重视资源的有效配置、利益的充分保障和监管的贯彻实施，由此才能推动产业扶贫协同系统的稳固建立，进而确保长效脱贫的扶贫政策效益。

根据以上研究结论，可以得到以下几点启示。第一，充分发挥多元主体在产业扶贫中的作用，尤其要重视地方政府、企业和农户三大主体协同力量的发挥。依托政府的行政权威和政策支持，企业的市场运作功能与农户自身的能动力量，激发县域经济发展的内源性动力，能够实现可持续的脱贫效果。第二，产业扶贫协同推进过程中，实现政府、企业、农户三者的有机协同需要推动三元主体的角色嬗变，尤其要重视发挥市场的引领导向作用。产业扶贫不仅是一项政治性任务，也要遵循市场经济的客观规律，实现产业扶贫由政府主导模式向市场主导模式转变是贫困地区产业长效发展的必然趋势。第三，价值目标的确定、信任关系的建立、资源的有效配置、利益的合理分配和监管的落实是协同模式有效运行的关键。社会政策环境、价值目标和信任关系推动建立的协同关系网络为产业扶贫的协同推进提供了社会资本，资源的有效配置与利益的联结分配则是多主体协同合作的内部动力，而协同过程中监管的落实则构成了强有力的控制约束力量，保证协同治理的有序开展。

综上所述，X 县产业扶贫的成功实践为其他连片特困地区产业扶贫提供了行为样本。但基于县域环境条件和经济社会发展的多样性和差异性，不同县域的产业发展会因不同的自然环境和社会资本的影响而有所不同，产业扶贫的协同推进仍需因地制宜，在实现多主体价值目标的协同过程中，不断创新和深化产业扶贫本土化的协同模式。

旅游发展、经济增长与贫困减缓*

——基于中国省际面板数据的实证分析

唐小惠　甘　畅　王梦晗　王　凯**

摘　要： 本文基于2000～2017年中国省际面板数据，运用格兰杰因果关系检验对旅游发展、经济增长与贫困减缓之间的关系进行实证检验，并进一步运用固定效应模型分析全国及东、中、西部地区的旅游发展、经济增长与贫困减缓之间的长效互动关系。研究发现：全国的旅游发展和经济增长均对贫困减缓具有显著的积极影响；旅游发展对贫困减缓影响的区域差异显著，经济增长对贫困减缓影响的区域差异不显著，控制变量对贫困减缓影响的区域差异显著。据此，提出正视旅游减贫潜力以合理规避产业弊端，精准定位减贫重心以因地制宜实施帮扶，构建价值共同体以完善减贫外部条件等对策，以进一步推动旅游发展和经济增长更高效地作用于贫困减缓。

关键词： 旅游发展　经济增长　贫困减缓

经济增长是贫困减缓的首要前提，精准扶贫政策的实施有效推动了经济社会的发展，促使中国扶贫攻坚工作进入崭新阶段。截至2018年

---

* 文章刊发于《福建农林大学学报》（哲学社会科学版）2020年第3期，是国家社科基金年度项目（18BJY191）的阶段性成果。该文章收录本书时，内容和文献标注方式略有调整。

** 唐小惠，湖南师范大学；甘畅，湖南师范大学；王梦晗，湖南师范大学；王凯，湖南师范大学。

底，中国绝对贫困人口累计减少8239万。[①] 而旅游发展作为经济社会发展的重要一环，以其就业带动广泛、产业关联性强等优势成为贫困地区脱贫攻坚的重要抓手。因此，厘清旅游发展、经济增长与贫困减缓的长效互动关系，对中国打赢脱贫攻坚战具有重要的理论意义和实践价值。

一 文献综述与问题的提出

（一）旅游发展与贫困减缓的关系

旅游发展与贫困减缓的关系一直是学界的热议话题，主要存在肯定、否定和中立等3种观点。主流肯定派认为旅游发展在带动经济增长过程中通过投资和政策支持实现贫困地区基础设施完善、就业扩充、收入增加，从而有效减缓贫困。Croes 认为旅游发展对极端贫困人口下降具有显著的积极影响；[②] Njoya 等以 FGT 指数衡量贫困，发现旅游发展增加了肯尼亚贫困家庭的收入。[③] 否定派则认为旅游发展过程中存在精英俘获、收入分配不公、物价抬升、权利缺失等负面影响，进而对贫困未起到有效减缓作用，反而促使其进一步加剧。Mahadevan 等认为旅游收入增长对贫困人口减少不具有积极影响，反而加剧了收入分配不公；[④] 查瑞波等研究发现入境旅游导致物价上涨，严重降低了旅游目的地底层民众的生活品质。[⑤] 中立派对旅游发展对贫困减缓的积极效应并不否认，但认

① 国家统计局住户调查办公室：《中国农村贫困监测报告（2019）》，中国统计出版社，2019，第334页。

② Croes R.，"The Role of Tourism in Poverty Reduction：An Empirical Assessment"，*Tourism Economics*，2012，20（2）：207－226.

③ Njoya E. T.，Seetaram N.，"Tourism Contribution to Poverty Alleviation in Kenya：A Dynamic Computable General Equilibrium Analysis"，*Journal of Travel Research*，2018，57（4）：513－524.

④ Mahadevan R.，Suardi S.，"Panel Evidence on the Impact of Tourism Growth on Poverty，Poverty Gap and Income in Equality"，*Current Issues in Tourism*，2019，22（3）：253－264.

⑤ 查瑞波、孙根年、董治宝等：《引入调节变量的入境旅游对消费物价影响分析——基于1999～2014年香港季度数据的实证研究》，《地理科学》2016年第7期。

为其效用有限，且受到多种限制性因素影响。张大鹏运用面板门槛回归模型研究旅游发展对贫困减缓的影响，发现旅游发展对贫困减缓的正向影响存在门槛效应及边际递减趋势；[①] 罗鲜荣等分析指出旅游发展会导致贫困人口短暂脱贫后又再次返贫。[②] 研究尺度上，Toerien 基于宏观尺度，对南非的旅游发展对贫困减缓的贡献率进行测度；[③] 赵磊等基于中观省域尺度，对中国旅游发展对贫困减缓的正向影响进行实证检验；[④] 何静等基于微观县域视角，分析西南贫困地区的多维贫困问题。[⑤] 研究方法上，由早期运用半结构式访谈、参与式观察等质性研究方法发展至如今综合运用面板数据门槛回归、格兰杰因果检验等计量经济学方法多元探测旅游发展与贫困减缓之间的实证关系。如王进等通过半结构式访谈，调查权利认知在旅游扶贫中的减贫效用，指出贫困人口对权利认知的强弱显著影响减贫效益；[⑥] 黄渊基等对民族地区旅游发展和贫困减缓进行格兰杰因果关系检验，发现二者之间存在格兰杰因果关系。[⑦]

（二）经济增长与贫困减缓的关系

经济增长与贫困减缓的关系研究方面，经济增长对增加社会总体财富的积极效用毋庸置疑，但经济增长所带来的发展收益能否合理惠及贫困人口以有效减缓贫困存在巨大争议。多数学者认为经济增长本身就是贫困减缓的过程。如罗良清等通过对中国贫困动态进行分解，指出中国

---

① 张大鹏：《旅游发展能减缓特困地区的贫困吗——来自我国中部集中连片 30 个贫困县的证据》，《广东财经大学学报》2018 年第 3 期。

② 罗鲜荣、王玉强、保继刚：《旅游减贫与旅游再贫困：旅游发展中不同土地利用方式对贫困人口的影响》，《人文地理》2017 年第 4 期。

③ Toerien D.，“Tourism and Poverty in Rural South Africa：A Revisit”，*South African Journal of Science*，2020（2）：1 - 8.

④ 赵磊、吴媛：《中国旅游业与农村贫困减缓：事实与解释》，《南开管理评论》2018 年第 6 期。

⑤ 何静、汪侠、刘丹丽等：《国家级贫困县旅游发展与多维贫困的脱钩关系研究——以西南地区为例》，《地理研究》2019 年第 5 期。

⑥ 王进、周坤：《旅游扶贫中贫困人口的权力认知研究——基于“赋权—限权”角度》，《旅游科学》2017 年第 5 期。

⑦ 黄渊基、熊曦：《民族地区旅游业发展与居民减贫关联研究——基于民族八省区面板数据的实证研究》，《城市发展研究》2018 年第 9 期。

贫困人口的大规模减少离不开经济增长提供的物质基础。① 但由于产业结构差异和分配制度等因素影响，经济增长对贫困减缓的效用也存在显著差异。因此，诸多学者致力于研究经济增长过程中微观因素对贫困减缓影响的区域差异性。如蔡进等运用双重差分模型分析经济增长过程中精准扶贫政策对贫困户的影响，发现精准扶贫政策显著拓宽了贫困户就业渠道，缩小收入差距；② 唐勇等运用误差修正模型分析收入分配制度对贫困程度的影响，发现收入分配不公导致的贫富差距扩大是致贫的主要原因。③ 研究视角上，宏观、中观、微观视角均广泛涉及。如 Michálek 等基于宏观视角分析欧盟多个国家经济增长与贫困率之间的关系；④ 魏秀华等基于中观省域视角分析经济增长过程中经济发展方式的转变对贫困减缓的门槛效应；⑤ 郭远智等基于微观视角分析云南省县域经济增长与农村贫困减缓的空间耦合关系。⑥ 研究方法趋向于多元化，以计量经济分析居多，尤其是空间计量模型。如盛伟等运用空间杜宾模型分析中国深度贫困地区经济增长水平与贫困减缓的空间关联特征。⑦

综上所述，囿于研究空间地域，以及贫困衡量标准和研究方法的差异，学界所得的实证研究结论不一，旅游发展、经济增长与贫困减缓之间的动态关系尚未形成统一认识；且现有研究对旅游发展、经济增长与贫困减缓之间的关系囿于两两单向相关性研究，而将旅游发展和经济增长有效联结，探析二者与贫困减缓之间的长期均衡关系的研究相对较少；此外，鲜有学者从宏观尺度将全国及东、中、西部地区有机结合以探析全国和区域的旅游

---

① 罗良清、平卫英：《中国贫困动态变化分解：1991 ~2015 年》，《管理世界》2020 年第 2 期。

② 蔡进、禹洋春、邱继勤：《国家精准扶贫政策对贫困农户脱贫增收的效果评价——基于双重差分模型的检验》，《人文地理》2019 年第 2 期。

③ 唐勇、刘林、龚新蜀：《民族地区经济发展方式转变的贫困减缓效应研究——以民族八省区城镇居民为例》，《软科学》2015 年第 6 期。

④ Michálek, A., Výbošťok, J., "Economic Growth, Inequality and Poverty in the EU", *Social Indicators Research*, 2019, 141 (12): 611 -630.

⑤ 魏秀华、杨建州：《经济发展方式对贫困减缓效应的门槛面板回归检验》，《统计与决策》2017 年第 19 期。

⑥ 郭远智、周扬、刘彦随：《云南省县域经济发展与农村减贫的空间耦合协调分析》，《经济经纬》2019 年第 1 期。

⑦ 盛伟、廖桂蓉：《深度贫困地区经济增长的空间关联与减贫的外溢效应——以西藏和四省藏区为例》，《财经科学》2019 年第 2 期。

发展与经济增长对贫困减缓影响的差异性。基于此，本研究运用2000～2017年中国31个省份（港澳台地区除外）的省际面板数据，构建计量经济模型探究旅游发展、经济增长与贫困减缓之间的长效关系及其作用机理，以为各地区优化扶贫政策和实现全面脱贫提供理论依据和实践参考。

二 研究设计

（一）指标体系构建

为实证研究旅游发展、经济增长与贫困减缓的长效互动关系，本研究选取7个变量，并将其分为被解释变量、核心解释变量和控制变量。各变量的赋值和描述性统计详见表1。

1. 被解释变量

被解释变量为贫困减缓。既有研究多以贫困发生率对贫困程度进行测度。而中国贫困基准线由于多次不定期调整，导致调整年份前后贫困人口和贫困发生率统计数据差别较大，与真实贫困现状和趋势有所偏离。本研究参照张大鹏的研究成果，① 从收入角度对贫困减缓进行测度。贫困减缓的均值为1.25，表明2000～2017年中国城乡居民收入水平较低，贫困减缓程度较弱。

2. 核心解释变量

核心解释变量为旅游发展和经济增长。其中，旅游发展的均值为0.11，表明中国旅游发展水平较低；经济增长的均值为3.06万元，表明中国经济增长幅度较大。

3. 控制变量

控制变量包括产业调整、城市化水平、交通改善和收入差距等4个变量。其中，产业调整的均值为0.42，表明第三产业产值占地区生产总值的比重为42%；城市化水平的均值为0.49，表明中国城镇人口占总人

① 张大鹏：《旅游发展能减缓特困地区的贫困吗——来自我国中部集中连片30个贫困县的证据》，《广东财经大学学报》2018年第3期。

口的比重为49%；交通改善的均值为0.29万公里，表明中国各省平均铁路运营里程仅0.29万公里，交通基础设施条件整体较差；收入差距的均值为2.95，表明城镇居民人均可支配收入为农村居民人均可支配收入的2.95倍，收入差距较大。

表1　各变量的赋值和描述性统计

变量	赋值	均值	标准差
被解释变量			
贫困减缓	城镇居民人均可支配收入与城镇人口占总人口比重的乘积加上农村居民人均可支配收入与农村人口占总人口比重的乘积	1.25	0.93
核心解释变量			
旅游发展	旅游总收入占地区生产总值的比重	0.11	0.07
经济增长	人均生产总值(万元)	3.06	2.41
控制变量			
产业调整	第三产业产值占地区生产总值的比重	0.42	0.09
城市化水平	城镇人口占总人口的比重	0.49	0.16
交通改善	铁路运营里程(万公里)	0.29	0.19
收入差距	城镇居民人均可支配收入与农村居民人均可支配收入之比	2.95	0.65

（二）模型设定

为考察全国及东、中、西部地区的旅游发展、经济增长与贫困减缓之间的长期互动关系，对全国及东、中、西部地区的面板数据分别进行模型选择检验，依据模型选择检验结果选择固定效应模型进行回归分析，模型设定如下：

$$P_{it} = \alpha_0 + \alpha_1 \cdot T_{it} + \alpha_2 \cdot E_{it} + \alpha_3 \cdot X_{it} + \mu_i + \varepsilon_{it} \tag{1}$$

其中，P_{it}表示i省第t年的贫困程度；T_{it}表示i省第t年的旅游发展；E_{it}表示i省第t年的经济增长；X_{it}表示控制变量，包括产业调整、城市化水平、交通改善和收入差距等4个变量；α_0、α_1、α_2、α_3分别表示固定效应模型、旅游发展、经济增长和控制变量的回归系数；μ_i表示固定效应模型的回归效应；ε_{it}表示随机干扰项。

（三）数据来源

选取中国31个省份（港澳台地区除外）2000～2017年的面板数据，共3906个观测值。其中，旅游发展数据来自各省份2001～2018年的《旅游统计年鉴》；人均生产总值等宏观经济数据来自2001～2018年的《中国统计年鉴》；铁路运营里程数据来自各省份2001～2018年的《交通年鉴》。对部分缺失的数据运用线性插值法替补，并将所有数据进行自然对数处理。

三 实证分析

（一）数据检验

1. 单位根检验

运用Eviews 10.0对贫困减缓、旅游发展、经济增长、产业调整、城市化水平、交通改善和收入差距等7个变量进行单位根检验以验证数据的平稳性。由表2可知，7个变量的原序列仅交通改善和收入差距通过单位根检验；进一步将7个变量进行一阶差分，各变量的一阶差分序列在不同显著性水平上均实现平稳。

表2 单位根检验结果

变量		LLC	IPS-W	ADF	PP	结论
贫困减缓	统计值	3.35	4.34	45.48	56.88	不平稳
	P值	1.00	1.00	0.94	0.66	
△贫困减缓	统计值	-13.84***	-9.33***	189.52***	241.56***	平稳
	P值	0.00	0.00	0.00	0.00	
旅游发展	统计值	1.23	1.72	67.00	87.08	不平稳
	P值	0.89	0.96	0.31	0.02	
△旅游发展	统计值	-18.06***	-13.79***	267.63***	397.80***	平稳
	P值	0.00	0.00	0.00	0.00	
经济增长	统计值	8.20	8.36	10.98	5.70	不平稳
	P值	1.00	1.00	1.00	1.00	

续表

变量		LLC	IPS-W	ADF	PP	结论
△经济增长	统计值	-8.93***	-3.21***	99.27***	162.61***	平稳
	P值	0.00	0.00	0.00	0.00	
产业调整	统计值	0.95	4.04	37.39	53.85	不平稳
	P值	0.83	1.00	0.99	0.76	
△产业调整	统计值	-16.15***	-13.26***	250.20***	372.73***	平稳
	P值	0.00	0.00	0.00	0.00	
城市化水平	统计值	-4.54***	-0.10	74.92	89.47***	不平稳
	P值	0.00	0.46	0.13	0.01	
△城市化水平	统计值	-14.20***	-11.06***	219.23***	328.36***	平稳
	P值	0.00	0.00	0.00	0.00	
交通改善	统计值	-6.36***	-4.77***	133.18***	127.67***	平稳
	P值	0.00	0.00	0.00	0.00	
△交通改善	统计值	-20.00***	-16.99***	309.47***	422.46***	平稳
	P值	0.00	0.00	0.00	0.00	
收入差距	统计值	-7.36***	-3.37***	92.17***	167.26***	平稳
	P值	0.00	0.00	0.01	0.00	
△收入差距	统计值	-16.32***	-11.81***	229.21***	290.04***	平稳
	P值	0.00	0.00	0.00	0.00	

注：△为各变量的一阶差分；*** 表示各变量在1%的水平上显著。

2. 协整检验

基于单位根检验结果，进一步运用协整分析以验证贫困减缓与旅游发展、经济增长、产业调整、城市化水平、交通改善、收入差距等6个变量之间是否存在长期协整关系。由表3可知，两种协整检验方法的检验结果均在1%的水平上通过显著性检验，即旅游发展、经济增长、产业调整、城市化水平、交通改善和收入差距均与贫困减缓存在长期协整关系，可以进一步进行模型回归分析。

表3　协整检验结果

检验方法		统计值	P
Kao	ADF	-9.21***	0.00
Pedroni	Panel ADF	-3.70***	0.00
	Group ADF	-4.78***	0.00

注：*** 表示各变量在1%的水平上显著。

（二）格兰杰因果关系检验

本研究分别对各变量与贫困减缓进行格兰杰因果关系检验，以判定各变量与贫困减缓之间的长效关系和方向。原假设为各变量与贫困减缓之间不存在格兰杰因果关系，由表 4 可知，各项检验结果的 P 值均拒绝原假设，即旅游发展、经济增长、产业调整、城市化水平、交通改善和收入差距均在 1% 或 5% 的水平上与贫困减缓存在双向格兰杰因果关系。

表 4　格兰杰因果关系检验结果

原假设	F 值	P	结论
旅游发展不是贫困减缓的格兰杰原因	4.76***	0.01	拒绝
贫困减缓不是旅游发展的格兰杰原因	7.68***	0.00	拒绝
经济增长不是贫困减缓的格兰杰原因	34.44***	0.00	拒绝
贫困减缓不是经济增长的格兰杰原因	3.35**	0.04	拒绝
产业调整不是贫困减缓的格兰杰原因	6.82***	0.00	拒绝
贫困减缓不是产业调整的格兰杰原因	45.34***	0.00	拒绝
城市化水平不是贫困减缓的格兰杰原因	3.12**	0.05	拒绝
贫困减缓不是城市化水平的格兰杰原因	15.14***	0.00	拒绝
交通改善不是贫困减缓的格兰杰原因	2.97**	0.05	拒绝
贫困减缓不是交通改善的格兰杰原因	19.78***	0.00	拒绝
收入差距不是贫困减缓的格兰杰原因	3.21**	0.04	拒绝
贫困减缓不是收入差距的格兰杰原因	55.79***	0.00	拒绝

注：***、**分别表示各变量在 1%、5% 的水平上显著。

（三）回归模型选择检验

本研究进一步运用 F 检验和 Hausman 检验分别对全国及东、中、西部地区的面板数据进行回归模型选择检验，全国及东、中、西部地区的检验结果均拒绝了原假设，因此，选用固定效应模型对全国及东、中、西部地区的旅游发展、经济增长与贫困减缓的关系进行回归分析。由表 5 可知，全国及东、中、西部地区的 R^2 分别为 0.99、0.99、0.99、0.98，表明通过假设检验所选用的固定效应模型对旅游发展、经济增长与贫困减缓的关系具有较强的解释作用。

表5　回归模型选择检验结果

检验方法	全国	东部地区	中部地区	西部地区
F 检验	41.67 ***	48.88 ***	51.76 ***	33.27 ***
	(0.00)	(0.00)	(0.00)	(0.00)
Hausman 检验	34.48 ***	14.34 ***	362.26 ***	44.05 ***
	(0.00)	(0.03)	(0.00)	(0.00)
R^2	0.99	0.99	0.99	0.98

注：***、**分别表示各变量在1%、5%的水平上显著；括号内为各项假设检验的P值。

（四）固定效应模型回归分析

传统面板数据回归模型主要分为随机效应模型、固定效应模型和混合效应模型，基于上述数据检验、格兰杰因果关系检验和回归模型选择检验的结果，固定效应模型更适用于中国旅游发展、经济增长与贫困减缓的实证研究，因此选用固定效应模型对旅游发展、经济增长与贫困减缓进行模型回归分析（见表6）。

表6　固定效应模型回归分析结果

变量	全国				东部地区			
	系数	标准差	t	P	系数	标准差	t	P
旅游发展	0.06 ***	0.01	6.83	0.00	0.11 ***	0.02	5.61	0.00
经济增长	0.72 ***	0.01	97.45	0.00	0.81 ***	0.01	56.06	0.00
产业调整	0.53 ***	0.02	22.42	0.00	0.56 ***	0.06	8.97	0.00
城市化水平	0.35 ***	0.02	17.46	0.00	0.17 ***	0.03	6.36	0.00
交通改善	0.06 ***	0.01	5.37	0.00	0.02	0.02	1.02	0.31
收入差距	-0.13 ***	0.03	-5.13	0.00	0.07	0.06	1.26	0.21
变量	中部地区				西部地区			
	系数	标准差	t	P	系数	标准差	t	P
旅游发展	0.00	0.01	0.28	0.78	0.15 ***	0.02	6.10	0.00
经济增长	0.75 ***	0.02	45.00	0.00	0.61 ***	0.01	43.35	0.00
产业调整	0.57 ***	0.04	13.85	0.00	0.16 **	0.07	2.23	0.03
城市化水平	0.38 ***	0.07	5.52	0.00	0.51 ***	0.04	13.47	0.00
交通改善	0.05	0.05	1.04	0.30	0.07 ***	0.01	5.21	0.00
收入差距	-0.18 ***	0.06	-3.10	0.00	-0.28 ***	0.05	-5.14	0.00

注：***、** 分别表示各变量在1%、5%的水平上显著。

1. 全国回归结果分析

旅游发展和经济增长均在1%的水平上通过显著性检验，系数分别为0.06和0.72，表明中国整体的旅游发展、经济增长均对贫困减缓产生显著的积极影响，旅游发展和经济增长每提高1个百分点，则贫困程度分别降低0.06个和0.72个百分点。这主要是缘于中国经济自改革开放以来发展迅速，经济增长过程中所创造的社会就业和财富积累是贫困减缓的直接动力，且经济发展促进了基础设施完善、经济发展方式转变、产业结构优化升级、教育医疗卫生福利事业发展等，从而有效缓解了贫困广度和贫困深度；同时，经济的高速增长促使旅游发展对贫困减缓产生显著的积极影响，但其影响程度呈现显著的区域差异。而旅游发展对贫困减缓的积极影响弱于经济增长主要是缘于旅游发展依托于区域经济增长，旅游发展对贫困减缓产生的积极影响也依赖于经济增长，且区域旅游资源禀赋和旅游接待能力的差异性导致旅游发展对贫困减缓的积极影响存在显著的区域差异。产业调整、城市化水平、交通改善和收入差距均在1%的水平上通过显著性检验，系数分别为0.53、0.35、0.06、-0.13。这表明中国整体的产业调整、城市化水平和交通改善均对贫困减缓产生显著的积极影响，产业调整、城镇化水平和交通改善每提高1个百分点，则贫困程度分别降低0.53个、0.35个、0.06个百分点；而收入差距则对贫困减缓产生显著的负向影响，收入差距每提高1个百分点，则贫困程度提高0.13个百分点。这主要是缘于经济发展推动中国产业结构优化升级、城镇化水平不断提升、交通基础设施不断完善，贫困减缓的各项外部条件均在经济发展过程中逐渐完善，从而有效缓解了贫困，但收入差距的日益扩大在一定程度上阻碍了贫困减缓进程。

2. 区域回归结果分析

东、中、西部地区旅游发展和经济增长存在较大差异，旅游发展和经济增长在贫困减缓进程中呈现显著的非均衡性差异。从旅游发展对贫困减缓的影响程度来看，东、中、西部地区的旅游发展对贫困减缓的影响程度差异显著，西部地区的旅游发展对贫困减缓贡献率最高（15%）、东部地区次之（11%），而中部地区的旅游发展对贫困减缓的影响不显著；从经济增长对贫困减缓的影响程度来看，东、中、西部地区经济增长对贫困减缓的贡献率按从大到小的顺序排列依次为东部地区（81%）、中部地区（75%）、西部地区（61%），这与东、中、西部地区的经济发展水平相符合。

（1）东部地区回归结果分析

旅游发展和经济增长均在1%的水平上通过显著性检验，系数分别为0.11和0.81，表明东部地区的旅游发展和经济增长均对贫困减缓产生显著的积极影响，旅游发展和经济增长每提高1个百分点，则贫困程度分别降低0.11个和0.81个百分点。这主要是缘于东部地区的旅游发展水平较高，旅游发展的收入效应显著，对贫困减缓的边际效应较高；同时，东部地区的经济发展水平领先于全国平均水平，经济增长对贫困减缓的贡献率较高，是贫困减缓的主要驱动力量。产业调整和城市化水平均在1%的水平上通过显著性检验，系数分别为0.56和0.17，表明东部地区的产业调整和城镇化水平对贫困减缓产生显著的积极影响，产业调整和城市化水平每提高1个百分点，则贫困程度分别降低0.56个和0.17个百分点；交通改善和收入差距则未通过显著性检验，表明东部地区的交通改善和收入差距与贫困减缓的相关性不显著。这主要是缘于东部地区的产业结构优势较为明显，城市化水平居于全国前列，促使其产业调整和城市化水平对贫困减缓的积极影响较为显著；而东部地区的交通基础设施建设较为完善，交通改善对贫困减缓的边际效益递减，且经济的快速发展导致收入差距扩大，社会总财富增加过程中占据资源配置优势的群体享有分配优势，与贫困人口贫富差距日益加剧，导致东部地区相对贫困问题日益凸显。

（2）中部地区回归结果分析

旅游发展未通过显著性检验，表明中部地区的旅游发展对贫困减缓的影响不显著；经济增长在1%的水平上通过显著性检验，系数为0.75，表明中部地区的经济增长对贫困减缓产生显著的积极影响，经济增长每提高1个百分点，则贫困程度降低0.75个百分点。这主要是缘于与东部地区、西部地区相比，中部地区的旅游资源禀赋和旅游人次效应不及西部地区，旅游产业发展的客源市场距离优势和规模优势不及东部地区，导致旅游收入效应较弱，尚未对贫困减缓产生显著的积极影响；且中部地区的人口密度较大、贫困人口较多、贫困程度较深，旅游发展红利被人口劣势稀释，贫困地区脱贫致富主要依靠旅游业之外的其他产业，旅游发展对贫困减缓的影响较小。产业调整、城市化水平和收入差距均在1%的水平上通过显著性检验，系数分别为

0.57、0.38 和 -0.18。这表明中部地区的产业调整和城镇化水平均对贫困减缓产生显著的积极影响，产业调整和城市化水平每提高 1 个百分点，则贫困程度分别降低 0.57 个和 0.38 个百分点；收入差距则对贫困减缓产生显著的负向影响，收入差距每提高 1 个百分点，则贫困程度提高 0.18 个百分点。这主要是缘于中部地区正处于产业调整升级的关键阶段，产业结构的改善和第三产业的迅速发展对中部地区贫困减缓的边际效益递增，且产业调整升级带动城市化水平提升，二者相互融合，对贫困减缓产生显著的积极影响；同时，中部地区的贫富分化问题在产业转型发展过程中逐步加剧，导致中部地区相对贫困问题日益凸显。交通改善未通过显著性检验，表明中部地区的交通改善与贫困减缓的相关性不显著，这主要是缘于中部地区的交通基础设施较不完善，贫困地区交通条件较为落后，对贫困减缓的边际效应不显著。

（3）西部地区回归结果分析

旅游发展和经济增长均在 1% 的水平上通过显著性检验，系数分别为 0.15 和 0.61，表明西部地区的旅游发展和经济增长均对贫困减缓产生显著的积极影响，旅游发展和经济增长每提高 1 个百分点，则贫困程度分别降低 0.15 个和 0.61 个百分点。这主要是缘于西部地区的旅游专业化水平不高，使得贫困人口参与旅游业的门槛较低，从而在短期内收入显著提高，旅游发展对贫困减缓的人次效应显著、边际效益较高，从而对贫困减缓的积极影响显著；同时，西部地区的经济增长通过拓宽就业、增加收入、改善生计等促进了西部地区的贫困减缓。产业调整在 5% 的水平上通过显著性检验，系数为 0.16；城市化水平、交通改善和收入差距均在 1% 的水平上通过显著性检验，系数分别为 0.51、0.07、-0.28。这表明西部地区的产业调整、城市化水平和交通改善均对贫困减缓产生显著的积极影响，产业调整、城市化水平和交通改善每提高 1 个百分点，则贫困程度分别降低 0.16 个、0.51 个、0.07 个百分点；收入差距则对贫困减缓产生显著的负向影响，收入差距每提高 1 个百分点，则贫困程度提高 0.28 个百分点。这主要是缘于西部地区的产业结构开始逐渐调整升级，交通基础设施也逐渐完善，对贫困减缓的边际效应开始显现，且西部地区目前正处于城市化水平快速提升阶段，城市化水平提升对贫困减缓的边际效益较高；同时，西部地区的收入差距日益加剧导致贫富分化日趋严重，严重阻碍贫困减缓进程。

3. 稳健性检验

为检验全国与区域旅游发展、经济增长与贫困减缓之间长期均衡关系的稳健性，参照张大鹏的研究采用剔除控制变量的方法对回归结果进行稳健性检验。①。从模型中剔除4个控制变量，对旅游发展、经济增长、贫困减缓等3个变量进行稳健性检验。由表7可知，全国与东、中、西部地区的模型回归结果的 R^2 分别为0.98、0.98、0.99、0.97，表明模型拟合度较好。从旅游发展来看，全国与东、西部地区的旅游发展均在1%水平上通过显著性检验，系数分别为0.07、0.09、0.23，表明全国与东、西部地区的旅游发展均对贫困减缓产生显著的积极影响；中部地区的旅游发展未通过显著性检验，表明中部地区的旅游发展对贫困减缓的影响不显著。从经济增长来看，全国与东、中、西部地区的经济增长均在1%水平上通过显著性检验，系数分别为0.86、0.95、0.34、0.72，表明全国与东、中、西部地区的经济增长均对贫困减缓产生显著的积极影响。可见，稳健性检验结果与此次实证研究结果基本一致，实证研究结果具有稳健性。

表7 稳健性检验结果

变量	全国				东部地区			
	系数	标准差	t	P	系数	标准差	t	P
旅游发展	0.07***	0.02	4.23	0.00	0.09***	0.03	3.10	0.00
经济增长	0.86***	0.01	83.52	0.00	0.95***	0.01	74.52	0.00
R^2	0.98	—	—	—	0.98	—	—	—
F检验	—	—	16.94***	0.00	—	—	2.37***	0.00
Hausman检验	—	—	9.68***	0.01	—	—	29.97	0.31
变量	中部地区				西部地区			
	系数	标准差	t	P	系数	标准差	t	P
旅游发展	0.00	0.01	-0.51	0.61	0.23***	0.03	7.37	0.00
经济增长	0.34***	0.04	8.19	0.00	0.72***	0.02	37.89	0.00
R^2	0.99	—	—	—	0.97	—	—	—
F检验	—	—	19.71***	0.00	—	—	13.00***	0.00
Hausman检验	—	—	21.47***	0.00	—	—	82.86***	0.00

注：*** 表示各变量在1%的水平上显著；"—"表示无数据。

① 张大鹏：《旅游发展能减缓特困地区的贫困吗——来自我国中部集中连片30个贫困县的证据》，《广东财经大学学报》2018年第3期。

四 结论与对策

（一）结论

本研究基于2000～2017年中国省际面板数据，运用格兰杰因果关系检验对旅游发展、经济增长与贫困减缓之间的关系进行实证检验，并进一步运用固定效应模型分析全国与东、中、西部地区的旅游发展、经济增长与贫困减缓之间的长效互动关系，得出以下结论。

1. 全国的旅游发展和经济增长均对贫困减缓具有显著的积极影响

全国的旅游发展和经济增长对贫困减缓的贡献率分别为6%和72%，即旅游发展和经济增长每提高1个百分点，则贫困程度分别降低0.06个和0.72个百分点。可见，经济增长是贫困减缓的主要驱动力。

2. 旅游发展对贫困减缓影响的区域差异显著

东部地区和西部地区的旅游发展对贫困减缓具有显著的积极影响，贡献率分别为11%和15%，即旅游发展每提高1个百分点，则贫困程度分别降低0.11个和0.15个百分点；中部地区旅游发展对贫困减缓的影响不显著。

3. 经济增长对贫困减缓影响的区域差异不显著

东、中、西部地区的经济增长均对贫困减缓具有显著的积极影响，贡献率分别为81%、75%、61%，即经济增长每提高1个百分点，则贫困程度分别降低0.81个、0.75个、0.61个百分点。

4. 控制变量对贫困减缓影响的区域差异显著

产业调整和城市化水平对全国及东、中、西部地区的贫困减缓均具有显著的积极影响；交通改善对全国和西部地区的贫困减缓具有显著的积极影响，对东部地区和中部地区贫困减缓的影响不显著；收入差距对全国及中、西部地区的贫困减缓具有显著的负向影响，对东部地区贫困减缓的影响不显著。

（二）对策

经济增长是贫困减缓的必要前提，旅游发展是经济社会发展的重要驱动力以及贫困地区脱贫致富的重要产业支撑力量，应正视旅游减贫潜力以合理规避产业弊端，精准定位减贫重心以因地制宜实施帮扶，构建价值共同体以完善减贫外部条件，以进一步推动旅游发展和经济增长更高效地作用于贫困减缓。

1. 正视旅游减贫潜力，合理规避产业弊端

为推动旅游发展对贫困减缓的积极影响处于较高水平，应正视旅游减贫潜力，合理规避产业弊端，以有效构建旅游发展带动贫困减缓的长效机制。一方面，正视旅游减贫潜力。应充分认识到旅游发展对具备优质旅游资源禀赋的贫困地区的减贫潜力和边际效益，鼓励贫困地区在具备旅游发展条件的前提下合理利用优质旅游资源发展旅游业，并给予政策、资金和人才扶持，以充分发挥旅游发展对贫困地区的减贫效益。另一方面，合理规避产业弊端。通过合理调整旅游产业发展政策、高效配置旅游资源要素、延长旅游产业链等方式，合理规避旅游产业的季节性和不可储藏性等弊端，充分发掘旅游发展的可持续减贫效益。

2. 精准定位减贫重心，因地制宜实施帮扶

为进一步消除绝对贫困、缓解相对贫困，应精准定位减贫重心，因地制宜实施帮扶，以巩固脱贫攻坚成果。一方面，精准定位减贫重心。应在合理摸排贫困现状的前提下，明晰当前减贫工作的核心任务：极度贫困地区以消除绝对贫困为减贫重心，绝对贫困相对缓解的地区则应充分重视贫困人口内部的相对贫困问题。通过建立健全收入分配机制、增强贫困人口在地区经济发展中的参与感和受益度，以有效缩小贫困人口的内部差距，使减贫效益真正广泛惠及贫困人口。另一方面，因地制宜实施帮扶。应结合减贫重心因地制宜实施差异化的减贫政策，通过资金帮扶、教育帮扶、人才帮扶等形式坚定贫困人口脱贫致富信念、增强贫困人口就业技能、提高贫困人口当地就业率等，以有效提高贫困帮扶的精准性和时效性。

3. 构建价值共同体，完善减贫外部条件

为充分发挥旅游发展和经济增长对贫困减缓的积极影响，应构建价值共同体，完善减贫外部条件，以构建贫困减缓可持续发展机制。构建价值共同体应充分明确政府、非贫困人口和贫困人口，以及非贫困地区和贫困地区均是贫困减缓过程中的价值共同体。在脱贫攻坚的实践中，着力于促进政府、非贫困人口、贫困人口等主体之间相互合作，以及非贫困地区和贫困地区之间相互合作，推动产业结构升级、城市化水平提升、交通基础设施完善、收入分配公平等有机融合，以共同构建完备的贫困减缓外部条件。

多主体参与旅游精准扶贫行为逻辑和参与模式*

——基于价值共创视角

何 彪　朱连心　李会琴**

摘　要：旅游精准扶贫作为精准扶贫战略下一种重要的产业扶贫形式，已显现出良好的减贫效应。然而，旅游发展和贫困减缓双目标在扶贫实践中存在偏离现象。本文探索性融合管理学思想与社会学命题，将管理学中的价值共创理论引入旅游精准扶贫研究与实践，通过设计该嵌入型研究，为旅游精准扶贫工作寻求新的视角和思路。研究发现利益矛盾导致各主体持消极参与意愿乃根本问题所在，主张考量整体价值而非仅论经济利益或政治、社会、环境利益。基于此，分析旅游精准扶贫多主体的行为逻辑和参与模式，构建了“积极参与—共创价值—共享价值”多主体参与旅游精准扶贫的普适性机制，并提出了以“共同创造，各取所需”为核心的多主体参与原则，以期有效提升旅游精准扶贫工作成效。

关键词：旅游精准扶贫　价值共创　多主体参与　行为逻辑　参与模式

---

* 文章刊发于《社会科学家》2019 年第 6 期，是国家社科基金年度项目（19BGL139，19BJY202）的阶段性成果。该文章收录本书时，内容和文献标注方式略有调整。

** 何彪，海南大学旅游学院；朱连心，海南大学经济学院；李会琴，中国地质大学（武汉）。

引　言

2013年11月，习近平在湖南湘西考察时首次提出“精准扶贫”思想，标志着我国扶贫工作进入新阶段。2016年11月，国务院印发《“十三五”脱贫攻坚规划》（国发〔2016〕64号），指出必须以“精准扶贫、精准脱贫”为原则，打赢脱贫攻坚战，确保到2020年现行标准下农村贫困人口实现脱贫。同时，明确了精准扶贫是变“粗放漫灌”为“精准滴灌”，是将扶贫目标从贫困地区精准至贫困人口，为新阶段扶贫工作明晰了新的要求和方向，亦引起学术界的积极关注。

旅游精准扶贫内生于旅游扶贫，是精准扶贫理念在旅游扶贫方面的操作性应用，且已成为减贫的有效产业工具。我国旅游资源蕴藏丰富地区与贫困地区高比例重合，基于此客观条件，发展旅游和减缓贫困之间建立起了直接联系。[①] 我国旅游扶贫实践肇始于20世纪80年代。“旅游扶贫”一词于2011年首次出现在《中国农村扶贫开发纲要（2011～2020年）》（中发〔2011〕10号）中，2011～2014年，中国已通过发展旅游实现约1000万人口脱贫。[②] 2014年8月，国务院发布《关于促进旅游产业改革的若干意见》（国发〔2014〕31号），提出“加强乡村旅游精准扶贫，扎实推进乡村旅游富民工程，带动贫困地区脱贫致富”，自此“旅游精准扶贫”概念被首次提出。2014年11月，国家旅游局会同国家发展改革委等七部门联合印发《关于实施美丽乡村旅游富民工程推进旅游扶贫工作的通知》（发改社会〔2014〕2344号），提出拟通过乡村旅游发展实现至2020年带动全国17%（约1200万）贫困人口脱贫的目标。由此可见，旅游发展能够有效带动贫困地区、贫困人口实现前进式发展，旅游业所呈现的良好减贫效应进一步巩固了发展旅游与减缓贫困之间的关系，旅游业是现阶段推进扶贫攻坚的中坚力量。

---

① 丁焕峰：《国内旅游扶贫研究述评》，《旅游学刊》2004年第3期。

② 李燕琴：《反思旅游扶贫：本质、可能陷阱与关键问题》，《中南民族大学学报》（人文社会科学版）2018年第2期。

然而，在旅游精准扶贫工作实际中，受扶对象消极参与、社会和企业参与程度不够、利益分配不均等问题在一定程度上阻碍了旅游精准扶贫工作的快速稳定推进，究其原因，利益矛盾（权利失败、机会缺失与能力匮乏）① 导致各主体持消极参与意愿乃根本问题所在。在此背景下，旅游精准扶贫成为政府部门单方推动的行为，弱化了旅游精准扶贫的实际效果。

价值共创理论的基本逻辑是："消费者将企业提供的资源（产品或服务）与其自身其他可供利用的资源和技能相结合，通过日常生活实践为自己创造价值"，基于此，将受扶对象识别为"消费者"，将其他主体识别为"企业"，受扶对象与其他主体同企业与消费者一样，在各异的价值诉求下共同创造价值，且二者始终以共同价值最大化为目标导向。因此，如果旅游精准扶贫各参与主体意识到共同参与价值创造能够为自己带来价值提升，便会形成积极参与意愿，通过参与到价值创造环节获得自己所期望的价值。

本文基于价值共创理论，在明晰由精准扶贫中多主体参与价值创造及价值共享关联机理的基础上，分析旅游精准扶贫多主体的行为逻辑，提出了以"共同创造，各取所需"为核心原则的多主体参与模式，并构建了"积极参与—共创价值—共享价值"多主体参与旅游精准扶贫的普适性机制，以期有效提升旅游精准扶贫的减贫效果与社会功能。

一　文献综述

（一）旅游精准扶贫的提出与发展

1999 年 4 月，英国国际发展署首次提出"旅游扶贫"（Pro-Poor Tourism，PPT）概念，即"有利于贫困者的旅游"，自此旅游发展与贫困

① 左冰：《发展主义语境下社区参与旅游发展困境及出路》，《思想战线》2011 年第 4 期。

减缓之间建立起了直接联系。[①] 回归旅游减贫战略实施的逻辑原点，旅游减贫效应的存在性才是科学推动旅游减贫实践发展的核心。[②]“旅游发展减缓了贫困”“旅游发展加剧了贫困”“旅游发展与贫困减缓无必然联系”三个观点是学者们对旅游减贫效应的争议所在，这也是旅游扶贫研究的核心内容。李如友和郭鲁芳指出贫困度量方法不统一、空间尺度和研究方法不同、发展环境及模式选择存在差异等因素造成研究结论的不一致，并总结认为“旅游发展减缓了贫困”这一结论更为合理。[③] 但该研究只关注了争议本身，并未深入探讨旅游减贫效应受限的内在原因。国际国内针对旅游精准扶贫绩效受限因素的研究较多，但尚未形成统一的标准认识。值得提出的是，“社区赋权”和“就业公平性”[④]、“利益分配”[⑤]、“合作交流不畅”和“贫困地区居民参与旅游扶贫动力不足”[⑥]等因素常常被认定为绩效受限的重要致因之一。目前，利益矛盾导致各主体持消极参与意愿这一实际现象已得到必要关注。因此，如何协调旅游精准扶贫各利益主体之间的诉求，使之协同合作，促进当地社会、经济与文化的可持续发展是我国旅游精准扶贫现阶段所面临的巨大挑战。[⑦]

（二）旅游精准扶贫多主体参与相关研究

“旅游精准扶贫”是我国国情下的特定提法，因此在回顾国外文献时，

---

① Bennett O., Ashley C., Roe D., “Sustainable Tourism and Poverty Elimination Study: A Report to the Department for International Development”, New York: Deloitte & Touche, 1999: 2-3.

② 赵磊、张晨：《旅游业与贫困减缓：基于国外经济学文献的述评》，《旅游科学》2018 年第 4 期。

③ 李如友、郭鲁芳：《旅游减贫效应之辩——一个文献综述》，《旅游学刊》2017 年第 6 期。

④ Mabogunje A., *The Development Process: A Spatial Perspective*, London: Routledge, 2015.

⑤ Cheong S. M., “Power and Tourism: A Foucauldian Observation”, *Annals of Tourism Research*, 2000, 27 (2): 371-390; Davis J. B., “Commentary: Tourism Research and Social Theory - Expanding the Focus”, *Tourism Geographies*, 2001, 3 (2): 125-134.

⑥ 邢慧斌：《国内旅游扶贫绩效评估理论及方法研究述评》，《经济问题探索》2017 年第 7 期。

⑦ 张晓、李春晓、杨德进：《民族地区旅游扶贫多主体参与模式探析——以四川省马边彝族自治县为例》，《地域研究与开发》2018 年第 2 期；顾荣、陈凯、陈建成：《基于价值网络理论的扶贫旅游参与机制研究——以河北省 39 个国家级贫困县为例》，《资源开发与市场》2018 年第 11 期。

不作区分。整体来看，国际上旅游扶贫相关研究主要集中在旅游扶贫理论动态发展进程[1]、旅游减贫路径及机制[2]、旅游减贫效应检验方法[3]三个方面，而旅游领域多主体参与相关研究较少，仅有少量文献涉及社区这一核心参与主体，现有研究也能够有力支撑该研究结论。如国内学者孙鑫等运用社会网络分析法对比研究了国内外旅游扶贫研究主题，发现旅游扶贫策略、生态旅游与可持续发展和乡村旅游是国内外研究共同关注的热点[4]，同时国内外旅游扶贫研究主题存在一定差异性，尤其是在旅游扶贫的社区参与[5]、与扶贫相关的旅游方式[6]、旅游精准扶贫多主体参与模式[7]等方面。

相对而言，国内关于旅游精准扶贫多主体参与的研究较多，但也存在研究视角和方法单一导致结论创新性缺乏和微观尺度案例导致结论普适性不足等问题。研究视角和方法方面，以利益相关者、价值网络和赋权为主流[8]，更为微观的企业社会责任视角[9]仅见几个研究，以访谈与社

① Schilcher, Daniela, "Growth Versus Equity: The Continuum of Pro - Poor Tourism and Neoliberal Governance", *Current Issues in Tourism*, 2007, 10 (2): 166 - 193.

② Zhao W., Ritchie J. R. B., "Tourism and Poverty Alleviation: An Integrative Research Framework", *Current Issues in Tourism*, 2007, 10 (2): 119 - 143; Mitchell J., Ashley C., *Tourism and Poverty Reduction: Pathways to Prosperity*, London: Routledge, 2009: 33 - 43.

③ Blake A., "Tourism and Income Distribution in East Africa", *International Journal of Tourism Research*, 2010, 10 (6): 511 - 524.

④ 孙鑫、汪侠、刘丹丽等:《国内外旅游扶贫研究主题对比——基于社会网络分析的视角》,《资源开发与市场》2017 年第 11 期。

⑤ 孙鑫、汪侠、刘丹丽等:《国内外旅游扶贫研究主题对比——基于社会网络分析的视角》,《资源开发与市场》2017 年第 11 期。

⑥ 孙鑫、汪侠、刘丹丽等:《国内外旅游扶贫研究主题对比——基于社会网络分析的视角》,《资源开发与市场》2017 年第 11 期。

⑦ 李会琴、侯林春、杨树旺等:《国外旅游扶贫研究进展》,《人文地理》2015 年第 1 期。

⑧ 万剑敏:《基于利益相关者理论的县域经济旅游扶贫研究——以鄱阳县为例》,《农林经济管理学报》2012 年第 4 期; 李佳:《生态旅游扶贫利益相关者协同模式研究——以通山县 D 乡为例》, 华中师范大学硕士学位论文, 2018; 徐莉、马阳、孙艳:《旅游扶贫背景下民族社区治理的多元权力结构探究》,《西南民族大学学报》(人文社科版) 2018 年第 10 期; 向德平、刘风:《价值理性与工具理性的统一: 社会扶贫主体参与贫困治理的策略》,《江苏社会科学》2018 年第 2 期。

⑨ 孟奕爽、邓森文、徐佳:《基于企业社会责任视角的民族地区旅游扶贫研究——以湖南怀化花瑶聚集区为例》,《资源开发与市场》2019 年第 1 期。

会网络分析为主的定性研究方法较为常见。[①] 研究案例方面，主要集中在贫困地区、欠发达地区、西部地区和民族地区（云南、甘肃、安徽等），[②] 特点表现为案例地之间异质性较大。就研究结论而言，主体识别结果较为统一，一般涉及政府、本地企业、外来企业、当地居民、公益组织、高校科研机构以及旅游者。[③] 同时，各学者对主体之间参与模式的观点各异，这与案例情境差异也存在一定的关系。

（三）价值共创理论

价值共创理论的动态发展不断为消费者行为、营销管理研究贡献新的思维逻辑与研究路径。遵循时间序列，价值共创思想依次体现在经济学、哲学和社会学、营销学中，其中营销学的研究逻辑可概括为商品主导逻辑、服务主导逻辑、顾客主导逻辑三类。[④] 商品主导逻辑和服务主导逻辑的本质均是商品或服务的供给者占主导，[⑤] 但二者区别在于：前者强调供给者的完全主导作用，供给者创造价值，消费者消费价值，供给者与消费者独立存在；后者的核心观点是消费者是价值的共同创造者，供给者单独创造价值的局面转变成供给者和消费者共同创造价值。顾客主导逻辑萌芽于体验经济时代，消费者角色和地位逐渐强化，消费者成为价值创造过程中不可或缺的另一主体并趋近主导地位。顾客主导逻辑

---

① 孙鑫、汪侠、刘丹丽等：《国内外旅游扶贫研究主题对比——基于社会网络分析的视角》，《资源开发与市场》2017 年第 11 期；鄢慧丽、余军、熊浩等：《少数民族村寨旅游扶贫利益相关者网络关系研究》，《软科学》2019 年第 3 期。

② 孙鑫、汪侠、刘丹丽等：《国内外旅游扶贫研究主题对比——基于社会网络分析的视角》，《资源开发与市场》2017 年第 11 期。

③ 孙鑫、汪侠、刘丹丽等：《国内外旅游扶贫研究主题对比——基于社会网络分析的视角》，《资源开发与市场》2017 年第 11 期；庄天慧、陈光燕、蓝红星：《精准扶贫主体行为逻辑与作用机制研究》，《广西民族研究》2015 年第 6 期。

④ Prahalad C. K. , Ramaswamy V. , "Co – Opting Customer Competence", *Harvard Business Review*, 2000, 78 (1): 79 – 90; Vargo S. L. , Lusch R. F. , "Evolving to a New Dominant Logic for Marketing", *Journal of Marketing*, 2004, 68 (1): 1 – 17; Johann Füller, Hans Mühlbacher, Kurt Matzler, et al. , "Consumer Empowerment Through Internet – Based Co-creation", *Journal of Management Information Systems*, 2009, 26 (3): 71 – 102.

⑤ 万文海、王新新：《共创价值的两种范式及消费领域共创价值研究前沿述评》，《经济管理》2013 年第 1 期。

认为供给者应以顾客如何利用产品或服务达到自身目的为目标导向，而消费者致力于将企业提供的资源（产品或服务）与自身其他资源（知识、技能等）相结合为自己创造价值。①

现阶段，在业界，引导顾客参与价值共创成为供给者创新供给以提升竞争优势的新举措。在学界，顾客参与价值共创的行为动机、维度划分与测量等方面的研究持续深入，② 另有诸多实证研究有效验证了顾客参与价值共创为供给者带来不同程度不同层面的营销实践价值。③ 然而，价值共创多主体参与特征尚未得到研究者的广泛关注，但这一特征的论证跳脱出了价值共创中供给者与消费者二元主体的固有认知。现有研究表明价值共创多主体参与的客观存在性，以及所蕴藏的重要理论价值与实践价值将得到进一步挖掘。④

（四）旅游精准扶贫、价值共创的多主体参与

首先，旅游精准扶贫和价值共创的多主体参与拥有共同的理论起源，即“参与”，在各自领域分别称作社区参与和“顾客参与”。“参与”是一个营销概念，是主体切实从事与服务（或价值）的定义和传递有关的行为，通过这些行为明确自己在服务（或价值）传递过程中的角色并获

---

① Svensson G. Gronroos C.，“Service Logic Revisited：Who Creates Value，and Who Co-creates？”，*European Business Review*，2008，20（4）：298－314.

② Yi Y.，Gong T.，“Customer Value Co-creation Behavior：Scale Development and Validation”，*Journal of Business Research*，2013，66（9）：1279－1284；Heinonen K.，Strandvik T.，Voima P.，“Customer Dominant Value Formation in Service”，*European Business Review*，2013，25（2）：104－123；Heinonen K.，Strandvik T.，Mickelsson K.，et al.，“A Customer－Dominant Logic of Service”，*Journal of Service Management*，2013，21（4）：531－548.

③ 武文珍：《顾客参与 共创价值》，东北大学出版社，2016，第1~4页；Prebensen N. K.，Xie J.，“Efficacy of Co-creation and Mastering on Perceived Value and Satisfaction in Tourists' Consumption”，*Tourism Management*，2017，60：166－176.

④ Kaushik A. K.，Agrawal A. K.，Rahman Z.，“Co-creation of Social Value Through Integration of Stakeholders”，XVIII International Conference of the Society of Operations Management，2015；Kazadi K.，Lievens A.，Mahr D.，“Stakeholder Co-creation During the Innovation Process：Identifying Capabilities for Knowledge Creation Among Multiple Stakeholders”，*Journal of Business Research*，2015，69（2）；杨学成、涂科：《出行共享中的用户价值共创机理——基于优步的案例研究》，《管理世界》2017年第8期。

得他们期望的价值。[①] 旅游精准扶贫工作中，使贫困人口拥有参与经济发展的机会与权利，才能直抵减缓贫困的根本目标。PPT 概念中“向贫困人口倾斜”的原则要求社区积极参与扶贫并发挥主导作用，社区应在其他参与主体的引导和帮助下剖析贫困的原因并建立反贫困机制。[②] 旅游精准扶贫呼吁社区参与，价值共创呼吁“顾客参与”。价值共创根植于“顾客参与”理论但又在其基础上实现跃升，存在显著不同。现阶段，二元主体参与价值共创乃主流结构，但多元主体参与价值共创已得到部分学者的关注，且能够于当下市场环境中找到一些市场现象并更好地解释这些市场现象。[③]

其次，旅游精准扶贫和价值共创中的多主体参与拥有共同的最终目标，即创造并获得价值。价值共创提出为生产者和消费者，乃至其他参与者创造价值。同样，旅游扶贫的目标是以价值创造实现减贫，实现政府、企业、农户、社区等诸多利益主体的价值诉求。两种情境中参与的最终目标均为参与价值的创造并分享价值，契合价值管理视角下参与的内涵。

以上论述，分析了旅游精准扶贫和价值共创共同的理论起源和共同的最终目标，梳理了整合二者以开展研究的可能。

二　旅游精准扶贫各主体的行为逻辑

前人研究对于旅游精准扶贫主体结构的分析较为成熟且趋于统一，因此本文借鉴前人研究结果，将旅游精准扶贫多主体识别为政府、本地企业、外来企业、当地社区、当地贫困人口、公益组织、高校等科研机

① 武文珍：《顾客参与 共创价值》，东北大学出版社，2016，第 1～4 页；File K. M., Judd B., B. Prince R. A., “Interactive Marketing: The Influence of Participation on Positive Word-of-mouth and Referrals”, *Journal of Service Marketing*, 1992, 6 (4): 5 – 14.

② 邢慧斌：《国内旅游扶贫绩效评估理论及方法研究述评》，《经济问题探索》2017 年第 7 期。

③ 杨学成、涂科：《出行共享中的用户价值共创机理——基于优步的案例研究》，《管理世界》2017 年第 8 期；Jacobson B. F., “Conscious Customer Interation: A Phenomenological Exploration of the Emergence of Sales as Experienced the Employee Agent of a Firm and His Loyal Customers”, The George Washing University, 2006.

构以及旅游者。[①] 需指出的是，考虑到实际情境下当地居民往往具有多重身份，如作为当地社区管理人员或本地企业管理人员加入旅游精准扶贫实践中，因此，本文以“当地贫困人口”替代常见的“当地居民”表述，旨在剥离“当地居民”表述中的交叉身份。基于以上论述，进一步分析旅游精准扶贫各主体的行为逻辑。

政府的行为逻辑。我国政府始终把人民利益放在最高位置，政府参与扶贫工作，主要是基于对国家稳定和人民福利的全局考虑。[②] 首先，我国政府始终秉承“为人民服务”的工作宗旨，将实现共同富裕作为党和国家的奋斗目标。其次，党的十八大、十九大报告所提出并强调的“两个一百年”奋斗目标，要求全面建成小康社会、全面建成社会主义现代化强国，铸就中国梦的前提在于切实解决我国的贫困问题。最后，贫困问题既是一个社会问题也是一个政治问题，安定的社会环境是政治文化等上层建筑维持稳固的基石，同时良好的社会发展水平进益于国际声誉。

本地企业和外来企业的行为逻辑。二者参与旅游精准扶贫的价值诉求主要体现在直接经济收益与社会责任效益，[③] 且两种价值导向相互作用，企业通过承担社会责任实现社会贡献，进而提升企业形象，间接性获得由经营业绩增长带来的直接经济收益上升，反之，伴随着企业发展壮大，其所肩负的社会责任和义务驱使它主动融入旅游减贫工作。其中，两种类型企业在直接经济收益和社会责任效益两方面的侧重有所不同，需要根据实际情况进行具体分析。理想状态下，相较于普通企业，参与精准扶贫的企业倾向于以贫困人口经济利益为核心，与政府、当地居民等主体形成价值共同体。[④]

---

① 孙鑫、汪侠、刘丹丽等：《国内外旅游扶贫研究主题对比——基于社会网络分析的视角》，《资源开发与市场》2017 年第 11 期；徐莉、马阳、孙艳：《旅游扶贫背景下民族社区治理的多元权力结构探究》，《西南民族大学学报》（人文社科版）2018 年第 10 期。

② 庄天慧、陈光燕、蓝红星：《精准扶贫主体行为逻辑与作用机制研究》，《广西民族研究》2015 年第 6 期。

③ 吴乐：《深度贫困地区脱贫机制构建与路径选择》，《中国软科学》2018 年第 7 期。

④ 孟奕爽、邓森文、徐佳：《基于企业社会责任视角的民族地区旅游扶贫研究——以湖南怀化花瑶聚集区为例》，《资源开发与市场》2019 年第 1 期。

当地社区的行为逻辑。本文所言的当地社区即指中国共产党员支部委员会和村民自治委员会，简称村“两委”，其存在的价值在于为本社区居民提供全面服务。具体来看，社区参与旅游精准扶贫起到承上启下、监督和反馈的作用。精准扶贫工作要取得更大成效，需要平衡好不同主体的相关利益，同时也要做好不同政策的衔接工作，注重公共政策合理性资源的积累。[①] 村支部积极宣传精准扶贫政策，提高当地贫困人口脱贫致富的主动性，变“要我脱贫”为“我要脱贫”。村委会是村民民主选举的自治组织，能够充分利用自身在机构协调和资源对接方面的优势，引导扶贫资源流向当地贫困人口，实现精准减贫与社区治理的目标。[②]

当地贫困人口的行为逻辑。当地贫困人口在旅游精准扶贫关系网络中作为受扶对象，是旅游减贫的关键切入点。当地贫困人口主要通过资源付出（原产品供给、文化输出、土地、集体环境等）和劳动付出（体力劳动和智力劳动）参与旅游精准扶贫。[③] 孙九霞和保继刚认为，“社区参与的主体是社区居民，客体是社区的各种事务”，并指出“社区参与旅游发展是指在旅游的决策、开发、规划、管理、监督等旅游发展过程中，充分考虑社区的意见和需要，并将其作为主要的开发主体和参与主体，以便在保证旅游可持续发展方向的前提下实现社区的全面发展”。[④] 本文独立划分当地社区和当地贫困人口，与该观点并不相违，且在追求可持续发展方面达到高度契合，现实中，当地贫困人口的脱贫愿望也并非建立在破坏环境、文化入侵、权利失位等基础之上，因此，将当地贫困人口的价值诉求概括为在不破坏现有生活环境或不违背自身意愿的前提下提高生活收入与品质，实现脱贫目标。

公益组织的行为逻辑。贫困是社会群体性问题，解决社会问题是公

① 邢成举：《政策张力、公平观念与扶贫工作的合理性》，《西北农林科技大学学报》（社会科学版）2018 年第 2 期。

② 李琳、郭占锋：《精准扶贫中农村社区治理能力提升研究》，《西北农林科技大学学报》（社会科学版）2018 年第 3 期。

③ 左冰、保继刚：《制度增权：社区参与旅游发展之土地权利变革》，《旅游学刊》2012 年第 2 期。

④ 孙九霞、保继刚：《从缺失到凸显：社区参与旅游发展研究脉络》，《旅游学刊》2006 年第 7 期。

益组织的初衷与使命。现阶段，部分公益组织已参与进扶贫项目，如不同贫困地区在公益基金的支持下建设希望小学，但公益组织在旅游精准扶贫方面尚未形成影响力。疏通公益组织资源进入旅游精准扶贫的渠道，可在相当程度上规避因为企业投资的利益导向性而带来的经济效益压倒一切的风险，[①] 同时公益组织可作为旅游精准扶贫过程中价值有效流动与公平流动的第三方监督者。

高校等科研机构的行为逻辑。高校等科研机构研究可为旅游精准扶贫提供强有力的智力与技术支持，主要体现在旅游资源规划与开发、旅游目的地生态脆弱性评估、旅游目的地品牌建立与营销推广、旅游目的地生命周期管理、客户关系管理等方面，以研究型高校为主的科研机构能够为旅游减贫提供有效的理论参考依据，确保旅游发展与贫困减缓稳定且同步发展，以达到旅游减贫可持续发展。参与旅游精准扶贫，是高校等科研机构开展科研工作的天然基地，同时，参与实践是检验与完善其研究成果的最佳途径。

旅游者的行为逻辑。旅游者作为旅游精准扶贫价值链上的关键存在，显然尚未得到学界的广泛关注，对脱贫造血机制的强调与对旅游者角色的忽视，是理论与实践的脱节。张晓等探索性地将旅游者纳入旅游扶贫多主体参与模式，认为旅游者与社区居民之间的双向关系是“提供部分产品”和“消费交流”，同时与公益组织、当地政府存在单向“反馈意见”关系。[②]

三　旅游精准扶贫多主体参与模式、机制与原则

（一）旅游精准扶贫多主体参与模式

基于对各主体行为逻辑的分析，本文整理出 8 个主体参与旅游精准

① 张晓、李春晓、杨德进：《民族地区旅游扶贫多主体参与模式探析——以四川省马边彝族自治县为例》，《地域研究与开发》2018 年第 2 期。

② 张晓、李春晓、杨德进：《民族地区旅游扶贫多主体参与模式探析——以四川省马边彝族自治县为例》，《地域研究与开发》2018 年第 2 期。

扶贫的模式，如图1所示，其中高校等科研机构与政府、当地社区、当地贫困人口、本地企业和外来企业之间的关系是“智力支持”与“需求反馈”，因考虑图示效果未在图中标注。

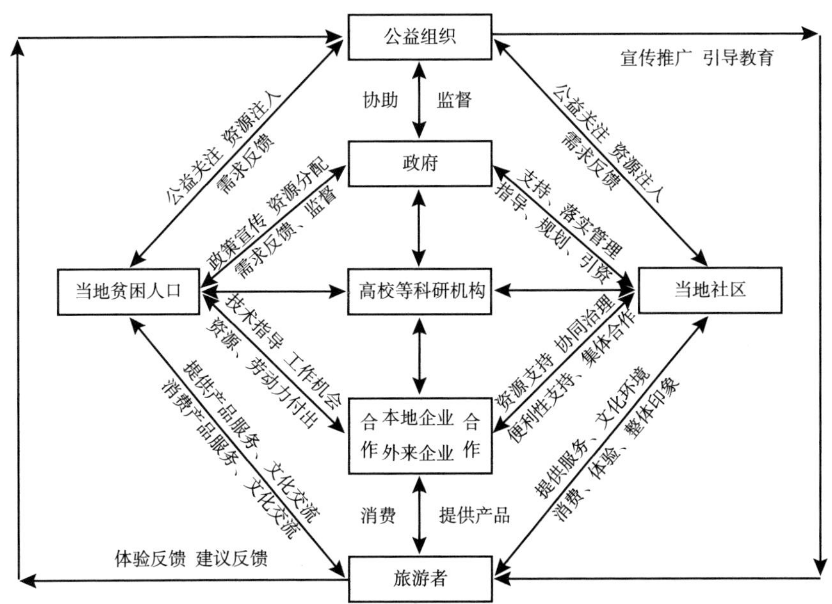

图1 旅游精准扶贫多主体参与模式

（二）旅游精准扶贫多主体参与机制与原则

旅游精准扶贫中多主体持有不同的价值诉求，扮演不同的重要角色，因此其行为逻辑各异，构建多主体参与旅游精准扶贫的普适性机制，是多主体行为规范的遵循依据，是有序推进旅游减贫工作的保障。本文引入价值共创理论，主张考量整体价值而非仅论经济利益或政治、社会、环境利益。其一，突出价值共创理论中“创”的理念，以“价值提升”为目标导向，贯彻“把可持续旅游作为消除贫困的有力工具”理念，实现“价值创造”以提升旅游精准扶贫的价值和效果。其二，突出价值共创理论中“共”的理念，以“共同创造，各取所需”的原则实现“价值共享”，切实解决扶贫工作中利益分配不均等诸多实际问题。如图2所示，在价值驱动的作用下，旅游精准扶贫8个主体通过价值流动维持稳定的协同关系。

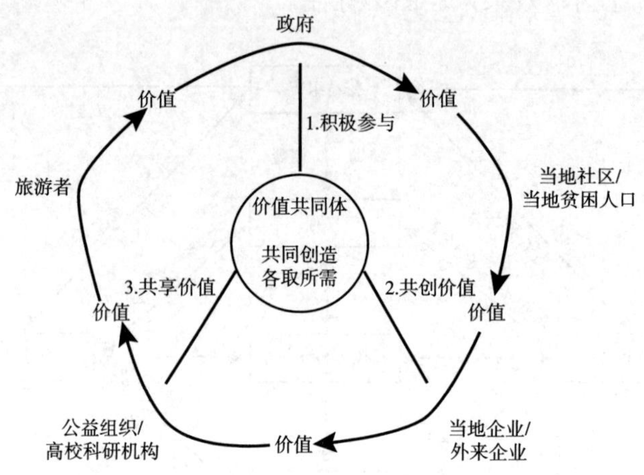

图2　价值驱动下旅游精准扶贫多主体参与机制

首先，积极参与是前提。价值共创理论认为顾客已经意识到参与价值共创能够为自己带来更好的产品或服务体验，同时供应方会借助营销手段、营销环境等条件吸引消费者加入价值共创。因此，在开展旅游精准扶贫工作中，应加强宣传精准扶贫政策，帮助各主体明晰自身的期望价值与实现可能，进而各主体主动形成积极参与意愿。农村社会是“熟人社会”，通过社区网络打造扶贫示范，既能让示范者获得自我认可，又可以展现扶贫成果，进而各主体被动形成积极的参与意愿。

其次，共创价值是关键。旅游精准扶贫中价值的创造依赖于资源投入和市场反应，二者缺一不可。一方面，贫困地区依托当地资源所规划开发的旅游多与当地特色结合紧密，旅游产品和服务被赋予当地文化，或以优美的乡村环境形成品牌，吸引了广大旅游者前往，如江西婺源县、海南什寒村等。另一方面，一旦旅游者进入，其消费行为伴随着资金涌入，良好的现金流会转化为各主体所需的价值并在关系网络中循环流动。

最后，共享价值是重点。旅游扶贫是“有利于贫困者的旅游”，旅游精准扶贫也强调价值向贫困人口倾斜，但需强调的是，价值最大化是价值共享的基础，关注所有主体期望价值的满足情况同样尤为重要，过分关注贫困人口的减贫工作难以长久延续，不利于良性循环局面的形成。当价值出现不足时，共享时易出现利益矛盾，矛盾一旦形成则会打破多主体之间的参与模式，打击各主体的参与意愿。因此，共享价值既需要各主体的意识趋同，也需要客观科学的共享制度加以辖制，各主体之间的合作应建立在相互信任彼此坦诚的基础之上，同时通过签订合约共设规则的手段确保特殊情况下采取公平公正的解决方案。

旅游精准扶贫多主体参与原则。旅游精准扶贫多主体参与应大力提倡以“共同创造，各取所需”为核心的共建共享原则，实现“人人有贡献，人人有回报”的格局，共同创造以达到价值最大化的目标，各取所需以应对价值过剩或价值不足等不同的实际情况，如此，多主体参与模式才能提升减贫效应。

四 结语

受扶对象消极参与、社会和企业参与程度不够、旅游扶贫价值共享机制不健全等问题影响到旅游精准扶贫工作的持续推进，归根结底是旅游精准扶贫相关利益主体的参与程度不够，旅游精准扶贫成为政府部门单方推动的行为，弱化了旅游精准扶贫的价值创造和实际效果。深入分析旅游精准扶贫多主体的行为逻辑和参与模式，正确识别旅游精准扶贫多主体之间的关系乃扶贫工作开展的首要任务。调动各主体参与的积极性，需以各主体期望价值的实现作为有效方法，方能促成旅游精准扶贫的强大合力。本文引入价值共创理论，尝试将管理学中的价值概念纳入旅游精准扶贫研究，考量整体价值而非仅论经济利益或政治、社会、环境利益，该嵌入型研究为价值共创和旅游扶贫二者的理论研究做出了一定程度的新探索。此外，构建了“积极参与—共创价值—共享价值”多主体参与旅游精准扶贫的普适性机制，并提出了以“共同创造，各取所需”为核心的多主体参与原则，对旅游精准扶贫工作具有全局性理论借鉴意义。

脱贫攻坚、乡村振兴与金融扶贫供给侧改革*

周孟亮**

摘　要：金融扶贫与服务乡村振兴在理论逻辑上具有一致性，脱贫攻坚与乡村振兴阶段的金融供给需要实现有效衔接。目前我国金融机构持续加强扶贫资金投入，通过完善贫困地区基础设施和居住环境，支持龙头企业间接带动贫困人口增收或者通过直接到户贷款等手段助力脱贫攻坚。但从供给体系完整性和服务可持续性角度来看，合作金融和新型农村金融组织的扶贫作用尚未有效发挥，金融扶贫服务站可持续性有待加强，贫困地区信贷投入依然是短板。金融扶贫在助力脱贫攻坚的同时更要适应乡村振兴新形势、新需求，要加强金融扶贫供给侧改革，完善开发性、政策性金融扶贫的基础性作用，大力发展农村合作金融和多元化小额信贷组织，探索创新金融服务，实现不同金融服务供给的合作与协调。

关键词：金融扶贫　脱贫攻坚　乡村振兴　供给侧改革

一　金融扶贫、脱贫攻坚与乡村振兴的内在逻辑

金融扶贫从本质上说属于农村金融支持“三农”的重要内容，改革

---

*　文章刊发于《西南民族大学学报》（人文社科版）2020 年第 1 期，是国家社科基金年度项目（18BJY160）的阶段性成果。该文章收录本书时，内容和文献标注方式略有调整。

**　周孟亮，湖南农业大学。

开放以来我国一直很重视农村金融领域的改革探索，构建完备的农村金融体系、实施农村信用社改革、发展小额信贷等都是探索农村金融支农的重要表现。进入 21 世纪以后，“三农”问题成为我国党和政府高度关注的问题，特别是 2006 年开启增量式农村金融改革以来，以服务“三农”为导向的农村金融改革进展很快。原来我国较少使用“金融扶贫”的说法，一般使用金融“支农”或者金融服务“三农”这个说法。脱贫攻坚战打响以后，在特定的任务环境下，社会各界意识到金融业应该在这场战役中发挥作用，就广泛运用“金融扶贫”的说法，金融扶贫是在脱贫攻坚时期金融“支农”的“主题”。[①] 由此可见，金融扶贫在我国既是老事物，也可以说是新事物。金融扶贫属于金融“支农”的范畴，但又不同于金融“支农”。金融扶贫对象是建档立卡贫困人口，在脱贫攻坚时代被赋予了新的任务和特定含义，而金融“支农”的范围更广。金融扶贫是金融机构通过提供金融服务，提高贫困人口脱贫的能力和机会，或者为贫困人口脱贫创造更好的外部环境，从广义上说是包括银行、证券和保险在内的多维范畴，金融对贫困人口的金融服务也涉及储蓄、结算、贷款和保险等多个方面。因此，金融扶贫不仅指银行类金融机构扶贫，还应该包括证券行业和保险行业扶贫，而且不同金融机构和金融服务对于不同的贫困类型发挥不同的作用。本文重点研究“银行类”金融扶贫，也就是狭义的金融扶贫，这主要是基于以下考虑。①从理论逻辑上说，贫困问题是人类社会发展过程中必须要解决的问题，一直是世界各国特别是发展中国家面临的重大问题。在扶贫实践过程中，世界各国也非常重视金融在帮助贫困地区发展和贫困人口收入增长中的作用。金融扶贫理论起源于早期发展经济学的反贫困理论。早期的反贫困理论包括纳克斯的“贫困恶性循环理论”、纳尔逊的“低水平均衡陷阱论”和缪尔达尔的“循环积累因果关系论”，认为贫困的根源在于储蓄、投资不足，资本形成不足直接导致了贫困的产生，这些理论也认为要缓解贫困问题需要大幅度增加资本投入，银行类金融机构的信贷投入对于贫困缓解的作用一直受到很大的关注。②从我国实际情况来看，目前银行、证券和保险业市场中，银行业资产占比高

---

① 潘功胜：《金融精准扶贫：政策、实践和经验》，中国金融出版社，2019，第 8 ~ 9 页。

达80%，虽然有扶贫绿色通道，但贫困地区的龙头企业进入证券市场融资难度依然很大。我国农业保险发展还处于起步阶段，对于解决贫困地区企业和贫困户资金短缺问题作用有限。而银行类金融机构不仅种类繁多，数量也很多，在我国整个金融体系中具有更加重要的位置，对于贫困人口来说也具有更强的"可接近性"。再加上我国精准扶贫的建档立卡贫困人口对象识别主要以家庭人均收入水平是否低于国家贫困线标准来判定，实施的是"货币"标准的反贫困政策。银行类金融机构为贫困人口发放贷款，对于贫困人口收入增加具有更加直接的效应。因此，本文研究的金融扶贫也是一般所指的银行类金融机构扶贫。

按照国家战略规划，2020年我国将完成脱贫攻坚任务，而后将重点实施乡村振兴战略，金融"支农"将从金融扶贫进入另一个"主题"阶段，农村金融将以服务和助推乡村振兴为重要任务。但不论是在原来广泛的金融"支农"阶段，还是在当前具体的金融扶贫阶段，乃至以后的金融服务乡村振兴阶段，金融服务农村实体经济的本质不会变，我国农村金融改革的基本原则不会变。由此可见，农村金融一头连着脱贫攻坚，一头连着乡村振兴，脱贫攻坚时期的金融扶贫与金融服务乡村振兴在理论逻辑上是一致的。但值得注意的是，乡村振兴与脱贫攻坚的工作重点、思路和主要任务都存在差异，[①] 乡村振兴时期的金融需求也不同于脱贫攻坚时期的金融需求。近几年来，金融扶贫在我国农村金融改革"大潮"中出现了一些新的实践，对完成脱贫攻坚任务发挥了重要作用，但基于乡村振兴战略和我国农村金融改革发展长远视角来看也存在一些不足。我们需要以农村金融发展的基本原则为导向，加强金融扶贫供给侧改革，健全金融扶贫供给组织体系。这既有利于更好地发挥当前金融扶贫效果，确保完成脱贫攻坚任务，也有利于我国农村金融从"金融扶贫"阶段更好地融入未来的金融服务乡村振兴阶段，更好地适应未来乡村振兴的金融需求，实现脱贫攻坚与乡村振兴两个不同阶段金融供给有效衔接。

---

① 汪三贵、冯紫曦：《脱贫攻坚与乡村振兴有机衔接：逻辑关系、内涵与重点内容》，《南京农业大学学报》（社会科学版）2019年第5期。

二　脱贫攻坚中金融扶贫整体情况与基本模式

我国脱贫攻坚战打响以来，各大金融机构纷纷参与金融扶贫，主要有政策性、开发性金融机构和商业性金融机构两大类型。政策性、开发性金融机构主要是中国农业发展银行和国家开发银行，[①] 商业性金融机构主要有中国农业银行、中国邮政储蓄银行和各地的农村商业银行（也包括农村合作银行、农村信用社，以下统一称为农村商业银行）等。根据中国人民银行提供的数据，截至2019年3月末，我国建档立卡贫困人口精准扶贫贷款余额7126亿元，服务贫困人口1938万，产业精准扶贫贷款余额1.17万亿元，带动贫困人口797万人次。另外，表1表示我国主要省区市精准扶贫贷款余额及增速情况。可以看出，在国家政策的号召下，我国各地精准扶贫贷款增长很快，金融扶贫成为脱贫攻坚的重要工具。

表1　我国主要省区市金融精准扶贫贷款情况

单位：亿元，%

省区市	2018年9月末		省区市	2018年9月末	
	精准扶贫贷款余额	同比增长		精准扶贫贷款余额	同比增长
福建	213.46	37.01	湖北	2178.00	29.00
安徽	2053.72	74.71	四川	4163.00	20.00
西藏	1458.00	28.07	陕西	1523.54	33.50
山西	1263.00	37.80	重庆	1051.00	22.30
江西	1779.50	39.90	内蒙古	1242.45	7.72
湖南	2109.20	30.70	黑龙江	1127.00	32.10
广西	2123.00	10.88	青海	1126.00	21.40
海南	137.66	42.11	贵州	4628.00	44.40
云南	2854.68	14.94	河南	1398.30	20.30

注：由于资料可得性原因，表中黑龙江和青海的数据是截至2017年12月末的数据，贵州和河南的数据是截至2018年12月末的数据。

资料来源：根据各省区市的金融扶贫报告和扶贫办网站数据整理。

---

① 2015年4月，国务院发布我国三家政策性银行的改革思路，将国家开发银行定位为开发性金融机构，中国农业发展银行和中国进出口银行定位为政策性金融机构，我国金融体系呈现商业性金融、开发性金融、政策性金融和合作性金融并存发展的局面。

1. 政策性、开发性金融：重在基础性扶贫

政策性、开发性金融机构是我国精准扶贫的先锋，目前，政策性、开发性银行都成立了扶贫金融事业部，主要发放易地搬迁扶贫贷款、贫困地区基础设施贷款和产业扶贫贷款。与一般商业性金融扶贫不一样的是，政策性、开发性金融机构一般不直接给单个贫困户贷款，易地搬迁扶贫到省，基础设施到县，产业扶贫到村。易地搬迁扶贫贷款受益对象是建档立卡贫困户，基础设施和产业扶贫贷款的受益对象包括贫困户和非贫困户在内，通过改善贫困地区基础设施，通过产业发展，依靠龙头企业带动贫困户脱贫，它的扶贫效应具有“基础性”和“间接性”，主要扶贫模式如图1所示。据统计，2015年至2018年9月，中国农业发展银行发放以上三类精准扶贫贷款总额由5651.15亿元增加到13350.46亿元，其中累计投放易地扶贫搬迁贷款3139.01亿元，基础设施扶贫贷款6621.87亿元，惠及农村人口768万，其中建档立卡贫困人口达到522万，发放产业扶贫贷款3589.58亿元。[①] 到2019年6月底，产业扶贫贷款余额增加至4578.9亿元，惠及建档立卡贫困人口430.5万。与此同时，截至2018年末，国家开发银行累计发放易地搬迁扶贫贷款1133亿元，惠及312万贫困人口，发放基础设施扶贫贷款1340亿元，产业扶贫贷款1311亿元。政策性、开发性金融扶贫有效缓解了贫困地区资金瓶颈，改善了基础设施环境，促进了贫困户脱贫增收，为脱贫攻坚和乡村振兴发挥了重要的基础性作用。

2. 大型商业性金融：重在项目和产业扶贫

我国参与金融扶贫的大型商业银行主要是中国农业银行和中国邮政储蓄银行，这些大型商业银行对贫困地区贷款主要采取两种模式。第一种方法是根据贫困地区产业禀赋和资源优势，支持贫困地区特色产业发展，重点支持能够发挥产业引领和扶贫带动作用的龙头企业、大户或合作社，一般通过“银行让利、企业（大户、合作社）带动、贫困户受益”的利益联结机制，精准联结带动贫困户增收。第二种方法是通过扶

① 张承惠、潘光伟：《中国农村金融报告：2017～2018》，中国发展出版社，2019，第145～146页。

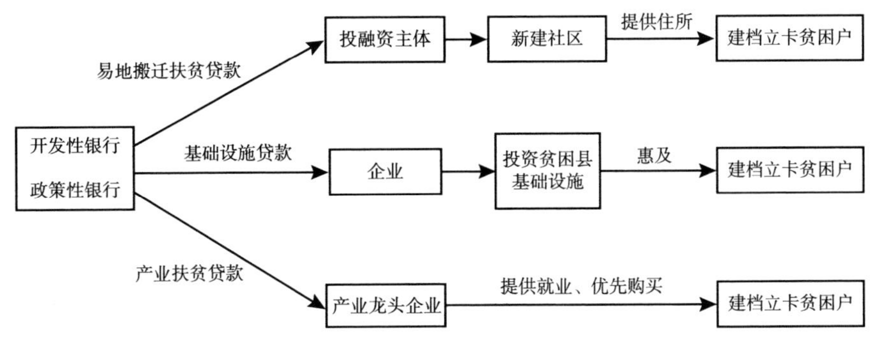

图 1　开发性、政策性金融扶贫贷款主要模式

贫小额信贷支持那些拥有一定农业技术和生产能力的贫困人口自主创业，融入当地特色产业链条，具体如图 2 所示。在以上两种模式中，以项目和产业扶贫贷款为主，这也与这两类银行的“大型”“商业”两个基本特性是相符合的。截至 2018 年末，中国农业银行精准扶贫贷款余额 3415 亿元，其中产业精准扶贫贷款约 2183 亿元，惠及贫困人口 489 万，大户带动类扶贫贷款约 1000 亿元，带动 48 万贫困人口增收。另外，部分地区中国农业银行还发放免担保、免抵押的扶贫小额贴息贷款。例如，截至 2018 年底，中国农业银行新疆分行累计为 5.89 万建档立卡贫困户发放“两免”扶贫小额贷款 25.34 亿元。从中国邮政储蓄银行的情况来看，截至 2019 年 6 月，中国邮政储蓄银行金融精准扶贫贷款余额为 740 亿元，发放扶贫小额信贷 123 亿元。

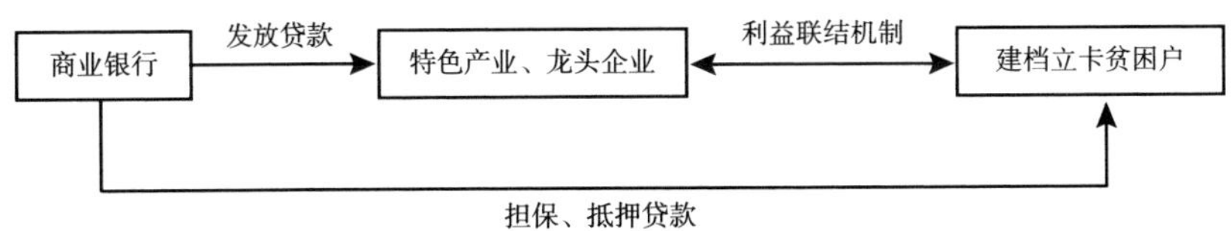

图 2　大型商业银行扶贫贷款基本模式

3. 农村商业银行：重在扶贫小额信贷和基础金融服务

我国精准扶贫实施中央统筹、省负总责、县市抓落实的工作机制，各县市扶贫责任重大，成为重大政治任务。农村商业银行数量最多，属于县一级法人的地方金融机构，与各县市政府存在天然的联系。因此，农村商业银行成为我国金融扶贫的主力军。农村商业银行主要是发放扶贫小额信贷支持贫困户自主创业脱贫。2014 年我国出台《关于创新发展扶贫小额信贷的指导意见》以来，政府相继出台扶贫小额信贷财政贴息、风险补偿、政策性担保等政策，同时引入贷款保险，激励金融机构放贷积极性。扶贫小额信贷在贫困地区覆盖率不断提高，已成为我国金融扶贫的生动实践和重要抓手。2017 年 10 月末，全国扶贫小额信贷总量 3931 亿元，支持建档立卡贫困户近 1000 万户（次），贫困户获贷率 36%。截至 2019 年 4 月末，全国扶贫小额信贷总量已达 5622 亿元，还贷 3074 亿元，贫困户获贷率由 2014 年的 2% 提高到 2018 年底的 46%。另外，农村商业银行通过对新型农业经营主体发放扶贫贷款，通过利益联结机制间接带动贫困户脱贫，具体如图 3 所示。

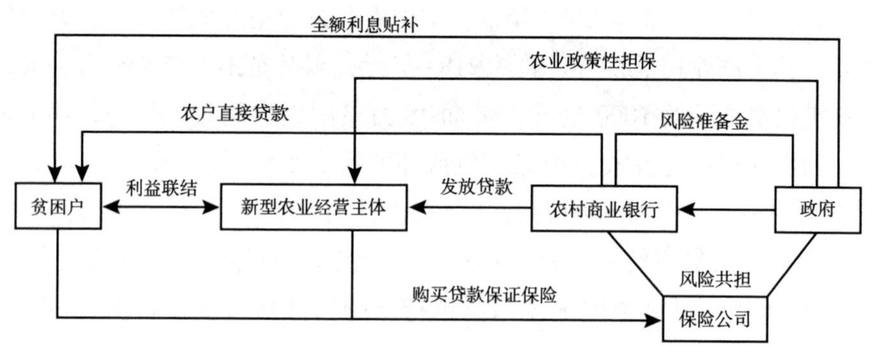

图 3　农村商业银行扶贫小额信贷模式

除此之外，我国精准扶贫战略实施以来，为健全贫困地区的金融基础设施，完善金融扶贫的供给体系，使贫困户更加便捷地获得扶贫金融服务，各地纷纷建立金融扶贫服务站，打通贫困村金融服务的“最后一公里”。金融扶贫服务站一般由一家商业银行作为主联系行，主要为贫困人口提供支付结算便利，开展农户信用评级的数据搜集以及金融教育宣传等基础性金融服务。从目前的情况来看，金融扶贫服务站主要由各地农村商业银行出资设立，所占比例在 70% 左右，另外，中国邮政储蓄银行和中国农业银行设立站点分别占比 15% 和 10% 左右，其他银行占比

5%左右。目前各地已基本完成布局任务，贫困村都有金融扶贫服务站。例如，湖南省计划到2020年在全省所有贫困村建成金融扶贫服务站，截至2018年9月已实际建成6923家，提前实现金融扶贫服务站在贫困村的全覆盖。

三　基于供给侧视角的金融扶贫中的问题分析

当前我国精准扶贫取得了重大成果，银行类金融机构在资金投入、改善支付环境等方面发挥了重大作用，已经形成了一系列金融扶贫做法，但从金融扶贫供给体系完整性和服务可持续性角度来看还存在一些不足，这也与农村金融服务乡村振兴的任务要求不完全符合。

1. 各类金融服务发展不平衡，信贷投入是短板

从金融服务和金融产品类型来看，贫困人口所需要的金融服务也包括信贷、储蓄和支付结算等多个方面，为贫困人口提供信贷、储蓄和支付结算服务也是普惠金融发展的重要任务。自2004年我国开始农村金融增量式改革以来，我国大力消除贫困地区基础金融服务空白，储蓄和结算方面的基础金融服务普及率大幅度提高。①政府鼓励银行业金融机构设立基于POS终端互通的助农取款服务点，目前已成为全世界最庞大的金融代理网络服务之一。根据《2019年中国普惠金融发展报告》数据，截至2019年6月末，我国农村基础金融服务已覆盖54.43万个行政村，贫困县行政村基础金融服务覆盖率达到99.2%，银行业金融机构通过网点、机具服务或流动服务使银行业网点覆盖率达到96%，[①] 方便农村居民办理支付结算服务，有利于构建服务“三农”的农村支付结算服务体系。②我国把面向农户的农业补贴、农村养老保险和农村基本医疗保险与金融扶贫结合起来，农户通过免费银行账户获取财政补贴、养老金和医保报销服务，大幅提高贫困地区银行账户拥有率。通过以上措施，我国物理网点覆盖率和银行账户拥有率走到全世界的前列。早在2014年，

① 中国人民银行农村金融服务研究小组：《中国农村金融服务报告（2018）》，中国金融出版社，2019，第85~86页。

我国银行账户普及率达到79%，高于全世界大多数发展中国家的水平，甚至高于二十国集团76%的平均水平。[①] 因此，从金融扶贫的服务种类来看，我国农村居民储蓄账户拥有率高，支付结算比较方便，目前需要加强的仍然是农村居民的信贷服务，特别是贫困地区融资难、融资贵的问题依旧很突出。根据央行发布的数据，截至2018年末，银行类金融机构涉农贷款余额32.7万亿元，同比增长5.6%，但增长速度比2017年末低4.1个百分点。另外，2018年银行类金融机构各项贷款余额140.6万亿元，同比增速为12.6%。可以看出，涉农贷款增速与全部贷款增速相差7个百分点。尽管国家鼓励各大金融机构加强对贫困地区信贷投入，但由于贫困地区产业选择难、贫困户与金融机构之间信息不对称严重等问题，贫困地区信贷投入依然是短板。

2. 金融扶贫服务站运行可持续性不强

我国设立金融扶贫服务站目的是利用农村"熟人社会"治理机制，发挥村级组织的优势，降低金融服务成本，提高扶贫精准度，将它打造成为农村基层金融服务供给的重要平台。[②] 虽然金融扶贫服务站已经实现在贫困地区广覆盖，但实施效果和后期可持续性运行问题值得关注。①村支书或村主任虽然担任站长，但内心对此积极性不高，只是利用空余时间来"打理"站点，银行信贷联络员也没有很多时间经常来站点。很多农村老百姓对金融扶贫服务站接受程度并不高，依然习惯于去银行办理业务。②为满足脱贫攻坚的需要，金融扶贫服务站的设立采取指标分配的方式进行，而不是按照"成熟一家，设立一家"来进行，行政指令性太强。很多贫困村可能实际设站条件并不成熟，但为了"全覆盖"的指标任务也要求设立站点，导致很多站点实际上处于"空壳"状态，没有发挥应有的作用，造成资源的很大浪费。③站点设立成本高，运行可持续性不强。根据要求，每个服务站要安装助农金融服务终端，并配

---

① 截至2019年6月，我国人均拥有7.6个银行账户和5.7张银行卡，比2014年底分别增长60%和50%，每10万人拥有79台ATM机，远高于亚太地区国家平均63台的拥有率，每10万人拥有2356台POS机，比2014年底翻了一番，处于发展中国家领先水平。

② 世界银行、中国人民银行：《全球视野下的中国普惠金融：实践、经验与挑战》，中国金融出版社，2019，第38～42页。

置保险柜、高清晰联网监控设备、点验钞机、UPS 不间断电源等设备，有些还需要对站点进行门面装修。据统计，每个金融扶贫服务站投入大约 7 万元，这些费用都由商业银行自己解决，财政只是对每个服务站一次性给予补贴 1 万 ~ 2 万元，这对商业银行来说经济压力较大。从后续运行情况来看，金融扶贫服务站收入来源非常有限，很多助农取款的手续费本来就很低甚至免费，而服务站日常运行各种费用较高，依靠服务站自身收益并不能弥补各项开支，不具备运行可持续性。

3. 农村合作性金融体系残缺，金融扶贫供给体系不健全

众所周知，完善的金融体系应该由政策性金融、商业性金融和合作性金融构成，不同形式的金融机构都可以在扶贫开发中发挥应有作用。目前我国政策性金融和体制内商业性金融机构都在积极参与金融扶贫，在贫困地区基础设施完善、产业和项目发展等方面发挥了较大作用，但对于贫困户的直接到户贷款存在一些劣势和不足，这就需要合作金融发挥其在金融扶贫中的“毛细血管”作用。国际扶贫经验也表明，农村合作金融是金融扶贫的重要手段。从理论上说，规范的合作金融相比于其他金融扶贫模式具有一定的优势。因为合作金融是处于弱势地位的企业或者农户按照合作经济的基本原则组建的相互帮扶和自我服务的金融组织，它与一般商业性金融组织在经营目标、管理方式和利益分配等方面都有较大差别。农户参与合作金融组织不是以营利为目的，而是希望在自己有生产意愿而又缺乏资金的时候能够获得资金支持。因此，规范的合作金融组织不仅是农户分散资金的简单联合，更重要的是能将农户的自我发展能力与资金需求进行有机结合，更有利于增强金融扶贫的可持续性。从我国的实际情况来看，农村信用合作社是我国农村早期的合作金融组织，但从 21 世纪初期开始，其逐渐走上了商业化道路。自此以后，我国农村合作金融开始进入探索发展阶段。目前我国农村合作金融组织既有纳入银监会审慎监管的正规的农村资金互助社，有由地方政府部门发起的非正规的农民资金互助社，也有由农民专业合作社和供销合作社发起的内部资金互助，还有贫困村互助基金等。农村合作金融种类繁多，但分属于不同的监督和管理部门，而且具有较强的“草根性”，整个农村合作金融行业发展缺乏一个国家顶层设计层面组织、监管和协调的部门。2014年中央一号文件提出发展农村新型合作金融，在此之后也曾多次在一号文件及各部委的“实施意见”中提到这个问题，但合作金融发展仍然处于探索中，尚未找到有效的发展路径，只有少数地方的合作金融组织在局部地区产生了较好的影响力，[①] 从整体来说农村合作金融组织尚未发挥明显作用，这与我国农村普惠金融发展和金融扶贫可持续性要求是不相符的。

4. 新型农村金融组织的扶贫效应尚未有效发挥

2004年以后，我国开始实行农村金融“增量”改革，发展小额贷款公司、村镇银行等新型农村金融组织，希望借助村镇银行等新型农村金融组织的地域优势、信息优势，增强农村金融市场竞争，提高农村金融市场效率，扩大农村金融服务覆盖面，这也是我国普惠金融发展的重要内容。迄今为止，新型农村金融组织利用自身特点和优势，在国家政策的大力推动下，在一定程度上弥补了传统农村金融机构的不足，为促进我国普惠金融发展发挥了一定作用。[②] 根据银保监会提供的数据，截至2018年末，我国村镇银行机构数量1616家，其中中西部地区机构所占比例达到65%，这与我国在发展村镇银行早期出台的“东西挂钩、城乡挂钩、发达与欠发达挂钩”政策是分不开的。但值得注意的是，村镇银行落户中西部地区并不意味着落户贫困地区，按照2006年发展村镇银行的政策初衷，希望在农村地区发展村镇银行，这里的农村地区是指我国中西部地区、东北地区、海南省县市及以下地区以及其他省份的国家级贫困县和省级贫困县及以下地区。截至2018年7月，我国758个国家级贫困县和连片特困地区所辖县市中，只有416个县市已经设立或者已经备案、规划拟设立村镇银行，所占比例只有55%。另外，全国没有设立村镇银行的588个县市有88%处于中西部地区，有58%属于国家级贫困县和连片特困地区县，全国村镇银行县市覆盖率低于50%的省份有7个，其中有6个在中西部地区。由此可以看出，我国村镇银行发展离县

---

① 穆争社：《农村普惠金融供给侧结构性改革》，中国金融出版社，2018，第250~252页。

② 周孟亮、李向伟：《金融扶贫中新型农业经营主体融资增信研究》，《理论探索》2018年第4期。

域村镇银行全覆盖还有较大差距，村镇银行的“偏农”和“离农”倾向也比较突出，对于贫困落后地区的服务更是缺乏。2018 年 1 月，我国出台了《中国银监会关于开展投资管理型村镇银行和“多县一行”制村镇银行试点工作的通知》，规定在中西部和老少边穷地区特别是国家级贫困县设立村镇银行，可以在相邻县、市选择设立 1 家村镇银行和在邻近县、市设立支行，其主要目的在于鼓励和优先支持在深度贫困地区设立村镇银行，服务我国精准扶贫战略目标实现，但政策实施效果有待进一步观察。村镇银行要实现扎根于“国家级贫困县和省级贫困县及以下地区”，还有很长一段路要走。当然，很多村镇银行自身的目标定位不明确，风险管理不够健全。村镇银行发展也存在诸多政策限制，很多地方规定村镇银行不得参与政府项目招标、政府财政对公账户不能存放村镇银行等。村镇银行社会声誉不高，自身发展存在较多不足以及一些政策约束，制约了村镇银行自身发展，间接导致村镇银行扶贫效应难以发挥。

四　金融扶贫改革要适应脱贫攻坚以后乡村振兴的新形势

2020 年脱贫攻坚任务完成以后，我国将消除绝对贫困人口，乡村振兴将成为农村工作的下一个重点任务。无论是当前还是今后哪个时期都离不开农村金融作用的发挥，农村金融既要服务当前脱贫攻坚，也要持续服务乡村振兴战略的实施。因此，金融扶贫要以新形势下的金融需求为导向实施供给侧改革，才能有效融入农村金融服务乡村振兴的大潮中。

1. 脱贫攻坚与乡村振兴衔接对金融的新需求

从当前开始直至 2020 年之后的几年，这是我国脱贫攻坚与乡村振兴衔接时期。做好脱贫攻坚与乡村振兴的有效衔接，一方面要继续推进精准扶贫，全面完成脱贫攻坚任务；另一方面要巩固精准扶贫效果，防止已经脱贫的贫困人口返贫。这不仅关系到我国全面小康的实现，也是继续推行乡村振兴战略的基础。脱贫攻坚与乡村振兴衔接时期要继续发挥农村金融的作用，首先要弄清楚贫困人口尚未脱贫和今后容易返贫的原因。根据国家实施的某权威调研的相关资料统计，截至 2018 年末，我国剩余贫困人口 1660 万，致贫原因按照主次之分排序主要有缺乏技术、因病致贫、缺乏资金、因学致贫、劳动力缺乏、自身脱贫动力不足和交通条件落后等。可以看出，“缺乏资金”居于第三位，依然是致贫的重要原因之一。虽然近几年来我国加大了金融扶贫力度，特别是大力发展扶贫小额信贷，但由于贫困地区产业选择难、贫困人口脱贫技术缺乏、金融扶贫不能有效发挥作用，依然有很大比例的贫困人口不能成为金融扶贫的“合格对象”，扶贫小额信贷的覆盖面也不高。

在脱贫攻坚与乡村振兴的衔接时期，为了全面完成脱贫攻坚任务，应该加强金融扶贫与财政扶贫的协调，财政要为金融扶贫的介入打下基础，金融扶贫要有针对性地发挥作用，不能搞全覆盖。①充分发挥财政扶贫的基础性功能，对于因病、因残致贫的贫困人口应该大力发挥财政兜底作用，财政要加强对贫困户的技术培训，加大对贫困地区各个层次教育的支持力度，提高贫困人口自身素质。这不仅是当前脱贫攻坚任务的需要，从长期来看也是阻断贫困代际传递、实现可持续性脱贫的根本需要。②对于当前因为资金缺乏致贫的问题，要继续加大产业扶贫资金投入，更重要的是提高产业扶贫资金的使用效率，真正用到贫困户身上，减少使用中的“目标偏移”问题，这样才能有效缓解贫困户的资金短缺问题。要将产业扶贫资金与金融扶贫有效结合起来，对于具有劳动能力和脱贫意愿但又缺乏资金的贫困人口，金融扶贫也应该大力发挥作用。③要进一步完善我国金融扶贫制度，尽管扶贫小额信贷在前几年发展中存在不少问题，甚至出现了风险隐患，但仍然需要在进一步规范的基础上继续推广，这不仅是完成当前脱贫攻坚任务的需要，也是实现我国农村金融可持续发展、服务乡村振兴的需要。

2. 乡村振兴全面实施对金融的新需求

脱贫攻坚与乡村振兴衔接时期过后，我国将正式进入乡村振兴发展时期，按照我国乡村振兴的整体规划，是要实现产业兴旺、生态宜居、乡风文明、治理有效、生活富裕这五个目标。在这五个目标中，产业兴旺是乡村振兴的基础，要在产业兴旺的基础上做到生态宜居、乡风文明、治理有效，最终实现生活富裕。因此，农村金融应该重点服务农村产业兴旺。我国乡村振兴所需要的农村产业兴旺既包括“大产业”的兴旺，也包括“小产业”的兴旺。所谓“大产业”是指现代农业、规模农业和依靠新型农业经营主体发展的农业，“小产业”是指小农户的农业生产。①从我国乡村振兴战略需要来看，现代农业是我国农业发展的重点，一二三产业融合是未来农业发展方向。这主要通过发展新型农业经营主体，实现多种形式的农业规模经营，农业生产的规模化、专业化和产业化程度会更高。②在农业“大产业”发展中，农民的组织化程度也会更强。当前我国精准扶贫过程中，通过利益联结机制，由新型农业经营主体发展带动贫困户脱贫是重要的脱贫途径。未来，在实现乡村振兴过程中，这个发展方向和模式会延续，会有越来越多的农户加入现代农业和一二三产业融合的“大产业”中来。

但即便如此，我国现代农业和一二三产业融合发展依然是一个长期过程，特别是我国不同地区农村地势差异很大，资源禀赋也各不相同，要求所有农村地区实施规模经营、发展现代农业是不现实的。2020 年以后虽然我国将消除现有贫困标准下的绝对贫困人口，但相对贫困人口依然存在，小农户经营模式依然会普遍存在。在相当长的时期内，我国农业是现代农业、规模农业与传统农业、小农业并存，新型农业经营主体与小农户并存发展，我国乡村振兴也需要“小产业”农业的兴旺。因此，未来我国农村金融服务乡村振兴应该充分考虑“大产业”农业和“小产业”农业并存发展的基本国情。金融机构既要顺应发展潮流、推动农业农村实现新跨越发展，也要把握历史机遇，实现自身新时代转型发展。要认真考虑“大产业”农业和“小产业”农业的金融需求差异，考虑自身的服务优势，提供差异化的金融服务。

五　新形势下金融扶贫供给侧改革的对策建议

金融扶贫在脱贫攻坚和服务乡村振兴方面具有不可替代的重要作用，需要进一步加强金融扶贫供给侧改革，做好脱贫攻坚与乡村振兴时期金融供给的衔接工作。这不是单靠某一种类型的金融机构能够完成的，应该将金融扶贫置于全国金融发展的大视野下来进行，要通过体系健全、功能完备和可持续的金融体系来实现，既要在“存量”上做文章，也要在“增量”上创新突破。

1. 继续完善政策性、开发性金融扶贫的基础性作用

开发性金融、政策性金融是介于商业性金融与财政的中间地带，有利于弥补市场与政府作用的空白，[①] 在脱贫攻坚和乡村振兴中应该进一步发挥先锋作用。

（1）要以2015年我国确定的政策性金融改革思路为指导，发挥政策性银行在当前脱贫攻坚和未来乡村振兴时期的基础性作用。国家开发银行定位为开发性金融机构，要按照市场运作、保本微利和财务可持续的原则，重点在促进贫困地区产业兴旺发展、生态文明和美丽乡村建设等方面发挥作用，重点支持贫困地区农业产业化经营和产业链延伸，支持一二三产业融合发展。中国农业发展银行要按照政策性银行的定位，在易地搬迁、基础设施和粮食安全等方面继续发挥基础性作用。

（2）开发性金融与商业性金融特别是大型商业性金融服务存在一些共性之处，要在理论上进一步明确开发性金融与商业性金融的界限，在实践中要坚持开发性金融的基本原则和实质，避免开发性金融与商业性金融的相互重叠和相互排挤。在乡村振兴实施过程中，农村基础设施建设、美丽乡村建设和一些新型农业经营主体需要稳定、持续而且大额的资金投入，这方面的资金投入具有低回报性，开发性金融在这方面应该发挥中长期支柱性作用。

（3）在脱贫攻坚与乡村振兴战略时期，要进一步探索政策性金融资金与财政扶贫资金协同配合，加强各级财政政策与政策性银行资金投入的有效配合。建立“农业担保+”或者“风险补偿资金+”的增信机制，解决政策性金融“贷得出、收得回”的问题。

（4）政策性金融虽然是出于国家政策需要，但也要注重风险防范。在易地搬迁、基础设施和产业扶贫等方面，贷款期限可达30年，政策风险很大。政策性银行、地方政府与企业之间要密切配合，政府要努力提升项目承贷主体的偿债能力，政府不能以“政策性任务”为借口把风险全部甩给政策性银行。政策性银行要密切关注政策连续性，特别是在政

---

① Johan Rewilak，“The Role of Financial Development in Poverty Reduction”，*Review of Development Finance*，Volume 7，Issue 2，2017：169 - 176.

府换届前后做好衔接工作，防范各种潜在风险，确保政策性金融健康发展。

2. 大力发展农村合作金融和多元化小额信贷组织

金融扶贫主要依靠体制内金融机构来进行，这与农村金融长远发展不相适应，在脱贫攻坚与乡村振兴衔接乃至以后的乡村振兴时期，都离不开持续而且有效的金融服务，不能单靠体制内或者某一类型的金融组织来承担任务。我国要大力发展多种类型金融扶贫组织，拓宽金融扶贫来源，真正从根源上解决缺乏资金致贫问题。

（1）要继续创新发展规范化的农村合作金融。合作金融在金融扶贫方面相比于商业性金融更加具有机制优势，商业性金融的利益追求与扶贫或者支农之间存在的矛盾不是单个金融机构自身的问题，这是一个制度性矛盾。规范的合作金融要求农户具有一定的金融意识和理念，农户自愿参加，而且参加合作金融组织的农户一般都具有一定的生产能力，农户自愿联合，互助性解决自己的资金需求。规范的合作金融以农户的自身能力为基础，从一开始就避免了外部商业性资金注入与农户能力脱节的问题，具有明显的制度优势。合作金融是当前我国农村金融发展的短板，乡村振兴更加需要创新发展规范化的新型合作金融，这是我国农村普惠金融发展的重点和难点问题。需要大力倡导我国合作金融理念，改变认为“所有企业和组织都是理性的，是要追求盈利的”这种单一化观点，要树立“社会企业”理念，破除“我国不具备合作金融土壤”的极端看法。金融管理部门要解放思想，处理好发展与风险防范的关系。为适应乡村振兴的金融需求，要继续发展农村专业合作社内部资金互助，打造集生产、供销和信用合作于一体的专业合作体系。要通过农民的有效参与，通过合作金融发展，探索合作金融与乡村合作治理的协同，改变当前政府刚性治理的不足，[①] 促进乡村振兴中农民组织化建设与乡村治理体系构建。

（2）要大力发展多种类型的小额信贷组织。我国脱贫攻坚以后的乡村振兴时期，“大产业”农业和“小产业”农业将并存发展，农户依然

---

① 余福海：《合作治理：乡村振兴的有效模式》，《北京日报》2019 年 4 月 1 日。

是农村重要生产经营主体，小额信贷具有很大的发展空间。农村商业银行等地方中小金融机构是当前主要小额信贷业务经营机构，在当前我国贫困户直接获得金融扶贫资金的比例不高的情况下，大力发展多种形式的小额信贷，有利于弥补体制内扶贫小额信贷的一些不足，提高金融扶贫的覆盖面。除此之外，我国要继续发展村镇银行等新型农村金融组织，村镇银行要坚守"深耕本地、支农支小"的基本原则，将各地的乡村振兴战略与自身优势紧密契合，打造"小而美"的微小银行。还要大力发展 NGO 类小额信贷组织和农村小额贷款公司，政府要制定具体管理办法，给予这些具有支农热心和情怀的组织足够的政策空间，从政策法规上倡导、鼓励，发展我国的"社会企业"。

3. 加强探索创新金融服务，实现持续性支农

（1）加强创新，适应乡村振兴时代多层次的资金需求。在乡村振兴时期，"大产业"农业将成为我国农业发展趋势，"大产业"农业的资金需求规模更大，期限更长，所需的金融服务类型也更加全面化和个性化。农村金融应该适应这种趋势，加强金融产品和技术创新，要围绕主导产业和特色产业开展金融产品创新。随着乡村振兴战略的不断推进，单个农户将进一步融入大农业、大产业的浪潮中，特别是随着互联网技术与农业、农村的进一步结合，可以预见，我国将出现更多形式的新型农业经营主体。金融机构要充分了解不同新型农业经营主体的金融需求，要运用科技金融方法，打造高效率、低成本的金融服务渠道。

（2）金融机构要参与产业发展与农户之间长效利益联结机制的构建。实现乡村振兴更加需要构建长效、稳定的利益联结机制，这也是金融服务乡村振兴的重要条件。当前的利益联结协议大多由龙头企业与农户之间签订，农户处于明显的弱势地位，对龙头企业的约束力不足，往往导致农户利益难以得到保障。要进一步避免龙头企业的道德风险行为，就需要金融机构与政府一起参与长效利益联结机制的构建，对龙头企业和农户的行为进行激励和约束。金融机构对于切实履行利益联结协议的龙头企业，特别要在信用记录上"加分"，也要在其他金融服务上提供便利和优惠。政府也要出台激励措施，特别是发挥一些合作金融组织在这方面的作用。

（3）加强农村金融扶贫服务站可持续性建设。毋庸置疑，金融扶贫服务站对脱贫攻坚和乡村振兴都具有很大的基础性作用，我国金融扶贫服务站要在保持高覆盖率的同时，加强站点的可持续性建设。要整合存量资源，进一步加强扶贫办、人民银行和商务部门等不同政府部门之间的沟通协调，实现农村现有的金融扶贫服务站、助农取款服务站和农村电商服务平台的“聚合”，实现“三站”融合共建，打通农户信息链、资金链、产业链。对于新建的服务站点也要实现功能融合，避免站点分散和功能重复，同时也避免各种助农资源浪费。各主办方金融机构可以在风险可控的前提下，依托基层服务站资源和优势开展金融服务创新，加大农村小额信贷发放力度。政府一定要加大对主办方金融机构和金融扶贫服务站服务创新的激励和奖励力度，让各主办方金融机构将基层服务站建设融入服务乡村振兴的长期战略中去。

4. 基于比较优势实现不同金融服务供给的合作与协调

由于金融机构种类的多元化，不同属性的金融机构甚至中央银行都可以为脱贫攻坚和乡村振兴服务，而且不同金融机构服务的作用机制不一样，不同类型金融机构对于实现脱贫攻坚和乡村振兴目标有各自的优势和劣势。当前脱贫攻坚和今后乡村振兴需要多层次、多元化的金融服务，应该加强商业性金融、政策性金融、开发性金融和合作性金融等不同类型金融机构在扶贫和乡村振兴领域的合作。

（1）应该充分发挥政策性银行、开发性银行和大型商业性银行的资金优势，发挥小微金融机构和合作金融的机制优势，基于比较优势原则开展不同金融机构之间合作。要鼓励大银行给更多的小微金融机构提供低成本资金，使小微金融机构的机制优势和资金能实现更好的结合。各级政府部门要为金融机构的合作“牵线搭桥”，实现金融机构的平等合作共赢，共同服务脱贫攻坚和乡村振兴。

（2）不同金融机构要明确自身定位，找准金融扶贫和服务乡村振兴的切入点。要遵循金融行业基本规则，发挥不同金融机构在基础性扶贫、产业扶贫和到户扶贫方面的优势，不同金融机构还要在消除多维贫困方面开展协作。小微金融机构和合作金融要着重通过提升农户能力加强服务供给，政策性金融要着重改善农村人居环境恶劣、基础设施落后的局面，大型商业性金融要把支持农村产业发展作为主攻方向，加强与地方政府合作，增加产业和项目扶贫贷款发放，间接带动贫困人口和小农户增收，重点支持产业融合发展服务乡村振兴，巩固长期脱贫效果。

（3）要在国家顶层设计层面建立金融服务乡村振兴的利益协调机制，加强金融服务需求信息的沟通，避免资金投放的重叠，提高金融服务效率。

深度贫困地区脱贫攻坚困境及路径选择*

袁金辉　汤薤蔓**

摘　要：深度贫困地区脱贫攻坚工作难度大、责任重。近年来，各方加大投入，采取各种有效政策措施，取得了举世瞩目的成就。但从全国深度贫困地区和深度贫困人口的脱贫攻坚工作来看，仍然存在不同程度的困难和认识误区。为此，各级党委政府和扶贫干部应进一步增强深度贫困地区脱贫攻坚工作的使命感和责任感；继续加大对深度贫困地区基础设施和公共服务的投入；因地制宜确定脱贫攻坚的扶贫产业和帮扶措施；动员全社会力量参与深度贫困地区脱贫攻坚；加强深度贫困地区脱贫攻坚干部队伍建设；激发深度贫困地区群众脱贫致富内生动力。

关键词：深度贫困　脱贫攻坚

深度贫困地区脱贫攻坚已成为当前精准扶贫精准脱贫工作的重中之重，其成效如何会直接影响到全面建成小康社会的成败。为此，必须深入剖析当前深度贫困地区脱贫攻坚工作面临的形势和困难，以便采取有针对性的措施来顺利推行深度贫困地区的脱贫攻坚工作。

---

* 文章刊发于《华北电力大学学报》（社会科学版）2019 年第 1 期，是国家社科基金年度项目（18BSH052）的阶段性成果。该文章收录本书时，内容和文献标注方式略有调整。

** 袁金辉，中共中央党校（国家行政学院）；汤薤蔓，中共中央党校（国家行政学院）。

一 深度贫困地区脱贫攻坚特性分析

深度贫困不仅包含一般贫困的基本规律，还具备自身独特的逻辑特征，深度贫困地区脱贫攻坚工作也有其自身特点。

（一）深度贫困地区脱贫攻坚难度大责任重

就我国当前现实情况来看，深度贫困主要分布在以下几种地区。一是以“三区三州”为代表的连片深度贫困地区。二是贫困发生率平均为18%及其以上的国家级深度贫困县，全国一共还有110个县；同时，各省按照贫困发生率11%的标准又确定了334个省级深度贫困县。三是贫困发生率在20%以上的贫困村，全国大概还有16000多个村属于深度贫困村。[①] 我国政府将深度贫困的特征概括为“两高、一低、一差、三重”：“两高”即贫困人口占比高、贫困发生率高，“一低”指人均可支配收入低、“一差”即基础设施和住房条件差，“三重”则指的是低保五保贫困人口脱贫任务重、因病致贫返贫人口脱贫任务重、贫困老人脱贫任务重。[②] 深度贫困的上述特征，自然就决定了深度贫困地区脱贫攻坚的难度。

众所周知，我国深度贫困地区大多分布在革命老区、民族地区、边疆地区和连片特困地区等区域，自然条件恶劣、致贫原因多样、公共服务和基础设施薄弱、乡村干部能力不强、经济社会发展长期滞后、生态环境脆弱、与外界沟通交流困难，加之深度贫困地区农村社会文明程度低，社会分化程度低、福利差异小，贫困代际传递现象依然十分突出。在绝对贫困日益消除但相对贫困还依旧严重的情况下，教育资源、社会资本等各方面的不均衡，加之扶贫长效机制的缺失，导致贫困家庭及其后代由于没有持续的增收来源，使得他们即便现在脱贫了也随时存在返贫的可能。因此，帮助深度贫困地区贫困人口长期脱贫责任重大，任务艰巨。

---

① 李小云：《冲破“贫困陷阱”：深度贫困地区的脱贫攻坚》，《人民论坛》2018年第7期。

② 习近平：《在深度贫困地区脱贫攻坚座谈会上的讲话》，《人民日报》2018年9月1日。

（二）深度贫困地区脱贫攻坚投入大措施多

自2017年11月中共中央办公厅、国务院办公厅印发了《关于支持深度贫困地区脱贫攻坚的实施意见》以来，“从中央层面加大统筹力度，新增脱贫攻坚资金、新增脱贫攻坚项目、新增脱贫攻坚举措主要用于深度贫困地区”。为此，中央财政加大投入力度，加大金融扶贫支持力度，加大项目布局倾斜力度，加大易地扶贫搬迁实施力度，加大生态扶贫支持力度，加大社会帮扶力度，集中力量攻关，基本构建起适应深度贫困地区脱贫攻坚需要的支撑保障体系。党的十八大以来，中央财政专项扶贫资金年均增长20%以上，2018年达到1061亿元；省级财政专项扶贫资金年均增长30%以上，市县财政专项扶贫资金也大幅度增长。同时，扶贫资金的来源和渠道也更加多元化，以前扶贫主要是财政资金，现在金融资金、社会资金也逐渐成为扶贫资金新的重要渠道。以中央企业为例，2017年为深度贫困地区直接投入资金5.9亿元，引入社会资金40多亿元，实施精准扶贫项目1500多个，有力地促进了深度贫困地区脱贫攻坚。

精准扶贫政策自实施以来，经过几年的政策调整和完善，逐步形成了以“六个精准”“五个一批”“两不愁三保障”等为核心的贫困治理理念，确立了精准扶贫治理的政策制定、实施、监督考核体系。对于深度贫困地区来说，除了上述举措外，还应采取一些超常规措施来加快深度贫困地区脱贫攻坚。比如，新增建设用地指标优先保障深度贫困地区发展用地需要；进一步健全医疗扶贫模式，加大对深度贫困地区贫困群众重大疾病救助以及基本医疗保险等的力度等。笔者在对渝东北深度贫困乡镇的调研中发现，他们既强调产业、技术和资金的帮扶，又重视扶贫与扶志、扶智相结合，从区域性整体贫困和深度贫困重点人口两方面入手推进深度贫困地区脱贫攻坚，取得了较好的效果。

（三）深度贫困地区脱贫攻坚成效显挑战大

改革开放40多年来，中国创造了世界减贫史上的奇迹，农村贫困人口从1978年的7.7亿下降到2017年的3046万，贫困发生率从30.7%下降到3.1%。特别是党的十八大以来累计减贫6853万人，为世界贫困治理和减贫事业做出重要贡献。我国的扶贫工作之所以取得如此突出的成绩，原因虽然是多方面的，但主要原因还是我国政府制定了一套行之有效的减贫政策，并得到了有效的贯彻和实施，特别是近些年大力推进的精准扶贫，有效解决了精准脱贫问题，这些对世界减贫事业都有重要的借鉴意义。

但同时我们也应该清醒地认识到，我们脱贫攻坚任务依然十分艰巨。按照中央的战略部署，到2020年我国现行标准下农村贫困人口实现脱贫，贫困县全部摘帽，解决区域性整体贫困。“入之愈深，其进愈难”。正如习近平总书记所说：“脱贫攻坚本来就是一场硬仗，而深度贫困地区脱贫攻坚是这场硬仗中的硬仗。”从地域分布来看，现有的深度贫困地区大多是生存条件恶劣、经济基础落后、开放和文明程度比较低的地区，是越来越难啃的硬骨头。从人口分布来说，主要是孤寡老人、残疾人、长期患病者等“无业可扶、无力脱贫”的绝对贫困人口，还包括部分教育文化水平极低、生产技能缺乏的贫困群众。解决这些人的贫困问题，难度更大，成本更高。对此，我们必须深刻认识深度贫困地区脱贫攻坚任务的艰巨性和紧迫性。

二　当前深度贫困地区脱贫攻坚困境分析

党的十八大以来，尤其是精准扶贫实施以来，贫困地区特别是深度贫困地区精准脱贫工作成效显著，但在部分深度贫困地区，脱贫攻坚战斗刚刚打响，脱贫攻坚工作仍然存在不同程度的困难和认识误区。

（一）脱贫攻坚存在“政治高压”下被动推进情况

长期以来，扶贫开发工作一直备受我国各级党委政府的高度重视。自2014年在全国范围内大力推行精准扶贫政策以来，特别是在“确保2020年现行标准下农村贫困人口实现脱贫，贫困县全部摘帽，解决区域性整体贫困”这一巨大的政治任务和压力之下，各级政府“层层签订脱贫攻坚责任书、立下军令状”，脱贫攻坚工作逐渐上升至各级党委政府的中心任务。但在脱贫攻坚工作中，部分基层干部对当前深度贫困地区脱贫工作的重要性、任务的艰巨性、形势的严峻性认识不足，片面强调脱贫攻坚的“政治任务”属性而未能将其作为第一民生工程来抓，也未能准确认识到脱贫攻坚工作对农村经济发展、民生改善、社会建设等诸多方面所带来的机遇，使基层扶贫工作在“摘帽子”等一系列的政治“高压”下被动推进。

（二）脱贫攻坚政策在“理解偏差”中消极执行

近年来，密集的脱贫攻坚政策有效推动了精准脱贫工作的顺利推进，得到了广大干部群众的衷心拥护。但一些地区身处“最后一公里”的某些扶贫干部对各项扶贫政策理解仍然存在程度不一的偏差，导致任意拔高脱贫标准、对贫困户“过度照顾”等怪象频仍。如个别贫困村在实施“两不愁三保障”的政策过程中，将基本医疗有保障擅自变成“看什么病都免费”，导致有某些建档立卡贫困户霸占有限的医疗资源，而其他有需求的非贫困户却得不到相应的医疗保障；在易地搬迁过程中，将安全住房有保障曲解为“贫困户应该住大房住好房”、直接拎包入住，驻村干部甚至“一帮到底”，连生活用品也一并购买。而对于建档立卡贫困户的“过度照顾”极易引发两重风险：一是容易滋生其“等、靠、要”思想，导致贫困群体对政策的依赖性，丧失主动脱贫的内生动力；二是容易导致非贫困群体的心态失衡，进一步引发群众对扶贫政策、政府工作满意度的持续走低，将惠民的“好政策”变成了各方都不甚满意的“坏政策”。在实践中，某些驻村干部为完成扶贫指标被少数贫困户“牵着鼻子走”，一味满足贫困户的“特殊需求”，反而使得扶贫工作在“怨气”中消极执行。

（三）脱贫攻坚项目容易陷入“政绩工程”陷阱

农村产业化扶贫一直是贫困地区、贫困人口脱贫的最根本措施。对于深度贫困地区和深度贫困人口来说，产业扶贫是实现贫困村整村脱贫、贫困户稳定脱贫的重要手段，但在项目进村和政策执行的过程中，很容易走样甚至陷入“政绩工程”“面子工程”陷阱。由于产业扶贫项目政策制定到实际执行的过程都基本由各级政府主导，地方政府虽然身兼国家代理人和农民代理人双重身份，但在政策执行过程中更偏重于国家代理人的角色，客观上就会造成对“深度贫困村”的过度投入，形成一批“政绩亮点工程”，导致深度贫困村所特有的“后发优势”与非贫困村的“资源缺失”，从而形成村际新的贫富差距和发展不平衡。同时，由于某些贫困村的扶贫项目多数由外力强势嵌入，未能形成完整、可操作性强的扶持方案，项目碎片化问题突出，后期可持续发展能力欠缺。比如，一些深度贫困地区强行植入不适合当地发展的“特色经济作物”产业，将原有的传统农作物全部替换为规模化的经济作物，虽然新经济作物种植可能会为贫困群体带来现金收入增长，但也蕴含着市场的额外风险，这样以增收为目的的产业扶贫项目可能会造成贫困户直接的经济损失。加之脱贫攻坚阶段提供的技术、人员、财政资金等项目资源并不具备可持续性，一旦成功“摘帽”，失去技术、资金和人员支援的贫困户便很容易再次陷入贫困。

（四）脱贫攻坚干部存在“身入心不入”“心有余而力不足”现象

当前，参与深度贫困地区脱贫攻坚的干部主要包括上级组织派来的各类帮扶干部和当地村组干部。就上级帮扶干部来看，这几年来，国家通过向贫困村派出第一书记、驻村工作队以及大学生村官等方式，增强了脱贫攻坚一线的组织领导和战斗力，收到了显著效果。但从个别地方来看，仍旧存在少数帮扶干部在扶贫工作中“身入心不入”的现象、工作能力不够、群众工作方法不到位等问题。就贫困村干部而言，一些村组干部的文化素质不高、工作能力不强、群众威信不高，不能适应新时期脱贫攻坚重任的特殊要求；个别贫困村党组织软弱涣散、战斗能力不强，村支书年纪偏大、工作办法老化、群众基础不好，以致出现“说话没人听、办事没人理、活动没人来”现象，当然不能担负起带领广大村民脱贫致富奔小康的重任。

（五）贫困群众主体作用发挥不够、“等、靠、要”思想严重

贫困群体是脱贫攻坚的重要主体。而深度贫困地区大多处于落后偏

远的山区地带，贫困群众大多受教育程度低、思想观念落后、接受新技术新事物能力有限等多重因素的困扰，在精准扶贫各项政策实施过程中，无论是政策目标设定过程还是项目的执行程序，贫困群体往往处于一种“消极”“被动”的状态。特别是在扶贫资源自上而下向贫困村和贫困户的输入过程中，贫困户往往无法选择各项扶贫政策的目标和内容，对于扶贫项目扶持什么、解决何种问题、将达到什么样的目标等问题，他们所能获取的有效信息十分有限，导致贫困群众的真正需求与帮扶措施产生错位。[①] 同时，在扶贫实践中，由于扶贫政策的时序变化与贫困户获得的资源一般成正比，一定程度上加剧了贫困群众对扶贫政策的“福利依赖”。特别是扶贫资源在后期不断地叠加提高了贫困群众的福利预期，这样地方政府对贫困群体过多的“帮助”“扶持”容易使其形成对行政权力的过度依赖和懒惰思想，少数贫困户还存在“比穷”“争戴贫困帽”等现象，甚至产生“早脱贫、早吃亏”等错误思想。

三 深度贫困地区脱贫攻坚路径选择

深度贫困地区是经过几轮扶贫剩下的硬骨头，是贫中之贫、难中之难。针对当前深度贫困地区脱贫攻坚存在的困难和一些模糊认识，应采取有针对性的政策举措，重点攻克深度贫困地区脱贫攻坚任务，确保党中央决策部署顺利实现。

（一）切实增强深度贫困地区脱贫攻坚工作的使命感和责任感

要通过组织深度贫困地区干部群众尤其是脱贫攻坚一线干部深入学习习近平总书记关于扶贫开发工作的系列重要论述，强化政治意识、提高政治站位，要在思想深处认识到深度贫困地区的脱贫攻坚工作不仅是一项重要的政治任务，还是事关我国全面建成小康社会、数千万贫困群众的民生福祉的民生工程。要进一步提升基层干部对脱贫攻坚工作各项

① 薛刚：《精准扶贫中贫困群众内生动力的作用及其激发对策》，《行政管理改革》2018 年第 7 期。

具体政策的认识和理解，提高扶贫政策执行的精准度；要进一步明确广大扶贫干部和一线扶贫工作人员脱贫攻坚工作责任机制，逐级落实工作责任，做好五级书记抓扶贫攻坚；要进一步健全落实“单位帮扶到村、干部帮扶到户”的帮扶工作制度；要进一步加大中央机关和中央企业定点帮扶、发达地区对口帮扶和对口支援的力度。

（二）继续加大对深度贫困地区公共服务和基础设施的投入

要健全深度贫困地区扶贫投入机制，继续加大投入力度。比如，财政部门要加大对深度贫困地区财政转移支付规模；金融扶贫要提高扶贫贷款贴息额度；自然资源、住建等部门要保障深度贫困地区发展用地基本需要；林业和草原部门要提高深度贫困地区生态补偿标准；税务、市场监管等部门应该给予深度贫困地区创业企业税费优惠和提供必要条件；等等。同时，要通过整合扶贫专项投入、部门资金、社会资金以及群众投工投劳等，集中力量抓好深度贫困地区的道路、饮水、用电、网络和广播电视等基础设施建设，让深度贫困地区群众有住房、有学校、有医疗机构、有农村综合服务平台、有农村电商等基本公共服务。此外，还应将脱贫攻坚与乡村振兴战略实施结合起来，改善农村人居环境，特别是要加强深度贫困地区的生活垃圾集中处理和农村厕所改造等。

（三）因地制宜确定脱贫攻坚的帮扶措施和扶贫产业

一方面，要根据深度贫困地区的实际情况及时调整住房、教育、医疗等方面的政策，避免“一刀切”的政策误区，通过量化、精细化各项扶贫政策确保扶贫标准的准确性，防止吊高贫困户胃口、政策养懒汉等现象；另一方面，要根据每个深度贫困村自身的资源禀赋等实际情况，因地制宜制定脱贫的具体方案，如对具备劳动能力的贫困户通过发展产业、转移就业等方式实现脱贫增收，对有一定劳动力的贫困户设置保洁员、协管员、护林员等公益性岗位，对于那些难以实现自我发展的贫困群众，可通过扶贫产业带动，帮助其以产业扶贫项目资金、土地等资源入股产业扶贫项目，逐步实现稳定脱贫。对于产业扶贫来讲，既要抓好当年就能增收的“短平快”项目，更要抓好中长期稳定脱贫项目，比如通过农民土地流转、投资入股等方式，发展“公司＋农户”脱贫模式等。此外，为巩固脱贫成果，既要严把退出关，防止数字脱贫，注重提高脱贫质量，又要建立因病返贫、因灾返贫的长效机制，坚持脱贫不脱政策，特别是针对那些因残、因重病致贫以及丧失劳动力的特殊困难群众，可以通过相互嵌套的社会保障网络保证其基本生活，如健全低保制度维持其基本生活保障、融合新农合和大病救助防止其因病返贫、完善新农保为农村老年贫困群体提供基本养老保障等。

（四）动员全社会力量参与深度贫困地区脱贫攻坚

2017 年 12 月国务院扶贫办印发《关于广泛引导和动员社会组织参与脱贫攻坚的通知》，要求各类社会组织应在自己的业务范围内积极参与脱贫攻坚工作。一方面，随着深度贫困地区脱贫攻坚工作的不断深入推进，党委政府面临的具体工作内容和困难不断增加，这种情况下县乡党委政府可以主动让渡部分权力，将部分具体脱贫工作交给符合条件的社会组织来承担；另一方面，要积极支持深度贫困地区社会扶贫力量有序发展。同时，要鼓励倡导企业主动履行社会责任，积极参与脱贫攻坚。因为企业尤其是一些大型企业，具有强大的价值创造能力和市场开发能力，它们可以利用自己的资本和管理优势，满足深度贫困地区资金比较短缺、对接市场能力比较差的不足，提高深度贫困群众的自我发展能力。比如，京东商城利用网络平台直接实现深度贫困县数百万种优质、绿色产品销往全国；万达集团、恒大集团直接出巨资帮助贵州丹寨县、大方县发展特色产业，打造旅游小镇，惠及当地贫困群众。

（五）加强深度贫困地区脱贫攻坚干部队伍建设

乡村基层干部是联系贫困群众与党委政府的桥梁和纽带，是党委政府各项扶贫政策和扶贫项目的具体实施者。他们素质能力高低直接关系到深度贫困地区脱贫攻坚的进度和实效，因此，必须打造一支作风过硬、本领过人的脱贫攻坚队伍。一方面，要通过教育培训，提升基层干部尤其是一线扶贫干部精准理解扶贫政策、协调各方、对接市场、联系群众的素质能力；另一方面，要通过提高薪酬待遇、政策倾斜等措施，提高深度贫困地区干部带领群众脱贫致富的积极性、主动性和创造性，同时让他们安心在基层工作。特别是要注重选配政治素质高、工作能力强、熟悉脱贫攻坚工作的干部担任深度贫困村党组织负责人，鼓励从贫困村中走出来、在市县相关部门担任一定领导职务的干部，脱产回村担任第一书记或村支部书记，充分发挥他们熟悉当地风土人情、文化水平高、人脉资源丰富的优势；并尝试在基层农村推行村党支部书记“职业化”，以便充分发挥农村党组织战斗堡垒、带领贫困群众稳定脱贫致富的作用。

（六）激发深度贫困地区群众脱贫致富内生动力

消除外生性致贫因素可以极大缓解深度贫困地区的绝对贫困程度，但从“贫困陷阱”理论的角度讲，并不能必然从根本上解决深度贫困问题。针对深度贫困地区贫困群众内生不足的问题，一方面，要始终坚持扶贫先扶志。2018 年 10 月 29 日，国务院扶贫办等 13 个部门联合发文《关于开展扶贫扶志的意见》，针对贫困群众主体意识淡薄、“等、靠、要”思想严重等问题，要求更加注重提高贫困群众主体意识，更加注重提高贫困群众脱贫能力，更加注重改变帮扶方式，更加注重营造农村健康文明新风，切实树立贫困群众立足自身脱贫的信心和决心。在深度贫困地区，要依托“农村讲习所”“大喇叭”等宣传载体，通过组织活动、走村串户宣讲政策，正确引导贫困群众树立依靠自己勤劳致富的思想观念，在潜移默化中增强贫困群众的自力更生意识；总结推广脱贫先进典型，在贫困村内营造“脱贫光荣”的良好氛围，通过身边那些“自力更生脱贫户”的先进榜样力量激发周边贫困群众自主脱贫意识。另一方面，要始终坚持扶贫先扶智。教育是改变当前贫困家庭贫困代际传递的重要因素之一，在确保深度贫困地区适龄儿童基础性教育的同时，建立一套可持续性的贫困学生资助体系，帮助那些“因学致贫”的贫困家庭实现稳定脱贫。此外，在精准帮扶过程中，高度重视贫困群众的真正需求。建立政府与贫困群众畅通、平等的对话机制，政府通过及时、多次沟通了解掌握贫困群众的真正需求，在贫困户自愿的基础上开展产业扶贫项目；在项目推进过程中，定期与贫困群众沟通交流，切实解决实践中出现的问题和困难。通过使贫困群众参与到扶贫项目的运行管理中等措施，扩大他们对扶贫项目的监督权和知情权，这样可以提升其对政府脱贫攻坚政策及扶贫干部的认可度，并逐步扩大其参与范围，提升贫困群众的自主发展能力。

资源富集生态功能区可持续脱贫研究*

——以生态价值实现为依托

肖文海　蒋海舲**

摘　要：资源富集生态功能区拥有丰富的生态产品却相对贫困，究其原因，生态价值实现机制缺失是重要原因之一。创新生态资源的利用方式，探索政府引导、市场为主的生态产品价值实现路径，是促进资源富集生态功能区可持续脱贫的重要方向。资源富集生态功能区要践行“两山”发展理念，改革生态文明体制，以生态价值实现机制试点为契机，构建自然资源产权保障、环境权益交易、绿色投融资机制，完善贫困户利益联结机制，促进绿水青山的资本化经营，走出一条“生态美、产业旺、百姓富”的绿色发展之路。

关键词：生态资源富集地区　生态价值　生态扶贫　生态产品

当前我国有许多生态资源富集的贫困地区，对这些地区而言，将生态资源优势转化为经济优势，是决胜脱贫攻坚、实现乡村振兴的重要途径。资源富集生态功能区一般都处于工业发展水平弱、开发程度较低的贫困山区、湖泊、湿地。我国14个集中连片贫困地区与25个国家重点生态功能区高度重叠，贫困地区与重点生态功能区、贫困地区与生物多

---

* 文章刊发于《江西社会科学》2019年第12期，是国家社科基金年度项目（19AJL008）的阶段性成果。该文章收录本书时，内容和文献标注方式略有调整。

** 肖文海，江西财经大学；蒋海舲，江西农业大学。

样性富集区重叠。南方林区自然资源密集，但经济发展水平较低，地区人民普遍收入较低。资源富集生态功能区承担着维护生态安全重任，同时又是相对贫困落后的地区。在乡村振兴的大背景下，如何通过资源富集生态功能区的生态价值助推脱贫，是政府部门与学界共同关注的重要课题。《中共中央国务院关于打赢脱贫攻坚战的决定》将生态保护与扶贫开发工作有机结合。沈茂英、杨萍对生态扶贫的内涵与运行模式进行了探索，张毓卿、周才云分析了赣南生态扶贫的优化路径，雷明认为破解资源丰裕发展诅咒的关键在于构建自然资源资产—资本—财富有机统一的基础性制度框架。随着福建、江西、贵州三个国家生态文明实验区实践的深入推进，以打通绿水青山与金山银山双向转化通道为目标的生态价值实现试点正在深入实践，为生态扶贫的研究提供了新视角，本文拟对此进行分析。

一 资源富集生态功能区贫困的成因分析

资源富集生态功能区贫困的成因诸多，如交通区位因素，资源富集生态功能区大多处于交通较偏僻的地方，流通成本大，资金与信息难引进来，自有的资源难走出去；经济基础较薄弱，这些地区大多以农业生产为主，虽在农耕社会中有一定的资源优势，但在市场化、工业化大潮下，难以获得理想的发展机会；居民思想观念方面的因素，资源富集生态功能区在农业文明时期可以凭借良好的气候、土壤资源，通过农业生产获得竞争优势，但也大量存在保守思想，甚至存在不思进取的思想观念；制度性因素，涉及教育机会、社会保障、公共资源分配制度等方面。生态资源价值较难实现是资源富集生态功能区贫困的另一个重要原因。资源环境是生产力的重要组成部分，良好的生态产品既是民生福利，又是发展的重要目标。在主体功能区框架下，资源富集生态功能区主要提供生态产品，如吸收二氧化碳、制造氧气、涵养水源、保持水土、调节气候、保护生物多样性等。都市密集发展区主要提供物质产品，在资源低价、环境无价、产业高价的经济环境中，主体功能区的生态产品价值难以在市场经济中实现，生态资源优势难以转化为经济发展优势，现拟用欧拉定理的扩展形式分析经济产出。

$$Y = F(K,L,N)$$

式中 Y 代表经济体的总产出，生产函数 F 表示把一切物质资本、劳动和自然资源要素组合为产出的可利用技术；K 表示一切经人类加工改造过的原材料、机器设备等物的要素投入；L 表示一切自然劳动、人力资本、社会资本等要素投入，N 表示一切未经过人类加工改造的自然资源要素投入。

在完全竞争的经济环境中，企业为达到追求利润最大化的目标，以实际要素价格等于要素边际产量为原则决定资本、劳动和资源的投入数量。在均衡条件下，企业向资本所有者支付的实际租赁价格 R、向劳动者支付的实际工资 W 和向生态自然资源所有者支付的生态价值 EV 等于每一要素的边际生产力，在生产函数规模报酬不变的情况下，根据产品分配净尽定理进行计算：

$$Y = F(K,L,N) = R \times K + W \times L + EV \times N$$

相应地，一个经济体的总产出及相应的地方收入差距由资本所有者财产收入 $R \times K$、劳动所有者工资收入 $W \times L$、自然资源所有者生态价值收益 $EV \times N$ 三方面构成，如图 1 所示。

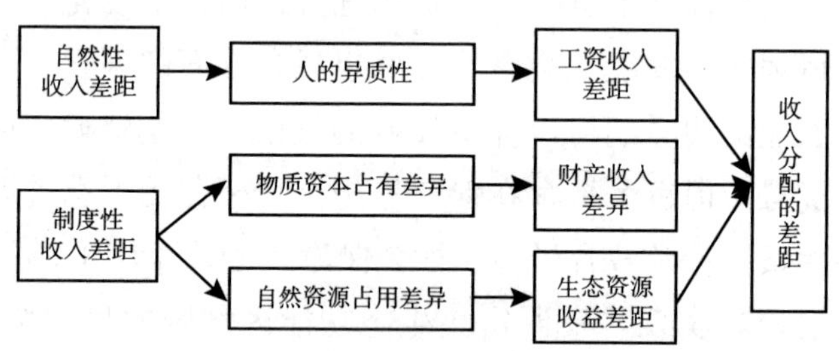

图 1　资源富集生态功能区贫困成因示意

资源富集生态功能区虽然有丰富的自然资源，但自然资源属于全国性、区域性公共产品，造成本应由包含贫困群体在内各阶层享用的生态红利流失，形成地方生态收入差距。例如，森林是最典型的区域性生态公共产品，具有调节气候、保持水土、净化环境等多种生态服务功能，国家、集体、单位、个人对生态保护区各类森林建设和维护承担了主要资金投入和劳动投入，但在现行生态文明和资源价格体制下，这些在生态公共产品生产过程中投入的物化劳动和活劳动只能以公益林补偿方式得到部分实现。例如江西省公益林补偿标准已提高到每年 21.5 元/亩，但依然偏低，不仅与商品林 300 元/亩的经营收入水平相差甚远，且远远不能弥补森林建养过程中的各种成本支出。上述情况说明，承担了更多生态公共产品生产的贫困地区资源富集生态功能区难以实现生态价值，较难享受经济发展所带来的红利，从而形成以下发展的恶性循环：自然资源富集的生态功能区拥有丰富的生态公共产品，但由于缺少原动力，当地居民的收入难以提升，与其他受益区的居民相比收入差距较大，同时出现了生态贫困和经济贫困的并发症，导致该地区人力资源流出，生态环境也面临严峻的考验。

二 基于生态价值实现的资源富集生态功能区脱贫路径

（一）促进生态价值向经济优势的转化

长期以来，贫困地区对自然资源开发采取粗放型、浅层次、数量扩张型的利用模式，结果是环境恶化、资源枯竭、土地生产力降低，形成了“破坏生态—趋于贫困—再破坏—更贫困”的恶性循环。生态功能区农户拥有绝大部分林地、耕地、水域的承包经营权，不仅每户耕地面积大于发达地区，而且拥有面积可观的森林、湿地以及草地资源。资源富集生态功能区大多也是生态环境敏感区，农户传统上对自然生态资源依赖程度深，对山水林田湖草等自然资源的利用强度、利用方式直接影响到生态系统结构功能。如要破解资源丰裕的发展诅咒，需结合主体功能区定位、人与自然和谐共生的根本要求、发达地区民众求生存到盼环保过程中生态产品边际消费增加的转变，根据不同种类生态产品的性质特点，探索生态价值实现多种路径，促进贫困地区可持续发展。

生态产品主要包括以下几类：农业、竹木等私人性生态产品，具有消费的排他性与竞争性，这种生态产品可以采取市场供给方式，通过市场价格补偿生态成本并实现生态价值；自然遗产、文化资源等景观性生态产品，具有一定程度的消费排他性与竞争性，这种生态产品可以采取公私合作型供给的模式以生态旅游市场的形式实现生态价值；山水林田湖草生态系统提供的防风固沙、调节气候、净化土壤等服务性生态产品，具有完全的消费非排他性与获取的非竞争性，这种生态产品可以采取政府供给的方式，通过财政转移支付与生态补偿实现生态价值。

1. 以绿色品牌发展战略增加优质生态产品供给

通过打造农业、林业、畜牧业绿色品牌，把生态价值凝结在产品中，实现生态价值与物质性产品的捆绑销售，并通过市场交易充分实现价值向价格的转化。如地理标志产品属于体现当地特色、质量声誉的优质生态产品，可以成为贫困农村地区发展绿色品牌的重要抓手。同时，可结合当地绿色生态农业相关政策，按照“一村一品、一户一业”差异化发展原则，推行“龙头企业（合作社）带动、能人引领、典型示范、贫困户自主发展”的生态产业扶贫模式，充分挖掘烟叶、油茶、蚕桑、毛竹、水稻等资源蕴含的生态价值，实施地理标志产品＋生态农业＋互联网的生态价值协同推进机制，深入推进农产品绿色化、生产品牌化、种养一体化，打造绿色有机农产品示范基地、农业可持续发展试验示范区，加快建设农产品标准化体系，提升和推广资源富集生态功能区生态农产品的市场声誉。

2. 依托特色资源，开发生态旅游产品

自然遗产、文化资源等依托景观形成具有地域特色的文化价值和生态景观资源价值。随着城镇化的发展，人民生活水平普遍提高，同时也推动着农田、森林、草原等生态景观的生态价值发展，农家乐、森林涵养、水利风景区等生态产品成为农户致富增收的重要平台。根据乡村资源的特色禀赋和发展条件，要创新生态资源开发模式，克服农业先天弱势产业的不足，深挖生态资源，彰显农业生态、林下经济的旅游观光、文化教育等多种功能，促进三产融合，建设一批农旅结合、林旅结合的山水田园综合体。

3. 以政府转移支付深入推进生态补偿

生态功能区承担着生态系统服务、生态安全屏障、生物多样性保护功能，难以通过市场实现其价值。因此，建立完善“绿水青山”的转移支付体系，推进生态补偿是生态功能区实现生态价值的重要路径。目前，我国已建立重点生态功能区财政转移支付政策，明确规定地方政府将转移支付资金用于保护生态环境和改善民生，加大生态扶贫投入。

生态功能区需要划定生态保护红线，全面提升生态红线管控和保护水平，积极争取农、林、水项目整合资金，用于重大生态工程建设和生态产业项目，不断放大转移支付资金的绿色减贫效果。充分利用市场机制，推进区域间横向生态补偿，促进相邻区域生态环境保护联防联治，有效化解当前水环境保护突出矛盾，创新生态功能区绿水青山支付体系。创新补偿手段，以“谁保护、谁得益”“集中财力、突出重点”为原则，结合上下游地区基本条件、实际需求并考虑操作成本，采取上级资金支持方式，引导和鼓励区内流域上下游建立横向补偿关系。以流域环境质量改善为导向，出台生态补偿转移支付办法和量化评分细则，重点考核上年度流域内水环境质量、土地矿山资源管护、森林生态保护、流域面积等生态资产及环境整治工作，并且制定相应的资金分配方案，对专项资金的使用情况实行跟踪反馈与绩效考评，调动地方保护生态系统的积极性，同时促进贫困生态功能区脱贫攻坚。

4. 发展森林碳汇，把青山绿水作为第四产业经营

森林碳汇是生态系统服务价值的直接体现。目前，我国已制定全国性碳排放权交易方案，省市试点的碳排放权交易市场成效显著。随着碳交易试点、碳普惠金融试点的推进，大部分企业建立了碳资产管理部门，不断拓宽项目融资渠道，给绿色减贫带来了机遇。通过中国核证减排量认证，林区的生态资源优势将转化为资本，同时贫困地区的生态功能区面临“卖林木”到“卖空气”的发展机遇。以中部某县为例，该县开发林业碳汇主要采取两种合作模式，一是“国有林场 + 公司”模式，由国有林场作为资源方提供林地给碳资产管理公司，后者负责项目开发、审核、注册和挂牌，开发费用由碳资产管理公司承担，资源方按比例获得分红利润。该模式第一个项目标的为 50 万亩林地，于 2014 年 8 月在广州碳排放交易所挂牌上市后，完成以每吨价格 60 元左右的 5 笔交易，林场每年可获得数十万元的经济收益。二是“农民专业合作社 + 公司”模式。对于集体林地，以乡镇为单位整合资源，以农民专业合作社作为资源拥有方与碳资产管理公司合作，合作社负责林地生产、经营和管理，公司负责碳汇项目开发运营，双方按协议比例参与分红。由于林业碳汇项目不影响林区正常生产经营，只要求加强管理，就能带来收益，所以林农逐渐形成“生态也是资产”的意识，增强了对封山育林管理理念的自觉配合。

（二）健全资源富集生态功能区脱贫机制

构建资源富集贫困生态功能区生态产品价值实现路径，将绿水青山转变为脱贫攻坚的动力，需要改革资源低价、环境免费的传统价格体系，建立健全自然资源产权保障机制、环境权益交易机制、绿色投融资与贫困户利益联结机制。

1. 自然资源产权保障机制

产权是交易的前提，厘清产权是实现生态系统服务付费的技术保障。但自然资源流动涉及国家、集体、个人的利益关系，自然资源产权界定不明晰，导致资源难以转化成资产与资本，在社会再生产运动过程中较难形成自我补偿、自我增值的效益。各级产权主体在行使所有权过程中，既要有序开发森林、土地、矿产等自然资源作为生产资料的经济价值，又要对作为环境要素的自然资源予以保护，以维护生态价值。针对贫困地区自然资源资产制度存在的问题，应清晰界定生态产权主体所有、占有、使用、收益、处分等责权关系，对全民所有自然资源资产所有权推行委托代理改革试点，对集体所有的山水林田湖草等各类生态要素制定产权界定办法，建立生态要素确权登记平台，稳步推进生态要素的确权、登记和颁证工作。在生态要素产权得到明晰界定的基础上，可有序开展森林碳汇、水文、生物多样性、景观服务等生态产品交易活动。

2. 环境权益交易机制

用能权、用水权、碳排放权、排污权是发展权在资源利用上的具体体现，也是所有地区和个体拥有的基本环境权益。要在污染物、用能权总量分配中充分考虑贫困农村地区发展实际，既要保障公众享有清洁空气、水土等基本权利，又要通过指标配额分配对贫困地区给予适当倾斜，这是生态功能区脱贫的重要路径。生态产品具有区域性、公共性、外溢性特点，通过创设环境权益区域“虚拟”市场，加快建立不同主体功能区间生态产品成本共担、效益共享机制。从目前的推进情况来看，全国水权交易平台（中国水权交易所）已于2016年正式开业，全国碳排放交易市场于2017年启动，排污权、用能权市场建设也已进入国务院常务会议议事日程。2019年2月18日，中共中央、国务院印发《粤港澳大湾区发展规划纲要》，明确提出支持广州建设绿色金融改革创新试验区，研究设立以碳排放为首个品种的创新型期货交易所。

3. 投融资体制

绿色金融是支持绿水青山变为金山银山的重要一环，是自然资源产权创新、生态产业创新的催化剂。培育绿色生态产业经营主体，发展壮大生态旅游，推动全域绿色认证，支持鼓励各类农业新型经营主体注册商标，认证无公害、绿色、有机和地理标志农产品，做强做优健康产业，建立具有县域特色的绿色品牌，需要金融的支持。绿色投融资能够引导资源流向，促进生态产业运作所需要素集聚，推动产业升级；可以缓解中小企业的资金不足，克服融资难、融资贵的难题；可以参与编制区域绿色发展规划，为区域生态经济项目库提供项目来源和中长期融资方案。

绿色金融机构要以治山理水和显山露水为主线，以环保项目、污染治理与碳减排融资为主营业务，以绿色环保产业高质量发展为目标，构建组织体系完善、产品服务丰富、政策支持有力、基础设施完备、稳健安全运行的适应资源富集生态功能要求的区域特色绿色金融体系。

4. 利益联结机制

当前，重点生态功能区财政转移支付机制主要以区域标准财政收支缺口为依据，资金用途以民生、环保为主，要确保整体区域摆脱贫困，还需建立生态产品价值实现的贫困户精准机制。一是健全生态产业扶贫的靶向机制，实施“资金跟着穷人走，穷人跟着能人走”的利益联结机制，“捆绑”龙头企业（合作组织）与贫困户的利益，贫困户可通过就业、订单、分红等多种方式获得收益，调动贫困户参与产业扶贫的积极性。二是完善转移支付的利益联结，逐步增强集体经济组织的力量，完善“财政资金+项目+合作组织+帮扶机制”的“四位一体”利益联结新模式，政府可以将贫困户的扶贫、基础设施建设资金作为贫困户的保底股份，项目效益与贫困户共享。

引导鼓励贫困户以耕地、林权及其他物权作价入股，参与农业龙头企业、农民合作社、家庭农场、种养大户规模化生产。统筹规划，依托山、水、林、田资源，发展菜、茶、桑、药、菌、畜、禽等区域特色产业，打造“生态+种养”“生态+旅游”“生态+养老”的大健康产业，探索形成个性化绿色发展新路。如中部某县2017年为龙头企业大户安排产业扶持资金1000万元，其中油茶75万元、蚕桑565万元、烟叶40万元、产业贷款贴息资金100万元、风险保证金220万元，县农商行按1∶8的比例放大，撬动金融信贷扶贫资金1760万元。通过上述措施，2017年该县实现减贫3022户10645人，农民贫困发生率由上年的9.2%下降到5.9%，人均可支配收入增长到7898元，增幅为11.5%，15个贫困村通过省、市评估验收摘帽退出。

三 实现资源富集生态功能区脱贫的政策保障

推动生态价值转化为经济价值是资源富集生态功能区实现持续发展、缩小区域发展差距的重要途径，是改善环境质量与缩小城乡收入分配差距的关键性制度安排。中共中央、国务院印发《关于完善主体功能区战略和制度的若干意见》，选择浙江、江西、贵州、青海四省具备条件的地区作为生态产品价值实现机制试点区域。在试点过程中，政府强调制度建设引领带动作用，通过农村土地制度改革，创新易地扶贫搬迁模式，以龙头企业和合作社为载体，充分发挥贫困户的积极性，探索“政府主导、企业和社会各界参与、市场化运作、可持续的”生态产品价值实现路径。

发挥政府的规划主导作用，打通绿水青山与金山银山的双向转化通道。一是摸清山、水、林、田、湖、草等自然资源底子，深入开展自然资源确权登记。二是结合国土空间规划，划定和保护生态红线，制定

一、二、三产业的产业准入负面清单，编制绿色发展指标体系。同时，建立主要领导干部自然资源资产责任审计试点，积极推进生态资产保值增值。

发挥政府财政转移支付资金的政策引导作用，加强生态工程扶贫建设。当前国家重点生态功能区转移支付资金主要用于生态环境保护、民生投入、生态扶贫等方面，要充分发挥政府财政转移支付资金的政策引导作用，畅通生态建设工程扶贫的利益通道，确保农户从生态建设中获得退耕还林补贴、粮食补贴、生态护林员管护补贴、森林生态效益补贴、重点区位商品林赎买补贴。

充分发挥龙头企业主体作用，深入推进生态产业扶贫。要充分发挥龙头企业的主观能动性，做大做强“三品一标”农产品，挖掘一批老字号和“贡”字号农产品品牌，集中力量培育一批基础条件好、发展潜力大、品牌价值高的支柱企业。以生态产品价值实现为导向，以绿色品牌创建为核心，分类推进，在农产品主产区、重点生态功能区建设绿色产业集聚示范区。要以产权配置机制为突破口，抓好农村宅基地、承包经营权确权颁证工作，赋予农民对集体资产股份占有、收益、有偿退出及抵押、担保、继承等权利，探索经营权入股发展产业化经营，使农户能够共享生态品牌建设成果。

创新财政资金的使用方式，建立“财政资金＋保险金融＋生态项目＋贫困户”生态价值扶贫机制。发挥金融在生态资本化运营中核心作用，充分利用好财政性转移支付资金的引导作用，将生态产业扶贫与绿色金融扶贫相结合，调动全社会参与。一是要建立以引导性财政资金为基础、受益者合理分担、吸引社会资金参与的资金筹集机制，利用政策性银行长期贷款等市场化机制扩大资金来源。二是要加强财政、金融、保险、扶贫等部门信息共享程度，建立风险补偿基金，创新特色保险品种，发挥保险信贷增信作用。三是要强化政策工具运用和引导，积极开展银政企融资对接，积极推广“央行扶贫再贷款＋银行＋企业（项目）＋农户”的“四位一体”精准扶贫模式。

参考文献

韩非池：《贫困地区：将生态资源优势转化为经济优势》，《中国改革报》2019 年 9 月 25 日。

周侃、王传胜：《中国贫困地区时空格局与差别化脱贫政策研究》，《中国科学院院刊》2016 年第 1 期。

沈茂英、许金华：《生态产品概念、内涵与生态扶贫理论探究》，《四川林勘设计》2017 年第 1 期。

陈甲、刘德钦、王昌海：《生态扶贫研究综述》，《林业经济》2017 年第 8 期。

沈茂英、杨萍：《生态扶贫内涵及其运行模式研究》，《农村经济》2016 年第 7 期。

张毓卿、周才云：《精准扶贫视域下赣南生态扶贫困境与优化路径》，《江西社会科学》2016 年第 12 期。

雷明：《绿色发展下生态扶贫》，《中国农业大学学报》（社会科学版）2017 年第 5 期。

Grossman G. M. , Krueger A. B. , "Environmental Impacts of a North American Free Trade Agreement", NBER Working Paper, 1991, No. 3914.

邵红伟、靳涛：《收入分配的库兹涅茨倒 U 曲线是必然还是或然——力量对比决定的一般趋势和特殊演变》，《经济管理》2016 年第 6 期。

Arrow K. , Bolin B. , Costanza R. , "Economic Growth, Carrying Capacity and the Environment", *Science*, 1995, (4) .

杨筠：《生态公共产品价格构成及其实现机制》，《经济体制改革》2005 年第 3 期。

肖文海：《建立健全生态产品价值实现机制》，《中国社会科学报》2018 年 5 月 29 日。

孙志：《生态价值的实现路径与机制构建》，《中国科学院院刊》2017 年第 1 期。

吕忠梅：《建立“绿色发展”的法律机制：长江大保护的“中医”方案》，《中国人口·资源与环境》2019 年第 10 期。

石佑启、陈可翔：《粤港澳大湾区治理创新的法治进路》，《中国社会科学》2019 年第 11 期。

张伟：《发挥绿色金融在生态产品价值实现中的作用》，《中国水运》2018 年第 7 期。

张晓山：《巩固脱贫攻坚成果应关注的重点》，《经济纵横》2018 年第 10 期。

深度贫困地区自我发展能力测算及时空演变分析*

——以“三区三州”为例

周鹏飞　吴继煜　郑景丽**

摘　要：2020年是全面建成小康社会的关键之年。“三区三州”是国家层面的极度贫困地区，是民族地区脱贫减贫的重点，也是全国性脱贫攻坚战的关键节点。文章通过采用TOPSIS改进的因子分析法，从四个三级指标测算了“三区三州”2015～2017年的自我发展能力。研究发现，通过自我发展能力指数值可将研究区域分为三种发展类型，不同维度的得分显示出各个区域的制约因素各不相同。虽然“三区三州”整体自我发展能力不断提高，但大部分地区内部自我协调能力较差，同时各区域间的发展能力差距扩大。采用Jenks最佳自然断裂法发现，区域内整体自我发展能力指数呈现“东北—西南逐步增加的态势”，且不同年份之间演化趋势也不相同。

关键词：深度贫困地区　三区三州　自我发展能力　时空演化

* 文章刊发于《河南师范大学学报》（哲学社会科学版）2020年第4期，是国家社科基金西部项目（19XMZ095）的阶段性成果。该文章收录本书时，内容和文献标注方式略有调整。

** 周鹏飞，重庆师范大学；吴继煜，兰州大学；郑景丽，重庆师范大学。

一 问题的提出

消除贫困是人类千百年来的共同梦想和使命所在。中国决胜全面脱贫攻坚战的主战场在农村，如何实现贫困地区农民可持续增收、提升贫困地区自我发展能力，是全面建成小康社会的重大任务。2013～2019年，中国已经连续七年超额完成千万减贫的任务，贫困发生率从10.2%下降到0.6%，累计帮助农村人口减贫9348万人，为世界脱贫减贫工作献上了中国智慧和中国方案。[①] 脱贫攻坚工程，其作始也简，其将毕也巨。2020年是全面打赢脱贫攻坚战的收官之年，也是全面建成小康社会的关键之年，要确保现行标准下顺利实现贫困人口脱贫以及贫困地区全部摘帽，面临的区域性整体脱贫挑战仍十分艰巨。深度贫困地区是脱贫攻坚战的最后堡垒，这些地区自然地理位置差，资源极度匮乏，气候条件十分恶劣，医疗和教育等基础公共服务保障水平低，基础设施建设比较落后，使地区产业发展缓慢，区域内生性发展动力不足，成为脱贫进程中的主要障碍。[②] “三区三州”又是深度贫困地区的核心难点地区，需要集中优势兵力攻克，保证政策、资金等要素向该地区倾斜。薄弱的主观脱贫能力、恶劣的自然环境容易导致该区域陷入贫困陷阱，通过财政扶持等方式难以实现区域可持续发展。因此，加强地区自我发展能力，提升区域贫困人口知识技能水平，改变脱贫致富观念，防止脱贫后又返贫就显得尤为重要。[③] 贫困治理没有终点，只有连续不断的新起点，本文通过研究“三区三州”自我发展能力，以期为精准扶贫，实现区域的可持续发展提供政策参考。

---

① 人民论坛“特别策划组”:《最后堡垒攻克前后——节点之年的脱贫攻坚》,《人民论坛》2020年第2期。

② 彭刚:《中国正在为全球减贫事业提供重要镜鉴》,《人民论坛》2020年第2期。

③ 李俊杰等:《教育助推“三区三州”跨越贫困陷阱的对策研究》,《民族教育研究》2020年第1期。

二 文献综述

贫困区域自我发展理论发源于区域自我发展理论、多维发展理论以及其他发展理论。国外学者 Amartya Sen① 与 Barrett② 率先将可行能力纳入贫困分析框架，日本经济学家宫本宪一提出了基于地域开发的“内发式发展论”。③ 根据国内学者④以及国外学者 Birger⑤ 的企业自生能力理论，学者分别从多维贫困、发展剥夺等角度分析了贫困地区自我发展能力。国内学者对自我发展能力的研究主要有以下几个视角。第一，构建自我发展能力的指标体系。一方面从资本角度入手，认为区域自我发展能力是一个综合概念，要提升区域自我发展能力并最终消除贫困，必须让贫困者参与到社会、政治、经济等一系列活动中，通过有价值的要素优化组合来提升自我发展能力⑥；另一方面是自我能力视角，徐孝勇等⑦对我国 14 个连片特困地区 2012 ~ 2014 年自我发展能力的时空演化进行研究，通过构建自然、社会和经济三个二级指标，然后再细化到资源、环境、公共服务、协会协调等六个三级指标来研究连片特困地区的自我发展能力。郝雄磊⑧通过构建经济、社会、自然三个维度对 2015 年南疆三地州自我发展能力进行测算，提出完善交通网络以及大力发展农业产

---

① Amartya Sen, “Capabilities, Lists, and Public Reason: Continuing the Conversation”, *Feminist Economics*, 2004, 10 (3): 77 - 80.

② Barrett C. B. et al., “The Economics of Poverty Traps and Persistent Poverty: Empirical and Policy Implications”, *The Journal of Development Studies*, 2013, 49 (7): 976 - 990.

③ 刘伟东等:《内发式发展论——一种新的地域经济理论》,《财经问题研究》2001 年第 4 期。

④ 林毅夫:《自生能力、政策性负担、责任归属和预算软约束》,《经济社会体制比较》2000 年第 4 期。

⑤ Wernerfelt Birger, “A resource-based view of the firm”, *Strategic Management Journal*, 1984, (2): 171 - 180.

⑥ 闫磊等:《区域自我发展能力的内涵和实现基础——空间管制下区域自我发展能力研究》,《甘肃社会科学》2011 年第 2 期；汪海霞:《新疆贫困地区自我发展能力研究》，石河子大学博士学位论文，2014，第 25 ~ 28 页。

⑦ 徐孝勇等:《中国 14 个集中连片特困地区自我发展能力测算及时空演变分析》,《经济地理》2017 年第 11 期。

⑧ 郝雄磊:《连片特困地区自我发展能力提升研究——基于南疆三地州实证分析》,《新疆社科论坛》2019 年第 4 期。

业的政策建议。第二，区域自我发展能力的研究领域呈现从微观逐步向中观和宏观过渡的趋势。例如贫困地区县域自我发展能力①、弱势群体的自我发展能力②、连片特困地区失地农民的发展问题以及西部地区农业自我发展能力③等方面的研究，正逐步过渡到贫困地区④、连片特困地区以及民族地区⑤等区域整体性的研究。第三，区域自我发展能力的研究方法越来越多元化。孙鲁云等⑥从自我发展能力剥夺视角出发，采用A-F多维贫困测度法对新疆和田地区多维贫困指标进行分解，以此找到提高精准扶贫效率的切入口。吴鸣然等⑦采用熵值法评估区域可持续发展能力，再从空间分异视角对我国30个省份可持续发展能力进行归纳。张爱儒等⑧采用主成分因子分析法对青海藏区自我发展能力进行研究，划分了4个二级系统共计28个指标对其进行综合分析。以上研究表明，要达到消除区域性整体长期贫困的现状，培育和塑造其自我发展能力起着至关重要的作用。

显然，已有文献对贫困地区自我发展能力有较多研究，但仍存在边际改进的可能性。一方面，不同的研究视角、不同的指标体系以及不同研究方法所得到的指标权重各有不同，这对于各地区自我发展能力究竟处于何种水平仍然存在分歧；另一方面，国内学者的研究对象多为连片特困地区，鲜有文章专门针对“三区三州”进行深入研究。2020年是全

---

① 徐孝勇等：《中国14个集中连片特困地区县域自我发展能力测度与乡村振兴战略瞄准研究》，《农林经济管理学报》2019年第5期。

② 李毅等：《深度贫困区弱势群体自我发展能力评价研究》，《林业经济》2019年第9期。

③ 马静：《简论西部地区农业自我发展能力》，《农业经济》2017年第1期。

④ 徐孝勇等：《中国农村贫困地区自我发展能力概念模型与形成机理分析》，《重庆师范大学学报》（哲学社会科学版）2016年第5期。

⑤ 冷志明等：《武陵山片区自我发展能力测算及时空演变分析——基于2005、2008和2011年县级数据的实证》，《地理学报》2014年第6期；王秀艳：《区域自我发展能力理论分析框架下民族地区自我发展能力评价》，《中央民族大学学报》（哲学社会科学版）2019年第3期。

⑥ 孙鲁云等：《自我发展能力剥夺视角下贫困地区多维贫困的测度与分析——以新疆和田地区为例》，《干旱区资源与环境》2018年第2期。

⑦ 吴鸣然等：《中国不同区域可持续发展能力评价及空间分异》，《上海经济研究》2016年第10期。

⑧ 张爱儒等：《青海藏区重要生态功能区自我发展能力的实证研究》，《统计与决策》2015年第5期。

面脱贫的最后一年，而脱贫攻坚最困难的地区在于“三区三州”深度贫困地区。“三区三州”的发展对于整个脱贫攻坚大局具有极其重要的意义，必须集中优势力量全力以赴攻坚。贫困地区自我发展能力是根据各辖区内资源环境、社会发展、经济聚集三要素优化组合而形成的可持续发展能力的总和，文章将通过构建自然、社会、经济三个二级系统来衡量“三区三州”自我发展能力，为“三区三州”全面脱贫攻坚、摆脱贫困陷阱提供政策参考。

三 研究设计

（一）研究区域概况

文章研究区域指的是西藏、四省藏区、南疆四地州和四川凉山州、云南怒江州、甘肃临夏州（简称“三区三州”[①]），是中央统筹、重点支持的深度贫困地区。截至2019年底，研究区域建档立卡贫困人口由2018年的172万减少到43万，贫困发生率由8.2%下降到2%，已脱贫人口人均年收入在9000元以上，“两不愁三保障”突出问题已经得到基本解决。[②] 但该区域存在贫困发生率高、贫困程度深、基础条件薄弱、致贫原因复杂等情况，特别是2020年又面临新冠肺炎疫情等不确定因素的重大影响，使贫困群众脱贫后因灾、因病返贫的风险增大，构建反贫困的长效机制，提升自我发展能力变得尤为重要。因四省藏区内部在经济条件、气候资源、地形单元等存在巨大差异，将四省藏区拆分为云南藏区、青海藏区、四川藏区以及甘肃藏区四个区域。

（二）数据来源

文章中人均生产总值、地区生产总值等数据来源于各区域（2016～

① 《中共中央　国务院关于打赢脱贫攻坚战三年行动的指导意见》，http：//www. gov. cn/zhengce/2018－08/19/content_ 5314959. htm。

② 侯雪静：《2020年咬定目标确保打赢脱贫攻坚战》，http：//www. xinhuanet. com/2019－12/20/c_ 1125371524. htm。

2018 年）统计年鉴以及政府工作报告；贫困发生率来源于各区域（2015～2017年）扶贫办以及（2016～2018 年）《中国农村贫困监测报告》；人均贷款余额等数据来源于各区域（2015～2017 年）《国民经济和社会发展统计公报》，经过计算整理而得。

（三）评价指标

地区自我发展能力的测度需要建立合理的评价体系，在借鉴国际上公认的多维度贫困指标和参考已有文献提出的各种自我发展能力评价指标体系的基础上①，遵循科学性、系统性和可比性等原则，本文构建了“三区三州”深度贫困地区自我发展能力的评价指标体系，详情见表 1。

表 1 “三区三州”深度贫困地区自我发展能力评价指标体系

一级指标	二级指标	三级指标	四级指标
贫困地区自我发展能力（SDA）	资源环境承载力（ERC）	资源与环境承载力（ERC）	年降水量 ERC1（mm）；森林覆盖率 ERC2（%）辖区面积 ERC3（km^2）；农作物播种面积 ERC4（km^2）；万人土地面积 ERC5（km^2）
	社会发展能力（SDC）	公共服务能力（PC）	千人床位数 PC1（张）；公路密度 PC2（%）；人口密度 PC3（%）；万人在校学生人数 PC4（人）；人口自然增长率 PC5（%）；财政支出 PC6（亿元）；千人医生数 PC7（人）
	经济要素发展能力（EFC）	要素聚集能力（FC）	经济密度 FC1；人均社会消费品零售额 FC2（元）；单位面积固定资产投资额 FC3（万元）；城镇居民可支配收入 FC4（元）；农村居民可支配收入 FC5（元）；人均贷款余额 FC6（元）
		生产创新能力（EDC）	人均生产总值 EDC1（元）；第二产业贡献率 EDC2（%）；第一产业贡献率 EDC3（%）；人均工业产值 EDC4（元）；人均农业产值 EDC5（元）；城镇化率 EDC6（%）

① 封莎：《中国十四片集中连片特困区自我发展能力、信息化对经济增长影响的效率研究》，重庆师范大学硕士学位论文，2018，第 55～58 页；陈冬梅等：《广西集中连片特困县域自我发展能力研究》，《农村经济与科技》2020 年第 1 期；申鹏等：《贵州深度贫困地区发展能力及空间特征分析》，《贵州农业科学》2019 年第 10 期。

（四）研究方法

1. 因子分析法

因子分析法可以用来研究众多变量之间的内在关系，找出它们之间的内在关联。因子分析法通过降维手段在众多指标中找出包含信息最多的综合因子来代表原始数据。在众多的指标中被选取的因子又称为公因子，公因子不仅反映了大部分指标之间的关联结构以及相互间的关联信息，还能减少信息含量较少的数据，简化数据结构。公因子提供的相关关系以及相应权重，为得到可靠、合理和可信的评价指标值奠定了坚实的基础。

2. 优劣距离法

为了避免在各项指标权重确定中由于主观意见带来的偏差，我们在众多的测量方法上选择 Topsis 改进的因子分析法来计算其自我发展能力。Topsis 法能够充分利用各项指标信息，其评价结果能够精确地反映各方案之间的距离。

Topsis 法的计算基本步骤如下。

（1）假设 i 个观察对象的 j 个观测指标，利用因子分析法计算得出设 i 个观察对象 k 年的综合因子得分的因子得分 X，得到矩阵 $S=$（X_{i1}，$X_{i2}\cdots$，X_{ik}）。

（2）将数据进行归一化处理并由此建立相应矩阵，公式为：

$$d_{ik} = \frac{X_{ik}}{\sqrt{\sum_{k=1}^{1} \times_{ik}^{2}}}$$

其中 X_{ik} 表示第 i 个评价对象在第 k 个指标上的取值。

（3）构成加权规范矩阵，$Y=(y_{il,}\cdots,y_{ik})$。其中 $y_{ik}=\omega_k\times d_{ik}$，$\omega_k$ 是由权重判断矩阵计算出的特征向量，这里 $\omega_k=[1,1,\cdots,1]^T$。

（4）确定最优解和最劣解。效益型对象的最优解、最劣解的处理方法如下：

最优距离： $D^+=(D_{\max,1},D_{\max,2},\cdots,D_{\max,x})$

最劣距离： $D^{+}=(D_{\min,1},D_{\min,2},\cdots,D_{\min,x})$

（5）计算第 i 个评价对象到最优解与最劣解的距离：

到最优解的距离为：

$$D_i^{+}=\sqrt{\sum_{k=1}^{1}(D_{\max,k}^{+}-D_{ki})^2}$$

到最劣解的距离为：

$$D_i^{-}=\sqrt{\sum_{k=1}^{1}(D_{\min,k}^{+}-D_{ki})^2}$$

（6）求出第 i 个评价对象与最优因子方案的接近距离，其处理方法为：

$$C_i=\frac{D^{-}}{D_i^{+}+D_i^{-}}$$

如果 C_i 的值越接近 1，表明第 i 个评价对象在 k 年内的表现状况就越好，反之则代表越差。各地区每年度自我发展能力 C_i 值基于各三级系统 Topsis 改进的因子分析法计算得出。

综合自我发展能力指数由各地区考察期内每年度 C_i 值整理计算得出，参照已有文献，其计算公式为：

$$C_i=\sqrt[\frac{1}{3}]{C_{i,2015}+C_{i,2016}+C_{i,2017}}$$

3. 聚类分析法

该方法是根据“物以类聚”的原则将事物进行分类的多元统计分析法。先根据原始数据分析各项指标之间的关联性，从而将各项指标归类为各项大小类群。该方法的优点在于不需要先对数据进行分类，而是遵从客观数据本身将各项指标进行归类。

本文通过 Stata 15.0 以及 Matlab R2018B 软件对深度贫困地区的自我发展能力指数进行测度，运用 Arcgis 10.2 软件刻画“三区三州”深度贫困地区自我发展能力的时空演变趋势。

四 实证分析

在使用因子分析方法之前需要分析原始指标之间是否具有较强的相

关性，只有当原始指标之间具有明显和较强的相关性时才可以使用因子分析方法进行分析。因此，在运用因子分析方法构建“三区三州”深度贫困地区自我发展能力综合评价指标体系之前需要先对各项指标之间的相关性进行检验。我们采用 Bartlett 球形度检验方法和 KMO 检验方法，KMO 统计量用于比较变量间简单相关系数矩阵和偏相关系数的指标，一般 KMO 的值需要大于 0.5。Bartlett 球形度检验的原假设的相关系数矩阵为单位阵，拒绝原假设表示变量之间存在相关关系，一般 Sig 的 P 值要小于 0.05。因为原始指标之间单位不同，直接代入模型中测量会对结果造成影响，使得测算出来的结果有偏差，因此需要对数据进行标准化处理。运用 Stata 15.0 软件对 2015 年各项指标进行检验分析，发现 KMO 值的最小值大于 0.6 以及 Sig 的最大 P 值为 0.041，结果表明变量之间存在相关关系，适合做因子分析。

表 2　2015～2017 年各地区自我发展能力 C_i 值

地区	2015 年		2016 年		2017 年	
	C_i	排名	C_i	排名	C_i	排名
西藏区	0.550	4	0.544	3	0.744	1
南疆四地州	0.403	6	0.471	5	0.306	8
四川藏区	0.564	3	0.618	2	0.625	4
云南藏区	0.303	7	0.470	6	0.516	5
甘肃藏区	0.240	8	0.181	9	0.197	9
青海藏区	0.655	2	0.740	1	0.632	3
怒江州	0.194	9	0.414	8	0.372	7
临夏州	0.497	5	0.470	7	0.408	6
凉山州	0.670	1	0.499	4	0.645	2

注：C_i 是衡量特困区自我发展能力变动趋势指标，C_i 值越靠近 1，说明第 i 个深度贫困地区的自我发展能力在第 k 年发展状况趋好，反之则代表变差。

表 3　2015～2017 年各地区自我发展能力综合指数以及 C_i 值

地区	2015 年		2016 年		2017 年		C_i	排名
	指数值	排名	指数值	排名	指数值	排名		
青海藏区	2.04	2	1.71	3	1.313	2	0.676	1
西藏区	0.92	3	0.41	9	0.933	3	0.613	2

续表

地区	2015 年		2016 年		2017 年		C_i	排名
	指数值	排名	指数值	排名	指数值	排名		
凉山州	2.55	1	0.48	5	2.397	1	0.605	3
四川藏区	0.34	4	0.41	2	0.329	5	0.602	4
临夏州	0.30	5	0.30	4	0.476	4	0.458	5
云南藏区	-1.35	8	-0.81	6	0.219	6	0.430	6
南疆四地州	-1.17	6	0.28	1	-2.579	9	0.393	7
怒江州	-2.16	9	-0.84	8	-0.842	7	0.327	8
甘肃藏区	-1.27	7	-1.93	7	-2.246	8	0.206	9

注：指数值由因子分析法计算而得，C_i 值基于 Topsis 法计算而得。

从发展指数的 C_i 值的聚类分析来看，考察期内部分地区年度之间自我发展能力变动较大，其主要原因在于各地区每年度对地区发展投入的变量组合差距较大。例如凉山州 2016 年人口增加较多，但第二产业比重在不断下降；南疆四地州 C_i 值波动比较大，可能的原因在于南疆四地州为提高工业化水平，导致地区森林覆盖率降低，再者，因为人口自然增长率水平高，人口增多使得整体环境承载力降低，另外公共服务跟不上经济发展速度，使得公共服务能力相对于原有水平的支持能力下降。通过类平均聚类分析可以将“三区三州”九个地区分为三个种类：强发展能力地区、发展能力较强地区以及弱发展能力地区（见表 4）。

表 4　各地区自我发展能力 C_i 值聚类分析

单位：个

类别	地区	数量
弱发展能力地区	甘肃藏区	1
强发展能力地区	四川藏区、西藏区、青海藏区、凉山州	4
发展能力较强地区	云南藏区、怒江州、南疆四地州、临夏州	4

（一）弱发展能力地区

弱发展能力地区仅包含甘肃藏区一个地区，虽然甘肃藏区近年来加大了普惠金融的推广力度以及不断完善基础设施建设，通过优化经济结构，大力发展第三产业等，充分发挥政府服务市场的作用，但是产业结构的调整使得第一产业比重下降，贡献率下降；由于社会固定资产投资逐渐降低等因素，其自我发展能力各年度间跳动较大；2017 年，对比同时期其他地区的发展情况，其 C_i 值有下降的情况。受限于自然环境、人文历史条件以及资源禀赋，该类地区生产方式单一，手段落后，经济发展主要依靠资源密集型产业和政府投资来驱动，以外延式经济增长为主，[①] 自然环境、生产创新能力以及要素聚集能力制约着该地区的发展，整体上经济发展水平低下，社会自我发展条件恶劣。甘肃藏区内部旅游资源丰富，是今后发展的一个可行点。[②]

（二）强发展能力地区

该类区域涉及四个地区。其中自我发展能力最高的地区为青海藏区，综合能力值达到 0.676，青海藏区通过大力发展第二产业的方法来提高其发展能力，其中海西州第二产业的发展为其整体发展做出巨大贡献，使得整体发展能力指数较高。与此同时，农作物的播种面积也位列前茅，一二产业的同时发展促进了当地人民收入的提高，但是位于青海高原以及黄土高原过渡地带的青海藏区地形复杂、地貌多样、地势崎岖，基础设施修建难度大，金融要素之间流通性差，难以将经济聚集发展。例如青海藏区农业人均贷款余额不断走低，金融资本的缺乏导致地区主体陷入低投入—低产出—低投入的恶性循环，[③] 属于社会公共服务和要素聚集能力制约型地区。西藏区辖区面积大，为后续的规模发展做了铺垫。通过提高人民收入的方式，西藏区加快了当地资本循环速度，为企业生产销售提供了广大市场，但生产创新中产品的附加值较低，主要为初级加工产业，降低了利润空间，生产创新指数较低；区域内基础设施建设落后，精准脱贫的“硬骨头”未被精准识别，社会服务能力制约着其进

① 余吉玲：《甘肃藏区构建内生力反贫困模式》，《天水行政学院学报》2017 年第 4 期。

② 邓慧君：《甘肃藏区提升自我发展能力之我见》，《发展》2014 年第 7 期。

③ 王淑婕等：《区域发展视野下的青海藏区扶贫开发困境与解策》，《青海社会科学》2012 年第 3 期。

一步发展。[①] 凉山州在发展过程中受到环境因素的影响大，农业规模发展受到限制、生产效率低；自然灾害频发，直接影响到贫困地区的经济发展。在经济发展过程中，凉山州通过工业化来带动整个地区就业创造财富，区域内部发展较好的区县工业比重大，导致其贫困的因素既有现实性也有历史性。[②] 四川藏区在生产创新能力方面发展较好。一方面，其在深入推进城镇化的进程中，不断完善和发展土地流转机制，在农村地区通过流转的方式形成了农业规模化经营，加上气候资源较好，农产品附加值高，农业产出高，使得农民人均生产总值高。同时通过发展第二产业的方式吸引大量劳动力，不断提高二产比重，优化三产结构，使得总体人均产值高。但在发展过程中，由于辖区面积较大，相应的基础设施投资大，使得配套的建设难以跟上经济发展的步伐，经济集聚发展困难大，制约了地区间信息沟通以及商贸交易。

（三）发展能力较强地区

该类区域包含四个地区，其中自我发展能力最高的地区为临夏州，其数值达到0.458。临夏州虽然环境条件以及生产创新能力制约了其发展，但是社会公共服务能力以及要素聚集能力较强。临夏州在大力发展产业脱贫增加人均收入的同时，积极投身基础设施的建设。其公路总里程接近7000公里，较小的辖区面积使其公路密度高，资源流通渠道畅通；同时，较高的人口密度又为其产业的发展提供了大量的劳动力，在发展劳动密集型产业时占据优势。云南藏区与怒江州两者的相同条件是气候条件好、森林资源丰富，这使资源与环境承载力相对较高，但是怒江州生产创新能力和要素聚集能力较低，云南藏区的社会公共服务供给水平不足，这些在一定程度上制约了两地快速发展的空间（见表5）。

① 史本林：《习近平精准扶贫思想西藏践行之思考》，《西藏大学学报》（社会科学版）2018年第2期。

② 吉正芬：《全面脱贫背景下扶贫攻坚的战略选择——以凉山州为例》，《西南民族大学学报》（人文社科版）2017年第9期。

有学者发现产业结构的变动对两地经济发展影响显著,[①] 因此发展旅游业等服务业，促进两地的产业结构调整和转型升级，其经济发展潜力仍然较大。南疆四地州气候条件恶劣，降雨量小，虽然辖区面积广阔，但多为沙漠地区，因而限制了农业规模化发展。与此同时，脆弱的生态环境对该区域工业发展产生了阻滞效应，工业规模难以扩大，规模报酬无法提升；广袤的辖区面积也使得基础设施建设水平整体偏低，农产品向外输出速度较慢，外部经济的渗透作用也相对较小。多元文化并存的局面导致在该地区制定政策时需要综合考虑众多复杂因素，这加重了政策制定的难度。[②]

表 5　各地区各三级指标 C_i 值

地区	资源与环境承载力		生产创新能力		公共服务能力		要素聚集能力	
	C_i	排名	C_i	排名	C_i	排名	C_i	排名
西藏区	0.822	1	0.406	5	0.668	5	0.751	1
南疆四地州	0.146	7	0.299	7	0.848	2	0.484	5
四川藏区	0.787	3	0.745	3	0.166	7	0.378	6
云南藏区	0.565	5	0.668	4	0.132	8	0.486	4
甘肃藏区	0.104	8	0.330	6	0.130	9	0.233	8
青海藏区	0.811	2	0.864	1	0.847	3	0.358	7
怒江州	0.657	4	0.223	8	0.166	6	0.173	9
临夏州	0.090	9	0.218	9	0.858	1	0.666	3
凉山州	0.422	6	0.774	2	0.744	4	0.741	2

我们采用 Jenks 最佳自然断裂法将九个地区分为五种类别来分析“三区三州”贫困地区的时空演化。研究区域地理位置从东往西大致顺序为：临夏州、甘肃藏区、四川藏区、凉山州、青海藏区、云南藏区、怒江州、西藏区和南疆四地州。从表 6 可以看出，考察期内其综

① 张新蕾等：《农业生产效率影响因素研究——以云南省为例》，《云南农业大学学报》（社会科学版）2019 年第 6 期。

② 谢曾曾等：《新疆南疆四地州反贫困路径研究》，《安徽农业科学》2019 年第 19 期。

合自我发展能力指数整体呈现“中间—四周”逐渐降低的空间趋势，在研究区域中部地区的西藏区、青海藏区以及四川藏区、云南藏区和凉山州自我发展能力较强；青海藏区到怒江州自我发展能力总体呈现逐步降低的演变趋势；而处于四周的南疆四地州、甘肃藏区和怒江州自我发展能力显得相对较弱。各地区随着时间变化，发展能力指数也随之变化且年际差异较大，例如凉山州年际变化较大，考察期内类别变动频繁。2015 年，自我发展能力较弱的地区主要在南部的云南省内，邻近的西藏区与四川藏区自我发展能力较强；东部地区的甘肃藏区发展能力弱，区域之间的关联度低。2016 年，北部地区自我发展能力整体高于南部地区，呈现“北部—南部”逐渐下降的趋势。南疆四地州、西藏区、甘肃藏区自我发展能力保持稳定，北部的青海藏区保持着较强的水平，而东部的甘肃藏区发展能力仍然较弱。2017 年，强发展能力的地区向西南部转移，仅西藏区一个地区为最高类水平地区；与此同时，邻近西藏区的南疆四地州自我发展能力较弱，区域之间协同性较差；较强发展能力的区域集中在研究区域的中部位置，东部地区的甘肃藏区发展能力保持着弱水平。从总体来看，各地区自我发展能力呈现“西南—东北”逐渐下降的趋势，北部低于南部。从时空演变可以看出，区域之间仅中部地区有轻微的聚集形态，但关联性程度不高，例如发展能力较强的青海藏区并未能将邻近的甘肃藏区带动发展。

表 6　Jenks 最佳自然断裂法类别划分

等级	2015 年	2016 年	2017 年	综合
强发展	青海藏区、凉山州	青海藏区	西藏区	青海藏区
较强发展	西藏区、临夏州、四川藏区	西藏区、四川藏区	青海藏区、凉山州、四川藏区	西藏区、凉山州、四川藏区
一般发展	南疆四地州	南疆四地州、云南藏区、凉山州、临夏州	云南藏区、临夏州	临夏州、云南藏区、南疆四地州
发展较弱	云南藏区	怒江州	南疆四地州、怒江州	怒江州
弱发展	甘肃藏区、怒江州	甘肃藏区	甘肃藏区	甘肃藏区

五 结论与政策建议

（一）结论

对于深度贫困地区自我发展能力的测度，需要构建合理的指标体系。文章基于“三区三州”九个地区，采用 Topsis 改进的因子分析法将各项指标分为四个三级指标系统，测算出 2015～2017 年各地区自我发展能力指数，并从时空演化角度进行分析，得出以下结论。

1. 根据自我发展能力指数大小的类平均聚类分析，可以将“三区三州”分为三类

第一类，弱发展能力地区（甘肃藏区）。弱发展能力地区受制于地理属性和人文条件，发展阻碍性与发展成本高，各项能力指数值都比较低，需要全方位提升其自我发展能力。第二类，强发展能力地区（四川藏区、西藏区、青海藏区、凉山州）。这类地区生产创新能力、公共服务能力以及资源与环境承载力比较协调，可以将有限的资源要素进行优化组合，自我发展能力较强，具备较强的发展潜力。第三类，发展能力较强地区（云南藏区、怒江州、南疆四地州、临夏州）。南疆四地州和临夏州社会服务能力水平较高，带动着整个区域发展。但由于生态脆弱，地区经济发展基础薄弱，经济发展难以形成高速发展的态势。云南藏区和怒江州自然环境条件好，但区域内部现代化程度较低，限制了该地区综合能力的发展。此类地区未来应注重内部各能力的协调发展。

2. 从时空演化角度分析，大部分地区在考察的三年期内综合分发生较大波动，地区之间变化差异大且连片区域协同性较差

其中云南藏区以及怒江州近年来加大财政支出用于经济发展，完善相关的配套设施，综合分增加最大；南疆四地州经济发展增速缓慢，近年由于产业结构调整，缩减了农业的种植规模，但基础设施建设又未跟上，整体经济发展速度受到较大影响，因此综合分下降较大。自我发展能力指数的时空演变上，2016 年整体呈现“北部—南部”逐渐下降的趋势，到 2017 年演化为由“西南—东北”逐渐下降的趋势。各地区自我发展能力指数变化较大，西藏区、青海藏区以及四川藏区发展比较稳定，而凉山州年际变化大，甘肃藏区年与年之间保持较弱水平。三年的综合指数整合测算发现，西南部边境地区自我发展能力指数低，总体呈现“西南—东北”逐渐下降的趋势。

3. 从内部各系统发展指数分析，各个地区内部系统发展差距较大，显示出地区内部各要素投入比例不合理导致各项能力发展不协调

临夏州公共服务能力和要素聚集能力高，但是资源与环境承载力和生产创新能力不协调，限制了该地区全方位的发展；甘肃藏区各项指标较低，存在较大的发展空间；青海藏区受制于内部协调性较差，其经济集聚发展难度大。各地区随着时间变化，由于内部各项投入要素组合不断变化，各系统内部差异性也较为明显。

（二）政策建议

在各区域特性差异大的背景下，要取得全面脱贫攻坚战的胜利就必须立足于实际，从制约“三区三州”深度贫困地区实现乡村振兴、全面脱贫的各项短板、“痛点”着手，构建科学的脱贫攻坚体制机制以及稳步脱贫的长效工程，将脱贫攻坚各项战略指导思想与原则紧密结合到扶贫和脱贫的实践中。因此，根据前文分析，对“三区三州”提高自我发展能力、打赢脱贫攻坚战提出以下建议。

1. 根据各系统内部的制约因素，因地制宜提高发展能力

对于环境制约型地区，绿色发展是转变发展方式和转换发展动能的必然选择，也是实现该区域脱贫攻坚的有效路径。依循建设美丽中国的内在要求，坚守“绿水青山就是金山银山”的发展理念，因地制宜地创新生态扶贫路径，加快完善相关法律法规体系，强化政府对生态领地的保护责任，提升保护生态红线的治理能力，积极探索山水林田湖草全要素保护与生态扶贫双赢的扶贫模式，倒逼地区产业结构不断优化和转型升级，破解自然资源日益枯竭和“资源诅咒”所带来的困境。对于社会服务能力制约型地区，地方政府应不断加大财政支持农业科技创新服务体系建设，通过扶贫机制创新来释放改革红利，为全面脱贫攻坚工程提供强有力的制度支持、人才支撑以及组织保障。

通过加大“三区三州”深度贫困地区基本公共服务体系均等化建设，建立多元化的公共服务供给机制，增强基层政府的社会服务供给能力。对于生产创新能力制约型地区，应将地区产业发展作为主要支撑，充分利用当地的各项优势生产要素，培育和发展地区特色产业。在坚守生态发展理念基础上，大力发展一批具有劳动力吸纳能力强、市场竞争力大以及品牌价值高的主导产业，提高贫困地区“自我造血”的能力。对于要素聚集制约型地区，通过易地搬迁扶贫方式，发展“外向型扶贫模式”。坚持群众自愿、积极稳妥、就近就地的扶贫搬迁指导思想，构建科学的易地搬迁计划，着力解决“怎么搬、搬哪儿、群众融入”等各项困境，有效推进搬迁各项工作有效有序进行，实现搬迁地区规模效应的集聚。

2. 精准建立“三区三州”教育台账，多渠道加大“三区三州”教育扶贫投入

人力资源的数量和质量在提高自我发展能力中所扮演的角色越来越重要，打赢脱贫攻坚战最终也要落实到贫困群体身上。治贫先治愚，扶贫先扶智，要进一步聚焦“三区三州”深度贫困地区的教育扶贫，精准建立“三区三州”的建档立卡贫困教育人口底数台账、教育扶贫基本情况台账和教育扶贫工作推进台账，稳步提升“三区三州”教育基本公共服务水平。要保障义务教育，发展学前教育，普及高中阶段教育，加快发展职业教育，加强乡村教师队伍建设，实施好“三区三州”现有免费教育政策，确保建档立卡贫困学生资助全覆盖，加大少数民族优秀人才培养力度。在教育扶贫投入上，“三区三州”所在省级政府要加强经费统筹，切实把教育扶贫作为财政支出重点予以优先保障并进行经费倾斜，联合国家开发银行等政策性金融机构，引入政策性信贷资金，在“三区三州”先行先试，精准对接教育扶贫多元化融资需求。通过瞄准与识别贫困人口代际传递的链条，实施教育均衡发展战略，推动地区整体人力资本存量的全面提升，促进“三区三州”自我发展能力提升和教育内源式发展。

3. 激发深度贫困地区群体自我发展动力

脱贫工作不只是在物质上面的脱贫，还有贫困群体在精神层面和社会关系等方面的脱贫。[①] 在扶贫过程中应通过加强自我奋斗的文化宣传，帮助贫困地区群众形成勤劳致富观念，通过树立典型脱贫形象、发挥先锋模范带头作用，改造贫困人口“等、靠、要”的依赖思想，努力营造良好的脱贫文化和社会风气。依托制度优势，发挥环境改善、模范典型、社区互助、产业带动、技能开发对“扶志扶智”的传导作用，引导贫困群体树立“我要脱贫”“积极脱贫”的思想观念，主动将“努力脱贫”作为内生发展动力，积极提高社会适应能力。

4. 推进基础公共服务均等化，改善农业生产经营环境，实施市场重构战略，打破三次产业间要素资源自由流动和产业融合的各项壁垒

通过帮扶修建人畜饮水工程、援助医疗设备、硬化农村道路、修建文化广场等方式，不断完善“三区三州”深度贫困地区的基础设施建设和公共服务均等化，补齐“三农”发展的各项短板。构建现代化的市场发展体系来激发“三农”内生发展动力，深度贫困地区跨越经济性贫困陷阱的关键在于实现贫困主体内部各资源要素有效转化并为地区产业扶贫提供良好的市场发展条件。因此，各地政府可以加强宏观调控力度，以强有力的政策手段重构地区内部自然、社会和市场的交换系统，激发区域内各要素交换活力。首先，通过制定共有性生产服务政策来直接作用于资源配置以激发市场运作；其次，加强市场机制宣传，通过培育和引入现代化市场主体以及植入适宜性产业来带动更多贫困主体更加主动地参与市场竞争，实现区域内各项生计资本有效转化；最后，通过进一步强化对外开放力度，对接外部市场，借助特有的资源禀赋来开拓外部消费市场，促进本地产业发展。

5. 积极培育以家庭为基础的新型农业经营主体

通过发挥农业补贴政策对龙头企业、职业农民等主体的指导作用，引导民间资本进入农业生产中的各项环节，拉动新生代农民工回归农业，带动知识青年下乡创业。采取因地制宜、分类施策的方针培育和创新多渠道的农业生产经营合作模式，采用“O2O”方式稳步推进农业技术远程指导和技术人员下乡相结合，帮助小农户与现代农业有机衔接，实施

① 田先红：《总体性扶贫模式的优势、局限及其破解路径》，《人民论坛》2020 年第 2 期。

家庭农场培育工程、农业合作社示范工程以及农村人力资源培育等工程，提高新型农业经营主体素质。

6. 立足乡村基层治理，提升公共服务能力

借鉴城市社区网格化管理经验，将行政管理角度下的农村社区实体转化为由基层组织统筹治理的乡村社区“网格”单元，通过网格化方式来破解乡村基层治理难题。针对“网格”制度实践过程中易出现的“格网不畅”“网格乏力”等问题，可以从礼俗互动的角度着手，架构“网格”、新乡贤与德智协同发展体系。从“三区三州”乡土文化中礼俗互动的文化逻辑和运作机制汲取营养，将新乡贤嵌入“网格”的各“节点”之中，利用“网格”的连带效应构建有机的基层治理体系，从而实现乡村治理朝着扁平化方向发展。同时，引入国内发达地区的外部力量对口“三区三州”来提升扶贫治理能力，通过产业帮扶、教育合作、人才输入、资金支持、劳务转移等方式进行业务模式创新，不断拓展相互合作途径，探索高效协作新方式，拓宽互助合作新领域，完善现有的帮扶制度，努力实现双方共同发展、互利共赢。

基于多维贫困测度的贫困识别及扶贫策略研究*

——以内蒙古自治区兴安盟科右中旗为例

张文娟　马凯悦　金 良**

摘　要：贫困问题一直是引起社会和国家重视的问题，扶贫对于政府来说是非常重要的。多数研究以收入水平作为衡量贫困的主要标准，并通过发展经济来实现减贫。但贫困的表现有阶段性的特点，在扶贫早期提高收入水平可能会让区域贫困状况有所改善，但真正解决个体贫困不仅要考虑收入，也需要综合多种因素分析，用以解决贫困问题。本文以科右中旗为例探究该地区致贫原因，通过实地调查的方式收集数据，了解地区概况，从单维到多维开展牧民贫困研究。本文利用多维贫困指数进行分析研究，选择教育、生活状况、健康、收入水平四个维度 15 个指标建立研究框架，使用 A－F法对数据进行计算，识别多维贫困家庭，对贫困原因进行分析概括，并提出政策性建议。

关键词：精准扶贫　多维贫困　扶贫策略

---

* 文章刊发于《干旱区资源与环境》2019 年第 12 期，是国家社科基金年度项目（18BMZ142）的阶段性成果。该文章收录本书时，内容和文献标注方式略有调整。

** 张文娟，内蒙古财经大学；马凯悦，东北农业大学；金良，内蒙古财经大学。

贫困问题是世界各国发展中不容忽视的问题，而对于发展中国家来说，如何实现脱贫，真正做到精准扶贫，更是国家发展的重中之重。党中央自十八大以来，就提出了“精准扶贫”工作总要求，并在党的十九大上明确指出“确保到2020年我国现行标准下农村贫困人口实现脱贫，贫困县全部摘帽，解决区域性整体贫困，做到脱真贫，真脱贫”的明确目标。党和国家对脱贫任务的重视要求各级政府和组织更加做到“真脱贫”“扶真贫”。[①] 对于贫困的问题，在一开始只注重收入贫困的研究，把收入贫困视为衡量贫困的标准，后来随着社会的进步，贫困的研究也演变为多个方面，如教育贫困、健康贫困等。通过多维贫困的研究，发现在一些收入水平不算贫困的地区，也可能出现贫困的现象。[②]

多维贫困的研究近些年一直是专家学者研究的热点，多维贫困的贫困识别能够更加清楚地展现地区的贫困，对于多维贫困的研究逐渐增多但仍然处于学习探索阶段。从不同地域看，不同人群建立的多维贫困理论体系是有一定差异的，需要从多个角度着手才能更好地丰富多维贫困理论体系，以便于更好地应用在精准扶贫战略措施中。[③] 本文从精准扶贫的角度出发，探析内蒙古科右中旗贫困原因及解决方案。内蒙古的科右中旗是典型的牧区，牧民的生活方式及生活习惯与农区及城市不同，可以作为牧区研究的典型，以多维贫困识别、精准扶贫着手研究，也为改善牧区牧民的生活提供明确方向。

一 材料与研究方法

（一）研究区概况

科右中旗位于内蒙古自治区东部，处于松嫩平原、松辽平原和大兴

① 黄承伟、覃志敏：《我国农村贫困治理体系演进与精准扶贫》，《开发研究》2015年第2期。

② 陈辉、张全红：《基于多维贫困测度的贫困精准识别及精准扶贫对策——以粤北山区为例》，《广东财经大学学报》2016年第3期。

③ 蒋南平、郑万军：《中国农村人口贫困变动研究——基于多维脱贫指数测度》，《经济理论与经济管理》2019年第2期；吴雄周、丁建军：《精准扶贫：单维瞄准向多维瞄准的嬗变》，《湖南社会科学》2015年第6期。

安岭向科尔沁沙地的过渡地带，有着得天独厚的地理位置，在这样优越的环境下形成了特有的自然景观和丰富的生物资源。① 科右中旗的地貌类型相对比较复杂，北部为浅山丘陵区，中部为霍林河沿岸平原区，南部为沙丘沼泽地带。科右中旗全旗耕地面积占土地总面积的6.0%，农村牧区人均占有耕地8亩左右，可利用草场面积占土地总面积的55.5%，森林覆盖率13.7%。

科右中旗的传统产业是农牧业，这也是农牧区主导产业。为贯彻习近平总书记关于经济发展和环境保护的指导方略，科右中旗实施“农业稳旗”战略，对农牧区经济结构进行了调整。一是实施退耕还林还草的政策，改变传统经营模式，由牧业转向种植业，但由于干旱、病虫害等自然因素，种植区所种植物种比较单一，市场不够完备，农作物价格持续走低，值得政府关注。二是抓住已成为畜牧业旗的机遇，科右中旗作为典型的牧区，早期游牧较多，以养殖大牲畜为主，长期以来随着牛羊等数量增多，草场破坏严重，土地沙漠化加剧。为改善环境，政府主张大力发展生态型畜牧业，这进一步巩固和加强了畜牧业主导产业的地位。②

（二）数据来源

本文主要采用入户问卷调查法，选取科右中旗几个行政村进行入户访谈及实地调查。由于研究区属于牧区，面积比较大，人口相对稀疏，住户之间相隔距离较大，根据当地实际情况及人口密集程度，发放整理后有效问卷300份，问卷主要涉及牧民的家庭收入、生活条件、健康情况、教育水平、政策作用以及对各个方面的满意程度。

本文采用牛津大学贫困与人类研究发展构造的MPI指数及前人研究的理论方法，根据数据的可得性和当地的实际情况，最终确认四个维度15个指标用于贫困测度分析。

---

① 乌日汗：《内蒙古科右中旗精准扶贫效应研究》，内蒙古师范大学硕士学位论文，2018。

② 赵文奇：《科右中旗扶贫开发机制优化研究》，内蒙古师范大学硕士学位论文，2016；胡庆森：《科右中旗精准扶贫问题研究》，内蒙古财经大学硕士学位论文，2017。

（三）研究方法

1. 研究模型及指标

本文采用多维贫困识别方法从多个角度和条件分析贫困原因，以期更加准确地识别和追踪贫困户。① 根据选取国际指标的五个原则，从主要反映人的行为的几个方面选取教育、生活状况、健康、收入水平四个维度共 15 个指标，根据实际情况设定相应的阈值，即剥夺临界值，达到每个阈值则取“1”即该指标被剥夺，否则取“0”视为该指标没有被剥夺（见表 1）。②

表 1 研究模型及指标赋值

维度	指标名称	变量描述与赋值
教育	受教育程度	文盲或小学及以下赋值 1，初中及以上赋值 0
	学历	家中成员没有在读或毕业的大专或以上学历的人员赋值 1，有则赋值 0
	受教育年限	平均受教育年限在 6 年以下赋值 1，6 年及以上赋值 0
生活状况	做饭燃料	家中做饭燃料为木柴、动物粪便赋值 1，燃料为煤炭、电、天然气、沼气或液化气赋值 0
	住房建筑材料	住房建筑材料为土坯房、蒙古包等不稳定材料的赋值 1，建筑材料为钢筋混凝土、砖木等稳定材料的赋值 0
	饮用水源	家庭饮用水源为开口水井或附近河湖、冰雪水等赋值 1，水厂自来水或地下水赋值 0
	厕所类型	没有厕所或者没有冲水厕所的均赋值 1，有室内或室外冲水厕所的赋值 0
健康	身体状况	有人需要常年吃药赋值 1，全部健康赋值 0
	重大疾病史	有重大疾病史赋值 1，没有重大疾病史赋值 0
	慢性病	有慢性病赋值 1，没有慢性病赋值 0
	疾病花销	在疾病上花销非常多或比较多，且合作医疗只能报销一小部分的赋值 1，花销较小且合作医疗能报销大部分的赋值 0
	养老保险	家中成员没有参与养老保险的赋值 1，参与养老保险的赋值 0
	合作医疗	家中成员没有参与合作医疗的赋值 1，参与合作医疗的赋值 0

① 张庆红、阿迪力·努尔：《新疆南疆三地州农村多维贫困程度及特征分析》，《干旱区资源与环境》2015 年第 11 期。

② 张梦：《云南省农村居民的多维贫困动态测度研究》，云南财经大学硕士学位论文，2017。

续表

维度	指标名称	变量描述与赋值
收入水平	人均纯收入	人均纯收入低于2736元/年赋值1，高于2736元/年赋值0
	政策性补贴	获得农业补贴、低保补贴、移民补贴、牧业补贴赋值1，没有任何补贴赋值0

注：收入水平测度依据2013年国务院颁布的有关法律规定，农牧民人均纯收入在2736元/年的可以建档立卡扶贫。

2. 确定权重

根据*MPI*有关人类贫困指数的研究思路，本文赋予教育、生活状况、健康和收入水平四个维度完全相同的权重，四个维度各自的权重都为1/4（0.25）[①]；根据这个思路来确定下文每个维度内各指标的权重，教育维度内有3个指标，确定其每一个指标的权重各为1/12；生活状况维度内有4个指标，确定每个指标的权重各为1/16；健康维度内有6个指标，确定每一个指标的权重各为1/24；收入水平维度内有2个指标，确定每一个指标的权重各为1/8。当一个家庭的多维贫困指数的剥夺分值大于1/4（0.25）时，即确定该家庭的贫困被剥夺，则为多维贫困家庭。

3. 计算多维贫困指数

多维贫困指数（*MPI*）需要通过两个指标来计算：一个是多维贫困人口发生率（*H*），它等于多维贫困家庭人口占总人口的比例；另一个是多维贫困强度指数（*A*），是多维贫困家庭人口剥夺分值之和除以多维贫困家庭人口总数；两者的乘积即为多维贫困指数。公式如下：

$$H = \frac{q}{n} \tag{1}$$

$$A = \frac{\sum_{i}^{q} c_i(K)}{q} \tag{2}$$

$$MPI = H \times A \tag{3}$$

q为多维贫困家庭的人口数量，n为研究对象总人口，$c_i(K)$指样本家庭i在至少K个维度处于贫困时的贫困维度总和。

① 田伟：《连片特困区乡村多维贫困及综合治理研究》，吉首大学硕士学位论文，2014。

二 结果与分析

（一）单维贫困状况分析

单维度贫困指标发生率具体如表2所示。

表2 单维贫困指标发生率

单位：%

指标名称	受教育程度	学历	受教育年限	做饭燃料	住房建筑材料
发生率	16.0	40.0	28.0	60.0	6.0
指标名称	饮用水源	厕所类型	身体状况	重大疾病史	慢性病
发生率	10.0	68.0	50.0	40.0	70.0
指标名称	疾病花销	养老保险	合作医疗	人均纯收入	政策性补贴
发生率	46.0	10.0	12.0	32.0	12.0

其中比较突出的是仍然有60%的家庭使用木柴、动物粪便等燃料作为家庭主要能源；68%的家庭仍然没有普及冲水厕所；50%的家庭即一半的家庭常年需要服药；40%的家庭有重大疾病史；70%的家庭患有慢性病；46%的家庭在疾病方面有一定的花销。可以得出教育维度有两个指标被剥夺，生活状况维度有两个指标被剥夺，健康维度有四个指标被剥夺，收入水平维度有一个指标被剥夺。

（二）不同剥夺临界值下的多维贫困指数

单维贫困的测算简单地分析了引起贫困的一些因素，但是单纯地分析单维贫困不能揭示家庭贫困的本质，难以为精准扶贫做理论支撑，想要做到真正的精准扶贫需要更加深入具体地分析每个指标以及综合作用。[①] 本文在进行多维贫困分析中用到的是A－F法，A－F法给每一个

① 王耀斌、陆路正、魏宝祥等：《多维贫困视角下民族地区乡村旅游精准扶贫效应评价研究——以扎尕那村为例》，《干旱区资源与环境》2018年第12期。

贫困维度划分一个贫困线，用推算贫困发生率的方法测算每个人在不同维度的贫困与否。该方法对贫困权重的选择并不敏感，非常适合本文的研究。在后文的计算分析中，不同剥夺临界值的选择也会得到不同的 *MPI* 值，*MPI* 值能够反映多维贫困发生的广度、强度以及被剥夺量。本文选取当剥夺临界值 $K=1\sim8$ 时，测算样本牧民的贫困发生率（H）、贫困强度指数（A）以及 *MPI* 值。在对科右中旗进行单维贫困测算的基础上，利用 A－F 多维贫困测度方法的相关公式，进一步测算出多维贫困指数 *MPI*。根据 2011 年发布的《人类发展报告》可知，多维贫困主要分为两类，一个是当一个家庭的多维贫困剥夺水平大于 30% 时，确定为多维贫困家庭；另一个是当一个家庭的多维贫困剥夺水平大于 50% 时，确定为重度贫困。由于本文选取了 15 个指标的贫困状况，由此设定，若牧民存在任意 5 个指标被剥夺，即文中 $K=5$，可认定为多维贫困家庭，若存在任意 8 个指标被剥夺，即 $K=8$，可认为是重度贫困家庭。①

表 3　不同临界值下的多维贫困

临界值 *K*	1	2	3	4	5	6	7	8
贫困发生率（%）	98	92	80	66	56	44	28	16
贫困强度指数	0.316	0.336	0.360	0.397	0.425	0.436	0.504	0.559
MPI	0.310	0.309	0.288	0.262	0.238	0.192	0.141	0.089

结合图表测算结果得出规律，随着剥夺维度 K 的增加，贫困发生率（H）及多维贫困指数（*MPI*）在不断减小，贫困强度指数不断增大。在本文所选取的 15 个指标当中，考虑任何一个指标的贫困时，样本牧民贫困发生率达到 98%，贫困强度指数为 0.316，多维贫困指数为 0.31；当选取任意 5 个指标时，样本贫困发生率为 56%，贫困强度指数为 0.425，多维贫困指数为 0.238；当随机任意选取 8 个指标时，样本牧民贫困发生率为 16%，贫困强度指数为 0.559，多维贫困指数为 0.089。由以上的分

① 沈扬扬、Sabina Alkire、詹鹏：《中国多维贫困的测度与分解》，《南开经济研究》2018 年第 5 期。

析可以得出，科右中旗主要是5个维度上存在多维贫困，重度多维贫困并不严重。

（三）各维度贫困贡献率

为分析各个维度的贫困贡献率，本文取 $K=5$ 计算各个维度及指标的贡献率，具体见表4。

表4　各维度多维贫困贡献率

单位：%

维度	指标	$K=5$	维度	指标	$K=5$
教育	受教育程度	4.1	健康	身体状况	12.4
	学历	6.7		重大疾病史	9.3
	受教育年限	6.2		慢性病	12.9
	合计	17.0		疾病花销	11.3
生活状况	做饭燃料	9.7		养老保险	2.1
	住房建筑材料	1.5		合作医疗	2.1
	饮用水源	2.6		合计	50.1
	厕所类型	9.8	收入水平	人均纯收入	6.7
	合计	23.6		政策性补贴	2.6
				合计	9.3

通过对各个维度的分解计算，我们得到关于各个维度的贫困贡献率，通过表格的形式可以更加直接清楚地显示哪些是造成贫困的主要方面，经过一系列的分析，得到关于科右中旗多维贫困的特征如下。

1. 教育维度

教育维度占比不高，户主的受教育程度也普遍高于小学文化水平，对教育的重视程度比较高，愿意并有能力培养高学历的人才，家中18岁以上的成年人平均受教育年限都可以达到小学以上。教育贫困是最容易造成生活贫困的因素之一，可以直接导致很多家庭的人力资源短缺，在这个方面研究区被剥夺指数较低，说明该区牧民在教育的重视程度上还是比较高的。

2. 生活状况维度

生活状况维度贡献率为23.6%，不算突出，但其中的做饭燃料和厕所类型两个指标比较突出，多数家庭仍然使用木柴等燃料，不仅污染空气，做饭效率还比较低。冲水厕所并未普及，大多数家庭仍然无冲水厕所或没有厕所。做饭燃料及卫生设施有很大的改进空间，需要政府及有关部门加以改进和开展宣传教育。

3. 健康维度

健康维度总的来说占比较大的比重，村庄老龄化严重是全国趋势，老年病、慢性病几乎每家都会有，人口老龄化严重，大量年轻人、青年劳动力选择到外地打工，避免不了常年治病的开销，虽说大部分人都加入了养老保险和合作医疗，但是养老保险的报销金额远远低于患者医疗支出的金额，加上当地医疗设施并不健全，看病难、看病贵成了一个不可避免的问题。

4. 收入水平维度

收入水平维度的贡献率仅 9.3%，在几个维度中并不突出，对于基本生活都可以满足，在国家的标准线上，国家统计局发布的《2018 年居民收入和消费支出情况》显示，居民人均可支配收入为 28228 元/年，牧区生活质量和收入水平还有很大的提升空间，虽然在收入水平上该区域被认为已经脱贫，但牧民的生活质量及贫困状态不能仅用收入指标去衡量，在其他维度上仍存在贫困现象。

三 讨论

通过问卷调查及对当地访谈得知，该区域对贫困户的界定是将农牧民人均纯收入在 2736 元/年以下作为建档立卡的标准。但随着我国精准扶贫方略的实施，仅靠收入识别贫困显然难以满足“精准识别”的要求。本研究利用多维贫困测度的方法，将基于家庭福利指标如教育、健康、生活状况等，纳入衡量贫困的维度，能够更加全面、准确地反映贫困家庭的真实状况。

根据 A - F 法计算结果可知，科右中旗农牧民并不存在收入维度上的贫困，但是其健康维度及生活状况维度剥夺现象明显，因此，该区域的贫困问题主要表现在社会福利水平缺失、人口老龄化严重、生活质量及生活舒适度差，结合实地调查结果，也可以反映出这些特点。在对牧民的问卷调查中，发现该区域人口虽然基本能满足温饱需求，但是大多数人生活质量较差，生计策略单一，生计模式受气候和环境影响较大，75%的人口年龄在50岁以上，主要劳动力缺失也是该区域的主要特点，家用能源热量低，污染严重。

根据党中央在党的十九大报告中提出的乡村振兴战略。为实现乡村振兴，政府及有关部门对建设新农村、改善环境投入了很大的精力，本文研究区属于牧区，具有其特殊性，具体体现在以下方面。①地广人稀，在进行实地调查方面，牧户居住地间距离较远，收集数据时很难保证筹集到能概括研究区概况的数据，在扶贫策略推进时同样会面临这类问题，不能按照经验简单布设公共设施。②牧民生活习性不同，游牧民族的历史造就了牧民不同的生活习惯，例如对公共厕所的选择等。③地区性干旱，近些年草场破坏严重，退耕还林政策的实施使牧民面临转型的问题。④虽然大多数家庭收入超过了国家所设的贫困线，但由于人口老龄化严重，这些收入并不能满足大多数家庭的生活开支。[①]

本文认为，政府等相关职能单位针对该区域的扶贫策略应进行相应调整。

首先，要考虑如何开展对该地区分层次分区域的扶贫。比如，针对老龄化的问题，如何提高当地的医疗水平及社会保障水平；针对劳动力缺失问题，如何通过发展特色产业来吸引相关企业及外来人口；针对环境、卫生等问题，如何通过政府扶持、宣传教育、引入清洁能源等来缓解该问题等。诸如此类问题是科右中旗相关职能部门急需考虑并尽快解决的首要问题。

其次，当地政府在扶贫过程中要对标乡村振兴的发展目标，探讨如何实现该地区的产业兴旺、生态宜居、乡村文明、治理有效、生活富裕的总体要求，在扶贫过程中为该目标的实现打下基础。[②]

① 佟晓荣：《科右中旗农村贫困问题研究》，内蒙古师范大学硕士学位论文，2012。

② 霍燕：《科尔沁右翼中旗蒙古族贫困的深层次原因探析》，《北方经济》2011年第9期；霍燕：《科尔沁右翼中旗蒙古族贫困问题调查研究》，内蒙古师范大学硕士学位论文，2011。

四 结论

本文通过对内蒙古兴安盟科右中旗 300 户牧民的问卷调查，运用 A－F 多维贫困分析方法进行贫困测度。研究结果表明，教育、生活状况、健康、收入水平四个维度的贫困贡献率分别是 17%、23.6%、50.1%、9.3%；因此该地区的主要贫困因素是因病致贫，但其生活状况及教育两个维度的指标也不能忽视。健康、生活状况等因素作为牧民生活的外部条件时刻反作用于牧民的生活，外部环境的改善有益于内部环境提升，牧区的社会面貌、医疗水平、教育水平以及公共卫生条件等都与牧民的生活息息相关，长久落后的外部环境一定会导致整体贫困，牧民本身的贫困也无疑会引起外部环境的落后。村内人口老龄化严重，人口患慢性病、老年病比例较高，家庭在医疗支出方面压力比较大，虽说大多数可以通过合作医疗报销，但总的来说医疗开支仍然在家庭总支出中占很大的比重，劳动力缺乏，收入来源单一，也是制约其发展的主要因素。

精准扶贫、精准脱贫是步入新时代最首要的任务，也是各个国家相当重视的问题之一。[①] 联合国可持续发展峰会于 2015 年 9 月通过的《2030 年可持续发展议程》，将“消除一切形式的贫困”列为 17 项“可持续发展目标”（SDG）的第一位，在现行标准下消除贫困也是我国全面建成小康社会的底线，[②] 本文在多维视角下考察贫困问题，并从研究数据及结果中得到以下政策性启示。

第一，牧区地广人稀，共性中蕴含个性，贫困原因也不同，要做到精准扶贫，就要首先把握“精准”二字，根据贫困状况做到每家每户给予不同程度、不同方面的帮助，对贫困户进行合理的识别和追踪，了解牧民生活水平和生活质量，记录不同家庭的贫困原因及具体需要的帮助

① 唐丽霞、罗江月、李小云：《精准扶贫机制实施的政策和实践困境》，《贵州社会科学》2015 年第 5 期。

② 刘慧、叶尔肯、吾扎提：《中国西部地区生态扶贫策略研究》，《中国人口 · 资源与环境》2013 年第 10 期。

类型。政府及村委会定期进行访谈，真正将扶贫政策落实到每个人，对于一些特别贫困的家庭给予特殊照顾，不仅要在整体上把握扶贫方针，还要根据地区的特殊性做出合理安排，科右中旗属于牧区，草场面积比较大，禁牧对于世代游牧的家庭可能会引起文化冲突，这就需要政府多提供技术方面的指导和市场的指引，帮助牧民家庭步入新的生活轨道。

第二，根据党的十九大报告中提出的乡村振兴战略，贫困不只在于收入贫困，减少贫困也要改善环境并提高生活质量。① 根据前文的调查，研究区做饭燃料仍然以木柴、动物粪便等不清洁能源为主，在燃烧过程中会产生大量的烟雾和扬尘，对人们的呼吸道有一定的损害，在此方面政府应提倡使用清洁能源，将清洁能源引入各家各户，为使用清洁能源的家庭提供一定的政策补贴。在生活中多数家庭仍没有厕所或没有冲水厕所，这与牧民的生活习惯有一定的关系，每个村子都建有公共厕所，但由于地广人稀，公共厕所很少有人使用，应根据距离和地形多布设公共卫生间，没有冲水厕所会对环境造成损害，也不卫生，夏天很容易引起疾病，为减少此类情况的发生，政府首先要加强宣传，让牧民改变长久以来的观念，让科右中旗不仅满足村子人们的生活，更要建设成为一个生态宜居型地区。

第三，"扶贫先扶智"，提高教育水平也是重中之重。② 牧民的文化水平不高，严重限制了他们的务工渠道，只能做一些体力劳动，技术不够先进，作物产量常年走低，对国家的政策难以理解，配合度不高，容易产生依赖心理。应定期开展学习班，让牧民真正了解国家政策，从政策中找到自己所欠缺所需要的部分，了解到自己可以从中获益的部分；开展技能培训班，将先进的农作物种植技术传授给牧民，提高农作物产量；加强儿童教育，开展多项助学计划，让儿童能上学，上得起学。

第四，便民医疗，招商引资。政府提供医疗方面的政策，提高村中卫生所的医疗水平，尽量做到更快更好地解决医疗问题，对于流行性疾病，能够及时给出应对措施，保持合理的医疗储备，由于村内的老年人

① 刘牧：《当代中国农村扶贫开发战略研究》，吉林大学博士学位论文，2016。

② 叶普万：《贫困经济学研究》，西北大学博士学位论文，2003。

比较多，卫生所要设置医疗小组帮助关爱空巢老人，定期到家服务，为他们测量血压，降低老年病风险。减少年轻劳动力的生活负担，提高工资水平，提高村内年轻人口比例，引进企业，增加务工渠道，吸引大量年轻人回到村子里，改善村内就业环境。营造良好的生态环境，提供更便捷的生活条件和更高的收入，加大技术支持，增加农作物种类，提高农作物价格。[①]

① 莫光辉：《绿色减贫：脱贫攻坚战的生态扶贫价值取向与实现路径——精准扶贫绩效提升机制系列研究之二》，《现代经济探讨》2016 年第 11 期。

精准扶贫首倡地十八洞村从全面脱贫走向乡村振兴的成功实践*

张宏森**

湖南省委宣传部张宏森主持的国家社科基金项目阶段性成果认为，作为习近平总书记精准扶贫方略的首倡之地和指挥战贫的24个贫困村之一，湘西十八洞村精准脱贫的实践，是从脱贫攻坚走向乡村振兴的一个生动缩影，为深度贫困山区摆脱贫困、实现小康提供了经典案例，为"纪录小康工程"贡献了鲜活素材，也为新时代推进乡村振兴战略、坚定不移走共同富裕道路提供了深刻启示。

一　以精准攻坚的创新模式答好脱贫之卷

十八洞村是武陵山连片特困地区腹地的深度贫困村，有4个苗寨225户939人，2013年全村人均收入1668元，2017年脱贫摘帽，2019年人均收入增至14468元，村集体经济收入126万元。十八洞村紧扣"六个精准"抓扶贫，探索形成了具有时代性、创新性、实效性的脱贫新模式。

1. 因人制宜，精准识别对象，摸清"家底子"

制定贫困户识别工作办法，提出对不务正业及懒惰成性、不履行赡

* 文章刊发于《国家社科基金成果要报》。该文章收录本书时，内容和文献标注方式略有调整。

** 张宏森，湖南省委宣传部。

养义务的家庭等“九不评”，实施推荐、投票、公示、审核、建档等“七步工作法”，识别出贫困户 136 户 533 人，实现“贫困户一个不漏，非贫困户一个不进”。

2. 因地制宜，精准安排项目，增强“造血力”

引入驻村规划师编制村庄规划，依托自然禀赋发展特色种养、山泉水加工、乡村旅游、手工艺等产业。比如，利用“飞地经济”建设猕猴桃生产基地，3 年村民分红 280 多万元；发展乡村旅游业，实现年游客量超 60 万人次，解决 138 个就业岗位；开展订单式苗绣生产，53 名留守妇女实现家门口就业。

3. 因事制宜，精准使用资金，管好“钱袋子”

整合贫困户的资产股金、政府扶贫资金、金融部门的信贷扶贫资金等，实行“直补到户、合作自愿、入股分红、退股还本”。推行扶贫资金、项目公示，资金使用全过程公开、全环节透明。建立村级互助金，设立银行网点，开发“粮食贷”“茶叶贷”“农家贷”等信贷产品，解决融资难、融资贵问题。

4. 因户制宜，精准出台措施，开对“药方子”

针对“等、靠、要”思想开展扶志教育，组织思想道德星级评比，推介“最美十八洞人”，激发见贤思齐、比学赶超。针对“脑袋空”问题开展扶智培训，发挥致富带头人、新乡贤、“土专家”的传帮带作用，培养一批能人、带动一方百姓。针对“治理弱”现象开展扶制行动，制定自治章程、集体经济管理等规章制度，使事事有遵循、人人讲规范。

5. 因村制宜，精准派人扶贫，奏好“交响曲”

省州县注重选优配强第一书记，派驻 3 批 19 名驻村干部，带领村民提志气、兴产业、找市场，引入企业对口援建，联系央媒、省媒宣传报道，吸引各方力量下乡进村，有效提升知名度美誉度，实现三年脱贫摘帽，经济发展步入快车道。

6. 因时制宜，精准巩固成效，提升“获得感”

严把脱贫退出关，既不降低标准，也不吊高胃口，逐户会诊、逐个验收，做到时间一天不拖、质量一点不差。严把动态监测关，建立动态台账，防止因疫因灾返贫致贫。严把长效保障关，坚持摘帽后不脱责任、政策、帮扶和监管，把脱贫攻坚“最后一公里”和乡村振兴“最先一公里”贯通起来。

二 以科学有效的实践经验蹚出脱贫之路

十八洞村从深度贫困苗寨到小康示范村、从封闭保守落后到文明开放自信的历史跨越和深刻转变，创造了湘西苗寨千年发展史上的奇迹，形成了可复制、可推广的鲜活经验。

1. 发挥主体作用，把利用外力与激发内力结合起来，在主要依靠群众自身力量的基础上实现脱贫致富

十八洞村在扶贫中，不是简单给钱给物，而是教育引导贫困群众用奋斗创造美好生活，实现“要我富”和“我要富”、“我能富”的转变。汇聚内力外力，注重志智双扶，开展技能培训提高就业能力，提供工作岗位解决就近就业，发放小额贷款扶持发展产业，加强技术指导破解发展难题，为贫困群众走出困境加油充电、赋能注力，激发了攻克贫困堡垒的志气、信心和干劲。

2. 抓好根本之策，把加固底板与拉长长板结合起来，在因地制宜的基础上走可持续发展之路

把解决“两不愁三保障”问题作为底板来加固，加强基础设施和公共服务建设，用好用足易地搬迁、生态补偿、发展教育、社会保障兜底等政策，夯实脱贫攻坚基础。把结合实际解决产业发展问题作为长板来拉长，使高山峡谷、丛林溶洞、云雾苗寨成为种养基地、旅游景点、打卡热点，让绿水青山变成金山银山，走上一条生产发展、生活富裕、生态良好的可持续发展之路。

3. 开展互助合作，把个人致富与集体致富结合起来，在推进“互助五兴”的基础上朝着共同富裕目标稳步前进

既注重发挥每一户、每一个人的力量，又注重探索集体致富的新路子。组织发动村民建立“学习互助兴思想”“生产互助兴产业”“乡风互助兴文明”“邻里互助兴和谐”“绿色互助兴家园”等“互助五兴”机制，解决了许多政府包不了、家庭办不了、个人干不了的事情，形成了

“1 + 1 > 2”的合力。

4. 注重传承创新，把传统文化与现代文明结合起来，在守护民族文化印记的基础上实现转化与发展

把苗族敬畏自然、顺应自然、爱护自然的传统贯穿乡村建设的全过程，不搞大拆大建、不破坏既有格局，加强绿化、硬化、亮化、美化等建设改造，使苗寨民宅古色古香，村容村貌焕然一新。做好民族文化、民俗风情的挖掘传承和宣传推介，留住乡愁乡韵，重塑乡土文明，推动传统文化与现代文明水乳交融、相得益彰。

5. 筑牢坚强堡垒，把党组织的政治功能与服务功能结合起来，在充分发挥党建优势的基础上增强支部凝聚力引领力

发挥党组织战斗堡垒作用，坚持“双强双带”，增强服务意识和本领，真正做到干得了事、解得了难。构建“党支部—互助小组—农户”三级党建工作体系，实现党的政治引领全覆盖。把党组织建在产业链上，设立产业兴旺、乡村旅游、公共服务和夕阳红四个服务党小组，让党员作用体现在产业发展和项目建设上，建设勇于担当、干事创业、群众信服的党支部。

三　以决战决胜的时代精神凝聚脱贫之力

十八洞村脱贫攻坚的实践，展现出贫困地区人民群众摆脱贫困、为美好生活奋斗的精气神，创造了战胜绝对贫困、走向乡村振兴的宝贵精神财富。

一是敢闯敢拼的血性担当。以湘人特有的血性和刚烈，迎难而上、勇挑重担，涌现了一批“建设家园、舍我其谁”的脱贫先锋，展现出“敢教日月换新天”的勇气和“不破楼兰终不还”的斗志。二是精准精细的绣花功夫。坚持对症下药、靶向治疗、分类施策，体现了“一把钥匙开一把锁”的精准思维和下足“绣花”功夫的精细作风。三是自立自强的不懈奋斗。坚定“投入有限、民力无穷，自力更生、建设家园”的信念，不等不靠、自强不息，彰显出咬定青山不放松、不达目的不罢休的韧劲。四是创新创造的求变意识。以首倡之地的首倡之为，创造出一系列脱贫新思路新举措，凸显了勇于打破陈规、敢于革故鼎新的创新品质。五是互帮互助的大爱情怀。坚持“村合则兴”“心合则强”，共同兴思想、强技能，一起闯市场、兴家业，在扶贫中合力攻坚，在疫情下回馈社会，反映了同舟共济、大爱无疆的无私情怀。

云南少数民族地区易地扶贫搬迁贫困户可持续发展研究*

万泳延　王贵琴**

摘　要： 云南少数民族地区发展普遍滞后，作为重要扶贫措施的易地搬迁，其实施效果不可与全国其他地方等量齐观。故而，对搬迁贫困户后续的扶持应有不同的实现路径，不仅要关注搬迁贫困户能力重建的静态评估，更要重视他们可持续发展的动态分析。本文结合云南实际，运用可持续发展资本分析框架，探寻云南少数民族地区易地搬迁扶贫在贫困人口可持续发展建设过程中的精准扶贫工作机制。

关键词： 易地搬迁　发展资本　可持续发展　精准扶贫

易地扶贫搬迁是“十三五”时期我国扶贫开发“五个一批”工程中重要的脱贫攻坚举措。主要针对居住在缺乏基本生产生活条件、自然灾害频发且难以实现就地脱贫的农民，在坚持群众自愿的前提下实施易地搬迁，建立新的家园，解决或缓解生态脆弱区人口与资源环境的尖锐矛盾，实现脱贫致富和生态保护的双赢。搬迁是手段，脱贫是目的。为了能够实现易地搬迁贫困户“搬得出、稳得住、能致富”的政策预期目

---

* 文章刊发于《中共云南省委党校学报》2020年第2期，是国家社科基金西部项目（17XM2064）的阶段性成果。该文章收录本书时，内容和文献标注方式略有调整。

** 万泳延，中共云南省委党校；王贵琴，中共云南省委党校。

标，必须重建以及实现搬迁贫困户的可持续发展能力，使其能获取经济收入，避免继续依赖“家长式”的援助和“输血式”的帮扶。为此，我们以家庭结构为视角，重点考察影响搬迁贫困户家庭成员生产行为的因素，提出恢复和重建易地扶贫搬迁贫困户可持续发展能力的路径选择，确保实现搬迁一户、脱贫一户，坚决打赢易地搬迁脱贫攻坚战。

一　可持续发展和易地扶贫搬迁，是我国扶贫开发从理论到实践的有机结合

1983 年“三西”（甘肃河西、定西和宁夏西海固地区）移民，拉开了我国易地扶贫搬迁的序幕，发展至今，在有计划、有组织大规模开发式扶贫的推动下，其已由区域性、地方性扶贫探索转变为国家层面的整体设计和推进，形成和总结出一系列行之有效的易地扶贫搬迁经验和方法，在充实了扶贫开发理论的同时，扩大了可持续发展理论的应用范围，提供了案例支撑。

（一）可持续发展概念的提出及其分析框架

1. 可持续发展概念

1992 年罗伯特·钱伯斯在《可持续性农村生计发展：21 世纪的实践概念》中提出：“可持续发展是谋生的方式，包含了人们为了谋生所需要的能力、资产（包括储备、资源、要求权和享有权）以及所从事的活动。”① 只有当一种能力能够应对并从压力和打击、震荡中恢复，维持和增加资产，保持和提高生活水平，为下一代生存提供机会，同时又不损坏自然资源基础，那么这种发展具有可持续性。联合国环境和发展大会将此概念引入行动议程，主张把稳定的发展作为消除贫困的主要目标。

2. DFID 可持续发展分析框架

基于钱伯斯可持续发展的概念，依托阿玛蒂亚·森提出的贫困是

① 苏芳：《可持续生计：理论、方法与应用》，中国社会科学出版社，2015，第 5 页。

"能力的缺乏"或"能力的剥夺",可持续发展分析框架成为一种探寻农户发展脆弱性诸多原因,并给予多种解决方案的集成分析框架和建设性工具,实现途径是以"发展资本—可获得性—行为活动"为框架。发展资本主要是指区域内组织、个体维持生存或寻求发展所需要的各种资本的统称。

目前,除美国援外合作组织提出的"农户发展安全框架"和联合国开发计划署提出的"可持续发展途径框架"外,国际上影响较大,特别是扶贫领域运用越来越广泛的是英国国际发展署(The United Kingdom Department for International Development, DFID)建立的"可持续发展分析框架",该框架把"发展资本"划分为人力资本、社会资本、自然资本、物质资本和金融资本五种类型。强调这五种发展资本亦是影响贫困户脱贫致富的主要因素,贫困户可根据自身特点和条件,合理优化发展资本结构,以获得持久的发展改进,达到可持续性发展。

(二)易地扶贫搬迁贫困户问题的提出

贫困最早被界定为物质匮乏或不平等,但随着研究的深入,人们逐渐认识到"贫困不是所拥有的财富少,也不是捉襟见肘,它首先是一种人与人之间的关系,贫困是一种社会地位……它已经演变成为一种社会阶层之间的不公正"。因此,可以说贫困不仅是一个经济现象,还是一个复杂的社会问题。对于贫困我们可以阐释为:一方面是生存状态,包括物质生活条件和社会文化条件;另一方面是发展状态,指制约贫困人口摆脱贫困的自然环境、经济环境、制度环境等诸多因素的动态过程。[①]长久以来,我们对于易地扶贫搬迁的认识存在一个误区,认为"挪穷窝"住新房就意味脱贫出列奔小康。其实不然,易地搬迁只是破解了"一方水土养活不了一方人"的生存困境,解决的是自然环境、交通条件、公共基础设施对贫困户自身经济建设和发展能力的制约,并没有同时消除经济环境、社会环境、制度环境以及文化环境对贫困户可持续发

① 程丹峰:《中国反贫困:经济分析与机制设计》,经济科学出版社,2000,第4页。

展的局限性。因此，贫困户发展能力的恢复、提升就显得尤为重要。所以，通过易地安置这样的扶贫措施，科学、合理地分配扶贫资源，重新调整生产资料结构和产业结构，优化经济要素组合，从而激发贫困户可持续发展的能力。

（三）可持续发展理论有待在易地扶贫搬迁中不断地实践、检验和纠偏

实践是检验真理的唯一标准。随着经济的不断发展和学术界对于贫困问题研究的不断深入，对于贫困的理解已经从收入的贫困转变为创造收入的能力、机会和权利的贫困。就云南少数民族贫困地区而言，当前扶贫攻坚呈现一些新的特点，主要表现在：经过前一阶段的精准扶贫开发，贫困村已经建立了一定的基础设施，贫困群众也拥有了一定的发展资本，贫困问题已经发生了变化，转化为贫困户在自然和市场双重风险作用下的适应性和发展可持续性的问题。众所周知，易地扶贫搬迁要以恢复、提高搬迁贫困户的生产生活水平和获取经济收入能力为目标，这是“搬得出、稳得住、能致富”的关键所在。所以，我们需要有一套科学合理的以可持续发展理论为指导，检验和评价贫困户易地扶贫搬迁后续扶贫措施的效果，以及帮助我们理解和分析贫困户的发展状况、提供能力获取途径的理论，正因如此，可持续发展理论就成了分析易地扶贫搬迁的不二之选。

二　云南少数民族地区易地扶贫搬迁贫困户可持续发展状况分析

易地搬迁脱贫一批，是一个不得不为的措施，也是一项复杂的系统工程，政策性强、难度大。我们不仅要“搬得出、稳得住”，关键是要“能发展”，这就要求我们必须坚持以人为中心，在具体运用可持续发展分析框架时，力求准确、实事求是地理解易地扶贫搬迁贫困户可持续发展的状况和发展资本的特点，“靶向瞄准”才能“对症施策”。

（一）人力资本

人力资本是个人拥有的能够用以谋生的技能、知识和健康状况，贫困农户可持续发展中的人力资本主要是劳动力的数量和质量，这主要由家庭人口健康状况和受教育程度决定，人力资本对贫困户可持续发展的影响很大，决定了能否利用好其他四种发展资本的能力，是贫困户可持续发展策略选择的重要条件之一。[①]

1. 家庭结构：劳动力缺乏，生产技能弱

从列入建档立卡贫困户的家庭成员结构中，我们发现致贫的主导因素就是缺乏劳动生产力，主要表现为如下方面。一是人口有限，从根本上限制了劳动力的数量。二是劳动者素质不高，绝大多数贫困人口的受教育程度主要为小学、初中，其中不乏文盲或半文盲者，这样的文化水平严重制约了劳动者素质的提高，影响其劳动技能的培训学习。三是生产方式落后，云南少数民族地区大部分贫困群众仍然沿用落后、低效的生产工具和生产方式。四是劳动者家庭负担重、劳动强度大，赡养年迈的双亲和抚育幼儿，都增加了劳动者的生活压力和经济负担；小农经济生产的多样性，比如烤烟、蚕桑、板栗、核桃、玉米、牲畜等农副业的种养殖，对于个体家庭单薄的劳动力而言，会造成劳动时间的延长、劳动强度的加大。日积月累的高强度劳作，势必透支和损坏其身体健康，埋下日后因病返贫的重大隐患。

2. 社会形态：商品经济发育程度低，生产方式仍然是自给自足

云南少数民族贫困地区，不仅每平方公里居住人口的绝对数值小，而且极度分散，“三户一村、五户一庄”，农户成为独立的经济实体，有着独立的经济利益，产生不了任何真正意义的社会分工。没有分工，就没有交换，没有市场，没有商品生产，自给自足的自然经济仍将长期占据主导地位。[②] 在这种社会经济环境中，为了生存，不论人们的意愿如

---

① 柏振忠、李亮：《连片特困山区可持续生计问题与协同发展机制研究》，科学出版社，2015，第19页。

② 农牧渔业部、政策法规司、宣传司：《贫困与发展》，山西人民出版社，1987，第53页。

何，都只能采取自给自足的生产方式，形成“你家有，我家亦有；你家无，我家亦无”的大致相同的生产格局。劳动者无法参与社会分工，劳动力无法进入商品市场流通，这样纵使贫困户具备一定的生产技能，也难以实现自身劳动力的价值。因此，易地扶贫搬迁目的之一就是让贫困户作为生产要素的劳动者，参与社会分工，在市场流通中实现自身价值，获取可持续发展的能力。

（二）社会资本

社会资本是实现不同发展策略过程中能够利用的社会资源，包括社会关系网、社会组织协会和制度，社会资本能够增强人们之间的相互信任与合作，并且有助于得到外部机构的协助。①

1. 易地扶贫搬迁政策：多措并举，政策集成，消除贫困户后顾之忧

易地搬迁是解决贫困户“两不愁三保障”中“安全住房有保障”的有力措施，为使搬迁贫困户“搬得出”，政府给予了许多优惠政策和补助，以确保贫困户易地搬迁“稳得住”。一方面，扶贫方式多元化。除易地搬迁外，还包括驻村帮扶、片区攻坚、老区建设、产业扶贫、行业扶贫、金融合作、人才培训、社会帮扶、国际交流合作、定点扶贫、东西协作等多种多样的扶贫方式。另一方面，财政帮扶资金力度大。政府根据易地搬迁贫困户的条件，合理制定了以人口为对象的补助标准，绝不能让贫困户因搬迁而举债或是增加负债。例如，建房补助政策按建档立卡搬迁人口人均补助 2 万元。签订旧房拆除协议，按期拆除旧房，并将原宅基地交还集体的搬迁贫困户按建档立卡搬迁人口人均奖励 0.6 万元。控制搬迁户自筹资金，原则上户均不超过 1 万元。明晰同步搬迁贫困户户均补助 2 万元，可申请 5 万元的危改贷款。集中搬迁安置点基础设施补助，每户 15 万元。

2. 扶贫创新：多方参与，增加搬迁贫困户的经济收益

云南少数民族贫困地区的基层农村，普遍积极开展“党建促扶贫”

① 柏振忠、李亮：《连片特困山区可持续生计问题与协同发展机制研究》，科学出版社，2015，第 19 页。

“党建扶贫双推进”等活动，以强村富民为目标，以农村党组织为核心，以专业合作社为纽带，积极探索强基惠农“合作股份”、农业专业合作社、“红色农场”模式，不断发展壮大集体经济，惠及贫困群众。

（三）自然资本

自然资本是农户拥有或者可能拥有的自然资源储备，农户发展所依靠的资源及其服务都来源于其中，包括土地、水、生物资源等在内的有形的和无形的能够用来维持发展的自然资源。①

1. 生态资源：广种薄收陋习依旧，无限度垦殖破坏严重

恶劣的生态环境是导致贫困地区自身可持续发展能力不足的重要原因。云南少数民族贫困地区土地贫瘠，产量很低，生态脆弱，水土流失严重，过多的人口使可用耕地超负荷运转，造成了严重的生态经济环境恶性循环。究其原因，与新中国成立后我们强调“以粮为纲”的农业生产指导思想有关。为了追求粮食自给自足，人们大面积开荒种田，乱砍滥伐，铲草皮，烧野灰，实行掠夺式农业生产经营，加剧了植被的破坏和水土流失，造成土壤肥力不断下降，形成了“越穷越垦，越垦越穷”的恶性循环。

2. 自然灾害：多灾并发、频繁，抵御能力极弱

一方面，云南少数民族贫困地区多为高海拔地带，尤其是滇西北、滇东北等高寒山区，气候寒冷，无霜期短，极易遭受冰雹、霜冻低温和暴雨等自然灾害的侵袭，许多地区连年遭灾，自然灾害频繁，导致农作物种植“十种九不收”。另一方面，这些地区的贫困群众多居住在山高谷深、沟壑纵横交错的恶劣环境中，发展的自然条件差，农业生产“靠天吃饭”的现象突出，生产方式和生产工具落后，以致贫困群众抗击自然灾害、抵御生产风险的能力难以得到改善和提高，容易诱发重大灾害返贫的情况出现。

---

① 柏振忠、李亮：《连片特困山区可持续生计问题与协同发展机制研究》，科学出版社，2015，第18~19页。

（四）物质资本

物质资本包括了支持农户发展所需要的基础设施和生产手段，前者包括农户负担得起的交通条件——道路、运输工具等，安全的住所，足够的饮水与卫生设施，清洁的、负担得起的能源，以及交通信息服务等，而后者包括了生产工具、设备、种子、肥料、农药以及传统与先进技术等。①

1. 基础设施：配套建设还需扎实推进

云南少数民族贫困地区的基础设施建设主要表现在通电通路、人畜饮水和基本农田建设等几个方面。于是，出现了“要想富、先修路”“要想富、先通电”的说法，它从某种程度上体现了基础设施建设对贫困地区摆脱贫困的重要性。云南始终坚持巩固和发展农业基础地位，持续加大扶持力度，稳定增加“三农”投入，确保财政对“三农”支出总量持续增加，比例稳步提高，农村基础设施建设得到进一步加强。一是提升耕地质量，集中力量开展中低产田地改造、土地平整、农田水利、土壤改良、机耕道路、配套电网林网等建设。二是加快推进农村水利建设。进一步推动病险水库除险加固，加快实施“五小水利”重点项目，在增加农田灌溉面积的同时，有效解决人畜饮水安全问题。三是不断夯实农村交通基础设施。实现贫困行政村村委会所在地到各村小组和乡政府驻地的道路硬化，满足贫困群众安全出行的需求。四是加大农村能源项目建设力度。实施农村电网升级改造工程，优化电网结构，保障贫困户的用电需求。

2. 公共服务：民生质量还需进一步改善和提升

乡村的社会服务与食品保障共同对贫困人口的生存和发展起着决定性的作用。国内外已有众多的研究证明，教育和医疗卫生服务的改善有助于控制人口增长、减轻环境压力，从而追踪缓解和消除贫困。② 一是大力发展少数民族贫困地区社会事业。免费义务教育全面落实，“农村

---

① 苏芳：《可持续生计：理论、方法与应用》，中国社会科学出版社，2015，第 18 页。

② 程丹峰：《中国反贫困：经济分析与机制设计》，经济科学出版社，2000，第 275 页。

学生营养餐”要普惠农村中小学。加大对贫困学生的资助力度，职业教育办学规模不断扩大，吸引力显著增强。二是加快基层医疗卫生服务体系建设，新农合参合人数的参合率达到99.24%。三是深入推动国家公共文化服务体系示范区创建，全民健身、文化惠民等工程全面实施，贫困群众精神文化生活更加丰富。四是改善贫困地区人居环境，开展贫困地区环境专项整治行动，加大农村污水处理和改厕力度，提升村庄卫生状况。

（五）金融资本

金融资本是指用于购买商品的现金和能够获得的贷款和个人存款。[①]它是人们用来实现其可持续发展的资金资源。

1. 可用积蓄：自我资产积累能力弱、储蓄少

贫困户自我的资产积累是摆脱贫困和改善生活的重要手段。大量的证据表明，自我积累能够提供应对外部冲击的保障，减轻不安全性，避免招致风险的行为，降低健康冲击和自然灾害的破坏程度，防止返贫返困。许多贫困户家庭自身素质不高，生产技能不强，加之周边贫困地区封闭、分散的自然经济，致使农业种养殖之外的增收渠道难以拓展，经济收入有限，自我的资产积累就受到影响，生产工具的购置、种养殖规模的扩大、新技术的学习培训都将受制于生产资本积累不足而带来的消极影响。

2. 扶贫资金：管理使用效率不高，人为地设置门槛

随着扶贫方式从救济型扶贫向开发型扶贫的转变，扶贫资金的管理使用也发生了变化：一是在扶贫资金投入逐年增加的同时，投资质量下降；二是单位投资规模小型化；三是动用扶贫资金搞非生产性建设。一方面是财政拨付资金使用的无偿性，使得资金的管理者把主要精力放到下指标、批项目、分资金、分物资上，无暇研究贫困地区经济发展的战略、产业结构的调整和相应的经济政策，缺乏驾驭经济发展的能力。另

① 柏振忠、李亮：《连片特困山区可持续生计问题与协同发展机制研究》，科学出版社，2015，第19页。

一方面，银行的扶贫贴息贷款“利率倒挂”，贷低储高，使得银行主观上不乐意放贷给贫困户。贫困户缺乏信用和利息观念，使银行放贷难以收回，迫使金融扶贫在政策上设置前提条件，比如，产业发展信贷资金须有抵押资产和公职人员担保，或者须是已婚的贫困夫妻才能共同借贷。

三 云南少数民族地区易地扶贫搬迁贫困户可持续发展策略

（一）理论策略：贫困户可持续发展需要扶贫理论做指导

长期以来，为了帮助贫困地区尽快改变贫困落后的面貌，国家做了很大努力，投入巨额资金，给了大量物资，虽然起到了一定的作用，但是，效果却不够理想，大量资金被分散用于单纯的救济，贫困地区的生产方式、生产条件、生活方式并没有因此而发生根本性的变化。究其原因，一个不可忽视的问题就是我们对贫困与发展的相关理论研究较为薄弱。

1. 贫困的产生需要有理论的科学阐释

在20世纪50年代，大多数的经济学家认为，资源的相对欠缺是阻碍经济社会发展产生贫困的最主要原因。英国著名经济学家马尔萨斯认为，人口的不断增长会导致劳动生产率低，生态环境退化，社会储蓄减少，不利于经济增长，因此，贫困是不可避免的。纳尔逊提出“低水平均衡陷阱理论”。阿玛蒂亚·森认为贫困是由低下的生产力和实际能力的缺乏造成的。冈纳·缪尔达尔在分析产生贫困的原因时提出了“循环因果关系”理论，认为贫困地区越来越贫困是由这些地方的低收入情况造成的。保罗·罗森斯坦·罗丹则提出，只有通过国家层面的主导方式在全国范围内进行经济投资才能够使贫困地区摆脱贫困。

2. 贫困标准的确定需要有理论的支撑

贫困标准的确定不仅是贫困与发展理论研究中的首要难题，也是现实贫困地区经济发展中的棘手问题。问题的复杂性在于贫困很难有一个绝对的数值标准，无论是实物形态，还是价值形态的贫困标准，都只是一个相对的历史范畴。如果能够明确划分标准的空间和时间范畴的话，那么贫困标准的内涵应该也只能分为绝对贫困与相对贫困两类。目前，对贫困标准的理解，不仅指收入低，还意味着基本可行能力被剥夺。理论上对贫困的测度从收入或消费指标逐步发展为多维贫困测度，但实践中收入或消费数据更容易获取，在绝大多数国家官方贫困统计中仍被广泛使用。

3. 扶贫措施的选择需要有理论的依据

一是扶贫政策的制定。如何体现不同贫困地区历史人文、地理环境、民族关系、产业结构、基础设施和生产力水平的差异性、区域性。二是扶贫资源的非均衡分配。如何保障扶贫项目和扶贫资金的有效瞄准和使用、管理，使这些资金真正用于贫困地区的经济开发，充分发挥效益。三是扶贫方式的选择。如何由过去的单纯救济转向经济开发，在国家的必要支持下，开发贫困地区内生动力，走自力更生、脱贫致富的道路。

4. 扶贫对象的致贫原因需要有理论的剖析

关于贫困成因的研究由来已久，中外学者较为认可的主要有：一是微观因素，包括疾病、教育程度、劳动技能、自控力、发展意愿等；二是宏观因素，包括生产力水平、产业结构、财政能力、交通条件、基础设施、优惠政策等。正是基于对致贫原因全面客观的认识，才能对贫困户做到精准扶贫、分类施策。

（二）道路策略：激发和增强贫困户可持续发展能力

云南少数民族地区易地扶贫搬迁贫困户的后续经济生产活动还属于“储能性”生产，受自然条件和不可控因素的约束较多。故激发和增强贫困户脱贫的措施应有所侧重，应准确把握地区经济特点和优势，有序地、分阶段地选择提高内生动力的途径，达到内生动力整体性增强的目标。

1. 建立阶梯式的起步产业网络

通常越是贫困地区，制约因素越多，其发展经济的难度越大。欲挣脱贫困枷锁，确保经济持续稳定增长，必须选准起步产业。原则上讲，应该选择投资少、见效快、基础好、易推广、有市场的产业作为起步产业。

针对农业生产的储能特征，易地扶贫搬迁贫困户可参照“水库”的概念建立“小、中、大”三类储能库。“小库”是畜牧业，特别是鸡、鸭、鹅、猪、牛、羊等家禽。丰年多饲养，吃掉剩余的秸秆、草及粮食等饲料，实现转化增值；灾年时进行市场销售，以补偿种植业的损失。“中库”是种植业，巩固草果种植的主体地位，控制其规模，因为一定的生产方式，对应一定的生产规模。超出某一合理界限后，相对效益（即边际贡献）逐步下降，结果会事与愿违。另外，要高效地利用现有资源，重视附加价值。通过提高特色种养殖的产品品位，对其进行增值。“大库”是水土涵养林，以及旅游业和乡镇运输业。丰富的水能蕴藏量和森林覆盖率是云南少数民族地区的巨大资源，是绿水青山转化为金山银山的有力支撑。通过发展观光旅游，吸收群众资金投入农家乐、特色客栈、民族工艺品加工及交通运输等行业，可以增加就业岗位，长期稳定群众收入。综上所述，通过发展起步产业，可以使易地扶贫搬迁贫困户在一两年短期内获得经济收益，并带动后续产业发展，提升可持续发展的能力。

2. 形成接力式经济开发策略

云南少数民族地区经济开发由于受到产量相对饱和的制约，其单一结构形态的经济增长速度将远远低于多元结构形态的速度。因此，需要采取优化经济开发组合的方法，形成三级接力式的经济开发策略。

第一，资源开发接力。将资源以成熟时限划分早熟型、中熟型、晚熟型等，利用这一自然属性，便可对资源的开发利用进行规划，形成最优的产业结构组合，使其资源开发的综合效益长期保持稳步增长。

第二，加工增值接力。物质资源可通过加工进行增值，引导某种行业的发展。在实现增值的过程中，由于需要其他行业（或产业）的合作，因此，又会带动多个行业的发展，甚至派生出新行业，从而加快地区经济发展的步伐，形成加工增值导向型的开发接力。以养殖业资源为例，牛、猪、鸡的肉类联合加工是对养殖业进行直接增值的基本行业。此外，还有以肉、蛋、奶为原料的食品加工业，以毛、皮为原料的纺织与制革业，以脏器为原料的制药业，以骨骼与下脚料为原料的轻工业等。

第三，产业开发接力。发达的第三产业不仅自身创造价值，而且能促使工农业间的行业结构相互促进。例如，加工制造业应尽可能地吸纳当地农业资源，并为农副业发展提供生产资料和生活资料；农业因为加工制造业发展不断增添新的潜力，从而形成螺旋式上升、永无止境的产业间经济接力循环。

3. 整体规划发展思路，助推乡村振兴

易地扶贫搬迁是实现“整乡推进、整族脱贫”的有效手段，下一步的发展思路应是整体规划，助推乡村振兴。这里的整体规划是由以村乡为单位的“块块”规划与以专业管理部门为单位的“条条”规划所构成，各项规划之间存在明显的微观与宏观、近期与长期、局部与整体、速度与效益、期望与能力等矛盾，形成一个复杂的闭合制约回路。只有找出这些关系间的内在联系并进行优化处理，才能使发展规划既先进可行，又扎实可靠。

乡村振兴与脱贫攻坚有效衔接路径研究*

——以滇黔桂石漠化片区为例

马喜梅**

摘　要： 推进乡村振兴与脱贫攻坚有效衔接是党中央对新时代“三农”工作的重大战略部署。对于滇黔桂石漠化片区而言，乡村振兴与脱贫攻坚在战略路径、方向和价值上的接续性、关联性和协同性构成了二者有效衔接的实践基础。但从区域发展实际来看，实现乡村振兴与脱贫攻坚有效衔接仍面临体制机制不通畅、长期输血式扶贫、产业可持续发展问题突出和乡村空心化等问题，可以通过精神聚合、目标融合、要素整合和体系融合推进滇黔桂石漠化片区乡村振兴与脱贫攻坚的有效衔接。

关键词： 乡村振兴　脱贫攻坚　有效衔接　滇黔桂石漠化片区

2020年3月6日，习近平总书记在决战决胜脱贫攻坚座谈会上做出了“接续推进全面脱贫与乡村振兴有效衔接”① 的战略部署，旨在确保高质量完成脱贫攻坚目标任务，使脱贫攻坚成果让人民满意，经得起历

---

* 文章刊发于《云南师范大学学报》2020年第3期，是国家社科基金年度项目（19AJY008）、国家社科基金青年项目（19CMZ036）的阶段性成果。该文章收录本书时，内容和文献标注方式略有调整。

** 马喜梅，中共云南省委党校。

① 习近平：《在决战决胜脱贫攻坚座谈会上的讲话》，新华网，http：//www.xinhuanet.com/politics/leaders/2020－03/06/c_ 1125674682.htm，2020年3月6日。

史检验。滇黔桂石漠化片区是全国 14 个集中连片特困区中贫困程度最深、扶贫对象最多、易地扶贫搬迁脱贫体量最大的重点区域之一，党的十八大以来，滇黔桂石漠化片区在生态治理恢复方面取得了显著成效，脱贫攻坚取得了决定性进展。进入“后脱贫时代”，面对生态恢复、脱贫攻坚、乡村振兴三重挑战，如何“提高把‘绿水青山’转变为‘金山银山’的能力”[①]，推进脱贫攻坚和乡村振兴有机衔接与梯度优化，是现阶段滇黔桂石漠化片区巩固提升脱贫攻坚成效，有效有序推进“三农”工作需要重点关注的重大现实问题。

一　国内外相关研究述评

在国外的研究中，Ellis F 较早对发展中国家农村发展与乡村贫困问题进行研究，之后，掀起了西方对发展中国家乡村发展与农村贫困关系问题研究的热潮，Hulme、Bebbington A、Bourguignon F、Jalan J、Macmillan P、Kay Cristóbal 和 Islam N 等分别从不同学科视角对拉丁美洲、非洲、中国、印度等发展中国家进行系统研究，指出农村发展与消除农村贫困要协同推进以减轻贫困。Athalya B 和 Lipton M 等则分别从乡村发展的要素出发研究了农村土地、劳动力对贫困治理的作用及影响。

在国内的研究中，主要聚焦三大层面。一是关于脱贫攻坚和乡村振兴内在逻辑关系的探讨，主要分为“互斥论”和“过渡论”[②]。互斥论认为脱贫攻坚与乡村振兴在“目标任务”[③] 和“政策着力点”[④] 上具有差

① 习近平：《在全国民族团结进步表彰大会上的讲话》，新华网，http://www.xinhuanet.com/politics/leaders/2019-09/27/c_1125049000.htm，2019 年 9 月 27 日。

② 豆书龙、叶敬忠：《乡村振兴与脱贫攻坚的有机衔接及其机制构建》，《改革》2019 年第 1 期。

③ 汪三贵：《脱贫攻坚与乡村振兴有机衔接：逻辑关系、内涵与重点内容》，《南京农业大学学报》（社会科学版）2019 年第 5 期。

④ 高强：《脱贫攻坚与乡村振兴有机衔接的逻辑关系及政策安排》，《南京农业大学学报》（社会科学版）2019 年第 5 期。

异性；过渡论认为“脱贫攻坚是乡村振兴的部分内容和重要方面”①，“脱贫攻坚是实施乡村振兴战略的基础，乡村振兴是稳定脱贫攻坚成果的有效保障。”② 二者在“目标导向、政策内容、主体作用和体制机制等方面具有共性”，“存在内容一致、功能互构、价值一元性和主体共通等耦合性，两者间本质上是共生共存共促关系”。③ 二是关于脱贫攻坚与乡村振兴有效衔接的路径研究。左停等指出，要做好二者的有效衔接，“既要抓好梯度跟进，又要抓好优化升级”。④ 豆书龙、高强等指出乡村振兴和脱贫攻坚有机衔接存在“中央战略整体落地不够、区域支撑能力不强、工作体制机制不够顺畅”以及“产业发展升级困难以及内生动力难以激发”等问题，应该“着力在体制机制统筹落实、产业发展多元鼓励和主体意识积极培育等方面精准发力”。廖彩荣等则从战略协同的角度提出通过采取“思想协同保障、产业协同保障、人才协同保障、文化协同保障、生态协同保障、组织协同保障和社会协同保障”⑤ 等措施保障两大战略协同推进。三是关于特殊地理场域的相关研究。姚兴会、陈晓萍、韩立达、韩培、李外禾、廖文梅、田丽秀等学者分别对重庆、新疆、西藏、贵州、江西等地在推进脱贫攻坚和乡村振兴有效衔接的个案实践进行了系统研究。

综上所述，国内外研究为本文研究提供了丰厚的理论基础和路径研究参考，但就目前的研究成果来看，仍有值得学术界进一步深入研究和探讨的空间：在研究的问题聚焦上，当前研究成果较多集中在对乡村振兴和脱贫攻坚二者有效衔接的宏观理论探讨，从特殊地理场域问题的特殊性入手进行分析探讨的成果不多，对生态极端脆弱的滇黔桂石漠化片

① 徐虹、王彩彩：《乡村振兴战略下对精准扶贫的再思考》，《农村经济》2018 年第 3 期。

② 庄天慧、孙锦杨、杨浩：《精准脱贫与乡村振兴的内在逻辑及有机衔接路径研究》，《西南民族大学学报》（人文社科版）2018 年第 12 期。

③ 李晓园、钟伟：《乡村振兴中的精准扶贫：出场逻辑、耦合机理与共生路径》，《中国井冈山干部学院学报》2018 年第 5 期。

④ 左停、刘文婧、李博：《梯度推进与优化升级：脱贫攻坚与乡村振兴有效衔接研究》，《华中农业大学学报》（社会科学版）2019 年第 5 期。

⑤ 廖彩荣、郭如良、尹琴等：《协同推进脱贫攻坚与乡村振兴：保障措施与实施路径》，《农林经济管理学报》2019 年第 2 期。

区这一特殊地理场域的研究成果则鲜见。基于此，本文从滇黔桂石漠化片区的实际出发，分析这一特殊地理场域内实现乡村振兴和脱贫攻坚有效衔接的实践基础和困境，为生态极端脆弱的石漠化地区乡村振兴与脱贫攻坚的有效衔接提供对策参考。

二　乡村振兴与脱贫攻坚有效衔接的实践基础——基于滇黔桂石漠化地区的实际

推进乡村振兴与脱贫攻坚有效衔接，需要将脱贫攻坚放进乡村振兴战略下进行再思考。乡村振兴与脱贫攻坚在战略路径上的接续性、战略方向上的关联性和战略价值上的协同性构成了脱贫攻坚与乡村振兴交互作用的动力源泉，是实现乡村振兴和脱贫攻坚有机衔接的实践基础。

（一）战略路径的接续性：以生态治理恢复为重点

滇桂黔石漠化片区属于典型的生态脆弱地区，“生态环境脆弱下的环境贫困风险大，经济效益、社会效益和生态效益之间的矛盾日益突出”。[①] 因而，也成为我国扶贫开发攻坚战主战场。在脱贫攻坚中，滇黔桂石漠化片区始终坚持牢固树立“绿水青山就是金山银山”的发展理念，以石漠化综合治理为抓手，将生态环境的全面治理和恢复与脱贫攻坚有机结合起来，实现生态环境治理和恢复与脱贫攻坚协同推进，并取得了良好成效，为乡村振兴奠定了良好的基础。进入乡村振兴这一“后脱贫时代”，要实现产业兴旺，对于滇黔桂石漠化片区而言，仍面临着“环境贫困风险增大、知识与能力贫困凸显、自给性贫困向交易性贫困转化和减贫与发展的民族差异等新特征”，极易返贫。因此，对于滇黔桂石漠化片区而言，乡村振兴仍旧要接续脱贫攻坚期间积累起来的经验，坚持以石漠化治理为抓手，以生态恢复为重点，为群众稳定持续增收提供基础性支撑，既不能对资源环境竭泽而渔，也不能舍弃经济发展而缘

① 褚光荣：《包容性治理：石漠化地区的减贫与发展的新思路》，《云南师范大学学报》（哲学社会科学版）2015 年第 4 期。

木求鱼，而是要坚持在发展中保护、在保护中发展，不断“提高把‘绿水青山’转变为‘金山银山’的能力”。

（二）战略方向的关联性：以绿色发展为亮点

乡村振兴和脱贫攻坚各要素之间的密切关联性构成了二者有效衔接的又一重要基础。滇黔桂石漠化片区可持续发展最大的制约瓶颈在于生态脆弱性所导致的自然资本缺乏，因而滇黔桂石漠化片区的脱贫攻坚在战略方向聚焦“绿水青山就是金山银山”绿色、生态、可持续发展理念，致力于生态环境的恢复与保护，以生态治理和恢复作为关键点和支撑点，以石漠化综合治理为重点进行探索实践，将绿色生态农业产业培育作为重点，着力解决区域性、整体性、集中性产业发展难题。乡村振兴在战略方向上则聚焦“提高把‘绿水青山’转变为‘金山银山’的能力”，着力实现生产、生活、生态“三生空间”有机融合，以生产自然空间扩展、生活空间有效利用、生态空间功能发挥为抓手，以美丽乡村建设为目标，以田园综合体建设为载体，紧扣特色小镇建设，打造集循环创意、绿色开放共享、生态可持续发展的喀斯特地区特色农业拉动产业振兴，带动集体经济发展推动组织振兴，吸引人才回流助力人才振兴，发展特色创意农业文化助推文化振兴，保证生态可持续实现生态振兴。

（三）战略价值的协同性：以包容持续为基点

乡村振兴和脱贫攻坚战略价值的协同性是二者有效衔接的关键基础。伴随着经济社会发展进入新常态，在国家治理体系和治理能力现代化背景下，滇黔桂石漠化片区必须要从开发式扶贫模式转向包容可持续的贫困治理和开发模式，要坚持生态的全面治理和恢复为重点，在产业发展过程中要坚持大力发展绿色产业，以绿色、包容可持续作为地区脱贫攻坚战略的发展理念和价值诉求，实现各要素之间相互协同并且形成优势互补的良性关系。到实施乡村振兴阶段，提升两大国家战略在战略目标上的协同，走乡村绿色包容可持续发展之路，牢固树立“绿水青山就是金山银山”的发展理念，坚持人与自然和谐共生，努力提高把“绿水青山”转变为“金山银山”的能力，在经济社会发展中保护生态环境，在保护生态环境中发展经济，更好地致力于地区绿色包容可持续经济的发展。

三　乡村振兴与脱贫攻坚有效衔接面临的实践困境——对滇黔桂石漠化片区的问题考察

滇黔桂石漠化片区乡村振兴与脱贫攻坚有效衔接面临的最大困境和难题在于如何从根本上解决长期以来基础设施发展滞后、生态极度脆弱、产业发展困境、群众生活困难所导致的人口大量流失后的乡村凋敝困局。因此，如何畅通体制机制，激发要素活力，凝聚起群众艰苦奋斗的精神力量就成为推动滇黔桂石漠化片区乡村振兴与脱贫攻坚有效衔接，实现乡村振兴面临的关键性问题。

（一）体制机制不通畅导致战略协同程度低

从脱贫攻坚相关政策设计来看，当前脱贫政策对于脱贫攻坚的长期性和复杂性考量不足，多以应急性政策为主，尤其是对“后脱贫时代”潜在的长期性问题统筹把握尚有欠缺，导致在一些脱贫政策设计和实践中的前瞻性、系统性、可操作性和长效性面临突出困境。对于滇黔桂石漠化片区，其自身的基础条件差，生态环境基础脆弱，人均耕地面积少，特别是在压力型体制下，部分基层地方政府为按时完成任务，工作时间段，用力猛，急于求成，许多地区处在“上面还在摸石头，下面已经过了河”的情况，基层整改压力大。顶层设计与基层实际有差距，一些扶持政策在基层实施困难，政策落到基层干部手上成为烫手的山芋。

从脱贫攻坚的考核机制来看，缺陷亦十分突出，单纯的数字、指标性考核，导致了基层“数字脱贫”现象突出，脱贫基础并不稳固。考核人员的非专业化问题突出，导致基层对脱贫考核的结果极为不满，对基层领导干部工作的积极性和热情产生了诸多不良影响。许多基层领导干部对脱贫攻坚与乡村振兴战略的整体性、关联性及协同性关系认识不足，没有做到“两手抓”，不能很好地从政策、制度、资金、项目安排上统筹两大战略，“多规合一”协同推进的发展思路还没有理顺，从而导致了两大战略在有效衔接上受到严重阻碍。

（二）长期“输血式”扶贫导致实践主体缺位

从战略的实施主体来看，无论是脱贫攻坚还是乡村振兴，群众才是实施两大战略第一主体。但一方面，长期的“输血式”扶贫导致部分群众“等、靠、要”思想严重，基层领导干部和扶贫工作队“苦干、实干、加油干”帮助群众脱贫致富奔小康，群众却“蹲在墙角晒太阳，等着政府送小康”，“干部干、群众看”，不想“付出”只想“获得”现象突出。面对石漠化的严峻挑战，基层地方政府探索实践出了如贵州花江峡谷的“顶坛模式”、广西果化县的“果化模式”、广西环江县的“古周模式”、云南的“六子登科模式”等石漠化综合治理模式，并取得了明显成效。但许多群众身在石漠化地区，却极少真正参与到石漠化综合治理工程中来。基于参与性调查方法，通过对云南省罗平县、泸西县、砚山县、西畴县 40 个自然村 462 户居民石漠化治理过程中群众的参与度进行随机问卷调查，结果显示，对石漠化了解较为透彻的群众仅占受访者总数占 5%，了解石漠化的占 16%，而从未听说过石漠化的比例高达 57%（见图 1）。由此可见，政府单向型参与和主导重大工程项目的特点明显，基层群众参与的积极性和主动性并未充分发挥。

另一方面，由于群众普遍受教育程度低，长期的封闭落后使得社会主义市场经济观念未能深入人心，群众市场观念淡薄，懒惰思想严重，部分群众仅将吃饱喝足作为人生的理想状态，长期处于贫困的临界状态。长期的“输血式”扶贫还导致了部分群众懒惰依赖思想严重，享乐主义观念迅速滋生，参与脱贫攻坚与乡村振兴的积极性主动性不高，内生动力不强。与此同时，脱贫攻坚造成的“悬崖效应”在一定程度上挫伤了部分群众的积极性，助长社会不良风气，给乡村振兴发展提出了新的难题，必须及时予以解决，尽快对乡村不良社会风气进行根本性的扭转。这种懒惰、享乐主义和“等、靠、要”思想如果不及时破除，乡村振兴就难以真正发动群众的积极性创造性，实现从“要我振兴”到“我要振兴”的转变。

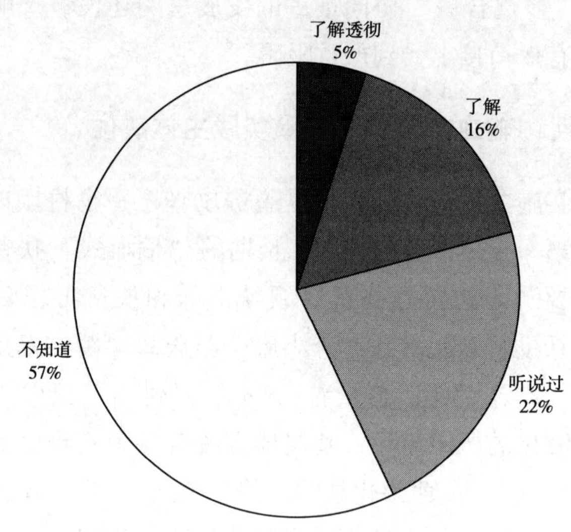

图1　群众对石漠化治理的了解程度占比

（三）产业可持续发展问题突出导致战略衔接基础不稳定

由于资源环境基础条件差，基础设施建设相对滞后，长期以来滇黔桂石漠化片区都以第一产业为主，二、三产业比重较小，农业布局分散、产业规模小、农业产业化程度低，集体经济发展薄弱，引入龙头企业困难，农业产业市场化程度较低，农副产品的交易范围和交易品种较少，交易时间间隔较大，交易性贫困问题突出。现有龙头企业数量少、规模小、效益低、带动能力弱，农产品品牌效应弱、特色不突出，难以形成市场集群效应，市场占有率低，抗风险能力弱。

在脱贫攻坚期间，受压力型体制的影响，部分地区为帮助群众发展产业，尽快实现贫困群众脱贫出列，脱离地区发展实际进行扶贫产业开发，将大量的项目资金投入短平快的产业发展项目中，以期尽快见效益。在大量扶贫资金的注入和帮扶对象的倾力支持下，这些扶贫产业的产销问题以及聚集效应在短时间内凸显，其可持续发展问题却十分突出，从而导致乡村振兴与脱贫攻坚战略在产业的有效衔接上面临极大困境。

（四）乡村空心化导致战略衔接动力不足

石漠化地区曾被外国学界断言为“基本失去人类生存条件的地方”。长期以来，石漠化地区由于生存条件极度恶劣，人均耕地面积少，收入来源单一，群众多依靠外出打工维持基本开销。脱贫攻坚期间，一些地区为尽快完成脱贫任务，鼓励并积极为群众创造条件和机会外出务工。在贵州石漠化片区黔南州贵定县、龙里县，云南泸西县、西畴县，广西田东县、南丹县进行调研的过程中，平均外出务工比例高达37.7%，乡村空心化问题十分严峻，许多村寨成了名副其实的老人村。

石漠化片区作为易地扶贫搬迁的重点区域之一，涉及的搬迁人口数量规模在历史上都是空前的，仅广西“十三五”期间石漠化片区实施易地扶贫搬迁人口的数量就有110万，特别是石漠化问题严峻的地区，多以整村搬迁进城安置方式为主，进一步加剧了乡村凋敝。群众通过易地扶贫搬迁进城，由于受教育程度较低，劳动就业技能缺乏，难以很好地适应城市的生产生活方式，而原有的乡村由于劳动力缺乏，且在短期内又难以得到有效开发，致使“农村和城市的二元结构越加的明显”，[①] 快速城镇化和乡村空心化在石漠化地区显然呈现了发展悖论。乡村凋敝造成的青壮年劳动力短缺和土地荒芜等问题，使乡村振兴战略实施主体中缺失了最重要的生力军，发展产业缺乏敢闯敢干的年轻劳动力，社会治理缺乏勇于担当的后备干部队伍，乡风文明缺乏有知识有文化有活力的高素质人才，从而引发了乡村振兴战略的群众基础缺乏、发展动力不足等问题。

四 实现乡村振兴与脱贫攻坚有效衔接的对策建议——以滇黔桂石漠化片区为例

滇黔桂石漠化片区推进乡村振兴与脱贫攻坚有效衔接面临实践困境，

① 杨利娟：《断裂与重构：乡村“空心化”的治理之道——以临沧市双江县X镇为例》，《北京城市学院学报》2016年第3期。

与全国其他地区相比具有特殊性和差异性。在这一特殊的自然地理场域内，要实现乡村振兴与脱贫攻坚的有效衔接，需要从整体性、系统性、差异化的视角进行统筹布局。

（一）精神聚合：以精神动能统领乡村振兴与脱贫攻坚

生存发展困境是石漠化地区面临的最大瓶颈，因此，激发群众的内生动力是脱贫攻坚与乡村振兴最根本、最稳定、最强大的力量。决战决胜脱贫攻坚，实现乡村振兴发展，关键要依靠广大人民群众充分发挥群众的积极性、主动性，让群众真正参与到脱贫攻坚中，让广大农民成为乡村振兴的主体力量，而不是旁观者和跟随者。

1. 着眼于从根本上破除群众“等、靠、要”思想

面对恶劣的自然生态环境及艰苦的生产生活条件，群众只有发扬不悲观、不埋怨、不放弃、不抛弃，向大山进发、与石漠抗争、向贫困宣战，以“撸起袖子加油干”“幸福都是奋斗出来的”的实干精神决战决胜脱贫攻坚，充分发挥自身的行动自觉，激发艰苦奋斗、自力更生、艰苦创业的优良传统，以“苦干实干加油干”的精神力量和攻坚克难、敢为人先的力量勇气致力于决战决胜脱贫攻坚，一鼓作气投入乡村振兴战略中来，才能够为乡村振兴和脱贫攻坚凝聚强大的精神动力。

2. 充分发挥基层地方政府的科学引领作用

云南省西畴县成功探索和实践了“六子登科”综合治理石漠化、“五法治水”破解用水难、“四轮驱动”破解出行难、“三宜”乡村建设破解居住条件难等创新模式，闯出了符合石漠化地区发展实际的脱贫攻坚路子，铸造了“搬家不如搬石头，苦熬不如苦干；等不是办法，干才有希望”的“西畴精神”，率先脱贫出列。在脱贫攻坚与乡村振兴中，只有不断提振群众参与乡村振兴的“精、气、神”，使群众积极主动参与到乡村振兴过程中，才能加速推进脱贫攻坚进程，打牢乡村振兴基础。

3. 积极为多方合作搭建多元化平台

吸引龙头企业和社会资本参与乡村振兴，通过开展“五讲”活动，给群众讲形势、讲政策、讲问题、讲先进、讲要求，让群众能够看得见

希望，鼓得起勇气，主动积极地为龙头企业和社会资本提供良好的投资环境，主动参与到集体经济和家庭农场的发展中来，充分发挥群众的积极性、主动性和创造性，增强农民群众脱贫致富、振兴发展的信心和动力，实现从“要我振兴”到“我要振兴”的思想转变。

（二）目标结合：将乡村振兴战略目标融入脱贫攻坚过程

脱贫攻坚是实现乡村振兴的基础性工程，是乡村振兴战略的子系统工程，因此，脱贫攻坚不能脱离乡村振兴的战略目标和导向而单独存在，二者在战略目标上的有机结合，不仅是脱贫攻坚的必然要求，也是乡村振兴的内在要求。

第一，将“产业兴旺、生态宜居、乡风文明、治理有效、生活富裕”总要求渗透到扶贫开发过程中，将乡村建设工程纳入脱贫攻坚基础性和提升性战略当中，不断创新拓展扶贫开发、乡村振兴新思路。脱贫攻坚、乡村振兴需要统筹产业发展、生态恢复、文化教育、社会保障等各项各类要素，做到扶真贫、真扶贫，构建起持续脱贫、遏制返贫的长效机制，使群众实现稳定持续增收。

第二，围绕石漠化治理发展产业、全面恢复生态。以扶贫产业持续培育为着力点重点聚焦高原特色农业和旅游观光农业，突出“强基础、兴产业、建生态、美乡村、惠民生”，把滇黔桂石漠片区打造成为集“生态修复、土地整治、五小水利、观光农业、统筹发展、民族团结”于一体的国际性石漠化综合治理示范区，以石漠化治理为抓手切实抓好生态修复和土地集中整治。

第三，以两大战略为契机搞好基础设施建设。以美丽乡村建设为目标，设计、规划、布局好村庄，做好村庄美化、亮化、净化工程，以易地扶贫搬迁专项工程为重点做好群众扶贫安居工程，以新时代“三农”职业化、专业化队伍建设为目标，以社会主义核心价值观宣传为载体着力提升农民群众素质，以基层党组织建设为基础推进基层社会治理体系和治理能力现代化，切实增强群众自我发展能力，切实把乡村振兴的总目标渗透到脱贫攻坚过程中。

（三）要素整合：实现乡村振兴与脱贫攻坚各要素系统衔接

乡村振兴、脱贫攻坚战略要素系统的相互耦合，是包括产业融合系统、人力资源系统、乡村善治系统、绿色发展系统、脱贫攻坚系统要素的多维融合。需系统配置乡村的内生动力，将各要素联动起来，统筹产业发展、乡村治理、生态环境、文化繁盛、社会效益等要素对乡村进行全面治理，实现生态效益、经济效益、社会效益“三丰收”。

1. 提升产业要素的衔接整合作用

从脱贫攻坚到乡村振兴，产业是基础性要素，扶贫开发要以产业为载体，为脱贫攻坚提供动力支撑，拓展群众增收渠道，为产业兴旺打好基础，为乡村发展提供新动力。因此，要通过农业脱贫增收产业内部整合和产业链延伸，不断推动农业供给侧结构性改革，做好产业要素耦合。

2. 发挥人才要素的持续支撑作用

人才是乡村社会发展的最大瓶颈。脱贫攻坚、乡村振兴都需要人才支撑和智力支持。摆脱贫困，实现持续稳定增收，乡村社会必须创新发展理念，不断夯实集体经济发展基础，培育好乡村本土化、专业化人才，发挥好乡村人才“领头雁”作用，带动群众盘活集体经济各类各项要素，实现小农户与现代农业有机结合，使乡村成为吸引人才、留住人才的地方，为乡村振兴注入新的活力。

3. 强化治理体系要素的有序推进作用

在脱贫攻坚中，做好扶贫治理，从根本上强化基层党组织的引领作用，发挥好群众的自治作用，深入贯彻落实社会主义核心价值观，建立起有效的法治网络，对集体经济和群众稳定持续增收是最为关键的一个环节。在乡村社会，一般情况下，基层党组织建设有力、群众自治作用发挥比较好、法治理念深入人心的行政村，集体经济发展水平相应就较好，脱贫攻坚成效就会更加明显，乡村振兴的基础也更牢固。

4. 巩固生态要素的基础协调作用

石漠化地区贫困的根源问题在于生态的脆弱问题，因而脱贫攻坚、乡村振兴最关键、最基础的问题就是要恢复生态。石漠化地区要发展产业、吸引人才、留住乡愁，就必须走“绿色发展”“质量兴农”的道路，以石漠化综合治理为抓手，统筹生产、生活、生态，以生产发展、生活富裕、生态良好为目标，走石漠化地区生态扶贫、绿色振兴之路。

（四）体系融合：实现乡村振兴与脱贫攻坚体制机制有机结合

乡村振兴与脱贫攻坚在目标上契合一致、任务上交织叠加，从国家战略推进的总体规划来看，在体制机制的设计、政策制度的安排上，呈现极强的关联性、衔接性、系统性和整体性。因此，必须实现体制机制的有机衔接，将推动攻坚、助推摘帽一整套有效机制办法与乡村振兴“打包配套”使用。在具体实践过程中，要坚持统筹联动、互促共进、同向发力，将项目、资金统筹整合推进。

1. 加强责任主体沟通协调配合

积极与上级部门协调对接争取各项支持，同时引入企业参与建设，积极协调培育参与脱贫攻坚的社会力量，从资本、人力、技术等方面加大对乡村投入力度，形成“党委领导、政府引导、企业主导、群众参与”的综合治理局面。

2. 实现各级各类项目的有机衔接问题

着力解决现有各类规划自成体系、内容冲突、缺乏衔接等问题，统筹推进基础设施建设，加快构建基础设施网络体系，以完善交通、水利、信息、能源“四张网络”为主攻方向，实施道路通畅、安保工程、水利工程、安全饮水、农网改造、通信网络等工程建设，让所有自然村尽快实现通村级道路、通水、通电、通宽带、通广播电视，提升公共服务能力，为产业发展提供良好的生产条件。

3. 强化组织保障

基层组织、基层干部既是脱贫攻坚的前线主力，也是乡村振兴的战斗堡垒，要组建好乡村基层干部队伍，培养好农村带头人，建强“两委”班子，多渠道吸纳人才，把创业能手、技术能人等作为后备力量积极培养，把农村党员培养成致富带头人，把政治过硬的致富能人发展成为党员，发动更多的致富带头人投身扶贫工作，打造一支带领广大人民群众脱贫致富奔小康、实现乡村大发展的基层党员干部队伍，确保乡村振兴与脱贫攻坚“一盘棋、一体化”式推进。

五 结论与讨论

实现石漠化片区乡村振兴与脱贫攻坚有效衔接，与全国其他地区相比较而言，其特殊性在于必须坚持以生态恢复、石漠化治理、绿色发展为前提，一方面，要坚持系统性思维，将生态环境保护、石漠化综合治理、绿色质量兴农等一系列要素充分结合起来，同时要以精神引领为关键，不断激发群众内生动力，巩固提升脱贫攻坚成效，实现群众持续稳定增收。另一方面，必须坚持生态保护优先，走绿色发展、质量兴农的道路，实现农村环境优美、生态宜居，让石漠化地区的乡村也能够成为吸引人才、留住人才、寄托乡愁的美好家园，从根本上破除长期以来城乡二元结构所造成的农村空心化现实与乡村振兴战略发展要求之间的二元悖论。总之，实现滇黔桂石漠化片区乡村振兴与脱贫攻坚有效衔接，就是要做好石漠化综合治理、脱贫攻坚战、乡村振兴战略“三大结合”，实现乡村振兴与脱贫攻坚一本规划、一张蓝图，不断夯实产业扶贫、生态恢复、基层强健、村民自治、保障民生的基础，助力助推乡村振兴。

东北边疆民族地区乡村振兴重点破解问题及路径设计*

——以朝鲜族聚居区为例

沈权平　沈万根**

摘　要：乡村振兴战略的提出和实施将会使我国乡村发展出现一系列新的变化。东北边疆民族地区作为欠发达地区，其贫穷落后、空心化严重的乡村地区需要在乡村振兴战略实施的驱动下逐步打赢脱贫攻坚战，摆脱贫困生活状态，实现乡村经济社会蓬勃发展。对于东北边疆民族地区来说乡村振兴战略实施的突破口在于乡村经济、传统文化、生态环境、乡村治理及乡村福利等五个方面。为此，应从科学的顶层设计出发，以建设现代乡村为根基，培养现代农业人为驱动力，实现乡村脱贫致富为最终目标，实现东北边疆民族地区美丽乡村建设。

关键词：东北边疆民族地区　乡村振兴战略　主攻方向　脱贫攻坚

---

* 文章刊发于《北方民族大学学报》2019年第5期，是国家社科基金西部项目（18XMZ003）的阶段性成果。该文章收录本书时，内容和文献标注方式略有调整。

** 沈权平，延边大学经济管理学院；沈万根，延边大学马克思主义学院。

一 问题提出与文献回顾

伴随着新时期我国社会主要矛盾的转变，为顺应工业化和城镇化发展规律，我国在积极借鉴新农村建设和美丽乡村建设经验的基础上，将乡村振兴战略上升为国家发展战略，显现出国家现代化建设过程中乡村的重要价值。随着我国已进入乡村振兴与脱贫攻坚叠加推进的时期，实施乡村振兴战略也已进入最为关键阶段。在此背景下，贫困地区较为集中的边疆民族地区将成为我国破解乡村发展不充分、城乡发展失衡问题的主战场。当前和未来较长时期内东北边疆民族地区最突出的问题之一便是乡村衰弱问题，主要表现在乡村永久空心化严重、乡村经济萎靡、返贫风险较大、乡村传统社会组织崩溃、乡村传统文化消亡等。因此，如何振兴乡村是东北边疆民族地区急需破解的问题。乡村振兴不仅关系到地区发展，对于乡村占85%的地区而言还关系到国家边疆稳定及国防安全。同时，这些地区具有经济落后与区位优势并存、生态环境恶劣与资源丰富并存、人文环境劣势与人文资源优势并存等区域特征。在一定程度上这些特征也是边疆民族地区的共性问题，以东北边疆民族地区作为研究对象，具有边疆民族地区乡村振兴意义上的典型性和代表性。

自党的十九大召开以来，乡村振兴战略成为实现我国建成社会主义现代化强国前处理城乡关系的行动指南，引起了学术界广泛关注，理论研究日益深入，从各个角度对乡村振兴战略进行了探讨。李周从产业兴旺、生态宜居、治理有效、生活富裕等四个转变升级入手，剖析了乡村振兴战略的内涵，并提出乡村振兴战略实施后我国乡村应有的变化；叶兴庆也是从四个变化着手，在此基础上提出两大原则、三个关键，并强调要关注边远村落和贫困群体；张军通过对乡村价值的再思考，概括梳理出乡村振兴的主要内容，并提出相应的对策建议；姜长云提出乡村振兴要规避战术化、“一刀切”、目标理想化、政策支持盆景化、支持重点错乱化等倾向；刘润秋、黄志兵提出乡村振兴需要避免运动式振兴、输血式振兴，实现乡村多元化和内生振兴；陈秧分等提出乡村振兴战略中农业的地位，强调应处理好乡村振兴与新型城镇化、乡村农业与非农产业、传统农业与特色农业等三组的相互关系；邢成举、罗重谱通过相关文献对乡村振兴的历史源流及讨论焦点进行分析，并提出开发农业的多元价值、创新乡村治理体系等五大实施路径；谈慧娟、罗家为对乡村振兴战略的时代逻辑和多维意涵进行了整理分析，并提出以盘活资源效率与重建文化价值为核心的发展路径；张雅光、陈秧分等对英国、荷兰、日本及 OECD 等发达国家或组织的乡村开发政策进行了梳理和分析，并提出对乡村振兴战略的借鉴和启迪。其中，最关键的是加强对乡村内生力量的培育。可以说，相关研究主要从内涵界定、实施价值和路径探索等三个方面取得了较多的研究成果，为边疆民族地区乡村振兴的研究提供了理论支撑。

然而，乡村振兴需要的是全面富裕，边远地区、民族地区乡村的振兴是乡村全面振兴的题中应有之义，通过乡村振兴消除老少边穷地区的贫困，才能更好地体现出乡村振兴战略实施的意义，符合社会主义的本质要求。因此，学者们对民族地区的乡村振兴也进行了大量研究。梁爱文指出西部民族地区乡村建设存在建设主体不清晰、盲目效仿城市风格、缺乏特色和个性等现实偏误，提出生态、产业、文化、人才、组织等五个维度的实施路径；廖林燕对 11 个“直过”民族的乡村振兴进行了探讨，提出对于“直过”民族乡村振兴的推进，要注重整合长老组织等传统社会组织的力量，并根据时代变化进行创造性转化；邓磊针对西部民族地区乡村“空心化”现象进行分析，指出其乡村振兴的核心是人，乡村振兴首先要破解人口流失的问题；吴晓萍指出民族地区面临最大的乡村问题是村落空心化、乡村文化失落及社区认同弱化等问题，因此，需要通过重新发现民族地区乡村的价值来着力实现乡村振兴；李忠斌、陈剑通过分析村寨镇化与乡村振兴的内在逻辑，提出村寨镇化是民族地区实施乡村振兴的重要路径；潘文良、张国平以云南民族地区为核心，从分类规划的视角，提出了稳健增长型、快速打造型、公共财政兜底型等三类乡村振兴策略。

通过梳理文献发现，从研究对象的地域分布来看，西南地区的相关研究成果颇具规模，但针对广大北方地区，特别是东北地区的研究则相对较少。这对提升东北边疆民族地区的乡村振兴战略实施的水平和效果是不利的。因此，笔者将视线锁定在东北边疆民族地区，以朝鲜族聚居区为中心，探讨乡村振兴问题，以期为东北边疆民族地区实施乡村振兴战略提供参考，也为其他少数民族地区及边疆地区提供借鉴。

二 乡村发展的主要特征与重点问题

朝鲜族聚居区是东北边疆民族地区重要组成部分，在长期乡村发展过程中，形成了独有的发展特征，只有准确把握这些特征才能精准分析出乡村振兴战略实施过程中应集中力量重点破解哪些问题。

（一）主要特征

第一，定居历史较短。中国朝鲜族作为迁移民族，是东北边疆主要的开拓者和定居者。直到 1881 年（光绪七年）清政府令朝鲜移民“薙发易服”，成为“中国之民”后才开始了加入中华民族大家庭的历程，至今仅 100 余年而已。可以说，较短的定居历史是该地区一大史学特征。这种历史因素加之其游牧民族的特性使得朝鲜族的守土观念并不强烈，这也是朝鲜族聚居区乡村空心化严重的重要原因。

第二，“富饶的贫穷”。东北边疆民族地区拥有丰富的自然资源和人文旅游资源。如朝鲜族聚居区位于举世闻名的“长白林海”，活立木储量近 4.5 亿立方米，森林覆盖率近 85%。拥有人参、五味子、灵芝、紫貂、梅花鹿、黑熊等优势资源，有近 50 种可开发利用的矿产资源和较为丰富的水利资源。同时，具有独特的朝鲜族、满族等民俗风情以及长白山、中国民俗风情园、中朝俄边境游等人文民俗景观和自然景观。尽管拥有如此丰富的资源，但其农村居民可支配收入至今仍低于全国平均水平，贫困村数量依然较多。

第三，永久空心化日益严重。不仅常住人口的减少引发了严重的乡村空心化，而且离乡、出乡人员永不回乡的趋势不断加剧，导致乡村永久性空心化，并走向消亡。据统计，近 10 年来，整个东北地区少数民族乡镇的行政村规模减少了 5.6%，其中多数来自边疆地区。如 2016 年延边朝鲜族自治州行政村数量比 2006 年减少了 21 个，乡村人口减少了近

1.5 万人，减少 2%；凉水、鸡林、东明等朝鲜族乡人口减少幅度分别为 5%、12.7%、11.4%。

第四，民族特色逐步弱化。长期以来，人员和资源的外流使东北边疆朝鲜族聚居区乡村社会结构发生了巨大变化，乡村传统民族文化不断被弱化，失去原有的差异化、特色化的内容。传统习俗仍由一批年长者来维持，后继人才严重匮乏。缺乏人员支撑导致传统习俗在简化和消亡，节庆活动开始被普通聚餐取代，婚姻礼仪不断简化、西化。据笔者实地调查了解，东北边疆朝鲜族聚居区中除延边州以外，半数以上的朝鲜族在朝鲜语会话、写作等方面有不同程度的障碍，民族特性较淡。许多传统饮食的工艺在普通朝鲜族家庭中已经消失，朝鲜族传统节日习俗、人生礼仪等活动的程序、意义及内涵被遗忘或简化，朝鲜族特有的社会组织也逐渐解体、消亡等。这也给朝鲜族乡村的治理带来了挑战，使得乡村居民的离心倾向越来越严重，特别是年轻人，宁愿在外得不到归属感，也不愿意留在家乡发展，加剧了朝鲜族乡村的衰弱。

（二）需破解的重点问题

乡村振兴的覆盖面非常广，对于经济基础薄弱的地区来说短期内很难做到全面覆盖。因此，需要集中有限的资源攻破迫在眉睫的重点问题。

第一，激活乡村经济。乡村经济的发展不仅能够满足人民对农产品的需求，还能够实现农业生产者不断增收。因此，东北边疆民族地区必须重视乡村经济建设与发展，因地制宜发展地区特色产业。乡村振兴重要内容之一便是通过“农业 + 手机”“农业 + 互联网”等全新生产组织方式，推动农业产业化、规模化、信息化、智能化的发展，提高乡村竞争力，振兴乡村经济。只有乡村经济被激活，才能保证乡村其他事业的顺利推进，振兴乡村的经济是东北边疆地区乡村振兴的基础性方向。

第二，民族传统文化的保留和传承。长期以来，生活在东北边疆民族地区的各少数民族都形成了各自特色鲜明的传统文化，而这些传统文化都以乡村为依托形成和发展。如朝鲜族在融入中华民族大家庭的过程中，通过对当代中国社会做出的重大贡献，以乡村部落为核心形成了独有的民族特质和价值观。因此，要加强对朝鲜族乡村的文化保护，防止过度的商业化开发，对历史文化名村和拥有历史名人故居的乡村进行修缮和宣传，成为朝鲜族乡村的名片，充分发挥其文化传承载体的作用，这是亟须破解的重要问题之一。

第三，保护乡村生态环境。东北边疆民族地区 85% 以上的面积在乡村，乡村的生态环境质量对整个区域的环境质量至关重要。保护好乡村的生态环境，才能满足城乡居民对美好生态环境的追求，才能实现美丽乡村的建设，吸引更多的人到乡村生活和发展 。要从改善乡村居民生活环境设施、减少农业生产对生态环境的污染和破坏、减少工业污染、加强江河湖泊及土壤的治理、扩大生态区保护等五个方面入手保护乡村生态环境，为乡村经济振兴、保留传统文化及有效治理等方面提供保障和动力。

第四，完善乡村治理体系。构建有效的乡村社会治理新体系是必经的发展方向，党的十九大报告中特别强调："加强农村基层基础工作，健全自治、法治、德治相结合的乡村治理体系。"自治是基础，法治是保障，德治是根本，完善的乡村治理体系对于促进乡村可持续发展及保障乡村振兴战略的效果具有重要的意义。东北边疆民族地区乡村治理面临自治缺位、法治不健全、德治真空等困境，不利于乡村居民积极主动参与到乡村经济社会发展过程当中。乡村振兴战略的实施提供了"三治融合"（自治、法治、德治）的治理新思维。要按照乡村治理新思维，激发乡村居民的积极性和主动性，提高凝聚力，使乡村居民真正成为乡村振兴战略实施的主角。

第五，提高乡村福利水平。乡村振兴的最终目标就是确保乡村实现较高的福利水平。东北边疆民族地区与中国其他地区一样，因长期受到城乡二元结构的影响，无论是分享发展红利，还是基础设施和公共服务建设等方面城乡差异巨大，乡村极大地落后于城市。因此，提高乡村福利是东北边疆民族地区乡村振兴的重点。应根据经济社会发展程度，对各种资源进行再布局，构建城乡一小时公共服务圈，让乡村也能享受优质的医生、教师、心理咨询师、康复师、老人护理师等专业人员的服务，这也是亟须破解的重要问题之一。

三　东北边疆民族地区乡村振兴面临的机遇与挑战

东北边疆民族地区位于东北亚中心地带，周边国际环境较为复杂。因此，经济发展过程中，受到国际环境的影响较大。加之国内环境的影响，该地区乡村振兴面临的机遇与挑战同样不容忽视。

（一）面临的机遇

第一，国外发展环境变化使区位优势更加凸显。一方面，“一带一路”倡议的不断深化提供了良好的机遇。“一带一路”相关文件中明确指出，要拓展农业及农产品等领域的深度合作。农业俨然成为重点产业合作领域。大部分朝鲜族聚居区正好处于“一带一路”倡议在东北地区的重点区域（吉林省），可以说“一带一路”倡议为乡村振兴增添了良好的发展平台。另一方面，朝鲜半岛局势出现缓和、俄罗斯开始重视远东开发等变化对于接壤朝鲜、俄罗斯的东北边疆民族地区来说确实是乡村振兴的机遇。

第二，乡村旅游成为常态。当前，城镇居民普遍产生了亲近自然、感受乡村、体验乡村的情怀，拥有返璞归真的需求。而私家车的普及更是把这种情怀转变为现实，刮起了乡村旅游的热潮。根据笔者的调查，东北边疆民族地区近七成的家庭热衷于乡村旅游。尤其是“70后”“80后”家庭以一个月2~3次的频率去享受乡村环境、感受农业生产活动、体验乡村田园生活。许多“80后”家庭更是将乡村旅游视为一种重要的亲子活动。同时，随着供给侧改革的深化，休闲经济的发展孕育出“全域旅游”这一全新模式。这一模式能够有效地促进乡村资源的全面整合、科学布局，将闲置土地转变为旅游地，推进一二三产业融合发展，改善农民教育。这对于具有鲜明的民族特色的东北边疆民族地区的乡村来说，无疑是提高乡村知名度、盘活撂荒土地、激活乡村产业、提高农民教育层次、保留乡村传统文化及乡村减贫脱贫的良机。

第三，返乡创业热度持续升温。在日益加剧的城市就业竞争中，对于包括农民工在内的众多出乡人员来说城市就业压力巨大，促生了

“返乡创业”的行为，并出现过两次“返乡潮”。加上国家一系列支农、惠农、强农政策的颁布实施，尤其是党的十九大提出的乡村振兴战略，把“三农”问题提升至国家战略高度加以重视，无疑对外出务工人员返乡创业注入了强力的定心剂。同时，电子商务的不断发展也成为形成返乡创业热潮的动因之一。近年来，东北边疆民族地区一些村镇的物流发展较为迅速，围绕特色农产品的农村电商得到了较快发展。依托本地特色的农产品，通过电商将产品销往全国各地，以获得较高销售利润。

（二）面临的挑战

第一，东北经济发展低迷。近期的统计数据显示，东北地区的多项宏观经济指标出现大幅回落，经济发展总体处于疲软状态。2014 年起东北地区经济增速为 3% ~5% 的水平，在全国处于垫底。另一项重要指标——固定资产投资的增速也同样明显过低。2014 年，东北地区固定资产总投资额为 4.52 万亿元，2015 年为 4 万亿元，2016 年为 3.12 万亿元，呈逐年下降趋势，缩减幅度较大。疲软的经济增长及总体实力偏弱的民营企业导致东北地区无法有效保障对各项事业的持续稳定的投入，市场环境不太活跃，对乡村发展也造成了不利的影响。

第二，乡村劳动力持续不足。东北边疆民族地区乡村空心化严重是无可争议的事实，而更加引发担忧的是空心化现象并没有停止，而是仍在持续进行。多年前，学术界曾提出“谁来种田”这一疑问，而该地区面临的不仅是“谁来种田”，而是“谁来居乡”这一更加深刻的疑问。笔者在调查中发现，近期回流该地区的回乡人员大部分是以通过田园生活来调养身体或治愈患有的某种疾病为主要目的，对乡村劳动力的补充起不到实质性的作用。此外，该地区乡村居民健康程度也不太理想，特别是男性的平均寿命相对较短，导致丧失劳动能力的时间提前或乡村老年妇女化严重。这些因素都导致乡村劳动力持续不足，无法有效激活内生力量。

第三，返乡创业风险机制不健全。当前，虽然返乡创业成为一定的热潮，但是其存在的风险也不容忽视。首先，东北边疆民族地区自然灾害较为频发。东北边疆民族地区防灾抗灾能力较弱，科技水平低下，一旦遭遇自然灾害就可能导致返乡创业人员血本无归。其次，在当前瞬息万变的市场环境下，返乡创业要想获得成功，很大程度上取决于创业者对市场的感悟能力和操控能力。但是，绝大部分创业者在返乡创业前都是在他人企业中打工，并没有独当一面的经历和能力。而在项目审批、资金筹措、补贴申请等诸多方面都要跟政府打交道，又必然会衍生出较大的行政风险。最后，地缘因素导致东北边疆民族地区外出务工地点多是韩国及国内的北京、长三角、珠三角等地区。因此，返乡创业人员在打工时期积攒的各种社会资本对返乡创业几乎没有任何帮助，所谓的“弱关系型”社会资本水平较低，削弱了东北边疆民族地区返乡创业人员整体实力，也加大了创业风险。

四　东北边疆民族地区乡村振兴的路径设计

针对东北边疆民族地区的乡村发展特征和主要问题，在充分考虑面临的机遇与挑战的前提下设计相应的乡村振兴发展路径。笔者认为，东北边疆民族地区所有的乡村振兴措施都要围绕“人”来设计，概言之，东北边疆民族地区乡村振兴的核心就是“人”的问题。

（一）科学的顶层设计是出发点

第一，制定乡村中长期发展规划。一个乡村的持续健康发展，离不开科学合理的乡村规划。目前，我国很多村庄都尚未制定乡村中长期发展规划，其发展规划都只是上一级行政单位发展规划的一部分，基于城市视角编制乡镇规划使城乡二元特征更加明显，而且普遍只强调物质环境建设。东北边疆民族地区要充分利用优质丰富的高校资源，聘请专家教授以一个乡村为基础单位，制定乡村中长期发展规划，为其发展奠定总体基调。并且规划内容不仅涉及物质建设，还应包含改善农户生计、促进村集体经济发展和乡村治理等内容。其核心应该是由原来的“自上而下”转变为“自下而上”，制定出反映乡村居民需求、尊重乡村居民参与的发展规划。

第二，推进乡村特色化振兴。东北边疆民族地区在以往的乡村发展过程中过于热衷新建房屋、新修道路和设施，而忽视乡村产业对乡村发展的增收作用，并且文明乡风、公共服务、乡村治理等方面的建设也未能得到充分的重视。这种标准化的道路和村庄建设使东北边疆民族地区的特色逐渐淡化，不利于特色化振兴。要把特色化振兴与乡村传统文化的继承和弘扬融合在一起，作为东北边疆民族地区乡村振兴的重要组成部分。加强对传统村落物质文化与非物质文化的保护、修复与传承，如传统建筑、传统道路、传统农耕设施等物质实体和传统民俗、礼仪、手工艺、农耕法等非物质文化都属行乡村传统文化的范畴。以此来推进特色化振兴，避免“一刀切”。

（二）建设现代乡村是发展根基

第一，加强基础设施建设。基础设施建设是乡村振兴的重要基础，东北边疆民族地区实现乡村振兴过程中政府必须加大对乡村基础设施的投入。加强乡村道路、乡村通信等基础设施建设，不能停留在“村村通路”“村村通信号”的层面中，并促进乡村拥有更高标准的公路，普及4G信号，将来甚至普及5G信号，使这些基础设施跟上城市的水平，进一步缩小城乡之间的差距。不仅为乡村居民的生活提供便利，更是为乡村集体产业的发展和壮大提供基础条件。此外，根据笔者的调研大致推测，东北边疆民族地区近八成的乡村没有垃圾处理设施和污水处理设施，远远落后于全国平均水平。因此，在此基础上还要强调垃圾处理、污水处理等基础设施的建设。

第二，完善乡村公共服务。现代乡村的建设不仅要依靠优质的基础设施，也要依靠完善的公共服务体系。但是，在短时间内使城乡之间教育、医疗等方面实现无差异化具有较大难度。东北边疆民族地区除了通过直接、间接的方式来完善乡村公共服务以外，还要推进全域服务策略，把全域的概念应用到乡村公共服务当中。地方政府应根据这种需求，开拓符合乡村需求的服务领域，完善服务项目、优化服务形式、提高服务质量，实现全域服务，完善乡村公共服务体系。

（三）培养现代农业人是内生动力

第一，激发内部资源。东北边疆民族地区乡村人口稀少，劳动力资源相对缺乏，合理利用有限的乡村人力资源对于该地区尤为重要。治贫先治愚，扶贫先扶智。培养现代农业人要从激发内部资源、开发内部潜能着手，通过教育引导自主参与。引导内部参与，就必须保证参与理念的正确。而树立正确参与理念只能通过教育提高人们的综合素质。当前，中国的乡村教育只停留在以农业技术推广和普及为重点的农民技术教育。日后，中国的乡村教育要提升到以农民意识教育为重点的农民专业教育层次，只有通过意识教育才能更好地解决内部分歧和问题。同时，该地区，特别是朝鲜族聚居区乡村老龄化严重，因而大部分人因病致贫，贫困程度较深，要注重对老年人群体的培训，增加关于健康与营养、心理教育、乡村可持续发展等方面的内容，设计一些适合老年人的传统产业，使老年人发挥应有的作用，提高自尊感和成就感，实现全员参与脱贫攻坚。

第二，吸引外部资源。利用当前“乡村振兴”“脱贫攻坚”“城市压力”“返乡创业”等词汇成为社会关注焦点的有利时机，东北边疆民族地区要积极创造“乡村氛围”，吸引更多的出乡人员回乡创业并生活。特别要加大对朝鲜族外出务工人员的吸引力度。充分利用大众媒体对乡村发展进行报道，转变城市居民对乡村的偏见和误解。加强对农作物种植、农业科学技术、乡村休闲旅游等方面的宣传报道，利用互联网以及微信平台来弘扬朝鲜族乡村文化和历史，分享乡村创业、乡村发展成功案例，挖掘乡村潜在的创业者。同时，针对出乡人员、城市失业人员、临退休人员等潜在回乡人员开办乡村讲座，组织举办绿色乡村体验活动，定期进行回归乡村的可行性评估和咨询服务，逐渐吸引他们对乡村的兴趣，形成“乡村氛围”，更好地吸引外部人力资源，为朝鲜族聚居区打赢脱贫攻坚战注入新活力，同时为乡村振兴提供新动力。

（四）乡村脱贫致富是落脚点

第一，扶持支柱产业。乡村开发效果的好与坏，是否能够持续发展取决于乡村是否选择发展最恰当的重点产业。东北边疆民族地区的乡村开发要立足于本地的产业基础、民族特色、气候条件等资源禀赋，因地制宜选择最适合的特色产业，并做好重点产业定位，优先发展并实现其专业化、产业化和标准化生产，做成区域性知名品牌。选择过程中引导乡村居民自主参与，发出心声，汇集想法，并联合高校和研究机构，让专家教授以乡村居民的想法为基础，判断是否具有可行性，并作为制定中长期发展规划的重要依据，保证计划实施的持续性。同时，政府部门和专家教授在流通、销售等环节上强化指导。打造农产品营销公共服务平台，推动农社、农企等产销对接，探索农产品直销网点，继续推进乡村电商发展，建成电商产业园，促进线上线下的互动发展。壮大乡村重点产业，提升“自我造血”能力，摆脱贫困，奔向小康。

第二，促进产业融合发展。打造乡村支柱产业是产业融合发展的根基，而乡村一二三产业融合发展是实现支柱产业更好地发挥脱贫致富作用的助推器。东北边疆民族地区可以尝试多元化的融合主体，如家庭农场、农民合作社、农业龙头企业等。笔者认为，根据该地区，特别是朝鲜族聚居区各类企业实力薄弱的现实情况，把更多的投入放到对家庭农场和农民合作社的培育更加符合该地区的实情。支持家庭农场自主延长产业链，发展产地初加工、农产品直销等模式。支持农民合作社拓展农产品流通渠道，与超市、学校、企业进行直供直销对接。同时，积极发展新产业和新业态，如发展乡村全域旅游，利用朝鲜族乡村许多废弃的学校和空闲的房屋发展“观光+体验+采摘+农家乐+学习”的休闲农业模式，让乡村居民在产业融合发展中获得更多的利益，实现乡村经济高质量发展，实现脱贫攻坚的阶段性目标，推进乡村振兴的历史进程。

参考文献

豆书龙、叶敬忠：《乡村振兴与脱贫攻坚的有机衔接及其机制构建》，《改革》2019年第1期。

李周：《乡村振兴战略的主要含义、实施策略和预期变化》，《求索》2017年第

12 期。

叶兴庆：《新时代中国乡村振兴战略论纲》，《改革》2018 年第 1 期。

张军：《乡村价值定位与乡村振兴》，《中国农村经济》2018 年第 1 期。

姜长云：《实施乡村振兴战略需努力规避几种倾向》，《农业经济问题》2018 年第 1 期。

刘润秋、黄志兵：《实施乡村振兴战略的现实困境、政策误区及改革路径》，《农村经济》2018 年第 6 期。

陈秧分、王国刚、孙炜琳：《乡村振兴战略中的农业地位与农业发展》，《农业经济问题》2018 年第 1 期。

谈慧娟、罗家为：《乡村振兴战略：新时代“三农”问题的破解与发展路径》，《江西社会科学》2018 年第 9 期。

李忠斌、陈剑：《村寨镇化：城镇化背景下民族地区乡村振兴路径选择》，《云南民族大学学报》（哲学社会科学版）2018 年第 6 期。

梁爱文：《乡村振兴视域下西部民族地区美丽乡村建设新探》，《黑龙江民族丛刊》2018 年第 5 期。

邓磊：《西部民族地区乡村振兴的核心是人》，《华中师范大学学报》（人文社会科学版）2019 年第 1 期。

潘文良、张国平：《云南民族地区分类规划乡村振兴战略初探》，《云南农业大学学报》（社会科学版）2018 年第 12 期。

吴晓萍：《论乡村振兴战略背景下民族地区的乡村建设与城乡协调发展》，《贵州师范大学学报》（社会科学版）2017 年第 6 期。

邢成举、罗重谱：《乡村振兴：历史源流、当下讨论与实施路径——基于相关文献的综述》，《北京工业大学学报》（社会科学版）2018 年第 9 期。

廖军华：《乡村振兴视域的传统村落保护与开发》，《改革》2018 年第 4 期。

王乐君、寇广增：《促进农村一二三产业融合发展的若干思考》，《农业经济问题》2017 年第 6 期。

图书在版编目(CIP)数据

中国减贫的理论与实践：脱贫攻坚研究优秀成果选编 / 全国哲学社会科学工作办公室编. -- 北京：社会科学文献出版社，2021.7

ISBN 978 - 7 - 5201 - 8626 - 1

Ⅰ.①中… Ⅱ.①全… Ⅲ.①扶贫 - 研究成果 - 汇编 - 中国 Ⅳ.①F126

中国版本图书馆 CIP 数据核字（2021）第 125392 号

中国减贫的理论与实践

——脱贫攻坚研究优秀成果选编

编　　者 / 全国哲学社会科学工作办公室

出 版 人 / 王利民
组稿编辑 / 姚冬梅
责任编辑 / 宋　静　张　超　吴云苓

出　　版 / 社会科学文献出版社 · 皮书出版分社（010）59367127
地址：北京市北三环中路甲 29 号院华龙大厦　邮编：100029
网址：www. ssap. com. cn
发　　行 / 市场营销中心（010）59367081　59367083
印　　装 / 三河市东方印刷有限公司

规　　格 / 开　本：787mm × 1092mm　1/16
印　张：37　字　数：568 千字
版　　次 / 2021 年 7 月第 1 版　2021 年 7 月第 1 次印刷
书　　号 / ISBN 978 - 7 - 5201 - 8626 - 1
定　　价 / 298.00 元